COMBATS DE GUERRE
ET DE PAIX

Du même auteur

AUX ÉDITIONS DU SEUIL

Ravensbrück
1973, 1988
Points, 1997

Le Harem et les cousins
1966
Points, 1982

Il était une fois l'ethnographie
2000
Points, 2004

CHEZ D'AUTRES ÉDITEURS

La traversée du mal
entretien avec Jean Lacouture
Arléa, 1997, 2000

L'Algérie aurésienne
avec Nancy Wood
La Martinière-Perrin, 2001

Le Verfügbar aux enfers
Une opérette à Ravensbrück
La Martinière, 2005

GERMAINE TILLION

COMBATS DE GUERRE ET DE PAIX

ÉDITIONS DU SEUIL
27, rue Jacob, Paris VIe

ISBN : 978-2-02-096073-1

www.seuil.com

Sommaire

RÉALISATION : I.G.S. CHARENTE-PHOTOGRAVURE À L'ISLE-D'ESPAGNAC

GROUPE CPI

Achevé d'imprimer en septembre 2007
par **BUSSIÈRE**
à Saint-Amand-Montrond (Cher)
N° d'édition : 96073. - N° d'impression : 073143/1.
Dépôt légal : octobre 2007.
Imprimé en France

Avant-propos

Ce qui met à part le personnage de Germaine Tillion, c'est d'abord qu'elle a su mener dans un même mouvement action et réflexion, que nous avons affaire avec elle à la fois à une pensée et à un destin. Sa vie commence comme celle d'un savant, plus exactement d'une ethnologue, mais elle sera vite réorientée par la marche du monde : l'effondrement de la France en 1940, au début de la Deuxième Guerre mondiale, précipite Germaine Tillion dans l'action publique – qu'elle n'a plus quittée depuis. Son existence a donc été étroitement mêlée à toutes les grandes péripéties de l'histoire française et européenne, depuis maintenant plus de soixante ans, alors même qu'elle a continué de réfléchir et d'écrire. Si l'on ajoute à cela que la justesse de ses choix a été systématiquement confirmée par le cours des événements, on comprendra pourquoi elle nous apparaît aujourd'hui comme une figure emblématique du siècle qui vient de s'achever, comme l'incarnation vivante de ce que ce siècle a pu produire de meilleur. Même si elle est restée dépourvue de toute prétention, Germaine Tillion a acquis le statut d'un sage. C'est ce destin et cette pensée que l'on doit méditer aujourd'hui pour mieux affronter les dangers de demain.

Le parcours de Germaine Tillion se répartit en quelques périodes bien délimitées. Née en 1907, elle passe une enfance et une adolescence heureuses ; son père meurt alors qu'elle est âgée de dix-sept ans. Après des études d'archéologie, elle s'oriente vers l'ethnologie qu'elle étudie, en particulier, avec l'un des grands maîtres de la discipline, Marcel Mauss. En 1934, le hasard fait qu'elle reçoit une bourse pour étudier la population berbère de l'Aurès, en Algérie. Elle poursuivra ses recherches sur le terrain, avec de brèves interruptions, jusqu'en 1940. Quand elle rentre en France, au mois de juin de cette année, c'est la débâcle, puis l'armistice. Elle décide immédiatement de lutter contre l'occupant et commence à mettre en place ce qui deviendra petit à petit un réseau de résistance qu'elle appellera plus tard le réseau du musée de l'Homme. Arrêtée en 1942, elle passera d'abord une année en prison avant d'être envoyée dans le camp de Ravensbrück, où elle restera jusqu'en avril 1945.

Rapatriée en France, Germaine Tillion se consacre, entre 1945 et 1954, à rassembler une vaste documentation sur la Résistance et la déportation ; ses travaux d'alors combinent l'apport du témoin et l'enquête de l'historien. Elle participe en même temps à la dénonciation des camps de concentration, notamment soviétiques, qui sont toujours en activité. En 1954, les événements en cours la ramènent dans l'Algérie qu'elle avait abandonnée en 1940. Dans un premier temps, entre 1954 et 1957, elle se consacre essentiellement à combattre la misère, en organisant l'éducation des enfants et des adultes ; à partir de 1957, l'intensité des combats est telle qu'elle cherche avant tout à arracher des vies humaines aux attentats, aux exécutions ou à la torture. C'est à ce moment qu'elle publie ses premiers livres, qui seront consacrés à l'Algérie : *L'Algérie en 1957*, republié en 1961 sous le titre *L'Afrique bascule vers l'avenir* ; et *Les Ennemis complémentaires*, en 1960. Ces deux ouvrages seront complétés, réécrits et republiés, sous les mêmes titres, en 1999 et 2005, respectivement.

Après la fin de la guerre d'Algérie, en 1962, Germaine Tillion revient davantage à son activité d'enseignante et de chercheur à l'École Pratique des Hautes Études, où elle est élue directeur en 1959. En 1966 elle publie une étude fondamentale des structures familiales dans la région méditerranéenne, intitulée *Le Harem et les Cousins*. En 1973 elle reprend et complète ses études sur la déportation en faisant paraître *Ravensbrück*, une analyse de ce camp et du système concentrationnaire nazi. Après sa retraite, en 1977, elle revient sur les grands thèmes qui l'auront occupée pendant les années précédentes. En 1988 elle publie une nouvelle version, encore enrichie, de *Ravensbrück* ; en 1999 paraît la nouvelle édition élargie de *L'Afrique bascule vers l'avenir* ; en 2000 voit le jour *Il était une fois l'ethnographie*, ouvrage qui exploite les matériaux ethnologiques accumulés depuis ses premiers séjours en Algérie, dans les années trente.

Dès son engagement en 1940, et tout au long de ces années, Germaine Tillion intervient aussi dans la vie publique de son pays et du monde par des textes brefs, publiés dans des journaux et des revues. Ces écrits et ces paroles, réunis dans le recueil *À la recherche du vrai et du juste* en 2001, constituent une introduction à ce qui est à la fois une pensée exigeante et un destin exemplaire. Enfin, en 2005, sera publié l'un des tout premiers écrits de Germaine Tillion, son « opérette-revue » *Le Verfügbar aux enfers*, rédigée en 1944 dans le camp de Ravensbrück.

La présente édition, publiée à l'occasion de son centième anniversaire, réunit trois ouvrages de Germaine Tillion qui n'avaient jamais été publiés en édition de poche, à savoir 1) *À la recherche du vrai et du juste* (2001), composé de textes écrits entre 1941 et 2000 ; 2) *L'Afrique bascule vers l'avenir* (1999), dont la première partie, « L'Algérie en 1954 », a été rédigée en 1999, alors que la seconde, « L'Algérie en 1956 », date de 1956, avec des compléments ajoutés entre 1957 et 1961 ; 3) *Les Ennemis complémentaires* (2005), dont les deux premières parties, publiées originellement sous ce titre en 1960, ont été reprises, sous une forme assez différente, dans l'édition de 2005, où figure également, pour la première fois, une troisième partie du livre, intitulée « Dossier ».

Pour une documentation plus complète sur Germaine Tillion et son œuvre, on pourra se référer au recueil collectif *Le Siècle de Germaine Tillion* (sous la direction de Tzvetan Todorov, Paris, Seuil, 2007), contenant également de nombreuses analyses qui lui sont consacrées, ainsi que quelques inédits de Germaine Tillion.

Tzvetan Todorov

À LA RECHERCHE
DU VRAI ET DU JUSTE

Une femme dans le siècle

Le vrai et le juste

Les hommes n'ont pas inventé la politique. Différentes espèces d'animaux connaissent des formes élaborées d'interaction sociale, établissent entre eux un ordre hiérarchique complexe, règlent les conflits d'intérêts des groupes. Mais seuls les hommes ont su introduire dans la vie politique des principes qui transcendent les habitudes et les intérêts ; et ce sont ces principes qui permettent de définir l'action de Germaine Tillion. En parlant d'un de ses compagnons de combat, l'ancien déporté David Rousset, elle évoque son choix, « défendre le Juste et le Vrai » (p. 223 [1]) ; en réfléchissant à son propre parcours, elle tient à séparer l'essentiel de l'accessoire, ce sur quoi on peut ou ne peut pas transiger, et elle conclut : « Je pense, de toutes mes forces, que la justice et la vérité comptent plus que n'importe quel intérêt politique » (p. 212). C'est ce combat qui nous permet de déchiffrer la « signature humaine » (p. 309), c'est lui aussi qui peut devenir notre idéal.

Tout d'abord donc, l'être humain postule qu'« il y a un ordre caché dans tout ce qui vit », comme dans la nature inanimée ; il est appelé à « regarder en essayant de comprendre ». Il ne s'agit pas d'une activité secondaire ou facultative, mais de l'identité même de l'espèce : « C'est peut-être cela qu'on peut appeler *exister* » (p. 43). La vérité est la mesure de ce travail de compréhension, c'est aussi son horizon. Tous les hommes y sont toujours engagés, mais une partie d'eux en fait sa profession : ce sont les savants et donc notamment, pour ce qui concerne le monde humain lui-même, les historiens et les ethnologues. Dans leur cheminement vers la vérité, ils ont délimité des étapes : réunir d'abord une information aussi complète que possible, la soumettre ensuite à la critique et au jugement – car on ne saurait analyser l'homme sans juger –, mais un jugement prudent et nuancé.

1. Sauf indication contraire, toutes les références renvoient aux pages du présent volume.

Tenter enfin d'établir une interprétation d'ensemble en séparant le fondamental et le dérivé, le nécessaire et le contingent, les causes et les effets. Germaine Tillion sera fidèle à cette vocation de l'homme.

Pour connaître, il faut comparer ; car c'est un homme qui essaie d'en connaître un autre et, s'il s'ignore soi-même, sa connaissance risque d'être viciée. Mais pour se connaître il a besoin d'un miroir, et ce miroir ne peut être qu'un autre que soi. La réflexion naît du reflet. La comparaison entre sociétés possède deux grandes formes. La première est celle de l'ethnologie, qui confronte l'ici avec l'ailleurs (elle ne se contente pas d'étudier des sociétés lointaines) ; mais c'est aussi la voie obligée de la sociologie en général, puisqu'on ne peut identifier ses propres caractéristiques sans les distinguer de ce qui n'est pas elles.

La seconde voie est celle de l'histoire qui met en regard – qu'elle le dise ouvertement ou non – l'autrefois et le maintenant. À la place du couple informateur-ethnologue, on trouve ici celui du témoin et de l'historien. Le premier a vécu l'événement de l'intérieur, mais il n'en connaît qu'une petite partie ; le second a une vue d'ensemble, mais lui manque la saisie intuitive de l'expérience. Or les deux sont nécessaires : il faut savoir conjuguer « la grande lumière blanche de l'enquête historique, qui illumine de toutes parts les reliefs et les couleurs, avec l'obscur rayon de l'expérience qui traverse les épaisseurs de la matière. Non pas la seule raison, non pas la passion seule, mais l'une et l'autre ensemble, unissant leurs insuffisantes clartés » (p. 231).

La connaissance du passé est indispensable à l'action dans le présent, tout en lui restant subordonnée. D'une part, « on ne prépare pas l'avenir sans éclaircir le passé » (p. 222), c'est pourquoi la connaissance du monde, le discernement, doit précéder le jugement qui oriente la pratique elle-même. En ce sens, chacun de nous est investi d'un « devoir de vérité » (p. 400). C'est cette manière de préparer l'action qui, à en croire l'expérience de Germaine Tillion, lui assure les plus grandes chances de succès. C'est bien ainsi qu'elle a procédé elle-même, appliquant à la situation dramatique dans laquelle elle s'est trouvée immergée les leçons apprises au cours de l'enquête ethnologique antérieure. « Mon expérience dans l'Aurès, dit-elle, m'avait appris à regarder tous les problèmes politiques comme des objets. Lorsque je me suis retrouvée en 1940 en France, et ensuite à Ravensbrück, j'ai gardé cette façon de voir chaque chose, même la pire, comme un objet à analyser » (p. 402). D'autre part, l'éclaircissement lui-même se justifie par la construction de ce présent et de cet avenir : il ne s'agit pas de régler des comptes avec le passé, mais d'apprendre à mieux vivre aujourd'hui.

Que les résultats de la connaissance doivent être mis au service de l'action n'autorise cependant personne à prendre des libertés avec ce qu'il tient pour la vérité – il risque, sinon, de faillir à son devoir humain. À plus forte raison, c'est là une obligation absolue pour tous ceux qui, comme Germaine Tillion, « ont choisi ce qu'on appelle une “carrière scientifique” » : ils sont tenus, en toutes circonstances, de respecter la vérité. C'est pourquoi, si on lui suggère que ses constats sur la misère en Algérie pourraient inspirer une mauvaise politique, elle ne peut que répliquer : je n'ai pas dit ce que j'ai dit parce que cela m'arrangeait ou parce que cela arrangeait quelqu'un d'autre, je l'ai dit « parce que c'était vrai » (p. 290).

Cette exigence rigide de vérité se manifeste dès le premier texte recueilli ici, un tract rédigé en 1941. Les circonstances de son écriture sont particulièrement significatives : dans la clandestinité, Germaine Tillion s'adresse à ses compatriotes privés de toute source fiable d'information. La radio de Vichy comme celle des Allemands mentent, bien sûr, mais radio Londres et la radio suisse ne peuvent non plus être prises à la lettre : chacun se soucie trop évidemment de son intérêt. Or la vérité est indispensable. Germaine Tillion s'engage donc solennellement, dans son tract, à ne jamais travestir la vérité, même si celle-ci dessert en apparence les intérêts de son pays, pour lesquels elle se bat. Ce à quoi appelle sa parole, c'est à « une sévère discipline de l'esprit », c'est à se défier de l'enthousiasme comme de la haine. S'il fallait choisir entre la cause qui lui est la plus chère en ce moment, la défense de la patrie, et le devoir de vérité, elle opterait pour ce dernier, « car notre patrie ne nous est chère qu'à la condition de ne pas devoir lui sacrifier la vérité » (p. 81).

Dix ans plus tard, elle se retrouve dans une situation analogue. Le déchirement, cette fois-ci, se situe entre la solidarité avec une partie des camarades de Ravensbrück, anciennes déportées, et la vérité qui exige, à ce moment, de révéler les informations sur les camps de concentration qui prolifèrent en URSS ou en Chine. Une de ces anciennes camarades, communiste comme bon nombre d'entre elles, lui reproche son engagement dans la commission d'enquête de David Rousset ; Germaine Tillion répond : « Je crois, hélas, que les camps de concentration existent en URSS, et que les gens y meurent par milliers, dans une misère et un désespoir sans nom. » À partir de là, toutes les considérations sur les mauvais usages possibles de la vérité deviennent superflues. « Je ne peux pas dire qu'une chose n'est pas vraie, quand je pense qu'elle est vraie. » Ce respect absolu de la vérité l'emporterait même sur l'attachement le plus puissant. « Si je trouve quelque chose de mal fait par mon propre pays, de toutes mes forces j'essaierai de l'empêcher. Pourquoi veux-tu que je fasse pour l'Union soviétique plus que je ne ferais pour la France ? » (p. 212)

Tel est le premier principe dont se réclame Germaine Tillion. Mais « dire le *vrai* ne suffit pas, il faut aussi dire le *juste* » (p. 194). Qu'est-ce que le juste ? Il ne faudrait pas réduire ce principe à l'action des tribunaux. Germaine Tillion a éprouvé déjà une grande déception au moment du procès des gardiens de Ravensbrück. Le procès a bien eu lieu, quinze personnes ont été condamnées, dont onze à mort ; ce n'est pas la bonne volonté qui a manqué chez les juges, les policiers ou les témoins. Si déception il y a, c'est que la justice ordinaire n'est pas adaptée pour juger les crimes extraordinaires qui viennent de se produire. La justice juge et condamne des individus isolés, or il s'agit ici de crimes d'État, répétés d'innombrables fois par des agents qui obéissent aux lois et aux ordres. La « pauvre déesse Justice » a été « absolument débordée par les cent mille assassinats et bien obligée de leur refuser l'accès au plateau » (p. 178).

D'un autre côté, la justice outrepasse facilement son rôle, qui est de protéger la société de ceux qui la menacent, et empiète sur la responsabilité tantôt des historiens – qui est de contribuer à l'établissement de la vérité –, tantôt des prédicateurs qui délivrent des leçons de morale. C'est pourquoi aussi Germaine Tillion envisage sans enthousiasme la tendance actuelle qui veut instruire les crimes commis il y a quarante, voire soixante ans. Fallait-il juger Barbie ? Germaine Tillion hésite là-dessus, mais rappelle que, de toutes les façons, l'essentiel est moins de punir les criminels aussi longtemps après les faits que « de réfléchir au crime lui-même. Pour hier mais aussi pour demain » (p. 152) : la justice doit aider dans le présent plus qu'elle ne doit chercher à corriger le passé. Est-il scandaleux que Barbie ait trouvé un avocat ? Seule la question peut être jugée scandaleuse, ceux qui croient se situer du côté du bien oubliant aussitôt le plus élémentaire droit de l'homme. Fallait-il mettre Papon en prison ? Germaine Tillion ne le pense pas : « Il est aujourd'hui le seul à expier pour tous les fonctionnaires de Vichy. Je trouve cela pénible » (p. 388). Qui menace-t-il aujourd'hui ? « Je déteste qu'on enferme les gens sans être obligé » (p. 401). Cette incarcération sert-elle à éclairer les jeunes générations ? Mais, comme le dit Germaine Tillion avec son sens de la litote, « la justice n'est pas faite uniquement pour qu'une vieille génération enseigne pédagogiquement un fragment d'histoire à la jeunesse ». Faut-il poursuivre en justice les tortionnaires appartenant à l'armée française, du temps de la guerre d'Algérie ? Germaine Tillion, qui a combattu la torture dans les années cinquante, qui s'est associée à l'appel récent de plusieurs personnalités pour que l'usage de la torture par l'armée soit officiellement reconnu et condamné par le gouvernement, ne le pense pas : « On doit condamner la torture, mais on ne doit pas condamner les gens » (p. 388).

Aspirer à être juste ne signifie pas non plus qu'on se considère comme chargé d'une mission, celle de faire la morale aux autres. Celui qui s'y adonne implique que lui-même n'a rien à se reprocher ; or « le pire groupe humain est celui qui se trouve parfait » (p. 43). Pour cette raison, Germaine Tillion a décidé une fois pour toutes de ne donner de leçons ni en morale ni en politique ; elle n'aime pas non plus signer à tour de bras des pétitions ou des appels. Sa réponse à Simone de Beauvoir en 1964, qu'on trouve dans *Les ennemis complémentaires*, est révélatrice à cet égard. L'intellectuelle parisienne lui reproche de ne pas être embrigadée pour ce qu'elle considère comme la juste cause ; l'ancienne résistante lui répond qu'elle a défendu, non une cause, mais des personnes, et que ses réactions sont le résultat d'une connaissance approfondie de la situation. Elle ajoute, toujours sur le mode de la litote : « À mon avis, l'expérience n'est pas inutile pour guider l'imagination – tout au moins quand on sort de soi-même » (p. 728).

Le *juste* auquel aspire Germaine Tillion se ramène en fin de compte à une idée : celle de la valeur irréductible de l'individu humain. Même si l'on est obligé, pour les besoins de la connaissance, de classer les personnes selon leur origine, classe, profession, conviction, lorsqu'il s'agit d'un jugement, l'on doit partir du principe que l'individu n'est réductible à aucune catégorie. Germaine Tillion fait la découverte de cette exigence après sa libération de Ravensbrück en ressentant douloureusement la différence entre chaque souffrance et mort particulière, et leur intégration dans une statistique. « Nous savons bien que chaque agonie a été individuelle, qu'elle a été personnellement le lot amer d'une seule femme. Cent mille fois » (p. 176). C'est bien pourquoi rappeler devant les tribunaux quelques cas et considérer qu'ils valent pour tous n'a pas de sens. Mais cette unicité irréductible ne vaut pas seulement pour la mort, elle concerne la vie aussi ; c'est pourquoi Germaine Tillion relègue à l'arrière-plan toutes les autres classifications des êtres humains au profit d'une seule : les individus à qui on peut ou ne peut pas faire confiance. En déportation déjà, dit-elle, « on s'est rendu compte que la valeur personnelle n'a rien à voir avec une catégorie. Ce qui est important, c'est de pouvoir compter sur quelqu'un, ce que j'appelle la fiabilité » (p. 403).

Ce principe éthique appris au camp, Germaine Tillion l'appliquera dorénavant en toutes circonstances. C'est pourquoi elle n'adhère à aucun parti, à aucune idéologie, si ce n'est celle qui lui fait se soucier des individus plus que de leurs appartenances politiques ou nationales. « Les causes sacrées ne sont pas éternelles. Ce qui est éternel (ou presque), c'est la pauvre chair souffrante de l'humanité » (p. 210). Et c'est bien pourquoi, au cours de la guerre d'Algérie, elle refuse de choisir parmi ceux qu'il faut sauver, comme le lui recommandent les donneurs de leçons habituels. Elle se contente de protéger et de sauver : « J'ai sauvé délibérément tous ceux que j'ai pu, Algériens et Français de toutes opinions. » L'armée française tue au nom de la défense de la patrie, les combattants algériens tuent au nom de la liberté et de l'indépendance ; ce ne sont pas moins, de part et d'autre, des êtres humains particuliers qui périssent. « Vous vous battez passionnément contre un monstre (le colonialisme, monstre sans visage), mais dans une ville *réelle*, et même une assez petite ville, une ville du Midi où tout le monde se connaît… *Pratiquement*, ce n'est pas au colonialisme que la bombe arrache la tête ou un membre, c'est à votre ancien camarade de jeu qui dansait avec sa fiancée (elle, vivante, les jambes coupées ; lui, mort). Ou bien à une petite fille qui promenait sa poupée. Ou encore à une vieille femme qui ressemblait à votre grand-mère… » (p. 726).

Si être libéral, c'est faire de l'individu une valeur, alors elle est une libérale. Ce principe s'applique même à ceux qui, dans le passé, ont menacé la vie des autres et qui sont, dans le présent, poursuivis par la justice des tribunaux : il faut toujours savoir « distinguer le crime du criminel » (p. 51), être sans pitié envers les méfaits et avoir pitié de ceux qui les commettent. On ne peut vraiment pardonner le mal qui a détruit définitivement une vie, irremplaçable ; mais on peut éprouver de la compassion même pour ceux qui l'ont accompli.

Trois adversaires

La souffrance passée n'est pas forcément bonne conseillère : l'humiliation vécue peut nous amener à vouloir l'infliger à d'autres, la violence qu'on a subie peut nous pousser à devenir violent à notre tour ; du reste, les enfants des victimes, à qui l'idée de l'humiliation subie par leurs parents est insupportable, peuvent être encore plus intransigeants que les victimes elles-mêmes. Les anciens déportés méritent réparation, ils n'ont pas acquis pour autant le privilège de l'infaillibilité. De surcroît, leur expérience traumatisante leur impose un devoir : celui d'en partager les leçons avec les autres, et donc d'intervenir dans les situations nouvelles où d'autres qu'eux sont maintenant victimes. C'est pour cette raison que David Rousset, revenu de Buchenwald en 1945, engage en 1949 un mouvement en faveur des détenus qui n'ont toujours pas été libérés, ceux des camps soviétiques ; son appel est spécifiquement adressé aux autres anciens déportés. Germaine Tillion écrira, au nom de sa propre Association : « Nous ne pouvions pas nous désintéresser du sort de ceux qui souffraient ce que nous avions souffert » (p. 203). Elle vivra toujours cet appel à aider les autres comme une obligation n'admettant aucune exception. En trois occasions elle mettra en œuvre les principes du vrai et du juste auxquels elle croit, et elle observera leur interaction. Elle s'engagera en effet dans trois combats de longue haleine : contre le totalitarisme, contre la misère et contre la violence pendant la guerre d'Algérie.

Le totalitarisme auquel elle se heurte d'abord a les traits du nazisme allemand : à la fois un envahisseur étranger et un régime inhumain. Les éléments du vrai, sa connaissance de l'ordre nazi, interviennent ici à plusieurs moments. Tout d'abord au camp de Ravensbrück où les habitudes acquises dans le travail ethnologique lui permettent de mieux comprendre la situation dans laquelle elle est plongée ; or la compréhension, même si elle ne suffit pas pour vous sauver, contribue à vous protéger. Ayant elle-même expérimenté cette protection, Germaine Tillion décide de la partager avec ses camarades ; elle trouve l'occasion pour les réunir et leur faire « un véritable cours d'université » (p. 43) sur la structure et les fonctions d'un camp de concentration ; ses auditrices lui racontent après coup qu'elles en ont éprouvé un véritable réconfort.

Après sa libération, Germaine Tillion recueille scrupuleusement toutes les informations disponibles sur chacune des déportées, sur chacun des résistants qu'elle a côtoyés. Elle s'en servira dans le travail administratif qui lui incombe, et qui lui permet d'aider ses camarades à obtenir une pension ou simplement la reconnaissance de ce qu'ils ont accompli : Germaine Tillion accumule des centaines de dossiers dont chacun rassemble des centaines de petits faits vrais (on lira plus loin quelques exemples des notices qu'elle constitue alors). Mais le même souci du *vrai* peut servir la cause du *juste* d'une autre manière encore : lorsque le commandant de Ravensbrück est arrêté, Germaine Tillion envoie au tribunal une déposition accablante de rigueur (c'est une condamnation à mort qu'elle n'a jamais regrettée).

Les exigences de vérité et de justice s'entremêlent dans la suite du travail de Germaine Tillion sur l'expérience nazie. Il ne s'agit plus de punir les bourreaux ni d'aider les victimes au moyen d'informations précises, mais d'approfondir la connaissance de ce mal passé pour être capable d'en prévenir la réapparition, sous une autre forme, dans le présent. Sa longue expérience du sujet l'amène à souhaiter qu'aucun segment du passé ne soit isolé des autres, même si ceux qui l'ont vécu ont tendance à le percevoir comme différent de tout le reste et sans rapport avec lui, autrement dit à le sacraliser. Les camps de concentration nazis, les « instituts » d'euthanasie et les camps d'extermination ne doivent pas être analysés « par tranches séparées, comme c'est actuellement le cas » (p. 196), mais comme les différentes facettes d'un seul et même projet. Ce travail d'étude et d'interprétation doit être poussé aussi loin que possible, même s'il restera toujours une part de mystère dans un comportement humain aussi extrême que celui des bourreaux nazis. Après avoir consacré une bonne partie de sa vie à l'analyse du phénomène nazi, Germaine Tillion doit admettre : « Au fond, nous ne savons pas ce qu'est le mal extrême » (p. 53), « je ne me l'explique pas » (p. 42). Avant de toucher cette ultime limite, elle est parvenue néanmoins à en comprendre des pans entiers, et à nous les faire comprendre.

Germaine Tillion se confronte à l'autre visage du totalitarisme, le communisme soviétique, quelques années plus tard, lorsqu'elle participe à la Commission animée par David Rousset, qui enquête sur tous les régimes concentrationnaires. Ce combat n'est pas de tout repos : les enquêteurs sont en butte aux sarcasmes et calomnies d'une grande partie de l'intelligentsia de gauche, comme de bon nombre de leurs camarades de Résistance et de déportation. De plus, les membres de la Commission ne disposent d'aucune force, ni militaire, ni diplomatique, ni politique ; ils n'ont à leur disposition qu'une arme unique : la vérité sur ces régimes, qu'ils cherchent à établir et à faire connaître aussi largement que possible. Germaine Tillion contribue donc, parmi d'autres, à réunir une information sûre et précise, à affûter les concepts qui permettront de l'analyser.

L'expérience de Ravensbrück conduit encore Germaine Tillion dans son second combat, celui contre la misère extrême. Il en va de même de ses camarades de camp qui, comme Geneviève de Gaulle-Anthonioz, luttent contre la pauvreté du quart-monde : d'avoir vécu dans un camp vous met de plain-pied avec les plus démunis et vous incite à les aider. Germaine Tillion se consacre à ce second engagement à deux reprises : lors de son retour en Algérie de 1954 à 1957 ; et après la fin de la guerre en 1962.

La méthode Tillion consiste, une fois de plus, à s'informer d'abord aussi complètement que possible. D'où vient la misère du tiers-monde et, par exemple, celle des paysans algériens ? Pourquoi se sont-ils appauvris entre 1934 et 1954 ? C'est l'effet de la rencontre entre le pot de fer et le pot de terre. L'économie de subsistance qui a été celle des habitants de l'Aurès s'est effondrée au contact avec l'économie européenne, introduite par l'État colonial. Les conséquences les plus faciles à observer se situent sur le plan démographique : l'hygiène, les vaccinations, les antibiotiques ont permis de diminuer la mortalité infantile. Cette influence extérieure se conjugue avec l'effet toujours présent de la tradition : les mères n'obtiennent une garantie pour leur sécurité qu'à travers leurs fils, les pères ne préservent leurs biens que grâce à leurs descendants mâles ; il faut donc s'assurer de la naissance d'un ou de plusieurs garçons. Résultat, la population augmente rapidement, or les ressources stagnent ; la terre sèche ne peut plus nourrir tout ce monde. Une partie des paysans s'exile à la ville, mais ils sont mal adaptés à la vie citadine car ils manquent de qualification ; par conséquent, ils s'entassent dans les bidonvilles ; cette pauvreté nouvelle sera désignée par Germaine Tillion comme la *clochardisation*. Des transformations parallèles se produisent sur le plan économique : la construction de routes, l'arrivée de produits manufacturés contribuent à détruire l'ancien équilibre sans parvenir à en instaurer un neuf.

Si telle est la vérité de ce monde, comment faire pour y introduire un peu plus de justice et faciliter la survie de la population ? Il faut d'abord que cesse l'augmentation rapide du nombre : nécessité du contrôle des naissances. Il faut, de plus, que les filles puissent se procurer des ressources par elles-mêmes, afin de devenir aussi précieuses pour les familles que les garçons. Il faut enfin que les uns et les autres reçoivent une qualification plus poussée, qui les rende capables de travailler dans le monde moderne. En un mot, il faut agir non tant sur les effets (distribuer une aide aux plus démunis) que sur les causes, et donc ici sur les relations familiales, en rendant les femmes plus autonomes, en permettant à tous – filles et garçons – de poursuivre des études avancées. « Une société qui écrase les femmes, dit Germaine Tillion, se condamne elle-même à mort » (p. 69), c'est pourquoi ce sur quoi il faut essayer d'agir d'abord, c'est le statut de la femme. Ce n'est pas un hasard si elle a choisi, pour la couverture de la dernière édition de *Le Harem et les Cousins*, une de ses propres photographies montrant une petite fille de l'Aurès algérien : l'avenir de son pays est entre ses mains.

Heureusement, l'une des tendances historiques profondes de notre temps va dans un sens positif et contribuera au contrôle des courbes démographiques : c'est le culte de l'enfant, donc le souci de lui assurer les meilleurs soins médicaux, le meilleur confort, la meilleure éducation. En effet, on ne saurait satisfaire cet idéal si la famille est trop nombreuse. « C'est cette exigence de l'enfant – exprimée par la mère – qui règle les démographies. Bien plus que la pilule » (p. 347). Il faut donc se réjouir de cette tendance, et encourager aussi tout mouvement d'émancipation des femmes – non tant par féminisme que par humanisme, par un souci pour le sort de l'humanité : le destin des hommes dépend à son tour, lui aussi, de celui des femmes. Cette émancipation devra du reste être l'affaire du pouvoir d'État, habituellement entre les mains de la moitié masculine de l'humanité ; elle aura même à se faire contre la volonté de la plupart des femmes qui, contrairement au cliché répandu qui les présente comme d'éternelles victimes, trouvent leur avantage dans la structure présente : « Les femmes s'accommodent assez bien de leur situation, puisqu'elles peuvent accaparer leurs enfants, gâter abominablement leur fils aîné, rester souveraines chez elles. Elles semblent préférer un système qui les marginalise collectivement tout en favorisant chacune d'elles individuellement » (p. 69).

Il existe aussi un grand moyen pour faire évoluer les structures et donc combattre l'extrême pauvreté : c'est l'éducation. Un diplôme d'études est un meilleur héritage qu'un morceau de terre stérile ou quelques chèvres faméliques. C'est pourquoi en 1954, dès qu'elle a pu observer la situation en Algérie, Germaine Tillion conçoit une action pouvant y remédier : ce qu'elle appellera les Centres sociaux.

Ce sont des lieux consacrés à l'éducation, dont le principe est qu'ils s'adressent à tous : aux habitants des villes mais aussi à ceux des hameaux les plus reculés ; aux garçons mais aussi aux filles ; aux enfants mais aussi aux adultes illettrés. Germaine Tillion rêve de couvrir l'Algérie d'un réseau dense de ces Centres qui permettraient à l'éducation du pays de faire un bond. Elle recrute à cette fin des enseignants de toute origine, Algériens musulmans, « pieds-noirs » ou métropolitains, elle élabore des programmes et obtient des crédits.

Après que l'Algérie est devenue indépendante, Germaine Tillion continue d'enquêter et de conseiller divers organismes internationaux qui se consacrent à la lutte contre la misère. Tout au long de ces années, elle a aussi un autre souci : éliminer les restes du système esclavagiste. Car l'esclavage a beau être aboli partout, les esclaves existent toujours, dans plusieurs pays d'Afrique notamment. Là aussi, plutôt que de se contenter de pousser des cris d'indignation, elle commence par étudier les faits en profondeur : pourquoi les esclaves ne quittent-ils pas leur maître, alors que la loi le leur permet, et même le leur impose ? Ce n'est qu'après avoir progressé dans cette voie de mise au jour de la vérité qu'on pourra trouver les remèdes appropriés.

En France même, une fraction de la population souffre d'une autre forme de misère : il s'agit de la population des prisons. Ayant découvert leur réalité en 1942, ayant souffert des « punaises bien françaises » dont l'existence ne la dérangeait nullement tant qu'elle vivait en liberté, Germaine Tillion décide, une fois revenue de déportation, de ne plus cesser de s'intéresser aux conditions de vie carcérale. Vite devenue visiteuse de prison, elle continue à ce jour d'envoyer des colis aux prisonniers… Mais elle profite aussi d'un passage au cabinet du ministre de l'Éducation nationale pour proposer son remède favori contre la misère : c'est, une fois de plus, de rendre l'éducation dans les prisons accessible à tous. Grâce à ses efforts, on peut aujourd'hui en France, en étant prisonnier, poursuivre des études normales : on peut entrer en prison illettré et (pour peu qu'on y reste suffisamment longtemps) en sortir docteur d'État.

Les Centres sociaux apparaissent à Germaine Tillion comme une réponse appropriée au problème algérien de grande misère en 1954 ; mais, au début de 1957, lorsque le gouvernement remet les pouvoirs de police entre les mains de l'armée, le conflit prend une autre tournure, la guerre s'intensifie, les attentats contre la population civile, d'une part, la torture, les massacres et les exécutions capitales, de l'autre, s'appellent mutuellement. À leur tour, les animateurs des

Centres sociaux seront attaqués par tous les extrémistes, car ne s'enrôlant pas clairement au service de l'un des deux partis ; certains seront torturés par l'armée française, d'autres exécutés par l'OAS. Germaine Tillion elle-même s'engage maintenant dans son troisième combat : contre la violence. Un combat à la fois perdu et gagné : elle ne peut empêcher que le sang coule des deux côtés, mais elle peut sauver des vies individuelles ; or chaque vie a un prix inestimable.

La position de Germaine Tillion dans ce conflit est bien particulière. Son travail d'ethnologue l'a amenée à connaître de près la population musulmane d'Algérie, arabe et berbère ; cette fréquentation, qui a duré des années, a créé des liens de sympathie, de confiance, d'amitié. Son attachement à la vérité ne lui permet pas de douter que cette population est maltraitée, humiliée, traquée, torturée. Son expérience de déportée détermine encore sa réaction. « C'est la prison qui m'a rendue sensible aux épreuves du peuple algérien », dit-elle en 1961 dans un entretien accordé à la revue tunisienne *Faïza*. « Parce que j'avais éprouvé les chagrins, les humiliations qu'il a connus, j'ai compris les épreuves qu'il a traversées. » Pourtant, les craintes des Français d'Algérie, elle peut les comprendre également. Elle se trouve ainsi encombrée de devoirs qui la tirent en sens opposés : le patriotisme et la justice, la solidarité avec les siens et le droit des peuples à l'indépendance, la compassion pour les victimes présentes et celle pour les victimes futures. S'associera-t-elle à « ceux qui servent leur pays » ou à « ceux qui obéissent à leur conscience » (p. 289) ? Elle choisira de ne pas choisir : de sauver le maximum de personnes de la mort et de la torture, sans leur demander au préalable leur obédience politique. « Je refuse de tuer l'un pour sauver l'autre » (p. 69). Peu de personnes choisiront cette voie étroite ; Albert Camus sera l'une d'entre elles.

Son action contre les attentats frappant aveuglément la population civile française s'engage à l'improviste : ce sont les chefs militaires du FLN à Alger qui demandent de la rencontrer ; son rendez-vous mémorable avec Yacef Saadi a lieu en 1957. Et les attentats s'arrêtent, au point que la presse française d'Alger s'inquiète : que cache cette accalmie ? Mais il aurait fallu qu'en contrepartie cessent les exécutions capitales et la torture, or Germaine Tillion ne peut l'obtenir des dirigeants français. De plus, Saadi lui-même est arrêté peu après ; donc les attentats reprennent. La trêve n'aura duré que trois mois. Mais trois mois, ce sont un certain nombre de vies humaines sauvées : le jeu en valait la chandelle.

Germaine Tillion est mise au courant des pratiques de torture dès le début de la « bataille d'Alger », en janvier 1957, car plusieurs collaborateurs des Centres sociaux seront torturés. Elle se tourne alors vers David Rousset et la Commission internationale qu'anime celui-ci ; ensemble, ils décident d'envoyer une équipe d'enquête dans les prisons et camps d'internement en Algérie. Le gouvernement français accepte l'idée ; Germaine Tillion fait partie de l'équipe. « Au cours de cette enquête, j'avais acquis la certitude (avec quelle honte ! avec quelle douleur !) de l'emploi quasi général de la torture » (p. 267). Les résultats de l'enquête seront adressés au gouvernement français et publiés ; la torture ne s'arrêtera pas pour autant. Germaine Tillion aura plus de succès en obtenant le transfert de tel ou tel prisonnier : des mains de l'armée entre celles de la justice, des lieux de détention en Algérie aux prisons en France.

L'ancienne résistante, qui a eu le malheur de voir ses camarades arrêtés et exécutés, n'a pas une vue abstraite de la mise à mort ; elle sait que son effet est irrémédiable. C'est pourquoi elle rassemblera toute son énergie pour tenter d'arracher à l'échafaud un condamné, puis un autre, puis un autre encore. Elle profite sans scrupule de toutes ses relations : nombre d'anciens résistants et déportés sont devenus des figures politiques importantes, d'autres, tel Camus, jouissent d'une grande notoriété (or elle a tous ses numéros de téléphone et peut l'appeler à n'importe quelle heure du jour et de la nuit, pour qu'il intervienne à son tour). L'un de ces morts en sursis est justement Yacef Saadi, que ses geôliers aimeraient bien exécuter ; Germaine Tillion témoigne à décharge à son procès en racontant leur rencontre clandestine et la promesse qu'il lui avait faite d'arrêter les attentats. Entre son cou et la guillotine, il n'y a que la parole de Germaine Tillion et son récit consigné, « ces quelques pages que Mme de Beauvoir "mettait en pièces, en dînant" ». Saadi sera épargné. Beaucoup d'autres seront quand même exécutés ; pourtant, Germaine Tillion pourra dire rétrospectivement : « J'ai essayé sans cesse de sauver des vies – françaises et algériennes – et j'en ai sauvé beaucoup » (p. 267).

Multiplicité et unité

Soixante ans d'engagement sur la place publique est une longue période, or Germaine Tillion n'a jamais voulu restreindre sa curiosité ni s'en tenir à un seul centre d'intérêt. Est-ce la multiplicité ou l'unité qui frappe quand on embrasse du regard son parcours entier ? Il faut bien constater qu'elle a évolué sur certains points. Pendant la Deuxième Guerre mondiale, elle est animée par le patriotisme plus que par un souci de justice abstraite, ce qui l'amène à condamner en bloc les Allemands, tous laids, tous bêtes, tous méchants. « Lorsque, en 1940, ils occupèrent mon pays, j'avoue les avoir considérés, eux et leurs boniments, à travers les vitres un peu dépolies de la malveillance – mais il y a vingt ans de cela, pendant lesquels je n'ai pas cessé de nettoyer mes hublots » (p. 216). C'est ce « nettoyage » qui l'amènera, notamment, à réécrire son *Ravensbrück* à trois reprises. Au retour de déportation, ses écrits témoignent d'une intransigeance qui s'atténuera par la suite ; sans jamais choisir entre justice et compassion, avec le passage du temps elle accorde une place un peu plus grande à celle-ci, plus petite à celle-là. Mais, pour l'essentiel, Germaine Tillion est restée la même : tout est parti de cet immense péril qu'a constitué l'invasion nazie, tout par la suite sera examiné à la lumière de l'expérience qu'elle en a acquise.

Cela ne veut pas dire que l'attitude reste toujours la même : les circonstances changent, et puisque Germaine Tillion veut toujours partir de la recherche scrupuleuse et impartiale de la vérité, ses réactions changeront aussi. Ainsi pour la question de l'éducation. Germaine Tillion revient de déportation hantée par une question, qu'elle formulera plus tard ainsi : « Comment un peuple plus éduqué que la moyenne avait pu sombrer dans une telle démence ? » (p. 63-64). Il y a là, en effet, une anomalie troublante pour tout disciple des Lumières, puisque celles-ci nous enseignent que l'éducation est la voie royale de la libération des hommes. Or, cette fois-ci, l'éducation a engendré la barbarie, non la civilisation. C'est cette énigme que tentera de cerner son livre *Ravensbrück*. Quelle conclusion fallait-il tirer de cet épisode tragique de l'histoire ? On sait que certains penseurs et écrivains, au lendemain de la Deuxième Guerre, n'ont pas hésité à conclure que c'étaient bien les Lumières qui avaient conduit, par une dialectique perverse, aux méfaits des régimes totalitaires, deux siècles plus tard. L'éducation, du même coup, a perdu beaucoup de son prestige.

Or voici que, revenue en Algérie en 1954, Germaine Tillion constate l'état déplorable de la population et, à la question de savoir comment l'améliorer, elle n'envisage qu'une seule réponse : par l'éducation. Elle se consacre donc à la création des Centres sociaux. On a vu que c'était aussi sa réaction à la misère ailleurs dans le tiers-monde, ou encore dans la population carcérale. Germaine Tillion n'a pas ignoré la situation de l'Allemagne au cours de la Deuxième

Guerre mondiale, mais elle n'a pas voulu la confondre avec celle de l'Algérie. Elle sait maintenant que l'éducation ne suffit pas pour prévenir tout désastre; cela ne la rend pas moins nécessaire pour autant. L'éducation ne produit pas toute seule des êtres moralement et politiquement supérieurs; mais là où il faut faire face à l'extrême misère, liée elle-même à une démographie débridée, acquérir les premiers éléments du savoir est indispensable. Les femmes parviendront alors à contrôler la naissance des enfants, les hommes apprendront de nouveaux métiers. L'éducation permet de combattre certains maux, elle est impuissante devant d'autres, il faut savoir distinguer.

Il en va de même des deux guerres auxquelles elle s'est trouvée mêlée, Deuxième Guerre mondiale et guerre d'Algérie. On sait que de nombreuses personnes ont vécu l'une dans la continuité de l'autre. Beaucoup de résistants, à la fin de la guerre en 1945, s'engagent dans l'armée française; certains se retrouvent à la tête de différentes unités, en Indochine en 1953, en Algérie en 1954. Ils ont l'impression de continuer le même combat: défendre la patrie; ils sont prêts à tout sacrifier pour la victoire. Ils obéissent à un devoir de mémoire: la patrie ne doit pas être humiliée une nouvelle fois, cette fois-ci ils seront les plus forts. Au nom d'une guerre qu'ils croient juste, les anciens résistants devenus chefs des parachutistes tuent, torturent et brûlent les champs de l'ennemi.

Est-ce à dire alors que les rôles sont simplement inversés, les Français jouant maintenant celui des Allemands, et les Algériens, celui des Français? On sait que, dès 1947, Camus est prêt à le dire devant tel ou tel fait: «Nous faisons, dans ces cas-là, ce que nous avons reproché aux Allemands de faire» (*Combat* du 10 mai 1947). Germaine Tillion elle-même en dit autant quand elle est confrontée à l'usage systématique de la torture. Mais les mêmes faits n'ont pas forcément la même signification: «On ne doit pas confondre les atrocités commises dans la panique du danger immédiat avec les exterminations planifiées du nazisme» (p. 195). La situation n'est ni la même, ni simplement inverse; c'est bien pourquoi il faut, avant tout, tâcher de la connaître. Il est donc parfaitement possible de rester attentif aux différences entre les deux moments historiques et de constater en même temps que les mêmes mécanismes psychologiques et sociologiques sont à l'œuvre ici et là, ou de s'inspirer des mêmes principes moraux.

D'un même événement initial – la Résistance – Germaine Tillion tire une tout autre leçon que les résistants convertis à la chasse aux fellagas : elle s'attache aux individus plus qu'aux mots d'ordre collectifs. De ce fait, ses réactions ne seront pas identiques ici et là. En 1940, Germaine Tillion n'hésite pas un jour, pas un instant même, avant de se lancer dans la Résistance : il s'agissait, dit-elle, d'« un ennemi totalement insupportable » (p. 404). En 1957, face aux habitants de l'Algérie, « pieds-noirs » et musulmans arabes ou berbères, elle se sent « incapable d'en maudire ou d'en injurier une catégorie quelconque » (*Les Ennemis complémentaires*), car elle comprend les uns et les autres, compatit avec les uns et les autres, plaint tous ceux qui risquent de souffrir. À la place de l'ennemi « totalement inacceptable », elle voit maintenant, comme le dit le titre de son livre consacré à la guerre d'Algérie, des « ennemis complémentaires ». Elle ne s'engage donc pas du côté du FLN (elle ne portera pas de valises), ni du côté de « l'Algérie française », mais essaiera d'abord de sauver des vies humaines. Une fois de plus, les leçons de la guerre précédente servent, mais non de manière automatique.

Germaine Tillion nous initie donc à un usage bien particulier de la mémoire. D'une part, elle évite la tentation de sacraliser le passé, c'est-à-dire de maintenir l'événement qu'elle a connu dans un isolement splendide, de le considérer comme incomparable avec ce qui s'est passé ailleurs ou depuis, de percevoir comme un sacrilège toute mise en relation entre lui et le reste du monde. Le passé est appelé à servir, non à être cultivé pour lui-même. Mais, d'autre part, elle échappe aussi au travers de la banalisation : les événements ne se répètent pas, on ne peut simplement projeter les attitudes du passé sur le présent, sans interroger les grands principes qui devraient toujours guider nos pas, justice et compassion.

La vie au camp de concentration a appris à Germaine Tillion qu'il existe un espace vital absolument nécessaire à la survie ; que la privation d'espace est plus grave encore que la faim, le froid ou les coups. « Dans le block où les prisonnières couchaient deux par lit, la mortalité était très élevée, mais en rapport avec la moyenne de mortalité du camp ; dans les blocks où les prisonnières couchaient trois ou quatre par lit, la mortalité était absolument effrayante » (p. 186). Or cette leçon trouve une pertinence nouvelle quand on pense à la surpopulation dans certains pays du monde, même si le cadre politique est entièrement différent. « L'agressivité humaine croît en proportion de la densité. Or la densité humaine est croissante, à un rythme jusqu'ici absolument inconnu sur la terre » (p. 47). Il y a donc, là aussi, et par-delà les oppositions évidentes, une continuité profonde.

Le long parcours de Germaine Tillion ne lui a pas apporté que des joies. Des hommes et des femmes merveilleux ont péri dans la Résistance ou dans les camps, d'autres ont vu leur vie brisée. La guerre d'Algérie – à la différence de l'indépendance de l'Algérie – était évitable, et avec elle la multitude de souffrances et de rancunes dont les deux peuples, français et algérien, continuent de pâtir. Les pauvres du monde sont tous les jours plus nombreux et plus pauvres. Les passions bien plus que les leçons de sagesse de Germaine Tillion meuvent les foules. À la lire, on ne découvre pas pourtant une personne désespérée. Dans le tout premier texte recueilli ici, datant de 1941, écrit donc au lendemain de la débâcle, sans espoir de libération prochaine, on peut lire : « Nous pensons que la gaîté et l'humour constituent un climat intellectuel plus tonique que l'emphase larmoyante. Nous avons l'intention de rire et de plaisanter et nous estimons que nous en avons le droit, car nous nous sommes engagés corps et biens dans l'aventure nationale » (p. 80). Son sens de l'humour, de la dérision sans malice ne s'est jamais démenti (à Ravensbrück elle a composé une opérette sur la condition des détenues !). Il lui a permis de confronter sans trop de dégâts les épreuves que la vie lui a infligées, de tenir bon face aux nombreuses leçons de morale qu'elle a dû subir, et au lieu d'accabler ses adversaires du moment, de les inviter à se voir du dehors. Son tout dernier livre, *Il était une fois l'ethnographie*, paru en 2000, est tout entier imprégné de ce rire joyeux.

Comment s'explique cette sagesse, quelle est la recette de ce merveilleux équilibre entre lucidité et compassion ? La réponse, évidemment, est qu'il n'y a pas de recette et que l'équilibre ne s'explique pas. La conduite de chaque individu résulte d'une multitude de facteurs qui se conjuguent, s'opposent ou s'ignorent entre eux, de sorte qu'on ne peut jamais savoir à l'avance comment, face à l'extrême, se comportera cet homme, cette femme. Il y avait d'autres scientifiques, d'autres ethnologues en 1940 ; tous ne se sont pas engagés dans la Résistance. Il y avait d'autres résistants ; tous ne se sont pas juré de ne jamais sacrifier la vérité à leurs passions. D'autres déportés, qui n'ont pas lutté contre les camps en URSS ; d'autres anciens combattants qui n'ont pas refusé la violence en Algérie : on pourrait poursuivre longtemps cette énumération. Il se trouve que des événements dramatiques ont amené Germaine Tillion à opérer des choix, et que ces choix l'ont ensuite orientée dans une certaine direction. Il se trouve que Germaine Tillion a traversé la vie en gardant une humanité peu commune.

Sans rien expliquer, on peut pourtant rappeler l'événement le plus douloureux de sa vie : l'exécution de sa mère au camp de Ravensbrück, alors qu'elle-même y est enfermée, une exécution pour cause de « cheveux blancs ». N'est-ce pas la douleur la plus aiguë qui soit, celle d'assister, impuissant, à la souffrance et à la mise à mort des êtres que nous aimons ? On peut rappeler aussi que cette femme, Émilie Tillion, a été non seulement sa mère, mais aussi une personne sortant de l'ordinaire. Mieux que les souvenirs des survivantes, en témoigne une lettre qu'elle envoie quelques jours avant sa mort à une jeune fille rencontrée à Ravensbrück (lettre publiée dans le numéro spécial des *Cahiers du Rhône* consacré à Ravensbrück en 1946, puis reprise dans *Voix et Visages*, 6, 1947), dont voici un extrait :

« Ma petite fille chérie, quel moment de douceur, de calme, de charme m'apporte votre lettre ; et c'est tellement loin du climat présent qu'on en savoure mieux tout ce que cela représente et qu'on se prend à penser que certains enrichissements compensent tout le reste. L'idée des larges compensations que nous vaut notre vie présente m'a d'ailleurs toujours soutenue. En dehors des grandes, des impérieuses raisons que nous avons d'être ici, je suis convaincue que nous y trouvons un élargissement extraordinaire de notre horizon, dans tous les ordres d'idées, et des possibilités insoupçonnées. De plus, je crois que nous exagérons beaucoup l'épreuve actuelle : à force d'y penser, et surtout à force d'entendre penser les autres, nous avons fini par admettre sans examen que notre malheur est immense. Or, c'est faux… »

On ne peut s'empêcher de penser que quelque chose dans cette femme exceptionnelle et dans son destin tragique est responsable de ce que deviendra par la suite sa fille. Mais faut-il passer par des épreuves aussi terribles pour s'approcher un jour de sa sagesse ? Comme pour nous l'épargner, Germaine Tillion a laissé, tout au long de son existence, des traces écrites des questions qui l'ont agitée, et des réponses qu'elle a trouvées. Ces traces aboutissent à une œuvre, et l'on peut dire de Germaine Tillion ce qu'elle-même affirmait à la mort d'Albert Camus : « Les douleurs et les haines cesseront, ceux qui ne les oublient pas mourront aussi, et tout passe. Sauf quelques œuvres – terre commune et partagée, patrimoine sans frontières » (p. 277).

Tzvetan Todorov

Le présent recueil

Ce volume contient l'essentiel des écrits de Germaine Tillion en dehors des livres qu'elle a publiés.

N'ont pas été inclus ici :

– les textes qui, sous une forme ou une autre, ont été repris en livre ;

– les écrits strictement ethnographiques (encore que la frontière ne soit pas toujours facile à tracer). Une liste de ces écrits figure plus loin ;

– un certain nombre d'entretiens. Dans un souci d'éviter les répétitions, quelques-uns seulement ont été retenus ici.

Il faut ajouter que, pour une scientifique professionnelle, Germaine Tillion tient assez mal le compte de ses documents personnels et qu'elle ne dispose d'aucune liste exhaustive de ses publications. Il est donc possible que, malgré nos efforts, des écrits nous aient échappé.

Les textes retenus ont été répartis en quelques grandes sections thématiques, reflétant les multiples facettes de l'activité de Germaine Tillion. À l'intérieur de chaque section, les textes se suivent dans un ordre approximativement chronologique. Nous avons supprimé, ici et là, quelques mots devenus superflus par la juxtaposition des textes.

Toutes les notes appelées par des chiffres appartiennent au texte originellement publié. Les notes appelées par des lettres sont ajoutées par le présentateur afin de faciliter la compréhension. Les notices situées en tête et parfois en fin de section contiennent des informations concernant le lieu de la première publication, d'autres indications bibliographiques et des extraits de textes non retenus ici. Plusieurs écrits n'ont jamais été publiés auparavant mais proviennent des archives de Germaine Tillion.

Que soient ici remerciés tous ceux qui nous ont aidés à constituer ce recueil, en tout premier lieu les amies de Germaine Tillion, Nelly Forget et Anise Postel-Vinay, ainsi que Robert Solé, qui nous a facilité l'accès aux articles publiés par *Le Monde*, et le personnel de la bibliothèque de l'Institut d'histoire du temps présent.

Germaine Tillion a été associée à tous les stades de la constitution de ce livre, depuis sa conception et le choix des textes jusqu'à leur mise en place et annotation. Je ne l'en remercierai pas, car il est normal que l'auteur soit responsable de son travail. Je peux seulement témoigner de la grande joie que j'ai éprouvée de collaborer avec elle et de l'honneur que j'ai ressenti à bénéficier de sa confiance.

T. T.

I. VUES D'ENSEMBLE

Notice

Germaine Tillion (dorénavant GT) a accordé de nombreux entretiens, souvent lors de la parution d'un de ses livres, comme à l'occasion d'un événement particulier, tels les rebondissements du conflit algérien ou les procès pour crimes contre l'humanité ; on en trouvera quelques-uns dans les sections suivantes de l'ouvrage. Mais souvent l'entretien s'écarte de son point de départ et permet d'évoquer l'ensemble du parcours de GT. C'est le cas des dialogues réunis ici, comme des entretiens avec Jean Lacouture diffusés sur France-Culture en 1996 et qui ont été publiés en volume sous le titre La Traversée du mal *(Paris, Arléa, 1997 ; nouvelle édition, présentée par Geneviève de Gaulle-Anthonioz, en 2000).*

« Un ordre caché » a été publié dans la revue Panorama aujourd'hui *en mai 1978 sous le titre « Conversation avec Germaine Tillion : on ne peut transiger avec la vérité », p. 16-20.*

« Distinguer le crime du criminel » est paru dans L'Événement du jeudi *du 25-31 août 1988 sous le titre « Toujours distinguer le crime du criminel ». Cet entretien suit la publication de la troisième édition, remaniée, de* Ravensbrück *(1988).*

« Comprendre le mal » est extrait d'un entretien publié dans Actualité religieuse dans le monde, *le 15 mai 1991 (l'autre partie de l'entretien figure en section VII, sous le titre « Un dialogue de fond »).*

« Candides confidences » a été publié, sous le titre « Faire confiance », dans Esprit, *261, février 2000, p. 155-159, au sein d'un ensemble de textes consacrés à GT (p. 82-169).*

Pour la présente publication, GT a relu et corrigé le texte de ces cinq entretiens.

*Les deux entretiens suivants ont été réalisés à l'occasion de la parution d'*Il était une fois l'ethnographie *(2000). Le premier, « Vivre ensemble », est paru dans* Libération *du 3 février 2000 sous le titre « Camus était des deux côtés, comme moi ». Le second, « Penser à la Terre », a été publié dans* Télérama, *2617, du 8 mars 2000, sous le titre « Toute une vie pour l'Algérie ».*

Un ordre caché

À peu d'êtres il aura été donné comme à vous de vivre au creux de quelques-uns des grands drames de l'histoire récente : le nazisme, la guerre d'Algérie... Est-ce que quelque chose vous prédisposait à vivre ça ?

Pas du tout... Ma passion à moi, c'était l'ethnologie. Dès 1934, j'étais partie en mission scientifique dans l'Aurès en Algérie. D'abord pendant quelques mois avec deux collègues puis, pendant plusieurs années, seule au milieu de cette population montagnarde qui m'avait acceptée. Je vivais tantôt dans une grotte, tantôt sous la tente, sans radio, sans journaux, à treize heures de cheval de l'Européen le plus proche.

Pourquoi l'ethnologie ?

Pas spécialement l'ethnologie... Ce qui me passionnait, c'était de regarder en essayant de comprendre : il y a un ordre caché dans tout ce qui vit...

Vous êtes restée longtemps dans l'Aurès ?

Six ans. De manière presque ininterrompue. J'ai quitté l'Aurès le 30 mai 1940. Sans rien savoir de nos désastres. Ce fut la femme d'un garde forestier qui, la première, m'en informa, et c'est à Constantine, chez un instituteur musulman, que j'ai entendu le discours de Paul Reynaud[a]. Nous étions trois autour du poste de TSF : l'instituteur, sa femme et moi. Nous pleurions tous les trois...

Revenue à Paris, ce fut pour apprendre la décision de Pétain[b]... Pas une seule seconde il ne me vint à l'idée de ne pas faire l'inverse de ce qu'il préconisait. J'ai commencé en organisant des évasions, ce qui a enchaîné le reste. Une fois engagé, on est entraîné à faire toujours plus.

Jusqu'au jour où vous avez été arrêtée.

a. Paul Reynaud (1878-1966), alors président du Conseil.
b. De demander l'armistice.

Le 13 août 1942, à la gare de Lyon à Paris. Un traître (qui s'était introduit dans notre réseau, le réseau « musée de l'Homme ») y avait donné rendez-vous à deux d'entre nous. Il s'appelait Robert Alesch…

Et ce fut Ravensbrück ?

Pas tout de suite. Je fis d'abord deux mois à la Santé, à Paris, puis douze mois à Fresnes, au secret, en tout quatorze mois de cellule, avant d'être dirigée vers l'Allemagne.

Trente ans après, que représente encore pour vous l'enfer des camps nazis ?

(Un silence.)… Je préfère n'en pas parler… Excusez-moi. Parlons plutôt d'autre chose… Voulez-vous encore un peu de thé ?

Vous avez écrit dans Ravensbrück*: « Si j'ai survécu, je le dois d'abord et à coup sûr au hasard, ensuite à la colère, à la volonté de dévoiler ces crimes et, enfin, à une coalition de l'amitié. Car j'avais perdu le désir viscéral de vivre. »*

C'est vrai. Comme toutes mes camarades qui ont survécu, j'ai été soutenue par la volonté que de telles choses soient sues. Il fallait en témoigner. Au nom de la vérité. C'est la raison pour laquelle, quand il m'a semblé que cette vérité était en péril, j'ai eu le courage de reprendre mon témoignage. Mais le témoignage, c'est à la fois irremplaçable et flou, incertain. C'est pourquoi il fallait le comparer, le critiquer. Je l'ai recoupé avec les souvenirs d'autres témoins vivants et avec les documents écrits qu'on a récupérés. Bref, je l'ai traité comme un témoignage étranger, à la fois intérieur et extérieur…

Quand on lit ce témoignage, on ne peut s'empêcher de dire : comment tout cela a-t-il été possible ? Pourquoi, à certains moments, l'humanité sombre-t-elle dans de tels abîmes ?

C'est la vraie question. À Ravensbrück, je me la suis posée du premier jour au dernier. Et après aussi. En particulier à Hambourg quand toutes mes camarades de camp, à l'unanimité, m'ont désignée pour être leur témoin au procès qui jugeait pour crimes de guerre les chefs nazis de Ravensbrück. Je garde de ce procès un souvenir de cauchemar.

Vous avez écrit : « J'étais en face d'eux. Accablée de douleur devant ces êtres qui avaient fait tant de mal et qui, maintenant, alignés à quelques mètres de moi, devaient répondre de ces milliers d'assassinats, accomplis de sang-froid, sur des femmes sans défense. »

Ils étaient quinze. Et je savais que je ne connaissais moi-même qu'une toute petite part, à peine la frange, de leurs crimes dont personne au monde – aucune justice, aucune recherche historique ne pourra jamais faire le compte exact. Eux-mêmes, les plus informés, les seuls informés, en avaient déjà oublié une partie.

Vous éprouviez de la haine ?

Peut-on appeler « haine » cette douleur morne ? Trop clairvoyante pour ne pas inclure une compassion déchirée ?

J'observais, jour après jour, en train de se tisser entre eux, ces mystérieuses connivences que connaissent bien tous les captifs. Et, par-dessus les têtes des soldats anglais qui les gardaient, je les voyais, non sans pitié, correspondre par gestes et regards avec, dans le public, quelqu'un qui les aimait... Ils étaient là, bien habillés, bien peignés : corrects. Un dentiste, des médecins, un ancien imprimeur, des infirmières, quelques employés moyens. Pas de casier judiciaire, études normales, enfances normales... Des gens ordinaires. Des gens ordinaires qui avaient fait Auschwitz et Ravensbrück...

D'autres Ravensbrück, d'autres Auschwitz seraient possibles aujourd'hui ?

Il y a des situations qui engendrent le crime ; il faut essayer d'empêcher ces situations d'exister car elles créent des pentes que beaucoup de gens faibles se révèlent incapables de ne pas dévaler. On a le devoir de rester vigilant.

Car à Ravensbrück comme dans les autres camps nazis, ces gens ordinaires dont vous parliez étaient aussi de braves gens ?

Au sens le plus vulgaire du mot : des braves gens (à l'origine), qui sont devenus très facilement des bourreaux, quelques-uns même sans s'en rendre compte. Il y avait une énorme différence de niveau entre les gardiens allemands des prisons et ceux des camps. Dans les prisons, il y avait les « gentils » et les « vaches », mais ni les uns ni les autres ne sortaient de nos moyennes civilisées, et, ensemble, ils représentaient la double marge qui enserre ce que l'on peut espérer trouver dans une prison. Et même probablement dans n'importe quel groupe humain. À Ravensbrück, il n'y avait plus que des bourreaux.

Pourquoi de braves gens peuvent-ils brusquement se mettre à torturer, à massacrer de sang-froid et à longueur d'années des milliers de gens sans défense ?

Pourquoi ? Pourquoi le contraire aussi : la compassion, la justice, la fraternité ?... Je ne me l'explique pas davantage. Elles existent aussi.

Vous, vous refusez d'expliquer l'univers concentrationnaire par l'histoire allemande ou par l'idée répandue qu'il existerait des races plus féroces ou plus perverses que les autres ?

Entre 1939 et 1945, j'ai cédé, comme beaucoup, à cette tentation : « Ils » ont fait ceci, « nous » ne le ferions pas... Aujourd'hui, je n'en pense plus un mot et je suis convaincue, au contraire, qu'il n'existe pas un peuple qui soit à l'abri du désastre moral de l'Allemagne nazie.

Précisément, on est parfois tenté de rapprocher les camps du goulag des camps hitlériens. Et vous ?

Je me suis posé cette question. N'oubliez pas que j'ai fait partie d'une commission qui a enquêté sur les crimes de Staline, du vivant de Staline, et j'avais connu l'existence des camps russes en 1944 déjà, à Ravensbrück. Par Grete[c], une Allemande qui, lors du pacte germano-soviétique, avait été livrée, avec beaucoup d'autres, à Hitler par l'ami Staline. Elle était donc à Ravensbrück depuis le pacte germano-soviétique (donc dès la création du camp). Quand je l'ai connue, Grete était persuadée, comme nous toutes, qu'elle n'en sortirait pas vivante. Aussi, à la manière de tous ceux qui ont quelque chose d'important à transmettre, elle cherchait à le partager avec le plus de gens possible afin de donner à la vérité – à sa vérité – une chance de plus de sortir du puits. C'est ainsi que deux dimanches de suite, dans un block de droits communs (dont Grete connaissait la *Blockova*), elle nous raconta sa vie et en particulier toute son expérience des camps soviétiques, à Anise Postel-Vinay et à moi.

Vous eûtes donc connaissance du goulag dès cette époque ?

Oui. De même que j'ai eu connaissance à ce moment-là, par des camarades qui en arrivaient, de ce que représentait le camp d'extermination d'Auschwitz, avec ses atrocités et ses étranges absurdités.

c. Margarete Buber-Neumann (1901-1989), auteur notamment de *Déportée en Sibérie* (Seuil, 1986) et *Déportée à Ravensbrück* (Seuil, 1988).

Ce qui étonne chez vous, c'est cette volonté de comprendre. Toujours. Même au creux des pires situations.

À Ravensbrück même, j'ai essayé de reconstituer tout le système des camps. À partir de ce qui m'était dit, à partir de bribes cueillies ici et là. Je voulais comprendre… Et un jour, j'ai pu l'expliquer aux autres détenues. Je me souviens, nous étions employées à faire un terrassement : nous arrosions une route du camp avant de tirer dessus un énorme rouleau de fonte. De temps en temps, nos surveillants s'en allaient, nous laissant seules avec notre tuyau, notre rouleau et une « bande rouge », et c'est là que j'ai fait ma conférence : aux femmes qui avec moi portaient le tuyau, mais aussi à celles qui étaient en quarantaine dans le block qui bordait la route. Un véritable cours d'université. Avec des détails : combien on dépensait pour nous nourrir, combien nous rapportions… Et cette chose stupéfiante : le terrain sur lequel était construit Ravensbrück appartenait à Himmler. Propriété privée ! Plus tard, plusieurs camarades m'ont reparlé de cette conférence pour me dire qu'elle fut pour elles un réconfort… C'est tellement important de comprendre ce qui vous écrase. C'est peut-être cela qu'on peut appeler « exister ».

Revenons au goulag.

Lui aussi est un système, et un système insoutenable. Car on ne peut admettre que s'il y a un présumé coupable dans un lot de cinquante personnes on a le droit d'arrêter les quarante-neuf autres. Et les brutalités, les exécutions… C'est terriblement pervers. Mais peut-être y avait-il le racisme en moins, le racisme qui était le côté le plus absurde du nazisme. Je ne défends pas non plus notre système dit « libéral », je sais combien lui aussi est parfois injuste. Mais le système soviétique ? J'ai connu, en Tchécoslovaquie, une petite fille de treize ans à qui on a déclaré qu'elle était « ennemie du peuple » et que, à ce titre-là, elle n'avait pas le droit d'aller en classe.

C'est pour ça que vous, vous n'avez jamais été la femme d'un parti, au sens partisan du mot ?

Je pense très profondément qu'une société qui n'est pas capable de se critiquer elle-même (et très sévèrement) est a priori mauvaise. C'est vrai pour tout groupe humain : le pire est celui qui se trouve parfait. Par conséquent, il faut que soit toujours maintenue la liberté : la liberté de dire tout. Toute vérité est bonne à dire.

C'est ce que vous avez fait ?
J'ai essayé.

Parlons maintenant de l'Algérie. À la Toussaint 1954, la rébellion éclate. Et presque aussitôt vous repartez dans les Aurès. Pourquoi ?

Parce que Louis Massignon, mon directeur de thèse et ami, avait été très alarmé par la presse qui annonçait des bombardements dans l'Aurès, et il a demandé une mission pour moi au ministère Mendès France pour vérifier qu'il n'y aurait aucune exaction contre la population civile. Je suis donc partie en décembre 1954 et j'ai retrouvé dans l'Aurès une population que j'avais quittée quatorze ans auparavant. Ce qui me frappe assez vite, c'est l'effondrement du niveau de vie. N'oubliez pas que je connaissais avec précision toutes les ressources du pays. J'enquête là-dessus (une enquête que je rédigerai en 1955 et 1956 et qui sera publiée sous le titre « l'Algérie en 1957[d] »).

Trois mois après, et mon enquête terminée, je quitte l'Aurès en passant par Alger qui, depuis un mois, a un nouveau gouverneur, Jacques Soustelle ; je le connais bien puisqu'il est ethnologue comme moi. Je lui fais part de ce que j'ai constaté dans l'Aurès et il me dit : « Revenez me voir demain. » Le lendemain, il me propose de rester en Algérie pour m'occuper de ce qu'on appelle l'éducation de base. J'accepte et, à partir de mes expériences de l'Aurès, je formule un plan de scolarisation totale et je le mets en route : ce seront les Centres sociaux.

Vous pouvez rappeler ce qu'était ce projet ?

Scolarisation élémentaire pour les enfants mais coordonnée avec l'école primaire et débouchant sur elle, éducation de base pour les adolescents et les adultes… Le projet prévoyait l'alphabétisation totale de toute l'Algérie dans un délai de cinq ans.

Tout de suite ce projet eut une grande audience chez les Algériens musulmans, mais aussi chez un grand nombre de Français d'Algérie, et il a recruté chez les uns et les autres. D'emblée, les Centres sociaux ont réuni une élite française respectant les Algériens et une élite algérienne respectant les Français. Ce qui n'empêchait pas les opinions politiques d'évoluer : les Algériens souhaitaient l'indépendance, mais une indépendance qui n'aurait pas été ennemie.

d. Reprise dans *L'Afrique bascule vers l'avenir* (1961, nouvelle édition 1999, et ici même, p. 461-510).

Donc les Centres sociaux connaissent la réussite. Mais cela ne dure que jusqu'en février 1957.

C'est en janvier 1957 que la guerre d'Algérie prend un tournant irréversible, lorsque Robert Lacoste confie tous les pouvoirs de police à l'armée. Tournant dramatique car à partir de ce moment-là la France de Paris, la République française, va cesser d'être obéie en Algérie. Il est vrai que ce que l'on voyait le plus, à Alger, à Oran, à Constantine, c'étaient des Français terrifiés, pauvres, éloquents, très semblables aux jeunes soldats qui venaient les défendre. Les Algériens « d'avant 1830 », ils étaient ailleurs, pas aussi évidents. Le 13 mai 1958 ne sera qu'un épisode de cette dissidence qui s'amorce dès les premiers attentats urbains. Dès lors tout va dégénérer. Et particulièrement avec la torture qui est censée protéger les citadins des attentats.

Ce que nous avions stigmatisé quelques années auparavant chez les nazis, la France libérale, démocratique, socialiste l'applique à son tour et à sa manière. La preuve qu'aucun peuple n'est à l'abri d'une infection par ce mal absolu.

Je suis alertée à Paris sur la torture dès février 1957 : plusieurs enseignants des Centres sociaux venaient d'être arrêtés et torturés sans qu'on puisse prouver leur responsabilité dans un délit quelconque. J'ai fait pour eux ce que j'ai pu et, avec quelques camarades survivants de la Résistance française, nous avons demandé à la Commission internationale qui avait enquêté sur les crimes de Staline de venir cette fois enquêter en France. Ce qu'elle a fait. Il s'agit de la commission créée par David Rousset : CICRC (Commission internationale contre le régime concentrationnaire).

Et vous avez pu entrer dans les prisons ?

Bien sûr. Guy Mollet alors au pouvoir était naturellement au courant de ce qui se passait puisqu'il l'autorisait, mais avec honte (probablement) ; il tenait peut-être aussi à se couvrir pour l'avenir… Bref, il a autorisé notre Commission à faire son enquête.

C'est vers la fin de cette enquête que vous allez être invitée à un étrange rendez-vous ?

Dans les trois derniers jours, je reçus la visite d'une étudiante algérienne dont je connaissais bien la famille, qui me dit : « Des gens veulent vous voir. » Elle-même ne savait pas qui étaient ces gens, mais ils lui faisaient peur et elle pensait qu'ils étaient importants. Je pris la responsabilité d'accepter cette entrevue et il fut convenu que je suivrais un Algérien qui, après bien des détours, me conduisit dans une maison de la Casbah où se trouvaient quatre « terroristes » dont Yacef Saadi, le chef de la Résistance d'Alger. Une entrevue qui débuta vers 15 heures et qui se prolongea jusqu'à 19 h 30. C'est un peu long à raconter, et cela m'agace de le résumer parce que cela en fausse le sens… De mon côté, je n'avais aucune idée des gens que j'allais voir, et à mon avis ils n'en savaient pas plus sur moi que moi sur eux. Seulement nous étions, chacun de notre côté, saturés de honte, de douleur, de compassion…

Bref, à un moment, Yacef Saadi me dit presque abruptement : « Je vous fais la promesse que désormais on ne touchera plus à la population civile. » Je lui répondis que je n'étais rien dans le gouvernement français pour prendre un engagement quelconque. « Ça ne fait rien, je veux faire cette promesse à quelqu'un et c'est à vous que je la fais. » Alors, je lui demandai : « Et si la France procède à d'autres exécutions capitales, est-ce que votre promesse tiendra ? » Yacef Saadi eut alors un mouvement très violent pour dire : « Dans ce cas, je ne peux répondre de rien. »

Après cette conversation, vous vous dites qu'il y a quelque chose à faire « pour décélérer la violence »… Entre-temps, le gouvernement de Guy Mollet est tombé. André Boulloche (qui a appartenu à votre groupe de Résistance) est directeur du cabinet du nouveau président du Conseil, il veut connaître les revendications des combattants algériens et il vous demande de retourner là-bas, mais « à vos risques et périls ». Malheureusement, ce gouvernement sera incapable d'empêcher d'autres exécutions capitales auxquelles répondront d'autres attentats du FLN, des attentats qui ne feront pas de victimes. Vous avez le sentiment que Yacef Saadi a réellement voulu épargner la population civile d'Alger ?

Il en a eu l'intention et il l'a effectivement fait. Le terrorisme meurtrier n'a repris qu'aussitôt après son arrestation. Après le 25 septembre.

On est passé à côté d'une chance de faire la paix ?

On aurait pu abréger la guerre de plusieurs années, cela n'aurait rien changé quant au résultat : quand un pays évolue vers l'indépendance, c'est comme une avalanche, vous ne l'arrêtez pas. L'Algérie serait donc allée quand même jusqu'au fond du val de l'indépendance. Mais des dizaines de milliers de personnes mortes seraient encore vivantes. Des deux côtés, et la haine en moins…

Vous avez été meurtrie par cette occasion manquée ?
Tellement que je ne suis retournée que très rarement en Algérie. Comme en Allemagne, du reste.

Au fond, toute votre vie a été un combat pour que l'homme se tienne debout... Qu'il ne sombre pas...
Toute ma vie, c'est exagéré. Vous savez, je n'aime pas du tout la bagarre. Mais je me suis trouvée là et je ne me suis pas dérobée.

Vous avez écrit : « Il n'existe pas moralement de vrais médiocres mais seulement des êtres qui n'ont pas rencontré les événements qui les auraient révélés. » Vous, Germaine Tillion, vous ne seriez pas la même femme sans les événements que nous venons d'évoquer ?
Probablement non. L'être naît toujours de deux choses : d'un tempérament et d'événements qui le révèlent au bout de beaucoup d'années.

On vous remettait récemment une médaille en vous disant : « Vous avez eu le courage de dire et de contredire. » Vous êtes d'accord ?
Je n'aime pas contredire. Je n'aime pas donner des leçons et surtout pas des leçons politiques. Je déteste en particulier signer des grands messages. Je suis plutôt quelqu'un de très tolérant. Mais il y a des instants où il faut dire un non radical.

Lesquels ?
Sur la torture, par exemple, qui conduit à faire avouer n'importe quoi par n'importe qui, et à lui en faire supporter les conséquences. Il ne faut jamais transiger avec la justice, il ne faut jamais transiger avec la vérité. En revanche, on peut transiger sur d'autres choses : les systèmes politiques, par exemple... D'autant plus qu'on ne peut pas se passer d'en avoir un, et qu'ils sont tous inquiétants.

Engagée dans des combats, vous vous êtes toujours efforcée de comprendre, parce que « comprendre ce qui nous écrase, c'est en quelque sorte le dominer ». Finalement, aujourd'hui, comprenez-vous mieux ce qui écrase l'homme ?
Ce que j'ai compris me rend inquiète. L'agressivité humaine croît en proportion de la densité. Or, la densité humaine est croissante, à un rythme jusqu'ici absolument inconnu sur la terre. Par conséquent,

espérer que l'agressivité humaine ne va pas suivre le mouvement, c'est totalement chimérique. Donc, il faut s'attendre à des perspectives très sombres.

Vous avez dit un jour : « De la foi, de l'espérance et de la charité, je n'ai que l'espérance et la charité »... Vous pouvez préciser ?
(Silence...)

1978
Propos recueillis par Claude Goure

Distinguer le crime du criminel

Quel a été votre premier contact avec l'ethnologie ?

J'avais suivi les séminaires de Marcel Mauss qui, en 1933, me proposa une mission dans les Aurès. Je serais partie au bout du monde et les Aurès me semblaient presque trop proches ! Mon séjour chez ces nomades très pauvres, qui n'avaient jamais vu de Français ni de Françaises, débuta en 1934 et s'est prolongé jusqu'en mai 1940. Presque sans interruption, si j'excepte quelques mois à Paris en 1938 (avec quinze jours de tourisme en Bavière : assez pour évaluer le nazisme et les nazis)…

Donc, vous retrouvez Paris après la défaite de l'armée française…

Pas après, pendant ! Quand l'armistice du 22 juin 1940 a été signé, je me suis rendue au siège de la Croix-Rouge. À vélo. L'endroit était ouvert, parfaitement rangé et parfaitement désert. Une jeune femme m'a parlé alors d'un vieux militaire qui venait de se proposer comme otage pour la ville de Paris : c'était pour moi une recommandation. Il s'appelait le colonel Hauet. Avec lui, nous allions fonder un groupe de Résistance qui se brancha avec d'autres, formant un ensemble que je baptisai plus tard « réseau du musée de l'Homme ».

Vous et votre réseau avez été dénoncés par un prêtre, l'abbé Alesch.

Oui, en 1942. Parfois, je me dis que la trahison est plus horrible encore que la cruauté. Mes camarades avaient été vendus dès octobre 1940 et furent arrêtés cinq mois plus tard. Le traître, qui se disait leur ami, Albert Gaveau, s'est fait arrêter successivement avec chacun d'eux. Aujourd'hui, il est en liberté, depuis à peu près trente ans. Peut-être est-ce ce vieux monsieur qui prend un café crème dans votre bistro favori…

Comment s'est déroulée votre arrestation ?

J'avais rendez-vous gare de la Bastille avec Alesch et un agent de l'Intelligence Service. À la gare de Lyon, on me tape sur l'épaule.

« Police allemande, suivez-nous. » Trois hommes en civil, avec un fort accent allemand. Ils me conduisent rue des Saussaies. En fouillant mon sac, ils trouvent dans une boîte de pastilles Vichy un carré de papier. Ils l'examinent à la loupe. L'officier de l'*Abwehr* tombe alors sur un autre papier où j'avais écrit : carottes 8 F, navets 4,50 F. Et il le jette. C'était le téléphone du chef de réseau de l'Intelligence Service. J'ai récupéré mon sang-froid. Une petite histoire m'est revenue en tête. Deux Africains sont assis au bord du Niger. Ils n'osent pas traverser à cause des crocodiles. L'un dit : « Ne t'en fais pas. Dieu est bon. » L'autre répond : « Et si Dieu est bon pour le crocodile ? » Ça a achevé de me structurer, car j'ai pensé : aujourd'hui Dieu a été bon pour le crocodile.

Je suis restée incarcérée quatorze mois. Lors de mon deuxième interrogatoire, l'officier allemand m'annonce que je vais être fusillée. Je le crois. Pourquoi ne pas le croire ? Et je pense, très tristement et très intensément, repliée en moi-même et je hausse les épaules. Outré, il me crache : « Vous, vous serez envoyée à… (je n'ai pas compris le nom) jusqu'à ce que vous deveniez toute noire ! » En 1942, les Allemands avaient donc déjà connaissance de l'existence des camps.

Le plus insupportable a été que ma mère soit elle aussi internée, puis déportée. Mais nos baraquements comportaient essentiellement des gens de la Résistance et une entente extraordinaire régnait dans ce milieu, porteur comme de l'eau salée. J'ai des dizaines d'amis qui ont fait cette expérience (dont Anise Postel-Vinay et Pierre-Serge Choumoff…)

… qui vous ont assistée pour votre troisième Ravensbrück. *Pourquoi vous être remise à la tâche ?*

Je voulais que le lecteur puisse se poser de vraies questions. Pour que l'on comprenne le mécanisme du crime nazi. J'ai resitué Ravensbrück dans l'ensemble du système. Victimes et témoins des camps ne vivent trop souvent que leur propre cas. Ils oublient par exemple qu'avant de s'attaquer aux juifs et aux résistants, Hitler avait entamé l'élimination des malades allemands. Mon travail sur ce sujet a commencé dès 1945. Plus tard, alors que je revenais d'une mission archéologique, Pierre-Serge Choumoff m'a dit : « Vous savez qu'on raconte que nous avons rêvé ! Certains affirment que les chambres à gaz n'ont jamais existé ! » Alors, j'ai voulu retrouver aussi la trace de tous les documents et multiplier les dépositions de témoins bien placés pour savoir…

Cette mémoire est-elle en danger ?

Non. Comme l'a fait remarquer un jour Toynbee[a], l'outil essentiel de l'historien est une motocyclette pour parcourir les couloirs d'archives ! Les nazis tapaient tout en quinze exemplaires… Je signale dans mon livre que, pour la seule Allemagne de l'Ouest, ont eu lieu 91 160 inculpations de nazis. Donc 91 160 témoignages qui ne peuvent s'évaporer, qui sont archivés par la justice allemande. D'autres par les justices française, anglaise, américaine…

Votre opinion de Faurisson[b] *?*

La presse est libre d'écrire ce qu'elle veut. Le crime, c'est qu'on lui ait confié une chaire.

Vous avez approuvé que l'on juge Klaus Barbie ?

Ce procès a permis que l'on s'interroge sur le sens à donner aux crimes contre l'humanité.

Estimez-vous scandaleux qu'un Barbie trouve l'avocat qui plaidera sa cause ?

Tout homme a droit à un défenseur. Il faut s'efforcer de distinguer le crime du criminel.

Justifiez-vous un crime commis au nom de la raison d'État ?

Non. Je l'appelle la « déraison d'État ». Pourtant, j'excuse certaines violences.

Comme la torture ?

La torture est scandaleuse, indigne d'un homme de conscience et – le plus souvent – idiote. Mais lorsque vous êtes soldat et que vous retrouvez votre meilleur ami égorgé avec le sexe dans la bouche, comment ne pas devenir fou ? Il ne faut pas mettre sur le même plan des bureaucrates qui décident froidement l'extermination d'un peuple et les exactions de garçons de vingt ans. La guerre d'Algérie, comme presque toutes les guerres, a été faite par des gamins furieux. Certes, tous les officiers n'avaient pas vingt ans, mais tous n'ont pas torturé.

a. Arnold Toynbee (1889-1975), historien anglais.

b. Robert Faurisson, auteur d'écrits niant l'existence de chambres à gaz dans les camps nazis.

J'en connais qui n'ont pas quitté leurs hommes de toute la guerre, de peur qu'ils ne fassent des bêtises.

Ce que je ne pardonne pas à la guerre d'Algérie, c'est qu'elle était évitable. La Seconde Guerre mondiale, elle, ne l'était pas. En mai 1940, quand j'ai quitté les Aurès pour rejoindre Paris, j'ai appris l'effondrement du front en chemin chez un instituteur musulman de Constantine. Nous étions en train de déjeuner. Lui, sa femme et moi sanglotions ensemble devant la radio. Et cet homme s'est engagé plus tard dans le FLN. Comme tant d'autres qui ne nous haïssaient pas…

1988

Propos recueillis par Isabelle Girard

Comprendre le mal

Dans Ravensbrück, *vous dites que la vraie médiocrité n'existe pas, qu'il y a seulement des circonstances qui nous font prendre une décision ou une autre.*

Il y a certainement des moments tragiques et dramatiques où nous sommes amenés à faire des choix. Et, à partir de ces choix, nous glissons dans la direction choisie. Ensuite il y a, sans doute, une espèce de fidélité à soi-même. Ou bien étions-nous déjà fidèles au moment du choix ? Je ne sais. Car, au fond, nous ne savons pas non plus ce qu'est le mal extrême, le vrai mal.

Les SS du camp, ce n'était pas le mal extrême ?

Peut-être. Quelquefois, avec mes camarades de déportation, nous nous interrogeons. Cette semaine, je me souviens d'avoir cherché avec une amie, Anise, les quelques exemples de compassion que nous avions pu rencontrer de la part des SS. J'ai évoqué dans mon livre le cas du Dr Treite. Alors que j'avais la diphtérie on m'avait conduite au *Revier* (l'infirmerie). Il y avait là un petit Danois de deux ans, adorable, juif, soigné par une doctoresse tchèque admirable. Treite passait quelquefois au *Revier*, il avait remarqué ce petit, et une fois il a même pensé à lui apporter une pomme. Quelques jours plus tard, je revois Treite prenant ce petit enfant sur ses genoux, l'examinant avec douceur et disant : « Il est guéri, il peut aller à Auschwitz. »

Il savait ce que cela voulait dire ?

Bien sûr, il ne pouvait pas l'ignorer. Le reste – la pomme –, c'était de la « sensiblerie » (pour parler comme eux).

Parlons du retour, de la France du retour...

Ma mère avait été déportée elle aussi, et elle était morte en déportation, délibérément assassinée par gaz, le 2 mars 1945. Nous avions laissé ma grand-mère très âgée dans notre maison de Saint-Maur où elle était morte seule. La maison était en ruine. Ma sœur était en

Indochine. Je me souviens d'avoir reçu peu de temps après mon retour une lettre administrative. On m'y demandait quelle était la valeur des vêtements que je portais au moment de mon arrestation. J'ai trouvé la question absurde, mais, « bon sujet », j'ai répondu. J'avais un tailleur que j'ai évalué disons à trois cents francs de l'époque. Me relisant le lendemain, j'ai découvert que j'avais écrit trois « sang » francs !

Très vite vous avez été appelée à témoigner devant vos bourreaux SS de Ravensbrück. Qu'éprouviez-vous à leur égard ?

Je n'étais pas appelée comme témoin, car le tribunal militaire anglais (qui jugeait les SS) n'autorisait pas les témoins à suivre le procès et j'avais été désignée par mes camarades pour assister à l'ensemble du procès. Seule... Ce fut bouleversant. J'ai fait un rêve alors. J'ai rêvé que je me trouvais dans un réfectoire de lycée, mon lycée de Clermont-Ferrand, avec de grandes tables en marbre chargées d'une quantité de victuailles. Autour de ces tables, les SS. Et, à côté de ces tables, des billots et des haches. Les portes étaient gardées par des soldats anglais. L'un d'eux me disait à voix basse : « C'est sur ces billots qu'on va les décapiter. » Je pensais : « Je veux m'en aller, je veux m'en aller » et aussitôt : « Je n'ai pas le droit, eux seuls savent. » Je m'approchais ensuite d'un des SS (ressemblant vaguement au commissaire qui m'avait interrogée à Paris) en lui demandant timidement : « Monsieur... Je voulais seulement vous demander pourquoi vous étiez si méchant ? » Je me suis réveillée à ce moment-là, mais je revois le SS faire, de la main droite, un geste vague, sans répondre. Au fond, il y a tout dans ce rêve. Nous avions vu disparaître les unes après les autres nos camarades, mais eux seuls les avaient vues mourir. Eux seuls savaient. Et je voulais comprendre : comment peut-on faire tant de mal ?

Et cela, vous ne l'avez toujours pas compris.

Non. Les procès ne permettent pas de comprendre cela : les procès effleurent des faits. Peut-être avons-nous au fond surestimé jusqu'à leur fanatisme. Ce n'étaient après tout que de tout petits boutiquiers de la mort. En tous les cas, j'ai cité dans mon livre tous les faits qui pouvaient être en faveur de l'humanité qui restait en eux. C'est peu. Mais ce n'est pas ma faute, je les ai cherchés.

Que certains puissent nier cette entreprise d'extermination du nazisme vous étonne ?

Elle me stupéfie ! On peut aussi bien dire que Napoléon était un mythe solaire ! Dans un accident de voiture, on peut se tromper sur le fait de savoir si le conducteur avait une cravate rouge ou bleue, mais le corps de la victime couchée à terre, cent personnes le voient et les témoignages des assassins, tout le monde peut les lire…

Avec les montagnes de cendre humaine, il y a le témoignage des SS eux-mêmes qui ont tout fait pour se disculper personnellement, mais qui n'ont jamais même songé qu'ils pouvaient nier la réalité de l'entreprise d'extermination par gaz. Le commandant d'Auschwitz l'a raconté en détail. À Ravensbrück, le commandant adjoint Schwarzhuber l'a raconté également et le commandant Suhren ne l'a pas nié : il a seulement essayé de soutenir qu'il n'était plus commandant…

Une dizaine d'années plus tard, après avoir travaillé sur les archives de la Résistance et de la déportation, vous vous retrouvez en Algérie.

Dès les premiers jours de l'insurrection, donc en novembre 1954, le professeur Louis Massignon a demandé pour moi une mission dans l'Aurès au ministre de l'Intérieur, François Mitterrand. Je suis donc retournée dans les Aurès que j'avais quittés à la fin de ma quatrième mission, le 15 mai 1940. J'y trouvai une misère sans nom, c'est-à-dire très aggravée depuis mon dernier séjour. Après trois mois dans les tribus de l'Aurès, le Centre national de la recherche scientifique (CNRS), dont je dépendais, me mit à la disposition du gouverneur général, Jacques Soustelle, qui venait d'être nommé par Mendès France. Jacques Soustelle me demanda d'étudier pour l'Algérie un organisme analogue aux missions culturelles existant alors au Mexique. L'urgence des besoins algériens me semblait exiger une réponse différente. Ce furent les Centres sociaux. Il s'agissait de lutter contre toutes les formes de misère, de la famine à l'ignorance et à la maladie. Résidant pour la première fois à Alger, je pris contact avec les bidonvilles. J'avais vécu jadis en Algérie dans des régions sans villes et sans colons. Je découvrais les unes et les autres.

En février 1956, je suis revenue à Paris et en janvier 1957 plusieurs assistantes sociales des Centres sociaux, parfaitement innocentes, ont été arrêtées. J'ai été, bien sûr, immédiatement alertée et avec David Rousset et quelques amis nous nous sommes concertés pour essayer de mettre un frein à la torture, si possible sans trop compromettre notre pays. Nous avons pensé à une inspection des prisons par une commission internationale de trois membres étrangers. Et c'est Louis Martin-

Chauffier et moi qui nous sommes chargés de les cornaquer dans les prisons algériennes.

Lorsque l'enquête a été terminée (elle a duré plusieurs semaines), les trois membres internationaux se sont réunis pour rédiger leur rapport et Louis Martin-Chauffier est allé rencontrer des amis à Alger. J'étais seule à l'hôtel Saint-George. C'est là que j'ai reçu la visite d'une jeune fille algérienne qui préparait une agrégation. Elle m'a dit que des hommes recherchés souhaitaient me voir. En fait, il s'agissait des dirigeants de la rébellion à Alger.

De là datent plusieurs tentatives de médiation et aussi, il faut le dire, votre mauvaise réputation auprès de certains tenants de l'Algérie française.

J'avais une bonne connaissance des trois combattants en présence : Armée, FLN, Français d'Algérie, mais cela ne veut pas dire que j'en aie jamais approuvé aucun absolument. N'oubliez pas que le FLN aussi a torturé et assassiné… J'ai toujours accepté de recevoir toute personne qui me demandait un rendez-vous et j'ai reçu ainsi pas mal d'officiers. J'avais une connaissance, une compréhension des belligérants, y compris des patriotes outranciers qu'on rencontrait parmi les militaires français. Je les comprenais, mais je ne pouvais pas admettre, je ne pouvais pas leur permettre de se conduire comme ils le faisaient.

À l'heure actuelle on fait d'ailleurs la lumière sur une autre source de crime, qui n'était pas vraiment identifiée en 1954 : les règlements de comptes de famille à famille, la vendetta, masquée alors par le conflit politique. Il y avait donc ces quatre éléments de violence : les crimes que nous commettions, les crimes du FLN, les crimes commis pour leur compte par les Français d'Algérie et la vendetta des Algériens entre eux. C'est probablement du même ordre que ce qui se passe actuellement au Liban, que ce qui se passe, ou va se passer, en Irak et dans bien d'autres pays…

Tout cela pour dire que lorsque deux populations se font face, dans une situation de péril et de peur réciproque, on vit des situations inextricables et dangereuses où cerner le droit et la justice est terriblement difficile mais absolument et continuellement nécessaire. C'est alors qu'il faut du discernement.

Par ailleurs, mon souci a toujours été de sauver la vie et les biens des Algériens musulmans, et aussi des Français d'Algérie. Je reste absolument persuadée que si les pieds-noirs avaient pu rester chez eux en Algérie et que la frontière avait été plus perméable entre l'Algérie et la France (je pense à une frontière comme celle qui nous sépare de la Belgique), l'Algérie serait indépendante et le sous-développement algérien serait bien moindre aujourd'hui.

Comment voyez-vous l'avenir de la planète ?

Ce qui m'angoisse le plus profondément aujourd'hui, c'est l'agressivité. Contrairement à beaucoup de gens, je suis persuadée que l'être humain est plutôt bienveillant, plutôt porté à rechercher la présence de son semblable et à la rechercher amicalement. Cela, à condition que la compétition pour la survie ne soit pas trop aiguë. Or, la compétition pour la survie est actuellement insupportable sur une énorme surface du globe. Et elle est croissante, car elle s'accroît au rythme numérique de la population. Cela justifie une angoisse profonde, car on ne voit pas comment ce rythme d'accroissement de la population terrestre pourrait se ralentir dans les siècles qui viennent. En tout cas, pas au siècle prochain.

Quel remède imaginez-vous à cette situation ?

L'éducation des femmes est déjà une partie de la réponse. Une éducation qui inclut ce que nous appelons le planning familial, mais cet aspect ne suffit pas. Quand je dis « éducation de la femme », cela veut dire une instruction de même niveau que celle de l'homme, autrement dit, pour les deux, le niveau le plus élevé possible. Et cela veut dire aussi que dans *tous* les pays on essaie d'atteindre le niveau le plus élevé possible. Sinon, vous maintenez des injustices effroyables dans chaque pays, et entre tous les pays…

Je suis tout à fait convaincue qu'une des causes du sous-développement de tout le sud de la Méditerranée, c'est le statut de la femme.

1991

Propos recueillis par Jean-Pierre Manigne

Candides confidences

Marcel Mauss

Mes parents étaient catholiques, très pratiquants même dans ma famille maternelle. Mais on ne parlait jamais de politique à la maison. Pour ce qui me concerne, Dieu sait que je n'ai jamais été sectaire ! Les maîtres que j'ai eus ont eu certainement de l'influence sur moi. Marcel Mauss avait eu l'immense mérite de voir juste sur le bolchevisme dès le congrès de Tours. Je me souviens de l'avoir entendu nous parler des exterminations par la famine organisées par Staline en Ukraine. Je n'ai jamais douté de sa parole, de son information, il était de ceux dont on sait qu'ils se prononcent en connaissance de cause…

Nous étions très nombreux à assister à son cours des Hautes Études, nous étions une bonne quinzaine… *(Sourires.)* À l'époque, c'était beaucoup ! Au cours sur les Berbères aux Langues orientales, nous n'étions que deux… Pendant l'Occupation, il m'a dit qu'il refusait de partir à cause de sa femme – sa femme malade, elle était couchée dans la pièce voisine… Je l'ai vu de mes yeux coudre l'étoile jaune sur sa veste, ce devait être quelque temps avant mon arrestation. Il n'a pas été inquiété. Mais ce qui ne m'avait pas rassurée, c'est qu'il avait gardé, m'avait-il dit sur un certain ton, son revolver de la guerre de 1914, cette guerre où il avait été capitaine, et passionnément patriote.

L'Algérie

Comment vous répondre sur l'Algérie, d'autant que mon expérience directe remonte à loin ? Je ne risquerai aucune prévision, d'ailleurs vous ne m'en demandez pas tant. Les extrémistes ont été tout ce qu'il y a de plus insupportables. Toutes proportions gardées, nous avons eu une expérience de cet acabit en France, il suffit de lire Stendhal ou Balzac pour se rendre compte que l'Église fut insupportable sous la Restauration, ce qui a entraîné une réaction. Pouvons-nous espérer une telle réaction de la population musulmane ? Je dis en pesant mes mots : pourquoi pas ? Mais aussi, au moment où nous parlons, il ne faut pas l'oublier, le FLN est très mal vu par la population algérienne, au moins autant que les ultrareligieux, parce que depuis l'indépendance il a accaparé les places et l'argent. J'ai rencontré beaucoup de membres du FLN lorsque j'étais visiteuse de prison. (Ce n'était pas précisément comme ethnologue de l'Algérie : c'est une des premières choses que j'ai demandé à faire quand je suis revenue de déportation, parce que je n'avais pas admis, à la Santé, d'être dévorée par des punaises françaises...)

À l'époque de la guerre d'Algérie, j'ai fait partie du cabinet d'André Boulloche. Sa mère était morte à Ravensbrück, son père et son frère sont également morts en déportation. Avec Hubert Rousselier, qui fut à l'époque dont je vous parle son directeur de cabinet, il avait tenté de faire évader André Postel-Vinay, ils avaient creusé un tunnel, mais ils sont tombés sur une dalle de béton... Lui-même a été arrêté, armé... Et il a été déporté avec une éventration. Il est revenu de déportation, bon, il se retrouve ministre du général de Gaulle en 1958. Il accepta ma proposition d'organiser l'enseignement dans les prisons sous l'autorité de l'Éducation nationale. Je peux vous dire d'expérience qu'avant cette réforme, pour obtenir pour un prisonnier une ardoise et un morceau de craie, il fallait solliciter d'innombrables administrations, qui vous répondaient au mieux six mois après qu'elles n'en pouvaient mais. Aujourd'hui, et je dis que c'est beaucoup grâce à André Boulloche et au garde des Sceaux Edmond Michelet et un peu grâce à moi, on peut passer un doctorat en prison. (À noter que nous étions trois déportés.)

Mais j'en reviens à la situation actuelle en Algérie. Il y a donc une masse importante de la population qui perçoit les gens du FLN comme des accapareurs. Et puis parlons des femmes. Vous avez une petite minorité de femmes instruites qui représentent une force novatrice. Mais il y a aussi une masse de femmes non instruites qui constituent une force conservatrice. Enfin, savez-vous que lorsque je l'ai connue, dans les années 1930, l'Algérie n'existait pas ! Quand on demandait à un Algérien qui il était, il ne répondait pas : « Je suis algérien », mais : « Je suis musulman », alors qu'un pied-noir, qu'on n'appelait pas pied-noir, se définissait comme algérien. L'Algérie algérienne, elle résulte donc du régime colonial. Je ne me souviens pas quel est l'auteur allemand qui demandait lesquelles des guerres de Louis XIV ou de Napoléon avaient créé l'Allemagne. Quoi qu'il en soit, disait-il, ce sont les guerres françaises. Apparemment, c'est la guerre de Cent Ans qui a fait la France. Et c'est la guerre d'Algérie qui a fait l'Algérie.

Pour le reste, je crois à l'influence des migrants. Les navettes de populations transportent aussi des images et des idées, au total ces échanges sont positifs. Nombreux sont les musulmans qui aspirent avidement à une société ouverte, et même, comment dire, aérée. Et, permettez-moi de le dire, certains par exemple m'ont confié que *Le Harem et les Cousins* avait été pour eux comme une respiration…

Retour en Allemagne avec Geneviève de Gaulle

Chers amis, lorsque vous m'avez interrogée l'autre jour sur la note 2 de la page 14 de mon *Ravensbrück,* j'ai cru que vous vous payiez ma tête… Mais voici ce dont il s'agit. Un jour, je reçois un coup de téléphone de Bernard Anthonioz, le mari de Geneviève. Elle était convoquée à Rastatt comme témoin dans le procès de deux bonnes femmes, elle qui se trouvait alors à Genève avec son premier enfant âgé de quelques semaines. Il s'agissait de deux accusations graves qui faisaient encourir la peine de mort à ces deux *Aufseherinnen*, elles auraient décapité à la hache des Françaises devant tout le camp, ce dont Geneviève devait attester. Pour ma part je n'avais pas eu connaissance de tels faits. Je me renseigne sur les deux accusatrices. L'une d'elles s'était présentée au camp comme comtesse de Castellane. Mais elle avait été identifiée par d'anciennes clientes déportées à Ravensbrück comme leur bouchère. Pourquoi avait-elle été déportée ? En tout cas, elle avait d'abord essayé de se présenter comme docteur en chirurgie et, bien que familière du couteau, elle avait commis certains ravages.

Quand survint notre libération par le comte Bernadotte, un Suédois est venu chercher la comtesse de Castellane, qui lui paraissait toute désignée pour nous représenter. Mon amie Bérangère (le Dr Donzimmet) a réussi à organiser un vote qui m'a désignée comme représentante des Françaises. Je préviens que toutes les Françaises ne font pas partie de la Résistance. Là-dessus, le Suédois objecte qu'il se moque de la Résistance et que seule la charité l'intéresse. « Toutes sur notre cœur ! » s'exclame-t-il. Mais sur son cœur apparaissent des bestioles devant lesquelles il est beaucoup moins vaillant. Bérangère suggère de faire le test de Wassermann[a] à tout le monde, et c'est là que vous voyez que Dieu est bon (quelquefois), le test de la comtesse (ou dite telle) était positif.

Quant à l'autre accusatrice, elle avait été travailleuse volontaire en

a. Test de dépistage pour la syphilis.

Allemagne, où elle avait fait l'erreur de commettre quelques délits et, à son retour de déportation, elle s'est retrouvée de nouveau en prison, car elle s'était mise de son chef un uniforme de capitaine assorti de quelques décorations. Bref, nos deux bougresses racontèrent aux gendarmes de quoi les émouvoir au plus haut point sur les deux *Aufseherinnen*, qui au demeurant étaient des brutes, mais… Alors, voilà que Geneviève et moi nous nous trouvions bien penaudes, amenées à aller nous confronter à deux bonnes femmes, vraies déportées qui dénonçaient les crimes nazis. Par chance, elles ont fait défaut, elles se sont probablement rendu compte que leurs histoires dépassaient la mesure et elles se sont abstenues de se présenter. Geneviève et moi, nous avons fait un exposé général sur les camps de concentration, et les avocats des deux Allemandes, fort soulagés, se sont bien gardés d'ajouter quoi que ce soit.

L'ONU

Il y eut une époque où la Terre était trop grande, et alors ce pouvait être une bonne surprise de rencontrer un groupe humain. Mais, dans les camps de concentration, le problème de l'espace était encore plus dramatique que celui de la faim. Donc, quand l'espace se rétrécit, les gens deviennent fous.

Que manque-t-il à l'ONU ? Des policiers, bien sûr. Mais aussi des voix, et des langues. À l'heure actuelle, le plus pauvre berger d'Afrique possède un transistor. On peut joindre toute l'humanité avec un transistor. À mon sens, ce serait l'affaire de l'ONU de diffuser des informations dans toutes les langues du monde.

J'ai été présidente d'une société antiesclavagiste et à ce titre j'ai été invitée à Londres par la plus ancienne des sociétés antiesclavagistes, où j'ai rencontré des vieux messieurs qui auraient été tout à fait à leur place dans un roman d'Agatha Christie. Ils m'ont dit qu'ils ne pouvaient pas faire grand-chose, qu'ils n'avaient pas assez d'argent. Je leur ai répondu : surtout n'achetez pas des esclaves, cela ferait monter les prix ! Non, ce que vous pourriez faire, c'est lire à la radio des récits qui mettent les esclaves à l'honneur. Je leur ai transmis un texte latin qui racontait comment les sénateurs romains avaient libéré leurs esclaves pour disposer de combattants, et, suite à la défense de la ville, les belles dames avaient accepté d'épouser des esclaves. Or une histoire semblable avait eu lieu en Mauritanie.

Vous savez, beaucoup de choses remontent à la naissance de l'agriculture, laquelle exige beaucoup de naissances ! Plus on aura d'enfants, plus on aura de main-d'œuvre à la terre, et plus on aura de soldats aussi, et aussi bien de soldats de l'agriculture. Aujourd'hui, les Serbes accusent les Kosovars de faire des enfants… Les grands nomades d'Asie, lorsqu'ils arrivaient sur un territoire, tuaient les hommes, épousaient les femmes, adoptaient les enfants. Les vassaux des moines de Saint-Germain-des-Prés procédaient de la même manière que les Arabes à l'époque de Mohammed, qui a d'ailleurs interdit cet usage : une petite fille, ça coûte, on devra lui donner une dot, elle travaille moins qu'un garçon, bref, on tâchait de se débarrasser des petites filles. Mais quand les bébés ont quinze, dix-huit ans, la petite fille est très recherchée…

Nous sommes frappés par votre manière de vous inscrire dans la longue durée, comme aurait dit votre ami Fernand Braudel...

Mais pas la longue durée du tout ! L'agriculture, c'est moins de 10 000 ans ! Je pense que l'espèce humaine peut progresser : oui, je reste une optimiste, une candide… Au moins, dans nos pays, la période actuelle me semble celle de l'enfant coûteux et aimé. Payons, aimons… À mon humble avis, il faut que l'humanité persiste dans cette direction.

2000

Propos recueillis par François George,
Sébastien Henry et Olivier Mongin

Vivre ensemble

Comment êtes-vous devenue ethnologue ?

Par la préhistoire. Ma mère était historienne de l'art, et j'ai entendu parler toute mon enfance de vieilles pierres, de cathédrales, d'églises, de transepts. Plus tard, j'ai commencé des études d'archéologie, fantasques et amusantes, qui m'ont menée jusqu'à l'École pratique des hautes études et aux cours de Marcel Mauss, que j'ai suivis assidûment.

Quel rôle a joué Marcel Mauss dans votre vie ?

C'est lui qui m'a faite ethnologue. C'était le neveu de Durkheim, qui, racontait-il, l'enfermait dans sa chambre pour travailler. Il était d'une immense culture et, même s'il n'avait pas fait beaucoup de terrain, il regardait toujours les gens dans la rue à Paris, ce qui me plaisait beaucoup. Il était de son temps, autant passionné par la société française que par les sociétés lointaines, ce que je n'ai jamais oublié.

Une femme ethnologue dans les Aurès dans les années 30, ce n'était pas banal.

Je n'ai pas souvenir de problèmes particuliers. En tout cas, pas familiaux, ma mère ayant toujours été très compréhensive. Quant à ces Berbères qu'on présentait comme des montagnards farouches, c'étaient des gens formidables, très amicaux, très protecteurs. Je vivais à quatorze heures de cheval de l'Européen le plus proche, mais je n'ai jamais eu le sentiment d'un danger, peut-être à cause de mon tempérament plutôt calme, attentif et courtois. Et puis j'ai vécu des moments exceptionnels, ravissants, comme descendre des montagnes et chevaucher à l'aube dans le désert.

Après la guerre, vous semblez abandonner l'Algérie. Pourquoi ?

Ayant perdu pendant la déportation toutes mes notes de terrain, que j'avais pu récupérer à Fresnes, j'avais décidé de ne plus m'occuper d'ethnologie mais de consacrer tous mes efforts à comprendre comment un peuple européen plus éduqué que la moyenne avait pu sombrer dans une telle démence. Je pensais donc ne plus remettre les pieds en Algérie jusqu'à ce que Louis Massignon me demande d'y retourner : il était effrayé par la tournure que prenaient les événements.

En Algérie, vous avez beaucoup vu Camus.

Je le voyais quand il venait à Alger et je lui ai même prêté ma petite voiture à plusieurs reprises. J'avais tous ses numéros de téléphone à Paris pour le joindre à tout moment afin qu'il fasse des demandes de grâce que je n'avais pu obtenir. Il a intercédé plusieurs fois avec réussite. Camus était des deux côtés, comme moi, même si j'ai pris davantage parti et défendu des gens qu'il n'aurait pas défendus. Moi non plus, je n'étais pas d'accord pour jeter les Français dehors ni pour qu'on brime les Algériens. Nous étions tous les deux pour une consultation loyale des populations sur l'indépendance. J'ai entendu la foule française d'Alger crier « à mort Camus » parce qu'il avait écrit des articles pour des Algériens, des « Arabes ». Camus a toujours pris le parti des plus menacés : les Algériens d'abord, les pieds-noirs ensuite. Dans les deux cas, il a eu raison.

L'Algérie et Ravensbrück sont comme les deux pans de votre vie publique. Comment ces deux expériences cohabitent-elles en vous ?

Elles sont consubstantielles. Toute ma vie, j'ai voulu comprendre la nature humaine, le monde dans lequel je vivais. En ce sens, ma pratique d'ethnologue m'a servi en Allemagne. Cela ne m'a pas aidée à tenir : si j'ai tenu, je ne l'ai pas fait exprès. Mais je crois que cela m'a protégée. À Ravensbrück, le moindre écart vous mettait en danger de mort. Je me souviens être allée voir une camarade malade à une heure où c'était interdit, le seul moyen était de circuler un balai à la main, en nettoyant. Une gardienne furieuse m'a arrêtée et je lui ai dit en allemand : « Je ne comprends pas, très honorée dame. » Cette formule l'a fait rire, et elle m'a laissée passer. Une autre fois, j'ai eu un abcès dentaire et je suis allée me faire soigner en fraude au *Revier*. Pendant qu'une infirmière polonaise essayait de m'opérer, le dentiste allemand, un officier SS dont le principal travail était d'arracher les dents en or des mortes, est entré et s'est penché sur moi. Je suis restée sans broncher, ma vie tenait à un fil. Si j'avais montré ma peur, il nous aurait sans doute tuées toutes les deux. Ce n'a été ni de la chance ni du sang-froid, seulement de l'indifférence, une indifférence que la vie en camp m'avait apprise.

Pourquoi avoir intitulé votre nouveau livre Il était une fois l'ethnographie *? Cette discipline n'existe plus ?*

Je parle d'un monde révolu et d'un genre d'ethnographie un peu dépassé. En soixante ans, les sociétés humaines ont toutes pris un grand coup. Elles sont laminées, notamment par toutes les inventions électroniques (la radio, le téléphone, la télévision, Internet), dont le monde entier est strié du nord au sud. Aujourd'hui, on se regarde autrement, même s'il est toujours aussi important de parler avec les gens et de les écouter. Si l'ethnologie, qui est affaire de patience, d'écoute, de courtoisie et de temps, peut encore servir à quelque chose, c'est à apprendre à vivre ensemble.

3 février 2000

Propos recueillis par Antoine de Gaudemar

Penser à la Terre

Comment vous est venue l'idée de publier ce livre, Il était une fois l'ethnographie *?*

J'avais rassemblé une masse énorme de documents pour mon doctorat. La majeure partie de ces manuscrits et mes deux thèses ont disparu à Ravensbrück lors de ma déportation. Ils étaient dans une grande valise bleue qui a rejoint les kilos d'or confisqués par les nazis aux déportés, et qu'on n'a jamais retrouvés…

Cette valise, c'était votre trésor à vous…

Oh, juste un problème de carrière ! C'était mon doctorat, voilà tout !

Alors, vous n'avez jamais rédigé de thèse de doctorat, mais vous avez écrit ce livre, qui restitue presque intacts des scènes, des réflexions, des personnages ?

J'avais gardé des piles de notes prises pendant mes missions en Aurès de 1934 à 1940, et mes amis me pressaient de les publier. Alors voilà ! Ce n'est pas une thèse… juste quelques flashes. Il en manque beaucoup, mais c'était déjà bien long, et j'ai coupé, par fainéantise, près de la moitié du livre pour partir en vacances l'esprit tranquille en ayant rendu le manuscrit à mon éditeur !

Qu'est-ce qui a pu amener une jeune Française à partir en Algérie dans les années 30, qui plus est dans l'un des coins les plus reculés ?

Le hasard ! J'avais entrepris à l'Institut d'ethnologie un doctorat, avec Marcel Mauss, sur « L'ombre et le reflet à travers le monde ». Pourquoi pas ? Je m'intéressais à tout sauf à l'Algérie ! Or, l'Institut disposait de deux bourses d'études allouées par l'Institut d'études africaines. On m'en a proposé une pour l'Aurès. Je suis partie.

Êtes-vous retournée dans l'Aurès après l'indépendance ?

Non, certainement pas…

L'Algérie officielle ne vous a jamais invitée ?

Oh, certainement pas !

Pourquoi ?

D'abord, je n'ai jamais rien demandé ! Et l'Algérie officielle… je ne peux pas dire que j'ai beaucoup apprécié Boumediene[a]. Parce que j'étais très informée de ce qu'était le monde soviétique. À cause de deux expériences. D'abord, à Ravensbrück, où j'ai rencontré Margarete Buber-Neumann, la femme de Neumann, fusillé par Staline, qui avait été d'abord prisonnière du goulag. Elle a donc fait partie de ces prisonniers « inintéressants » que Staline et Hitler se sont échangés après le pacte germano-soviétique.

Et votre second contact avec le stalinisme ?

C'était par l'intermédiaire de David Rousset et de l'association qu'il a créée contre les régimes concentrationnaires. En 1951, j'ai été membre du jury qui a enquêté sur les crimes de Staline de son vivant. Je connaissais les exterminations organisées par Staline, en particulier la famine de l'Ukraine. Je n'ai donc jamais admiré l'orientation politique de Boumediene et ce qu'il a fait de l'économie algérienne…

Dans Les Ennemis complémentaires, *publié en 1960, vous avez un paragraphe prophétique : vous tirez la sonnette d'alarme et vous prévoyez que, si les choix économiques ne changent pas, l'Algérie risque de tomber dans la pauvreté et la guerre… Qui plus est, vous parlez des années 80 ! Or c'est précisément dans ces années-là que, avec l'effondrement des prix du pétrole, la sur-urbanisation et le flot démographique, on est arrivé à cette guerre…*

Il suffit de peu pour avoir des intuitions justes… Lorsque je me suis trouvée dans l'Aurès avec des paysans pauvres mais vivant dignement, je les ai simplement regardés vivre. J'ai observé chaque détail, compté les sacs de grain qui rentraient, l'argent qui sortait. J'ai regardé par terre, telle source qui ne coule plus, et pourquoi tel champ ne rapporte plus, et pourquoi ceux qui avaient un mulet n'ont maintenant plus qu'un âne… Surtout j'ai écouté les gens, amicalement et gentiment. C'est tout. C'est ainsi que l'on peut comprendre.

a. Houari Boumediene (1932-1978), président de l'Algérie entre 1965 et 1978, responsable de l'instauration d'un régime socialiste soutenu par l'URSS.

Cette paupérisation de la paysannerie, vous la soulignez dès ces notes prises entre 1935 et 1940 !

Oui, mais je l'ai vue surtout, de façon déchirante, en 1954-1955. Cette année-là, je suis envoyée à Alger par Louis Massignon (le grand orientaliste), qui demande une mission pour moi à Mitterrand, ministre de l'Intérieur. Je reprends mes enquêtes sur l'économie algérienne et je m'aperçois qu'en quatorze ans elle a subi une chute verticale.

Dès 1937, les reportages de Camus sur la Kabylie, dans Alger républicain, *corroborent vos observations.*

J'ai beaucoup vu Camus à ce moment-là et aussi ensuite, à partir de 1957, quand la guerre devient aiguë et horrible. Camus était comme moi : il voulait sauver les Algériens mais sans que pour autant l'on tue le million de Français qui vivaient en Algérie, ni même qu'on les fiche dehors... Pendant l'année 1955 à Alger, j'étais donc détachée par le CNRS au cabinet de Jacques Soustelle, où je ne m'occupais pas de politique, mais uniquement de la survie algérienne. Mon idée était de fournir aux jeunes un métier. Je construisais donc des Centres sociaux et je cherchais des gens pour les prendre en charge. Dans tous les milieux, musulmans algériens autant que pieds-noirs, je recrutais quantité de bonnes volontés.

La violence, qui aujourd'hui encore endeuille l'Algérie, serait-elle une fatalité pour ce pays ?

Pas spécialement. La violence est une donnée fondamentale dans tous les pays méditerranéens, où le premier devoir inculqué au petit enfant, c'est quand même la vengeance. Cette violence a été plus ou moins éliminée du côté nord... pas en Corse pourtant. Ailleurs, la scolarisation générale l'a un peu rabotée. Mais en Algérie, pays multiple, il reste beaucoup de motifs de vengeance. L'Algérie a partagé la vie de la France pendant cent cinquante ans, et c'est une vie accidentée que la vie de la France ! Ceux qu'on appelle les pieds-noirs, ce sont des migrants venus de partout, Siciliens, Andalous et Maltais... Quand ils arrivent en Algérie, c'est ce pays, qu'ils appellent France, qui devient leur patrie, et ils n'en ont pas d'autre.

Dans Le Harem et les Cousins, *puis dans ce livre-ci, vous évoquez la situation des femmes, dont vous faites l'indicateur principal du développement.*

Une société qui écrase les femmes, empêche leur information, leur formation, leur contact avec le monde extérieur, se condamne elle-même à la mort. Mais il arrive souvent que la libération de la femme doive se faire malgré elle ! En Algérie – opinion très peu orthodoxe, j'en conviens –, ce sont les hommes qui sont féministes ! D'ailleurs, les mouvements islamistes ont recruté massivement parmi les femmes. Pourquoi ? Parce que les femmes ont été maintenues à l'écart. Ce sont les hommes qui ont bougé, visité la France, découvert la démocratie. Tandis que les femmes s'accommodent assez bien de leur situation, puisqu'elles peuvent accaparer leurs enfants, gâter abominablement leur fils aîné, rester souveraines chez elles. Elles semblent préférer un système qui les marginalise collectivement tout en favorisant chacune d'elles individuellement... À condition bien sûr que la femme ait un fils. Sinon, elle n'a plus qu'à crever ! Au fond, la libération de la femme, c'est beaucoup plus l'affaire d'un peuple, d'un gouvernement, d'un État que l'affaire des femmes. C'est bien d'ailleurs pourquoi c'est un si difficile combat.

Tout ce monde qui apparaît dans ce livre, est-ce une société disparue ?

La société paysanne, en partie... C'est criminel de la part du gouvernement algérien de l'avoir laissé détruire. En France aussi d'ailleurs ! Je défends les paysans des deux rives !

Vous avez toujours tenu ensemble ces deux rives. Donc, ces deux pays aussi. Encore maintenant ?

Plus que jamais. Et cela veut dire : je refuse de tuer l'un pour sauver l'autre. Sinon, on devient fou. La guerre d'Algérie a été une chose horrible pour la France aussi, l'Algérie n'a pas été la seule à souffrir. En France, peu de temps avant, c'était la misère noire. On s'était battu d'une façon horrible pendant l'Occupation. Et à la Libération aussi, il y a eu, entre Français, des crimes épouvantables. La France était un pays déchiré, fou. Quand on écrit l'histoire de deux pays, il faut d'abord écrire l'histoire d'un pays, puis celle de l'autre. C'est quand on connaît les deux histoires que l'on peut commencer à parler de ce qui se passe entre eux.

Aujourd'hui, à peu près 5 % de la population française sont d'origine algérienne, dont peut-être un bon tiers de harkis... Pensez à une chose : quand on a été insulté, cela a moins d'importance si on a plus de cinquante ans, mais si on a douze ans, on en garde les traces pour toujours. Les enfants de harkis ont été insultés par le FLN, et cela ne se supporte pas. De même que les juifs, en Europe, ont été insultés odieusement, et, pour toute une génération de gosses, cela ne se supporte pas.

Je fais partie des rares Français qui ont assisté au procès de Pétain. Je l'ai vu à quelques mètres de moi, dans cette petite salle. Dieu sait si je l'ai combattu, mais si j'avais dû souffler un argument à son avocat, j'aurais rappelé que Pétain avait quatorze ans en 1870, qu'il était fils d'un paysan du Nord dont la ferme avait été envahie trois fois, en 1871, en 1914 et en 1940. L'humiliation, cela ne s'oublie pas et risque toujours de se résoudre dans la violence ou la trahison.

Vous intitulez un de vos chapitres « Inventer une nouvelle société », cela veut dire quoi exactement ?

Cela veut dire que, au fond, il faut aussi penser à la Terre. La Terre est ronde mais petite. L'aventure de l'Algérie et de la France, c'est aussi une aventure mondiale. Si on avait arrêté la guerre trois ans plus tôt, l'Algérie aurait pu garder « ses » Français, et elle serait naturellement européenne aujourd'hui, c'est-à-dire dans la zone vitale…

Vitale ?

Là où on mange, là où on vit, là où on va en classe et pas là où on tue au nom de Dieu… et Dieu a bon dos !

Vous dédiez ce livre aux « demi-Maghrébins », aux « demi-Franciliens »…

Parce que je crois que nous devons, nous, faire avec les Algériens ce que les Algériens n'ont pas fait avec les Français : les aider à vivre ici. Ils sont là et bien là, et pourquoi pas, bien sûr ! Et nos banlieues, c'est moitié les banlieues de Paris, moitié les banlieues d'Alger. Et je leur dédie ce livre. Car les générations nous dépassent. De l'autre côté du lac méditerranéen aussi. L'Algérie, c'était 1 million d'habitants il y a cent ans, 8 millions à l'Indépendance et maintenant 30 ou plus. Dont une minorité a vu la guerre d'Algérie, puisque 75 % des Algériens sont nés après 1962. J'aimerais qu'ils puissent connaître l'histoire comme elle était, les gens comme ils étaient. Et qu'ils apprennent l'histoire des Français d'en face, et leur histoire commune avec eux. Qu'ils se posent des questions… Voyez, je suis pour la réflexion, et la réflexion au sens profond du mot : le reflet.

C'était votre premier sujet de thèse !
Le reflet et le reflet du reflet, qui se répondent comme un dialogue.

8 mars 2000
Propos recueillis par Catherine Portevin

II. RÉSISTANCE

Notice

La Résistance contre l'occupant allemand, dans laquelle GT s'engage dès juin 1940, lui fournira l'occasion de ses premières interventions dans le débat (et, en l'occurrence, dans le combat) public. Elle n'a jamais écrit d'ouvrage d'ensemble consacré à ce thème, bien qu'elle en ait parfois conçu le projet, comme en témoignent plusieurs inédits recueillis ici.

Les deux premiers textes, qui sont aussi les plus anciens du recueil, semblent n'avoir jamais été publiés, les imprimeurs ayant été arrêtés avant d'avoir pu le faire. Ces écrits étaient destinés à la presse clandestine de la Résistance ou bien devaient être diffusés comme des tracts. Au moment de son arrestation en 1942, GT avait laissé ces textes chez elle ; sa mère les cache dans une pelote de laine. À la fin de 1942, après l'arrestation de sa mère, ils sont retrouvés par leur amie Marcelle Monmarché qui les emporte ; elle les rendra à GT après la guerre. Le paquet contient encore quelques autres écrits : des notes prises après un entretien avec le chanoine Tricot, que GT est allée supplier d'intervenir en faveur des condamnés à mort du réseau « musée de l'Homme » ; un bref texte intitulé « Mésaventures des Kollaborateurs » ; un autre, appelé « Les ex-futurs alliés de l'Allemagne » ; un extrait de Britannicus *de Racine (Burrhus à Néron, vers 1344-46, 1351-53) ; quelques autres notes encore, le tout datant de 1941 et de 1942.*

« La cause de la vérité », texte manuscrit sans titre et resté inachevé, formule quelques principes auxquels GT restera toujours fidèle. « De la collaboration », également manuscrit sans titre, comporte en revanche des sous-titres, repris ici. Le premier de ces textes date probablement de 1941, le second de 1942. Les mots entre crochets manquent dans l'original.

Au retour de déportation, GT consacre à son expérience un texte, sous le titre « À la recherche de la vérité », qui sera publié en 1946 dans un numéro spécial des Cahiers du Rhône *(20 [65], décembre 1946), intitulé* Ravensbrück*. Ce texte sera refondu dans l'ouvrage consacré par GT à ce camp, sauf pour certains segments. L'un* *d'entre eux porte sur la Résistance ; nous l'avons repris ici sous le titre « À la recherche d'informations ».*

Après son retour, et jusqu'en 1954, GT se consacre, entre autres, à inventorier les réseaux de Résistance auxquels elle a participé ou dont elle a eu connaissance, et à établir des dossiers individuels pour chaque résistant (environ 400), en vue de l'attribution d'une distinction ou d'une pension, elle fait ce qu'on appelle « la liquidation du réseau ». De cet ensemble, nous avons extrait trois notices représentatives : celles du colonel Paul Hauet, de Boris Vildé et d'Eugène Delhaye. Ces textes n'ont jamais été publiés. Nous leur avons adjoint deux notices nécrologiques beaucoup plus tardives : sur Henriette Roux, parue dans Voix et Visages, *le bulletin bimestriel de l'Association des anciennes déportées et internées de la Résistance (ADIR), 113, mars-avril 1968 ; et sur Yvonne Oddon, parue dans* Voix et Visages, *182, nov.-déc. 1981. GT a voulu que cet ensemble porte le titre général : « Ce que je savais de quelques-uns ».*

« 1940 : la périphérie d'un réseau parisien » est une étude rédigée pour l'essentiel entre 1950 et 1953, publiée dans la Revue d'histoire de la Deuxième Guerre mondiale, *2, 1958, p. 6-22, sous le titre « Première Résistance en zone occupée (Du côté du réseau musée de l'Homme Hauet-Vildé) ». Dans les archives de GT, on trouve une copie de cette publication pourvue de son nouveau titre, de nombreux compléments et la note suivante :*

« Dans cette première édition j'avais omis de nombreux noms propres qui me semblent aujourd'hui nécessaires, aussi nécessaires que quelques descriptions et explications. »

C'est ce texte complété et corrigé que nous publions ici.

Le texte suivant est encore inédit et provient de projets abandonnés de GT. « Fragments de ma résistance » est le titre que nous avons donné à un ensemble d'écrits, certains manuscrits, d'autres dactylographiés, réunis dans les archives de GT sous le titre « Dossier 1940-1942 ». Un segment de cet ensemble, concernant le colonel Hauet, est daté « le 28 juillet 1991 ».

« Un profil non ressemblant », réaction au film de Marcel Ophüls Le Chagrin et la Pitié, *a été publié dans* Le Monde *du 8 juin 1971. Le même texte est paru dans* Voix et Visages, *128, mai-juin 1971.*

« Dix-huit juin » est le texte d'une allocution prononcée au cours de la commémoration organisée le 18 juin 1980 à la Sorbonne, et publiée dans la revue Espoir, *sept. 1980, p. 29-31 ; et en même temps dans* Voix et Visages, *171, juil.-oct. 1981.*

« Le réseau musée de l'Homme » est le texte d'une allocution prononcée au Sénat le 7 mai 1986, au cours d'une séance solennelle de témoignages organisée par le secrétariat d'État aux Anciens Combattants.

La cause de la vérité

Des événements multiples se produisent chaque jour qui engagent notre avenir, notre honneur, tout ce qui donnait du prix à notre vie, et cette vie même, et nous les ignorons, ou quand nous les connaissons ils nous sont présentés tronqués, déformés systématiquement pour servir des intérêts qui ne sont pas les nôtres.

Nous, patriotes français, nous n'avons pas une voix pour nous guider. C'est pourquoi nous devons essayer de nous renseigner les uns les autres.

Car nos sources d'information sont les suivantes :

1° La presse et la radio de Paris, rédigées par des Allemands ou par des traîtres abrutis. Là-dessus il n'y a aucune équivoque.

2° La presse et la radio de Vichy, inspirées pour une grande part, et intégralement contrôlées, par les Allemands. C'était une des principales clauses de l'armistice, une clause *publique. Nous ne devons pas la perdre de vue.*

3° Les radios de Londres, de New York et de Moscou qui soutiennent chacune, évidemment, les thèses anglaises, américaines et russes – thèses qui *peuvent* coïncider avec les nôtres, mais qui ne coïncident pas nécessairement avec elles. On n'a pas le droit de douter du patriotisme des Français qui ont quitté le pays pour poursuivre la lutte aux côtés du général de Gaulle, *mais il est évident que la radio française de Londres ne peut dire que ce qui est conforme aux intérêts britanniques.*

4° La radio neutre (ou radio suisse) qui se tient dans l'humilité et la concision.

5° Les ragots qui circulent, assez bons moyens de renseignement quand on les recueille près de leur source, ce qui n'est malheureusement pas toujours le cas.

Au son de ces diverses cacophonies, les Français, tous les Français, sont tout de même arrivés à se mettre d'accord sur un point : ils voudraient bien que les Allemands s'en aillent…

Mais sur tout le reste – sur les Anglais, sur les Soviets, sur la nécessité de l'armistice, sur les responsabilités de la guerre, sur le gouvernement de Vichy, sur les Français de Londres, sur la Syrie, sur Mers El-Kébir, sur Dakar, sur Montoire, etc. – quel méli-mélo d'opinions !

Et pourtant, dans ce noir marécage il nous reste tout de même un fanal : la clarté de la langue et de l'esprit français... Et quelques points de direction : le petit nombre de faits contrôlés que nous pouvons parvenir, non sans peine, à sortir du grand galimatias international.

Ce qui nous est indispensable, c'est de nous imposer une sévère discipline de l'esprit : nous devons nous défier de la crédulité, du désespoir, de l'enthousiasme, de la haine...

Dans une période où toutes les passions sont exaspérées, et d'abord les nôtres ; où nous avons les nerfs à fleur de peau et le cœur au bord des lèvres, nous ne devons pas nous abandonner aux excès de notre agacement, ou de notre dégoût, mais nous devons nous efforcer de *bien voir* (le peu qu'on nous laisse voir), de *bien comprendre* et de *bien juger*. C'est un effort qu'il nous faut faire tout seuls, devant notre conscience, puisque personne ne peut nous aider – mais nous *devons* absolument le faire, car la France, l'unité, l'honneur et le bonheur de la France en dépendent (je n'ai pas dit sa « grandeur », car la France ne peut être ni plus grande ni plus petite ; elle est ce qu'elle est : on peut l'amputer provisoirement, on ne peut pas la diminuer).

Notre but est de grouper un petit nombre de gens qui s'estiment réciproquement, et qui mettent en commun les faits dont ils ont eu connaissance afin d'en faire profiter la communauté. Ceux d'entre nous qui ont ce qu'on appelle « une opinion politique » pourront l'exprimer sous un pseudonyme qui les engagera. Mais tous, nous nous sommes donné les promesses suivantes :

1° Sur le plan des faits : ne pas mentir, ne pas déformer, ne pas travestir.

2° Sur le plan des idées, être de bonne foi, appeler chaque chose par son nom exact, et la juger avec une impartiale rigueur.

Enfin, nous pensons que la gaîté et l'humour constituent un climat intellectuel plus tonique que l'emphase larmoyante. Nous avons l'intention de rire et de plaisanter et nous estimons que nous en avons le droit, car nous nous sommes engagés corps et biens dans l'aventure nationale.

Sur les faits, nous pourrons nous tromper, mais ce sera malgré nous, et nous prenons l'engagement les uns vis-à-vis des autres de nous démentir nous-mêmes dès que nous connaîtrons notre erreur.

Sur le plan des idées, nous ne connaissons d'emblée qu'une cause qui nous est chère, celle de notre patrie, c'est par amour pour elle que nous nous sommes groupés, c'est pour essayer de maintenir sa foi et son espérance. Mais nous ne voulons pas, *nous ne voulons absolument pas* lui sacrifier la vérité, *car notre patrie ne nous est chère qu'à la condition de ne pas devoir lui sacrifier la vérité*. Notre cœur est engagé à fond dans la cause de la patrie, mais notre esprit doit rester vigilant et clair, prêt à juger contre nous-mêmes si c'est nécessaire.

C'est cela qui peut nous sauver, qui fera surtout que nous mériterons d'être sauvés.

Malheureusement, nous ne sommes pas sûrs de pouvoir continuer longtemps notre publication. Si nous nous arrêtons (ou si « on » nous arrête), nous demandons à ceux qui le pourront de continuer, en s'imposant la même discipline : ne croire un fait qu'après l'avoir longuement examiné et critiqué, avec un esprit froid et libre, et en tenant compte de *tous* les éléments.

1941

De la collaboration

Le côté allemand de la collaboration

Dès décembre 1940, la propagande allemande avait un besoin *absolu* de faire croire à sa « collaboration » avec la France, non pas tellement pour nous tromper, nous autres Français (qui étant par ailleurs affamés, pillés et opprimés, avions des raisons toutes personnelles de scepticisme), mais surtout pour *tromper les Allemands.*

Rappelons-nous, en effet, les thèmes du battage allemand dès 1938, pour l'usage interne : « Cher peuple », dit en substance le Dr Goebbels, « ne t'inquiète pas. Tu as une armée encore plus forte que la dernière fois. Et surtout tu as des alliés. Et quels alliés ! Les Italiens d'abord, qui sont devenus si vaillants, depuis 1918, que personne ne les reconnaît plus… Et puis les Russes, l'immense Russie, réservoir d'hommes et de matières premières inépuisables. Et puis le Japon, et puis l'Espagne… Et en face de toi, des peuples isolés, trahis, vaincus d'avance… Tu penses peut-être à la vilaine aventure de 1918 ? Il ne faut pas penser à ça, car tu n'es pas tout seul comme en 1918, tu as aujourd'hui des grands alliés et des petits ennemis… »

Et après quatre ans de « guerres éclairs » de plus en plus harassantes, la situation est la suivante :

D'une part :

Soixante-quinze millions d'Allemands qui sont en guerre depuis quatre ans, qui ont perdu, pendant ces quatre ans, près de trois millions d'hommes jeunes et qui sont en économie de guerre depuis dix ans.

D'autre part :

1° Cent soixante millions de Russes, possédant un territoire qui est grand comme quarante fois la France, où ils peuvent reculer et perdre des batailles et des divisions, mais où leur ennemi est saigné à mort quelles que soient ses victoires.

2° Deux cents millions de Français, Belges, Hollandais, Norvégiens, Tchèques, Grecs et Serbes, vaincus un à un, mais qui n'acceptent pas leur défaite et qui guettent haineusement l'occasion d'égorger leurs vainqueurs. Et chaque jour de famine augmente nécessairement leur haine et leur audace.

3° Deux cents millions d'Anglo-Saxons implacables, qui disposent des deux tiers de la richesse du globe et qui, méthodiquement, depuis quatre ans, se préparent à la guerre *sans la faire*.

Les *grands* alliés se sont dissipés comme des ombres et derrière eux se sont dressés les grands ennemis... Et le retournement de la situation est si net que le Japon n'est plus du tout pressé de tendre la main à l'Axe par-dessus la Russie, nonobstant ses traités formels d'alliance. Quant à l'Espagne, elle se hâte de signer des petits accords amicaux avec l'Angleterre ; et ses oranges, son huile et son fer s'embarquent sournoisement pour les îles Britanniques.

Alors ?

Alors il ne faut pas que le « peuple élu », qui était parti vaillamment pour une guerre éclair, avec tous les alliés possibles, s'aperçoive un beau matin qu'il n'a plus d'alliés, et qu'il est tout seul au milieu des ogres, dans une situation stratégique infiniment plus angoissante qu'en 1918. Tout seul, c'est-à-dire tout seul avec l'Italie (mais les Allemands savent mieux que personne que cette solitude à deux est une vraie solitude).

Voilà la situation qu'il faut, *à tout prix*, dissimuler au peuple allemand (qui n'est déjà que trop masochiste par nature. Son hérédité slave[1]).

De là l'utilité vitale du mensonge collaborationniste *pour tromper les Allemands* : ils ne sont pas seuls dans cette guerre, ils ont un vrai allié, tout justement ce peuple qui les a battus il y a vingt-quatre ans et qui les avait tout pareillement battus cent ans plus tôt, et battus et rebattus tout le long de l'histoire, car (soyons sincères

1. Au XVIIIe siècle, le patois des environs de Berlin était encore un patois slave : la majeure partie de l'Allemagne (et la Prusse en particulier) est slave de *race*, des Slaves qui ont, relativement récemment, appris une langue germanique ; de même les Français sont des Germano-Celtes de *race*, qui ont appris une langue latine.

À nous, cela nous est bien égal que les Prussiens soient des Slaves ou des Germains, nous ne faisons pas grande différence entre les uns et les autres, mais cela nous paraît drôle qu'un peuple de lapins qui s'est toujours cru lapin, vrai lapin, avec des poils de lapin et une queue de lapin, décide un beau matin qu'il a du pur sang de carpe dans les veines, qu'il est très glorieux d'être carpe et honteux d'être lapin.

Nous ne voudrions pas vexer nos lecteurs allemands, surtout pour une cause aussi futile que cette histoire de race, et dans une période où nous avons déjà tant d'autres causes de bisbilles avec eux, mais nous aimerions bien savoir, tout de même, comment ça les a pris.

entre nous) depuis que la France existe en tant que France, c'est-à-dire depuis Clovis, les Français ont plus souvent envahi l'Allemagne que les Allemands n'ont envahi la France, et pourtant, Dieu sait qu'on les a assez vus… Comme personne d'autre ne les a battus effectivement (c'est-à-dire les armes à la main), les Allemands naïfs se disent qu'ils ne risquent plus rien, puisque leur pays est, non seulement vainqueur, mais allié, du seul peuple qu'ils aient appris à craindre…

Maintenant comment peuvent-ils croire une bourde pareille, ça c'est ce qu'on appelle le mystère de l'âme germanique. Voilons-nous la face et passons… Mais le fait est qu'ils le croient, nous en recevons tous les jours la confirmation authentique : ils croient que le peuple du monde le plus attaché à son sol supporte avec bonne humeur de voir son sol envahi et pillé ; ils croient qu'un peuple fier, et justement fier, accepte bonnement d'être brimé et humilié ; qu'un peuple qui a déjà été vaincu, mais jamais asservi, trouve la servitude une nouveauté plaisante – ainsi que la faim, qui est aussi une nouveauté pour lui.

Or il y a exactement vingt ans, en 1922, nous aussi, nous avons envahi une partie du territoire allemand (exactement le quart de ce qu'ils occupent aujourd'hui chez nous), mais nous n'avons tout de même pas eu l'idée imbécile de vouloir leur faire croire que c'était par amitié. Et il y a eu à ce moment-là un grand nombre de Français, *la majorité des Français*, qui ont eu pitié des Allemands, une pitié réelle et effective, car la première forme qu'ils aient songé à donner à cette pitié ç'a été d'exiger le retrait de nos troupes – nous ne devons pas l'oublier, les élections de 1924 se sont faites pour ou contre l'occupation de la Rhénanie, pour ou contre la politique de Poincaré, et les électeurs français, dans la proportion de… ont voté *contre* cette politique, *contre* cette occupation, et c'est à cause de ces élections, de cette volonté formelle du peuple français que les troupes françaises ont été retirées. Il suffit de se reporter aux journaux de l'époque pour y lire cela tout au long, et que le gros argument de l'opposition était *l'injustice*, la *cruauté* d'une occupation étrangère.

Bien entendu, les Allemands nous vouèrent une exécration exaltée à la suite de notre entrée en Rhénanie ; rien de plus juste et normal. Mais ils ne nous eurent aucune reconnaissance pour notre départ *volontaire* et sans *contrepartie*, ce qui est la preuve de leur vilaine nature. Car nous, à leur place, comme nous les trouverions sympathiques s'ils s'en allaient tous seuls, gentiment, ramasser leurs petits pois en Poméranie.

C'est pour le coup que nous trouverions Goethe intelligent et Gustav Frölich[a] joli garçon… Hélas, il vaut mieux ne pas y songer…

Mais revenons à nos moutons (c'est le cas de le dire), c'est-à-dire au public allemand.

Quand un Français se trouve en contact personnel avec un Allemand, il est, selon les cas, attendri ou épouvanté par la crédulité effarante de son adversaire traditionnel. C'est Descartes qui a dit « le bon sens est la chose du monde le mieux partagée… » Mais Descartes était français et parlait pour la France…

L'Allemand a un esprit mais il ne sait pas s'en servir, il attend que quelqu'un s'en serve pour lui. C'est le secret de sa force (indiscutable), de ses succès (certains et nombreux) ; et c'est aussi le secret de tous ses déboires – le succès tant qu'il s'agit d'appuyer sur l'accélérateur ; les déboires au premier obstacle, car la puissante machine n'est pas pourvue de freins.

Le côté français de la collaboration

Depuis juin 1940 notre équipe a suivi de près l'évolution du mouvement collaborationniste en France. Voici les résultats de notre enquête sur ces derniers mois :

Un mouvement de recul s'est esquissé dans une partie importante des éléments collaborationnistes, que nous appellerons « le groupe réaliste », faute d'un autre nom. Il constituait, au lendemain de la défaite, le gros des troupes kollabos et leur argument était le suivant : « Nous sommes momentanément fichus, tâchons de tirer le meilleur parti de la situation. » Ils parlaient bien entendu au nom du pays, mais heureusement il se trouve dans bien des cas que leur intérêt particulier de chef d'industrie ou de commerçant y trouve d'abord son compte. Entre parenthèses, c'est d'une bonne discipline intellectuelle de se défier des théories philosophiques qui coïncident si bien avec un petit intérêt sordide et personnel. Au cours du mois de juillet et d'août ils ont commencé à déserter par unités isolées, ou par petits noyaux. Au mois de septembre, ç'a été une vraie déroute. Effectivement c'était très logique, car du moment que nous ne sommes plus fichus (ce qui ressort de plus en plus clairement de l'attitude des

a. Gustav Frölich, populaire acteur de cinéma allemand.

différents États : Russie, États-Unis, Japon, Espagne), à quoi bon se déshonorer ?

Nous ne citerons parmi les collaborationnistes repentants que Mgr Baudrillard[1].

D'autre part il y a en France une quantité de bonnes gens pour lesquels la politique se résume à ceci : « tout mais pas le communisme » ; ces bonnes gens sont, par définition, des hommes mal informés, hésitants trembleurs, vaguement conscients de leur ignorance, profondément désorientés par l'absence de leur cher « feu *Petit Journal* », de leur cher « feu *Matin* », de leur cher « feu *Échos de Paris* », etc., où ils avaient la douce habitude de puiser toutes leurs idées du jour (j'allais oublier « feu *Jour* »). On trouve parmi eux des ruraux, pas mal d'ouvriers spécialisés, contremaîtres, artisans, petits fonctionnaires, commerçants, petits patrons…

Ils ont passé les mois de juillet et d'août à se tâter anxieusement, bien embêtés tout de même devant la perspective de devoir choisir entre deux maux exécrables : communisme ou germanisme. Mais parmi eux *beaucoup* commençaient à lancer des regards timides du côté de Berlin.

Là-dessus sont arrivées bien opportunément les affiches de M. le *Militar-Kommandant*, et l'exécution des otages.

Évidemment, cela a retourné la situation.

Car les Français raisonnent bien, tous. Même les Français bêtes. Les bêtes ont un raisonnement court, les fins un raisonnement subtil, les généreux un raisonnement humain – mais bête ou non, quand les prémisses d'un raisonnement sont *bien* posées, nous savons tous tirer correctement la conclusion.

Or tous les Français ont été soldats et savent qu'on ne « collabore » pas avec l'ennemi. Cela s'appelle « haute trahison », c'est puni de mort et d'infamie. La question n'est donc pas là, n'a jamais été là (sauf peut-

1. Réflexions faites nous nous demandons si nous avons bien fait de citer Mgr Baudrillard : nos lecteurs allemands peuvent mal prendre la chose et lui faire quelques taquineries. Oui, mais il a tout de même été kollabo et, à ce titre, il mérite une punition. Chrétien et cardinal, il a douté de la justice divine ; français, il a méconnu la droiture de cœur et la dignité profonde de sa patrie. En outre, nous ne sommes pas tout à fait certains qu'il ait renié ses erreurs, nous avons pu nous laisser duper par notre bon cœur et un cléricalisme ingénu… Eh bien, dans ce cas, le cardinal mérite deux punitions. Première punition : pour avoir été kollabo. Deuxième punition : pour l'être resté.

Nous n'hésitons plus. Nous le citons.

être pour MM. Laval, Déat et consorts, et encore ce n'est pas sûr). La question est, a toujours été, de savoir si, oui ou non, les Allemands sont nos ennemis ; si, oui ou non, l'armistice c'est la guerre ou c'est la paix. On penchait pour ceci, on penchait pour cela, selon les sympathies et les hasards, mais au fond les petites gens mal informés n'avaient pas de critérium simple et absolu.

On en a maintenant, grâce à M. le Militar-Kommandant et à l'exécution des otages. Maintenant tout s'éclaire, tout est net, tout est limpide, il n'y a plus d'équivoque : si les Allemands ne sont pas des ennemis, comment peuvent-ils exécuter des hommes pour des délits qu'ils n'ont pas commis ? Et s'ils sont des ennemis, comment *peut-on* collaborer avec eux ?

Sur le plan réaliste, l'exécution des otages est une grave sottise de M. le Militar-Kommandant, car cela a permis à une importante fraction de l'opinion française de prendre conscience de notre position juridique vis-à-vis des Allemands – position qui était encore nébuleuse pour beaucoup.

Il y a eu, il est vrai, des attentats.

Et après ?

Les Allemands perdent, dit-on, 80 000 hommes par semaine en Russie. Qu'ils en perdent, en plus, deux ou trois à Paris, cela ne prend de l'importance au point de vue sécurité générale de l'armée d'occupation que si toute la France le sait et s'y intéresse.

Or, effectivement, toute la France le sait et s'y intéresse, mais uniquement grâce à M. le Militar-Kommandant qui prend bien soin de le lui faire savoir, tout en rendant astucieusement tous les Français solidaires des meurtriers – car il n'y a pas un Français qui puisse lire les listes d'otages fusillés sans serrer les dents et sentir une flambée de rage lui brûler le cœur. C'est normal. Et c'est évidemment ce qu'a recherché M. le Militar-Kommandant, car ça n'est assurément pas pour nous faire plaisir qu'il le fait. Et cela précisément au moment où l'Allemagne commence à avoir dangereusement besoin d'accréditer les mythes collaborationnistes.

Or ces attentats ne sont pas l'œuvre de tous les Parisiens, c'est évident, même pour M. le Militar-Kommandant. Je dirais même que tous les Parisiens étaient totalement [manque un mot] sans les bons soins de M. le Militar-Kommandant.

Ces attentats peuvent être :

1° l'œuvre d'isolés qui n'ont pris conseil que de leur désespoir, et qui peuvent être aussi bien allemands que français (car il y aussi des

Allemands qui ont lourd sur le cœur et qui ont plus de moyens que des isolés français de se procurer des armes).

1942

À la recherche d'informations

Sur les exécutions en France, les tortures de la Gestapo, les traitements dans les prisons allemandes, j'étais informée avec une grande exactitude et une grande précision, surtout à partir du printemps 1941, époque où eurent lieu les premières arrestations dans mon groupe de résistance. Jusque-là, le fait qu'il y avait des Allemands sur le sol français m'avait semblé une justification suffisante de mon activité antiallemande. C'est seulement à partir de cette date (où j'ai connu les cruautés de la Gestapo), et plus encore après les exécutions d'otages et de patriotes français (surtout août 1941 et février 1942) qu'un sentiment de violente indignation vint s'ajouter à mon hostilité. Dès lors ce ne fut plus seulement comme ennemis, mais aussi comme criminels que les Allemands m'apparurent... Je m'en rends compte aujourd'hui, je n'ai pas su tirer des éléments de connaissance que je possédais déjà et que j'ai énumérés ci-dessus[a] des conclusions déterminantes. C'est toujours à cause de ce que j'ai vu ou su par moi-même, et non à cause de notions plus vastes mais moins certaines, que j'ai agi. Je dis cela à ma honte. Mon excuse, c'est qu'au tréfonds du cœur je n'y croyais pas, pas plus que je n'ai cru au début aux trahisons de Vichy. Il a fallu que je voie par mes propres yeux jusqu'où pouvait aller la cruauté des uns et la lâcheté des autres pour comprendre définitivement leur réalité.

Inconsciemment j'avais donc tendance à penser que les faits ci-dessus étaient plus ou moins isolés et ne faisaient pas foncièrement partie de la civilisation allemande. Et les raisons de mon opposition à l'Allemagne étaient plus des raisons nationales que des raisons d'équité, quoique les raisons d'équité aient eu également une part motrice importante dans mon activité antiallemande, surtout à partir des exécutions dont j'ai déjà parlé (1941 et début de 1942).

Mes quatorze mois de prison à la Santé, puis à Fresnes, ne firent que confirmer ce que je savais déjà sur les procédés d'arrestation et d'enquête de la police allemande : cet immense réseau d'agents pro-

a. Dans la partie précédente de son texte, reprise dans *Ravensbrück*, 1988, p. 41.

vocateurs et de traîtres, je le connaissais, j'avais tenté de l'évaluer, je luttais contre lui depuis des mois. Les interrogatoires avec leurs tortures, leurs chantages, leurs pièges, les exécutions et en particulier les exécutions d'otages, je les connaissais avant de les voir, je les haïssais, mais tout cela ne représentait pas à mes yeux un phénomène historique inédit : toutes les tyrannies se sont établies et maintenues par la torture et l'assassinat de leurs ennemis, et la police allemande n'a fait qu'amplifier un mode de persuasion qu'elle n'a pas inventé. Le crime collectif absolument neuf, le véritable attentat contre l'homme n'est pas là.

1946

Ce que je savais de quelques-uns

Le colonel Paul Hauet

Paul Hauet est né à Philippeville le 22 juin 1866. Élève de Polytechnique, il devient officier d'artillerie coloniale et, comme jeune capitaine, prend part à la campagne du Soudan commandée par le capitaine Gouraud. Il est un des héros de la prise de Sikasso où il est grièvement blessé et décoré de la Légion d'honneur.

Il devient ensuite capitaine et attaché militaire au cabinet de M. de Lanessan, ministre de la Marine, et chargé de nombreuses missions, mais ne peut reprendre de service actif à cause de sa blessure. Il s'ennuie et demande un congé, part pour le Venezuela où il prend une part active à une révolution en tant que général, il est ensuite nommé amiral et, dans le dernier bateau de la flotte vénézuélienne, il bourlingue pendant des mois dans la mer des Sargasses où une île porte son nom déformé par les indigènes et devenu l'île Havet. L'équipée finit à New York où Hauet travaille aux docks pour gagner l'argent de son retour.

Après de nombreux avatars très pittoresques, il rentre en France et Th. Delcasse, alors ministre des Affaires étrangères, trouve l'avancement du capitaine Hauet trop rapide et quelque peu importun, se fâche tout rouge et accepte la démission du révolutionnaire qui quitte l'armée.

La guerre de 1914 le trouve ingénieur des Mines en Anjou, où il gagne largement sa vie dans l'entreprise Bonneau. Il se précipite chez son camarade Messimy, ministre de la Guerre, et demande sa réintégration :

« Tu as atteint la limite d'âge, reste tranquille, on n'a pas besoin de toi », lui dit le ministre.

« Fort bien, tu ne m'empêcheras pas de partir comme simple soldat. »

Ce qu'il fit. Il rattrapa très vite son grade et c'est comme commandant que le maréchal Foch, qui l'aimait beaucoup, lui confia le commandement de l'artillerie de tranchée, glorieusement connue par la suite sous le nom de « Crapouillots ». Il garda son commandement jusqu'à l'armistice de 1918, fut promu colonel avec la rosette d'officier de la Légion d'honneur et la croix de guerre.

Paul Hauet créa les premiers théâtres aux armées et les premiers jardins aux armées ; lorsque la première troupe civile de théâtre vient dans son secteur, il invite fort courtoisement toute la troupe à venir se rafraîchir et à assister ensuite en spectateurs à une pièce ! Il organise une cantine où tout le monde mange la même cuisine mais paye selon son grade. Redevenu civil, il se retrouve prospère chef d'entreprise.

Il avait droit depuis longtemps à la cravate de commandeur, tant à titre militaire que civil pour son rôle social dans les Ardoisières de Renazé.

En 1939 son âge (73 ans) ne lui permet pas de reprendre du service actif et dès le 15 juin 1940 il décide de faire, tout seul, une résistance acharnée. Dès ce jour, il va trouver le préfet de police et les quelques membres du Conseil municipal qui sont restés à Paris pour s'offrir en qualité d'otage, si besoin est.

Le 27 juin 1940, les Allemands font sauter la statue du général Mangin, chef préféré de Hauet. Indigné, celui-ci se rend sur les lieux le soir même et il y recueille un éclat de granit rougeâtre qui ensuite lui servira de presse-papiers sur son bureau ; il y rencontre son vieux camarade de Polytechnique le colonel Duteil de La Rochère, également colonial, perdu de vue depuis probablement vingt-deux ans. Tous deux décident de se revoir.

Puis il organise un des premiers réseaux, connu actuellement sous le nom de réseau musée de l'Homme (Hauet-Vildé). La période d'organisation se situe antérieurement à septembre 1940 et en octobre l'ensemble des réseaux atteint son maximum d'efficacité. À cette date, il a plusieurs lignes d'évasions militaires, assure des passages d'Anglais, recueille des renseignements militaires dans toute la zone occupée (nord de la France, ligne Maginot, Bretagne, lignes de démarcation). Il publie deux journaux, dont les premiers numéros sont imprimés en octobre et paraissent en janvier 1941 : *Résistance*, *Vérité française*. Il contrôle tous les milieux coloniaux, surveille et contredit la propagande allemande dans ces milieux.

Le colonel Hauet est arrêté une première fois le 5 juillet 1941 à la suite de l'arrestation de son ami La Rochère, également fondateur du réseau. Malheureusement, la Gestapo, au cours de l'instruction, reconnaît l'écriture de La Rochère sur des papiers très importants au point de vue renseignements de l'affaire Vildé. La Rochère parvient à communiquer avec Hauet dans la prison et, à la confrontation, il s'applique à le dégager et a le bonheur d'y parvenir ; le colonel Hauet est enfin relâché en septembre 1941 ainsi que deux de ses collaborateurs, Léon-Louis Beasley et le capitaine Hecht qui, très atteint dans sa santé, meurt peu de temps après, tandis que le colonel de La Rochère est condamné à mort et déporté. Il meurt pour la France à Sonnenburg.

Aussitôt libéré, le colonel Hauet reprend son activité clandestine mais avec un peu plus de précautions, ce qui ne l'empêche pas d'être arrêté de nouveau, avec plusieurs de ses collaborateurs, le 15 juin 1944. Il est déporté en juillet, dans des conditions atroces, au camp de Neuengamme où il meurt de misère en novembre 1944.

Il avait passé un mois à Fresnes dans une cellule commune où il retrouve un de ses anciens crapouillots (Sabatier, député de Paris, déporté, mort pour la France) et un jeune homme, M. Michaut, qui nous a raconté depuis qu'il n'avait jamais tant ri que dans cette cellule, en compagnie de ce vieux colonel de soixante-dix-huit ans, qui exigeait des gardiens allemands qu'ils lui parlassent au garde-à-vous et les appelait pour leur montrer sur une carte qu'il avait dessinée sur le mur qu'ils étaient coincés de tous côtés et qu'ils étaient « foutus ». Il est parti dans un des derniers convois de juillet 1944, un de ces transports martyrs qui laissaient des cadavres tout au long des voies. Il est parmi les rares qui arrivèrent vivants à Neuengamme.

Là, nous savons mal quelle fut sa fin. Un de ses camarades de déportation situe sa mort à la fin de novembre ou les tout premiers jours de décembre : « Il est mort de misère et de faim... Avait-il de l'appétit ? nous demande son camarade. Il donnait tous les jours une bonne partie de son pain prétextant qu'à son âge on mangeait très peu. » La même question nous avait été posée par le jeune homme qui partageait sa cellule à Fresnes. Ses nombreux amis comprendront sa bonté, sa grandeur d'âme, on peut dire, à ce petit trait – car son appétit était légendaire. Connu de tout le quartier de la Madeleine, dès le beau temps revenu, on pouvait le voir tous les soirs aux environs de minuit à la terrasse de Larue, dégustant force tranches de bœuf mode arrosé de champagne nature. Passait-il un camarade, il le hélait et recommençait joyeusement son dîner à la plus légère provocation.

Cette fin est bien triste, mais une pensée doit consoler tous ceux qui le pleurent sincèrement. Il était seul dans la vie et en souffrait, mais sa dernière heure a été illuminée par le sentiment qu'il mourait pour son cher pays.

1948 (?)

Boris Vildé

Boris Vildé, après avoir été l'un des principaux promoteurs de la Résistance, après avoir créé un des premiers réseaux de renseignements et organisé une des premières lignes d'évasion, a été aussi un des premiers sacrifiés.

Son œuvre, si courte dans le temps, a cependant fortement marqué dans l'histoire glorieuse des premiers sursauts de l'honneur français ; son sacrifice, longuement mûri pendant près d'un an de captivité, a été un des premiers grands chocs de l'opinion. Autant par sa mort que par sa vie, il a servi la patrie française.

Boris Vildé est né à Saint-Pétersbourg le 25 juin 1908. Il a été naturalisé français avant la guerre, en 1936, il a fait cette guerre en français. Il a été fait prisonnier et s'est évadé le 5 juillet 1940. À cette date, il était depuis plusieurs années attaché au musée de l'Homme. Il avait accompli une mission scientifique en Finlande et par son mariage avec Irène Lot, fille du Pr Lot, il était en relation avec le milieu universitaire français où son éclatante intelligence, son énergie, toutes ses hautes qualités d'intellectuel et d'homme d'action lui avaient fait de nombreux et sûrs amis.

Dès son évasion, son action d'organisateur de la Résistance commence. En août 1940 il a déjà pris contact avec Anatole Lewitsky, Yvonne Oddon, le Pr Fautier, René Creston, le Dr Rivet, Jean Cassou, Claude Aveline, Me Albert Jubineau, Mme Boutiller du Reteil et beaucoup d'autres. Un peu plus tard il joignit à l'organisation qu'il avait créée des groupes qui s'étaient créés comme le sien, spontanément, en particulier la très belle équipe formée à Béthune autour de Sylvette Leleu, un groupe assez nombreux en Bretagne dont les avocats Léon-Maurice Nordmann et André Weil-Curiel ont été les animateurs, Pierre Walter et l'équipe d'Alsace, etc. C'est également vers cette époque que, par l'intermédiaire du colonel de La Rochère, les divers secteurs dont Vildé est la clef de voûte communiquent avec ceux qui s'organisent autour de La Rochère lui-même, du colonel Paul Hauet et de nous-même.

Pendant la courte période de son activité, avec intelligence, énergie, lucidité, il a tout créé, tout organisé, tout dirigé dans le néant de juillet 1940. Dès octobre il était trahi, recherché par la police allemande qui l'arrêtait finalement le 28 mars 1941.

Vildé mourut le lundi 23 février 1942 au mont Valérien, tard dans l'après-midi, car le camion avait été retardé par le verglas. En attendant la mort il discuta philosophie avec ses six camarades.

Il fut tué dans la seconde salve, entre Walter et Lewitsky. Il mourut non pas résigné mais donné généreusement à la mort.

Lorsque les juges allemands lui avaient reproché d'avoir pris position contre leur armée bien que n'étant pas français, il répondit en citant en allemand la célèbre phrase de Goethe : « Tout homme a deux patries, la sienne et la France. » Quand il parlait de la France, il en parlait comme un amoureux. Il disait « ma France » et c'est par pur amour de sa patrie française, de ses belles traditions libérales et civilisées, de ses longues chaînes de vertus et de sagesse – et non animé par haine, ni par amour de l'aventure et du risque, car il était d'une qualité autre – qu'il a donné sa vie.

1948 (?)

Eugène Delhaye

En août 1940, M. Eugène Delhaye, chef de fonderie à la maison Zickel, à Soissons, a commencé – avec Daniel Douai (fusillé le 27 octobre 1942) et, un peu plus tard, le capitaine Émile Louys (fusillé le 27 octobre 1942), Jean Vogel (fusillé le 27 octobre 1942), Maurice Moraux (décapité à Brandenburg le 5 décembre 1942), le capitaine Descamps (décapité le 1er avril 1943), Aimé Dufour, Gilbert Jordana, Leseigneur, Albert Pluche (tous morts en déportation) – à faire évader des prisonniers de guerre et, dès 1940, à stocker des armes.

La maison d'Eugène Delhaye était le centre d'accueil et de ravitaillement des évadés. Dans cette activité, il fut très aidé notamment par M. l'abbé Prévost, curé de la paroisse, qui se chargeait spécialement d'établir les papiers de démobilisation ; par Mme de La Rochefoucauld ; par M. Laine, cultivateur, et M. Guarrigues, qui aidèrent au ravitaillement des évadés.

Ce groupe s'affilia, par l'intermédiaire de Jean de Launoy et du commandant Coquegniot, qui suivaient les directives du colonel de La Rochère, au réseau actuellement connu sous le nom Réseau musée de l'Homme-Hauet-Vildé, et qui était alors le groupe Vérité française. C'est alors que le groupe d'Eugène Delhaye commença la transmission au colonel de La Rochère de renseignements militaires, toujours par l'intermédiaire de Jean de Launoy et du commandant Coquegniot, ainsi que la diffusion de tracts et du journal clandestin *Vérité française*.

Pour les stocks d'armes, Eugène Delhaye, Maurice Moraux et Daniel Douai jouèrent un rôle particulièrement important. Certaines avaient été récupérées dans les champignonnières de la route de Fère-en-Tardenois, et furent chargées en plein jour par Douay, Meurgue et Delhaye. Elles furent cachées par les soins de Delhaye dans les « crasses » de l'usine Zickel et il fut chargé de les remettre en état et de les entretenir. D'autres armes furent dissimulées dans des carrières, dans le cimetière de Soissons. Les stocks cachés chez Zickel et ceux du cimetière furent découverts en 1944 par la Résistance et servirent à la libération du pays. Les Allemands ne parvinrent jamais à les trouver. Il s'agissait de fusils, fusils-mitrailleurs, grenades, munitions, d'un canon et d'un tank.

Le 25 novembre 1941, tout le groupe était arrêté, un traître, Jacques Desobry de Tourcoing, s'étant introduit dans l'organisation de Soissons et ayant pénétré jusque dans celle de Paris. En cours d'enquête, les Allemands se rendirent compte que chacun des accusés avait un groupe armé sous ses ordres, et que si l'on avait retardé un peu l'arrestation, la police allemande aurait pu s'emparer de deux cents personnes dans la ville de Soissons. Aucune de ces personnes ne fut inquiétée, car aucun des accusés ne fit la moindre révélation. Le jugement eut lieu le 30 mai 1942. Condamné à la déportation, Eugène Delhaye mourut au camp, en 1945.

1948 (?)

Henriette Roux

On a parlé, à propos de déportation, d'une entreprise délibérée des nazis pour avilir leurs prisonniers. Bien souvent c'est le résultat contraire qu'ils ont obtenu.

Les grandes épreuves ont pour effet de dilater la mesure humaine, et, dans la misère totale, dans l'aigu du danger, chaque être atteint le bout de sa nuit : les uns dépasseront alors leurs possibilités d'abnégation et les autres parviendront au-delà de l'extrême fond de leur abjection.

Dans les périodes d'intense engagement, ceci explique une certaine tendance à simplifier la morale : nous avons toutes vécu l'expérience « primitive » d'un coude à coude où d'un côté on sait trouver, et on trouve en effet, tout le secours, tout le bien, tandis que de l'autre la traîtrise, la cruauté atteignent une sorte d'absolu.

Parmi les visages lumineux que j'évoque quand je pense à cette période de surpassement, il y a celui d'une petite dame émaciée, aux yeux très bleus : Mme Henriette Roux, femme du pasteur de Marseille. Nous venons de la perdre…

Sur la photo que j'ai sous les yeux, toute récente, elle est encore telle que nous l'avons connue il y a vingt-quatre ans ; les années, en effaçant les stigmates de l'angoisse et de la souffrance physique, l'ont presque rajeunie. Mais c'est un long parcours qu'une vie de quatre-vingt-sept années, et pour les camarades qui, comme moi, l'ont aimée, je voudrais la situer ici dans la perspective de son enfance et de sa formation morale.

Elle naquit, le 10 août 1880, à la Villedico, chez son grand-père maternel le peintre Albrespy, d'une famille protestante de Castres ; son père, également protestant, fut préfet du Gers. À vingt et un ans, elle épouse un étudiant en théologie – Charles Roux –, lui-même petit-fils de pasteur. Leurs premières paroisses les font vivre en Dordogne, dans le Gard, dans le Lot-et-Garonne – ce Midi protestant qu'elle ne quitta que pour les prisons allemandes.

La Première Guerre mondiale… Le pasteur Roux (précurseur de l'Union des Églises protestantes avant d'être, dans la captivité et l'agonie, précurseur de l'œcuménisme) confie ses paroissiens à son collègue de l'Église réformée libérale ; lui-même appartenait à l'Église réformée évangélique. Puis il part.

Il a été mobilisé en même temps que son frère ; son frère est tué, et quand il retrouve les siens il vient d'être blessé par un éclat d'obus, mais, plus ébranlé encore par les horreurs dont il a été le témoin que par sa blessure, il mettra plus de sept ans à se remettre assez pour reprendre un poste. Ce sera Marseille, où Charles et Henriette Roux vivront les années les plus actives de leur vie, là aussi où ils auront la grande douleur de perdre un de leurs trois fils, et c'est là que l'invasion allemande les trouvera.

Ils furent de cœur, dès le premier jour, avec la Résistance et quand l'occasion d'agir se présenta ils la saisirent. Pour eux, elle s'offrit sous la forme classique d'un réseau cherchant un radio pour ses émissions.

Le pasteur Roux et sa femme connaissaient quelqu'un qui pouvait remplir ce rôle si dangereux : leur propre fils Jacques.

Jacques Roux émet où il peut, bien souvent chez ses parents, bien souvent chez lui, et, un jour de mai 1943, son poste est repéré par la Gestapo. Il a cependant pu fuir, en pantoufles, mais sa jeune femme, enceinte, est arrêtée, conduite à la prison Saint-Pierre. Deux jours plus tard, le 13 mai, le pasteur Roux est arrêté à son tour, et en octobre c'est le tour de sa femme.

Notre camarade vivra sa captivité d'abord à la prison de la Gestapo, rue de Paradis, puis aux Baumettes, puis à Saint-Pierre – où elle croise un jour son mari et peut lui parler. Tous deux feront ensuite partie du même convoi jusqu'à Compiègne, et, le 17 janvier 1944, le pasteur Roux sera déporté à Buchenwald où cet homme fragile, jamais complètement remis des souffrances vécues pendant la Première Guerre mondiale, mourra au bout d'un mois, squelettique, dans les bras de son ami, prêtre catholique, l'abbé Jean Renard, qui put lui donner la communion.

Treize jours après son mari, le 30 janvier 1944, Henriette Roux sera déportée à son tour. Par la fenêtre du wagon elle parvient à jeter sur la voie un bout de papier d'emballage, avec l'adresse de sa fille Lucile et quelques mots de réconfort. Comme presque tous les messages qui furent ainsi semés à travers la France, il trouva une main fraternelle qui l'expédia à sa destinataire.

Jusqu'à la libération, Henriette Roux restera à Ravensbrück, où elle a fait partie de ce convoi de mille femmes que nous appelons « les 27 000 ». Frêle et vaillante, elle partage tout ce qu'elle a : son courage, sa foi dans la justice, et aussi sa Bible qu'elle est parvenue à cacher et qui l'aide à aider…

Les épreuves n'ont pas tari sa vitalité et elle survit jusqu'au grand âge : elle est morte à l'aube du 9 décembre 1967, à l'âge de 87 ans.

En songeant à l'apport spirituel que la France doit à ses minorités (minorités protestantes, minorités juives), j'ai souvent été frappée par son ampleur, plus grande, me semble-t-il, que la proportion numérique ne peut l'expliquer. En outre cet apport est orienté vers une notion – certes ! nullement spontanée dans l'espèce humaine – qui est le respect d'autrui. Et peut-être que la « personnalité » (dans ce qu'elle a de plus individuel), la « conscience » (dans ce qu'elle a de plus intérieur) commencent non à partir de leur noyau, mais à partir de leurs frontières : justement cette reconnaissance de l'existence des autres, toujours très chèrement acquise.

1968

Yvonne Oddon

Yvonne Oddon, notre camarade, notre amie, s'est éteinte à Paris le 7 septembre 1982. Selon son désir elle a été inhumée près des siens, dans un petit cimetière familial entouré de pins, au flanc de la montagne de Piémar, dans la Drôme. Un de ses compagnons d'enfance, le pasteur Jacques Martin, a dit les mots qu'il fallait dire.

Elle était née dans les Hautes-Alpes, à Gap, le 18 juin 1902, d'une famille protestante ; son père, officier de carrière sorti de Saint-Cyr, mourut de ses blessures peu de temps après la Première Guerre mondiale ; elle avait une sœur plus âgée qu'elle et un frère ; quelques heures avant son procès et sa condamnation à mort, elle eut la douleur d'apprendre la mort de sa mère.

Avant d'être la résistante que nous avons connue, Yvonne fit partie de l'équipe novatrice qui, aux côtés du Dr Paul Rivet et de Georges-Henri Rivière, sortit de son sommeil l'antique garde-meuble du Trocadéro pour en faire (sous le nom de « musée de l'Homme ») le musée le plus moderne d'Europe. Elle en créa la bibliothèque, d'après un système de classement qu'elle était allée étudier aux États-Unis, et dès avant la guerre sa réputation professionnelle dépassait le petit cercle des milieux universitaires et scientifiques.

Yvonne était au musée quand les Allemands entrèrent dans Paris et, avant même le retour de Boris Vildé (5 juillet 1940), elle était en rapport d'aide avec la chaîne d'évasion à laquelle sa voisine (Lucie Boutiller du Reteil) consacrait tout son temps. Tout naturellement ses amis Anatole Lewitsky et Vildé se concertèrent d'abord avec elle pour « faire quelque chose ».

Dans le désarroi et la douleur de ces premières heures de l'occupation, d'autres groupes naissaient un peu partout en France et en Belgique, et très vite il leur fallut s'entraider pour être efficaces ; lorsque ces rapprochements se produisirent dans les milieux universitaires parisiens, Yvonne fut une de leurs premières boîtes aux lettres.

Parmi les groupes de la première heure qui comptèrent le plus pour elle, il y eut d'abord celui qui, animé par notre camarade Sylvette

Leleu, commença avant même l'armistice à organiser des évasions derrière les lignes allemandes – tous ses membres furent condamnés en même temps qu'Yvonne. Citons aussi ceux auxquels j'ai participé, fédérés par le colonel de La Rochère et le colonel Hauet ; citons aussi celui qui, autour de Jean Cassou, Claude Aveline, Marcel Abraham, Simone Martin-Chauffier (parmi eux notre camarade Agnès Humbert), entreprit de rédiger des tracts. Le « groupe d'écrivains » fut très vite en rapport avec Boris Vildé et sous l'impulsion de celui-ci les tracts devinrent le journal *Résistance*, dont le premier numéro (rédigé en août et septembre 1940) fut imprimé le 15 décembre. (Il y eut un dernier numéro dont j'ai oublié la date ; il fut écrit et diffusé par Pierre Brossolette après les arrestations de toute la première équipe.)

Le plus ancien des rapports que le traître Albert Gaveau remettait à ses employeurs (les officiers de l'*Abwehr*) portait, paraît-il, la date d'octobre 1940. Ces rapports furent étalés quinze mois plus tard au cours du procès, avec une parfaite désinvolture.

En janvier 1941, première alerte dans le groupe des avocats : Albert Jubineau est interrogé par la police allemande, René-Georges Étienne est arrêté ainsi que Léon-Maurice Nordmann (ce dernier au cours, apparemment, d'un contrôle d'identité, mais en réalité à un rendez-vous avec Gaveau). La seule accusation que la police allemande pouvait prôner était de figurer sur une liste de gens à qui pouvait être adressé le journal *Résistance*.

Le 10 février 1941, ce ne fut pas l'*Abwehr* mais la Gestapo qui vint arrêter Yvonne Oddon, Lewitsky et René Creston. Entre-temps, deux employés du musée de l'Homme (Fedorowski et sa maîtresse Erouchkowski) les avaient tous dénoncés, mais sans preuves. Boris Vildé et Pierre Walter étaient alors en zone dite libre ; Boris Vildé fut arrêté à un rendez-vous avec Gaveau, Pierre Walter et notre camarade Jacqueline Kelley également. Après les arrestations l'*Abwehr* ouvrit ses dossiers à la police SS mais ils n'étaient pas encore assez « mûrs », ce qui sauva de nombreuses filières du réseau.

Nos camarades furent tous emprisonnés au Cherche-Midi, prison vétuste et sale aujourd'hui disparue ; ils y trouvèrent Jean-Pierre (le commandant d'Estienne d'Orves) et, en criant un peu sous les portes pendant que les gardiens déjeunaient, ils se communiquaient entre eux des nouvelles. Les « anciens » et « anciennes » encore vivants se souviennent des chansons qu'Yvonne composa pendant cette période.

Un an plus tard, le procès eut lieu – un des rares procès où les résistants eurent droit à des juges et à des avocats. Les militaires allemands s'étaient donné un an pour le préparer, et toutefois le président du tribunal, le capitaine Roskoten, fit cette remarque : « Cette affaire devrait s'appeler l'affaire Gaveau car nous n'avons rien su en dehors de ce qu'il nous a dit » – et ils surent tout dès le premier mois.

Un peu avant le procès j'ai connu la famille d'Yvonne, si proche d'elle, si digne d'elle. Presque chaque soir je rencontrais sa sœur Hélène et nous échangions les informations que nous avions glanées. Par elle j'ai su que notre ami Lewitsky, cet homme de science que tout le monde aimait au musée, était revenu le visage en sang de ses interrogatoires ; par moi elle apprit dans la nuit du 22 au 23 février 1942 que nos camarades seraient fusillés le soir même : un inconnu, des sanglots dans la voix, m'avait téléphoné vers minuit pour me demander d'avertir les familles. Je n'ai pas su son nom, mais seulement qu'il était un ami de Nordmann.

Le 23 février 1942, un lundi, les sept hommes furent fusillés au mont Valérien. Il gelait si fort que la voiture cellulaire ne put remonter la pente, et c'est à pied, menottes aux mains, en soutenant le grand blessé qu'était Andrieu, qu'ils firent ce dernier trajet. Moururent ce jour-là d'abord le petit Sénéchal qui n'avait pas dix-huit ans, Jules Andrieu, Georges Ithier, Léon-Maurice Nordmann, puis Boris Vildé, Anatole Lewitsky et Pierre Walter.

Les femmes condamnées à mort ne furent pas graciées mais déportées – avec l'étiquette « exécution suspendue » – d'abord dans les forteresses d'Anrath, de Lübeck et de Cottbus, puis à Ravensbrück dans le block dit NN.

C'est là que beaucoup d'entre nous ont connu Yvonne, son courage calme, sa rigueur morale, son humour… Nous savions toutes qu'elle était de celles sur lesquelles on pouvait compter *dans n'importe quelles circonstances.*

Yvonne fut libérée par la Suisse, avec les survivantes de Mauthausen ; gravement atteinte d'asthme et de bronchite chronique, elle employa dès lors sa grande expérience de la muséographie dans les cadres de l'Unesco. Elle était commandeur de la Légion d'honneur, croix de guerre avec palmes, officier de la Résistance et membre du conseil d'administration de notre Association de déportées et internées de la Résistance.

Un excellent historien américain, Martin Blumenson, a écrit un livre où il parle longuement de l'activité d'Yvonne dans la Résistance ; la traduction française a été malheureusement intitulée *Le*

Réseau musée de l'Homme (Éd. du Seuil). En fait, ce n'est pas l'histoire d'un réseau mais celle des victimes d'une trahison.

1981

1940 : la périphérie d'un réseau parisien

Depuis treize ans, j'espère que quelqu'un écrira l'histoire de notre organisation de Résistance, afin de ne pas être obligée de le faire moi-même. Mais les années passent et il est injuste de soustraire au public, et plus particulièrement à cette partie du public que constituent les survivants de nos groupes, l'essentiel de ce qui a échappé à la destruction des êtres et des mémoires dans un passé qui nous tient à tous profondément à cœur.

Malgré le nombre des années écoulées, nous n'en sommes encore qu'à la collecte des faits : enchaînements d'innombrables circonstances, coupés de hiatus et de zones d'ombres. Ils sembleront fastidieux à tous ceux qui n'y ont pas eu part ; pour les autres, au contraire, ils revêtent une importance quasi religieuse. Mais ils ne sont pas seulement fascinants ou dépourvus d'intérêt pour les principaux témoins, ils traînent après eux des évocations qui restent encore insupportables.

Il a fallu, en effet, de rares concours de circonstances, à celui qui a combattu activement dans la Résistance dès 1940, pour échapper d'abord à la mort, ensuite à des souffrances physiques et morales dont la durée et l'intensité ne sont guère imaginables. De là, chez les survivants, une exaspération latente qui se manifeste de façons diverses : obsession du souvenir, fuite panique devant lui, parfois les deux ensemble. Réactions dont aucune ne facilite la tâche de l'enquêteur, surtout lorsqu'il les partage.

1. Opinions et partis politiques dans la Résistance de 1940

Que pensaient les gens qui combattaient dans la Résistance ? Qu'espéraient-ils après la victoire ? Comment imaginaient-ils l'avenir de la France ? Pourquoi avaient-ils cherché à joindre un groupe ? Voilà ce que je ne leur ai guère demandé. J'ai su, par contre, et très exactement, par qui et à quelle date les gens de notre organisation furent mis en rapport avec nous et assez exactement ce qu'ils étaient en mesure de faire, ce qu'ils ont fait et par quels événements leur participation à notre action a été rompue.

Dans d'autres groupes de 1940 dont j'ai pu analyser les origines, le point de départ du recrutement a été également très souvent la rencontre de quelques vieux amis qui décident de se revoir désormais régulièrement pour « faire quelque chose ». Parfois aussi des gens qui se connaissaient peu se sont rapprochés, en constatant qu'ils réagissaient de façon identique, et certains se sont alors éloignés de leurs relations habituelles, dont l'attitude les a brusquement exaspérés. L'armistice a provoqué un clivage presque instantané de toute la société française et ce clivage n'a épargné aucun milieu ni aucun parti politique.

Très vite ensuite ce noyau s'accroît, atteint des gens de plus en plus hétérogènes, puis s'intègre dans les cadres d'un *mouvement* ou d'un *réseau*, où le souci dominant devient celui de l'efficacité.

Dans les éléments fédérés par le colonel de La Rochère, dès le premier jour, le milieu homogène auquel il appartenait (religieux, antirévolutionnaire, voire monarchiste) a été submergé numériquement par des gens qui, en dehors d'un patriotisme intransigeant, n'avaient pas d'opinion bien définie et venaient de toutes les classes de la société française : par exemple des fonctionnaires de la préfecture de la Seine, des moines, des pompiers, un libraire du quartier (qui imprimait, dès 1940, les discours de Churchill), le cordonnier de la rue, des commerçants de province.

Le colonel Hauet était indifférent en matière religieuse ; il avait quitté l'armée depuis longtemps et dirigeait une industrie qui l'occupait assez peu : il a recruté des anciens militaires (officiers et sous-officiers), des ingénieurs, des cheminots, des industriels, des médecins.

Boris Vildé, ethnologue très brillant, connaissait des universitaires, des avocats, des gens de science, mais, par souci d'efficacité, il a très vite recruté également hors de Paris, où il a atteint, de proche en proche, des compagnons qui, apparemment, avaient des préoccupations et des occupations très différentes des siennes.

Le recrutement dont j'ai eu la responsabilité personnelle est parti de mes amis, effectif très varié dès son origine.

Tous les partis étaient représentés parmi nous – depuis les socialistes d'extrême gauche jusqu'aux monarchistes – à l'exception du Parti communiste. Pourquoi cette exception ? Parce que notre recrutement a été presque entièrement accompli avant l'attaque de la Russie par Hitler, donc à une époque où le Parti communiste était dans une position extrêmement fausse vis-à-vis de la Résistance. Lorsque les communistes ont été persécutés, j'en ai fait évader quand je l'ai pu, mais ni Vildé, ni Hauet, ni La Rochère, ni moi-même n'en avons engagé dans nos organisations et, à ma connaissance, nous n'avons même jamais eu à nous interroger sur ce point, car l'occasion ne s'en est pas présentée. Je suppose que le Parti communiste, ayant ses propres formations, a veillé à ce que ses hommes n'aillent pas s'égarer dans des secteurs qui échappaient à son contrôle.

La Résistance active a compté, à ses débuts, un très petit nombre de gens ; ce nombre s'est accru régulièrement de mois en mois, au fur et à mesure de la répression, sans jamais toutefois devenir considérable[1].

Nous n'étions qu'une poignée en 1940, mais étions-nous déjà représentatifs d'une part importante de l'opinion française ? En ce qui me concerne, je l'ai cru dès le premier jour et il me semble qu'aucun de mes camarades n'a jamais mis la chose en doute devant moi. Mais dans le cas contraire, qu'aurions-nous fait ? La même chose, je pense, en espérant que nos compatriotes finiraient par nous suivre.

Je crois cependant, même aujourd'hui, que nous avons, dès le début, bénéficié d'une sympathie passive assez large. Grâce à la répression allemande (qui a commencé son rôle de *recruteur de la Résistance* dans la seconde moitié de 1941), cette sympathie latente est devenue de plus en plus active d'année en année.

Nos gens, de milieux et d'opinions variés, voire contradictoires, affichaient, dans la majorité des cas, un optimisme que j'ai entièrement partagé et qui ne me semble excessif qu'aujourd'hui (alors que l'événement l'a cependant justifié).

En 1940, c'était article de foi de croire non seulement inévitable, mais encore très prochaine la défaite de l'Allemagne ; sous cette certitude hautement affirmée pouvaient néanmoins végéter sourdement des pensées plus conformes aux données objectives de la situation. *La Libération était certaine, sans aucun doute possible*, mais quand ? et serions-nous encore là pour la voir ? Vues de 1940, les institutions de la France délivrée avaient un aspect suffisamment irréel pour être reléguées à l'arrière-plan de nos préoccupations. À la fin de 1942, au début de 1943, les « politiques » ont commencé à réfléchir et à poser

1. Même dans le contingent, en principe sélectif, des déportés, toutes mes enquêtes montrent une position minoritaire de la Résistance : un tiers de « résistants », un tiers de « droits communs », un tiers d'otages et d'innocents – non compris les victimes du génocide juif, qui, en principe, n'étaient pas dans les mêmes camps que nous.

des jalons. À cette date, le contingent de 1940 était, en grande majorité, emprisonné ou mort. Parmi les quelques vertus qu'il est légitime de revendiquer pour cette première phalange, il y a, en tout cas, le désintéressement.

Quelle doctrine politique avions-nous pour l'avenir ? Je ne me souviens pas de m'être enquise auprès de mes camarades de leurs idées sur ce point. Ils avaient tous subi, comme moi, le choc de l'effondrement français et ils en étaient encore assez fortement perturbés pour avoir provisoirement rejeté le bagage de leurs opinions habituelles (qu'ils ont, d'ailleurs, presque toujours récupéré lorsqu'ils ont eu la chance de survivre). Chez certains se faisait jour la pensée qu'il faudrait un peu plus tard découvrir des normes politiques plus saines et plus efficaces que celles qui nous avaient acheminés à ce désastre. Le vote d'une nouvelle Constitution – cérémonie expiatoire correspondant au rite de l'expulsion des péchés dans des sociétés plus simplettes que la nôtre – a, le moment venu, trompé, puis déçu cette aspiration.

Quand je cherche à retrouver mes opinions d'alors, je me souviens d'abord du discours de Pétain sur la demande d'armistice[1].

Je n'avais pas prévu et à peine pressenti l'effondrement de la France et j'en souffrais, d'une douleur insupportable, accrue encore par les reproches que je me faisais sur mon indifférence antérieure : puisque la dignité et l'indépendance de mon pays étaient pour moi si essentielles, j'étais sans excuses de m'être fiée à des inconnus pour y veiller. J'ai pris la décision, dans ces affreux jours de juin 1940, d'essayer désormais de suivre nos affaires publiques. Sans admirer spécialement ceux qui nous ont – bien ou mal – représentés, je me suis toujours sentie solidaire de leurs actes, responsable, par conséquent, de leurs engagements. Par exemple, je pensais en 1940 que, la France ayant entrepris une guerre aux côtés de l'Angleterre, j'étais personnellement obligée de considérer les Anglais comme des alliés et d'agir en conséquence – ce qui ne m'empêchait nullement d'éprouver une certaine répugnance à la perspective de voir notre action de

1. J'étais peu au courant de nos affaires publiques, car je venais de quitter, deux semaines plus tôt, des montagnes du sud de l'Algérie où j'avais séjourné en mission scientifique depuis 1934. Elles ne possédaient encore ni route, ni courrier, ni radio (cela a changé depuis lors) et rien ne m'y pouvait distraire des subtiles polémiques de mes seuls interlocuteurs : des paysans chaouïa, roublards, diserts et procéduriers. En ce temps-là leur éloquence naturelle était alimentée par une politique un peu plus archaïque que celle de Vercingétorix. Cela aussi a changé.

résistance coordonnée à Londres par des fonctionnaires de l'Intelligence Service (IS).

Le colonel Hauet, pénétré de loyalisme vis-à-vis de l'armée et de la tradition française, après la rencontre de Montoire, après certains discours pro-allemands, après le rappel de Laval, mordillait sa grosse moustache blanche, demeurait morne et silencieux pendant des jours, tandis qu'il accueillait avec joie et avidité la nouvelle du renvoi de Laval, les arrestations de traîtres en zone libre et en Afrique du Nord, la réception par Pétain de gens de la Résistance, certaines consignes données aux fonctionnaires (en particulier relatives aux Alsaciens pendant la première période, ou à la lutte contre le STO pendant la période suivante).

Je n'ai pas eu l'occasion de parler de ces questions avec le colonel de La Rochère, que j'ai rencontré une seule fois, mais j'ai connu ses réactions par sa famille et par le colonel Hauet. Avant l'armistice, donc sur un plan purement militaire et en dehors de toute option, le colonel de La Rochère n'appréciait pas le maréchal Pétain et admirait énormément le colonel de Gaulle, dont il avait lu les œuvres et qu'il semble avoir rencontré. L'appel du 18 juin le transporta.

Vildé, évadé le 5 juillet, Lewitsky, libéré en août, avaient retrouvé au musée de l'Homme Yvonne Oddon. Tous trois étaient surtout révoltés par le national-socialisme, et cette révolte a été un des aliments de leur engagement.

Lorsqu'on étudie une période définitivement achevée et sur laquelle on ne possède que peu de documents datés, un certain glissement des souvenirs constitue un péril majeur : ce qu'on pensait en 1942, on croit, de très bonne foi, l'avoir pensé dès 1941. Mais je peux dater exactement la dernière conversation que j'ai eue avec Lewitsky, et elle a porté presque exclusivement sur Pétain ; elle eut lieu au musée de l'Homme, à l'heure du déjeuner, en février 1941. Propos à bâtons rompus, pleins de bonne humeur et d'entente, où l'on appréciait d'autant plus le plaisir de se comprendre à demi-mot qu'on était quotidiennement exaspéré par les avanies de la défaite et les pleurnicheries de Radio-Vichy.

Vildé et Lewitsky étaient alors enchantés de ressortir les *Mémoires* de Poincaré et ses critiques sévères sur le vainqueur de Verdun. En particulier, ils soulignaient le fait très grave de la demande d'armistice dont Pétain était partisan en 1917. En quittant Lewitsky, j'ai conclu notre conversation en disant : « En somme, le Vieux avait l'habitude de jouer la Noire. Cette fois, la Noire est sortie : il a gagné. » Lewitsky a ri, puis nous nous sommes serré la main et je ne l'ai jamais revu.

Je peux dater également avec précision une conversation avec la mère d'un « collaborateur » particulièrement honni, le ministre Abel Bonnard, car elle eut lieu trois semaines avant l'exécution de mes camarades (donc en janvier 1942). La vieille dame parlait beaucoup de sa bonne et de son infirmière et répétait leurs propos sur la répression allemande. Elle-même était fort ramollie, ce qui m'a empêchée de discerner si elle les considérait comme des échos de qualité inférieure ou si elle y ajoutait foi ; sans doute ne le savait-elle pas elle-même. Mais que notre folklore ait eu accès à cette date dans les cuisines, les antichambres et même les familles de nos adversaires, je l'ai considéré alors comme une victoire – et c'en était une.

Au cours d'une autre conversation (non moins facile à dater, car elle a eu lieu deux jours avant ma propre arrestation, donc au début d'août 1942), Jacques Legrand, chef d'un réseau IS, et moi-même discutions des programmes de la radio française de Londres – « notre radio » –, que nous écoutions tous avidement. Jacques Legrand critiquait la violence de ses attaques contre le gouvernement de Vichy, violence qui, selon lui, blessait maladroitement beaucoup de Français, et il la comparait à la radio suisse, qui, sans faire de concessions à l'ennemi, ménageait le vaste prisme de nos susceptibilités nationales. C'était un bel après-midi d'été, la fenêtre était ouverte sur un jardin plein de fleurs et nous étions six : cinq d'entre nous ont été arrêtés le surlendemain et déportés – j'ai seule survécu. Le sixième était le traître qui nous a tous vendus – il a été fusillé après la Libération.

D'autres propos, qui ne se rattachent pas avec autant de précision à un événement fixé dans ma mémoire, ont cependant été retenus par elle : par exemple, des récits de gens qui, en 1941, après un voyage en zone libre, nous racontaient (avec agacement, indignation ou humour) les insanités du culte de Pétain[1]. Ceux-là, d'ailleurs, n'appartenaient pas à la Résistance.

Il serait absurde de conclure de ces quelques souvenirs que, dans nos groupes, on excusait souvent la politique de Vichy et que souvent les admirateurs du général de Gaulle se recrutaient chez les collaborateurs de l'Allemagne, mais il me semble, cependant, que les distinctions d'opinion étaient moins tranchées qu'on ne l'a dit, entre les gens

1. Comparé à Jeanne d'Arc, puis à saint Joseph. Notre ami quitta l'église pour ne pas retrouver le vieux maréchal transformé en Enfant Jésus.

qui ont participé à la Résistance et les autres. Les différences entre eux et nous étaient surtout des différences de dosage : l'attitude devant le comportement des gens de Vichy était plus souvent défiante, en 1941, dans les groupes de Résistance que dans les milieux inertes – mais elle s'étendait jusqu'à ces milieux. Inversement, ces groupes n'étaient nullement à l'abri de la révérence qui, à cette date, entourait le vieux maréchal. Car l'opinion publique est un fluide pour lequel il n'existe pas de parois étanches : il n'y a pas d'opinion ouvrière, par exemple, ni d'opinion féminine ; il y a des opinions répandues chez les ouvriers, il y a des réactions fréquemment féminines.

En outre, les convictions ne sont pas le seul élément qui détermine à l'action : tous les Français ont souffert de la défaite de 1940, beaucoup ont éprouvé de la honte à abandonner des Alliés en pleine guerre, ou bien ont eu horreur du monde nouveau qui se construisait sous leurs yeux – mais souffrance, honte et horreur ont été intolérables pour quelques-uns seulement, et ceux-là n'étaient pas nécessairement les mieux outillés au point de vue dialectique.

Je ne me souviens plus à partir de quelle date on a commencé à nous appeler *gaullistes*. Pas tout de suite, en tout cas. *Gaullistes*, nous l'étions cependant, en ce sens que nous avons considéré le général de Gaulle, dès le 18 juin 1940, comme « l'homme qui avait raison », ou plutôt « l'homme qui était du même avis que nous » – mais nous ne savions presque rien de lui, en dehors de la position qu'il avait prise, de son bref passage au ministère de la Guerre et des titres de ses livres (que peu d'entre nous avaient lus et qu'on ne pouvait pas se procurer). Parmi les « résistants » de 1940, j'en connais qui ne sont devenus « gaullistes » qu'en 1942 et d'autres qui ne le sont pas devenus : ils ne pouvaient pas supporter la présence des Allemands en France et n'avaient pas besoin d'autre motif d'agir. Quant à moi, ce n'est qu'en captivité – donc au-delà de l'action et même de la vie – que j'ai connu au sujet du général de Gaulle des détails vivants : je les ai accueillis avec une gratitude infinie. *Nous avions raison*, et de cela, aucun de nous, je crois, n'a douté – mais quel immense réconfort de se dire que tant de souffrances n'étaient pas vaines, qu'elles étaient coordonnées et capitalisées quelque part, en vue d'une finalité raisonnable, par un homme lucide, intègre et inflexible, à la mesure des énormes exigences de notre confiance.

2. Les « noyaux » de Résistance

Le réseau idéal part d'une décision prise, à Londres ou à Alger, par un état-major. Des volontaires vont s'entraîner alors pour le travail qu'on attend d'eux, puis, une belle nuit, ils partent avec un certain nombre d'adresses en poche ou en tête. Ensuite, après les vicissitudes habituelles, ils seront anéantis par l'ennemi ou atteindront les heures glorieuses de la Libération. Du premier au dernier jour, la vie de ce réseau idéal est cernée par une chronologie formelle : il est né le tant, mort le tant.

Même pour le réseau qui correspond à ce type, ce schéma reste cependant administratif et la vérité historique le déborde : le « réseau 1943 », comme les nôtres, a été obligé de recruter pour accroître son action ; il a recruté nécessairement dans les milieux sympathisants, souvent déjà semi-organisés et semi-clandestins ; il n'a pas toujours recruté des isolés, mais parfois des groupes – dont l'activité subversive était alors antérieure à leur rattachement officiel à une organisation reconnue.

Ces groupes figurent le plus petit élément de la Résistance en train de se former ; à ce titre, on peut dire qu'ils représentent les « cellules » du corps auquel ils appartiennent. En leur donnant ce nom, cependant, nous risquons de les confondre avec un élément politique dont la génération est différente ; c'est pourquoi, sans quitter la terminologie de la biologie, je propose de les appeler des « noyaux ». Et il est bien vrai que – comme en biologie – ces « noyaux » de Résistance étaient des éléments plus frustes que la « cellule » révolutionnaire classique[1]. Ils étaient plus spontanés, mais moins complets et moins évolués.

Pour qu'il y ait parti, il faut qu'il y ait recrutement semi-public autour d'un programme ; il faut aussi qu'un échelon central enregistre les adhésions et jauge la valeur des adhérents, avant de confier à certains d'entre eux tel secteur géographique. Rien de tel pour la Résistance, qui n'a bénéficié d'aucune période préparatoire : la France

1. La « cellule » – organisme popularisé grâce au Parti communiste – est, en réalité, sous des appellations diverses, l'unité de base de tous les partis clandestins. Elle suppose, en effet, un parti – donc une doctrine. Or la Résistance n'a pas été un parti et n'a pas eu de doctrine. On l'a bien vu à la Libération.

a été occupée sans avoir rien prévu et aucun encadrement n'avait même été esquissé avant l'effondrement général. Toutes les formations antérieures (partis politiques, groupes religieux) se sont trouvées totalement inadaptées devant une situation neuve et, du jour au lendemain, ont subi le clivage qui, dès lors, a divisé l'ensemble de la population[1].

On peut distinguer, pour nos « noyaux » de Résistance, trois types de formation :

Dans le premier type, la création part d'un réseau en quête de renseignements déterminés, ou qui a choisi d'avance un « coup de main » à faire. Le réseau prend des contacts et doit leur faire confiance. Ce type de groupe diffère de la « cellule » en ce qu'il n'est pas orienté vers la propagande, mais il s'en rapproche par son organisation. En 1940 et 1941, il était, de beaucoup, le plus rare.

Dans le second type, la création est spontanée. Des gens qui sont en relations amicales se sont tout d'abord confié réciproquement les sentiments violents que le nouvel état de choses a provoqués en eux ; ils ont décidé de se retrouver pour en parler plus librement et pour arrêter une ligne de conduite ; puis ils ont cherché la « chose à faire »... Ils l'ont, autant que je sache, presque toujours trouvée, et sans difficulté excessive.

Car, pendant ce temps, la « chose à faire » commençait à exister de sa vie autonome et à s'imposer de plus en plus indiscrètement, ici et là. Soldats évadés, qu'il fallait munir de faux papiers et de vêtements civils, Anglais à évacuer en zone libre, juifs à cacher, puis (beaucoup plus tard) STO qu'on devait aider à passer au maquis – tout cela s'imposait en dehors des options délibérées. La « chose à faire » serait à l'origine du troisième type de recrutement – s'il était pratiquement possible de le distinguer du type précédent, car qui peut dire qu'il a trouvé sans chercher ?

En 1940, les prisonniers de guerre n'avaient pas encore été évacués en Allemagne, mais l'énorme filet resserrait chaque jour ses mailles. La tâche des sauveteurs fut tout d'abord assez facile : un simple costume civil, quelques adresses suffisaient pour libérer un homme. Un peu plus tard, il fallut faire des faux papiers de démobilisation, avoir des passeurs, des moyens de transport, des chaînes de relais, mais l'expérience s'était accrue avec les difficultés.

1. La responsabilité de cette sécession revient au maréchal Pétain, car, sans lui, la « collaboration » se serait trouvée dans une position moralement insoutenable.

Rares sont les groupes qui eurent la puérilité de se donner, dès 1940 ou 1941, une « appellation contrôlée ». Les noms, les étiquettes furent créés dans la deuxième phase de la Résistance – postérieurement à novembre 1942.

Un ou deux chefs étaient implicitement admis dans chaque « noyau », mais ils n'étaient pas nécessairement désignés – hiérarchie spontanée qui n'a pas donné lieu à des contestations, à l'inverse des hiérarchies formelles qui lui ont succédé.

Pas de spécialisation non plus : chaque équipe a cumulé les activités et simultanément organisé des évasions, imprimé et diffusé des tracts, recueilli des renseignements, collecté et caché des armes.

Tout cela exigeait le secret, une organisation embryonnaire dont les membres se voyaient souvent, parlaient beaucoup, échangeaient des informations. Au fur et à mesure que le cercle s'élargissait, les informations se multipliaient. Qu'en faire ? Les plus débrouillards trouvèrent le moyen de les transmettre à Londres et ce furent les premiers réseaux.

Dès que la transmission est établie, le groupe qui la détient est amené à fédérer autour de lui le plus grand nombre possible de ces petits « noyaux » autonomes dont nous venons de suivre la génération. Nous entrons alors dans une autre phase – la phase la plus dangereuse – de la première Résistance[1].

3. Les « contacts »

Pour que ces rattachements de groupe à groupe et de groupes à réseaux aient été possibles, il a fallu qu'un très grand nombre de relations personnelles ait existé entre les « têtes chercheuses » de nos noyaux de Résistance. Ces relations personnelles ont tissé à travers la France une véritable toile d'araignée, et elles sont l'un des phénomènes les plus caractéristiques et les plus importants d'une période insurrectionnelle. Sauf lorsqu'elles ont été à l'origine du rattachement d'un groupe à un réseau, elles ont néanmoins toutes chances de rester

1. Ce sont ces noyaux spontanés qui ont constitué l'essentiel du recrutement de notre réseau, mais, au cours de nombreuses enquêtes sur la Résistance et la déportation, chaque fois que j'ai exploré les origines d'une organisation, j'y ai retrouvé les restes de ces noyaux, plus ou moins pris dans la pâte du recrutement ultérieur.

à jamais inconnues. Cependant, sans elles, il n'y aurait eu ni Résistance, ni groupes, ni réseaux...

Ces relations entre agents de filières différentes étaient dangereuses et auraient dû être proscrites, du moins selon le « manuel du parfait petit agent clandestin ». En pratique, je ne connais pas d'équipe qui aurait pu fonctionner sans cela et je n'en connais guère qui aient succombé de ce fait. Inversement, je pourrais citer un nombre considérable de sauvetages dus aux relations personnelles qui existaient – hors groupe – entre les premiers résistants. Lorsque l'usage de la torture se généralise chez l'ennemi, le danger de ces contacts s'accroît démesurément – mais démesurément aussi s'accroissent alors l'indignation active et la cohésion du peuple opprimé. Et c'est l'ennemi qui perd le plus.

Par la suite, ces rattachements de réseau à réseau se sont opérés à Londres par l'intermédiaire des services spécialisés, au lieu de s'effectuer en France dans la zone des amitiés anciennes ou des recontres directes de chaque résistant. Cette évolution était nécessaire et même inévitable. Elle a quelquefois multiplié les dégâts, à cause de la difficulté accrue de se prémunir contre la trahison lorsqu'on n'a affaire qu'à des inconnus dont on ignore nécessairement l'histoire affective, donc les réactions possibles.

On connaît en revanche à la fois l'identité et les moyens d'action des amis anciens déjà engagés, mais il va de soi que, tant qu'ils ne nous y autorisaient pas, on était tenu de n'en parler à personne, même pas aux compagnons de lutte qu'on rencontrait quasi quotidiennement. Un jour venait cependant où un « organe » de Résistance tombait en panne – évadeur, fabricant de tracts, collecteur de renseignements – à la suite, en général, d'une série d'arrestations. Ce jour-là, il fallait, de toute urgence, réparer la lésion et par conséquent faire appel au milieu nourricier sans lequel aucune résistance nationale n'est possible.

Quelles furent, hors réseau, les « conversations » de Vildé – ces « conversations » qui, en cas de panne, deviennent des « contacts » ? Quelles ont été celles du colonel de La Rochère ? Pour le colonel Hauet, je sais, par lui-même, qu'il voyait régulièrement beaucoup de gens actifs qui, après la Libération, n'ont pas fait partie des états administratifs de notre organisation. Quelques-uns sont morts à coup sûr, et je n'ai connu que leurs surnoms ; quelques autres, engagés ailleurs, figurent sur les états du dernier réseau auquel ils se sont rattachés. À l'époque, je n'ai évidement pas cherché à connaître le détail de ces « conversations utilitaires » – encore que comprendre l'ensemble d'une situation, d'une époque, d'un événement, n'ait jamais été le cadet de mes soucis.

Je n'ai, à l'époque, parlé à personne des divers groupes dont j'ai connu l'existence et même le colonel Hauet (que je rencontrais plusieurs fois par semaine avant sa première arrestation, le 5 juillet 1941) les a ignorés. C'est peut-être à cela qu'il doit de n'avoir été repris qu'en juin 1944, soit près de deux ans après ma propre arrestation. Le traître qui m'a vendue (Robert Alesch) connaissait de nom le colonel Hauet, car il était parvenu à s'infiltrer dans un groupe qui, avant juillet 1941, prenait ses directives auprès de lui.

C'est seulement de mémoire que je peux énumérer quelques-uns des éléments de résistance que j'ai connus en 1940 et en 1941, car évidemment je ne prenais pas de notes.

En décembre 1940, j'avais rendez-vous avec un officier nommé Jean-Pierre qui arrivait de Londres ; il logeait chez une de nos amies, la femme du peintre Lacasse, et le rendez-vous fut pris par l'intermédiaire de Henri et Marcelle Monmarché, amis communs. Jean-Pierre ne vint pas au rendez-vous, ce qui nous angoissa d'autant plus que (je ne sais plus comment) nous eûmes la preuve de son arrestation au bout de peu de temps, mais sans pouvoir alors en éclaircir les causes. Six mois plus tard, lorsque le groupe du musée de l'Homme, arrêté à son tour (février, mars et avril 1941), put communiquer avec le dehors (surtout grâce à Jacqueline Kelley), j'appris, par une correspondance clandestine établie avec eux, que dans leur couloir de la prison du Cherche-Midi était détenu Jean-Pierre dont le vrai nom était commandant d'Estienne d'Orves.

Lorsqu'un de mes vieux amis, Jacques Lecompte-Boinet, entra dans un groupe (dirigé alors par Élisabeth Dussauze), il m'en informa aussitôt et, par la suite, me tint au courant de son activité presque au jour le jour, par des récits incroyablement pittoresques et vivants. En cas de débâcle dans mes propres filières, il pouvait être précieux de conserver secrètement cette possibilité de récupérer nos éléments en les accrochant à une autre organisation. Ce fut elle qui succomba la première et je pus alors aider Jacques Lecompte-Boinet à la reprendre en main [1].

Après l'exécution de mes camarades du musée de l'Homme, je suis entrée en relations, je ne sais plus comment, avec un professeur du

1. Marcelle Monmarché et Jacqueline Kelley, en particulier, furent seules, pendant toute la durée de l'Occupation, à connaître la véritable identité et la véritable adresse de Jacques Lecompte-Boinet.

lycée Buffon qui appartenait à un « noyau » dont je n'ai connu le nom (Valmy) qu'après la Libération. Nom posthume, sans doute. Autant que j'ai pu en juger, ce groupe, en février 1942, s'intéressait plus à la propagande qu'à l'action ou au renseignement, et cependant ce professeur fut par la suite arrêté et décapité. Il m'avait mise en rapport avec un de ses collègues qui, lui, appartenait à un groupe de l'IS.

Le chef de ce réseau de l'IS cherchait à organiser une évasion à Fresnes (je fus moi-même arrêtée avec lui à cette occasion). Par lui, j'avais été informée du moyen de joindre un groupe fonctionnant à Lyon et dirigé par M. de Vomécourt et je pus le mettre en relations avec Jacques Lecompte-Boinet.

Dans le courant de 1941, le peintre A. me mit en rapport avec un commissaire de police révoqué par le gouvernement de Vichy. Ce dernier consacrait la totalité de son temps à la Résistance et j'ai connu l'organisation à laquelle il appartenait sous le nom de « Volontaires belges ». J'ai confié à ce commissaire une imprimerie portative qui m'appartenait, afin de créer un petit périodique clandestin. Il avait le personnel nécessaire pour exécuter le travail matériel, et je pouvais me charger de fournir la rédaction. Le périodique n'a pas paru parce que le commissaire en question a été arrêté avec son groupe ; il est mort en déportation. À mon retour de captivité, j'ai cherché ces « Volontaires belges » dans les réseaux reconnus à la France combattante[a] et je n'en ai pas trouvé trace. Peut-être ont-ils été reconnus en Belgique.

En 1942, j'ai logé chez moi pendant plusieurs semaines un autre Belge appartenant à un groupe totalement différent du précédent. Il était de l'IS, se nommait Debisy et était recherché par la Gestapo (j'ai trouvé dans mon courrier, en juillet 1945, une carte postée à Londres en 1944 où il donnait de ses nouvelles).

Je connaissais les contacts du colonel Hauet avec le réseau créé à Vichy par quelques officiers du cinquième bureau et j'ai rencontré une fois une personne de ce réseau. De mon côté, le rendez-vous avait été pris par le colonel Hauet, mais j'ai su plus tard que cette personne ne connaissait pas le colonel et m'avait été envoyée par le capitaine d'Austrevaux. Parce que je l'ai revue depuis, ce souvenir est resté dans ma mémoire.

Je me souviens, pour les mêmes raisons, de mes rencontres avec deux membres du réseau Johny, en particulier Mme Delmas (dite en

a. Organisme officiel, fondé au lendemain de la Libération, avec pour fonction d'établir le parcours de chaque résistant.

prison « Marika »), plus tard fondatrice de l'ADIR, que j'étais venue prévenir de dangers auxquels ils étaient exposés. (Les relations que j'énumère ici sont toutes étrangères à mon organisation « officielle » de résistance.)

J'ai retrouvé en 1945 une note chiffrée que j'avais établie peu de temps avant mon arrestation (elle a échappé à la Gestapo et, au pis-aller, ne pouvait compromettre que moi). J'y classais un certain nombre de groupes de résistance, dont je connaissais les causes d'arrestation, d'après ces causes, afin d'examiner comment on pourrait réduire les pertes dont nous étions victimes. Peu important, le taux des dégâts provoqués par imprudences, sottises ou bavardages[1] (notons-le avec surprise et satisfaction) ; deux fois plus lourd, autant qu'il m'en souvienne, le nombre des arrestations dues aux voitures goniométriques ; quant aux méfaits des agents doubles, ils représentaient plus des deux tiers du total. (J'ai été moi-même, quelques jours plus tard, vendue par un agent double.)

Or, je n'ai conservé aucun souvenir de la plupart des groupes dont j'ai exploré alors l'évolution et la fin, et ils ne figurent pas dans l'énumération de la page précédente. Cependant, je les ai connus assez bien pour savoir ce qui leur était arrivé et qui était, en principe, secret.

Je connaissais M. Jamati depuis la création du CNRS (puisque c'était lui qui s'occupait du secteur de sciences humaines auquel je devais mes deux dernières missions scientifiques dans le Sud algérien) et quand je l'ai revu, après juin 1940, nous avons su d'emblée que nous étions du même bord. Dans la suite, je l'ai rencontré souvent pour chercher avec lui comment sauver de la mort des chercheurs du CNRS, arrêtés par une des polices allemandes ou par Vichy. Si je me souviens particulièrement de la mort de Solomon, c'est parce que j'ai reçu chez moi la visite de sa mère, envoyée par M. Jamati, que j'ai alors cherché à la rassurer en lui parlant des interventions sollicitées auprès de physiciens de grand renom, et que, quelques heures plus tard, j'ai appris que son fils était déjà exécuté tandis que nous parlions de le sauver.

Le groupe de Résistance auquel fut rattaché M. Jamati prit le nom de Maintenir ; il était dirigé par Claude Bellanger. Je n'ai pas cherché les relations entre Maintenir et notre organisation, et si je cite en vrac

1. Néanmoins lorsqu'un agent double cherchait à s'infiltrer dans un réseau c'est parce que des *bavardages* avaient signalé les prises de position ou les activités des gens de ce groupe.

celles dont je me souviens c'est afin de dégager un coin de ce tissu relationnel qui s'est tissé sur toute la surface française. Sa trame était bien plus serrée qu'on ne l'a dit.

Maintenir fut également en relation avec Leo Leymarie qui fut un des principaux agents de liaison dont je m'occupais avec le colonel Hauet (c'est lui, en particulier, qui collectait les informations recueillies par André Postel-Vinay et André Boulloche), avec Théophile Perrier, sa sœur et avec Mme Jane Fort. Claude Bellanger a également connu Yvonne Oddon, Agnès Humbert, l'historien Robert Fautier.

Signalons en passant que si Yvonne Oddon a fait partie, dès le premier jour, du « noyau » qui, dans un bureau du musée de l'Homme, s'organisait autour de Boris Vildé, le Pr Fautier était lui-même l'animateur d'un autre « noyau » qui ne fut pas totalement décimé en même temps que l'équipe Vildé. Ce groupe (qui en principe devait se limiter à dix personnes et rester autonome) a compris en particulier les écrivains Jean Cassou, Claude Aveline et Marcel Abraham, et s'il fut en relations assidues avec Boris Vildé, il resta partiellement inconnu du traître Albert Gaveau, ce qui lui permit d'échapper aux arrestations de février, mars, avril 1941.

Il faut également rattacher à la mouvance de Vildé un « noyau » d'avocats recrutés par Albert Jubineau dès août 1940. Autant que je sache, il fut en relation de résistance active avec Henri de Lipkovski (mort en déportation), qui devait théoriquement assurer ses transmissions, puis avec Lewitsky et Vildé et, à partir de ce moment, il fit partie de l'organisation que dirigeait ce dernier. C'est au nom de cette organisation qu'il rencontra assidûment le petit groupe dirigé par son confrère Séjournan et, à la même époque, sur la demande de Vildé (qui souhaitait fédérer toute la Résistance en zone nord), il entra en relation, dans ce but explicite,

– avec le groupe Transler,

– avec le groupe Gauthier,

– avec un groupe dirigé par un aviateur qui avait un passage en Espagne et qui a été fusillé quelques jours avant ou après Vildé.

De son côté, le colonel Hauet m'a parlé de ses relations avec Gauthier et avec l'aviateur qui organisait les passages en Espagne, mais est-ce Hauet qui les a présentés à Vildé ? ou, au contraire, Jubineau qui a informé Vildé, et par lui Hauet ? ou encore un troisième groupe (par exemple, ce qui restait du deuxième ou du cinquième bureau) qui a informé l'un ou l'autre de nos secteurs ? Jubineau était également en contact avec Pierre Mars (mort en déportation).

Le noyau Transler, celui de Gauthier, celui de l'aviateur, tout comme celui de Séjournan, ne font pas partie administrativement de notre réseau, bien que Séjournan ait été un des chefs du secteur de Vildé.

On peut imaginer la Résistance de 1940 et 1941 comme une cristallisation. Chaque cristal, par ses multiples facettes, communique avec des cristaux analogues, et, au fur et à mesure qu'ils entrent en contact avec la masse encore inerte et liquide – mais saturée de sel – que représentait alors la population française, cette masse cristallise à son tour…

En se reliant ainsi les uns aux autres, les équipes de 1940 et 1941 accroissaient leur part de danger. Nous en avions conscience, mais nous ne pouvions pas éviter ce péril si nous voulions accroître également notre efficacité. Car pour être efficace le groupe devait recruter sans cesse et multiplier les contacts afin de maintenir le nombre de ses informateurs, de ses passeurs, de ses locaux d'hébergement, de ses lieux d'émission et même, éventuellement, afin de trouver ou retrouver un « réseau », c'est-à-dire un moyen de transmettre ses renseignements à Londres.

Ce manque d'étanchéité constituait une grande faiblesse ; on recrutait trop pour vivre longtemps. Lorsque le traître avait pénétré, comme le venin, dans une partie de l'organisme, son ambition était de remonter le long des artères jusqu'au cœur : il n'y parvenait que trop facilement et, ce jour-là, il y avait un réseau de moins et quelques morts de plus. Il y avait aussi, presque toujours, certains secteurs qui avaient échappé à la dévastation. Les groupes survivants, qui parfois ne se connaissaient pas entre eux, s'égaillaient alors à la recherche d'un autre réseau – ils le trouvaient presque toujours sans difficulté. Et ainsi de suite, jusqu'à ce que, d'avatar en avatar, ils disparussent à leur tour. Ce chassé-croisé peut symboliquement être représenté par une partie de cartes où chaque carte correspondrait à un des « noyaux » que nous venons de décrire, tandis que chaque joueur figurerait un réseau. Les cartes passent de main en main ; de temps en temps, un joueur est éliminé et un autre le remplace ; finalement, si le « jeu » se prolonge un peu trop, toutes les levées s'accumulent devant le banquier – l'ennemi, mais de nouvelles cartes sont alors distribuées à d'autres joueurs.

Il est facile de mesurer le peu de chances qu'on avait d'échapper à une arrestation ; mais il est trop simple d'accuser d'imprudence et d'inconscience les gens de cette première Résistance : nous n'avions pas le choix et il fallait s'abstenir de toute activité ou se résigner aux exigences de l'action clandestine, dans le contexte où elle se présentait pour nous. De surcroît, nous n'avions pas l'expérience de ce genre de lutte – étudiants, ouvriers, commerçants, spécialistes du droit, de la médecine, de l'architecture ou de la recherche scientifique en ignoraient tout. Les anciens officiers de renseignements, qui figuraient dans certains de nos groupes n'étaient pas, à ce qu'il m'a semblé, mieux armés que les autres pour la bataille que nous avions engagée : leurs sélections de renseignements étaient plus rationnelles, mais, pour nous faire prendre, nous étions à égalité, car c'est une chose d'être chasseur et une autre d'être chassé. Néanmoins, si les dégâts causés par les agents de l'ennemi n'ont – malgré leur terrible gravité – jamais atteint la totalité de nos éléments, nous le devons à la fois à la très haute qualité morale de cette première phalange, qui a permis à la majorité des nôtres de résister aux interrogatoires, et aux relations personnelles et anciennes qui étaient à l'origine de notre recrutement, ce qui a protégé de la trahison quelques-uns de nos secteurs. En fait, les pertes énormes que nous avons subies ne sont pas supérieures à celles des organisations mises sur pied par des techniciens.

J'ai eu l'occasion de confronter longuement mes souvenirs avec ceux de camarades qui ont vécu la Résistance intense et technique de 1943 et 1944, et qui m'ont parlé des réseaux créés et dirigés par des agents de l'IS ou par des hommes du BCRA. Ils avaient, par rapport à nous, le handicap de moins bien connaître le milieu où ils évoluaient et les gens dont ils étaient amenés à se servir ; cela explique quelques-unes des erreurs qu'ils ont commises.

Pour comprendre leurs autres erreurs, il faut évaluer la différence du recrutement : en 1940 comme en 1944, on trouvait dans la Résistance un pourcentage impressionnant de caractères complets, de la clairvoyance, du courage, du désintéressement, de l'abnégation ; naturellement, dans la frange médiocre que toute collectivité humaine traîne après elle, il y avait aussi une proportion raisonnable de maladroits, de bavards, de farfelus, de faibles, de vaniteux – mais il semble que la frange en question était devenue un peu plus touffue en 1944. C'est d'ailleurs logique.

4. Fédération et organisation de la Résistance

La plupart de ces petites unités autonomes que nous appelons ici « noyaux » se multipliaient à la vitesse des infusoires dans une eau tropicale, et communiquaient presque toutes avec toutes les autres, par l'un ou l'autre de leurs éléments. Le milieu qui fermentait était essentiellement favorable à une « structuration » et celle-ci se produisit sous deux influences :

La première fut la vocation de l'organisation à l'état pur : on s'organise pour être organisé. Elle a donné naissance à ce qu'on a appelé des *mouvements*.

La seconde tenait à la nécessité du contact permanent avec Londres pour toute équipe ayant axé une partie de ses activités sur le « renseignement » : lorsqu'un noyau avait le « contact », il devenait un centre organisateur pour tous ceux qui communiquaient avec lui. On appela *réseaux* ce type d'organisme.

En 1940 et 1941, en zone nord, je ne pense pas qu'il ait existé de mouvements qui n'aient été aussi des réseaux – car ils ont tous fait du renseignement ; mais les réseaux, tant du point de vue des buts que des structures, ressemblaient aux mouvements à s'y méprendre.

Dans un livre récent sur l'histoire de Combat[1], nous voyons se grouper à Marseille, en décembre 1940, quelques dizaines d'adhérents recrutés par Henri Frénay ; à cette date, ce *noyau* s'appelle Mouvement de libération nationale.

Deux mois plus tard, le capitaine Guédon part pour la zone nord. Avant de partir, il a rencontré, par hasard, le capitaine Frénay, mais il a également une mission du colonel Barril, officier du deuxième bureau, qui est à Châteauroux. Pour le premier, il essaie d'organiser en zone nord une sorte d'armée secrète, filiale du Mouvement de libération nationale ; pour le second, il recrute un réseau de renseignements.

À Paris, il va rendre visite à la directrice de l'École des surintendantes dont l'adresse lui a été donnée par Frénay, qui la tient de Bertie Albrecht. L'École des surintendantes devient alors le centre d'un « noyau » très actif, qui en juin 1941, fusionne avec un autre « noyau » où l'on se rencontre à l'Union des industries métallurgiques et minières – mais le second est plus ancien que celui auquel il adhère…

1. Marie Granet et Henri Michel, *Combat*, Paris, PUF, p. 33 et 34.

En février 1941, le capitaine Guédon rencontre le lieutenant Pierre de Froment – mais, à cette date, celui-ci avait déjà créé un réseau important dans la Loire-Inférieure, dans la Somme, dans le Nord, dans le Pas-de-Calais…

Dans le Nord et le Pas-de-Calais, les éléments qu'a recrutés Pierre de Froment étaient déjà organisés quand il a pris contact avec eux et ils publiaient un journal (dont le premier numéro a paru en décembre 1940) : *Les Petites Ailes du Nord et du Pas-de-Calais.* Ce journal, repris par le Mouvement de libération nationale, donnera quelque temps son nom à toute l'organisation.

Ce n'est qu'un exemple pris au hasard. Les Arabes du Moyen-Orient appellent souvent un homme par le nom de son père, « le fils de Louis », mais plus volontiers encore par le nom de son fils, « le papa du Petit-Jean ». Après 1945, au moment de la liquidation des réseaux (et souvent aussi de leurs baptêmes), il en fut parfois de même.

Le réseau musée de l'Homme Hauet-Vildé a fait exception à cet usage de faire adopter le père par le fils : notre organisation était, à vrai dire, entièrement « structurée » dès octobre 1940. Par contre son nom actuel a été choisi en cinq minutes, par moi-même, un jour de 1946, pour les besoins de la liquidation administrative.

5. *Les « affaires »*

Dans ces broussailles emmêlées, mais non pas inextricables, la trahison va bientôt tracer de grandes allées droites.

En 1941 et 1942, après chaque arrestation, on ne parlait pas de tel réseau ou de tel mouvement, mais de telle *affaire*, et chacune d'elles avait des contours aussi précis que ceux du mouvement ou du réseau l'étaient peu. Chacune d'elles aussi a reçu un nom[1].

À partir de février 1941, il y a eu l'*affaire du musée de l'Homme* et, presque en même temps, l'*affaire d'Estienne d'Orves.*

Le colonel de La Rochère et le colonel Hauet (juillet 1941) furent arrêtés ensemble. Lorsque nous parlions de ce procès, le colonel Hauet et moi, nous ne l'avons jamais appelé que l'*affaire des pompiers…*

Le jour même des arrestations d'Élisabeth Dussauze, de son frère,

1. Les contours étaient précis, mais non pas le nom qui fut empiriquement utilisé ; celui-là est aussi approximatif que, pour l'un des livres de Proust, le titre *Du côté de chez Swann.*

de Jeanne Sivadon et de toute leur équipe, Jacques Lecompte-Boinet m'alerta. Nous avons ensuite dû souvent nous concerter. Autant que je me souvienne, nous disions alors : l'*affaire des surintendantes.*

Nous aurions été plus fidèles à la réalité historique en nommant ces procès, à la manière de Proust : *Du côté des surintendantes* ou *Du côté du musée de l'Homme*, mais, si nous avions su tout ce que nous savons aujourd'hui, nous aurions pu donner à chacun de ces drames son véritable nom générique : *affaire Devillers, affaire Albert Gaveau*, du nom des deux agents de l'ennemi qui ont envoyé nos camarades à la mort.

Pendant le procès du musée de l'Homme, je voyais chaque jour Me Wilhelm, avocat d'un des accusés, et un soir il me raconta la conversation qu'il avait eue, l'après-midi même, avec le président du tribunal militaire allemand : Roskoten.

Précisons, tout d'abord, que les arrestations avaient précédé le procès d'un an exactement, période pendant laquelle la Gestapo avait déployé un zèle extraordinaire – sans doute pour justifier la présence dans le « gai Paris » de services disproportionnés avec les besoins de la sécurité allemande. Bref, d'énormes dossiers avaient été constitués et, pour certains inculpés importants, la police avait même confectionné des dépliants, où tous les déplacements connus étaient chronologiquement inscrits.

Roskoten (juriste de profession qui semble avoir eu de l'estime et peut-être même de la sympathie pour les gens qu'il a condamnés à mort), en quittant la salle de la rue Boissy-d'Anglas où se jugeait l'affaire, échangea quelques mots avec l'avocat au sujet des charges qui pesaient sur chaque inculpé. Il avait conclu en disant : « Nous savons tout ce qu'a su Gaveau et absolument rien en dehors de ce qu'il a su. Cette affaire devrait s'appeler *l'affaire Gaveau.* » Effectivement, tous les accusés que Gaveau ne connaissait que de nom sauvèrent leur vie. Nos camarades ont su se taire. (Il est vrai que la torture n'était pas encore d'un usage généralisé.)

Le découpage de chaque *affaire*, c'est l'œuvre du traître. Or, il est arrivé que celui-ci ait profité d'une information tronquée pour déclencher des arrestations qui n'entament alors qu'une partie d'un *noyau.* Même lorsque le traître était bien introduit dans le *réseau*, et que l'*affaire* apparaît comme une projection presque fidèle de celui-ci, elle n'en est jamais le calque absolument rigoureux.

L'*affaire*, néanmoins, a un caractère historique indiscutable : ce groupe a été arrêté tel jour, jugé tel jour, exécuté tel jour – ce sont là des faits qui ne pourront plus désormais être contestés par personne. Tous les gens arrêtés (qui bien souvent ne se connaissaient pas auparavant) seront désormais liés par une solidarité indestructible : ils vont s'efforcer, tout d'abord, de communiquer les uns avec les autres tant qu'on le leur interdit, pour se concerter avant les interrogatoires, grâce à quoi, le jour où ils se retrouvent dans les mêmes cachots, ils sont déjà des amis. Leurs familles, pendant ce temps, se rencontrent devant la porte de la prison, échangent des nouvelles ; elles continueront ensuite à se voir. Puis c'est la déportation ou la mort, grande ombre qui s'étend sur l'avenir, mais qui peut déborder parfois sur le passé.

6. La liquidation administrative des organisations de Résistance

Dès la Libération s'est imposée la nécessité d'une mise en ordre du chaos que représentaient les débris de nos organisations. Œuvre ardue, à cause de la disparition des principaux témoins ; œuvre indispensable, parce qu'il fallait assurer de quoi vivre aux familles des victimes et éliminer des « margoulins ». Après plusieurs années de travail, ces buts ont été atteints et le nombre des injustices est aujourd'hui minime.

Pour un très grand nombre de réseaux, cependant, la « mise en dossiers » n'a pas correspondu exactement au tracé historique de l'organisation[1]. Il faut bien avouer que ce dernier était difficile à suivre. À l'exception de quelques groupes monolithiques créés et dirigés, du premier au dernier jour, par un chef unique ayant survécu, on se trouvait en présence d'organismes dont les éléments pouvaient légitimement se réclamer de plusieurs appartenances successives ou

1. En ce qui concerne le *réseau* dont j'ai assuré la liquidation, je me suis constamment efforcée de suivre exactement les contours historiques de l'organisation de 1940. Je n'y suis pas toujours parvenue. C'est ainsi que, à la demande expresse des chefs de la France combattante, je me suis occupée des dossiers du groupe Adam. Les hommes de ce groupe avaient pour tout lien avec des éléments du groupe Vildé d'avoir été également vendus par Gaveau et d'avoir projeté de s'embarquer pour l'Angleterre sur le même bateau : le thonier *La Monique*. Très nombreux, par contre, ont été les groupes qui historiquement ont été fédérés dans nos secteurs et que j'ai retrouvés, en 1945, à mon retour de captivité, rattachés administrativement à d'autres réseaux. J'ai tenté de faire faire des rectifications, mais je me suis heurtée à des obstacles matériels insurmontables.

même simultanées, et dont ceux qui détenaient les articulations étaient morts.

La liquidation administrative était obligée de simplifier, d'attribuer le « noyau » à telle organisation, de « reconnaître » celle-ci à partir de telle date (d'ignorer, par conséquent, les services antérieurs) : elle a ainsi renforcé les liens qu'elle a authentifiés ; elle a nécessairement affaibli ceux qu'elle a négligés.

L'affaire dont nous parlons dans une page précédente (Du côté des surintendantes) est-elle issue du mouvement Combat ? Sans doute, mais seulement pour une part. Après le désastre provoqué par Devillers, les filières se reconstituèrent, sous les ordres de Jacques Lecompte-Boinet, dans un réseau, Manipule, et dans un mouvement, CDLR (Ceux de la Résistance). Qui va assurer la liquidation des groupes trahis par Devillers ? Ni Manipule, ni Combat, ni CDLR, mais un réseau qui s'appelle Hector et qui était, je crois, en contact avec l'équipe qui, dans le Pas-de-Calais, a imprimé les premiers numéros des *Petites Ailes* : l'oncle du beau-frère de mon neveu est aussi mon parent…

Cela n'est surprenant qu'au premier abord. Si l'on examine de plus près les réalités de cette période, on y trouve :

1. Des périodiques clandestins. Ils s'écrivent, s'impriment et se distribuent. Ceux qui ont participé aux deux premières opérations peuvent revendiquer de façon indiscutable l'étiquette choisie comme titre dans le journal *(Résistance, Les Petites Ailes)*, mais on admet aussi dans l'équipe les distributeurs – qui ont souvent été arrêtés et fusillés avec les premiers. Les distributeurs ont eu parfois leur principale activité consacrée à une autre action de Résistance.

2. Des réseaux de renseignements. Ils recueillent des informations, ils les transmettent. Deux opérations dont la première s'étend très au-delà du réseau lui-même.

3. Des organisations où l'on collecte des armes et où l'on fait de la préparation militaire. Mises en contact avec un journal ou un réseau, elles s'intégreront ou l'intégreront.

4. Des filières d'évasion qui auraient dû, en principe, être autonomes (mais tous les autres organismes avaient aussi des gens à faire évader).

En 1940 et 1941, beaucoup de formations dont les éléments fédérateurs étaient très actifs ont cumulé simultanément toutes ces activités. C'était le cas de la nôtre. Mais on rencontre des groupes qui ont, par exemple, recueilli des renseignements pour un réseau et, pour un autre, distribué un périodique. Il aurait pu y avoir fusion entre les deux éléments – mais celle-ci n'a pas eu lieu. Tout cela évoluait très vite : tel contact pris entre deux chefs de *noyaux* devient le nœud d'un réseau solidement construit ou, au contraire, reste un simple épisode dont aucune trace ne demeure.

7. Les lacunes de notre documentation historique

À l'histoire de cette période, qui, actuellement, ne peut être qu'esquissée, il aurait fallu – il faudra un jour – consacrer beaucoup de temps.

Des documents existent, mais cette documentation sèche et formelle constitue des archives et non pas de l'histoire. En outre, ces archives ne sont pas même complètes, car, par exemple, je n'ai pas pu rechercher les origines de certains groupes qui avaient été rattachés à un autre réseau lorsque je suis parvenue à obtenir l'homologation du nôtre. Je sais cependant qu'ils ont fait partie, historiquement, de notre organisation, mais j'avais beaucoup trop à faire déjà avec ceux dont j'avais la charge.

Autre lacune : les questions qui intéressent l'historien, et qui m'intéressent moi-même aujourd'hui, sont rarement celles que j'ai posées jadis, tant il y en avait d'autres dont l'urgence ne souffrait pas qu'on les différât. Même urgence lorsque, de 1945 à 1954, j'ai assuré ce qu'on appelle « la liquidation du réseau » : j'ai été obligée de fournir un nombre écrasant d'attestations et de textes officiels (dont j'ai conservé les doubles) qui contiennent une masse de faits exacts et précis – mais sans contexte humain[1].

Dans cette seconde période, cependant, chaque fois que j'en ai eu la possibilité, j'ai mené une enquête plus vaste que celle qui était strictement nécessaire, parfois par curiosité historique, mais plus souvent encore à cause de la profonde sympathie qui me liait à mes compagnons de lutte et d'épreuves, sympathie qui donnait, à mes yeux, de

1. En octobre 1940, l'importance et la complexité de mon secteur m'a paru exiger une enquête générale que j'ai naturellement détruite après avoir pris les dispositions qui s'imposaient. Ce n'est pas de ce genre de document qu'il s'agit, mais de ceux que j'ai rédigés, après enquête, entre 1945 et 1954, pour la liquidation du réseau. Leur masse est trop volumineuse pour que j'aie pu la conserver à mon domicile, où je n'ai gardé que les plus importants : ils remplissent un très grand placard[b].

b. Les notices sur Paul Hauet, Boris Vildé et Eugène Delhaye, ci-dessus, en sont extraites.

l'intérêt à tous les détails de leur vie – mais tout cela n'est conservé que dans ma mémoire.

En outre, j'ai disposé constamment de matériaux pour une comparaison fructueuse, car, pendant trois années de captivité, puis à l'occasion de mes travaux sur la déportation, je n'ai jamais manqué de me renseigner sur les origines et les avatars des organisations de Résistance mentionnées dans la conversation, et j'ai enregistré une foule d'anecdotes caractéristiques. Dans cette phase d'activité, je cherchais surtout à comparer, à classer et à comprendre les faits de détention, et, dans ce sens, j'enquêtais méthodiquement. Le reste – la Résistance – nous en parlions ensuite, mes camarades et moi, pour nous détendre : innombrables petites histoires sinistres, héroïques ou grotesques que, « par-dessus le marché », je notais au passage…

Avant de *raconter* les événements de cette période, je tenais à faire d'abord cette analyse très sommaire et très synthétique de leurs articulations, car elle nous a permis d'inventorier au passage les ressources et les traquenards sur lesquels peut compter l'historien ; si les ressources sont parfois défaillantes, les traquenards ne lui feront, en tout cas, pas défaut.

1958

Fragments de ma résistance

On vit des événements bouillants, au ras de la coulée de lave. Puis la lave se refroidit, se fige et on en peut même faire le tour ; on ne reconnaît pas toujours alors ce qu'on a vu.

En 1940 j'étais là. Majeure, les yeux ouverts.

Assez récemment quelqu'un m'a demandé pourquoi je m'étais engagée si vite dans la Résistance. La question me déconcerta, car je ne me l'étais pas posée. Peut-être que la patrie, comme l'air, n'est perçue que lorsqu'elle manque ? Peut-être que pour se définir comme indispensable il lui faut d'abord être contestée ? Peut-être qu'il faut avoir perçu, très jeune, qu'elle est vulnérable ?

Il serait satisfaisant aujourd'hui de dire que, en juin 1940, j'avais essentiellement conscience de la nocivité « humaine » de Hitler et qu'elle me motiva davantage que l'agression « privée » dont « mon » pays était victime, mais hélas la vérité est inverse : on aime trouver des raisons à son exécration qui précède les raisons, « l'animal bienveillant en conflit avec l'instinct de meute ».

La meute c'est n'importe qui, n'importe quoi, le copain c'est celui qu'on rencontre et l'ennemi c'est le suivant. Faute d'un adversaire – utile pour se serrer les coudes –, on va parfois l'inventer. Mais quand il est là… « Alors, oh, alors… »

Une « origine ethnique », cela n'existe pas. Mais une « inculcation » extrêmement longue (pourquoi pas jusqu'aux analphabètes d'avant l'alphabet), ça c'est nous.

Que faire lorsque le dominant vous hérisse ? Soutenir le plus fort des dominés qui est un peu moins exécrable.

N'avoir le choix qu'entre la condition d'ignoble et celle de martyre héroïque est toujours une alternative très brève et dans quelques vies seulement. Pas dans toutes. Il existe donc beaucoup de héros potentiels qui s'ignorent, et non moins d'ignobles qui s'ignorent aussi.

Quand j'avais dix ans, on m'a fait disséquer en classe une grenouille. Cœur palpitant sous la peau écorchée, viscères qui se gonflent ou se rétractent… Cela m'a fait littéralement horreur, et j'étais tellement complice de la petite bête crucifiée sur sa planche de bois que je m'en souviens encore. Il va de soi que je ne mange jamais de grenouilles.

Je n'assiste pas non plus à un procès criminel quand je n'y suis pas obligée.

1. La débâcle

Entre 1934 et juin 1940, quatre missions scientifiques m'avaient retenue, de façon presque continue, dans une vallée saharienne où ni homme ni femme ne comprenaient un mot de français. Ma dernière mission se terminait par hasard en mai 1940 (en 1939, ce mois-là, c'était évidemment une date quelconque...).

Après quatorze heures de cheval dans le pays sans route qu'était le massif aurésien, j'avais joint le petit village d'Arris et appris alors que le front français venait d'être enfoncé. Le lendemain, à Constantine, j'entendais à la radio le président du Conseil Paul Reynaud faisant appel à un miracle pour sauver la France. Je l'écoutais chez un instituteur kabyle (plus tard FLN) et lui, sa femme et moi nous pleurions tous trois comme des fontaines – consternés, comme toute la France, par l'appel au miracle...

Ensuite, pour moi, ce fut d'abord Alger puis (grâce au gouverneur général et au commandant Montagne) le premier bateau, le train, Paris, ma famille, notre maison...

Le 10 juin 1940, c'est là que j'ai entendu à la radio l'annonce de la déclaration de guerre de l'Italie à la France. Pensant alors (comme tout le monde) que cette guerre serait encore plus dure et longue que la précédente – mais n'imaginant pas une capitulation –, ma mère, ma grand-mère et moi, nous sommes parties pour le Sud. Et c'est sur la route du Sud, chez des gens inconnus qui avaient ouvert leur porte pour permettre aux passants agglutinés d'entendre le discours de Pétain, que j'ai entendu celui-ci. Comme pour tous les gens présents, demander l'armistice équivalait à capitulation et il me semble bien que cela a été ressenti ainsi sur tout le territoire, y compris chez les combattants...

L'annonce de la demande d'armistice par le maréchal Pétain tomba sur la France le 17 juin 1940 comme un coup d'assommoir, et c'est sans doute ce jour-là que les trains s'arrêtèrent de rouler entre les régions déjà occupées et les autres. En tout cas, dès l'annonce de la signature de l'armistice ou très peu d'heures après, le trafic reprit entre les deux zones.

Le surlendemain 19 juin, pendant que des avions italiens bombardaient la route sur laquelle nous nous trouvions (du coup le défilé à sens unique qui s'écoulait en direction de Bordeaux avait fait halte, et émigré dans les fossés), l'officier – un Polonais – assis à côté de moi m'a parlé d'un discours entendu la veille. « C'est un général. Il s'appelle de Gaulle. Il a dit que la guerre n'est pas finie... » Comme tout le monde j'ai pensé que « de Gaulle » était un pseudonyme.

Ma mère, ma grand-mère et moi, nous nous trouvions alors à Andiran, très petit village du Sud-Ouest, et l'unique aubergiste du pays, une dame joyeuse et corpulente, nous conduisit à la gare la plus proche dont j'ai oublié le nom.

Sur le quai la circulation était normale, à ceci près que des soldats en uniforme allemand étaient mêlés aux voyageurs civils qui attendaient le train. Autant qu'il me souvienne, il n'y avait ni précipitation ni contrôle, ma mère et moi nous échangeâmes à voix normale quelques réflexions amères où figurait le mot *doryphore* – terme qui désignait déjà les envahisseurs. Devant nous marchait un jeune officier allemand qui se retourna comme si une vipère l'avait piqué. Nous enchaînâmes aussitôt notre conversation sur un sujet bénin, avec assez de naturel pour que l'officier ne fût plus certain d'avoir bien entendu. Quant au trajet qui suivit, je n'ai conservé sur lui ni notes ni souvenirs et seule sa banalité m'en semble remarquable.

2. *La rue Bréguet*

La demande d'armistice m'était apparue comme un effondrement global de la France et le caractère factice du gouvernement de Vichy ne fut jamais à mes yeux remis en question. En présence de ce vide, il fallait absolument faire quelque chose. Mais faire quoi ? À tout hasard, dès le lendemain de mon arrivée dans notre maison, j'ai cherché l'adresse de la Croix-Rouge française dans l'annuaire du téléphone, et l'après-midi même je suis partie à vélo pour aller m'y renseigner.

Désertes et silencieuses étaient les avenues et les rues de la banlieue est et guère plus animées celles du Paris que j'ai traversé d'est en ouest.

Arrivée devant l'immeuble de la Croix-Rouge, je sonne, je frappe, puis je pousse la porte d'entrée qui n'était pas fermée à clé. Je me trouve alors devant une enfilade de pièces où tout était dans un ordre qui m'impressionna : machines à écrire dans leurs housses, crayons alignés, volets ouverts mais fenêtres closes, chaises à leur place et pas un chat, dans un silence de tombe – car aucun véhicule ne roulait dans le quartier, et les tuyauteries, les radios, les ascenseurs s'étaient tus dans l'immeuble et même, apparemment, dans les immeubles voisins. Je reste là un moment, les bras ballants, ne sachant que faire.

Quelqu'un frappe et pousse la porte comme je l'avais fait. C'est une dame jeune, à peu près de mon âge, venue à pied avec un chapeau, des gants. Elle a le bon chic-bon genre du VIIe arrondissement de ce temps-là.

Comme moi elle fait timidement le tour des pièces, puis revient vers l'entrée. Nous nous regardons, je me nomme, elle aussi, et je me souviens avoir dit : « Alors qu'est-ce qu'on fait ? »

Elle me répond timidement : « Je ne sais pas », puis elle hésite un moment et ajoute : « Il y a un colonel qui s'est proposé comme otage pour la ville de Paris. » Et elle me donne le numéro de téléphone du colonel Paul Hauet.

Au téléphone, l'adresse qui m'est donnée est celle d'un bureau de la rue Boissy-d'Anglas. Le lendemain de cette rencontre, je fais moi-même la connaissance de Hauet qui avait pris rendez-vous avec moi pour « faire quelque chose ». J'ai trouvé, dans un très petit bureau, un grand vieil homme tout blanc et fou de rage (sentiment que je partageais), et nous avons parlé comme on le faisait dans les premières semaines de l'occupation, c'est-à-dire tout à fait franchement. Nous avons parlé de l'Afrique, et il m'a dit qu'il connaissait le vice-président d'une vieille association somnolente, appelée Union nationale des combattants coloniaux, dont il pouvait avoir l'accord. Il avait donc, lorsque je l'ai rencontré en juin 1940, exactement 74 ans, quatre années de plus que le colonel Maurice Duteil de La Rochère qu'il me fit connaître un peu plus tard (tous deux étant, autant que je sache, anciens camarades de promotion à Polytechnique d'où Hauet, très mauvais sujet, se flattait d'être sorti bon dernier).

Le 27 juin, le secrétaire général de l'UNCC lui donna son accord pour ranimer l'association et, deux ou trois jours plus tard, il me demanda de venir avec lui visiter un appartement vide, 2 rue Bréguet, où fonctionna le groupe qu'il me demanda de recruter (celui-là ne fut jamais arrêté...).

Pendant cette semaine-là, Boris Vildé, prisonnier de guerre, s'évadait (5 juillet) et quelques jours plus tard il venait retrouver, au musée de l'Homme, Yvonne Oddon et Anatole Lewitsky.

Le 10 février 1941, Yvonne Oddon et Anatole Lewitsky étaient arrêtés par la Gestapo, dénoncés par deux vacataires du musée (Fedorowski et sa maîtresse Mme Erouchkowski)... Du coup les membres du réseau se dispersent – mais l'*Abwehr* avait infiltré un agent (Albert Gaveau) qui leur donne rendez-vous et qui les livre un à un...

Vildé est pris le 26 mars 1941.

Quatre mois plus tard, le 4 juillet 1941, le colonel de La Rochère et le colonel Hauet étaient arrêtés à leur tour. Au début, les services allemands avaient peu d'informations sur leurs activités, mais l'écriture du colonel de La Rochère fut identifiée sur les papiers saisis chez Boris Vildé et Yvonne Oddon et dès lors le colonel de La Rochère s'appliqua à décharger son ami Paul Hauet (qui, quelques semaines plus tard, fut relâché mais pris en filature...).

Après les arrestations des deux colonels, j'avais continué à faire fonctionner les services d'évasion et de renseignements du réseau, mais au bout de treize mois (le 13 août 1942) un de nos groupes d'évasion (dirigé par Pierre-Maurice Dessinges) fut infiltré par un traître, agent de l'*Abwehr*, l'abbé Robert Alesch, vicaire de la paroisse de La Varenne, voisine de la nôtre.

Avant mon arrestation j'avais pu fournir à Jacques Lecompte-Boinet (responsable d'un groupe qui se trouva rattaché au mouvement Combat et qui venait d'être décapité par une série d'arrestations) le contact avec Londres (par Pierre de Vomécourt), ainsi qu'une équipe sûre – en particulier Jacqueline Kelley, Marcelle Monmarché, M. Delmas.

Jacques Lecompte-Boinet créa ensuite le réseau Manipule, le mouvement CDLR et il fut un des fondateurs du Conseil national de la Résistance (CNR).

Le colonel Paul Hauet, toujours surveillé par la police allemande, reprit cependant une autre partie du réseau qui continua à fonctionner jusqu'au 15 juin 1944.

Le 15 juin 1944, le colonel (alors âgé de 78 ans) fut arrêté pour la seconde fois et – comme le colonel de La Rochère – il mourut en déportation.

En juillet 1945, sauvée par la Croix-Rouge suédoise, je revins de captivité et, immédiatement, je me mis à constituer les dossiers des morts et des déportés de notre organisation que, avec l'accord de Jacques Lecompte-Boinet, je fis inscrire au réseau Manipule. Ensuite je dus faire reconnaître le réseau et, en 1946, j'ai demandé qu'on l'appelle « musée de l'Homme » en souvenir de nos premiers morts…

Mais, lorsque le colonel de La Rochère retrouve son compagnon de la guerre de 1914, lorsque je rencontre le colonel Hauet, lorsque Boris Vildé s'évade et vient rejoindre au musée de l'Homme Anatole Lewitsky et Yvonne Oddon, il y a déjà plusieurs groupes de notre organisation qui se sont autocréés, autorecrutés, et quelques-uns d'entre eux l'ont fait avant l'armistice…

3. Extensions du réseau

Dans cette première phase de la Résistance, les réseaux n'étaient pas encore cloisonnés comme ils le furent, par force, à partir de 1942.

Dans notre réseau je peux citer plusieurs de nos filières d'évasion qui furent créées par des femmes *avant* l'armistice, donc en pleine bataille.

L'une d'elles, Sylvette Leleu, garagiste à Béthune, est née le 27 août 1908, et elle avait 31 ans quand son mari, Gilbert Leleu, fut tué aux commandes de son avion, le 10 septembre 1939. Elle avait deux tout petits garçons et toute seule elle fit alors marcher le garage, et toute seule elle alla aussi, sous prétexte de porter des vivres aux prisonniers français et anglais que les ennemis gardaient à Béthune, leur proposer de s'évader, avec des vêtements civils que le petit groupe qu'elle recruta put leur fournir. Sylvette fut bientôt en rapport avec notre réseau par un de ses « passeurs d'Anglais », celui que nous appelions le « petit Sénéchal ».

Elle fut arrêtée le 16 avril 1941, puis condamnée à mort et déportée à Ravensbrück…

À Metz, c'est une religieuse de 50 ans, sœur Hélène Studler, qui créa, avant l'armistice, une filière d'évasions.

Sœur Hélène était née à Amiens le 2 mars 1891, il y a donc un peu plus de cent ans. Elle fut tout de suite en relation avec notre réseau, par son frère Georges Studler qui était un vieil ami du colonel Hauet. Sœur Hélène fut arrêtée le 20 janvier 1941 ; libérée quelques mois plus tard, elle alla à Lyon (donc en zone libre) continuer à organiser des évasions, mais cette fois à partir du territoire allemand.

À Soissons, c'est la femme d'un camionneur, Mme Emma Douai qui, avec son mari Daniel Douai et un contremaître à la fonderie Zickel (Eugène Delhaye), organise la première filière. Mais le groupe s'adjoint bientôt le secrétaire général de la mairie, Aimé Dufour, le chef d'escadron de la gendarmerie Henri Descamps, et beaucoup d'autres. Ils sont vendus par un faux évadé (Desobry) et arrêtés le 23 novembre 1941.

Espérance Blain est née le 27 mai 1888 à Constantine ; elle est employée à la direction de l'Enseignement primaire. Le 28 juin 1940, elle reçoit un instituteur évadé qui a acheté une carte d'identité non remplie au Bazar de l'Hôtel de Ville. À tout hasard, Espérance Blain y appose le cachet de son service en le faisant pivoter. Elle va la porter au commissariat de son quartier en disant qu'elle l'a trouvée dans la rue. Pas de réaction des policiers. Puisque ça marche, on achète en masse des cartes au Bazar et on fait tourner les cachets.

Un des évadés la met en rapport avec le colonel de La Rochère.

Ce furent souvent des non-résistants qui cachèrent les évadés, fournirent les papiers d'identité et les tickets d'alimentation, communiquèrent tel renseignement – tout ce qu'il fallait, en un mot, pour figurer en bonne place devant les pelotons d'exécution ou dans les charniers des camps. Entre beaucoup d'autres, je me souviens de deux paysannes, la mère et la fille, mortes toutes deux à Ravensbrück. Qu'avaient-elles fait ? Peut-être seulement donné de quoi manger à des fugitifs. Après avoir vu brûler leur ferme et fusiller tous les hommes de leur famille, elles avaient été déportées. Au camp, elles ne connaissaient personne. D'eux tous, il ne reste même pas un nom.

4. Le groupe France-Liberté

Ce groupe se compose de très jeunes gens qui, dès les premiers jours de l'occupation, commencent par cacher des armes, organiser des sabotages, inverser les poteaux indicateurs. Ils vont ensuite transporter des explosifs (récupérés à Romorantin), pointer des mouvements de troupes, saboter un convoi allemand stationné à Blois, voler des documents dans la voiture du *Feld-Kommandant* de Blois, intercepter des messages télégraphiques et téléphoniques allemands, relever des connexions électriques de lignes alimentant l'Allemagne.

À partir de janvier 1941, ils sont en contact avec notre organisation (secteur de la rue Bréguet) et ils font passer la ligne de démarcation à une vingtaine d'évadés par semaine. C'est une restauratrice (Mme Poumot, 33 rue Saint-Roch) qui a mis le scout Pierre Magnien en relation avec le colonel Paul Hauet.

Le 5 juillet 1941, le colonel Hauet sera arrêté avec le colonel de La Rochère, mais auparavant il a dit à Pierre-Maurice Dessinges – principal animateur du groupe, avec Pierre Magnien – de prendre ses instructions chez moi.

Les 13, 14 et 18 août 1941, les garçons du groupe France-Liberté sont arrêtés dans la région de Blois par la police française qui les livre à la *Feldpolizei* allemande, après avoir (tout de même) expurgé les dossiers.

Les gamins passent en jugement mais sont jugés par le capitaine Ernst Roskoten, membre du tribunal militaire du *Gross Paris*, qui, en décembre de cette même année 1941, va instruire les dossiers de l'affaire Vildé et enverra sept de nos camarades se faire fusiller au mont Valérien le 23 février 1942.

En août 1941, lorsque sont jugés les jeunes gens du groupe France-Liberté, la Résistance n'a pas encore été prise au sérieux par le tribunal militaire allemand (elle le sera dans les derniers mois de cette année-là, et l'exécution du commandant d'Estienne d'Orves – 29 août 1941 – marque un avertissement), en outre l'affaire France-Liberté est jugée au milieu des innombrables délits de passage de la ligne de démarcation et les accusés sont mineurs… Pour ces trois raisons, les peines de prison sont légères et les condamnés seront même libérés avant de les avoir complètement achevées. Précisément parce que, dès la fin de 1941 et le début de 1942, les prisons françaises vont se trouver trop petites.

Les jeunes en question, aussitôt libérés, rengagent dans la Résistance.

5. *Le traître Robert Alesch*

Robert Alesch est nommé vicaire de la paroisse de La Varenne-Saint-Hilaire en 1935, donc cinq ans avant l'occupation allemande, sept ans avant de s'introduire dans le groupe France-Liberté. Il est né à Aspelt en Luxembourg le 6 mars 1906, il a fait ses études de théologie à Fribourg, et il a été ordonné prêtre en 1933.

À la fin de 1941 (la date exacte doit figurer dans le dossier de son procès) il écrit à la Gestapo pour lui offrir ses services. Celle-ci le passe à l'*Abwehr*, où il devient l'agent 162, payé 600 marks par mois, soit 12 000 francs de l'époque.

En 1942, l'abbé Robert Alesch est donc vicaire depuis sept ans dans la même paroisse, il loge au presbytère avec son père et sa mère et il dirige le patronage où il prêche la résistance – mais il est aussi, depuis plusieurs mois, appointé par la police allemande.

Une première « grosse affaire » – ou, comme il dit lui-même, « une affaire bien enfilée » – s'offre à lui au milieu de l'année 1942 : elle consiste à s'introduire dans un groupe de très jeunes gens qui, en 1940, s'est donné le nom de France-Liberté.

Le groupe France-Liberté faisait passer la ligne de démarcation aux évadés d'un secteur du réseau musée de l'Homme, le secteur dit « de la rue Bréguet ». Or, tout au long de l'année 1941, le réseau a été dévasté par des séries d'arrestations meurtrières. Les causes de ces arrestations n'ont pas toutes été éclaircies, même cinquante ans après, mais en ce qui concerne les premières (celles de février et de mars 1941), les survivants du réseau ont parfaitement identifié et situé le traître, et cela dès la fin de l'année 1941.

Or, le 23 février 1942, au mont Valérien, sept de nos camarades ont été fusillés, et le traître responsable de leurs morts, nommé Albert Gaveau, continue à sévir. Il faut donc, et de façon urgente, au moins le signaler à Londres. Pour cette raison, dès février ou mars 1942, j'avais pris contact (grâce à Raymond Burgard, du réseau Valmy) avec le réseau Gloria SMH, dirigé par Jacques Legrand.

À Londres, les chefs de l'IS (dont dépend le réseau Gloria SMH) sont à cette époque principalement soucieux de faire évader de la prison de Fresnes les deux frères de Vomécourt : le baron et son frère Philippe. Un troisième frère Vomécourt est libre et à Lyon il assure les contacts entre Londres et les réseaux français.

L'abbé Robert Alesch est considéré à La Varenne comme un patriote, il rend des services au groupe France-Liberté, et il demande sans cesse à Pierre-Maurice Dessinges à « voir le chef ». Pierre-Maurice Dessinges me l'envoie à mon domicile, 40 avenue du Grand-Chêne, au Parc-Saint-Maur.

Il se présente en costume ecclésiastique sans que je sois prévenue de sa visite. Je le prends, à première vue, pour un agent double, et je fais vérifier tout ce qu'il m'a dit par l'intermédiaire d'une religieuse qui est infirmière-visiteuse et se nomme sœur Ernestine. Hélas, tout ce que m'a dit Alesch est exact…

Du coup, lorsque Alesch me parle d'une jeune femme française qui rencontre chez lui son fiancé, un gardien allemand de Fresnes, j'en parle à Jacques Legrand. Jacques Legrand me demande à voir Alesch et (avec son adjoint Gilbert T.) il le rencontre chez moi. Ensuite, Jacques Legrand et Gilbert T. verront Alesch sans moi.

Le 13 août 1942, l'*Abwehr* décide de déclencher nos arrestations, et ce sera la première « grosse affaire » d'Alesch.

Le 13 août 1942, il fait très beau, et Alesch nous a donné rendez-vous à la terrasse du café des Voûtes, sous la gare de la Bastille. Je suis venue la première en vélo, Gilbert T. est arrivé par le métro, Alesch par le train, et nous trois nous partons à pied pour la gare de Lyon où Alesch doit prendre le train pour la zone libre, avec des microfilms cachés dans une boîte d'allumettes. La boîte lui a été remise devant moi par Gilbert.

Quelques mètres avant d'arriver à la gare de Lyon, j'ai l'impression que nous sommes suivis, et je dis à Gilbert de s'éloigner immédiatement, ce qu'il fait. J'accompagne alors Alesch jusqu'au contrôle des billets, et je lui tends la main pour lui dire au revoir. Je remarque alors, avec antipathie, l'expression de son visage et je note qu'il est le seul voyageur à faire contrôler un billet.

Tandis que je le regarde s'éloigner en direction du quai, quelqu'un me touche l'épaule et me dit : « Police allemande. Suivez-nous. » Je pense immédiatement que Alesch a été pris en filature, et je m'étonne intérieurement que personne n'ait eu l'air de le suivre.

À la même heure, ma mère était arrêtée dans notre maison du Parc-Saint-Maur, et Pierre-Maurice Dessinges à son domicile de La Varenne-Saint-Hilaire.

Gilbert T., arrêté pendant que j'entrais avec Alesch dans la gare, fut incarcéré et, le soir même, seul dans sa cellule, il demanda au gardien allemand du papier et de l'encre pour tout avouer à la police ennemie. (On tient ce fait de lui-même car, dans le camp de Romainville, il s'est retrouvé avec les camarades qu'il avait ainsi dénoncés et il leur a tout dit en leur demandant pardon. Je tiens le fait du docteur Girard qui a assisté à la scène.)

Le réseau Gloria SMH fut presque totalement dévasté par les extraordinaires aveux de Gilbert T., mais dans le réseau musée de l'Homme ma mère et moi avons été seules arrêtées, car Pierre-Maurice Dessinges, après avoir été gardé au secret quatre mois, puis passé à tabac le 16 décembre 1942, a été libéré le 15 janvier 1943.

C'est évidemment Gilbert T. qui a parlé de mes recherches concernant le traître Gaveau, car Alesch en ignorait tout, tandis que, bien au contraire, Jacques Legrand les connaissait dans le plus grand détail – mais il connaissait également beaucoup d'autres précisions et en particulier le véritable nom de notre ami Jacques Lecompte-Boinet, qui ne fut jamais inquiété et qui participa dans la suite à la fondation du CNR, et il est évident que Jacques Legrand n'a pas dit un mot de ce qu'il savait à l'*Abwehr*.

Au moment de mon principal interrogatoire (rue des Saussaies), le capitaine en uniforme qui posait les questions en allemand m'avait accusée (sans conviction) d'avoir voulu « naturaliser » des membres de la police allemande et des traîtres français.

À cette date j'étais à cent lieues d'imaginer l'incroyable défaillance mentale de Gilbert T. et l'idée de « naturaliser, rendre son innocence à la police allemande » m'avait semblé saugrenue, sans nulle comédie. D'où la lettre que j'ai écrite en janvier 1943 au tribunal[a] – lettre qui (probablement) valut à Pierre-Maurice Dessinges sa libération. Il est vrai aussi que les aveux de Gilbert T. durent être faits dans un total désordre mental et une parfaite incohérence, mais ces aveux incohérents n'en constituaient pas moins le seul élément dont disposait l'*Abwehr* pour m'accuser d'avoir voulu « naturaliser » Gaveau.

Les arrestations opérées grâce à Alesch dans le réseau Gloria SMH et dans le réseau musée de l'Homme furent sa première « grosse affaire », mais non pas la dernière. Tout comme Albert Gaveau, il va ensuite continuer à dévaster la Résistance jusqu'à la Libération, c'est-à-dire pendant encore plus de deux ans.

Pour connaître le nombre de ses autres victimes, on devra se reporter aux archives de son procès, mais aussi à celles de l'*Abwehr* (si toutefois ces dernières n'ont pas été détruites). N'ayant pu le faire, j'ai encouragé les historiens et archivistes à explorer ces deux mines d'informations.

Le 2 juillet 1945, sur réquisition du juge d'instruction français Donsimoni, le traître Robert Alesch est enfin arrêté à Bruxelles par le *special agent CIC, detachment 970-105*, Charles Gubellini.

L'enquête dure près de trois ans, et l'accusé comparaît enfin, à partir du lundi 21 mai 1948, devant la cour de justice de la Seine, et le président Ledoux. Alesch est jugé en même temps que ses deux maîtresses, Geneviève Cahen-Guillemin et Renée Martin-Andry, qu'il a fait inscrire à l'*Abwehr* et appointer mensuellement. Avec elles, il habitait un somptueux appartement rue Spontini.

L'accusation a cité 17 témoins et la défense 28. L'avocat d'Alesch (Me Lenotte) a notamment fait entendre le major Schaeffer, chef

a. Publiée dans *Ravensbrück*, 1988, p. 35-40.

d'Alesch à l'*Abwehr*, qui confirme toute l'accusation. Du coup le jury condamne Alesch à mort et il est fusillé le 26 janvier 1949.

Geneviève Cahen-Guillemin, condamnée à 18 mois de prison, est relâchée, ainsi que Renée Andry.

1991 (?)

Un profil non ressemblant

Dans le film *Le Chagrin et la Pitié*, les auteurs ont choisi quelques spécimens humains qu'ils nous présentent « en liberté », apparemment du moins, et dont ils alternent les propos, sans autre commentaire que celui, invisible mais omniprésent, qui ressort de la juxtaposition ironique des images. Attrape qui peut ou qui veut le sarcasme, et chacun d'ailleurs le perçoit à sa façon et l'interprète de même. Équilibre entre les « temps de parole » : chacun son tour, un tour pour tous. Qui dit mieux ?

De cet ensemble se dégage le profil d'un pays hideux. Ce profil n'est pas ressemblant.

D'accord, oui, assurément, pour les vérités de tous ordres, même marginales (la vérité est un garde-fou indispensable contre les idéologies). Encore faut-il qu'elles soient vraies. Or voyons un peu ce qu'on nous montre ou ce qu'on nous dit de cette « majorité silencieuse », grande accusée du film : elle accueille « assez bien » les Allemands, bêle devant Pétain, ne pense qu'à manger, tond les pauvres filles de la collaboration, crache sur les blessés vaincus, tandis que les vieux professeurs du lycée de Clermont-Ferrand ne se souviennent même plus des noms de leurs élèves fusillés…

Mais que d'oublis de la part des réalisateurs ! Il y eut à Clermont la résistance intellectuelle et physique, sans réticence dans l'engagement, de l'université de Strasbourg repliée. Il y eut le sabotage collectif de la production des pneumatiques par les ouvriers et les cadres de Michelin, car la Résistance ne fut pas l'apanage d'une classe.

La majorité silencieuse ne mérite pas un mépris si souverain. Citons quelques petits faits, entre autres, qui le montrent.

Lorsqu'un aviateur anglais tombait de nuit, en parachute, dans la campagne française, les gens qui, bien involontairement, le réceptionnaient dans leur champ ou leur jardin avaient peu de chances « statistiques » d'appartenir à la Résistance (car il est vrai que les éléments permanents de celle-ci furent peu nombreux). Mais ils n'avaient aucune peine à lui procurer les faux papiers, les vêtements civils, les hébergements et les convoyeurs nécessaires ; ils le firent…

Tous les déportés jetèrent par les fenêtres des wagons, de préférence aux passages à niveau, des dizaines de milliers de chiffons de papier, portant une adresse et une phrase. Dans ces messages, la proportion de ceux qui n'arrivèrent pas à destination est *infime*...

Dès 1941, à Paris, les familles qui portaient des colis à la prison du Cherche-Midi, de la Santé ou de Fresnes recevaient de leurs fournisseurs habituels des denrées, réputées introuvables, destinées au prisonnier...

On prétend que les juifs français furent sauvés à 95 %. J'ai lu récemment dans *Le Monde*[1], non sans stupeur, que c'était grâce au maréchal Pétain. En fait, les rares mesures officielles du gouvernement de Vichy n'ont servi qu'à mieux identifier les victimes et n'ont protégé personne. Mais la chaîne de braves gens et de gens braves qui, sans appartenir à la Résistance, se sont transmis de main en main tous les clandestins et les ont cachés et nourris ? Elle, oui, elle a sauvé des gens. Et beaucoup... (N'oublions pas, à ce propos, qu'*un seul traître*, dans un village ou dans un réseau, pouvait détruire totalement l'un et l'autre, mais pour placer un traître dans tous les villages et dans tous les réseaux il faut s'y prendre longtemps à l'avance. Les Allemands le firent en Hollande, et c'est ce qui explique les énormes dégâts que ce pays a subis.)

Je n'ai vu de près que deux familles de collaborateurs : celle du cardinal Baudrillard et celle d'Abel Bonnard, ministre à Paris. C'était en février 1942, et les deux se considéraient comme traquées par le mépris et la haine : leurs anciens amis leur avaient tourné le dos, et même leur personnel se désolidarisait d'eux...

Considérons maintenant la façon dont ce film nous présente « la Résistance ».

Certes, il est amusant de mettre en valeur quelques boutades, et d'Astier de la Vigerie a bien le droit de dire que « les résistants étaient des inadaptés » ; ce fut probablement vrai en ce qui le concernait, mais c'est parfaitement inexact de n'importe quel groupe « engagé ». Un chef de maquis peut expliquer son entrée dans la lutte parce qu'il n'avait pas de beefsteak dans son assiette et qu'il y en avait dans celle des Allemands – autre boutade qui se justifie dans un contexte. Seulement il n'y a pas de contexte dans le film et nous n'en saurons pas plus sur les motivations des *« inadaptés »*.

Lorsqu'un ancien déporté nous dit que pour tenir, au camp, il fallait

1. Fabre-Luce, *Le Monde* du 13 mai 1971.

vivre « pour soi », c'est une vérité, mais en quelque sorte locale : en effet, un « politique », perdu au milieu de « droits communs » qui ne parlent pas sa langue, n'avait qu'à mourir, à moins d'être capable de serrer les dents en luttant à chaque minute pour éviter la mort. C'était exactement le contraire là où put s'établir une chaîne tacite de solidarité ; le nombre de celles auxquelles je dois d'avoir survécu à Ravensbrück est grand, et j'ai aussi participé à des sauvetages. S'il m'est impossible d'évaluer statistiquement la proportion des survivants des deux secteurs – celui des loups solitaires et celui du coude-à-coude –, je peux en tout cas affirmer que je connais beaucoup plus de gens dans le second que dans le premier.

Les réalisateurs du *Chagrin et la Pitié* me semblent avoir mal résisté à la tentation de braquer leurs projecteurs sur tel ou tel petit fait plus apte à surprendre et à secouer les plus amorphes des spectateurs, préférant un quart de vérité qui scandalise à trois quarts de vérité défraîchie par l'usage.

1971

Dix-huit juin

L'appel du général de Gaulle est devenu pour les Français le point d'ancrage et le symbole de ce qu'on a appelé la Résistance ; en fait, cet appel, peu de Français l'ont directement entendu.

En ce qui me concerne, j'avais quitté le 30 mai 1940 une montagne perdue du Sahara et je rentrais en France simplement parce que ma mission se terminait en mai, sans rien savoir de nos désastres. Bref, le 19 juin j'étais, avec ma mère et ma grand-mère, sur une route que les avions mitraillaient et nous attendions dans un fossé que les avions s'en aillent. C'est là qu'un soldat polonais, assis près de nous, m'a parlé d'un général français : « Il s'appelle de Gaulle. Il est à Londres. Il a dit que la guerre continuait… »

Ce même jour et les jours suivants, dans toute la France, des milliers de passants perdus dirent la même chose à d'autres passants, jamais revus – les nouvelles circulent ainsi dans les pays écrasés. Une très vieille dame, réfugiée avec une de ses petites-filles dans un village du Morbihan, apprit ainsi que son fils, Charles de Gaulle, avait fait seul ce qu'il fallait faire.

Très peu de gens entendirent l'appel du 18 juin, mais de ce jour-là toute la France s'est mise à l'écoute de Londres.

Quarante ans plus tard, on peut présenter parfois une France avachie, où des isolés, en nombre dérisoire, continuent la lutte. Ce n'est pas cette France-là que j'ai vue. Dans la France que j'ai vue, quand nous avons eu besoin d'un cachet, d'un papier, d'une planque ou d'un renseignement, nous les avons toujours trouvés.

Le danger, pour l'historien qui regarde de loin l'événement, ce sont ses apparences – mais dans un liquide qui fermente, les apparences, ce sont quelques bulles tandis que le travail chimique s'accomplit, invisible.

Regardons un peu sous les surfaces de ce mois de juin, et, par exemple, ce qui se passe dans l'île de Sein.

Dans cette île de dix kilomètres carrés, le 18 juin, quelqu'un a écouté la radio de Londres et, dans la semaine qui suit, tous les hommes valides partent pour l'Angleterre se mettre à la disposition du général inconnu qui les a appelés. Est-ce là une race de Français particulière ? Bien sûr que non. Mais, d'abord, ils ont des bateaux, ensuite une maison où laisser les gosses, la femme, les vieux parents, et enfin des compagnons, des hommes comme eux, connus depuis l'enfance, pour débattre du choix et l'exécuter.

Dans la France de 1980 on se représente mal la France exsangue de 1940 – année qui, selon les démographes allemands, convenait au mieux pour nous attaquer, car cette année-là deux manques vont coïncider : l'absence de naissances de la guerre de 14, avec les deux millions de ses morts. Entre 1940 et 1945, dans ce pays saigné, il y aura encore plus de 600 000 morts violentes et un million et demi de prisonniers.

Ce qui restait de la France à la fin de ce terrible mois de juin, c'étaient, perdus sur les routes, des vieillards, des femmes, des enfants et quelques hommes valides sans état civil, presque tous des évadés.

Évadé l'ethnologue Boris Vildé, évadé l'historien Marc Bloch, évadés André Boulloche et André Postel-Vinay, évadé le philosophe Jean Cavaillès.

Jean Cavaillès qui enseigna dans cette maison s'évade, lui, le 11 juin : il saute dans la cour d'un couvent. Les religieuses, pas étonnées de voir un militaire dans leur clôture, lui procurent sans problème des vêtements masculins civils et l'adresse d'un garagiste. Le garagiste lui donne un vélo, de l'argent et son fils pour le guider jusqu'à Lille. À Lille, toujours sans papiers, il est pris en charge par des cheminots.

À cette même date (juin 1940), des lignes d'évasion fonctionnent déjà régulièrement derrière les lignes allemandes, en particulier une à Metz et une autre à Béthune, ce sont des femmes qui les ont créées. Quelques semaines plus tard, ces deux lignes-là évacueront leurs évadés par les filières d'une véritable organisation. Cette organisation ne s'appelle pas encore « réseau musée de l'Homme » (ce nom, c'est moi qui l'ai choisi pour elle, en 1946), mais elle constitue déjà un réseau, qui ramasse des renseignements, imprime des tracts, compose deux journaux, guide des évadés, les loge, les nourrit, leur fournit un état civil…

Or chaque étape de chaque filière d'évasion, chaque élément des rédactions, des impressions, des collectes et distributions d'informations sont nés d'abord isolément, et à peu près en même temps (donc entre juin et août 1940). Ensuite, très vite, chaque élément s'est raccordé à un autre, et encore un autre. Maille après maille.

Au départ, ce sont toujours des gens qui se connaissent et qui, n'en pouvant plus d'indignation, se concertent pour « faire quelque chose ». Par exemple deux colonels en retraite, tous deux anciens polytechniciens. Le plus âgé s'appelle Paul Hauet : il a soixante-quatorze ans et il a appris à monter à cheval avec son grand-père qui fit la retraite de Russie. L'autre, le colonel de La Rochère, soixante-dix ans, est notre premier vrai gaulliste, car il a lu toutes les œuvres du colonel de Gaulle, il est partisan enthousiaste de ses théories et il a entendu l'appel du 18 juin qui l'a transporté de joie…

Ensemble ils vont raccorder des filières, transcrire, trier, transmettre des renseignements… Ils seront arrêtés tous deux, et tous deux sont morts en déportation.

Je pourrais, sans grand effort, citer une trentaine de ces premiers de cordée rien qu'en nommant ceux que j'ai personnellement connus en 1940. Ils ne sont nullement regroupés dans un seul réseau, mais au contraire éparpillés sous des étiquettes diverses, celles de leurs dernières semaines de vie ou d'activité. Par exemple CDLR, Manipule, Combat, Valmy, Maintenir, d'autres encore…

Le premier numéro du journal *Résistance* paraît en décembre 1940. C'est d'octobre 1940 qu'est daté le premier rapport du traître infiltré dans le groupe Vildé, un agent de l'*Abwehr*, et l'*Abwehr* donne du fil pour prendre le plus de monde possible.

Entre-temps (en février 1941), une autre dénonciation arrive à la Gestapo et la Gestapo déclenche les arrestations, mais avec des dossiers vides ; l'*Abwehr* alors ouvre les siens : dix condamnations à mort, sept exécutions… Les juges allemands ont condamné tous ceux que connaissait le traître, personne en dehors d'eux, car nos camarades ont su se taire.

Quelques mois plus tard, un évadé se présentera dans une autre de nos filières : on le nourrit, on le cache. Il a vingt ans, et c'est un agent double. Dix-sept morts.

Pour terminer sur une note optimiste, voici une anecdote : en 1945, dans la période d'extermination du camp de Ravensbrück, les prisonnières tchèques qui nettoyaient la cantine des SS continuaient à voler des journaux pour renseigner leurs camarades. Les alliés avançaient déjà sur le sol allemand, et, dans les conseils donnés à ses lecteurs, le *Völkischer Beobachter* expliqua un jour combien la Résistance française avait été dangereuse et efficace, et qu'il fallait s'en inspirer si l'on voulait démoraliser une armée ennemie.

1980

Le réseau musée de l'Homme

En 1987, rares sont les gens qui vécurent la naissance de la Résistance en France dite « occupée » ; il est intéressant également de signaler que, autant que je sache, les historiens et les mémorialistes qui racontent cette période se trouvaient alors en zone dite « libre ». Telle est probablement la raison pour laquelle je ne partage pas les jugements usuellement exprimés sur les Français de ce temps-là et de cette zone-là.

On sait que, le 1er septembre 1939, l'Allemagne ayant envahi la Pologne, la France mobilisa tous les Français mobilisables. Or s'ils étaient très peu nombreux cette année-là, c'est parce qu'elle coïncidait très précisément (mais nullement par hasard) avec celle où le nombre des Français actifs a été le plus faible (proportionnellement) de notre longue et sanglante histoire. Pour cette raison, des démographes allemands (je pris soin d'aller en consulter dès que je pus disposer de quelques heures, en octobre 1940) écrivaient à peu près, quelques années plus tôt : « Il faut attaquer la France en 1939, parce que ce sera cette année-là que la saignée de 1914 l'affaiblira le plus. »

De fait, en 1939, les morts de la guerre précédente (officiellement 1 357 800 jeunes hommes tués) et les nombreux mutilés hors d'état de travailler (il y eut 4 266 000 blessés, sur 8 410 000 mobilisés) auraient encore eu l'âge d'être actifs, tandis que les fils qu'ils n'avaient pas eus[1] pendant le grand « veuvage » de 1914-1918 manquaient également à l'appel. Dès 1940, les naissances de 1919-1920 commençaient à reconstituer nos possibilités de défense.

En 1939, ces générations vidées fournissent encore cinq millions de combattants, sur lesquels les courtes batailles de mai et juin 1940 (dont on n'a pas assez dit combien elles furent meurtrières) prélevèrent tout d'abord 120 000 morts et environ 250 000 blessés, puis 1 900 000 prisonniers (une partie d'entre eux, encerclés dans les forts de la ligne Maginot, ne se rendirent qu'après l'armistice, contre la promesse – non tenue – de ne pas être faits prisonniers).

1. 1913 : 390 000 naissances françaises. 1916 : 190 000 naissances françaises.

Une fois prélevé le contingent des morts, des blessés et des prisonniers, la partie épargnée de feu notre armée se retrouva en zone dite libre où, un peu plus tard, on la démobilisa – le reste (important) adoptant l'inconfortable situation d'évadés militaires.

À ces évadés il fallut, dans l'immédiat, fournir d'abord des vêtements civils et de quoi manger, puis des logements, des passeurs, des faux papiers. Ces exigences (qui s'imposèrent de suite) se prolongèrent pratiquement pendant toute l'occupation.

Quels étaient ces gens qui, d'emblée, assumèrent les obligations en question ? Évidemment les civils – c'est-à-dire des femmes, des gamins et les survivants de la guerre précédente –, c'est-à-dire des hommes appartenant aux classes les plus décimées du siècle. Parmi les chanceux de ces classes-là qui, en 1940, étaient encore vivants, celui-ci avait perdu un bras (ou les deux), celui-là une jambe (ou les deux jambes), cet autre un œil (ou les deux yeux), manquaient aussi quelques poumons – handicaps divers qui n'empêchèrent pas un bon nombre d'entre eux d'achever leur vie à Buchenwald ou au mont Valérien. Par exemple Jules Andrieu, qui pouvait à peine marcher, arrêté en avril 1941, fusillé un peu plus tard, que les autres condamnés et le prêtre allemand qui les accompagna portèrent jusqu'au lieu de l'exécution. Pour n'en citer qu'un entre plusieurs milliers.

En dehors de ces hommes-là et des gamins, il y avait évidemment les femmes, mais à leur sujet il convient de rappeler que, en ces temps arriérés – où elles n'étaient ni électrices ni éligibles –, elles étaient majoritairement sans métier et sans compte en banque et que, du jour au lendemain, elles se trouvèrent seules, démunies de tout, pour assumer la survie des enfants. Qui plus est, en ces mois de juin et juillet 1940, ces hommes âgés, ces gosses et ces femmes étaient sans nouvelles du fils, du mari ou du père qui (peut-être) se faisait alors démobiliser en zone sud. À moins qu'il ne soit encore caché quelque part. Ou prisonnier. Ou mort.

Ainsi se présentait, en juin et juillet 1940, en zone nord, ce que mes collègues sociologues appellent le « tissu social ». Préférons le terme de « feutre social » parce que, à l'époque, il était plus piétiné que tissé – car il y avait aussi, sur place, les troupes d'occupation, très visibles ; moins apparents, il y avait aussi les prisonniers (pas encore transférés en Allemagne), dans leurs barbelés. Plus discrets encore, circulant entre les bois et les granges, il y avait également les évadés.

C'est toutefois dans l'épaisseur du « feutre social » que nous venons de très sommairement analyser que naquit la première Résistance.

Juin 1940

Les « civils » de la France occupée abritent, habillent, nourrissent les évadés. Combien ? Je ne sais, mais en tout cas beaucoup, si j'en juge par les quelques notes biographiques que j'ai sous les yeux. En outre, quelques-uns d'entre eux ramassèrent et cachèrent des armes et des munitions, ou déplacèrent des poteaux indicateurs, etc. (actes souvent antérieurs à l'armistice) ; je ne mentionnerai que ceux dont j'ai eu connaissance dans les cadres de notre organisation, mais je puis affirmer qu'il y en eut beaucoup d'autres.

Un peu plus tard (je veux dire en juillet), il y eut des gens qui commencèrent à se réunir pour chercher à plusieurs ce qu'il convenait de faire, et les uns rédigèrent des tracts, tandis que d'autres les recopiaient et les distribuaient…

Juillet et août 1940

La seconde phase de cette première Résistance, il convient de l'appeler la « trame », pour ne pas la confondre avec des tissages ultérieurs auxquels le nom de « réseaux » appartient de droit.

Comme le « réseau », la trame ressemble à un tissu, mais les fils qui la tissent s'étirent entre des liserés très imprécis : en fait, de la Loire à la Manche, de l'Alsace à la Bretagne.

Il s'agissait en effet, tout de suite, de rabouter les besoins qu'imposait la situation avec les moyens qui lui manquaient partout – mais dont, plus loin, disposaient d'autres civils, également très bien intentionnés, c'est-à-dire prêts aux risques.

Ce raboutage amena des gens qui ne se connaissaient pas à se rencontrer, à se concerter, et cela leur donna l'occasion de recueillir force tuyaux concernant l'ennemi – avec, cela va de soi, l'envie d'en faire bon usage, c'est-à-dire de les faire parvenir à Londres. (Ce qui n'alla pas de soi fut d'en trouver les moyens.) Londres, c'est le général de Gaulle *et* l'Intelligence Service, mais nous ne les distinguons pas et nous disons entre nous « Londres ». Cette seconde phase fut, très vite, très meurtrière.

Quand on loge un cousin évadé, on risque seulement d'être dénoncé par un méchant hasard (risque statistiquement faible), mais on n'a « évadé » qu'un seul prisonnier et il y en avait alors beaucoup. Lorsqu'on essaie de répondre à la demande, on « évade » forcément des inconnus et ces inconnus doivent forcément avoir été informés au préalable de la possibilité qui va leur être offerte. Rien n'est plus facile alors que d'envoyer un faux prisonnier dans la filière en question.

Les historiens qui racontent cette période ne manquent pas de nous traiter d'amateurs – ce que, très évidemment, nous étions. Amateurs, mais pas idiots, et les risques étaient évalués – simplement on ne pouvait pas les éviter, car lorsqu'une Résistance nationale se met en place à partir de *rien* (comme ce fut le cas de la nôtre), elle se trouve prise entre deux contraintes incontournables : la première lui impose de recruter des militants et de multiplier ainsi son action – sous peine de ne pas exister ; la seconde lui interdit de le faire – sous peine de recruter le traître qui exterminera toute la chaîne.

Le seul parti politique ayant une expérience de la clandestinité est le Parti communiste qui, du moins officiellement, est allié de l'ennemi. Dans cette toute première période, les résistants se méfient des communistes tandis que du côté communiste des groupes s'organisent contre l'ennemi *malgré le Parti*.

Malgré ce risque mortel (et inévitable), les chaînes d'évasion se mirent en place et fonctionnèrent pratiquement jusqu'à la fin de l'occupation, et quand un résistant recherché, un prisonnier évadé, un allié tombé n'importe où en parachute venaient frapper à la première porte qui se présentait, en demandant « l'adresse de la Résistance », il est bien rare qu'on n'ait pas pu lui répondre à peu près : « C'est par là, monsieur, environ à 600 mètres à droite, après le carrefour qu'on aperçoit d'ici… »

Évidemment, deux ans plus tard, après la troisième phase dont nous allons maintenant parler, les inconnus en difficulté furent reçus et renseignés avec plus de circonspection. Mais reçus quand même. À Vierzon, par exemple, si vous aviez une bonne tête et pas l'accent allemand, le premier venu vous conduisait jusqu'à la porte du docteur Cliquet, dont le jardin bordait le Cher et la ligne de démarcation. Là, les deux enfants du docteur, dits Titi et Tata, onze et treize ans, savaient conduire les moins de soixante-dix ans au travers d'un gué jusqu'à la rive dite libre. À Soissons le garage de Daniel Douai et à Béthune celui de Sylvette Leleu connurent la même dangereuse notoriété.

La troisième phase : février à juillet 1941

Cette troisième phase fut celle des « affaires » – c'est en tout cas le nom que nous donnions, en 1941, aux grandes séries d'arrestations et d'exécutions qui marquèrent pour nous cette année-là.

Parallèlement aux « affaires », les tout premiers « réseaux » de France occupée commencèrent, non pas à s'organiser (le nôtre en tout cas l'était déjà dès septembre 1940), mais à se délimiter – encore que, en cette période créative et terriblement malmenée, les délimitations me semblent avoir brillé par leur indécision. Les « résistants » actifs (du moins ceux que j'ai connus) avaient en effet l'ambition et l'illusion de fédérer la Résistance de l'époque, c'est-à-dire l'ensemble des groupuscules qui se multipliaient alors au nord de la Loire. En zone sud, la « pétinolâtrie » sévissait effectivement, et un de nos vieux amis, catholique fervent, racontait drôlement à son retour à Paris, que, à Lyon, il était sorti de l'église pendant le prêche, parce qu'il n'avait pas pu supporter d'entendre comparer le maréchal d'abord à Jeanne d'Arc et ensuite à la Sainte Vierge. « J'ai préféré manquer la messe, ajoutait-il, plutôt que de le retrouver une troisième fois transformé en Enfant Jésus. »

Dans la zone nord le climat était tout autre (du moins à l'époque que j'ai vue, c'est-à-dire avant août 1942). Là, si quelque commerçant se plaisait à installer dans sa vitrine vide un magnifique portrait en couleurs de Pétain, c'était le plus souvent pour avoir le plaisir de lui adjoindre une étiquette non moins monumentale sur laquelle, en grandes lettres noires, il avait écrit « vendu » (il est arrivé que cela leur attire des ennuis, ce qui prouve que pour personne cela ne prêtait à équivoque[1]).

La remise en ordre de la Résistance

Après la Libération, donc en 1944, lorsque les services de la France combattante entreprirent l'indispensable travail de recensement de ce qui subsistait de la « Résistance », il fut décidé fort judicieusement que chaque « résistant » dûment authentifié aurait un dossier, et que

1. Quelques-uns fignolaient et écrivaient « épuisé » sous le portrait de Pétain, et « vendu » sous celui de Laval.

ce dossier serait « liquidé » par le réseau où il avait milité en dernier. Or, à la Libération, tous les membres de notre organisation (ceux qui l'avaient recrutée et coordonnée) étaient alors morts ou déportés.

Boris Vildé (arrêté en avril 1941) avait été fusillé, le colonel de La Rochère et le colonel Paul Hauet, arrêtés ensemble, avec une partie de leur équipe, le 17 juillet 1941, étaient morts en déportation. Quant à moi (arrêtée le 13 août 1942), je me trouvais à Ravensbrück, après avoir coordonné nos secteurs, de juillet 1941 à août 1942. Après mon arrestation, plusieurs de nos éléments continuèrent leur activité, les uns avec Jacques Lecompte-Boinet (fondateur du réseau Manipule, du mouvement CDLR et cofondateur du CNR) et les autres avec le colonel Hauet (que la police allemande avait relâché, sous surveillance, grâce à la présence d'esprit de son ami La Rochère, mais qui fut arrêté une seconde fois le 15 juin 1944).

À mon retour de captivité (donc en juillet 1945), Jacques et Francette Lecompte-Boinet étaient venus m'accueillir à l'avion qui nous ramenait de Suède (s'y trouvait avec moi, en particulier, notre amie Maisie Renault, sœur du célèbre colonel Rémy, le fondateur du CND Castille). Jacques Lecompte-Boinet m'expliqua un peu plus tard ce qu'était la « France combattante » et confia au réseau Manipule la charge de s'occuper de mon dossier – ce que j'avais accepté, bien sûr, mais à la condition qu'on s'occupe d'abord des dossiers de mes camarades. Ce fut entendu, mais il a fallu que je constitue les dossiers en question, travail écrasant. Je le fis et remis les dossiers à Manipule qui les remit aux services compétents de la France combattante. Des mois passèrent, et les situations des orphelins et des veuves de nos camarades étaient angoissantes. Finalement, au début de 1946, j'appris, avec consternation, que les dates de nos arrestations et le nombre de nos militants ne correspondaient pas aux calibres chronologiques de Manipule et que la seule possibilité qui restait était de faire reconnaître notre organisation par les services officiels. Nouveaux rapports, nouveaux dossiers, nouvelles démarches, puis l'organisation fut enfin « reconnue ».

Le nom du réseau

Ce jour-là, dans les locaux de la France combattante, entre deux portes, on me pria de donner un nom à notre organisation et c'est alors que, sur les fonts baptismaux, je l'ai appelée réseau musée de l'Homme. Pourquoi ce nom ? Parce que lorsque nous parlions de nos premiers morts, nous disions « ceux du musée »…

En 1940 et 1941, nos groupes n'avaient pas de noms constants, mais on pouvait appeler ceux qui imprimaient un journal du nom de ce journal. Celui du groupe Vildé s'appela *Résistance*, et c'est notre camarade Yvonne Oddon qui a proposé de le nommer ainsi (elle était en effet protestante, et se souvenait que c'est le mot qu'inscrivirent, sur les murs de leur prison de la tour de Constance, des femmes arrêtées pour leur foi au XVIIe siècle). Toutefois il me semble que Vildé aurait encore mieux aimé le terme de Comité de salut public (dont il signa ses éditoriaux) parce que cela sonnait encore plus « républicain » et « jacobin » que le nom de « Résistance ».

Dans le secteur du colonel de La Rochère, le journal imprimé par les dominicains de la rue de la Glacière s'appela *Vérité française*, et il y eut encore trois ou quatre noms que certains groupes pensèrent, assez brièvement, à s'attribuer. En cherchant bien je pourrais sans doute en retrouver quelques-uns, mais on ne s'en est pratiquement pas servi.

1986

Note

Sur le même thème de la Résistance et de la guerre, GT a publié également :

– une notice, « La Revue historique de la Deuxième Guerre mondiale *», dans* Voix et Visages, *32, jan.-fév. 1952 : présentation du projet de la revue et formulation d'un souhait :*

Aujourd'hui on commence un peu partout à dépouiller systématiquement les archives des ministères, les télégrammes secrets des amiraux et des ambassadeurs. Les papiers sont morts, les « Mémoires » des vivants sont publiés peu à peu et peuvent se confronter, se discuter…

La lumière n'est pas encore éclatante, mais elle n'est plus une chimère inaccessible, et lorsque, comme nous, on a reçu tous les coups, cela fait quand même plaisir de tâcher de savoir d'où ils sont venus. Ou en tout cas d'essayer de le savoir…

– Un entretien avec Georges Walter publié dans L'Express, *8-14 mai 1987, à propos du procès de Klaus Barbie pour crimes contre l'humanité, qui vient de commencer. Extrait :*

C'est aux jurés de s'intéresser au degré d'ardeur qu'il [Barbie] a mise à les accomplir [ses atrocités]. Pas à moi, pas à nous. En revanche, c'est notre affaire, à vous, à moi, de réfléchir au crime lui-même. De réfléchir pour hier mais aussi pour demain… De 1933 à 1945, une gigantesque entreprise criminelle a « phagocyté » une nation civilisée, notre égale en science et en culture, et, parmi les innombrables cruautés qu'elle accumula pendant douze ans, la plus extravagante fut la calme décision (on sait, aujourd'hui, qu'elle appartint à Hitler lui-même) de choisir arbitrairement des portions de l'humanité et de les exterminer totalement.

Cela dit, je n'ai aucun désir de justifier les crimes de guerre, et bien moins encore d'excuser la torture – je la considère comme injustifiable et je pense aussi que le crime passionnel est un crime dont ceux qui le commettent doivent répondre. Je sais également que la peur et la colère rendent les hommes fous.

– *« Message de la première Résistance en zone nord et l'effacement de celle-ci », annexe au livre de Pierre Sudreau* Au-delà de toutes les frontières, *Paris, Odile Jacob, 1991, p. 88-89. Extrait :*

Dans la première année de l'occupation, les arrestations furent très inégalement sanctionnées par la justice militaire allemande.

Dans cette période (décembre 1940 à décembre 1941) tout semble se passer comme si le nazisme n'avait pas encore absorbé ce qui survivait en Allemagne d'un ancien État de droit et il y eut notamment plusieurs libérations « faute de preuves », et des condamnations à quelques mois ou à un an de prison.

Ces « libérations faute de preuves », ces condamnations bénignes mais plus encore les longs procès précédant les exécutions (procès d'Estienne d'Orves, procès du musée de l'Homme, procès de Vérité française) étaient conformes aux lois allemandes mais exaspérèrent Hitler, ce qui l'amena à exiger la création inédite d'une catégorie de prisonniers dits *Nacht und Nebel* (NN) = Nuit et Brouillard.

– *Plusieurs autres notices nécrologiques, à savoir : « Marie de Robien »,* Voix et Visages, *215, mai-juin 1989 ; « Sylvette Leleu »,* ibid., *217, nov.-déc. 1989 ; « Henriette Le Belzic »,* ibid., *236, juil.-oct. 1993.*

– *« La vie à fil tendu de Georges Charpak », compte rendu de l'autobiographie de Charpak,* Voix et Visages, *237, nov.-déc. 1993.*

– *Un entretien avec Georges-Marc Bénamou publié dans le livre de celui-ci* C'était un temps déraisonnable, Les premiers résistants racontent, *Paris, Laffont, 1999, p. 243-253.*

On dispose d'autre part du témoignage de GT concernant ses activités résistantes, noté et transcrit (à la troisième personne) par E. Perroy, le 4 janvier, le 2 mars et le 27 juin 1946. Cette transcription a été déposée, en même temps que d'autres documents, aux Archives nationales et à l'Institut d'histoire du temps présent (IHTP). En voici quelques extraits concernant des épisodes absents des autres présentations ; on peut les lire en complément des récits précédents :

Pour les faire filer en zone sud [les évadés], divers procédés sont employés :

(…) 3°) Ceux qui ne savaient pas du tout le français, et étaient par conséquent les plus sûrs (pas de chance de voir parmi eux des agents doubles) étaient expédiés au Val-de-Grâce. Là, grâce au dévouement admirable du médecin-colonel Lebouris, qui fut un grand résistant, et de son adjoint le capitaine Marchal, ces évadés étaient décrétés grands malades ; on leur fournissait un faux état civil complet, ils étaient démobilisés et libérés par les Allemands eux-mêmes comme réformés, et ils étaient expédiés par les Allemands en « trains de malades » vers la zone libre. La filière, qui a été trouvée de très bonne heure par Hauet, a fonctionné à merveille. Le chef de Lebouris, qui était en zone libre le grand patron de l'organisation militaire médicale, a probablement été au courant, et en tout cas s'est montré très bienveillant. Il n'y eut jamais d'accroc et la filière fonctionnait si bien qu'on l'a tentée pour d'autres que des coloniaux (comme les communistes). (…)

Les rapports de GT avec les communistes ont été occasionnels et fortuits. La filière du Val-de-Grâce lui a servi pour faire évader plusieurs fois, avec succès, des communistes emprisonnés, en les transformant en grands malades militaires. Le seul cas qu'elle cite est précisément celui qui n'a pas réussi, celui de Tenine (exécuté avec les otages de Châteaubriant). GT connaissait de longue date la sœur de Tenine, Juliette, comme lui communiste, et est sollicitée par elle pour préparer l'évasion de son frère. Le coup ayant manqué au Val-de-Grâce, GT s'avise d'un autre moyen. Tenine a épousé une juive roumaine, ou plutôt bessarabienne, qui se trouve depuis 1940 avoir la nationalité russe. Comme la loi russe dispose que n'importe lequel des conjoints peut opter pour la nationalité de l'autre, elle pense à faire libérer Tenine comme ayant opté pour la Russie : on est au printemps de 1941, avant le 22 juin, et par conséquent le pacte germano-russe est toujours en vigueur. Elle va faire une démarche à l'ambassade de Russie, mais cela aboutit à un fiasco. Elle sent que la situation des Soviétiques à Paris est très délicate, que l'accord germano-russe est une pure fiction, et comprend que la tension est grande. Pendant toute cette période, GT recevait régulièrement tracts et journaux communistes, qui lui étaient évidemment envoyés par Juliette Tenine. (…)

Inversement, GT a demandé des services aux communistes, notamment pour des exécutions (dont elle ne donne pas le détail). Son groupe n'avait pas d'hommes de main. Elle connaissait des gens de l'I[ntelligence] S[ervice] qui employaient comme tueurs des « nervis » appointés, mais c'était fort dangereux. En 1942, ayant retrouvé la piste de Gaveau, le traître du musée de l'Homme, elle cherche à l'attirer dans un guet-apens en zone sud, le signale à un camarade de l'IS qui, n'ayant pas à sa disposition de nervi, le signala à son tour à un groupe communiste. Le coup ne réussit pas.

GT n'a aucun souvenir d'être allée à l'ambassade soviétique, il s'agit probablement du récit d'un autre résistant qui lui a été attribué par erreur.

Dans les archives de GT on trouve aussi un texte dactylographié, reprenant dans un ordre différent les informations dont elle a disposé sur l'ensemble des réseaux. Il s'intitule « Liste des arrestations des deux premières années de la Résistance (réseau musée de l'Homme) », 19 p.

III. DÉPORTATION

Notice

GT a consacré à son expérience de la déportation et au camp où elle a été enfermée un livre, Ravensbrück*, dont la troisième (et dernière) édition est parue en 1988 (Paris, Seuil). Sa toute première version est le chapitre « À la recherche de la vérité » dans le volume collectif* Ravensbrück *de 1946, dont un extrait figure dans la deuxième partie du présent ouvrage. Plusieurs autres articles paraissent dans les années suivantes, qui seront refondus dans le deuxième* Ravensbrück *(Paris, Seuil, 1973), lequel sera à son tour transformé – sans être entièrement repris – dans le troisième* Ravensbrück*, celui de 1988.*

Les textes réunis ici ne se retrouvent dans aucune des versions de cet ouvrage. « Le procès de Ravensbrück » est paru, sous ce titre, dans Voix et Visages*, 4, novembre 1946 ; il annonce le procès à venir. « Ce qui s'est passé à Hambourg » est paru dans quatre numéros successifs de* Voix et Visages *(5, 6, 7 et 8), en 1947 : il s'agit du rapport fait par GT du procès des gardiens du camp, qu'elle adresse à ses camarades (nous avons omis la fin du dernier segment, qui contient une énumération des accusés du second procès, à venir).*

« Le commandant de Ravensbrück » se compose de deux textes. Le premier est l'annonce de son arrestation, parue dans Voix et Visages*, 20, 1949. Le second est celui de la déposition adressée par GT au tribunal qui doit juger le commandant, une déposition consignée auprès de la police française (le commissaire Régis Node), en 1949. Ce texte est inédit. Précisons que le commandant Suhren sera condamné à mort et exécuté.*

La « Lettre à Claude Lanzmann » est publiée dans Voix et Visages*, 202, nov.-déc. 1986. La raison de cette lettre est la suivante : des partisans du négationnisme ont contesté l'existence de chambres à gaz à Ravensbrück comme dans les autres camps situés sur le territoire de l'ancien Reich ; ils se sont réclamés des déclarations de Claude Lanzmann au micro d'Europe 1, le 23 mai 1986, affirmant l'inexistence de ces chambres à gaz. C'est au nom de l'Association pour l'étude des assassinats par le gaz sous le régime national-socia-*

liste (ASSAG) que GT adresse cette lettre à Lanzmann, le 7 juillet 1986. La lettre n'aura pas de réponse, mais dans un courrier envoyé à Georges Wellers, également membre de l'ASSAG, Lanzmann admettra l'existence d'une chambre à gaz à Mauthausen, ce qui à ses yeux ne diminue pas le caractère unique de l'extermination des juifs.

« Comment écrire l'histoire de la déportation ? » est le titre d'un exposé présenté par GT au cours d'un débat à l'École des Hautes Études en Sciences Sociales, à l'occasion de la parution de la troisième édition de Ravensbrück. *Il a été publié dans* Voix et Visages, *218, jan.-fév. 1990.*

Le procès de Ravensbrück

Le procès des criminels de guerre de Ravensbrück doit avoir lieu en zone anglaise, à Hambourg, à partir du 3 décembre [1946]. Le ministère français de la Justice y sera représenté : un juge français a été invité par les Britanniques. C'est là un progrès qu'il convient d'enregistrer, car pour le procès de Bergen-Belsen, par exemple, c'est un mois après, et par hasard, que les services français ont été avertis…

Néanmoins, il est assez incroyable que, pour ce camp où 125 000 femmes ont été détenues – 125 000 victimes dont les trois quarts sont mortes dans d'affreuses conditions – et où par conséquent il y a eu plusieurs milliers de gardiens, tous criminels, il y ait *vingt-deux accusés.*

La vie de 125 000 femmes de tous les pays d'Europe n'est pas cotée cher et les nazis auraient eu bien tort de se gêner…

Fait encore plus incroyable : à la veille du procès, deux des principaux criminels se sont évadés. Rien de moins que le commandant du camp, Fritz Suhren, et le chef des travaux forcés, Pflaum…

Suhren était le type de l'assassin en manchettes : savonné, repassé, correct, qui, en fonctionnaire compétent et spécialisé, a organisé l'extermination systématique dans son camp, mais qui ne faisait pas le travail lui-même. Il a fait installer une chambre à gaz (qui n'existait pas avant lui), il a créé cette antichambre de la mort qu'était le *Jugendlager*, fait essayer au *Revier* (infirmerie) l'empoisonnement en série. Il n'était tout de même pas complètement indifférent, car sa distraction du dimanche était les flagellations souvent mortelles qu'on appliquait aux prisonnières pour le moindre manquement à la discipline et auxquelles il assistait avec une extrême régularité.

Pflaum était l'inverse : l'assassin qui aime faire lui-même son travail. De taille moyenne, bas sur pattes, très massif, toujours entre deux vins, mais plus près du second que du premier, sa grande joie était de rouer de coups les malheureuses que le hasard plaçait sur son passage. Il pratiquait à coups de bâton les sélections : à droite celles qui iront au gaz, à gauche celles qui creuseront des tranchées sous les bombardements…

Voilà les deux hommes que la police anglaise a laissés fuir… Comment une telle évasion a-t-elle été possible ? par quelles négligences criminelles ? par quelles complicités extérieures ?

1946

Ce qui s'est passé à Hambourg

Jeudi 5 décembre 1946, 10 heures.

Nous sommes dans une salle pas très grande, intensément éclairée. D'un côté il y a un banc surélevé pour les juges, en face un banc également un peu surélevé pour les accusés ; devant eux, en contrebas, tous les avocats : à droite des juges une petite boîte pour les témoins, à côté de la boîte les interprètes, derrière eux les observateurs officiels ; en face l'accusateur, le *prosecutor* anglais et derrière lui la presse. Au-dessus, sur quatre côtés, quatre petites tribunes pour le public qui est très peu nombreux.

1. Les accusés

Je n'ai pas reconnu Heinrich Peters, gardien chef du camp des hommes, ni les Drs Rosenthal et Schidlauski. Mais voici les places des autres avec le numéro qui correspond à l'ordre dans lequel ils passent en jugement :

1° Johann Schwarzhuber, *Schutzhaftlagerführer* ;

2° Ludwig Ramdohr ;

3° Gustav Binder ;

4° probablement Peters ;

5° Binz ;

13° Dr Treite ;

6° Mewes, l'*Aufseherin* du bunker, qui a tué de sa main 200 prisonnières ;

7° Greta Boesel, *Arbeitseinsatz* ;

8° Von Skene, prisonnière travaillant à l'*Arbeitseinsatz* ;

9° Carmen Mory.

Sur le second rang :

Rosenthal et Schidlauski, dont je n'ai pas pu lire le numéro ;

15° Winkelmann,

16° Hellinger, le dentiste.

Treite a l'air horriblement ennuyé d'être là. Toute son expression signifie : « Je ne suis pas à ma place ici. »

Mory grimace. Elle a l'air d'une damnée. Les autres ont l'air accablés.

En entrant, je remarque l'absence des juges, puis les photographes qui tournent comme des mouches avec leurs appareils dans la salle où des projecteurs entretiennent une lumière intense.

Au bout de quelques minutes, je m'habitue et je m'aperçois que les accusés sont déjà là, et du coup je ne vois qu'eux.

Tout de suite, du premier coup d'œil, je reconnais l'*Oberschwester*. Elle n'a pas changé. Elle s'aperçoit que je la fixe (je suis tout près d'elle) et elle me regarde à son tour dans les yeux. En d'autres temps, cela m'attirerait des ennuis.

Mory, qui s'est aperçue du manège, me regarde à son tour, d'autant plus que je suis seule dans la salle avec les gardes.

Ensuite, je reconnais Binz qui n'a pas changé, puis Schwarzhuber, puis Treite et Winkelmann. Ce dernier a beaucoup maigri.

Pendant tout le début de l'audience, Schwarzhuber et Ramdohr baissent la tête très bas, et ont l'air accablés. Schwarzhuber surtout est lamentable.

Mory a l'air d'une folle, elle ricane, pleure, grince des dents. Elle ressemble à une furie. Binz ne bouge pas, mais elle a des yeux affolés.

L'*Oberschwester* est pâle de rage.

Les autres sont sans expression, sauf Salveguart qui fait des mines dans un manteau de fourrure couleur miel.

Avant de quitter la salle je vais regarder de tout près Schwarzhuber et Binder. C'est la première fois que je peux le faire à loisir. Binder a réellement une tête de brute et même de brute idiote. Il me fixe avec des yeux de bœuf. Schwarzhuber a une expression plus intelligente. Lui aussi me regarde fixement. Je me demande ce que cet être, qui a organisé l'extermination du camp, peut bien penser.

2. Les juges

Sept juges militaires en uniforme. Un juge civil dans le costume classique des magistrats anglais : grande robe noire à rabat blanc, perruque du XVIIIe siècle à trois petits rangs de boucles blanches et le catogan derrière. Le juge civil est anglais ; sur les sept jurés militaires, cinq sont anglais. La France, l'URSS et la Pologne avaient été invitées à envoyer un représentant, mais l'URSS s'est récusée. Il n'y a donc que deux juges non anglais : le français et le polonais.

Le juge civil se nomme Stirling. Il est assis à droite du président et dirige effectivement les débats avec énormément d'autorité et une technique supérieure. Il a visiblement, en outre, une bonne expérience des hommes et une encore meilleure expérience du droit. Rien ne lui échappe de ce qui est dit dans l'enceinte du tribunal. Il n'a pas de voix au verdict mais assiste aux délibérations des juges militaires qui sont à la fois le jury (décidant si les accusés sont coupables ou non coupables) et le tribunal qui fixe ensuite la peine. Lorsqu'on s'est habitué à son aspect exotique, on se laisse imprégner par l'étonnante dignité et autorité qui émane de lui.

À sa droite se trouve le juge français, le colonel Bonnechose, qui est un magistrat de carrière, juge à la première chambre de la cour de justice de Paris, connaissant l'anglais et le droit anglais et ayant fait sa médecine avant d'entrer dans la magistrature. Il connaît à fond son métier, il connaît bien les Anglais et il considère les crimes qu'il a à juger avec le sérieux que nous pouvons souhaiter.

Le tribunal militaire est constitué par un général de division, le président (major général Westrupp), deux lieutenants-colonels, deux commandants, deux capitaines.

Les officiers anglais sont tous des officiers d'active, mais deux au moins d'entre eux (les deux plus gradés) ont une grande expérience de la justice militaire et ont déjà présidé des tribunaux. Les juges français et polonais sont, eux des magistrats de carrière, militaires pour les besoins de la cause. C'est dire que, sur les huit juges, cinq au moins auraient la capacité de diriger les débats et ont, à plus forte raison, celle de les suivre avec une extrême vigilance et une parfaite rectitude de pensée. J'ai eu peu d'occasions de les rencontrer, mais j'ai su par des personnes de leur entourage qu'au moment du verdict ils étaient très nerveux et anxieux de bien juger. C'est vous dire qu'ils remplissaient absolument toutes les conditions qu'on exige d'un tribunal.

Le *prosecutor* (accusateur public) est un homme jeune, certainement intelligent et connaissant bien son métier, qui a le grade de major et se nomme Stewart. Il n'est pas anglais d'origine et ses attaches continentales lui donnent sur le problème allemand quelques lumières préalables qui ne peuvent être que salutaires.

Il y a onze avocats allemands, dont neuf sont des avocats d'office et deux sont payés par les familles des accusés. Le premier jour ils étaient douze, car Treite avait deux avocats. L'un des deux, bouleversé par les dépositions des témoins sur le *Jugendlager*, a demandé au tribunal l'autorisation de se retirer et l'a obtenue (il a eu, paraît-il, un proche parent mort dans un camp de concentration).

En face des juges, assis sur deux rangs, les seize accusés, dont la liste a été donnée.

L'*Oberschwester* n'a pas changé, elle a toujours son air de vieille femme impitoyable, mais quand elle est attaquée directement par les témoins, ses yeux lancent des éclairs de rage et elle serre les dents. Winkelmann a maigri, Binz a engraissé. Dans l'ensemble, ils ont tous fort bonne mine, les femmes ont du rouge aux lèvres, les cheveux ondulés. Tous parlent entre eux, paisiblement, ou avec leurs avocats, prennent des notes, etc., mais ils se détestent et ils ont peur…

3. Le procès

Les accusés sont dans leur box, les avocats devant eux. La presse (absente) a des places réservées derrière le *prosecutor*. Les observateurs officiels ont des places derrière la boîte dans laquelle va venir le témoin. Le public allemand, assez rare, est admis sur des gradins qui font le tour de la salle au premier étage. L'éclairage est intense, quelques photographes prennent des clichés.

La cour entre. Tout le monde se lève. Puis les juges prêtent serment. D'abord le juge civil seul, ensuite le président, sur la Bible que lui tend le juge civil, enfin tous les autres juges en chœur.

Le juge civil fait ensuite l'appel des accusés qui ont chacun une petite ardoise sur l'estomac avec leur numéro, il leur fait remonter leur ardoise. Il constate que les accusés sont seize au lieu de vingt et fait observer flegmatiquement : « La cour ne posera pas de question sur leur absence, l'important pour nous est qu'ils ne sont pas là. » (Il s'agit du commandant du camp, Suhren, et du tueur Pflaum, qui se sont évadés, et de deux autres qui ne se sentent pas assez bien pour être jugés.)

L'accusation commence.

Le *prosecutor* se lève et fait une courte exposition, très générale et très brève, sur le camp de Ravensbrück, dans laquelle il commence (ironie !) par définir les conventions de Genève. Les juges ont l'air émus, les accusés ont l'air inquiets.

Après cela vont défiler les vingt et un témoins de l'accusation. Les voici à peu près dans l'ordre où ils déposent :

1 et 2. Deux témoignages très généraux et assez longs dus à notre camarade norvégienne Sylvia Salverson qui a travaillé au *Revier* et qui, outre les conditions générales du camp, accuse plus particulièrement Treite et l'*Oberschwester*. C'est une rude déception pour Treite, qui l'avait citée comme témoin à décharge et qui la voit arriver comme témoin à charge. Il est heureux pour elle que les regards ne tuent pas, sans cela elle serait morte de celui de l'*Oberschwester*.

Elle est suivie par une Polonaise, Helena Dzidzicka, qui a le numéro 7722 et qui est arrivée à Ravensbrück en septembre 1941. Elle fait, comme Sylvia, une description du camp très consciencieuse et très précise, et accuse en passant Binder, Binz, Winkelmann, von Skene, Boesel.

3, 4, et 5. Trois témoignages très émouvants de trois femmes qui ont été au *Jugendlager* et qui racontent très simplement, très naïvement, ce qu'elles ont souffert. C'est d'abord une Hollandaise, Cornelia Epker, qui s'exprime avec une bonhomie pleine d'humour. Après elle vient une Anglaise, Mary O'Shommessy, qui, elle aussi, parle sans faire de phrases, exactement « comme ça vient »... mais ce qui vient est si affreux qu'un des avocats allemands (le second avocat de Treite) se met à pleurer et à la fin de la séance demande la permission de laisser son client.

C'est enfin notre compatriote Irène Ottelard qui, au *Jugendlager*, a été dans un soi-disant *Revier* où l'infernale Salveguart empoisonnait ou piquait les prisonnières. Irène est très jeune, c'est une pauvre petite fille sans défense et sans ruse qui est arrivée au camp déjà très malade (décalcification de la hanche et un double glaucome non soigné qui l'a rendue presque complètement aveugle) et ce qu'elle raconte fait venir les larmes aux yeux. Elle parle de son amie Gaby qui a pris la poudre de Salveguart en même temps que d'autres : « Dans la nuit, plusieurs essayèrent de se lever en gémissant, puis elles s'endormirent et le lendemain, vers trois heures de l'après-midi, elles étaient toutes mortes. »

– Et votre amie Gaby ? demande le juge.

– Je l'ai vue morte à côté de moi.

Elle a revu cette scène à plusieurs reprises, elle a vu Salveguart piquer des femmes qui avaient refusé de prendre la poudre et en particulier une autre Française, Mme Ridondelli, mais ensuite l'avocat de Salveguart lui reproche son ingratitude vis-à-vis de Salveguart « qui vous a sauvé la vie, qui vous a donné plusieurs fois des suppléments de pain et de miel » (quand il parle de miel il en a plein la bouche). Et de nombreux spectateurs hochent la tête approbativement et en particulier un Irlandais qui me dit à moi-même : « En somme, c'est plutôt un témoin à décharge. »

C'est à ces moments-là qu'on se sent seule, et qu'on en a lourd sur le cœur, car le miel vous le connaissez, c'est ce fameux miel qu'on recevait une fois par mois et qui était un ersatz traité à l'acide sulfurique et c'est dans ce miel, à plusieurs reprises, que la Salveguart mettait son poison. Des bonnes tartines de miel qui une fois sur deux étaient empoisonnées… Et d'ailleurs, nous sommes toutes des ingrates comme Irène, car nous sommes toutes plus ou moins dans son cas : nous devions mourir et nous sommes vivantes, de quoi nous plaignons-nous ?

6, 11, 15, 19. Quatre témoignages généraux par des prisonnières qui travaillaient dans l'administration du camp. Une Autrichienne, Hermina Salvini, qui travaillait au secrétariat de Binz et qui accuse directement Binz et Binder ; Thury que vous connaissez toutes et qu'on s'étonne un peu de voir là. Le *prosecutor* anglais, d'ailleurs, lui pose très peu de questions.

La troisième est également autrichienne et travaillait au bureau du travail. Elle a accusé Boesel, Binz, Binder, Winkelmann et Schwarzhuber. Marie Adamska travaillait au bureau politique. Elle n'accuse que Ramdohr, mais elle l'a vu torturer quatre femmes qu'il interrogeait et elle en a entendu pleurer beaucoup d'autres.

7, 10, 12. Trois témoignages français sur le block 10 se suivent à peu près et se complètent très bien ; ce sont ceux de Jacqueline Hereil (Myrtille), Violette Lecoq, Louise Le Porz ; ils sont très précis et très graves, spécialement pour l'*Oberschwester* Marschal, pour Winkelmann, Treite et pour Mory.

Mory qui est de plus en plus nerveuse, rit, pleure, grince des dents, crie : « Menteuse » successivement à nos trois compatriotes.

8. Marie Samson (dite Odette) fait un témoignage très bref sur le *Bunker*.

9, 13. Claire Van den Boom, belge, et Zdenka font deux excellents témoignages. Malheureusement, Zdenka ne peut pas déposer librement et on ne lui pose que très peu de questions. Nous ne pouvons pas nous en indigner avant la fin du procès, car il est possible en effet que ce qu'elle a à dire fasse double emploi, mais, dans le cas contraire, si certains accusés sont acquittés faute de preuves, alors nous pourrons réellement nous indigner que les témoins de l'accusation (déjà si rares) n'aient pas eu la possibilité de dire tout ce qu'ils savaient.

14. Irma est une Tchèque qui a été une bonne camarade. Elle dépose sur le *Jugendlager* et elle non plus ne peut pas dire tout ce qu'elle a à dire. Elle accuse surtout Binz et Winkelmann.

16. La doctoresse Jurkowska qui travaillait au *Revier* I et au block 11 a été également expédiée. Elle accuse Treite et Rosenthal.

17, 18. Deux « lapins[a] », Hélène Piaseska (Hella) et Sophia Sokulska, déposent également très brièvement. Elles accusent Schidlauski, Rosenthal, un peu Treite, Marschal, Binder, Binz, Winkelmann et, épisodiquement, Schwarzhuber.

20. Une Danoise, *Blockova* du block 11 (Anna Seidemann), parle surtout de la mort des enfants. Lorsqu'elle entre, Mory commence à pleurer car elle l'avait citée comme témoin à décharge.

21. La dernière à témoigner est notre compatriote, Renée Lascroux (Rosana). Elle fait une très bonne déposition, longue, précise, qui met Binz en rage.

4. Le jugement

Le procès de Hambourg est terminé. Il n'a intéressé personne, et cela se comprend. Que nous, et cela se comprend aussi.

Il y avait vingt accusés, dont un (le Dr Winkelmann) a préféré avec raison mourir d'une crise cardiaque lorsqu'il a été sûr de sa condamnation. Deux autres (le commandant du camp Suhren et Pflaum, dit « le Tueur »), ayant eu la possibilité de s'en aller avant le procès, étaient également absents au moment du verdict. Deux autres étaient malades.

Sur les quinze qui n'ont pu s'évader, ni se suicider avant le verdict, ni se faire porter malades, onze ont été condamnés à mort (Schwarzhuber, Ramdohr, Binder, Schidlauski, Treite, Rosenthal, pour les hommes ; Binz, Boesel, Mory, Salveguart et Marschal, pour les femmes), parmi lesquels deux encore viennent de se suicider : Carmen Mory et le Dr Treite.

Deux hommes ont eu quinze ans de détention (Peters, commandant de la garde et du camp des hommes et le dentiste Hellinger).

a. Jeunes filles polonaises ayant servi de cobayes pour des expériences médicales.

Deux femmes ont eu dix ans (l'*Aufseherin* Mewes et la *Lagerpolizei* von Skene).

Dans le public, certains ont dit que le verdict était sévère – ceux qui pensaient aux verdicts précédents –, d'autres ont dit qu'il ne l'était pas – ceux qui pensaient aux crimes commis. Mais, en vérité, il n'est ni l'un ni l'autre, il est la conséquence quasi mathématique du procès. Donc (dans la mesure où l'on considère la justice comme une technique. Et comment la considérer autrement ?), il est bien ce mince fléau idéalement vertical qui sépare le plateau de l'indulgence de celui de la sévérité : juste comme une balance est juste. Comme une horloge est juste.

Entendons-nous bien : le verdict est exactement la conséquence des parcelles de vérité qui ont été mises en lumière par le procès. Mais non pas de la vérité.

– Mais pourquoi, me dites-vous, la vérité totale n'a-t-elle pas été mise en valeur par le procès ? Pourquoi s'acharne-t-on à chercher des circonstances atténuantes chez ces assassins mille fois coupables ? Tout cela est voulu, calculé…

Personnellement, je ne le crois pas, et la bonne foi des juges me paraît indiscutable. Je suis également convaincue non seulement de l'honnêteté intellectuelle des enquêteurs anglais ou français, mais encore de leur désir sincère de faire la lumière. Certes le procès a été mal préparé, mais ce n'est pas de propos délibéré. Chaque juge a jugé avec une pleine conscience de son devoir, une pleine liberté, un scrupule attentif de peser chaque fait, et chaque enquêteur a fait ses rapports avec une bonne technique, une parfaite probité mais un manque complet de coordination. Tous ont travaillé sérieusement, mais isolément : les services anglais ignorant le travail des services français et tous deux ignorant nos organisations de déportés. Néanmoins, comme ils ont été sincèrement indignés par ce qu'ils ont appris au cours de l'instruction, comme ils ont pris leur tâche à cœur, ils ont été aussi déçus et surpris par les critiques dont la presse française s'est fait l'écho, que vous avez été vous-mêmes déçues et surprises par la conduite générale du procès et par sa conclusion.

Il y a là un malentendu assez triste, mais peut-être réparable.

Non, mes chères camarades, les Anglais qui ont préparé le procès et jugé les criminels de Ravensbrück ne cherchaient pas à faire le jeu des nazis. Et ça n'est pas pour les besoins de leur propagande qu'ils ont épargné (relativement) quatre criminels. Pas plus que nous ne sommes anglophobes lorsque nous critiquons la procédure anglaise.

Dieu merci, nous avons assez prouvé que nous savions être fidèles aux alliances de notre pays, et cela nous a coûté assez cher pour que nous ayons maintenant le droit de dire toute notre pensée.

Si notre exigence de justice est grande, plus grande que la justice qu'on peut nous donner, s'il est difficile de nous satisfaire, il n'en est que plus navrant de constater qu'à un cadre général trop étroit, à une procédure mal adaptée, se sont ajoutées des négligences d'autant plus graves qu'elles étaient évitables.

Il était, en particulier, possible de convoquer un minimum de deux ou trois témoins à charge contre chaque accusé. Songez qu'il y a eu huit témoins à décharge rien que pour Treite, et qu'il y a eu quarante et un témoins à décharge en tout. Or, contre de nombreux accusés, *il n'y a pas eu un seul témoin à charge.*

Pas un seul témoin contre Hellinger qui, étant le dentiste du camp, avait pour principale charge d'extraire les dents en or des mortes et, à ce titre, devait apposer lui-même un timbre humide sur les cadavres lorsqu'il les avait contrôlés. Aucun cadavre ne pouvait être brûlé sans ce cachet, par conséquent Hellinger assistait nécessairement à toutes les exécutions, à toutes les exterminations. Il était derrière la porte de la chambre à gaz, il était là quand on pendait, quand on fusillait, car nous savons par les dépositions des autres inculpés que les corps étaient brûlés *immédiatement* après l'exécution (« peut-être encore vivants, je n'ai pas vérifié », a dit, dans sa déposition, Schwarzhuber, qui n'était pas curieux). Hellinger, véritable brute, a en outre fait des sélections pour la chambre à gaz (et lui, au moins, savait qu'il y avait une chambre à gaz dans le camp). Il a eu quinze ans de détention.

Pas un seul témoin contre Peters, commandant de la garde (donc professionnellement responsable du bon ordre des exécutions), commandant du camp des hommes, où les nombreux condamnés à mort n'étaient même pas achevés et devaient agoniser pendant des heures sous les yeux de leurs camarades. Peters a eu quinze ans.

Le seul témoin contre Mewes – *Aufseherin* du bunker qui a empoisonné de ses mains onze prisonniers, sans compter ceux que nous ignorons – a été une « prisonnière d'honneur » du bunker (donc spécialement bien traitée, et nourrie au régime SS) qui a pu dire que Mewes l'avait privée de promenade. Mewes a eu dix ans pour avoir privé de promenade notre camarade Odette Samson. C'est sévère ; quant à la déposition dans laquelle une détenue allemande raconte dans quelles conditions elle a *vu* Mewes empoisonner les onze employés du four crématoire – déposition remise au Service français des crimes de guerre en juillet 1945 par l'une d'entre nous –, cette déposition n'était pas au dossier de l'accusation.

Négligence incroyable et néanmoins réparable, car si j'avais pu voir ce dossier dès mon arrivée à Hambourg (2 décembre 1946), j'aurais immédiatement remarqué l'absence du document Mewes, dont j'avais un double dans mes bagages. Jusqu'au 1er janvier 1947 (date où la parole a été donnée à la défense), on avait largement le temps de convoquer le témoin. Or, dès mon arrivée à Hambourg, j'ai demandé à avoir communication du dossier de l'accusation (dossier polycopié et largement diffusé), mais je n'ai pu l'obtenir ni du côté anglais (ils avaient, m'a-t-on dit, distribué tous leurs exemplaires), ni du côté français où l'on avait déjà disposé des assez nombreux exemplaires reçus.

Lorsqu'on songe que j'étais la seule déportée de Ravensbrück ayant le droit de suivre le procès de Ravensbrück (il y a eu ensuite deux témoins qui ont eu ce droit), que j'étais seule mandatée par les deux grandes associations féminines de déportées (rue Guynemer et rue Leroux[b]) qui, à elles deux, représentent la totalité des déportées françaises vivantes, on se dit que réellement les fonctionnaires ont peu d'imagination.

Contre von Skene, véritable brute, espionne de Ramdohr aussi dangereuse que Mory, et plus impitoyable encore, pas de véritables témoignages. Elle a été simplement nommée épisodiquement dans les témoignages généraux. Elle a été condamnée à dix ans de détention.

Boesel a bien été condamnée à mort, mais sur sa propre déposition. C'était la plus bête de la bande et tandis que les autres, au cours d'une année d'interrogatoires paisibles, ont fini par comprendre les susceptibilités des enquêteurs britanniques, la pauvre Boesel, véritable idiote, en est restée à son sens nazi du bien et du mal et a répondu naïvement en plein tribunal : « Oui, j'ai fait des sélections. Oui, je savais qu'il y avait une chambre à gaz. Mais ça n'était pas mal puisque les femmes qu'on gazait ne pouvaient plus servir à rien. » Le tribunal, sans aucune subtilité, l'a condamnée à mort.

Par contre, nous avons eu ce spectacle véritablement inénarrable d'un Binder venant jurer sur la Bible : « Qu'il a donné quelques gifles avec le plat de main, mais surtout pour encourager au travail et éviter des punitions plus graves. » Contre Binder, on a fait déposer une

b. Associations, respectivement, des déportées non communistes et communistes.

prisonnière qui n'était pas de son atelier, mais de l'atelier voisin et qui, par conséquent, était imprécise. Alors que, lorsqu'on parle par hasard de Binder avec des camarades, il y en a toujours une qui l'a vu tuer. Néanmoins, la plupart des dépositions mentionnant épisodiquement Binder comme une brute effrayante, le tribunal a considéré les faits comme établis et l'a condamné à mort. Mais pour nous, qui l'avons vu à l'œuvre, nous devons reconnaître que l'inculpation était absolument disproportionnée avec la réalité et qu'il était impossible pour quiconque a assisté au procès de se faire une idée, même lointaine, de l'angoisse et de la terreur qui pesaient sur la *Schneiderei Eins* lorsque Binder entrait (angoisse et terreur tellement insupportables que des femmes se sont suicidées pour y échapper). Peut-on dire que, parce qu'il a été condamné à mort, l'inculpation était suffisante ? Non, car pendant tout le procès on a pu se demander si, oui ou non, il serait condamné à mort et qu'après tout il aurait pu ne pas l'être. Il est bien entendu qu'un homme ne peut donner que sa vie et qu'il peut prendre cent mille fois celles des autres. Encore faut-il, lorsqu'on lui demande enfin ce « prix du sang » frauduleux, que cela ne ressemble pas à une partie de poker…

Les témoins à décharge de Binz sont venues nous parler d'un charmant petit fox-terrier très caressant et familier qui la suivait partout et qui était à l'origine de ce mythe (très répandu parmi les prisonnières) de chiens féroces, dressés à mordre et à tuer. Celles d'entre vous qui ont été mordues, mes camarades (et moi-même un matin en allant à l'appel), c'est par le mythe en question.

Winkelmann, lui, adorait les fleurs, et quand il voyait une prisonnière, il pensait à sa mère et s'attendrissait. Les milliers de femmes qu'il a sélectionnées pour la chambre à gaz, il croyait les envoyer dans un sanatorium. Car, seul dans le camp, il ignorait l'existence d'une chambre à gaz, le gros Winkelmann, qui ricanait et se frottait les mains en voyant arriver un transport de mourantes et qui disait : « Je vais leur préparer un lit bien chaud » en les envoyant directement au crématorium.

Quant à Ramdohr, il était poète.

Pour Treite, Marschal et Mory, les faits étaient, au contraire, assez bien établis. De leurs côtés, les avocats allemands avaient fait un gros effort pour les sauver, soutenus par la presse allemande qui, reprenant le mot d'un des témoins à décharge, appelait couramment Treite « le gentleman SS » (expression dont le moins qu'on puisse dire est qu'elle est comique). Nous apprîmes ainsi de nombreux détails sur la valeur professionnelle de Treite, sur son grand-père qui était de l'Armée du Salut, sa sœur qui est mariée en Suisse, etc. Toutes les mouchardes du camp défilèrent à la barre pour nous raconter les distributions de vitamines faites par l'*Oberschwester* Marschal, etc.

Qu'il y ait eu quelques prisonnières dans les bonnes grâces des SS, nous ne le savions que trop, mais qu'on ose parler et reparler de distributions de vitamines dans un camp où les femmes sont mortes de faim par dizaines de mille, ce n'est pas seulement un défi à la vérité, mais même au simple bon sens.

Mory, qui vient de se suicider, est une banale aventurière, avide et fausse, qui a trahi tous les pays, tous les partis, qui a été trois fois condamnée à mort (par les Français pour espionnage, par les Allemands pour trahison, par les Anglais pour assassinats). Elle a été appelée « l'Ange noir » par les journalistes ; on a essayé d'intéresser la pitié des honnêtes gens pour cette criminelle qui a été sans pitié. Malheureusement pour elle et pour les deux autres (le Dr Treite et l'*Oberschwester* Marschal), l'instruction, en ce qui les concerne, a été bien faite, les témoins étaient assez nombreux et le verdict sévère des juges de Hambourg est venu prouver une fois de plus que, lorsque les verdicts sont indulgents, c'est uniquement faute de preuves et non faute de justice.

C'est donc d'abord à la préparation du procès qu'il nous faut travailler, à une collaboration plus rationnelle et plus suivie avec les instructeurs français et alliés.

Cette amélioration ne nous amènerait pas à une justice parfaite, car la nature même de ces procès, les procédures qu'on emploie en excluent la possibilité : ces hommes et ces femmes qui, pendant des années, ont servi de cadre à l'ordre des camps, ne sont condamnés que sur des crimes individuels prouvés. Pourtant, ils ont une responsabilité personnelle dans la totalité du crime : ils l'ont vu, mesuré, pesé, approuvé et chaque coup de lanière que, de leur propre volonté *ils ajoutaient* à la somme du crime, était une approbation tacite à tout le reste, une adhésion…

Au premier procès de Mauthausen, les juges ont admis la *responsabilité collective* des accusés. Ce précédent n'a pas été suivi. Pourquoi ?

Les procédures qu'on emploie n'ont pas été faites pour des procès de ce genre. En les utilisant malgré cela, on est obligé de les déformer et de les trahir. Ainsi le procès de Ravensbrück (notre procès), à la suite d'un accord international, a été pris en charge par les Anglais. La procédure adoptée dans les quatre zones d'occupation est très influencée par la procédure anglo-saxonne. Les Français, les Américains, les Russes préparent de leur côté d'autres procès selon la même procédure. Chaque grande puissance rétrocède aux trois autres les criminels ressortissant aux procès dont ils ont la charge. Tout cela est parfaitement régulier. En outre, les Anglais ont invité un juge français, un juge polonais et un juge russe. Pour des raisons matérielles, les Russes ont préféré ne pas envoyer de juge et ont envoyé trois observateurs.

La procédure anglaise est un peu différente des procédures continentales (française, polonaise, russe). Une de ses originalités est la très faible part qu'elle accorde à l'instruction qui se fait publiquement, au cours du procès, ce qui, naturellement, allonge énormément celui-ci. C'est un inconvénient sans gravité dans un pays comme l'Angleterre où, avant guerre, il y avait tout au plus dix grands crimes par an. Mais lorsqu'il s'agit de faire publiquement l'instruction d'un procès comme celui de Ravensbrück, le problème posé aux juristes est exactement insoluble.

Il y a eu 123 000 femmes numérotées à Ravensbrück, sur lesquelles 9 000 à 10 000 environ étaient françaises. La seule chose à peu près sûre que nous sachions, c'est qu'au moins 7 000 Françaises sont mortes et probablement davantage, soit 7 000 à 8 000 sur 10 000. Donc, même en supposant que la mortalité des Françaises ait été une des plus élevées, le chiffre total des mortes ne doit pas être inférieur à 90 000. *Quatre-vingt-dix mille* mortes, *quatre-vingt-dix mille* agonies, mais beaucoup plus de *quatre-vingt-dix mille* assassinats. Car pour chaque agonie il y a eu une collaboration de plusieurs assassins. D'abord les commandants qui ont donné les ordres (Suhren, Schwarzhuber, Peters), ensuite ceux qui ont fait la besogne (les Binder, Binz, Mewes, Salveguart, Skene, Mory) et les innombrables complices qui ont transmis les ordres, organisé les tueries, classé les fichiers de celles qui devaient mourir (les Winkelmann, Treite, Marschal, Boesel, Hellinger, Ramdohr, etc.).

Vous vous souvenez de Claire ? Elle a d'abord été cruellement mordue par un chien. Qui a lancé ce chien sur elle ? Nous ne savons pas, mais c'est le premier assassin de Claire. Ensuite, elle a été au *Revier* où l'on a refusé de la soigner. Qui a refusé de l'admettre ? Nous ne savons pas. (Probablement Marschal.) Mais c'est le second assassin. Les morsures ne se sont pas cicatrisées et, à cause d'elles, elle a été envoyée au *Jugendlager*. Qui l'a envoyée au *Jugendlager* ? Nous ne savons pas. (Probablement Pflaum ou Winkelmann.) C'est le troisième assassin. Lorsqu'elle a été dans les rangs de la fatale colonne, qui l'a empêchée de fuir ? Une *Aufseherin* ? une *Lagerpolizei* ? Peut-être les deux. Peut-être von Skene, peut-être Boesel. Quatrième assassinat. Au *Jugendlager*, elle a refusé d'avaler le poison que lui a donné Salveguart, et, avec l'aide de Rapp et de Köhler, Salveguart l'a assommée à coups de bâton et enfin l'a tuée.

C'est une seule femme entre 123 000, une seule agonie entre 90 000. Et pour cette seule femme, cinq bandes d'assassins. Et pour chacune des 90 000 autres, les mêmes assassins ou d'autres semblables. Car chaque femme morte a été tuée et retuée. Chacune d'entre nous était engagée dans une filière où, à chaque tournant, un assassin était posté, et si elle échappait à l'un, elle n'échappait pas à l'autre.

Même en faisant plusieurs procès, même en éliminant tous les faits criminels qui ne mettent pas en cause directement les accusés qu'on juge, il faut de toute façon en arriver à faire son choix parmi les centaines, les milliers, les centaines de milliers d'actes criminels, qui représentent le bilan de n'importe quel secteur d'un camp de concentration.

On a donc été amené nécessairement à un compromis : on émiette quelques crimes choisis au petit bonheur. On les instruit du mieux qu'on peut, et on les juge avec beaucoup de conscience. Tant pis pour les auteurs des crimes en question : ils n'ont pas eu de chance et ils courent grand risque d'être pendus. Quant aux autres criminels, ils se consolent de n'avoir pas eu la vedette des journaux en sauvant leur tête. Quelle différence y a-t-il cependant entre eux ? Exactement aucune.

« Mais, dira-t-on, toutes les agonies se ressemblent. Il suffit d'en raconter quelques-unes… Par exemple dix, bien caractéristiques. Et de multiplier mentalement par dix mille… »

Et c'est faux. Nous savons bien, nous, qui avons vu mourir tant de femmes, que chaque agonie a été un grand drame douloureux, très long, très douloureux. Une lente descente dans la nuit où chaque marche fait mal, dans la pire misère physique, la pire misère morale, la pire solitude. Nous savons que chaque agonie a été individuelle, qu'elle a été personnellement le lot amer d'une seule femme. Cent mille fois.

Et c'est faux qu'on puisse, avec dix crimes, en comprendre cent mille. Et la meilleure preuve, c'est qu'au procès de Hambourg on a, en effet, évoqué quelques crimes. Mais les juges n'ont pas multiplié mentalement par dix mille. Ils ont pris au pied de la lettre ce qu'on leur a dit (et peut-on le leur reprocher ?). On n'a pas évoqué un seul des crimes commis par Peters, pas un seul des crimes commis par Mewes. On a dit simplement que Peters était commandant du camp des hommes et employé dans les camps de concentration depuis plusieurs années et que Mewes était l'*Aufseherin* du *Bunker*. Si les juges avaient pu se représenter *dans sa réalité* un camp de concentration, et le *Bunker* du camp de concentration de Ravensbrück, ils auraient compris que, non pas une fois, *tous les jours pendant plusieurs années* Peters a tué ou fait tuer, Mewes a tué ou aidé à tuer. Et ils ne les auraient pas condamnés respectivement à dix ans et à quinze ans de détention.

Ce choix arbitraire de faits criminels est en soi contraire à l'esprit même de la procédure anglaise, dont toute la raison d'être est de donner à des hommes non prévenus et de bonne foi la totalité de l'information concernant le crime qu'ils jugent.

Donner en deux mois (ou même quatre, ou même six) la totalité de l'information sur les crimes de Ravensbrück, c'est impossible. Et, par conséquent, l'absence de prévention, l'équité, la volonté de bien juger, l'absolue bonne foi des juges desservent la justice au lieu de la servir. Et plus ils auront de bonne foi, moins ils auront de prévention, plus ils seront incapables de se représenter mentalement les faits dont on leur parle à leur échelle exacte. Car, encore une fois, ça n'est pas, ça ne peut pas être la totalité des faits qu'on leur donnera.

Dans un crime anglais normal, il y a une victime, un assassin présumé, et un arbitre : le juge. Le procès se présente comme un duel – un match si vous préférez – où l'avocat est le champion de l'accusé et où le *prosecutor* est le champion du mort. Les deux champions ont des droits égaux, ils présentent l'un et l'autre des témoins, argumentant pendant un temps sensiblement égal. Telle a été la volonté sage du législateur anglais.

N'est-ce pas méconnaître cette volonté que de donner la charge écrasante à vingt et un témoins (fût-ce les mieux choisis et les mieux informés) d'exposer seuls les souffrances et les agonies des 90 000 mortes de Ravensbrück ? Et peut-on dire que la partie est égale lorsque les seize criminels en cause présentent, eux, quarante et un témoins pour leur défense – presque exactement deux fois plus que leurs 90 000 victimes ?

Comprenez-moi bien. Je ne dis pas que l'on doit les traiter comme ils nous ont traitées. Je ne dis pas qu'ils doivent être, *a priori*, sans droit – je hais la cruauté, même appliquée à ces monstres –, je me demande seulement ce que va devenir la pauvre déesse Justice, avec sa petite balance à l'échelle humaine (un mort dans ce plateau-ci, un assassin dans ce plateau-là ; et prenons bien notre temps pour délibérer), absolument débordée par les cent mille assassinées, et bien obligée de leur refuser l'accès du plateau. Il n'y a pas de place pour tout le monde.

La Justice. Vous vous souvenez des soirs d'exécutions à la Santé, à Fresnes ? Quand les condamnés partaient en nous criant : « Justice, camarades… » Vous vous souvenez de ces deux longues flammes rouges qui léchaient le ciel noir de Ravensbrück ? et de l'indignation qui vous brûlait le cœur ? Non pas la colère, non pas la haine, mais l'indignation, c'est-à-dire le sentiment de la justice qui se révolte en vous, et rend les plus timides capables de braver la mort sans trembler. Cet appel si fort qu'il se croyait sûr d'être entendu, ce long hurlement silencieux qui montait de chaque camp vers le ciel, et demandait justice… Je voudrais bien pouvoir vous dire cela avec des mots ordinaires, un vocabulaire technique. Mais c'étaient des choses qui n'étaient pas ordinaires…

Eh bien, cette justice que nous appelions si fort, nous l'avons : c'est justement cette brave vieille dame de Hambourg avec sa balance détraquée et sa bonne volonté.

Que nos amis anglais nous pardonnent. Ils ne sont pas en cause et ce n'est pas leur faute si le crime qu'ils ont à juger est injugeable dans les formes ordinaires de la justice. Le problème les dépasse, il nous dépasse tous. Il nous dépasse même tellement que, pour la première fois de ma vie, je me suis demandé, à Hambourg, si ces beaux mirages fascinants pour lesquels on meurt valaient vraiment qu'un pauvre humain leur sacrifie si douloureusement son unique petite vie. Dans la captivité nous n'avions jamais douté d'être dans le droit-fil de la vérité, et chaque nouvelle horreur nous confirmait dans notre certitude de ne pas nous être trompées en choisissant de lutter contre toutes ces horreurs. Mais quel échec de se dire, lorsqu'on a déjà tout misé et perdu, qu'en face de ces monstruosités constructives, vues de nos yeux, pesées et mesurées de toute notre souffrance, il n'y a que des velléités…

Je vous dis cela seulement pour que vous compreniez bien, mes camarades, que dans le principe même du procès, et dans les conditions inévitables qui lui sont faites, il y a quelque chose de décevant. Je vous dis cela afin que vous puissiez situer à leur échelle véritable (c'est-à-dire réduite), les quelques erreurs qui pouvaient être évitées, et qui ne sont très graves que parce qu'elles se situent sur un arrière-plan d'erreurs inévitables qui les renforcent et qui les multiplient.

Mais nous ne jouons pas perdant – nous ne jouons jamais perdant – et tout ce qui peut être fait pour la vérité, pour la justice, nous le ferons. Il n'y a de mauvaise volonté d'aucun côté, il ne peut y en avoir – seulement un peu d'incompréhension et de lenteur d'esprit, une mauvaise coordination des efforts, peu de chose. Tout cela doit être surmonté. Quant au reste, à cette malgré tout dérisoire confrontation entre le crime et sa réparation, entre la violation de la justice et son rétablissement – confrontation que nous sommes seules au monde à pouvoir faire –, eh bien, c'est la rançon de la vie. Nous sommes vivantes, tant pis pour nous.

5. *Le prochain procès*

Le premier procès des criminels de Ravensbrück est terminé. Tous les criminels condamnés à mort sont, à l'heure actuelle, exécutés, à l'exception de Treite et de Mory qui se sont suicidés, et de Salveguart, qui a obtenu un sursis.

Vous savez déjà que quatre des accusés comptant parmi les plus coupables ont été condamnés à des peines de prison (10 et 15 ans). Les quelques négligences que nous devons déplorer dans ce premier procès ne doivent pas se reproduire dans le second.

1947

Le commandant de Ravensbrück

1. Arrestation

Le commandant du camp de Ravensbrück, Suhren, qui avait déjà été arrêté par les Anglais, et qui s'était évadé, vient d'être repris.

C'était un homme de taille moyenne, mince, les cheveux blonds tirant sur le roux, qu'on ne voyait pas souvent dans le camp, qui ne criait pas, qui ne battait pas lui-même, mais qui assistait à toutes les exécutions et aux supplices, ce qui n'était pas une originalité parmi les SS de Ravensbrück. L'originalité de Suhren est d'avoir été un technicien consommé de l'extermination scientifique, un fonctionnaire de la mort.

C'est lui qui a créé le *Jugendlager*, cuve de décantation avant la chambre à gaz ; c'est lui qui a savamment dosé toute la gamme des souffrances du camp – chaque souffrance se soldant en définitive par un pourcentage plus ou moins élevé de morts, chaque souffrance étant ainsi une cuve de décantation de la mort par rapport à la souffrance suivante. La faim : x pour cent de morts ; le froid : x pour cent de morts ; la peur, l'angoisse, le manque de sommeil, l'excès de travail : x pour cent de morts. Pour celles qui survivent, encore moins de nourriture, encore moins de vêtements, encore plus de travail, de coups, de terreur. Et enfin, seulement pour celles qui survivent : la poudre blanche, la balle dans la nuque ou la chambre à gaz.

Beaucoup d'entre nous ont été hantées par l'angoisse qu'imposent les problèmes de la justice. Il y a des crimes passifs, des crimes neutres, des brutalités commises au cours d'entraînements où la responsabilité s'atténue. Ce ne fut pas le cas de Suhren, criminel actif, conscient, habile, mûrissant longuement et accomplissant à loisir des plans d'extermination délibérés. Suhren est un des plus vrais, des plus grands, des plus indiscutables criminels de ce monde.

2. Déposition

J'ai vu Suhren à de nombreuses reprises traverser le camp de Ravensbrück ; je l'ai vu une fois longuement à deux ou trois mètres de distance au cours d'une inspection en été 1944 au *Kommando Bekleidung* où j'ai travaillé environ six semaines. Je l'ai regardé très attentivement dans le dessein de le reconnaître plus tard. C'était un homme de 35 à 40 ans, de taille moyenne, blond-roux.

Lorsque je suis arrivée à Ravensbrück le 31 octobre 1943 (je fus arrêtée le 13 août 1942 à la gare de Lyon à Paris à la suite d'une trahison, comme chef d'une organisation de résistance, et fis quatorze mois de prison en France, à la Santé puis à Fresnes), j'ai appris en même temps que les autres prisonnières que le commandant du camp se nommait Fritz Suhren et qu'il occupait ce poste depuis environ un an, soit approximativement depuis octobre 1942.

Lorsque j'ai quitté le camp de Ravensbrück, le 23 avril 1945, j'ai noté le numéro le plus élevé enregistré au camp, c'était un numéro 123 000. Peut-être y a-t-il eu d'autres enregistrements que j'ai ignorés ou des prisonnières qui sont entrées au camp sans être immatriculées. Ce chiffre 123 000 représente donc le nombre minimum de femmes entrées dans le camp de Ravensbrück. Quatre ans après la fin de la guerre, il n'est pas encore possible de chiffrer avec certitude le nombre total des femmes qui sont mortes, parmi ces 123 000. Ce qui est certain, c'est qu'on recense actuellement à peine quelques milliers de survivantes. Pour la France, 3 000 au maximum sur 12 000 environ, soit une mortalité des trois quarts, dont la responsabilité revient presque exclusivement à Fritz Suhren, car les premières Françaises de Ravensbrück y sont arrivées en avril 1943, donc plus de six mois après que Fritz Suhren en a été nommé commandant.

Les causes de ces dizaines de milliers de morts peuvent être classées sous quatre grandes rubriques.

1. L'extermination proprement dite par assassinat délibéré : poison, revolver ou arme à feu et chambre à gaz.

2. Les transports « noirs », c'est-à-dire le choix de femmes qui devaient être exterminées dans un autre camp pour y servir de sujets de vivisection.

3. La faim combinée avec l'excès de travail.

4. L'entassement, la terreur, et l'usure nerveuse effroyable qui en étaient les conséquences.

1. Extermination

Il m'est possible de chiffrer approximativement le nombre de femmes assassinées à Ravensbrück, car j'ai, à Ravensbrück même, consacré toute mon énergie à essayer de réunir tous les renseignements possibles sur les assassinats d'abord, pour essayer de protéger et de sauver toutes celles qui pouvaient l'être, ensuite pour établir la preuve des crimes commis et obtenir leur châtiment. Ma propre mère a été assassinée le 2 mars 1945 en même temps que plusieurs centaines d'autres femmes dont le seul crime était d'avoir des cheveux blancs. Les premiers assassinats ont eu lieu le 15 janvier 1945. Il y a eu 18 empoisonnements sur lesquels 12 femmes seulement sont mortes. D'autre part, le *Jugendlager* qui devait servir d'antichambre à l'extermination a été organisé entre le 5 et le 10 décembre 1944, mais l'extermination proprement dite n'y a commencé que plusieurs semaines plus tard.

Je dois expliquer comment j'ai été au courant, à Ravensbrück même, d'un grand nombre de faits que la direction du camp considérait comme secrets et avait l'intention de nous cacher. Tous les emplois de secrétariat étaient remplis par des détenues dont chacune possédait ainsi des bribes d'informations. J'étais moi-même en relations amicales avec de nombreuses Françaises et étrangères, Allemandes, Tchèques, Polonaises, qui étaient des femmes intelligentes, énergiques, emprisonnées depuis de nombreuses années et connaissant merveilleusement non seulement tous les rouages du camp à Ravensbrück, mais ceux d'un grand nombre de prisons et de camps en Allemagne. En réunissant les bribes d'informations dont toutes ces femmes disposaient, il était possible, non seulement d'avoir une vision d'ensemble de l'organisation générale des camps en Allemagne, mais encore de connaître au jour le jour, et avec de grands détails, la marche de celui de Ravensbrück.

C'est ainsi que j'ai appris en janvier ou en février 1945 que des femmes disparaissaient chaque soir par petits groupes de 50 ; j'ai su également que ces femmes étaient choisies parmi les femmes âgées et malades et qu'on les emmenait, après leur avoir retiré leurs vêtements, dans un camion qui se dirigeait vers le four crématoire. À partir du départ de ce camion, nous n'avions plus aucun moyen de savoir ce qu'elles devenaient. Nous avons supposé qu'une petite chambre à gaz venait d'être construite et que cette chambre à gaz ne contenait que cinquante places. Nous imaginions que cette chambre à gaz devait être constituée par exemple par un vieux fourgon.

Cette supposition était inexacte. J'ai appris en effet par les dépositions des criminels de guerre qui ont été jugés à Hambourg en décembre 1946 et janvier 1947 que les groupes de 50 qui disparaissaient ainsi étaient tués par armes à feu. Un peu plus tard les groupes de femmes disparurent par 150 à la fois, et c'est alors seulement qu'elles furent assassinées par gaz.

Les premiers assassinats par armes à feu remontent à fin janvier ou début février ; les premiers assassinats par gaz remontent à fin février ou début mars. Le chiffre maximum de l'extermination en deux jours a été de 500 femmes, chiffre atteint le dimanche 1er et le lundi 2 avril 1945. Le mardi 6 avril, une liste de 700 assassinats était enregistrée à l'*Arbeitseinsatz*, mais cette liste représente le total des assassinats de plusieurs jours. La moyenne normale des assassinats est celle qui a été enregistrée le 9 mars, soit 180. Ces assassinats se décomposent de la façon suivante : 150 à 160 dans la chambre à gaz, 20 à 30 empoisonnées dans le soi-disant *Revier* du *Jugendlager* par une femme dont c'était la fonction, Vera Salveguart.

2. Transports noirs

Antérieurement à janvier 1945, l'extermination des femmes âgées ou malades ne se faisait pas à Ravensbrück même. Les femmes étaient choisies par les services du Bureau du travail (Pflaum) et par les services du *Revier* (Dr Trommer et Dr Winkelmann). Ces femmes étaient ensuite envoyées dans des camps mieux organisés que Ravensbrück pour l'extermination. J'ai noté la date d'un certain nombre de ces transports. Entre le 3 février et fin mars 1942, il y eut 10 transports pour Buch et Bernberg, soit environ 1 500 à 2 000 femmes. En juin 1942, il y eut 1 200 femmes qui sont parties pour Auschwitz, en majorité allemandes. En automne 1942, 600 femmes pour Auschwitz ; il y cut 60 petits transports dits de folles pour Linz. Linz était, croyions-nous, une station expérimentale ; ce qui est certain, c'est qu'aucune des femmes parties dans ces transports n'a jamais été retrouvée. Je puis attester que, parmi elles, il y avait des femmes qui n'étaient pas folles. Ces soixante petits transports ont eu lieu au cours de l'année 1943 ; il y eut un transport assez important (120) en novembre 1944. Parmi ces 120 femmes, il y avait plusieurs Françaises, dont Mlle Marie Léger, qui était la fille d'un notaire de Versailles ou de Fontainebleau, je ne me souviens plus exactement, mais il serait facile de le retrouver. Marie Léger n'était nullement folle, elle n'avait commis que la faute de déplaire à une surveillante.

Au cours de l'année 1943, on m'a signalé deux autres transports dont je n'ai pu contrôler s'ils étaient ou non des transports d'extermination : un transport de 250 femmes à destination de Rougia et un transport de 300 à 400 femmes en automne pour Riga.

Le plus grand transport noir parti de Ravensbrück a eu lieu dans les derniers jours de janvier 1944 (800 femmes).

Ces femmes ont été choisies comme d'habitude parmi les plus âgées et les plus affaiblies. Elles ont été envoyées à Lublin, mais à Lublin, pour une raison que j'ignore, elles n'ont pas été exterminées immédiatement ; elles ont été mélangées avec les autres femmes du camp, puis quelque temps plus tard ont été reprises, avec le désordre habituel, et envoyées à Auschwitz où elles furent exécutées. Mais grâce à cette circonstance, il existe à ma connaissance une survivante de ce transport qui est Mme Letac, 6 rue Gît-le-Cœur, à Paris VIe.

Au cours de 1945, il y a eu environ 2 000 femmes envoyées à Rechlin, où elles ont subi de telles atrocités qu'on peut assimiler Rechlin à un camp d'extermination. Rechlin dépendait exclusivement du commandant de Ravensbrück. Il y a eu environ 1 000 femmes pour Belsen et 200 pour Leipzig (janvier 1945).

En février 1945, 2 000 sont parties pour Malchow, 1 000 pour un endroit que je crois être Donnitz ; le 27 février, 3 000 femmes sont parties pour Belsen. Et le 3 mars un train est parti pour Mauthausen. Parmi les femmes envoyées à Rechlin, il y avait environ 1 000 Françaises. Dans le transport du 27 février pour Belsen, il y avait 220 Françaises et dans le transport pour Mauthausen il y avait 250 Françaises de mon block.

3. Faim combinée avec excès de travail

Lorsque je suis arrivée à Ravensbrück le 31 octobre 1943, le régime alimentaire m'est apparu comme ne pouvant pas faire vivre un être humain ; il était cependant très supérieur à celui que nous devions avoir un an plus tard. Le pain était coupé en quatre ou cinq parts ; ce même pain douze mois plus tard était coupé en sept ou huit parts selon les jours. À midi, on nous distribuait une soupe de rutabagas (une eau claire sans viande ni graisse dans laquelle nageaient quelques rondelles de rutabagas), le soir nous avions une soupe de céréales non broyées ; cette soupe fut supprimée dans le courant de 1944 ; elle représentait le seul élément ayant une valeur nutritive de notre régime. Deux fois par semaine, le samedi et le dimanche, la soupe était supprimée et remplacée par un petit cube de margarine et un ersatz quelconque. Des rations alimentaires d'une valeur nutritive dérisoire avaient été calculées pour nous par la direction du camp et étaient affichées dans les cuisines ; ces rations ne nous ont jamais été distribuées et la ration réelle que nous recevions ne représentait jamais plus de deux tiers de celle qui avait été calculée. Ccci était dû aux vols massifs pratiqués par les SS sur nos rations, vols qui à ma connaissance n'ont jamais été gênés le moins du monde par la direction du camp.

Je signale ce fait parce que les accusés se réfèrent généralement à des ordres reçus pour justifier leurs cruautés, et je tiens à signaler que cet esprit de discipline n'était jamais ambivalent mais s'exerçait exclusivement dans le sens de la cruauté.

Une des premières informations qui me fut donnée à Ravensbrück sur l'organisation du camp me stupéfia. Au début de 1944, j'appris que Ravensbrück, de même qu'Auschwitz, était une organisation commerciale qui rapportait d'énormes bénéfices. Le principal bénéficiaire était Himmler, mais il y en avait d'autres qui participaient à ces bénéfices. Ces personnages étaient le *Gruppenführer* Pohl et le commandant du camp Fritz Suhren lui-même.

Au point de vue administratif, Fritz Suhren était placé sous les ordres de Pohl, lui-même placé sous les ordres directs de Himmler.

Le nombre des femmes arrêtées en Europe par la police de Himmler étant par définition illimité, le minimum de bénéfice était donc escompté, par les coups et la terreur ; un maximum de travail de créatures auxquelles on avait donné un minimum de nourriture. À ce régime, l'usure vitale était très rapide et il fallait remplacer rapidement le matériel humain devenu inutilisable. Il était nécessaire également d'achever les femmes décidément trop faibles pour travailler. Je compris donc, dès le début de 1944, que, dans le système allemand des camps de concentration, les camps dits de travail comme Ravensbrück et les camps dits d'extermination étaient en réalité solidaires et complémentaires, que leur seule différence était une différence de rythme dans l'extermination. Ravensbrück a d'ailleurs été un camp où l'on pouvait vivre plusieurs mois (1943-début 1944) à condition d'avoir un peu de chance et où normalement en 1945 on devait mourir en quelques semaines. Le *Jugendlager* était un camp où avec de la chance on pouvait vivre deux ou trois semaines, mais où normalement on devait mourir en quelques jours ou en quelques heures.

Avant de quitter ce sujet de la sous-alimentation, je tiens à signaler que de nombreuses prisonnières tchèques et allemandes qui se trouvaient encore au camp au moment de l'arrivée des troupes russes m'ont dit que le camp possédait des stocks énormes de nourriture, des silos de rutabagas et de pommes de terre, des légumes déshydratés et des dizaines de milliers de colis de la Croix-Rouge intacts qui avaient été envoyés aux prisonniers et qui étaient stockés dans les caves de la Kommandantur. C'étaient des prisonnières allemandes *(Bibelforscherin)* qui véhiculaient ces colis et les rangeaient dans les caves.

La sous-alimentation mortelle du camp était donc bien un acte délibéré, et non le résultat d'une nécessité.

4. L'entassement, la terreur et l'usure nerveuse

J'insiste particulièrement sur cette quatrième cause de mort, parce qu'elle me semble statistiquement avoir été celle qui a entraîné le plus grand nombre de décès. Le régime alimentaire du camp était uniforme en théorie. Il est vrai que certaines prisonnières privilégiées, de par leurs fonctions dans le camp ou leur rendement au point de vue travail, recevaient des suppléments de nourriture ; il est vrai aussi que certaines prisonnières recevaient des colis. Je me réfère donc à la mortalité de deux blocks occupés par les Françaises, et où les rations alimentaires étaient sensiblement identiques. Dans le block où les prisonnières couchaient à deux par lit, la mortalité était très élevée, mais en rapport avec la moyenne de mortalité du camp ; dans les blocks où les prisonnières couchaient à trois et quatre par lit, la mortalité était absolument effrayante. Ces lits n'étaient pas plus grands qu'un cercueil et il était impossible de s'y tenir assis faute de hauteur : lorsque trois et quatre femmes devaient coucher dans un lit, elles ne pouvaient donc ni se coucher ni s'asseoir, elles devaient rester accroupies toute la nuit. Il n'était pas question de dormir dans ces conditions, ce qui explique la mort extrêmement rapide des femmes qui se sont retrouvées dans ces conditions. Tel a été pourtant le sort des Françaises du block 15, du block 27 et du block 31.

À ce propos, je signale que Ravensbrück était construit au milieu d'une immense forêt de pins appartenant au camp, qu'il suffisait d'un ordre du commandant pour déplacer de quelques mètres ou de quelques kilomètres l'enceinte de barbelés qui limitait le camp. Le camp était une ville qui disposait d'une autonomie totale : il y avait un service de prisonnières architectes ; il y avait des services de menuiserie, de plomberie, de peinture, des vitriers, etc. À la fin de

1944, entre le block 24, où je me trouvais, et le block 26, un block neuf fut construit en quelques heures par une équipe de prisonniers hommes qui dépendaient du camp hommes de Ravensbrück. Ce camp hommes était également sous les ordres de Fritz Suhren. Le matériel pour construire ces blocks ne coûtait rien, c'était des planches de pins et de sapins que les équipes de prisonniers bûcherons coupaient dans les immenses forêts qui se trouvaient sur le territoire du camp. Il aurait suffi de 2 ou 3 blocks de ce genre pour rendre habitables les blocks où la mortalité était si forte. Toutes les prisonnières du camp le savaient. Tous les SS du camp le savaient. Mme Geneviève Anthonioz qui, à cette époque, s'appelait Geneviève de Gaulle, l'a dit au commandant Fritz Suhren lorsqu'elle fut mise au bunker; le commandant Fritz Suhren a souri sans répondre car il savait tout cela mieux que personne; la preuve de la délibération avec laquelle cet entassement était organisé est dans le fait qu'aucune prisonnière ayant un rendement intéressant n'était mise dans ce genre de block.

Le nombre de femmes assassinées par poison, revolver ou gaz a dépassé 3 660 et a pu atteindre 6 000. Le nombre des femmes disparues dans des transports noirs au cours des années 1942, 1943, 1944, 1945 a pu atteindre: 3 000 ou 4 000 en 1942, quelques centaines en 1943 (en tout cas ne dépassant pas beaucoup 1 000), 1 200 ou 1 300 en 1944 et 5 000 à 6 000 en 1945. Toutes les autres, c'est-à-dire des dizaines de milliers, sont mortes de faim ou d'usure nerveuse. Il est clair que la faim augmentait cette usure. Nous avons pu mesurer à Ravensbrück les immenses réserves d'énergie dont dispose l'être humain, c'est pourquoi je crois pouvoir affirmer que quelques grammes de matières grasses par jour et quelques blocks supplémentaires auraient sauvé la vie des quatre cinquièmes de celles qui ont péri.

En ce qui concerne la responsabilité personnelle de Fritz Suhren dans les exterminations du camp, je suppose qu'il invoquera les ordres de ses supérieurs, c'est pourquoi je tiens à signaler l'autonomie totale dont jouissait le camp, l'absence quasi absolue d'inspections. Lorsqu'une de celles-ci se produisait, bien loin d'aggraver les apparences de notre misère, ces inspections étaient toujours précédées d'un ratissage du camp, on disposait des fleurs dans les parterres devant les blocks, on repeignait rapidement ceux de ces blocks qui étaient dégradés et on ne montrait aux visiteurs que quelques blocks modèles où logeaient les employés du *Revier* ou des secrétariats, blocks dans lesquels les prisonnières avaient un lit par personne, d'une parfaite propreté, un placard par personne pour ranger leurs provisions et leurs objets personnels (toutes choses que les autres prisonnières ne possédaient pas), des lavabos à eau courante, des W.-C. à eau courante.

Je tiens à signaler également que Suhren était parfaitement capable d'initiative, même en contradiction avec les ordres de ses chefs, lorsque son intérêt personnel était en jeu. C'est ainsi que le 23 avril 1945, malgré l'ordre formel de Himmler de remettre au colonel suédois Ankarkona toutes les Françaises du camp, Fritz Suhren a essayé de ne pas libérer un groupe de Françaises qu'il se réservait de garder comme otages et de négocier pour son propre compte. Le colonel suédois a été, dès notre sortie du camp, averti de cette tentative de Suhren par Mme Postel-Vinay qui, à cette époque, s'appelait Anise Girard. Le colonel suédois est allé alors trouver Suhren avec une liste nominale des Françaises restant encore au camp. Suhren a d'abord nié, puis, lorsque la liste nominale lui a été remise, il s'est rendu compte que son coup était raté et a laissé partir les Françaises en question avec le colonel Ankarkona. Je tiens tous ces faits du colonel Ankarkona lui-même et Mme Postel-Vinay peut confirmer mon affirmation.

Je dois signaler également que dans le courant de février 1945 Mme Anthonioz, née de Gaulle, fut un jour sortie de sa cellule du bunker pour être examinée par deux Allemands, l'un en civil et l'autre en uniforme ; celui qui était en uniforme était médecin et capitaine. L'état de santé dans lequel elle se trouvait eut l'air d'indigner ce capitaine qui fit des reproches très violents au médecin SS Trommer, chargé de l'état sanitaire du camp. Trommer et Suhren eurent l'air très contrariés de cette inspection. On se souvient que c'est après cette date que le rythme d'extermination des malades a été intensifié. Il est très possible, sinon probable, que cette intensification des assassinats ait été décidée par Fritz Suhren, seul, afin de dissimuler l'état sanitaire épouvantable du camp.

J'ai vu souvent Pflaum dans le camp à Ravensbrück. Comme la plupart des prisonnières, j'ai reçu des coups de pied de lui, mais dans mon cas sans gravité ; par contre, je l'ai vu frapper à de nombreuses reprises et avec une brutalité incroyable certaines prisonnières. J'ai assisté à plusieurs reprises à des sélections faites par Pflaum, la première était faite en plein air entre le block 24 et le block 25, je me trouvais moi-même dans le block 24, dans un lit au troisième étage à côté de la fenêtre. Nous avions été consignées dans notre block et ne devions pas sortir. C'était déjà l'époque où l'extermination se faisait à Ravensbrück même. Les femmes étaient sorties des rangs à cause de leur maigreur, de leur faiblesse apparente ou de leur âge, s'accrochaient à leurs camarades dont elles étaient séparées par Pflaum avec une brutalité inouïe.

Un peu plus tard, des fils de fer barbelés isolèrent les blocks qui se trouvaient au fond du camp, c'est-à-dire les blocks 27, 28, 30, 31 et 32 ; cette partie du camp devint alors (comme le *Jugendlager*) une sorte d'antichambre de l'extermination ; c'est là, derrière ces fils de fer, que se firent un grand nombre de sélections. Je me cachais à ce moment-là avec quelques autres camarades entre le plafond et le toit du block 24 et de là nous assistions à l'horrible spectacle de Pflaum triant à coups de bâton, à coups de pied et à coups de nerf de bœuf les femmes qu'il estimait encore pouvoir faire travailler et celles qui, à son avis, devaient mourir. Comme ces femmes, surtout dans les dernières semaines, n'avaient plus aucune illusion sur le sort qui les attendait, cela donnait lieu à des scènes atroces.

Je connais parfaitement Nina Iwanska. J'ai fait sa connaissance en février ou mars 1944. Elle se trouvait dans mon block (qui était à l'époque le block 32) avec les autres jeunes Polonaises qui avaient subi des prélèvements osseux pour les expériences du Dr Gebhardt. J'ai connu personnellement la plupart de ces jeunes filles. La seule qui se trouve en France actuellement est Nina Iwanska. Au début de 1945, nous avons appris par les secrétariats de la Kommandantur que l'ordre d'exécuter ces jeunes filles était arrivé. À ce moment, le désordre du camp était extrême, les Allemands ne savaient même plus combien il y avait de prisonnières dans le camp, les appels numériques qui avaient lieu chaque matin pour vérifier le nombre des prisonnières n'étaient plus qu'une formalité. Les « lapins » (c'était le nom que l'on donnait à ces jeunes filles dans le camp) changèrent leurs numéros avec les numéros de femmes mortes et dans le désordre qui régnait ne furent pas retrouvées. Mais auparavant, elles ont eu le courage de voler un appareil photographique et de photographier quelques-unes des jambes qui avaient été opérées par Gebhardt, ceci en prévision de leur exécution et de leur incinération. Cette bobine photographique me fut confiée par une Polonaise dont le prénom est Johana, j'ai oublié son nom de famille. J'ai gardé cette bobine photographique dans ma poche jour et nuit pendant plusieurs mois. Je suis sortie du camp en la tenant dans la main, je la possède encore et elle est à la disposition du tribunal. J'ai su que les photos avaient été prises et l'appareil photographique avait été caché par Nina Iwanska.

Lecture faite, persiste et signe.

1949

Lettre à Claude Lanzmann

Cher Monsieur,

C'est avec émotion et grande approbation que notre équipe de l'ASSAG a suivi et compris l'effort que vous a imposé *Shoah*. Cette œuvre restera et elle le mérite.

Nous avons donc été d'autant plus stupéfaits et consternés en vous entendant affirmer à « Europe 1 » la non-existence des chambres à gaz en dehors du territoire polonais que, dans la même émission, vous avez cité comme référence l'historien allemand Adalbert Rückerl, ancien procureur général de la RFA et ancien directeur de l'Office central des administrations judiciaires de Ludwigsburg. Or c'est Adalbert Rückerl qui a dirigé et contrôlé le chapitre concernant les assassinats par gaz sur le territoire du Reich, dans l'ouvrage collectif *Les Chambres à gaz, secret d'État*[1] que vous avez également cité.

Certes, les assassinats par gaz dans les camps d'extermination de Pologne se chiffrèrent par millions, alors que ceux qui furent perpétrés dans les camps de concentration et les asiles psychiatriques du Reich se chiffrent par dizaines de mille. Mais pour ceux et celles qui firent partie de l'une ou l'autre de ces trois séries de meurtres, la mort fut identique – et identique aussi la douleur durable de leurs proches.

Si, de mars 1942 à août 1944, près de 76 000 hommes, femmes et enfants français ou hôtes de la France furent déportés comme juifs et ne sont pas revenus, l'administration allemande, pour sa part, comptait déjà, en août 1941, 71 088 ressortissants du Reich « désinfectés » dans les petites chambres à gaz des six asiles psychiatriques désignés comme « Instituts d'euthanasie ». (C'est là que ce Suchomel qui apparaît dans votre film a appris son métier de gazeur avant d'être transféré à l'Est pour passer au génocide des juifs.) C'est pourquoi le peuple allemand lui-même ne peut pas considérer l'extermination par gaz des siens, sur son territoire, comme négligeable.

1. Éditions de Minuit, 1984. Rédacteurs principaux : E. Kogon, H. Langbein, A. Rückerl.

La politique délibérée d'extermination conçue par Hitler et son exécution au moyen de gaz toxiques est un fait global qu'on déforme dangereusement en niant ou en omettant son épisode initial dans les asiles allemands, ses phases répétées dans les camps de concentration et son intensification à partir de décembre 1944, c'est-à-dire après que les camps d'extermination de Pologne furent tombés aux mains des Russes.

Comment Claude Lanzmann, comment l'auteur de *Shoah* va-t-il rétablir la vérité ? Nous attendons de lui une réponse positive, en espérant de tout cœur que ce n'est pas trop lui demander.

1986

Comment écrire l'histoire de la déportation ?

Lorsque des hommes de science discutent entre eux à propos d'un événement, il s'agit forcément d'un événement qu'ils ont reconstruit dans l'irréel de l'imagination, mais cet événement lui-même a existé, dans son infinie richesse de vie, dans son incommensurable crudité d'existence.

Les témoins de cet événement savent que ce qu'ils en perçoivent n'est qu'un infime fragment de ce qui s'est réellement passé ; en outre, lorsqu'un de ces témoins tente de relater ce qu'il a vu ou su, il répond alors à des questions, questions qu'on lui a posées ou qu'il se pose, et les questions délimitent, donc atrophient, les réponses qu'elles suscitent. Qui plus est, sur ce qui est évident, on ne s'interroge pas et, d'une décennie à l'autre, les questions changent : en 1989 on m'a demandé plusieurs fois *pourquoi* j'avais fait de la résistance. En 1945 je ne m'étais jamais posé cette question.

En mai et juin 1945, lorsque j'écrivais le premier *Ravensbrück*, je me suis donc délibérément limitée à mes propres observations et à quelques faits qu'on pouvait recouper. Je disposais, en effet, de plusieurs centaines de témoignages, en partie recueillis en Suède dès notre libération, car j'avais alors demandé à chaque camarade le numéro qu'elle portait au camp, la date de départ et d'arrivée de son train, le nom de quelques femmes déportées de son wagon, celui des kommandos où elles étaient passées, celui des femmes qu'elles avaient vues mourir… Je n'avais pas encore eu accès aux aveux des criminels nazis.

Deux ans plus tard, exactement en janvier 1947, j'eus le droit d'assister (à Hambourg et à Rastadt) aux procès de quelques-uns d'entre eux.

Leurs dépositions – en particulier sur les assassinats par gaz – furent beaucoup plus précises et complètes que ce que nous avions pu savoir en regroupant nos seules observations. En les publiant avec les nôtres – ce fut le deuxième *Ravensbrück* – je pensais répondre aux principales questions. Même à celles des gens de mauvaise foi qui déjà se manifestaient.

Pendant ce temps – c'est-à-dire depuis 1945 jusqu'à ce jour –, les magistrats de l'Allemagne de l'Ouest inculpaient et entendaient *91 160* personnes compromises dans les crimes hitlériens (sans compter les témoins à charge ou à décharge qui défilèrent à cette occasion).

Cette nouvelle masse d'informations non seulement confirmait nos propres témoignages ainsi que les dépositions des criminels déjà jugés et les rares documents écrits que des prisonnières avaient pu sauver au péril de leur vie, mais ils les complétaient, ils les éclairaient.

J'ai toujours pensé que nos camarades et leurs familles avaient le droit d'être tenues au courant de tout ce qu'on pouvait savoir sur Ravensbrück, et cela constituait donc une raison de revoir et de compléter mon texte.

Ce ne fut pas la seule.

Dire le *vrai* ne suffit pas, il faut aussi dire le *juste.*

En 1945, tout ce qui participait de l'Allemagne, à cause de la nationalité des nazis, m'inspirait encore de l'horreur, et nous étions nombreuses à partager cette horreur… Quelques dizaines d'années plus tard, il me semblait que, pour ne pas être une mauvaise action, un livre sur les crimes concentrationnaires devait mentionner *aussi* le calvaire du peuple allemand et ses efforts pour échapper à l'emprise totalitaire – sans passer sous silence, toutefois, les zones de responsabilité d'un grand pays structuré. De 1939 à 1945, en effet, à tous les niveaux d'autorité, les fonctionnaires se transmettaient des ordres dits secrets, tandis que des trains, par milliers, traversaient l'Allemagne de part en part, stationnaient dans les gares sous la garde de milliers de cheminots, contrôlés par des ingénieurs nombreux. Qui voulait vraiment savoir savait – du moins au niveau de ceux qui font fonction de réfléchir. Par exemple les professeurs de philosophie.

La façon dont sont présentés, dans la plupart des témoignages, certains prisonniers ou prisonnières faisant fonction de *Kapo*, de *Blockova*, de *Blockälteste*, etc. – en un mot ce qu'on peut appeler la hiérarchie parallèle des camps – me semblait aussi constituer une source d'erreurs et d'injustices.

On sait que les nazis utilisèrent au maximum le matériel humain qu'ils stockaient et que, pour cela, ils créèrent des degrés hiérarchiques de misère. De ce fait, il y eut mille camps dans chaque camp, mille conditions de survie ou de non-survie – y compris à Auschwitz – et chaque témoignage doit par conséquent être lu au travers de ces prismes.

Les catégories relativement privilégiées se recrutèrent parfois dans la pègre, mais, faute de pègre, elles furent aussi choisies à l'ancienneté – donc parmi ceux ou celles qui possédaient le mieux ce qu'on peut appeler la *science carcérale*, c'est-à-dire nos meilleurs témoins, les plus informés, les plus sûrs… Or ils furent nombreux à prendre des risques énormes pour protéger et informer leurs camarades. Et cela devait être dit.

Dans ce cadre, les jugements sommaires portés par les déportés français sur les Polonais ou Polonaises utilisés par les SS me semblaient particulièrement injustes ; car, en 1943, lorsque nos premiers convois arrivèrent dans les camps, les prisonniers venus de Pologne subissaient le laminage concentrationnaire (et les éliminations qu'il inclut) depuis quatre longues années…

Il était injuste aussi d'opposer radicalement, à partir de quelques exemples, les prisonnières de droit commun et les politiques : en danger de mort, le courage, l'honneur se raidissent sans règles et sans frontières, et on m'en a cité des exemples.

Je voulais réparer également une troisième « exactitude injuste » envers mon propre pays.

Tandis que j'écrivais le second *Ravensbrück*, j'avais reçu le récit des tortures subies en Algérie en 1957 par une enseignante que je savais totalement innocente et totalement fiable. J'avais alors été bouleversée en apprenant que la charité, la compassion humaine avaient été représentées dans nos prisons par un ancien SS, et j'avais tenu à publier ce récit en annexe, comme acte de foi dans la race humaine, la seule que je connaisse.

Des lecteurs ont pu croire que j'apparentais les crimes commis au cours des affrontements coloniaux en Algérie ou au Vietnam avec ceux de l'ère nazie. Certes, dans mon passé proche, crimes il y eut, mais on ne peut pas, on ne doit pas confondre des atrocités commises dans la panique du danger immédiat avec les exterminations planifiées du nazisme, civilisation criminelle dans son essence, dans son idéal.

Les deux premières raisons qui me contraignirent à reprendre mon enquête furent donc la volonté de confronter *toutes* les informations dont on pouvait disposer et la nécessité de peser scrupuleusement chaque jugement – mais il y en eut aussi une troisième : la passion que nous partageons tous et qui nous réunit ce soir, celle de *comprendre*.

Dès 1945, j'avais pensé que les recrudescences d'assassinats dans les camps, ainsi que leurs accalmies, correspondaient entre elles, mais aussi avec un plan, et qu'il fallait par conséquent étudier *ensemble* l'évolution de tous les camps, en confrontant cette évolution avec celle de la guerre, et aussi avec les relations personnelles que les chefs nazis avaient entretenues entre eux – notamment Hitler, Goering et Himmler.

Hitler a souvent conduit sa guerre et sa politique au coup par coup, mais l'ensemble de son entreprise d'extermination apparaît comme longuement pensée à part, menée à part, et confiée entièrement à un seul homme : Heinrich Himmler. À cette homogénéité, à cette cohérence, elle dut son efficacité.

À l'intérieur de la gigantesque mécanique concentrationnaire, avec les hommes, les moyens et les pratiques qu'elle avait formés, en utilisant aussi le personnel médical recruté dès 1939 pour l'assassinat des malades allemands, Himmler conduisit le génocide juif – trois entreprises conçues pour se compléter, exécutées avec le même personnel, sous la direction permanente et unique d'un homme seul, un homme dont les ambitions et les machinations varièrent : d'abord complaire servilement à un tyran, puis ensuite le tromper et le remplacer.

Étudier tout cela par tranches séparées, comme c'est actuellement le cas, c'est s'interdire de comprendre les vrais motifs de certains à-coups de l'extermination, et par cela même s'interdire d'y réfléchir. Pouvoir réfléchir au plus grand péril jamais connu par l'humanité dans son ensemble, telle a toujours été mon obsession : non pas épuiser le sujet, il est trop gigantesque, mais le définir.

Il reste des questions auxquelles les informations qu'on possède ne permettent pas encore de répondre, et il reste aussi des sources de documents à explorer, en Allemagne de l'Est, en URSS… C'est le moment de se mettre à l'ouvrage.

1990

Note

À son retour de déportation, GT s'est souvenue de son expérience de prisonnière et elle s'est intéressée au devenir des prisonniers. Dans Voix et Visages, *104 (mai-juin 1966), elle s'en explique :*

Dès mon retour, en 1945, je m'étais intéressée aux problèmes de la détention et avant 1957 j'étais déjà visiteuse de prison. La question de l'enseignement m'intéressait particulièrement et j'avais essayé, grâce à l'appui de la directrice du lycée de Vanves, de multiplier les cours par correspondance, mais c'était chaque fois une opération à recommencer au cours de laquelle il fallait faire plusieurs navettes entre les autorités de la prison, le prisonnier et le cours éventuel. On était également paralysé par le manque de crédits.

En acceptant d'être attachée au cabinet d'André Boulloche (ministre de l'Éducation nationale et ancien déporté) alors qu'Edmond Michelet (également ancien déporté) était garde des Sceaux, je savais que le rattachement de l'enseignement dans les prisons à l'Éducation nationale était possible et qu'il ferait tomber d'un seul coup tous les obstacles constamment renaissants auxquels je me suis heurtée jusqu'alors. C'est ce qui s'est produit.

Dans le numéro 208, jan.-fév. 1988, de Voix et Visages, *GT publie, en collaboration avec Ariane Le Douaron et Anise Postel-Vinay, une étude sur « Le petit camp d'extermination de Rechlin ». À propos de son expérience du camp, GT a publié « Le supermarché de Ravensbrück » dans* Le Monde *du 25 juillet 1991. Elle a également présenté une communication à la conférence qui s'est tenue à Amsterdam en septembre 1950 sur « La Deuxième Guerre mondiale à l'Occident », intitulée « Recherches françaises concernant les camps de concentration » (6 p. dactylographiées dans les archives de GT).*

On trouve dans ces archives aussi la copie d'une lettre adressée à Albert Béguin, qui avait dirigé le premier recueil sur Ravensbrück, à l'occasion de la parution de son livre sur l'Allemagne. En voici un extrait (lettre datée du 17 janvier 1947) :

Il y a un tout petit point sur lequel je ne suis pas tout à fait d'accord avec vous – c'est d'ailleurs un détail : c'est sur la question des relations entre les gens qui battent et ceux qui sont battus. J'ai malheureusement vu énormément des deux catégories, et s'il est indiscutable que beaucoup de gens, en effet, sollicitent les coups, c'est très souvent pour des causes différentes de celles qu'on classe généralement sous le nom de masochisme. Il y a de pauvres êtres qui vivent dans une terreur abjecte, dans une espèce d'angoisse permanente ; et la raclée attendue les soulage momentanément, en dissipant l'angoisse de l'attente. Je crois que c'est aussi des sentiments de ce genre qui rendent certains enfants insupportables.

Peu importe d'ailleurs : ceci est une parenthèse, mais il est bien certain que l'idée de souffrance est encore plus difficile à supporter que la souffrance elle-même, et qu'il faut voir là la cause d'innombrables trahisons ; car je connais très peu de gens qui aient parlé sous le coup de la torture, et un très grand nombre qui ont parlé avant.

IV. TOTALITARISMES

Notice

À la suite de son retentissant procès en diffamation contre l'hebdomadaire communiste Les Lettres françaises *en 1949-1950, l'ancien déporté politique David Rousset organise une Commission d'enquête internationale contre le régime concentrationnaire (CICRC), dont GT fera aussitôt partie. Les textes réunis dans cette section sont liés à sa participation à la Commission.*

« Commission d'enquête internationale contre le régime concentrationnaire » présente le projet aux lecteurs de Voix et Visages *(29, mai-juin 1951) ; ce texte y est suivi par une « Déclaration solennelle », non signée, également reproduite ici.*

« Critères du régime concentrationnaire » est le texte d'une communication présentée par GT à la session du 17-18 décembre 1950 de la Commission. Il n'a jamais été publié.

« Deux échanges sur la répression communiste » est le titre que nous avons donné à un texte préparé par GT pour la publication, vers 1985-1986, mais qui n'est jamais paru. Il inclut deux lettres de GT, suscitées par les réactions négatives d'anciennes camarades communistes des camps, qui désapprouvent l'engagement de GT. La première, de février 1949, est adressée à Hilda Synkova, qui se suicidera à Prague en 1950. La seconde, de juin 1951, s'adresse à Claire Van den Boom, déportée politique belge, alors que la Commission, réunie à Bruxelles, s'est constituée en tribunal jugeant les camps soviétiques.

« Les ennemis de la démocratie » est extrait d'un texte publié dans Preuves, *112, juin 1960, sous le titre « Démocratie et colonialisme. I. La France en miettes », dont la plus grande partie sera reprise dans* Les Ennemis complémentaires, *paru cette même année. Le segment retenu ici y figure, sans titre général, aux p. 13 à 15.*

« Rencontre à Moscou » raconte la réunion des anciens du goulag avec les anciens des camps nazis, organisée à Moscou en mai 1992. Le texte présenté ici résulte de la fusion de deux publications : « La résistance dans le goulag », Le Monde *du 6 juin 1992 et « Rencontre à*

Moscou », Voix et Visages, *230, mai-juin 1992 (avec quelques coupures des passages faisant double emploi).*

« En souvenir de David Rousset » a été publié, à l'occasion de la mort de l'ancien déporté, dans Voix et Visages, *258, jan.-fév. 1998.*

Commission d'enquête internationale contre le régime concentrationnaire

1. Formation de la Commission française contre le régime concentrationnaire (Paris, décembre 1949)

À notre conseil d'administration du 19 décembre 1949, la question fut posée de la position que nous devions prendre au sujet du très grave problème soulevé par David Rousset (*Figaro Littéraire*, 12 novembre 1949) de l'existence actuelle du régime concentrationnaire dans le monde. À l'unanimité, nous étions d'accord sur le principe que nous ne pouvions rester neutres, que nous ne pouvions pas nous désintéresser du sort de ceux qui souffraient ce que nous avions souffert.

À l'unanimité également, nous éprouvions une grande répugnance à nous laisser entraîner sur le terrain politique, or il était évident que nous ne pourrions l'éviter.

C'est dans ces conditions, avec regret, mais en pleine connaissance de cause, et à l'unanimité absolue, que nous avons voté la motion suivante, qui a été adressée à M. David Rousset :

« Notre conseil d'administration a décidé à l'unanimité de s'associer à votre demande d'enquête, de même qu'il s'associera à toute enquête faite dans n'importe quel pays contre tout système concentrationnaire. Notre conseil d'administration a également décidé de vous demander à faire partie du comité d'enquête que vous allez créer. »

Étaient membres du conseil d'administration à cette date :

Présidente : Mme Postel-Vinay.

Vice-présidentes : Mmes Anthonioz de Gaulle, Davinroy, Delmas, Hottinguer.

Trésorière : Mme Billard.

Secrétaires générales : Mme Ferrières. Et Mmes Come, Flamencourt, Goetschel, Lajeunesse, Laurentie, Lesèvre, Oddon, Peyroles, Rabaud, Tillion, Waeles.

La Commission nationale française contre le régime concentrationnaire, qui s'est alors constituée, nous fit savoir qu'elle adoptait notre point de vue d'une enquête universelle et nous demanda de déléguer cinq représentants.

Le conseil d'administration, le 19 décembre 1949, désigna alors par élection :

– Marguerite Billard
– Gabrielle Ferrières
– Catherine Goetschel
– Hélène Maspero
– Germaine Tillion.

(Un peu plus tard nous devions apprendre que les membres de la Commission étaient obligatoirement des déportées et non des internées. Gabrielle Ferrières, internée, donna sa démission et le Conseil désigna Élisabeth Ingrand, déportée, pour la remplacer.)

La Commission française d'enquête décida, le 24 janvier 1950, de ne pas avoir de président, et elle nomma, par élection, trois secrétaires généraux, qui furent : A. Balachowsky, L. Martin-Chauffier et G. Tillion.

Lorsque la Commission internationale contre le régime concentrationnaire fut constituée à Bruxelles (19-22 octobre 1950), ces trois secrétaires généraux furent délégués internationaux pour la France.

2. Formation de la Commission internationale contre le régime concentrationnaire (Bruxelles, octobre 1950)

Le premier soin de la Commission fut de désigner les pays que leurs opposants accusaient d'entretenir chez eux un régime concentrationnaire. Ces pays étaient : l'Espagne, la Grèce, l'URSS et la Yougoslavie.

Le secrétaire général écrivit alors, dans les termes les plus déférents aux ambassadeurs de ces quatre puissances pour leur demander, au nom de la Commission, la permission d'aller enquêter sur leur territoire, afin de pouvoir établir si, oui ou non, il s'agissait là de bruits non fondés.

Il va de soi que l'enquête devait être, de la part des membres de la Commission, parfaitement objective, et que ceux-ci ne devaient appartenir ni à un pays ni à une formation politique *a priori* hostile à la puissance au sujet de laquelle on enquêterait.

Il fut décidé également que les membres de la Commission qui auraient enquêté ne pourraient pas faire partie du jury qui formulerait les conclusions de la Commission internationale.

Mais il allait de soi également que l'enquête sur place devait être libre, c'est-à-dire que la Commission devait pouvoir se déplacer sans avoir à prévenir à l'avance de son arrivée et devait pouvoir être reçue à n'importe quel moment là où elle devait enquêter. Elle devait pouvoir également parler sans témoins à quelques-uns des détenus qu'elle désignerait.

À partir de ce moment, quatre commissions d'enquête furent désignées pour recueillir toutes les informations possibles sur les pays en question.

Notre camarade Élisabeth Ingrand fut nommée présidente de la Commission d'enquête pour l'URSS, notre camarade Germaine Tillion fut nommée présidente de la Commission d'enquête pour la Yougoslavie, notre camarade Catherine Goetschel fut chargée de constituer le dossier grec.

Les gouvernements grec, yougoslave et espagnol acceptèrent de discuter le principe d'une enquête sur leur territoire, faite par la Commission internationale, dans les conditions que nous venons d'exposer. Le gouvernement de l'URSS refusa. C'est la raison pour laquelle, pour l'URSS, l'enquête dut être faite d'après des témoignages.

3. L'enquête sur les camps de concentration en URSS (Bruxelles, mai 1951)

Les témoins furent choisis par la Commission que présidait, comme nous l'avons dit ci-dessus, notre camarade Élisabeth Ingrand.

Ils défilèrent devant un jury composé de sept délégués internationaux (désignés par élection) au cours de cinq séances publiques (Bruxelles, palais d'Egmont, du 21 au 26 mai 1951).

Les deux délégués français, membres de ce jury, furent : A. Balachowsky, professeur à l'Institut Pasteur, et G. Tillion, élue par l'ADIR. Les deux délégués belges étaient : le Dr André, qui fut un des fondateurs de l'armée secrète en Belgique, et M. Dehousse.

Le délégué hollandais, M. Stomps, avait été en 1933 le défenseur de Van der Lubbe, accusé par Hitler d'avoir incendié le Reichstag. Il a été en 1944 condamné à mort par les nazis pour avoir été un des chefs de la Résistance hollandaise.

Le délégué espagnol était M. Domenech, réfugié politique en France depuis février 1939, membre de la Résistance intérieure française, déporté de la Résistance au camp de Neuengamme, secrétaire général de la Fédération espagnole des déportés et internés politiques.

Enfin, le délégué allemand était M. Ballhorn.

Déclaration solennelle faite à l'unanimité par le conseil d'administration de l'Association nationale des anciennes déportées et internées de la Résistance

Le conseil d'administration de l'ADIR, à l'unanimité :

1°) Déclare qu'il se solidarise avec ses déléguées, que ses déléguées ont été par ordre et par son ordre, l'une à la tête de l'enquête, l'autre membre du jury ; que leur bonne foi est considérée comme indiscutable par le conseil.

2°) Il déclare également que l'enquête, qui a été commencée avec l'URSS, sera poursuivie dans tous les autres pays accusés, à tort ou à raison, d'entretenir chez eux un régime concentrationnaire.

3°) Il déclare enfin qu'il refuse absolument, en dehors de cette défense des « sans-défense », au sujet de laquelle tout son passé lui interdit d'être neutre, de prendre une position politique. Il ne sera pas anti-espagnol, ni anti-yougoslave, même si on doit procéder au sujet de l'Espagne ou de la Yougoslavie comme on a dû le faire avec l'URSS. Il n'a pas fait d'anticommunisme avant cette enquête à Bruxelles et, après cette enquête, il continuera à ne pas faire d'anticommunisme.

À l'unanimité, les membres du conseil d'administration déclarent qu'ils refusent de croire qu'aucun progrès n'est possible dans le monde. Ils refusent de croire que les malheureux détenus doivent éternellement, sans défense et sans contrôle, mourir de désespoir dans les camps et les prisons, qui pullulent de plus en plus sur la terre. Mais ils affirment qu'un progrès, dans ce domaine, n'est possible qu'à la condition de dire la vérité avec bonne foi et sans haine.

1951

Critères du régime concentrationnaire

Parmi les aspects essentiels du régime concentrationnaire, nous mentionnerons :

1. Privation arbitraire de liberté.
2. Travail forcé au bénéfice de l'État ou d'un organisme délégué par l'État.
3. Les conditions inhumaines de détention.

Mais cette description n'est pas limitative.

1. Privation arbitraire de liberté

Entrent sous cette rubrique :

A. Les détentions non justifiées par un jugement, ou justifiées par un jugement prononcé sans que les droits de la défense aient été réellement respectés.

B. Les détentions par mesure administrative pour motifs politiques, raciaux, religieux ou philosophiques.

C. Les détentions prolongées après l'expiration de la peine.

D. Meurtre judiciaire *(Justizmord).*

2. Travail forcé au bénéfice de l'État ou d'un organisme délégué par l'État

La main-d'œuvre concentrationnaire ne peut pas refuser un travail, si dangereux et si rebutant soit-il ; elle ne peut pas faire grève. Elle est la plus docile et la meilleur marché du monde.

Elle assure des bénéfices réguliers, qui peuvent être énormes, elle fait vivre des exploitations agricoles, commerciales ou industrielles qui risquent de péricliter sans elle ; elle rend possibles de grands travaux d'intérêt général jusqu'alors irréalisables, soit à cause d'un climat insalubre, soit parce qu'ils sont trop onéreux ; elle permet de diminuer le prix de revient d'un grand nombre de produits et d'accroître ainsi le bien-être des classes favorisées…

Pour tous ces motifs elle constitue une grande tentation pour un État, surtout lorsqu'il a des ennemis nombreux et qu'il se trouve dans une situation économique difficile.

La main-d'œuvre concentrationnaire exige un personnel spécialisé, avec des cadres, des méthodes, des installations, voire des écoles ; ce personnel reçoit des traitements, des promotions, des distinctions diverses, comme dans n'importe quelle carrière ; elle suppose l'existence de lois ou de règlements administratifs, de tout un ensemble de conceptions qui tendent à en faire une *institution normale*, habituelle, permanente…

Dès lors, même si l'État a déjà éliminé ses ennemis, il cherchera à maintenir les exploitations qui reposaient sur leur travail, et il assimilera à des ennemis des catégories d'individus inoffensifs de plus en plus nombreuses. Il pourra même arriver qu'il améliore un peu leur sort pour diminuer leur mortalité, mais il y aura de moins en moins d'espoir de voir cesser leur utilisation.

Ces deux critères du travail forcé et de l'arrestation arbitraire peuvent suffire à caractériser un régime concentrationnaire, même si le troisième critère des conditions inhumaines de détention n'existe pas.

Ils caractérisent également la condition de l'esclave. L'esclave, avant de devenir un objet ayant une valeur marchande, a d'abord été un ennemi vaincu, dans l'Antiquité classique comme dans l'Afrique des trois derniers siècles.

De notre temps les arrestations, portant sur de vastes catégories d'individus et l'exploitation de ces individus par le travail forcé, peuvent aboutir à une restauration de l'esclavage, mais la standardisation des méthodes de production rend la situation du détenu concentrationnaire plus douloureuse encore que celle de l'esclave.

3. Conditions inhumaines de détention

Entrent dans cette rubrique :

A. Les conditions de détention mettant en péril la vie du détenu.

Le régime concentrationnaire typique est caractérisé par la coexistence des trois critères que nous avons mentionnés précédemment. Mais il peut arriver qu'un régime de détention ne remplissant pas ces trois conditions soit cependant un régime concentrationnaire: c'est, en particulier, le cas des camps d'extermination. Là peuvent se trouver des détenus qui ne travaillent pas et qui ont été jugés régulièrement.

Le régime du camp d'extermination est, au premier chef, un régime concentrationnaire. Il se définit uniquement par le rythme de sa mortalité.

B. Les tortures. Il faut les mentionner, car il en existe d'inhumaines qui, cependant, peuvent ne pas mettre en péril la vie du détenu. Parmi celles-ci, l'impossibilité pour le détenu de recevoir des nouvelles de sa famille.

C. Les conditions de détention visant à la déshumanisation et à l'avilissement des détenus.

Il est dans la nature de tous les systèmes de détention, même ceux réputés « démocratiques » ou réputés « civilisés », de brimer, offenser, blesser l'humanité dans leurs victimes: ils n'échappent guère à ce premier danger.

En outre, le détenu est un *être sans droit* et sans défense, et sa situation misérable est particulièrement apte à susciter chez le personnel gardien des instincts de cruauté qui s'éveillent facilement chez beaucoup d'êtres humains, et dans tous les pays, d'autant plus facilement que le détenu est toujours, à un titre quelconque, un ennemi qu'on veut punir. C'est le second danger, également grave, car il faut autant de force d'âme au gardien pour garder son *respect de l'homme* qu'il en faut au détenu pour maintenir sa dignité.

Ces faits déplorables sont dans la nature de tous les systèmes de détention, mais il peut exister d'innombrables degrés dans l'entreprise de déshumanisation que constituent les règlements pénitenciers et leurs applications. L'un d'eux est le mélange systématique des politiques et des droits communs; un autre est constitué par les pressions de tous ordres exercées sur les détenus pour obtenir d'eux le désaveu d'une position politique, religieuse ou philosophique.

1950

Deux échanges sur la répression communiste

En 1948, une de nos amies tchèques restées fidèles au gouvernement Beneš[a] – Milena – fut condamnée dans son pays, avec deux autres anciennes déportées politiques de Ravensbrück. Après leur jugement, le conseil d'administration de l'ADIR écrivit au président de la République tchèque pour demander leur grâce. Deux durent accomplir leur peine de prison, et la troisième fut exécutée.

Ma vieille camarade de camp, Hilda [Synkova] était, en 1948, députée communiste en Tchécoslovaquie, elle m'écrivit pour me reprocher notre intervention et j'ai gardé le double de la lettre que, avec chagrin, je lui ai alors adressée.

« (…) Ne crois pas que j'ai une mauvaise image de ta vie (…). Je te connais trop bien, et ce que j'aime en toi c'est aussi ta loyauté à ton parti et ton engagement dans l'action efficace, pour le bien (…). Et lorsque tu dis que nous avons protesté contre la condamnation de Milena, tu te trompes. J'estime que la condamnation de Milena ne nous regarde pas, elle est l'affaire du gouvernement tchèque, et de lui seul (…). Nous avons demandé respectueusement au chef de ton pays de faire usage de son droit de grâce, envers une femme malade et qui a beaucoup souffert (et cela *tu* le sais et *je* le sais).

(…) Je ne peux pas ne pas penser que les Patries, les Partis, les causes sacrées ne sont pas éternelles. Ce qui est éternel (ou presque éternel), c'est la pauvre chair souffrante de l'humanité. Le bonheur c'est toujours pour demain. (…)

Alors on peut dépasser, surmonter et atteindre la pitié, atteindre l'éternité de l'humain. »

Plus tard, le conseil d'administration de l'ADIR décida à l'unanimité de soutenir l'enquête demandée par David Rousset sur les camps

a. En février 1948, le Parti communiste tchèque s'empare, par un coup de force, du pouvoir à Prague. En juin, le président Edvard Beneš est contraint à la démission.

soviétiques[1] et elles m'élirent pour les représenter. Je fis, à cause de cela, partie du jury qui le premier enquêta sur les crimes de Staline.

Après la dernière séance du tribunal (1er juin 1951), au cours de la bagarre qui a suivi, le Dr André (président de la Commission belge) m'a remis le mot suivant :

« Chère Germaine,

Si M. Rousset n'avait pas peur de la vérité, il laisserait rentrer les nombreux p[risonniers] p[olitiques] qui sont dehors et brutalisés par la police. Je m'étonne que tu [te] prêtes à jouer un tel rôle, toi, dont la mère a été assassinée par les nazis. Tu aurais dû vouer ta haine en premier lieu aux nazis qui ont tant fait souffrir les nôtres.

Ce procès est dégoûtant.

Claire Van den Boom »

Je suis sortie immédiatement pour chercher Claire Van den Boom et, ne la trouvant pas, j'ai fait téléphoner à la Fédération pour avoir son adresse, afin de lui écrire :

« Bruxelles, ce samedi 2 juin 1951

Chère Claire,

On m'a remis ton petit mot hier après-midi et je suis sortie aussitôt dans la rue pour te voir, mais je ne t'ai pas trouvée.

Quant aux raisons qui m'ont amenée ici, sois sûre que je les trouve bien graves et bien pénibles, tu peux l'imaginer. Mais je n'avais, moralement, aucune possibilité de ne pas m'y soumettre, et tu peux juger toi-même.

Tu sais que je fais partie, depuis 1945, du conseil d'administration de l'ADIR (Association des anciennes déportées et internées de la Résistance) ; tu sais que cette association a toujours refusé de prendre une position politique ; toutes les fois que la FNDIRP[b] (rue Leroux) nous a demandé un soutien, nous le lui avons donné. Il y a un an

1. La Commission d'enquête contre le régime concentrationnaire fut créée à l'initiative de David Rousset, le 12 novembre 1949, par les associations d'anciens déportés politiques belges, hollandais, allemands, républicains espagnols et français. Elle enquêta sur les camps russes, grecs, espagnols et sur ceux que la France créa pendant la guerre d'Algérie. L'enquête sur les camps soviétiques eut lieu à Bruxelles du 21 mai au 1er juin 1951.

b. La fédération des anciens déportés communistes, qui s'opposera à l'action de Rousset.

environ, la question a été posée à notre conseil de savoir si nous étions prêtes à nous associer à une enquête sur les camps de concentration, et après avoir bien réfléchi, je te prie de le croire, nous avons répondu *à l'unanimité*, et pas à la majorité, qu'il fallait que cette enquête soit faite dans tous les pays, et que cette enquête était nécessaire. Un peu plus tard les délégués des autres associations nous ont demandé de désigner cinq déléguées. Et ces cinq déléguées ont été Mme Maspero (qui était au Petit-Königsberg, dont le mari est mort à Buchenwald, et le fils tué en Allemagne, FTP), Mme Billard (une 27 000 qui a été au *Jugendlager*, et qui a eu aussi son fils tué), Élisabeth Ingrand, dont le frère a été décapité à Cologne, Catherine Goetschel, dont le mari est mort en déportation (elle est aussi une 27 000) et moi-même. Il n'y en avait pas une, parmi ces cinq, à qui ça ne fasse de la peine d'accepter d'être déléguée, mais pas une ne s'est dégonflée. Après cela j'ai été élue par les autres délégués pour faire partie de ce jury.

Dès le premier moment j'ai prévu où cela me mènerait, et que cela allait me séparer totalement de camarades comme toi que j'aime bien et qui, elles, ne me pardonneront pas ce que je fais, et cela pour l'amour de pauvres êtres que je n'ai jamais vus, mais qui souffrent, en ce moment même, à travers le monde, tout ce que nous avons souffert… J'ai prévu aussi que cela serait utilisé à des fins politiques, comme argument, par ceux qui font de l'antisoviétisme systématique. Et je le regrette ; mais je ne peux pas dire qu'une chose n'est pas vraie, quand je pense qu'elle est vraie. Et je pense, de toutes mes forces, que la justice et la vérité comptent plus que n'importe quel intérêt politique. Il y a onze ans, quand la France a été envahie, c'est par instinct patriotique, quasi irraisonné, que j'ai tout de suite fait de la résistance. Aujourd'hui j'aime toujours autant mon pays, et peut-être encore plus, mais si je trouve quelque chose de mal fait par mon propre pays, de toutes mes forces j'essaierai de l'empêcher. Pourquoi veux-tu que je fasse pour l'Union soviétique plus que je ne ferais pour la France ?

Chère Claire, aujourd'hui je peux dire que je *crois*, hélas, que les camps de concentration existent en URSS, et que les gens y meurent par milliers, dans une misère et un désespoir sans nom. Et malgré cela je ne suis pas "antisoviétique", je suis prête à croire qu'ils ont fait de belles réalisations en urbanisme, en biologie végétale, etc. Je suis prête aussi à croire qu'il y a chez eux des gens de cœur, et que ces gens de cœur réagiront contre l'engrenage fatal que représentent leurs camps de concentration. Mais pour cela il faut le dire, il faut faire entrer dans les notions usuelles du monde entier que l'être le plus démuni, le plus misérable, le plus faible qui existe (c'est-à-dire le prisonnier politique) est un être humain et qu'on doit le considérer comme tel. J'aurais encore bien des choses à te dire et en particulier sur l'histoire de l'esclavage mais il faut que je parte.

Affectueusement,

G. Tillion »

On ne peut écrire le mot « fin » que sur la dernière page des contes de fées ou des romans totalement imaginaires.

1985-1986

Les ennemis de la démocratie

La « lutte des classes », élément coordinateur des États prolétariens

Dans les États prolétariens, la « lutte des classes » permet de répondre à tout – à la condition d'avoir des classes contre lesquelles lutter, cela va de soi.

En Russie, société à classe unique depuis quarante ans, où, de plus, on enseigne avec foi l'égalité des hommes et l'internationalisme, l'agressivité simplificatrice qui suit une révolution devrait nécessairement diminuer au fur et à mesure de la diminution des privations et des souffrances attribuables à un état antérieur ; déjà, en 1940, les classes de vingt à trente ans (les plus actives, les plus dangereuses pour l'ordre social) avaient cessé de posséder des *éléments de comparaison* directs et personnels.

La première politique soviétique (reprise aujourd'hui par la Chine) de destruction systématique du lien familial devait normalement accroître cette baisse de l'agressivité, et doublement. D'abord, parce que la famille se branche toujours sur le passé (la plupart des familles, dans tous les pays de la terre, conservent une moyenne de cent cinquante années de traditions orales) ; ensuite parce que le milieu familial est un lieu d'ébranlement affectif maximum, à partir duquel se développent les aptitudes à la passion (haine comprise). Un enfant élevé gentiment, froidement, administrativement, dans un milieu neutre et constant, ne sera pas disposé à défendre frénétiquement les institutions dans lesquelles il s'est développé ; en outre il ne possédera sur les situations qui ont précédé sa naissance que des références livresques, abstraites, indifférentes…

Effectivement, dans les mois qui suivirent l'attaque allemande en URSS, le nombre de soldats russes faits prisonniers par l'ennemi atteignit un taux anormal. Il peut s'expliquer, dans la meilleure hypothèse, par une certaine bienveillance ; dans la plus mauvaise hypothèse, par une certaine indifférence (l'inexpérience aidant, sans aucun doute, dans les deux cas). L'état-major soviétique prit aussitôt des mesures extrêmement dures à l'encontre de ses soldats prisonniers de guerre : ils furent tous assimilés aux déserteurs. Mais les atrocités allemandes en Ukraine se montrèrent bien plus efficaces que les sanctions et rendirent à l'armée russe la plénitude de cette agressivité qui fait les bonnes troupes… quatre ans plus tard, en 1945, la population civile allemande put l'apprécier à son prix.

Par intuition empirique, ou calcul réfléchi, dès avant la Deuxième Guerre mondiale, les dirigeants de l'URSS avaient infléchi leur politique à l'égard de la famille. J'ai connu personnellement (et interrogé méthodiquement) de nombreuses femmes détenues dans les camps de concentration sibériens ; mis à part les atrocités inhérentes au milieu concentrationnaire, on peut distinguer dans l'évolution de celui-ci deux époques : celle où les enfants sont systématiquement séparés de leur mère, celle où ils leur sont systématiquement confiés… L'observation des « bons sujets » soviétiques – loisible dans les camps allemands – ne faisait que confirmer ce revirement : après une période d'anarchie dans les mœurs (dont rendent compte les observateurs et les écrivains de l'époque), une réaction puritaine avait à nouveau promu les vieilles vertus. Bref, en 1943 et 1944, les prisonnières russes détenues en Allemagne avec nous étaient dignes, réservées et pudiques, pleines de patriotisme, d'abnégation et de bienveillance. Pleines aussi d'une étonnante ignorance envers l'Occident…

Cette ignorance était-elle indispensable pour faire accepter les énormes frustrations et pénitences du régime stalinien ? Je l'ignore. En tout cas, ce que je sais des épreuves du peuple russe me semble excessif, en tout cas je me méfie d'une politique qui redoutait les confrontations… Lorsque les frustrations des Russes prennent fin, et que leur régime accepte le grand jour, je cesse de me méfier d'eux et d'autant plus qu'ils devront désormais, pour nous surclasser, se référer à des vertus – mais je persiste à ne pas ambitionner le chambard[1] qu'ils ont traversé, et souhaite vivement améliorer nos imperfections par des moyens plus doux.

1. Dix-sept millions de morts (douze millions morts de faim) dans la première phase. Ensuite, dans la phase stalinienne, un système de coercition qui, pendant les périodes de pointe, a pesé sur dix à quinze millions de détenus permanents, soit près d'un dixième de la population.

Haines raciales et xénophobies

Dans les États fascistes (dont le national-socialisme demeure le prototype accompli), la lutte des classes disparaît pour faire place à une autre haine, bien plus corrosive parce que foncièrement injuste – donc sans fin. On la connaît sous le nom de racisme, et ce n'est pas un hasard si elle fut d'emblée poussée au premier plan du mouvement hitlérien, car elle en représente l'élément coordinateur : le pas de vis.

Étant encore étudiante, j'ai fait en Allemagne quelques brefs séjours touristiques – notamment en 1933 –, bien reçue par des gens qui jugeaient la valeur de leurs interlocuteurs d'après la couleur de leurs cheveux et de leur teint (les miens sont clairs). J'écoutais leurs divagations avec une naïve stupeur ou un amusement paisible.

Lorsque, en 1940, ils occupèrent mon pays, j'avoue les avoir considérés, eux et leurs boniments, à travers les vitres un peu dépolies de la malveillance – mais il y a vingt ans de cela, pendant lesquels je n'ai pas cessé de nettoyer mes hublots.

Avec une attention vive, et des occasions de m'informer, j'ai pu ainsi observer, de 1933 à 1945, les étapes de la persécution des juifs, et je me souviens en avoir discuté, dès novembre 1940, avec mon vieux maître et ami le professeur Marcel Mauss, juif d'origine. Il affirmait que Hitler visait leur pure et simple extermination ; je ne pouvais le croire, tant il me paraissait absurde de tuer les gens parce qu'ils ont eu des ancêtres qui priaient d'une certaine façon… Vers 1943, me trouvant à Ravensbrück, je fus convaincue à mon tour que telle était bien la *finalité* horrible du système, mais je ne compris son caractère essentiel qu'en 1945, lorsque je fus témoin de l'entreprise de liquidation de tous les prisonniers politiques.

À cette date, dans l'Allemagne aux abois, la défaite était évidente et certaine ; des ordres contradictoires circulaient, sans contrôle ni inspections possibles, et le sort des prisonniers politiques a partout dépendu de la seule initiative des commandants qui dirigeaient les camps. J'ai assisté aux procès de plusieurs d'entre eux, et je suis convaincue qu'ils n'étaient ni fous ni bêtes, qu'ils tenaient à la vie et au bien-être de leurs familles. Néanmoins, ils ont tous, sans nécessité stratégique, sans utilité nationale (bien au contraire) et pour leur grand péril, entrepris l'extermination de leurs prisonniers – des centaines de milliers d'hommes et de femmes…

Pour expliquer ce phénomène, je me range à l'opinion d'Eugen Kogon qui, allemand lui-même, l'analyse ainsi : « Vers le bas plongeait le système nerveux extrêmement ramifié de la transmission des ordres, qui étaient associés d'une façon permanente avec une liberté de décision personnelle et par conséquent de responsabilité. Les officiers SS demandaient à leurs subordonnés obéissance et esprit d'initiative tout à la fois. Ces deux choses devaient être pour ainsi dire “senties” par le subordonné[1]… On ne demandait aux derviches du national-socialisme qu'une foi aveugle, une volonté dirigée contre autrui et une tenue rigide[2]… »

On dénombre à Buchenwald, entre le 13 juillet 1937 et le 1er janvier 1945 (sept ans et demi), 20 406 morts en tout – donc environ 3 000 par an ; pendant les quatre premiers mois de 1945, 13 046 – donc une mortalité treize fois plus élevée. Dans tous les camps allemands, cette brusque accélération du pouls de la mort se manifeste au même moment, et ne me semble compréhensible que si l'on prend comme point de réflexion ce « flair » si particulier des SS que signale Kogon, cette volonté systématiquement dirigée contre autrui…

Puissance d'unification, créatrice d'ententes tacites – telle est la haine. Elle seule peut imposer aux hommes de longues, pénibles et inutiles privations.

La lutte des classes – opposition vive et passionnée – y puise des forces, mais elles ne sont pas inusables et, lorsque diminuent les différences qui séparent les privilégiés et les frustrés, elles perdent leur vigueur.

Au contraire, la haine de *tous ceux qui sont différents* (racisme, xénophobies, colonialismes, voire même certains anticolonialismes) est haine sans fin, sans autre fin que celle du sujet ou de l'objet. Peut-être d'ailleurs se confondent-ils, car on ne peut vraiment haïr les autres sans que celui qui veut avilir s'avilisse… Monolithique depuis le premier jour, le national-socialisme, ne pouvant exterminer le reste des hommes, s'est effondré d'un bloc, après avoir fait plus de mal à

1. Eugen Kogon, *L'Enfer organisé*, traduction française : Paris, La jeune Parque, 1947, p. 316. L'auteur, catholique et patriote, fut interné pendant sept ans. En 1945, il se trouvait à Buchenwald où il sut mériter l'estime de ses camarades.

2. *Op. cit.*, p. 311.

l'objet de son idolâtrie (la patrie allemande) qu'aucun ennemi depuis l'aurore des temps…

« La Tour prends garde… »

Les États démocratiques évoluent vers d'autres périls…

Les vieilles « raisons d'État » les sollicitent encore, mais elles ont proliféré au rythme même de la complexité générale des sociétés modernes ; elles sont ainsi devenues innombrables, bruyantes et contradictoires : « déraisons d'État » qu'on prend de moins en moins au sérieux… En outre, on ment peu aisément aux multitudes.

Chevillés entre eux par des accords de plus en plus nombreux qui les tiraillent de l'extérieur, constitués de petites noix lisses et dures que lie un friable mortier, les États démocratiques sont fragiles et n'ont de force que dans leur programme même, grand facteur d'équilibre, car il trouve des complices dans chacun des trois milliards d'habitants de la terre – trois milliards de petits « stabilisateurs » invisibles qui s'appellent l'amour de la vie, du bonheur, de la paix…

Si les démocraties veulent survivre, il leur faut prêter grande attention à leurs faiblesses (inhérentes à leur nature, et indiscutables), mais aussi à leurs forces, qu'elles dilapident en voulant singer les États « efficaces ». Leur chance est d'être réellement ce qu'elles promettent – c'est-à-dire justes –, de maintenir la liberté, l'égalité, la fraternité, comme fondements de leurs lois, de faire, en toutes circonstances, respecter les droits de la personne humaine…

Au milieu du brouhaha des Républiques qui se succèdent et des guerres qui se suivent, insidieusement une ère a vu son terme, une autre est née et l'âge de fer fait place à l'âge nucléaire, tandis que les milliards d'hommes remplacent les millions d'hommes… Deux forces – l'atome et la multitude – ont renversé en moins de vingt ans toute notre expérience historique…

Éperdue devant des systèmes de références tout neufs, s'accrochant fort naturellement à des analogies périmées, la France a la malchance d'être interrogée la première, et sans préparation, sur un méchant problème du tome II de l'histoire humaine[a].

1960

a. Dans la publication originale, la suite de ce texte porte sur la guerre d'Algérie.

Rencontre à Moscou

À Moscou, le mardi 19 mai [1992], s'ouvrait la première réunion officielle des victimes du goulag soviétique organisée par certains des survivants, mais aussi par les enfants ou petits-enfants des disparus : elle s'intitulait « La résistance dans le goulag ». Elle avait été voulue par l'association « Le retour » *(Vozvrachtchenie)*, créée par des anciens forçats *(zeks)* qui, dans les bagnes communistes, eurent l'énergie d'écrire des poèmes, des enquêtes historiques, des récits, puis de les illustrer, de les recopier, de les diffuser par *samizdat*.

Après la mort de Staline, quelques-uns d'entre eux émergèrent dans un vieux comité littéraire datant de 1932 et, la *perestroïka* aidant, les ex-bagnards (poètes, romanciers, historiens, mémorialistes) devinrent peu à peu majoritaires. L'un d'eux, Semion Vilenski, un écrivain, présidait nos séances. C'est un ancien de la Kolyma, le complexe pénitentiaire de l'Extrême-Orient soviétique, où il a vu des prisonniers portant, tatoué sur le bras, leur numéro d'Auschwitz. D'où, peut-être, sa volonté d'inviter aussi des survivants et survivantes des camps nazis.

Le premier jour, les délégations furent reçues dans l'ancienne salle de bal de l'époque impériale, appelée salle des Colonnes parce qu'elle est encadrée par trente gigantesques colonnes de marbre, hautes comme des maisons. Elle doit sa célébrité au choix qu'en fit Staline comme siège du tribunal qui condamna à mort ses premiers compagnons de lutte – Zinoviev, Kamenev, Boukharine – dans les extraordinaires procès qui, en 1936, 1937 et 1938, décapitèrent l'Union soviétique et stupéfièrent le reste du monde.

Les réunions suivantes eurent lieu dans deux salles d'une université de Moscou. Au cours de l'une d'elles, hommage fut rendu à la mémoire de Sakharov par un inoubliable concert. Dans une autre, l'actuel ministre de la Santé et trois membres du ministère de la Sécurité (ex-KGB) vinrent expliquer aux anciens captifs comment s'y prendre pour retrouver leur état civil. Car une des différences entre les deux grands systèmes totalitaires de notre siècle tient à leur mode d'effondrement. Le nazisme a été écrasé totalement, de l'extérieur, tandis que le communisme s'est effondré par pans, de l'intérieur, et il en résulte, dans l'immense territoire euro-asiatique de l'ex-Empire soviétique, la persistance de nombreux îlots de stalinisme somnolent.

Parmi beaucoup d'autres faits, on nous a cité, en particulier, une révolte dans un bagne du Kazakhstan qui eut lieu un an après la mort de Staline et dura quarante jours : les chars intervinrent et sept cent cinquante révoltés furent tués ; six « meneurs » furent fusillés par la suite et les autorités locales refusent aujourd'hui encore de réhabiliter les survivants, tous ex-prisonniers politiques…

Il existe aussi, un peu partout et notamment autour de Karaganda, des condamnés à la relégation, peine ajoutée automatiquement pour les « politiques » aux peines de prison et de travaux forcés, et comparable à nos assignations à résidence.

Parmi les innombrables relégués (sans argent, sans état civil, perdus en Asie), des couples se sont formés, des enfants sont nés, « nés relégués » – des « relégués de naissance », chose incroyable, dont quelques-uns sont encore perdus quelque part… Or il y a plus de soixante ans que des enfants vivent dans les camps soviétiques, puisque Grete Buber-Neumann, à Ravensbrück en 1944, fit apprendre à Anise Postel-Vinay le *Chant des enfants de Karaganda*, dont voici le premier couplet :

Et si je meurs, et si je meurs,
Enterre-moi n'importe où,
Et personne ne saura
Retrouver ma petite tombe.

On voudrait pouvoir évaluer le nombre des victimes de la gigantesque mécanique concentrationnaire soviétique. J'ai donc demandé aux historiens russes qui participaient aux réunions du 19 au 22 mai de nous donner leur évaluation, compte tenu du fait que le système communiste a duré de 1917 à 1991, donc soixante-quatorze ans, que ses captifs présents dans les camps n'étaient qu'au nombre de 280 000 en 1932, mais atteignaient 2 800 000 en 1949, que dans certains camps la mortalité fut de 90 % dès la première année… À leur avis, si l'on tient compte aussi des millions de paysans morts de la faim au cours des famines organisées pour les exterminer, on peut avancer le chiffre de soixante-quinze millions.

Dans ce pays où les antagonismes ont été exacerbés par les cruautés nationalistes des communistes, l'amitié n'en régnait pas moins entre les anciens bagnards de toutes origines présents à la conférence – reconstruction totalement imprévue de l'ex-Union soviétique.

Les Français avaient été rassemblés par Hélène Chatelain[1] et Jean-René Chauvin (un déporté de Mauthausen, Auschwitz et Buchenwald). Ils alertèrent d'abord trois revenants du goulag communiste vivant en France : Alexandre Guinzbourg (l'un des rares à avoir manifesté à Moscou contre l'invasion de la Tchécoslovaquie), Armand Maloumian[2], résistant français du réseau Alliance, revenu en URSS après la guerre pour connaître l'Arménie, pays de ses ancêtres, coupable de rien, sinon probablement d'être français (envoyé en Sibérie de 1948 à 1956, organisateur de la première grève du goulag) et Jacques Rossi[3], lui aussi coupable de rien, mais détenu de 1937 à 1961. S'ajoutèrent ensuite ceux qui survécurent à la mécanique de Hitler, déportés et enfants de déportés – soit, en tout, une quinzaine de « partisans de la morale ordinaire », en l'occurrence une poignée de trotskistes et quelques vieux ou vieilles gaullistes. Dont moi-même.

Comme mon célèbre collègue Claude Lévi-Strauss, je hais les voyages, de plus j'ai quatre-vingt-cinq ans. Pourtant le mois dernier j'ai quitté la Bretagne où mes rosiers préférés allaient fleurir, afin de venir prendre à Paris un avion pour Moscou.

Pour représenter Ravensbrück nous fûmes trois : notre camarade Éliane Berthomé venue de Quimper, Anise Postel-Vinay et moi.

À Moscou nous avons aussitôt essayé d'avoir des nouvelles de nos camarades russes, mais nous n'avons pu en retrouver qu'une seule. Elle était arrivée à Ravensbrück comme moi, en octobre 1943, c'était donc une 23 000[a]. À la libération du camp, elle ne connut que vingt-quatre jours de liberté et fut envoyée dans le goulag pour dix ans. Ce fut le cas aussi de quelques survivants d'Auschwitz.

Comme tous ceux et celles qui ont perdu des proches dans les camps, j'ai toujours l'obsession de retrouver des archives de la période nazie, et c'est aussi le grand souci de mes amis Pierre-Serge Choumoff et Anise Postel-Vinay – qui ont pu, l'un et l'autre (Pierre-Serge parle

1. Voir *Le Sablier* d'Ekaterina Olitskaïa, éditions Deux Temps, 1971, traduction de Hélène Chatelain.

2. *Les Fils du goulag*, d'Armand Maloumian, Presses de la Cité, 1966.

3. *The Gulag Handbook*, de Jacques Rossi, Londres, Overseas Publication Interchange, 1987. En français, *Le Manuel du Goulag*, Paris, Le Cherche-Midi, 1997.

a. Convoi de déportées à Ravensbrück précédant celui dont faisait partie Germaine Tillion.

russe), prendre contact avec des archivistes et des historiens de l'ex-Empire soviétique et amorcer ainsi une coopération. On ne prépare pas l'avenir sans éclaircir le passé.

1992

En souvenir de David Rousset

Quand notre célèbre camarade David Rousset meurt le vendredi 13 décembre 1997 à l'hôpital de la Salpêtrière, on peut dire que les humains asservis perdent un de leurs plus acharnés défenseurs.

Arrêté pour résistance le 12 octobre 1943, torturé, puis déporté de camp en camp (il en connut cinq), il échoua finalement à Buchenwald où ses compagnons de lutte le découvrent en avril 1945, inconscient, presque mourant. Quelques mois plus tard (en 1946), il publiera pourtant un des premiers grands livres consacrés à la déportation, *L'Univers concentrationnaire*, terme qui servira désormais d'étiquette à toutes les déportations. Lui succédera, dès l'année suivante, un roman de 800 pages, plus fidèle qu'une photographie : *Les Jours de notre mort...*

Dans la France de l'immédiat après-guerre, le clan solidaire des fabricants d'opinion (ceux que, en polonais, on a baptisé *intelligentsia*) vénère alors en chœur le grand Staline et traite de « rats visqueux » ou de « vipères lubriques » tous les gens qui cherchent à s'informer.

C'est alors (donc en 1949) que David Rousset (qui avait attaqué l'hitlérisme raciste longtemps avant 1939) s'adresse à tous les survivants des camps nazis pour leur demander, au nom de leur écrasante expérience, d'enquêter maintenant sur le goulag stalinien...

À l'unanimité de son conseil d'administration, l'ADIR, notre association féminine, accepta de participer à l'enquête.

Pour défendre le Juste et le Vrai, il faut parfois affronter de grandes souffrances pouvant aller jusqu'à la mort (mais avec le soutien continuel et profond de rester ainsi les proches de nos proches). Un autre courage est exigé quand Vérité et Justice exigent que nous affrontions aussi nos proches, nos camarades, nos amis... Ces deux courages, David Rousset les eut.

Né le 18 janvier 1912 au cœur de la France, à Roanne, dans la Loire, il reçut à sa naissance les deux prénoms bibliques de Élisée-David, car ses quatre grands-parents appartenaient à une Église réformée appelée en France darbyste (en anglais *Plymouth Brothers*), très fidèle à l'Ancien Testament, austère, sans clergé mais priant en arrière de l'homme le plus valable de la communauté (comme en Islam). Ses deux grands-pères, le paternel et lc maternel, furent l'un et l'autre ces hommes-là et David le fut aussi pour la France, et, on peut dire, l'Europe : parlant au nom de ce qui est juste, de ce qui est vrai, malgré les dangers, malgré l'opinion dominante.

1998

V. ALGÉRIE

Notice

GT a d'abord séjourné en Algérie entre 1934 et 1940, pour y conduire un travail d'ethnologue ; mais c'est à partir de 1954 qu'elle se trouve impliquée dans le destin politique de la colonie française, dans des circonstances qu'elle a relatées plusieurs fois. Les textes réunis ici correspondent à cette seconde période de contact ; ils se suivent dans un ordre qui correspond à la chronologie des événements évoqués, non à celle de l'écriture.

« Le double apprentissage » est un texte inédit, dactylographié, se présentant comme le début d'un livre (qui n'a jamais existé), puisqu'il porte en surtitre « Chapitre I ».

Les textes suivants correspondent d'abord à une première période, 1954-1957, pendant laquelle GT réfléchit à des moyens pacifiques pour empêcher l'extension du conflit ; son ouvrage L'Algérie en 1957 *(Paris, Minuit, 1957, rebaptisé ensuite* L'Afrique bascule vers l'avenir, *même éditeur, 1961 ; nouvelle version augmentée, Paris, éditions Tirésias, 1999) correspond à ce même moment. « Le drame des civilisations archaïques » a été publié dans la revue* Annales, *3, 1957, p. 393-402. « L'Algérie nouvelle, les Algériens et la France » est paru dans* France-Forum, *10, mai 1958, p. 22-25.*

Les Centres sociaux sont le grand œuvre de GT en Algérie ; les textes qu'elle leur consacre portent principalement sur le contexte dans lequel elle fut amenée à les créer et sur les persécutions dont ce service fut la cible. Sous le titre « Les Centres sociaux », nous avons réuni plusieurs textes, datant de périodes différentes. Celui que nous avons placé en tête résulte d'un entretien, où les propos de GT sont transcrits à la troisième personne. Dans la revue Historia magazine *sont parus deux reportages la concernant. Le premier, « Germaine Tillion l'Aurésienne », paru dans le numéro 198, octobre 1971, p. 129-135, signé par Philippe Masson, relate les premiers mois du nouveau séjour algérien de GT ; le second, de Jean Finois, intitulé « Un combat social », paru dans le numéro 203, novembre 1971, p. 295-300, raconte la conception des Centres sociaux et c'est lui qui se trouve repris ici. Le deuxième texte de cette partie, « Nais-*

sance », est celui d'une allocution (sans titre) à la mémoire de Charles Aguesse, premier directeur du service fondé par GT, prononcée au collège Anatole Le Braz de Saint-Brieuc, en novembre 1992, en présence de l'ambassadeur d'Algérie en France (rencontre organisée par Paul Chaslin). « Les persécutions » est paru dans Démocratie, 60, *du 21 juillet 1960, sous le titre « Les Centres sociaux en Algérie, un service de l'Éducation nationale en Algérie », en réponse à un article du 3 mars 1960 qui, dans le même journal, attaquait le service en le qualifiant de « Légion française clandestine du FLN ». « Trois Algériens et trois Français » est paru dans* L'Éducation nationale *du 22 mars 1962. « La bêtise qui froidement assassine » a été publié dans* Le Monde *du 18-19 mars 1962. « Un homme qui n'a pas fait carrière » a été publié, lors du décès de ce même Charles Aguesse, dans* Le Monde *du 7-8 août 1983 (moins le premier paragraphe, ici restitué). Nous avons éliminé de ces textes quelques phrases faisant double emploi. Les mêmes faits sont évoqués également dans l'« Introduction » rédigée par GT à l'ouvrage de Jean-Philippe Aoudia* L'Assassinat de Château-Royal, *Paris, Tirésias, 1992, p. 15-16.*

Les textes qui suivent se rapportent à une période postérieure (1958-1962), celle de l'exacerbation du conflit algérien ; GT donne désormais la priorité à la lutte contre la violence sous toutes ses formes : torture, exécutions, terrorisme. Ils sont donc contemporains du second livre consacré à la politique algérienne, Les Ennemis complémentaires *(Paris, Minuit, 1960).*

Le premier texte reproduit un échange public avec le général Massu. Une première lettre, adressée par GT au général, en réaction à son ouvrage La Vraie Bataille d'Alger, *est publiée dans* Le Monde *du 24 novembre 1971. Massu lui répond dans* Le Monde *du 28-29 novembre 1971, sa lettre étant alors accompagnée d'un « Commentaire » signé par GT. La lettre de Massu se terminait par ces phrases :*

À la lumière de votre action, dont j'ai été obligé de lever le voile badin de clandestinité, il est piquant de constater que vous considérez l'indépendance comme une « fin désastreuse ». S'il y a eu désastre, vous y avez largement contribué.

« Albert Camus et l'Algérie » réunit deux textes consacrés à l'écrivain dont elle se sent proche. « Clairvoyant et désespéré » reprend « Albert Camus et l'Algérie », Preuves, *91, 1958, p. 69-72 ; « Devant*

le malheur algérien » est publié sous ce titre au lendemain de la mort de Camus, dans Preuves, *110, 1960, p. 25-27.*

« La réconciliation franco-algérienne » est un entretien accordé par GT au journal Afrique-Action *du 13 mars 1961, alors que s'engagent les premiers pourparlers de paix, auxquels l'OAS est violemment opposée.*

« Les Français d'Algérie » reprend la réaction de GT au livre de Pierre Nora paru sous ce titre en mars 1961, où la position de GT est prise à partie ; ce texte est paru dans L'Express *du 18 mai 1961.*

« Entre guerre et paix » est écrit au moment des accords d'Évian et publié dans Candide *du 15-22 mars 1962.*

Le dernier texte de cette section, « Des justes et des traîtres », a été écrit longtemps après la fin du conflit : il est paru dans un dossier du Nouvel Observateur *(9, 1992), consacré à « La guerre d'Algérie trente ans après ».*

Le double apprentissage

Par suite de deux séries de circonstances bien distinctes, je me suis trouvée « spécialiste » d'un drame, le drame algérien, assez longtemps avant qu'il n'éclate, donc avant l'heure de l'aveuglement et de la passion. Doublement spécialiste en quelque sorte.

Tout d'abord, j'avais étudié l'Algérie selon les techniques dites scientifiques, lui consacrant toute l'application dont j'étais capable, n'épluchant pas seulement les théories, les livres, l'appareil érudit, mais observant les réalités vivantes de chaque jour, avec la volonté de déchiffrer et de comprendre. Cela pendant des années…

Ensuite, pendant d'autres années (des années très longues), les circonstances m'imposèrent d'expérimenter les situations et les sentiments d'une certaine guerre, la guerre sans droit ni loi, la guerre des maquis, la guerre des otages : celle où l'on affronte sans armes l'immense cruauté de l'ennemi.

Or, comme tous les drames de ce monde, la compréhension du drame algérien demandait une conjugaison, celle de la grande lumière blanche de l'enquête historique, qui illumine de toutes parts les reliefs et les couleurs, avec l'obscur rayon de l'expérience qui traverse les épaisseurs de la matière. Non pas la seule raison, non pas la passion seule, mais l'une et l'autre ensemble, unissant leurs insuffisantes clartés pour explorer ce gouffre inconnu, le malheur des autres.

Les hommes de science et les grands responsables politiques observent, enregistrent, classent, comptent, puis raisonnent… Je ne dis pas de mal de ces travaux auxquels j'ai consacré la plus grande part de mon temps jusqu'à ce jour. Je sais pourtant que, réduits à eux-mêmes, ils représentent une connaissance pauvre, dépouillée des vraies couleurs de la vie, de son relief, de sa consistance, privés aussi des lueurs étincelantes qu'elle détient – lueurs qui permettent parfois d'entrevoir quelque chose au-delà du présent immédiat.

Inversement, ceux qui subissent, ceux qui souffrent, ignorent très souvent le dessin de la mosaïque dans laquelle se situent – minuscules cailloux – leurs ressentiments et leurs douleurs, mais, les yeux clos, et à tâtons, ils peuvent reconnaître le grain rugueux de la pierre, son poids et son tranchant, son adhérence. Ils sentent, sans explications et sans discours, les répugnances invincibles qui lentement se durcissent au fond d'eux-mêmes, et les grandes vagues sombres d'aveugle fureur qui se gonflent silencieusement dans leur nuit. Là les récifs ; ici, les tempêtes – tout ce qu'il faut pour faire un beau naufrage.

Les évaluations savantes des experts, et cette autre balance qui pèse ce qui n'a pas de poids – colères, aspirations, répugnances, lassitudes, douleurs –, sont également nécessaires pour suivre et comprendre les détours et les ressauts d'une situation ou d'un événement, mais, le plus souvent, elles ne coïncident guère : ici toute la passion, là rien que la raison. Trop peu, chaque fois.

Il ne s'agit pas de chercher un parallèle historique entre la situation de l'Algérie en 1954 et celle de la France en 1940 (plus on les a connues de près l'une et l'autre, et plus on est frappé par leurs différences), il s'agit d'affirmer l'étroite correspondance entre des mécanismes psychologiques, sociologiques – mécanismes qui, dans l'échelle des êtres, caractérisent une certaine espèce : celle des hommes…

Par exemple cette brusque tension de la corde qui nous lie, corps et âme, à ce qui est (ou va devenir) une patrie – première conséquence d'un danger commun, d'une humiliation partagée. Puis la conscience et l'orgueil de tout ce qui nous distingue de l'adversaire – ces mille secrets, ces mille connivences que constitue toute civilisation, d'autant plus chers, d'autant plus sacrés que l'ennemi les ignore ou les bafoue… Puis vient la souffrance – la souffrance d'un peuple – et une compassion ardente, active, passionnée, pour les nôtres, nos frères… Enfin – lorsqu'un sort malheureux nous réduit à l'impuissance – la rage, l'exécration, la révolte sans condition ni limite ; l'horreur de composer avec la force qui nous écrase ; la volonté de périr…

Ces mécanismes, je les ai connus et subis – de près, longuement, durement – à partir de 1940. La libération de 1945 ne m'a pas libérée de cette connaissance.

Entre 1954 et 1962, je les ai retrouvés. De l'extérieur, cette fois, subis par d'autres, mais précisément par cette population (à la fois proche et différente de celle à laquelle j'appartiens) dont la connaissance était *mon métier*.

Car c'était très précisément mon métier de connaître l'Algérie avant les épreuves qu'elle a affrontées, c'était ma profession de visiter ses villages, d'interroger ses paysans, de m'intéresser à leurs problèmes et aux événements de leur vie. À cause de ce métier, lorsque la tragédie silencieusement nouée éclata au jour, je comptais des amis confiants dans tous les villages de l'Aurès et dans la plupart des autres provinces algériennes : je ne pouvais pas éviter de savoir ce qui s'y passait.

C'est également mon métier que la recherche de l'exactitude, c'est ma profession que d'astreindre d'abord l'enquête à tous les contrôles, recoupements, vérifications, de procéder ensuite aux sondages qui permettent d'évaluer numériquement la densité d'un fait. J'ai fait tout cela, ce qui signifie qu'il ne m'a pas été possible non plus de *douter* de ce que je savais. Et respecter la vérité lorsqu'on la voit, n'est-ce pas l'option fondamentale de tous les hommes et femmes qui ont choisi ce qu'on appelle « une carrière scientifique » ?

Je ne pouvais pas davantage penser que ces gens traqués, chassés de leurs champs, menacés, pillés, torturés, ces femmes qui sanglotaient, ces hommes qui serraient les poings en jurant de venger leurs frères, ces gosses terrifiés et affamés, représentaient une variété humaine différente des autres (le confortable alibi raciste). Je les connaissais fraternellement, et je connaissais également toutes les sornettes relatives à une infériorité congénitale des vaincus, sornettes qui servent infatigablement à n'importe quel vainqueur pour légitimer ou justifier n'importe quels crimes : à Ravensbrück, lorsque les Allemands parlaient des Françaises de la Résistance, ils utilisaient les mêmes injures que j'ai retrouvées (et reconnues avec tant de honte) dix années plus tard, dans la bouche des partisans de la « guerre jusqu'au bout » en Algérie…

Pouvais-je alors me désolidariser de mon pays ? C'était pour moi impossible.

1963 (?)

Le drame des civilisations archaïques

Dans le sud de l'Aurès, il y a une quinzaine d'années, vers 1940, les conditions de la vie matérielle évoquaient encore celles de la préhistoire. La comparaison n'est pas d'ordre littéraire. Économiquement, chaque tribu était un monde complet, clos et qui se suffisait vaille que vaille. Politiquement, ce monde resserré ne prenait conscience de lui-même que face à des groupes ennemis assis sur toutes ses frontières, mais au-delà de ces premiers ennemis des alliés équilibraient sa force. Plus loin, il se connaissait d'autres ennemis, puis d'autres alliés, et ainsi de suite sur une très grande distance. Étrange monde lointain, en vérité. On savait qu'en marchant très longtemps, toujours dans la direction de l'est, il était possible d'atteindre La Mecque et que, sur la route, certains avaient rencontré des homme-sans-tête et des cynocéphales. Vers le Nord, au milieu des neiges, chacun situait assez vaguement le peuple étrange et monstrueux de Jouj et Majouj (Gog et Magog), dont les oreilles traînent à terre. Moins loin, s'affirmait l'existence d'un pays avec de très larges pistes et des voitures que des chevaux ne traînaient pas, conduites par les Iromiyin, descendants des Romains. Ne nous étonnons pas outre mesure[a] ; ce monde extérieur, c'est, presque exactement – les automobiles mises à part – l'ethnographie que présente le grand portail de Vézelay[1]. Donc nous étions là, dans l'Aurès, très loin du temps présent.

a. Un texte est consacré à ce rapprochement, cf. p. 348-358.

1. Le second portail de Vézelay (celui qui est à l'intérieur du narthex) nous présente l'Évangile prêché à toutes les nations de la Terre. L'artiste clunisien a reconstitué sur ce thème une véritable synthèse de la science ethnographique au XIIe siècle. Sa composition générale a pu être librement inspirée par un manuscrit byzantin (c'était l'opinion d'Émile Mâle), mais les détails « anthropologiques » fournis semblent bien avoir été collationnés par lui chez les divers ethnologues de son temps. Nous y voyons en particulier : en bas à droite, les hommes à longues oreilles que le Coran nous présente sous le nom de Jouj et Majouj (Gog et Magog) et qu'Isidore de Séville nomme Panotii. En haut, à gauche, les cynocéphales, dont Ratrame, moine de Corbie au IXe siècle, parle longuement, mais que mentionnent également en particulier : le frère Odrio de Frioul (envoyé par le pape en Orient, en 1314, pour prêcher la foi) ; Jean de Mandeville (qui visita la Palestine,

À Alger, une dizaine d'années plus tôt, d'importantes manifestations avaient cependant commémoré le « centenaire » de la conquête de l'Algérie, mais le siècle français, indéniable réalité, avait passé sur la montagne berbère aussi légèrement que le millénaire antérieur et il fallait étudier attentivement coutumes et opinions des montagnards pour reconnaître le tracé d'une fêlure encore imperceptible, celle qui marque le pot de terre, après sa première et brève rencontre avec le pot de fer. Quinze ans plus tard – c'est-à-dire aujourd'hui –, le pot de terre est en miettes. Retrouver et suivre le fil d'une cassure, presque invisible à son origine, tel sera notre propos particulier. L'exemple serait à replacer au milieu de quelques autres, en Afrique du Nord et hors de ses limites. Il est vrai que ces problèmes, dans le cadre de l'Algérie et des pays voisins, n'ont pas souvent été abordés. Sauf dans tel article d'Augustin Berque, un instant attentif aux ravages qu'entraîne, au lendemain de la conquête française, une poussée évidente de l'économie monétaire, ces ravages étant décelés à l'étage des grandes familles et des notables « de chapelet ou d'épée ». Mais ces ravages, en Aurès, c'est au ras du sol, dans toute l'épaisseur de la masse indigène qu'il s'agit de les mettre en cause aujourd'hui. Le drame actuel de l'Aurès intéresse toute sa masse vivante. Tout ne vient pas de commencer.

I

Dès avant 1940, l'évolution de la propriété privée, telle légère ébréchure des clans, ou cette diminution du nombre des bergers accompagnant les troupeaux, pouvaient ou auraient dû retenir l'attention de l'observateur. En ce temps-là, on « partageait » un peu trop, en pays berbère ; la coutume d'établir à part les fils mariés y semblait un peu plus répandue qu'autrefois, mais elle avait toujours existé. Quoi qu'il en fût, la propriété s'individualisait – et s'amenuisait. Dans les plaines arabophones, au contraire, on ne partageait pas assez, et la confusion des droits commençait à devenir alarmante : un mal interne rongeait la propriété paysanne. Le mal est différent, mais non moins grave, dans les montagnes où il se traduisait par un resserrement, un rétrécissement des fibres liant l'homme à la terre ; dans les plaines, voire sur les plateaux, la

entre 1332 et 1356) ; l'Atlas de Guillaume Le Testu, pilote du Havre (1550) – et un Hadj de l'Aurès qui fit le pèlerinage à pied quelques années avant mon séjour dans sa tribu.

même maladie relâchait au contraire ces ligaments qui bientôt ne retiendraient plus ni les hommes ni les sols. Durcissement ou relâchement ont d'ailleurs les mêmes causes : un accroissement constant, insidieux, de la population, et ils se traduisent matériellement, l'un comme l'autre, de la même façon, par un gaspillage du patrimoine naturel, avec destruction des arbres et des sources. Dans le premier cas, la forêt est sournoisement attaquée par des emblavures clandestines ; dans le second, l'arbre fruitier n'est pas remplacé ou pas greffé, les murettes soutenant les terrasses cessent d'être entretenues, la fumure ou les assolements sont négligés… Tout se détériore, puis s'écroule.

Cependant, partout s'opérait, plus ou moins nette et visible, une certaine évolution vers la sédentarisation, qui réjouissait les pouvoirs publics : ils la considéraient non seulement comme plus commode, plus rentable, plus utile, ou plus facile à administrer que la coutume nomade, mais souvent même comme plus *morale*. Étrange confiance face à une apparence, à un décor qui cachait des phénomènes dont le contrôle leur échappait…

Ces termes de « sédentaire » et « nomade » doivent être entendus, en pays chaouïa, dans un sens relatif : on appelle « nomades » les populations où la famille entière suit le troupeau dans ses déplacements ; « sédentaires », celles où le troupeau est confié à un berger, si bien que les nomades ont des champs et les sédentaires font paître.

À première vue, mais à première vue seulement, ces deux types de populations semblent de structures identiques. Dans l'une comme dans l'autre, l'unité, c'est *laârch*, mot que l'on traduit habituellement par « tribu » (*laârch*, en fait, est un groupe politique). À l'intérieur de *laârch* se marquent des subdivisions à caractère familial que tous les Chaouïa et une grande partie de l'Algérie désignent par le mot arabe de *ferqa* (berbérisé sous la forme *harfiqth*), qui signifie « fraction ». Dans les tribus sédentaires, c'est un quartier de village ; chez les nomades la *ferqa* est un véritable clan. Cependant, entre la *harfiqth* nomade et la *harfiqth* citadine, l'homonymie n'est pas fortuite et de grandes ressemblances existent ; autrement dit, les liens que crée le voisinage, dans la *harfiqth* villageoise, imitent les liens du sang de la *harfiqth* nomade. Du moins, ils s'y efforcent…

Mais imitations et analogies ne sont qu'un premier aspect. La structure sociale, fondée sur la parenté, qui fait l'orgueil du nomade, ne peut pas résister, ou résiste difficilement, à l'appropriation privée des terres qui suit, presque nécessairement, toute installation permanente. Que la population s'accroisse alors, que l'individualisme s'affirme, que les ventes et achats de terrains soient facilités à la fois par une nouvelle juridiction et des courants de monnaie, et le phénomène s'accélère brutalement. Courants de monnaie, individualisme, augmentation de population, juridiction favorable aux mutations, telles sont, pour l'Afrique Mineure, les conséquences principales de son contact avec l'Europe. Ces conséquences déterminent toute une série de réactions en chaîne qui aboutissent à l'effondrement des structures.

En ce domaine essentiel, le contact avec notre civilisation ne fait que précipiter, pour l'Aurès, un phénomène endémique : depuis une haute antiquité, y coexistent des villages enracinés et, à côté, des tribus qui vivent sous la tente ; l'histoire avantage tantôt ceux-ci, tantôt ceux-là et, en fait, les rudoie tour à tour ; à travers les bribes de leurs passés, que la tradition orale a conservées, se retrouve, chez les uns et les autres, la trace des branle-bas qui, sans fin, ont bousculé tribus et villages au cours de tant de « siècles obscurs ». Ils ont fixé ceux-ci, déplacé, disloqué, regroupé ceux-là. Toutefois, comme dans le domaine physique, la cristallisation dans le domaine social est un phénomène brusque au-delà d'un certain taux de saturation, et il semble bien que la forme du cristal social, dans l'Aurès, soit restée inchangée, ou du moins peu variée, à travers ces siècles d'innombrables vicissitudes. D'où une histoire monotone, prisonnière de cercles classiques, du moins jusqu'au temps présent où la forme même de la société va inévitablement être mise, pour la première fois et si rudement, en question, jusqu'à son tréfonds. L'avenir est déjà sous le signe du scandale, de la surprise, d'une transformation inouïe…

II

Parlons d'hier. Après plusieurs années de séjour auprès de ces tribus de l'Aurès méridional, j'étais devenue, comme mes hôtes, sensible à l'ordonnance harmonieuse des fêtes, image même de l'ordre public ; j'admirais que le plan cadastral de la tribu s'y reflétât presque parfaitement, telle une personne dans un miroir, et qu'il fût reproduit exactement par les dispositions des tombes de chaque cimetière[1], calquées

1. Un homme de la tribu des Beni-Melken décrit ainsi cette disposition : « Il y a cinq cimetières dans *laârch*. Chacun peut être enterré dans n'importe lequel, mais dans le quartier de sa *harfiqth.* » – « Les gens sont tous enterrés vers l'est, mais dans les endroits

elles-mêmes sur les généalogies : celles-ci, en dernière analyse, constituant l'articulation du système tout entier. Dès que l'œil était assez exercé pour suivre dans les événements le dessin des causes, les modalités de la parenté permettaient d'expliquer les enchaînements divers de circonstances, même de prévoir presque à coup sûr leurs conclusions.

Ainsi, un cristal très pur, assez simple, dont le dessin restait intact dans toutes les tribus transhumantes du Sud, s'il avait subi sans doute, déjà, des déformations nettes dans les vallées trop peuplées du Nord, mais jamais au point de ne plus y transparaître. Quant à ce sentiment d'harmonie, de paix, de confiance, d'équilibre, de sécurité qui se dégageait de la répétition du même profil social à travers des formes très variées, il était senti fortement par l'ensemble de la population et j'ai pensé souvent qu'il lui tenait lieu d'art (ce que nous nommons l'art est, en effet, presque absent de la vie quotidienne de ces montagnards, ou s'y trouve par hasard et sans qu'ils y attachent beaucoup de prix). Un état affectif très vibrant cimentait tout ; faute d'un mot plus précis, nous pouvons l'appeler fidélité ou mieux, « honneur » [1].

En ne supposant aucun contact direct avec notre civilisation, et aucune responsabilité de celle-ci, le simple accroissement de la population, pourvu qu'il fût rapide, aurait sans doute suffi à détruire les supports matériels de cette organisation archaïque. La propriété, nous l'avons vu, devait être et fut la première touchée. Dans un milieu paysan, cela signifie que la terre sera de moins en moins cultivée, au fur et à mesure précisément – et c'est un paradoxe – de la nécessité d'augmenter les rendements. Ces phénomènes contradictoires – baisse

---

où les limites des *hirfiqin* peuvent se confondre, on fait les tombes un peu en biais pour les distinguer. » – « Chaque *harfiqth* a une place et chaque famille a une ligne et on continue à enterrer dans cette ligne les gens de la même famille toujours, les uns à côté des autres. »

1. Dans le parler chaouïa, deux mots peuvent se traduire par « honneur » : le premier *(akhanfouf)* signifie littéralement « nez » ; il désigne un sentiment souvent exprimé dans le théâtre espagnol et qu'on retrouve dans *Le Cid* cornélien. En chaouïa, don Diègue dirait à son fils : « Rodrigue, as-tu du nez ? »

Le mot *horma*, dont la racine se retrouve dans *harem* et dans *haram*, est plus complexe, car la *horma*, c'est le territoire sacré qui entoure le tombeau d'un saint tandis que le *harem*, c'est la partie de la maison réservée aux femmes et que le mot *haram* signifie « impur », « péché » (et désigne souvent le cochon) et, à la fois, l'état sacramentel du pèlerin à La Mecque. On comprend cependant le lien qui relie ces séries de notions ; on peut le traduire par « interdit », ou, mieux encore, par la menace inconditionnelle qui pèse sur celui qui osera violer cet interdit. Le saint n'est pas seul à posséder une *horma*, chaque tribu a la sienne, et chaque famille non dégénérée également.

des rendements, augmentation du nombre des bouches à nourrir – peuvent progresser ensemble, aller de pair ; n'ont-ils pas l'un et l'autre la même cause, à savoir cette augmentation pernicieuse de la densité humaine ? Le champ sera de plus en plus petit, mais devra nourrir de plus en plus de bouches. Certains, pressés par la faim, émigreront, sans perdre pour autant leur droit imprescriptible sur une part infime d'héritage. À tel point que, dans certaines zones, personne ne saura plus qui est et qui n'est pas chez lui. Des tentatives (longtemps assez molles) pour faire profiter les petits propriétaires musulmans de prêts agricoles se heurteront alors à ce mur authentiquement infranchissable, dans l'état de nos institutions et des leurs. Nous touchons du doigt l'espèce de barre qui sépare l'eau douce de l'eau salée, et sur laquelle les barques chavirent : le bénéfice de nos lois ne parvient pas à atteindre ces pauvres gens qui cependant perdent, par pans entiers, les institutions protectrices que leur avaient léguées leurs ancêtres.

Jusqu'à présent, quel mal avons-nous fait exactement ? Nous avons éliminé la peste, le choléra, les grandes famines, les guerres intertribales, tout cela dans un premier stade ; puis, un peu plus tard, paludisme, typhus, typhoïde ont disparu à leur tour. La mortalité a considérablement diminué, la fécondité a sensiblement augmenté[1]. Ces bienfaits – mais y a-t-il des bienfaits sans contrepartie et d'ailleurs je ne plaide pas –, ces bienfaits ont accru, avivé les contacts entre leur civilisation et la nôtre. Le surplus des hommes a provoqué un grand mouvement giratoire d'émigration ; avec les mandats des émigrés l'argent a fait son apparition, apportant des besoins nouveaux (café, sucre, meunerie). Bientôt l'habitude s'est perdue de compter en charge s de blé ou en charges d'orge, pour calculer toutes les valeurs en monnaie. Le passage de l'économie de troc à l'économie de marché s'est accompagné du mouvement de balancier que Marc

1. La population s'accroît à la fois par diminution de la mortalité et par augmentation de la fécondité. La diminution de la mortalité est un fait évident et bien observé, attribuable aux grandes découvertes médicales du XIXe et du XXe siècle, mais aussi à la suppression des guerres de tribu et des famines mortelles.

L'augmentation de la fécondité est due, pour une grande part, aux antibiotiques qui éliminent à la fois les causes de stérilité imputables aux blennorragies et les avortements provoqués par la syphilis. Leur rôle, dans ce domaine, est assez important pour que, dans certaines tribus, on appelle la pénicilline « la drogue qui fait avoir des enfants ». On peut voir une autre cause de fécondité dans l'éclatement des « isolats ». Cet éclatement est le résultat, d'une part, de l'accroissement de la population, et d'autre part de l'affaiblissement des traditions tribales qui visaient à l'endogamie.

Bloch a décrit dans la France de Louis XIV[1]. Notons à ce propos que la réalité actuelle d'une telle constatation ancienne dirait à elle seule, si besoin en était, que l'historien n'est jamais hors du présent, d'un certain présent s'entend. En tout cas, dans l'Aurès, voire dans toute l'Algérie, ce mouvement inexorable de balancier a eu pour résultat de ruiner, sans trop faire de bruit, les neuf dixièmes de la population rurale : le paysan, dès qu'il cesse de vivre en économie fermée, a des besoins en numéraire toujours supérieurs à ses liquidités. Le voilà ainsi amené à bloquer toutes ses échéances sur la période qui suit immédiatement la récolte, d'où un effondrement saisonnier du cours des céréales. Comme il ne peut pas attendre que les cours remontent, il vend à très bon marché et, plus les cours sont bas, plus il doit augmenter la quantité de ce qu'il vendra. Dans la majorité des cas il est contraint de livrer à bas prix, en juin ou juillet, une partie des céréales nécessaires à sa propre consommation et par conséquent il devra les racheter, très cher, en janvier ou février.

En 1954, le marché contrôlé du blé admettait officiellement un prix de vente qui, pour 3 910 francs, correspondait à un prix de rachat de 5 300 francs (les barèmes varient selon les régions). En pratique, le paysan était obligé de vendre aux environs de 3 300 francs, à cause d'un système de ristourne[2] assez désastreux et de son endettement

1. Marc Bloch, *Caractères originaux de l'Histoire rurale française*, t. I, p. 145 (voir également t. II, p. 178). Au XVIIe siècle, deux grands groupes dans la classe paysanne, les *laboureux* et les *manouvriers* : « D'une façon générale, tout ce monde, sauf quelques privilégiés, vit fort mal et se tient sur la marge de la famine. *Si le laboureur avait vécu uniquement du sien*, il n'aurait rien gagné ni perdu aux oscillations des prix. Mais, en raison des rentes seigneuriales et de l'impôt royal, il était soumis à des débours en numéraire réguliers, et pour y faire face, force lui était de vendre. Or les prix étaient plus bas sous le règne de Louis XIV qu'auparavant sans que les débours eussent diminué. *Mais c'était les écarts des prix saisonniers, considérables* (…), qui affectaient le plus gravement le laboureur. Pressé de vendre ses denrées, *il était victime de la baisse saisonnière après la récolte, alors que les gros producteurs pouvaient attendre. Bien souvent même il était victime des écarts de hausse, car il lui fallait acheter céréales ou pain, lorsqu'il n'avait pas produit assez pour sa consommation* (ce qui était le cas le plus fréquent pour les manouvriers), ou lorsque ayant assez produit à l'origine il avait dû vendre une grosse part de sa récolte, étant pressé d'argent. Les années de disette, il était réduit à la famine. » Malgré des ressources annexes, hors de la culture (émigration, colportage, industrie rurale), « les paysans souffraient d'une terrible crise d'endettement, aiguë depuis le XVIe siècle et le développement d'une économie d'échanges fondée sur le numéraire. Le paysan devait faire appel à l'usure et vendre sa terre, entièrement ou en partie ».

Si l'on remplace, dans ce texte, le mot « laboureur » par *fellah*, et celui de « manouvrier » par « ouvrier agricole », nous sommes en Algérie au milieu du XXe siècle.

2. Le paysan a fait une récolte égale ou supérieure à ses besoins, mais il est obligé d'en

chronique, et il rachetait plus tard, parfois à 7 000 et 8 000 francs. Le marché de l'orge (non contrôlé) atteignait usuellement des marges allant de 1 750 francs à 3 500 et 4 000 francs. D'une façon générale, plus la qualité d'une denrée baisse, plus la hausse qui la concerne est proportionnellement considérable, en vertu de la loi qui veut qu'être pauvre coûte cher. Toute cette profonde et inexorable évolution a évidemment été très favorable aux intermédiaires, aux usuriers : le taux de l'argent a dépassé usuellement *dix pour cent par mois*. Intermédiaires, usuriers ne furent pas les seuls à s'enrichir et le propriétaire aisé disposant de fonds suffisants pour vendre en période de hausse a vu sa situation s'améliorer très rapidement. Malheur du plus grand nombre, bonheur de quelques-uns.

III

Lorsque je suis revenue dans l'Aurès, en décembre 1954, je savais déjà (par les Chaouïa qui passaient à Paris) qu'on buvait quotidiennement du café à Tadjemout, à Kimmel et à Kebach, que les femmes de ces tribus refusaient maintenant de se servir du moulin à bras. Je savais qu'à Kebach deux hommes que je connaissais bien s'étaient associés, depuis peu, pour monter un moulin à mazout assez prospère, au tarif usuel de dix pour cent de la mon-

---

vendre une partie immédiatement pour payer ses impôts ou ses dettes : il a alors le choix ou de vendre au « marché noir » ou de s'adresser à la Société agricole de prévoyance. Celle-ci paie le quintal de blé dur 3 910 francs, mais en deux fois, soit au comptant 2 760 francs, et le reste en novembre. S'il s'adresse à la SAP, le paysan devra vendre plus qu'il ne lui est nécessaire puisqu'il a besoin immédiatement d'une certaine somme. Il a donc intérêt à vendre au trafiquant qui ne lui verse que 3 000 à 3 300 francs, mais qui le fait au comptant.

À partir de novembre ou décembre il n'a plus rien, il doit racheter ce qu'il a vendu en juin ou juillet. À ce moment, le cours officiel de la SAP est au prix moyen de 5 300 francs, mais le siège de la SAP est éloigné et il est, le plus souvent, obligé de s'adresser à des revendeurs qui, selon les distances, vendront le blé 8 000 francs la charge au marché le plus proche (la charge est une mesure de volume qui correspond à 160 litres et environ 125 kilos). Encore faut-il avoir un mulet pour s'y rendre. S'il a dû vendre son mulet il est contraint d'acheter le blé ou l'orge (par 4 litres à la fois, 250 ou 300 francs) au petit épicier qui vient de s'installer dans son village et il le paiera sur la base de 10 000 à 12 000 francs le quintal, c'est-à-dire trois ou quatre fois le prix qu'il l'a lui-même vendu. S'il a la chance d'habiter à proximité d'un gros marché, il vendra un peu plus cher et achètera à un taux un peu moins élevé.

Soit qu'il vende, soit qu'il achète, il est presque invariablement volé sur le poids, sur la quantité et sur la qualité.

ture ; deux autres, que je connaissais également bien, y avaient ouvert, chacun de leur côté, une épicerie. Dans toutes les tribus de la région, il en allait à peu près de même. Tout cela ressemblait de loin à des signes d'aisance.

C'est seulement sur place que j'ai pu me rendre compte de l'effondrement économique ou plutôt social et humain qui correspondait à cette prospérité – réelle assurément, mais pour une partie seulement de la population (qui m'a semblé inférieure à dix pour cent du total) –, prospérité alimentée par l'indigence de tous les autres. Évidemment, l'indigence seule entretient l'effondrement saisonnier du cours des céréales. Fait en apparence paradoxal, dans un milieu aussi à court d'argent, seule l'indigence permet au meunier et à l'épicier de faire fortune. Mais en d'autres lieux, en d'autres époques, histoire et chroniques signaleraient de semblables « paupérisations »…

Une population archaïque et pauvre ne maintient son équilibre annuel que par un gros effort de gestion : il faut vivre douze mois par an avec des ressources limitées. De là des calculs (qui portent souvent sur plusieurs années) pour répartir une bonne récolte, de là des privations volontaires étalées sur toutes les saisons, à longueur de vie. Lorsque l'équilibre est rompu et que le paysan sait que, quoi qu'il arrive, il ne parviendra pas à faire la soudure, il accepte alors de vivre au jour le jour. À bout de ressources (qu'importe si ce moment survient un ou deux mois plus tôt, puisqu'il est inévitable), il lui faudra partir, aller très loin chercher du travail et du pain, tandis que sa famille trompera la faim en faisant bouillir les baies du genévrier – partir, sinon il essaiera de cueillir de l'alfa ou de fabriquer (à ses risques et périls) du charbon de bois, ou bien encore il vendra ses dernières chèvres, son âne, ou empruntera à n'importe quel taux, sur sa terre. Sur cette pente, la dégringolade est rapide, sans recours.

En raison de cette asphyxie économique, tout ce qui normalement favorise une population d'aisance moyenne tourne mal. Une nouvelle route traverse-t-elle la région ? Elle va accélérer le mouvement de l'argent et précipitera par conséquent la ruine du pays, au bénéfice d'une petite fraction de la population citadine la plus proche…

La « puissance protectrice », soucieuse de ses devoirs, ouvre une école ? Très bien, mais voilà l'autorité débordée par la démographie tout en demeurant l'esclave de ses propres lois : elle n'y accueille que quelques garçons de six ans. Désormais isolés dans leur milieu, les bénéficiaires de cette faveur se considéreront nécessairement comme des intellectuels et seront amèrement déçus de se trouver, plus tard, en compétition, pour des postes inférieurs à leurs ambitions, avec des citadins qui les surclassent. Ils vont offrir, dès lors, un recrutement de choix pour n'importe quelle activité subversive, mais en attendant ils s'efforceront de tirer le meilleur parti de bribes d'instruction reçues et souvent leurs exigences réduiront encore, et sensiblement, la portion congrue de leurs compatriotes.

À ce premier stade, la loterie de l'instruction semble aggraver la situation de ceux qui n'en ont pas bénéficié, elle aigrit les autres. En outre, réservée presque exclusivement aux garçons, elle contribue à déséquilibrer le milieu familial (qui, tant que la femme reste illettrée, n'a aucune chance d'évoluer). Cette loterie déclenche automatiquement des conflits entre générations, elle met en état de faillite ouverte les enseignements traditionnels et favorise l'effondrement des vieilles structures familiales et tribales. Il est anormal, en effet, qu'un enfant de huit ou dix ans serve de tuteur à son père, qui, pour vérifier une feuille de paye ou solder ses impôts, envoyer ou recevoir un mandat, lire ou écrire une lettre, devra passer par l'intermédiaire du gamin. Il est anormal qu'un homme prépare le biberon de son bébé parce que la mère en est incapable, ou qu'il doive toujours se charger d'acheter les sous-vêtements des quinze femmes de sa famille ; et s'il est courant de voir les garnements de dix-sept ans convaincus qu'ils en savent plus long que les hommes d'âge, il est parfaitement irrégulier qu'ils parviennent à les en persuader.

Comme la subversion inspirée par nos écoles, les mouvements dirigés contre l'autorité (partis nationalistes ou révolutionnaires, réformismes religieux) vont désormais être des mouvements de jeunes. Tandis que, de tous côtés, les structures traditionnelles et l'autorité des anciens sont battues en brèche, la démographie évolue, l'échelle des âges se modifie, la force du nombre passe aux « moins de vingt ans ». Vienne la révolte – sur ce terrain si bien préparé pour elle –, les hommes mûrs, non contents d'être minoritaires et ridicules, vont se faire égorger, un à un, en priorité.

Ce tableau demeurerait incomplet si l'on ne mentionnait les innombrables fraudes, malversations, exploitations dont sont victimes ces populations archaïques, en contact avec un type d'évolution différent du leur. Mais on imagine aisément ces sévices, et il est d'ailleurs chimérique d'espérer qu'une bonne administration parviendra jamais à les en préserver ou qu'un changement politique puisse leur être un jour favorable. Au même degré que les problèmes posés par l'accroissement démographique, ces errements sont sans remède à ce stade d'évolution.

Ce tableau très noir n'est pas celui de toute l'Algérie, mais correspond cependant à plus d'un de ses secteurs. À côté de ceux-ci, des régions favorisées permettent de penser que la situation algérienne n'est pas intrinsèquement désespérée. Oui, sans doute, il y a eu choc partout, mais, ici ou là, une nouvelle société a surgi et pourrait provigner…

En Petite Kabylie, en Oranie, dans l'Aurès lui-même se rencontrent des villages où des conditions d'évolution analogues – différemment dosées – ont produit des résultats diamétralement opposés. Là aussi une route s'est ouverte, mais la concurrence entre trafiquants, l'afflux d'argent provenant d'emplois industriels, de moindres distances séparant les villages du grand marché – tout a contribué à régulariser le cours des denrées de première nécessité et à améliorer, du coup, le sort des plus pauvres. Dans cette amélioration, la route a joué son rôle éminent et, cette fois, bienfaisant. L'instruction primaire, distribuée à tous les enfants, filles et garçons, la possibilité de poursuivre des études secondaires ou supérieures convenablement répartie ont permis une évolution globale de la société, d'où un mieux-être général. L'embauche industrielle, l'augmentation des rendements agricoles constitueront alors un autre facteur de progrès authentique. Instruction, accroissement des revenus – l'un poussant l'autre – acheminent tout un groupe humain vers les possibilités du bonheur.

Entre le pire et le mieux intervient ainsi une pure question de dosage : dans les domaines de l'école, de l'emploi et de la commercialisation, si l'on parvient à une certaine saturation du milieu, la cristallisation sociale peut se produire – il y a alors, à plus ou moins brève échéance, mutation – et désormais tout se passe selon les normes mêmes que nous avons sous les yeux en Europe occidentale. Je ne donne pas cette note d'optimisme pour éclairer un instant les ombres trop noires de cet article… Les perspectives qui s'offrent à l'Algérie sont forcément diverses et à la merci d'événements imprévisibles.

Si, pour une raison quelconque, la « saturation » culturelle et économique des pays développés ne peut être atteinte en ces milieux sociaux archaïques pris dans les remous de l'actuelle révolution du monde, alors nous revenons à notre tristesse préalable, car la vénérable civilisation inconsidérément détruite, je dis même détruite à l'aveugle, continuera à dégénérer et le malheur de ceux qu'elle a protégés si longtemps sera sans remède, dans l'Aurès comme ailleurs.

1957

L'Algérie nouvelle, les Algériens et la France

Il est très exact que les normes françaises, appliquées à l'Algérie, représentent des dépenses gigantesques, dont on peut donner un aperçu.

Prenons, par exemple, la Sécurité sociale. En Algérie, les charges d'un foyer musulman sont 5,2, et celles d'un foyer européen 3,6, ce qui signifie que 10 ouvriers européens doivent nourrir 36 personnes, tandis que 10 ouvriers musulmans en nourrissent 52. En conséquence, quand 10 ouvriers musulmans sont inscrits à la Sécurité sociale, celle-ci a la charge de soigner 52 personnes (au lieu de 36).

En milieu algérien musulman, sur 1 000 consultants, il y a 9 tuberculeux ; en milieu algérien non musulman, 2 sur 1 000 ; en métropole, 1 sur 1 000. Autrement dit, un ouvrier européen d'Algérie a deux fois plus de chances que l'ouvrier de France d'être tuberculeux, mais l'ouvrier musulman et sa famille en ont neuf fois plus. Cela signifie que, pour la Sécurité sociale qui assure ce dernier, il est neuf fois plus probable d'avoir à soigner un tuberculeux, et cela pour presque deux fois plus de gens. Même effrayante progression pour le paludisme, le trachome et toutes les maladies en général – et cela malgré l'énorme progrès réalisé sur le front sanitaire algérien depuis vingt ans.

En 1953, en Algérie, il y a eu 395 000 assurés sociaux cotisants, dont 220 000 étaient musulmans.

Pour ces 395 000 assurés, la Sécurité sociale, en 1953, a disposé de 3 760 millions, sur lesquels elle a eu un solde bénéficiaire de 650 millions. Pourquoi ce solde bénéficiaire ? Parce que les ouvriers musulmans ne savaient pas se servir de la Sécurité sociale. Mais ils s'adaptent avec une extrême rapidité à nos chinoiseries et, dès 1954, sur près de 4 milliards, la Sécurité sociale n'a conservé aucun solde bénéficiaire. Ensuite, de deux choses l'une : ou la progression des chinoiseries parviendra à priver les musulmans d'un avantage qui leur est dû par contrat, ou la Sécurité sociale atteindra des déficits astronomiques.

Malfaisance des dernières mesures

En Algérie, l'hygiène scolaire n'est pas seulement une œuvre de haut intérêt social, elle est une nécessité, car bien souvent l'écolier n'a aucune possibilité d'être soigné s'il ne l'est pas à l'école. Il est cependant absurde dc soigner le trachome ou la gale d'un gamin dont tous les frères et sœurs – non scolarisés – sont galeux ou trachomateux ; d'autre part, il est naturellement interdit au médecin de l'hygiène scolaire de soigner la famille du petit malade. Il est donc absurde d'instruire un enfant si on ne le soigne pas, mais non moins absurde de le soigner en le laissant vivre en milieu contagieux. Certains se tirent de cette contradiction en disant qu'il ne faut ni soigner ni instruire le mioche ; d'autres pensent qu'il faut trouver le moyen de soigner et d'instruire toute la famille. Je fais partie de cette dernière catégorie. Mais je reconnais que le système le plus lent et le plus onéreux pour arriver à ce résultat, c'est le nôtre, c'est-à-dire notre école primaire et notre Sécurité sociale.

Les allocations familiales, théoriquement payées par les employeurs, sont, en fait, supportées par l'ensemble des employés.

En pratique, dans l'hexagone français, le système consiste à augmenter le revenu des familles de trois enfants (ou davantage) au préjudice des célibataires et des ménages sans enfants ou n'ayant qu'un seul enfant. La famille de deux enfants constitue la charnière entre la catégorie payée et la catégorie payante.

Dans un pays où le nombre moyen des enfants est beaucoup plus grand, la charnière se déplace nécessairement et la catégorie payante s'élargit au fur et à mesure de l'élargissement de la catégorie payée. Les allocations familiales vont alors constituer un prélèvement sur le salaire des pères de deux, voire de trois enfants, au bénéfice des pères de cinq et six enfants ou davantage.

Dans le secteur privé, la somme versée était, en 1955, de 2 400 francs par enfant et par mois (j'ignore si clle a été augmentée de quelques francs). Même ainsi elle ne permet pas d'entretenir à elle seule un enfant. Si elle ne constituait qu'une aide pour les chefs de famille, son seul inconvénient, par conséquent, serait d'être insuffisante.

Mais elle n'est pas que cela, puisqu'elle représente aussi un prélèvement sur certains salaires. Opéré sur le gain du jeune célibataire, ce prélèvement va gêner celui-ci pour s'établir dans les meilleures conditions ; il va empêcher le jeune père de un, deux ou trois enfants (celui qui avait le plus de chances « d'élever » sa famille), de faire pour elle les dépenses qu'elle exige, tandis que le père de cinq ou six enfants ou davantage ne pourra, de toute façon, pas élever la sienne. Véritable mécanisme de paupérisation.

Si l'on entre dans le détail des mœurs, le tableau est plus noir encore. Ne parlons pas de la polygamie (qui n'existe pratiquement pas), mais examinons la répudiation qui est un fléau plus grand, car elle permet sans motif de séparer la mère de ses enfants. Les enfants restent à la charge du père, mais il conserve évidemment le bénéfice des allocations qui sont versées pour eux.

Or il se produit ceci. Chaque fois qu'un homme mûr se remarie, c'est un jeune homme de plus qui ne va pas trouver à se marier, et c'est un fait qu'il existe un problème du mariage pour l'homme jeune en Algérie.

Si l'on songe maintenant que c'est avec l'argent prélevé sur le salaire de ce garçon que nos institutions s'efforcent (avec succès) d'encourager le grand-père à la reproduction, et que la combinaison de nos usages avec les mœurs locales va permettre aux vieux messieurs de prendre aux jeunes à la fois leurs femmes et leur argent, on admire évidemment les beaux résultats de la sollicitude de l'État.

Si nous examinons maintenant le problème de la scolarisation, nous constatons la situation suivante :

En 1955, 1 683 000 enfants algériens d'âge scolaire n'ont pas eu de place dans les écoles.

Dans la ville d'Alger, 2 enfants musulmans sur 3 vont en classe ; dans la banlieue d'Alger, il n'y en a plus que 14 sur 29 (donc pas tout à fait 1 sur 2) ; dans l'ensemble des petites villes du département, 14 384 enfants sur un peu plus de 40 000. Dans le reste du département (campagne), sur 530 000 enfants, 64 447 sont scolarisés (pas tout à fait 1 sur 8) ; mais si on examine les effectifs scolaires de certaines communes mixtes, c'est 1 enfant sur 50, 1 enfant sur 70 qui a des chances de pouvoir un jour gagner sa vie.

En 1963-1964, au terme de l'effort envisagé par le plan de scolarisation, on a calculé que 35 % des enfants d'Algérie pourraient trouver place dans les écoles primaires et 65 % d'entre eux seraient encore privés d'instruction, soit encore 1 600 000 enfants sacrifiés. On en serait donc presque exactement au même point qu'aujourd'hui.

Pour atteindre la scolarisation totale de l'Algérie, par l'intermédiaire de l'école primaire, fonctionnant selon les normes actuelles, il faudrait donc prévoir un effort trois fois plus grand que celui envisagé dans le « plan de scolarisation », soit 150 milliards en dix ans.

Feu la politique assimilationniste

En admettant que l'on puisse disposer des 150 milliards en question, le problème ne serait pas résolu pour autant, car il faudrait alors construire 30 000 classes et les construire conformément aux exigences métropolitaines, et il faudrait surtout assurer le recrutement des 33 000 instituteurs, au niveau actuellement exigé pour ceux-ci. Or ce recrutement présente déjà des difficultés suffisantes pour qu'on puisse considérer comme très sérieux l'obstacle qu'il constituerait, si l'on voulait exécuter le plan de scolarisation en dix ans (11 000 classes). C'est dire qu'un programme de 33 000 classes, dans le même délai, est irréalisable.

Dans le délai de trente ans, on se trouverait encore une fois dépassé par la démographie, car, entre les années 1966 et 1986, la population – sauf amélioration massive de son niveau de vie ou cataclysme – devrait normalement doubler et ses besoins scolaires avec elle. (En 1980, la population musulmane totale doit atteindre le chiffre de 17 980 000 individus.)

Dans ces trois domaines – Sécurité sociale, allocations familiales, scolarisation –, l'absurdité résulte de l'application homéopathique de systèmes conçus dans l'Hexagone métropolitain.

Si la masse des salaires était accrue dans une proportion substantielle, la Sécurité sociale assurerait à une partie croissante de la population un niveau de santé satisfaisant et qui s'alignerait progressivement avec le nôtre. L'élévation générale du niveau de vie, jointe à une scolarisation totale, devrait normaliser la démographie, et, ce faisant, éliminerait du même coup les incohérences actuelles du système des allocations familiales.

Il est très vrai que, pour atteindre ces résultats en utilisant les normes françaises, il faut prévoir des sommes supérieures à celles qui seraient nécessaires avec des normes originales. Atteindre en Algérie le niveau de santé de la France en utilisant pour cela les mécanismes de notre Sécurité sociale représente un gaspillage sensationnel. Parvenir à une scolarisation totale avec les normes de l'école primaire est simplement impossible (non pas même faute de crédits, mais faute de maîtres et de locaux).

Il est vrai également que, dans l'état actuel de l'évolution du monde, il n'est pas possible de faire accepter à une population quelconque l'étiquette d'un pays dont elle ne partage pas intégralement tous les droits et les avantages.

Pouvions-nous « garder » l'Algérie sans partager intégralement avec les Algériens nos acquisitions sociales ? Assurément non. Pouvions-nous assumer les énormes frais de ce partage ? Personnellement, je le crois, à la condition de le vouloir et à la condition qu'ils le veuillent. Mais nous quittons le domaine des faits pour entrer dans celui des sentiments.

Aujourd'hui, en 1958, nous pourrions encore (non sans nous imposer une charge trop lourde) entreprendre l'effort financier qu'exigerait le partage économique que nous venons de voir, mais nous ne pouvons pas, à la fois, continuer indéfiniment à supporter les frais d'une guerre et à mener à bien des investissements pacifiques. *Nous pouvons (et très péniblement) payer les uns ou les autres. Pas les deux.*

Peut-on espérer que, après trois ans et demi d'une répression cruelle, tous les Algériens vont brusquement changer d'avis et se rallier à une politique assimilationniste ? C'est une hypothèse invraisemblable. Au surplus, nous ne la leur offrons même pas (et la loi-cadre ne peut pas en tenir lieu).

Peut-on poursuivre la guerre sans résoudre les problèmes sociaux de l'Algérie ? C'est alors une œuvre de Gribouille, car, dans le cas d'un *statu quo* économique, la population algérienne double mécaniquement tous les vingt ans et ne nous laisse plus aucun autre choix que celui de la fuite. Dans ce cas, M. Raymond Aron[a] a parfaitement raison : autant fuir tout de suite, ce serait moins cruel et moins onéreux pour tout le monde. Cela ne veut pas dire que cette solution ne soit pas horrible. Elle est seulement moins horrible qu'une autre option : la guerre chronique, haineuse, ruineuse, illimitée, avec, en finale, un départ d'autant plus inévitable que la lutte aura été plus longtemps poursuivie.

En présence de ces perspectives, il est clair que la politique assimilationniste – feu la politique assimilationniste –, malgré son caractère très onéreux pour la France, représentait pour tout le monde des avantages certains : elle était humainement juste, elle répondait à tous les problèmes matériels de l'Algérie. Elle assurait à notre pays une expansion sans aventure. Enfin, elle était facile à comprendre et elle

a. Référence au livre d'Aron *La Tragédie algérienne*, Paris, Plon, 1957.

correspondait à nos vertus et à nos travers particuliers – je veux dire : à notre manie d'uniformisation (c'est un travers) et à notre croyance dans l'identité profonde des hommes (c'est une vertu).

Nous étions assez riches pour payer sans trop de peine les sommes considérables exigées par un « plan de restauration humaine de l'Algérie ». À la condition de ne pas enfler en même temps notre budget militaire, nous pouvions accroître celui de l'Éducation nationale, des Ponts et Chaussées, de l'Assistance publique (quant à nos chemins de fer et à notre Sécurité sociale, ils n'en sont pas à un déficit près). *Nous pouvions.* Nous ne pouvons plus.

J'entends souvent des gens me dire : « Il faut donner ceci aux Algériens, il faut leur faire faire cela… », etc., etc. Trop tard. Ils ont été assez longtemps le complément d'objet direct ; maintenant ils veulent être le sujet du verbe, et cette position motrice dans leur propre destin, ils ne demandent pas qu'on la leur octroie, mais ils exigent qu'on la leur reconnaisse. C'est même là l'essentiel de leur exigence.

Pas d'alliance de remplacement

Cela ne signifie pas que nous devons être seuls à faire des concessions, il faut aussi que les cadres algériens se rendent compte qu'ils ont encore plus besoin de nous que nous n'avons besoin d'eux.

Il faut aussi qu'ils comprennent qu'il n'y a pas pour eux d'alliance de remplacement, parce que le problème algérien est actuellement beaucoup plus un problème de salaires qu'un problème d'investissements, et la France est le seul pays du monde qui peut leur donner les 800 000 salaires qui les sauveront à coup sûr.

Dans cette double perspective d'égards réciproques, il est possible de concilier nos intérêts avec la revendication irrépressible de la jeunesse algérienne, et les nécessités économiques que je viens d'exposer. Or la jeunesse algérienne est mieux placée que nous pour imposer à son propre pays la sévère discipline qui peut le sauver, et des formules moins onéreuses, plus adaptées et plus efficaces que celles que nous avons conçues à notre usage.

Cette sévère discipline – si sévère soit-elle – ne sauvera rien cependant sans notre aide matérielle, mais cette aide, c'est notre intérêt de l'assurer, et c'est notre droit de l'assortir de conditions raisonnables.

C'est là cependant ce qui m'inquiète le plus : l'expérience prouve que notre pays est beaucoup moins sensible à des arguments d'intérêt international qu'à des sentiments de nationalisme cocardier. En présence des problèmes d'outre-mer, il a les réactions d'un paysan arriéré qui nc lâche pas sa terre et qui ne rationalise pas son exploitation. Faire comprendre aux Algériens qu'ils doivent trouver une formule d'association avec la France est une chose possible, mais faire comprendre à la France que les Algériens sont un peuple adulte et que, tout en lui reconnaissant cette qualité, il faut cependant lui assurer une aide, et une aide privilégiée, est une entreprise autrement difficile. Je suis néanmoins convaincue non seulement du devoir inconditionnel que nous avons vis-à-vis de l'Algérie, mais aussi de l'impossibilité pour la France de réaliser n'importe quelle politique africaine : premièrement tant que la paix en Algérie n'aura pas été rétablie – j'entends une paix authentique ; deuxièmement tant que les problèmes économiques et sociaux que pose la situation exceptionnelle de ce pays ne seront pas en cours de règlement. Il ne s'agit pas de donner à tous les Algériens un niveau de vie égal au niveau de vie français ; il s'agit de renverser la pente économique. Actuellement, il y a un tiers des habitants de l'Algérie dont le budget est croissant, et deux tiers dont le budget diminue d'année en année. Il faut et il suffit que les trois tiers des Algériens aient un budget croissant – quel que soit ce budget.

Ce résultat peut être obtenu beaucoup plus facilement par des cadres acceptés par la population et armés d'un idéal, à la condition qu'une formule d'association quelconque soit maintenue avec la France. Les sacrifices que nous devons consentir nous permettent d'assurer nos deux autres objectifs, qui sont la sécurité des biens et des personnes de nos compatriotes – et j'entends par là tous ceux qui réclament la nationalité française – et l'exploitation des matières premières sahariennes.

La guerre actuelle, à l'inverse des autres guerres, ne peut pas comporter un perdant et un gagnant, mais seulement *deux* perdants ou *deux* gagnants. Jusqu'à présent, de part et d'autre, nous avons déployé de grands efforts pour tout perdre ensemble ; il en faudrait de moins grands pour tout gagner – à la condition d'assaisonner l'énergie déployée avec un peu de bon sens et de bonne foi.

1958

Les Centres sociaux

1. Un combat social

Lorsque Germaine Tillion est entrée, en mars [1955], au cabinet de Jacques Soustelle, le gouverneur général lui a demandé de l'aider dans ses réformes en mettant sur pied des « centres sociaux » susceptibles d'apporter aux musulmans les plus défavorisés une assistance adaptée à leurs besoins : scolarisation élémentaire, éducation de base, enseignement professionnel, aide économique et aide sanitaire. Jacques Soustelle a également chargé l'ethnologue d'une autre tâche : aller observer, de temps à autre, sur le terrain, l'évolution des sentiments, des réactions, des comportements des populations musulmanes rurales.

C'est dans le cadre de cette mission que Germaine Tillion parcourt, pendant tout le mois de mai, l'Aurès, les Nemencha et le Sud constantinois jusqu'à Biskra et El-Oued. (...)

Germaine Tillion a l'occasion d'expliquer au général Parlange, commandant civil et militaire de la région de l'Aurès et responsable, depuis le 1er mai, de la « coordination des mesures civiles et militaires contre le soulèvement dans les régions soumises à l'état d'urgence », que la généralisation des mesures fondées sur la responsabilité collective porte, dès le départ, un coup mortel à l'entreprise de « reconquête morale » des « officiers des affaires musulmanes » qui tentent de renouer les contacts avec les populations autochtones... « Vous verrez, dit-elle au patron des "képis bleus", que si une politique nouvelle à l'égard du nationalisme algérien ne vient pas stopper l'engrenage dans lequel nous sommes en train de nous engager, le cycle infernal de la répression toujours plus dure et de la rébellion toujours plus forte ruinera tous vos efforts de pacification. »

Des initiatives nouvelles en direction des nationalistes algériens : c'est la ligne que veut maintenant défendre, sur un plan général, Germaine Tillion. Ses conclusions rejoignent, sur ce point, celles de Vincent Monteil, encore que ses jugements soient moins théoriques, plus intuitifs, que ceux du chef du cabinet militaire du gouverneur général. Cependant, lorsque, de retour à Alger, elle expose son point de vue, le 30 mai, à Jacques Soustelle, elle trouve devant elle un interlocuteur fort peu réceptif.

S'appuyant sur les rapports des Services de renseignements, le gouverneur général porte en effet les jugements les plus violemment critiques sur les chefs du FLN de l'Aurès qui, dit-il, sont à la fois divisés entre eux (« une récente réunion de certains de ces responsables, le 10 mai, à Abassa, en l'absence du commandant de la région, Chihani Bachir, n'a fait que démontrer de manière caricaturale la persistance du vieil anarchisme berbère ») et féroces dans leurs méthodes (« un chef de bande comme Maache Messaoud n'est qu'un criminel de droit commun »).

Germaine Tillion, qui cherche d'abord à user de diplomatie, ne contredit pas ces analyses, mais elle fait remarquer que la « cruauté de l'ennemi » s'explique largement par « les atrocités commises de notre propre côté ». Elle ajoute que les divergences au sein du FLN devraient constituer, pour les autorités, une raison supplémentaire de nouer des contacts avec les leaders FLN. Les responsables militaires et politiques français devraient, à son avis, engager avec l'adversaire, aussi bien à Alger qu'à l'échelon régional, des pourparlers secrets « ne serait-ce que pour comprendre, dans toutes leurs nuances, le point de vue et la psychologie de tous les musulmans, y compris ceux qui nous combattent ».

Cette suggestion fait bondir Jacques Soustelle, qui déclare, en haussant le ton : « Jamais je n'ouvrirai un débat politique avec des gens qui remettent en cause l'idée même de l'Algérie française ! » La conversation entre le gouverneur et l'ethnologue tourne au dialogue de sourds. « Nous n'étions plus, dira Germaine Tillion, sur la même longueur d'onde. »

À la fois très sentimentale et très entière dans ses déterminations et ses décisions, l'ethnologue prend l'initiative de clore brutalement l'entretien en offrant sa démission du cabinet du gouverneur général. Jacques Soustelle ne cherche pas à la retenir, contrairement à ce qu'il fera, un mois plus tard, à l'issue d'un échange de vues non moins orageux, avec Vincent Monteil. Il propose simplement à Germaine Tillion de continuer à s'occuper des « Centres sociaux », car « là, le travail est plus humanitaire que politique ».

L'ethnologue, qui n'avait pas accepté sans hésitation, trois mois plus tôt, la « mission spéciale d'information » que lui avait confiée

Soustelle, mais qui a pris très à cœur son œuvre d'assistance aux déshérités algériens, accepte la proposition qui lui est faite.

Peu de temps après sa démission, elle envoie au gouverneur général une note dans laquelle elle explique comment elle entend poursuivre sa tâche.

Elle rappelle d'abord les objectifs qui ont été définis en mars et qui, précise-t-elle, doivent demeurer entièrement valables, en dépit du manque de moyens financiers et humains : « Les Centres sociaux doivent permettre de sortir l'Algérie, le plus rapidement possible, du sous-développement par la scolarisation totale faite intelligemment. Sans saupoudrage. Pour 10 000 personnes, il faut un Centre social de vingt personnes. Le Centre social a pour but de fournir à la population d'un secteur géographique défini l'ensemble de moyens de progrès nécessaires pour accéder au niveau économique supérieur. »

Les grandes perspectives étant ainsi à nouveau tracées, Germaine Tillion expose de manière détaillée les idées qu'elle veut faire appliquer : « L'efficacité des Centres sociaux dépend de l'observation des trois principes suivants : 1) une coordination pratique et quotidienne de toutes les activités visant à améliorer le sort de la population du secteur ; 2) un rapport exact entre l'importance numérique de la population et l'ensemble des moyens de progrès mis à sa disposition ; 3) un programme éducatif établi en liaison avec les programmes primaires. »

Jacques Soustelle ne soulève pas d'objections, mais il n'en est pas de même dans son entourage.

1971

Récit transcrit par Jean Finois

2. Naissance

J'avais connu l'Algérie – je veux dire la paysannerie algérienne – entre 1934 et mai 1940. Je l'avais connue avec l'attention respectueuse qui fut, en Bretagne, celle d'Anatole Le Braz pour l'oralité française… Un séjour de presque sept ans.

Ma quatrième mission se terminait exactement en mai 1940. Un hasard. Je rentre en France. Dans la dernière semaine de juin 1940, je prends contact avec deux ou trois camarades au musée de l'Homme et avec deux vieux colonels qui avaient tous les deux soixante-dix ans.

C'était d'ailleurs – il faut que je vous le dise à tous ici – à peu près tout ce qu'il y avait en France comme hommes valides. En juin 1940, je peux vous assurer qu'on ne rencontrait pas un homme de moins de soixante ans dans les rues ; parce que d'abord il y avait deux millions de prisonniers en Allemagne, il y avait eu pas mal de morts, pas mal de blessés et ceux qui restaient étaient en train de se faire démobiliser en zone libre. Par conséquent quand vous vous promeniez en zone occupée, un homme valide, c'était un évadé, sans papiers ; et ces hommes valides, mais sans papiers, il fallait que ce soit les invalides et les femmes qui s'occupent d'eux.

C'est une incidente…

De juin 1940 à avril 1945 la Résistance, puis une très dure captivité, avaient achevé de m'enseigner les lois de la survie, mais l'étude du désastre nazi m'a dans les années suivantes détournée de toute autre recherche.

Arrive novembre 1954, et c'est alors que le professeur Louis Massignon, homme de science, de conscience et de prescience, exigea de moi que j'accepte une mission de trois mois dans l'Aurès.

Je revis ainsi les Aurésiens après quatorze ans d'absence. Quand je les avais quittés, je connaissais presque mieux qu'eux-mêmes leurs ressources et je fus très vite épouvantée par la chute régulière *et croissante* de leurs niveaux de vie – une chute liée évidemment à la progression *normale* de la démographie – c'est-à-dire aux bienfaits irréversibles des vaccinations.

Quelle solution offrir à cette nouvelle humanité dont le nombre double à chaque génération – mais dont chaque individu veut et doit consommer à peu près dix fois plus que son grand-père ?

La solution hitlérienne, je l'avais vue de près et ensuite j'avais consacré une partie de ma vie à en étudier les fondements et les ruses.

Sur toute la terre la consommation et les exigences des hommes changeaient du tout au tout, et leur nombre également… À cette révolution mondiale il n'y avait qu'une solution *digne de la fratrie humaine* : l'éducation, l'instruction, c'est-à-dire des métiers, des solutions, des inventions… et avec cette créativité, suite de cette créativité, la prise de conscience des couples parentaux, c'est-à-dire l'amour paternel et maternel, unis dans la même ambition : offrir à l'enfant de quoi survivre à l'énorme choc que notre espèce est en train de subir…

Cela exigeait prioritairement d'inclure les femmes dans l'espèce humaine. Fait nouveau, autour du lac méditerranéen, mais si nous n'adoptons pas cette attitude, nous risquons grandement de ne pas pouvoir sauver l'autre moitié de l'espèce, celle qu'on appelle masculine.

Au bout de trois mois il était prévu que je devais rentrer à Paris en passant par Alger. À Alger, Pierre Mendès France venait de nommer un nouveau gouverneur général, ethnologue comme moi, Jacques Soustelle. Je ne l'avais pas revu depuis plus de dix ans, mais il était à Londres avec le général de Gaulle, et de Londres il avait connu nos arrestations et les exécutions de nos camarades du musée de l'Homme.

Très longuement, je lui ai exposé la situation tragique des campagnes algériennes, avec une misère qui doublait déjà à chaque génération, en expliquant les effets avec les causes, et il m'a demandé alors d'étudier une formule d'organisme correspondant aux missions culturelles qui fonctionnent au Mexique. Pensant que celle-ci ne convenait pas à l'ampleur des besoins algériens, j'ai proposé au gouverneur général une formule neuve qui fut acceptée. Le nouveau service prit le nom de « service des Centres sociaux ». Je m'appliquai aussitôt à lui faire prendre corps et en octobre de la même année il était en place.

En même temps qu'une structure adaptée aux besoins de l'Algérie, j'avais souhaité donner au service des Centres sociaux une impulsion conforme aux grandes traditions de l'Éducation nationale française, c'est-à-dire le respect des opinions et de l'honneur personnel de chacun.

C'était déjà la guerre, mais encore une guerre larvée où, de part et d'autre, on avait peur de ce qui allait arriver et on retenait les coups.

J'appartenais au Centre national de la recherche scientifique et avec son accord j'ai commencé à prospecter l'immense Algérie de long en large pour recruter ce qu'elle avait de mieux comme éducateurs et éducatrices. Elle en avait, et de grande qualité : hommes et femmes venus de France, Algériens de souche, ou nés Français en Algérie, les uns et les autres inquiets pour leurs élèves, copains entre eux, connaissant bien et aimant le pays. C'était le cas de Charles Aguesse. C'est à lui que j'ai demandé d'assurer le lancement et la direction du service des Centres sociaux que j'étais en train de créer.

Nous sommes encore en 1955, époque où la population algérienne comptait une majorité (8 millions) et une minorité absurdement favorisée (1 million).

Donner à tous les enfants des deux populations des chances équivalentes, telle fut l'ambition de base des Centres sociaux.

1992

3. *Les persécutions*

En janvier 1956, j'ai quitté mes fonctions au cabinet du gouverneur général pour reprendre mes occupations scientifiques.

Dix mois plus tard, le 15 octobre, une première arrestation eut lieu dans les Centres sociaux ; elle atteignit une jeune femme de nationalité suisse[1] dont l'activité politique se situait en dehors du service d'une façon évidente ; dans celui-ci, personne ne fut alors inquiété.

Première « affaire » des Centres sociaux : février-mars 1957.

En février 1957 eut lieu ce qu'on a appelé la « bataille d'Alger ». Ce fut une très triste période au cours de laquelle aucun service public ou privé employant des Algériens musulmans ne fut épargné : tout musulman était suspect, tout Français fréquentant des Algériens musulmans l'était également ; tout suspect était arrêté et souvent torturé.

Le service des Centres sociaux avait alors dix-sept mois d'existence et employait 120 personnes. Il subit une série d'arrestations dont le nombre n'excède pas le pourcentage d'arrestations qui furent opérées dans tous les autres services publics de la région d'Alger – soit seize personnes arrêtées sur 120.

Le tribunal militaire d'Alger jugea l'affaire le 24 juillet 1957 avec un scrupule sévère : sur ces seize personnes, deux furent condamnées avec sursis, un jeune musulman (reconnu coupable d'avoir porté une lettre) eut un an de prison ferme, *tous les autres membres du Service (donc treize personnes), furent non inculpés ou acquittés.*

Je me suis informée des conditions de leur détention et j'ai pu obtenir des précisions pour quatorze d'entre eux : trois ne furent pas torturés, dix subirent des sévices, le quatorzième, un jeune musulman nommé Saïd Ayadi, disparut dans les locaux de l'armée et n'a jamais été revu depuis[2].

1. En fait épouse d'un Suisse, cette jeune mère était française et « pied-noir ».
2. On a appris depuis que Saïd Ayadi avait pu gagner le maquis où il a été tué.

Deuxième « affaire » des Centres sociaux : mai-juin 1959.

La première affaire des Centres sociaux souleva une légitime émotion dans de nombreux milieux touchant à l'Éducation nationale. Les fonctionnaires et contractuels du Service portèrent plainte malgré une campagne d'intimidation assez redoutable, puisque le petit frère d'une jeune fille musulmane fut enlevé à son domicile par deux hommes habillés en parachutistes et que l'enfant n'a jamais été revu (ce qui porte à deux le nombre des disparus[1]).

Aucune de ces plaintes ne parvint jusqu'à un tribunal, mais elles semblent avoir mécontenté les personnes qu'elles mettaient en cause, et ceci expliquerait une seconde affaire des Centres sociaux qui a les apparences d'une machination.

Entre le 15 mai et le 25 juin 1959, donc deux ans après la bataille d'Alger, le service des Centres sociaux avait trois ans et demi d'existence et il comptait 400 personnes, dont une vingtaine furent arrêtées et six écrouées.

L'Écho d'Alger se permit, le 10 juillet 1959, de titrer en première page, sur trois colonnes et en très gros caractères : « Développant son activité dans les Centres sociaux de la région d'Alger, un réseau FLN dirigé de la métropole est détruit par Alger-Sahel. Durant les trois derniers mois : 802 arrestations, de l'armement saisi, un atelier de bombes découvert. »

Or, le 19 décembre 1959, le tribunal correctionnel d'Alger prononça en tout quatre condamnations (deux à trois mois et deux à huit mois de prison) ; toutes les autres personnes avaient déjà bénéficié d'un non-lieu ou furent acquittées, à l'exception d'une seule, dont le cas fut disjoint et n'a pas encore été jugé à ma connaissance. Les quatre jeunes gens condamnés, tous musulmans, étaient âgés d'une vingtaine d'années ; deux étaient des moniteurs et deux appartenaient au personnel occasionnel.

On leur reprochait essentiellement d'avoir été en contact avec un personnage mystérieux, arrêté en même temps qu'eux, et dont ils ne connaissaient que le surnom : « le Flegme ».

Malgré la demande expresse des avocats, il fut impossible d'obtenir que les jeunes gens arrêtés soient confrontés avec le principal « coupable » de l'affaire. Une hypothèse circula alors à Alger : ce personnage n'aurait pas « disparu », mais il appartiendrait à une des

1. On sait aujourd'hui que Mahieddine Meslem, âgé de seize ans, a, lui, effectivement disparu entre les mains de l'armée.

nombreuses polices civiles ou militaires de cette ville, qui aurait ainsi monté un faux réseau FLN.

Étrange opération qui semble avoir visé, non pas le FLN (que l'arrestation de cinq très jeunes gens, collecteurs de tubes d'aspirine, ne pouvait guère incommoder), mais un service de l'Éducation nationale, fidèle aux traditions républicaines de la France, et refusant de participer à la « mise en condition » de la population algérienne.

1960

4. Trois Algériens et trois Français…

Les signatures échangées à Évian, le 18 mars 1962, ne mettent pas un point final aux relations de la France et de l'Algérie – même pas des points de suspension : devant l'évidence des liens qui unissent les deux pays, les négociateurs ont cherché les formules qui permettront de multiplier dans l'avenir les accords librement examinés et librement consentis.

La longue et cruelle guerre qui s'achève met fin à une relation anormale (et dangereuse pour les deux partenaires) qui était la « relation coloniale ». Cette relation empoisonnée, l'évolution du monde, la nécessaire généralisation de l'instruction la rendaient un peu plus explosive chaque jour.

Par une juste rétribution, ce qui restera de la France en Afrique sera ce qui a été « donné » – j'entends : sans calculs, par amour – c'est-à-dire l'instruction (véhicule de notre langue), des références aux heures sombres vécues en commun, à nos savants, à nos écrivains, à nos artistes…

Cette œuvre admirable et indestructible est celle des instituteurs et de tous les enseignants qui, à l'intérieur d'une grande tradition de respect des consciences, ont travaillé pour le bien des enfants qu'on leur confiait, sans autre ambition qu'un meilleur avenir pour ces enfants.

Ce n'est pas un hasard si, trois jours avant la fin officielle de l'horrible guerre, six membres de l'Éducation nationale ont été froidement, délibérément, assassinés : trois Algériens qui aimaient la France, trois Français qui aimaient l'Algérie…

Ces hommes avaient élevé plusieurs générations d'enfants algériens et cela leur donnait l'autorité nécessaire pour s'interposer entre les foules exaspérées par des provocations calculées.

C'est pour cela qu'on les a tués.

1962

5. La bêtise qui froidement assassine

Mouloud Feraoun était un écrivain de grande race, un homme fier et modeste à la fois, mais quand je pense à lui, le premier mot qui me vient aux lèvres, c'est le mot : honte…

C'était un vieil ami qui ne passait jamais à Paris sans venir me voir. J'aimais sa conversation passionnante, pleine d'humour, d'images, toujours au plus près du réel – mais à l'intérieur de chaque événement décrit il y avait toujours comme une petite lampe qui brillait tout doucement : son amour de la vie, des êtres, son refus de croire à la totale méchanceté des hommes et du destin.

Certes, il souffrait plus que quiconque de cette guerre fratricide, certes, il était inquiet pour ses six enfants – mais, dans les jours les plus noirs, il continuait à espérer que le bon sens serait finalement plus fort que la bêtise…

Et la bêtise, la féroce bêtise l'a tué. Non pas tué : assassiné. Froidement, délibérément…

Cet honnête homme, cet homme bon, cet homme qui n'avait jamais fait de tort à quiconque, qui avait dévoué sa vie au bien public, qui était l'un des plus grands écrivains de l'Algérie, a été assassiné… Non pas par hasard, non pas par erreur, mais appelé par son nom, tué par préférence, et cet homme qui croyait à l'humanité a gémi et agonisé quatre heures – non pas par la faute d'un microbe, d'un frein qui casse, d'un des mille accidents qui guettent nos vies, mais parce que cela entrait dans les calculs imbéciles des singes sanglants qui font la loi à Alger…

Entre l'écrivain Mouloud Feraoun, né en Grande Kabylie ; Max Marchand, oranais d'adoption et docteur ès lettres ; Marcel Basset, qui venait du Pas-de-Calais (exactement : de Fousquière-lès-Lens) ; Robert Eymard, originaire de la Drôme ; le catholique pratiquant Salah Ould Aoudia et le musulman Ali Hamoutène il y avait une passion commune : le sauvetage de l'enfance algérienne – car c'était cela leur objectif, l'objectif des Centres sociaux : permettre à un pays dans son ensemble, et grâce à sa jeunesse, de rattraper les retards techniques qu'on appelle « sous-développement ». Dans un langage plus simple cela veut dire : vivre.

Apprendre à lire et à écrire à des enfants, donner un métier à des adultes, soigner des malades – ce sont des choses si utiles qu'elles en paraissent banales : on fait cela partout, ou, à tout le moins, on a envie de le faire.

Dans les Centres sociaux, on rendait ce programme efficace grâce à quelques ambitions particulières : tout d'abord on ne scolarisait pas « des enfants », on avait calculé comment scolariser, vite, *tous* les enfants, filles et garçons ; ensuite on voulait coordonner le programme de cette scolarisation trop élémentaire, trop hâtive, avec ceux de l'école primaire, afin que tous les enfants doués puissent accéder en masse à la complexe hiérarchie de l'enseignement. On voulait aussi que l'enfant instruit ne soit pas un phénomène étranger dans sa famille, et pour cela on avait mis au point des formules d'éducation globale (dite de base) ; enfin on y cherchait à augmenter le niveau général de la santé, les activités (donc les ressources) de chaque communauté villageoise où s'était implanté un Centre social…

Et c'était de quoi s'entretenaient ces six hommes, à 10 heures du matin, le 15 mars 1962…

1962

6. *Un homme qui n'a pas fait carrière*

Charles Aguesse, une grande figure de l'éducation en Algérie, nous a quittés.

Organiser la dissidence des services français en Algérie (pour s'en servir comme levier contre les libertés françaises), tenter d'assassiner le président élu de la République (afin de le remplacer par un Pinochet de leur cru), voilà ce qui suscite aujourd'hui l'intérêt et la sollicitude de nos gouvernants[a] ; en revanche, se souvenir qu'il y eut, en Algérie comme en France, des hommes et des femmes qui surent respecter l'autre patrie, tout en restant fidèles à la leur, et qui osèrent s'interposer entre les victimes et les bourreaux, cela n'est pas de mise. À ceux-là l'oubli convient…

a. Allusion à la décision que venait de prendre le président François Mitterrand, en 1983, de rétablir les généraux rebelles de la guerre d'Algérie dans tous les avantages et leurs droits d'officiers supérieurs de l'armée active.

Manquons aux usages de ce temps pour nous affliger de la mort d'un homme oublié, survenue le 18 juin dernier.

Il s'appelait Charles Aguesse, il était né à Nantes et, après son agrégation de grammaire, avait notamment enseigné à Bourges. En 1945, à la demande de Jean Guéhenno, il est appelé à promouvoir et diriger à Alger le service des Mouvements de jeunesse et d'éducation populaire ; dix ans plus tard, en 1955, il acceptera la direction d'un autre service de l'Éducation nationale, celui des Centres sociaux, dont l'objectif est de s'attaquer, réellement et rapidement, au sous-développement algérien.

Quand je l'ai connu j'ai vite pensé qu'il avait l'étoffe qu'il fallait pour former et diriger une véritable équipe, et je lui ai exposé les ambitions des Centres sociaux : gagner de vitesse les mécanismes de la misère, faire de l'Algérie un pays développé, en donnant aux adultes et à tous les gosses algériens une instruction et l'accès aux métiers. Charles Aguesse accepta immédiatement cette rude tâche, qui était aussi une tâche dangereuse. En 1955 il vivait en Algérie depuis dix ans et, s'il en connaissait les élites, il en avait vu aussi les bidonvilles et quelques-uns des villages, et comme beaucoup de gens (et comme moi-même) il avait envie que, d'une manière ou d'une autre, ce pays vive.

Malgré la guerre qui sévit depuis un an, ce service est bien accueilli par les nombreux Algériens qui restent attachés à la France, et par les nombreux Français qui respectent les Algériens : ils connaissent en effet Charles Aguesse et savent qu'il a su créer des équipes qui, jusque dans les petits villages, ont animé théâtres, chorales, conférences, expositions de peinture, bibliothèques itinérantes, qu'il a aidé à la naissance d'un théâtre en langue arabe et au développement d'émissions en arabe et en kabyle, qu'il a organisé des rencontres où figurent notamment les pieds-noirs Albert Camus, Jules Roy, Emmanuel Roblès, Gabriel Audisio, Jean Sénac, mais aussi des « gens de l'intérieur » comme Louis Guilloux, Jean Cayrol, Francis Ponge, Émile Dermenghem, André Mandouze, Michel Leiris, le peintre Kermadec avec l'éditeur Mimouni, Malek Bennabi, Mohammed Dib.

La guerre suit son cours. Dans une première phase (1954-1955) on a, de part et d'autre, cherché à retenir les coups, mais le « parti de la guerre » exige des exécutions capitales et le pouvoir français a la lâcheté de les lui accorder. Aux exécutions répondent, comme cela était prévu, les attentats terroristes et le pouvoir français commet alors la faute impardonnable de confier les pouvoirs de police à l'armée.

Charles Aguesse, tout en poursuivant sa mission d'éducateur, téléphone dès lors quotidiennement à tous les lieux de détention pour demander des nouvelles de chacun de ses agents arrêtés et éviter ainsi qu'on ne les fasse disparaître (Algériens et Français, femmes et hommes, ils ont tous été torturés à l'électricité, puis reconnus innocents par un tribunal militaire dont l'indulgence n'était pas le péché majeur).

On n'ose pas arrêter le directeur, cet homme sans reproche dont le tort est d'être aussi sans peur – mais il persiste à refuser de faire des Centres sociaux un instrument de propagande ou de police, et « les colonels » ne le lui pardonnent pas.

En juin 1959, une nouvelle vague d'arrestations paralyse les Centres sociaux ; elle est due à un agent provocateur (reconnu tacitement comme tel par le tribunal militaire), mais cette fois le parti de la guerre obtient que Charles Aguesse soit relevé de ses fonctions et laissé sans affectation… ce qui probablement lui sauve la vie mais brise sa carrière. Quand il part, il y a déjà plus de cinquante Centres qui fonctionnent, et ses collaborateurs continuent son œuvre ; six d'entre eux seront assassinés par l'OAS en mars 1962. Parmi eux se trouvait l'écrivain Mouloud Feraoun.

Autour de Charles Aguesse, ces hommes et ces femmes, ces Algériens et ces Français parvinrent à maintenir en Algérie, malgré la guerre, une tradition de respect d'autrui et de liberté de conscience. Si ces valeurs ont encore cours en 1983, peut-être que quelqu'un, à l'Éducation nationale, se souviendra de Charles Aguesse, par exemple en donnant son nom à un lycée.

1983

Lettre au général Massu

Dans un livre intitulé *La Vraie Bataille d'Alger,* vous avez placé ce sous-titre injurieux « Comment on trompe la justice » au-dessus d'une lettre que vous m'attribuez. Cette lettre a pour objet d'éviter la guillotine à deux jeunes filles condamnées à mort.

Or cette lettre, je n'ai pas le souvenir de l'avoir écrite, mais j'en prends la responsabilité, car – dans le contexte monstrueux que *vous* avez créé dans votre département – j'aurais pu l'écrire.

Aujourd'hui, on ne vous insulte plus en disant que vous avez ordonné et couvert la torture, puisque vous vous en vantez désormais par écrit. Ce que vous ne dites pas, c'est à quelle échelle ce crime a été commis dans le secteur dont vous aviez la charge, mais le secrétaire général de la préfecture d'Alger, Paul Teitgen, a identifié 3 024 disparus : dans une seule ville, en moins d'une année, 3 024 hommes ou femmes furent officiellement arrêtés par vos services, et dans nombre de cas on ne retrouve même pas leurs cadavres. D'autres prisonniers étaient remis vivants à la justice, mais avec des aveux criminellement extorqués par la torture.

Car j'étais à Alger le 25 juillet 1957 lorsqu'on a guillotiné – *guillotiné* – le soi-disant assassin d'Amédée Froger, Badèche ben Hamdi, sans autre preuve que des aveux qu'il n'a cessé ensuite de démentir. Au cours de son procès public, ce docker déclara : « Le métal on peut le tordre, le fer on peut le fondre, alors que peut-on faire de l'homme avec la douleur. » Et il y eut, à ma connaissance, au moins quatre autres Algériens qui, torturés, avouèrent ce même meurtre. « Tromper la justice », général Massu, c'est cela…

Et la fin désastreuse a répondu aux moyens indignes – car les États savent maintenant, grâce à vous, que pour perdre à coup sûr une province, il ne faut qu'y gagner une « vraie bataille d'Alger ».

Commentaire à la réponse du général Massu

1) Au moment des deux premières exécutions capitales de patriotes algériens, le 19 juin 1956, il n'y avait jamais eu d'attentat FLN aveugle, à Alger, et le FLN n'y possédait pas une seule bombe.

Le lendemain même de ces exécutions eurent lieu les premiers attentats sur la foule. Au revolver. Ils firent quarante-sept victimes françaises, morts ou blessés, et il y eut deux terroristes algériens abattus, dont un se nommait Achour et habitait 3, rue de Thèbes.

Cinq semaines plus tard, le 10 août 1956, la première bombe « terroriste » éclata à Alger, mais c'était une bombe française. Elle éclata 3, rue de Thèbes et fit officiellement quinze morts (en réalité près de soixante), dont nombre de femmes et d'enfants. Il n'y eut *aucune* arrestation, alors que tout le monde, dans Alger, nommait les auteurs de cet attentat – auteurs qui le revendiquèrent d'ailleurs dans la suite. Un de ces auteurs fut assassiné un peu plus tard, par un des habitants du bloc sinistré. Cet assassin-là, lui, fut arrêté, jugé et exécuté.

Dans la suite, les attentats ont continuellement répondu aux exécutions, et il aurait suffi d'arrêter les exécutions (il y en eut *plusieurs centaines*) pour arrêter les attentats urbains aveugles – mais ceux qui avaient besoin d'affoler la population européenne d'Alger, pour s'en servir comme d'un bélier contre la République, veillèrent à empêcher les grâces.

2) À l'inverse de ce que le général Massu semble croire, j'ai pleine confiance dans la sincérité et la qualité de l'information de Paul Teitgen : les 3 024 disparus dont il parle ont bien été arrêtés, et ils sont tous morts. Ma phrase signifiait simplement que, dans quelques cas, on retrouve leurs cadavres, mais dans ces cas-là le prisonnier est censé avoir été tué au cours d'une évasion, ou s'être mortellement brûlé dans sa cellule avec sa cigarette.

3) Badèche ben Hamdi (guillotiné sans autre preuve que des aveux extorqués par la torture) a été arrêté le 25 février 1957, donc à une date où le général Massu répondait de l'ordre à Alger (il a pris ses fonctions le 7 janvier). Un soi-disant complice de Badèche, arrêté dans la même période, fut remis dans un tel état qu'il mourut au bout de deux jours dans la prison de Barberousse.

4) J'ai rencontré le chef du FLN d'Alger, Saadi Yacef, pour la première fois, le 4 juillet 1957. Je venais de visiter toutes les prisons d'Algérie, accompagnant, avec Louis Martin-Chauffier, une mission d'enquête internationale. Au cours de cette enquête, j'avais acquis la certitude (avec quelle honte ! avec quelle douleur !) de l'emploi quasi général de la torture. J'avais pu constater également le résultat *prévisible* de cette méthode, à la fois abominable et imbécile – je veux dire le ralliement en masse des derniers hésitants algériens au FLN. J'ai dès lors considéré comme désastreux qu'on fasse tuer des milliers de jeunes gens dans une guerre évidemment sans issue.

Au cours de ma première entrevue avec Yacef, j'ai dit l'horreur que j'éprouvais pour les attentats. Comme il était (antérieurement à cette rencontre) profondément bouleversé par la cruauté effective qu'ils représentent, il se jura à lui-même, devant moi, de ne plus toucher à la population d'Alger. Et il tint son serment, prenant ses dispositions pour qu'il n'y ait plus de victimes. Je l'ai revu une fois, mais cette fois à la demande du gouvernement français, pour essayer d'organiser une rencontre entre les responsables des deux pays.

5) Je connais énormément d'Algériens, mais n'en ai jamais rencontré un seul qui n'ait considéré comme d'énormes farces les embrassades du 16 mai[a]. Évidemment, ils les préféraient à la magnéto.

6) Considérant que les options politiques de l'Algérie regardaient les Algériens, et pas moi, je ne m'en suis jamais occupée. En revanche, j'ai essayé sans cesse de sauver des vies – françaises et algériennes – et j'en ai sauvé beaucoup. J'ai pris, pour cela, de grands risques.

1971

a. Le 13 mai 1958, un Comité de salut public est formé à Alger sous la présidence du général Massu, qui prend son autonomie par rapport au gouvernement de la République. Dans sa réponse à GT, le général Massu évoquait « les exaltantes journées de fraternité qui ont suivi le 13 mai 1958 ».

Albert Camus et l'Algérie

1. Clairvoyant et désespéré

Dans *Actuelles III, Chronique algérienne*, Albert Camus a réuni des articles dont les premiers ont paru en juin 1939 et dont le plus récent (inédit) est postérieur au 13 mai 1958. Pendant dix-neuf ans, cet Algérien, ce Français, a vu se creuser la pente qui mène vers les désastres, et il a averti.

La première partie du livre reprend, en l'abrégeant (et personnellement je le regrette, à cause de la qualité documentaire de ces articles), un reportage sur la misère de la Kabylie au début de 1939. L'enquête est solide, précise, pénétrante ; elle remonte jusqu'aux causes, elle envisage des remèdes.

À quoi bon signaler – après tant d'autres – que, à ce moment-là, tout pouvait encore être sauvé, et sauvé presque facilement ? Matériellement, les sacrifices exigés par ce sauvetage n'excédaient pas les moyens dont notre pays dispose ; psychologiquement, notre opinion publique était prête à comprendre leur nécessité et capable d'y consentir. Mais il y eut la guerre, et encore la guerre, pendant les dix-neuf années qui suivirent.

Le livre commence en 1939, mais le malheur algérien est plus ancien.

À quoi sert d'accuser nos compatriotes d'Algérie ? Ils ont, pendant cent ans, infatigablement, épaissi l'écran opaque qui cachait l'Algérie à la France (et on le leur a beaucoup reproché, non sans motif), mais, après tout, ce jeune journaliste inconnu qui signait Albert Camus était l'un d'entre eux, et il a crié en vain. Et qu'on nous montre une population qui, mise en position d'en opprimer une autre, ne l'opprimera pas à coup sûr, avec l'innocence biologique du carnassier… Tous les hommes se valent, du moins statistiquement, et plus particulièrement ceux du nord et du sud de la Méditerranée, et c'est bien pour cela qu'il n'est pas de remède à l'oppression, en dehors d'une modification radicale de la relation qui lui a donné naissance ; tout ce qu'on peut souhaiter alors, c'est que cette modification n'aboutisse pas à l'oppression inverse (l'oppression inverse étant l'idée qu'on se fait, très communément, de la justice).

En 1939, nul ne songeait encore à inverser l'oppression, et ceux qui la signalaient criaient dans le désert.

J'étais en Algérie lorsque ces articles ont paru ; je ne les ai pas lus, et nul ne m'en a parlé. Il est vrai qu'un immense pays sans route me séparait du bureau de poste le plus proche ; il est vrai que, là où je me trouvais, j'étais seule à lire ou parler notre langue. Donc je n'ai pas connu ces articles, mais tout ce qu'ils décrivent je l'ai vu : à la misère kabyle correspondait la misère de l'Aurès. Ici et là, des produits sauvages, à peine comestibles, étaient mélangés à l'orge de la galette, et la viande ne figurait dans le menu familial que pour les grandes fêtes. En Kabylie, la vie était suspendue à la récolte des olives ; dans l'Aurès, elle dépendait du troupeau, dont la mortalité s'accroissait d'année en année, à cause de l'usure des sols. C'est dans l'Aurès qu'un petit enfant de six ans caressait une grosse pierre en lui murmurant tout bas : « Petite chèvre, donne-moi un peu de lait » –, mais du nord au sud de l'Algérie, on pouvait entendre son chuchotement.

Après une description poignante de cette misère, l'auteur analyse ses causes et montre le lien entre les bas salaires et l'absence d'école. Il voit, et il dit, que cette absence n'est pas due uniquement au manque de crédits, mais à une volonté délibérée et agissante qui appuie sourdement l'inertie administrative. Là où fonctionne l'école, le niveau de vie s'accroît, parce que le chômage diminue ; le chômage diminue parce que l'émigration devient possible et que, grâce à la diminution de la concurrence, les salaires montent. « Donc, il ne faut pas d'école », pense l'employeur prévoyant, auquel un État imprévoyant (le nôtre) a donné tous les pouvoirs.

Après l'absence d'école (et ses causes), l'auteur étudie les possibilités d'une évolution politique ; il montre qu'elle est nécessaire, il montre qu'elle est aisée. Comme la scolarisation, elle a été conçue et voulue par le législateur français ; comme elle, elle restera lettre morte. Et c'est ainsi que la sordide prévoyance des uns et la faiblesse des autres assaisonnent au coin du feu la « soupe de minuit[1] » – la marmite empoisonnée qui, quinze ans plus tard, sera cuite à point, pour notre malheur à tous.

Cependant, il y manque encore la haine, mais la voilà qui vient.

1. Elle correspond à notre « bouillon d'onze heures » et sert pour les assassinats familiaux.

Dans la seconde partie du livre (nous sommes maintenant en 1945), nous trouvons une enquête publiée dans le journal *Combat*, en mai, quelques jours après le soulèvement de Sétif, si cruel, mais si cruellement réprimé.

Cette fois, il n'était déjà plus question de la seule misère algérienne, ou d'une évolution politique dans le cadre français, et voici ce qu'écrivait Albert Camus il y a treize ans :

Page 122 : « Persuadons-nous bien qu'en Afrique du Nord comme ailleurs on ne sauvera rien de français sans sauver la justice. »

Page 113 : « … Ce peuple semble avoir perdu sa foi dans la démocratie dont on lui a présenté une caricature… »

« C'est pourquoi l'opinion arabe, si j'en crois mon enquête, est, dans sa majorité, indifférente ou hostile à la politique d'assimilation. On ne le regrettera jamais assez. »

Qu'il me soit permis d'ajouter que, lorsque j'ai visité les camps et les prisons d'Algérie (en juin et juillet 1957), les nombreux captifs qui m'ont expliqué leur action l'ont toujours fait remonter à cette année 1945, ensemencée de sang. Neuf ans pour mûrir une récolte qui se moissonne depuis quarante-six mois. Mais que dire de celles qu'on nous prépare ?

Novembre 1954. Voici enfin la guerre – la guerre qui n'ose pas dire son nom, la guerre qui ne connaît aucune loi, la guerre honteuse, sauvage, sans issue.

Une lettre (adressée à un journaliste algérien, M. Kessous) et des articles parus dans *L'Express*, entre octobre 1955 et janvier 1956, constituent la troisième partie du livre. Ils disent loyalement et fortement la vérité, mais ils ne maquillent pas sa complexité que l'auteur a sentie et comprise, jour après jour, depuis que ses yeux se sont ouverts sur le monde.

Il sait d'ailleurs que tout ce qu'il écrit va être avidement fouillé par des adversaires en furie qui ne cherchent que des arguments, et que, quoi qu'il dise, il va nuire à l'un ou à l'autre, alors qu'il ne souhaite que les épargner tous deux. En outre, depuis 1939, il a, presque seul, dénoncé les injustices dont le peuple algérien était victime, et il a annoncé les catastrophes que ces injustices préparent – et tout ce qu'il a dit n'a servi strictement à rien. Maintenant que les catastrophes sont là, on peut comprendre qu'il n'ait plus le courage de poursuivre, et qu'il n'écrive plus désormais que pour formuler des propositions résolument concrètes.

Sa première proposition – celle de la « table ronde » – présentait de grosses difficultés de réalisation, mais la seconde – celle de la « trêve civile » – était *(et demeure)* très praticable, car tous les combattants pouvaient *(et peuvent encore)* l'accepter sans risque politique. Elle honorerait les deux armées et leur offrirait des avantages certains, car sans cette protection réciproque accordée aux civils la détente des deux opinions publiques ne se produira jamais, et il n'est pas permis d'espérer une fin quelconque de la guerre tant que cette détente bilatérale n'aura pas été amorcée. En outre, les détails techniques de cette trêve peuvent être discutés (officieusement ou officiellement) par des représentants qualifiés des deux forces en présence, et les deux états-majors seraient nécessairement associés à la conversation.

Après cette proposition, Albert Camus prend parti de se taire – et pendant plus de deux ans il va garder le silence. C'est ce silence qu'il vient de rompre. Les raisons pour lesquelles il s'est tu, et celles pour lesquelles il a cessé de se taire, il les donne dans l'avant-propos et dans le dernier chapitre d'*Actuelles III*, mais, pour bien les comprendre, il faut avoir sans cesse présentes à l'esprit les grandes lignes du complexe algérien et celles du complexe français, et même se faire une idée de leurs mélanges.

À travers le diabolique ajustement de forces, que des lois naturelles, quelques sottises, et la malice du destin, ont apparié en Algérie, les carambolages entre notre « droite » et notre « gauche » deviennent infiniment meurtriers. Chaque parole, quelle qu'elle soit, se multiplie dans une double série d'échos, presque également malfaisants – car d'un côté ils justifient les crimes, de l'autre ils galvanisent une opposition forcenée. Il faut avoir alors le cœur bien dur, l'imagination bien courte, ou une solide ignorance des réalités, pour ne pas être ému de compassion, à la fois par celui qui quête un appui qu'on ne lui a pas offert, et par celui qui croit à tort qu'on l'attaque – mais il n'en est pas moins amer de constater que tous les efforts que l'on a faits pour lutter contre la haine peuvent finalement avoir servi à la renforcer.

Lorsqu'on analyse honnêtement la situation algérienne, on se persuade vite qu'elle ne comporte pas de « bonnes » solutions, mais seulement des solutions médiocres, mauvaises ou désastreuses.

Ce serait trop long, et hors de propos, d'analyser ici chacune de ces catégories et, pour abréger, rappelons seulement que si l'armée française se repliait, nos compatriotes d'Algérie demeureraient les maîtres incontestés de toutes les grandes villes de la côte[1] ; ils se maintien-

1. La population française de la seule ville d'Alger est à peu près deux fois plus

draient peut-être aussi comme maîtres contestés des autres villes, pendant que le FLN, en quelques heures, s'assurerait le contrôle de toute la campagne. Or, la campagne ne peut pas vivre sans ses villes, ni les villes sans leur campagne, et pas plus les unes que les autres ne sont viables hors du secteur économique qu'alimente l'Hexagone français (on sait que la paysannerie algérienne ne subsiste que grâce à une émigration de plus en plus massive dans nos usines). L'Hexagone français – c'est-à-dire « nous » –, dont on doit raisonnablement attendre des réactions aussi irrationnelles et forcenées que celles des deux millions d'Algériens de toutes origines qui veulent partager notre destin (voire l'infléchir), et des sept à huit millions d'autres Algériens qui ambitionnent passionnément de nous quitter.

La démarche normale de l'esprit, en présence d'une situation de ce genre, est d'essayer d'oublier ou de minimiser une partie de ses éléments. Les passionnés d'un des groupes diront alors : « L'Algérie peut se suffire économiquement, pourvu qu'elle soit indépendante », ou encore : « Pourquoi la France ne prendrait-elle pas en charge une Algérie libre ? » En face, on répondra : « L'Algérie n'est pas une nation et, pour l'intégrer, il suffirait de réduire quelques *coupeurs de route*... » Aucune de ces affirmations ne résiste à l'examen. Mais d'un côté on s'applique à nier les données matérielles les plus évidentes ; de l'autre, on veut ignorer des sentiments non moins réels, et l'on s'indigne avec véhémence contre tous ceux qu'on accuse de soutenir l'adversaire – sans toutefois s'étonner de les trouver si nombreux.

Et pourtant, il faut le dire, la pire des attitudes est celle de se laver les mains de tout ce sang qui gicle. *« Non-assistance à personne en danger de mort »* : crime.

Clairvoyant et désespéré, mais convaincu aussi qu'une solution pacifique doit être cherchée de toute urgence, Albert Camus, dans le dernier chapitre de son livre, se tourne en tâtonnant vers l'avenir, et péniblement, courageusement, s'efforce d'expliquer et de défendre un règlement[1] ingénieux et qui mérite d'être examiné.

Il est utile d'inventer des solutions, de les étudier, de les discuter, de les répandre, et il faut remercier ceux qui font tout cela – mais la difficulté n'est pas d'imaginer une formule d'accord, elle est de la

---

nombreuse que l'était toute la population d'origine européenne dispersée en Tunisie ; elle est armée, organisée et dispose même d'unités blindées (dites UTB : Unités territoriales blindées).

1. Plan de « fédéralisme personnel » dû à M. Marc Lauriol, professeur de droit à Alger.

faire accepter par les deux armées qui se combattent (ou par les puissances politiques auxquelles elles obéissent). *Par les deux armées, par les deux puissances.*

Nous faisons actuellement une guerre dure, hideuse, ruineuse (elle coûte au bas mot un milliard par jour – non compris notre budget militaire normal) et notre objectif, notre « but de guerre », c'est d'obliger les Algériens à accepter un autre milliard quotidien au nom de l'intégration. Moyennant quoi nous avons fait le pari que, dans un peu plus ou un peu moins d'une dizaine d'années, les masses algériennes se seront détachées du FLN. Nous pouvons très bien perdre ce pari.

Le FLN poursuit son combat dans des conditions qui sont approximativement dix fois plus meurtrières pour ses troupes que pour les nôtres (et elles sont pour le moins quatre fois moins nombreuses). Lui aussi, il parie. Il parie – mais pas à coup sûr – qu'il maintiendra son emprise, qu'il nous obligera ainsi à soutenir indéfiniment notre effort militaire et que, par là même, il ruinera le relèvement économique algérien que nous sommes prêts à assumer.

Dans tous les cas, il y a un perdant certain : le peuple algérien. Quant à nous, nous gaspillons follement nos trésors les plus précieux : notre jeunesse, notre position internationale, notre expansion scientifique et industrielle, notre équilibre économique – voire l'idée que nous avions de notre patrie.

C'est ce double pari si dangereux qui constitue, me semble-t-il, le problème algérien, mais, n'y pouvant rien, Albert Camus le suppose résolu. Et pourquoi pas ?

Car il est vrai que dans l'horrible lutte qui les affronte, les deux adversaires n'ont jamais cessé – et ne peuvent cesser – d'être coude à coude : le même blé les nourrit, ils boivent aux mêmes sources, ils lisent les mêmes livres. Et de même que chaque crime, chaque provocation, chaque sottise, ébranle une double série de séismes, tout ce qui apaise d'un côté pacifie de l'autre. C'est pourquoi il faut avoir des idées – les plus ingénieuses, les plus généreuses, les plus nombreuses – et espérer qu'elles serviront à quelque chose. Mais les idées et les plans n'ont des chances qu'à la condition d'être soutenus par une bonne volonté authentique et un parti pris de comprendre l'inconnu qui nous combat.

1958

2. Devant le malheur algérien

Le dimanche 22 janvier 1956 – il y a un peu plus de quatre ans – au centre de la ville d'Alger, dans une petite salle privée aux peintures déteintes, Albert Camus parlait devant 800 personnes entassées.

Je pouvais identifier sans peine, un à un, autour de moi, la plupart des visages – car la grande Algérie est une petite ville de province où tout le monde se connaît. Je me souviens avoir vu ce jour-là, nombreux, de jeunes musulmans dont je sais qu'ils sont partis ensuite au maquis (et celui-ci est mort, et celui-là, par grand hasard et chance, survit dans une prison, et cet autre on ne sait pas ce qu'il est devenu) ; il y avait aussi des Français de France, et des Français nés sur la terre algérienne – aussi nombreux les uns que les autres, aussi ardemment amicaux pour le peuple frère. De tous ceux qui l'écoutaient ce jour-là, Camus pouvait dire qu'ils vivaient le malheur algérien comme une tragédie personnelle et ne pouvaient en particulier se réjouir d'aucune mort quelle qu'elle soit...

Camus parlait d'une fatalité qui existe, mais à laquelle il ne faut pas se résigner : la fatalité du sang qui seul fait avancer l'histoire. Il expliquait pourquoi il avait cherché un terrain d'entente, en dehors de toute politique, et que, devant les larges perspectives qui s'ouvraient à notre siècle – avenir encore inimaginable mais proche –, on pouvait peut-être, humblement, demander aux deux armées d'épargner les civils. Rien de plus. L'absurdité navrante de la tragédie algérienne éclatait dans ce fait que, « pour aborder un jour ces perspectives qui ont l'échelle d'un monde, nous devions aujourd'hui nous réunir pauvrement, à quelques-uns, pour demander seulement, sans prétendre encore à rien de plus, que soit épargnée sur un point solitaire du globe une poignée de victimes innocentes »...

Malgré le service d'ordre assez important qui protégeait la salle, on entendait dans la rue les cris menaçants et les insultes de deux organisations appelées « Présence française » et « UDCA », qui avaient annoncé leur intention d'enlever Camus et d'empêcher la réunion.

Ne pouvant parvenir à culbuter les cordons de police, ces jeunes gens durent improviser une contre-démonstration pacifique, et, par un étrange choix, c'est à la jeune bergère qui inventa le patriotisme, Jeanne d'Arc – patronne bien légitime du droit des peuples à disposer d'eux-mêmes –, qu'ils offrirent ce jour-là une gerbe de fleurs. Les fleurs ne suffisant pas à l'expression de leurs sentiments, ils les accompagnèrent de notre chant national dont, apparemment, ils ne comprenaient pas les paroles (non moins séditieuses, pourtant, que celles du *Chant des partisans* qui fut interdit peu après en Algérie par le ministre socialiste Robert Lacoste) et c'est aux cris de « Liberté, liberté chérie, combats avec les défenseurs » qu'ils s'efforcèrent ce jour-là d'empêcher Albert Camus de parler.

Exactement quinze jours plus tard – le 6 février 1956 – ces mêmes jeunes gens parvenaient à déployer la foule d'Alger et, dans une grande fantasia méditerranéenne, faisaient capituler le gouvernement de la France.

L'absence de sang versé, des détails ridicules et le fond d'hostilité des Français vis-à-vis du pouvoir, tout cela empêcha la quasi-totalité des gens de mesurer immédiatement le danger extrême auquel cette capitulation exposait notre pays.

Désormais la direction de la guerre échappait à nos gouvernements, ainsi que toute possibilité d'initiative intelligente. Au lieu de considérer les situations, les forces en présence, les perspectives – et de choisir la ligne qui convenait et qui nous convenait –, ils se voyaient condamnés à ricocher indéfiniment entre la malveillance internationale et une poignée de braillards, manipulés par quelques éléments authentiquement séditieux. Les bons capitaines sont ceux qui choisissent l'heure et l'endroit du combat – mais notre lot était de nous laisser imposer le plus mauvais des champs de bataille et d'y gaspiller stupidement nos forces jusqu'à leur épuisement, sans autre objectif que celui de *faire durer* la guerre, c'est-à-dire d'augmenter indéfiniment le ressentiment d'une population qui tôt ou tard serait consultée.

Les deux années qui suivirent compteront un jour parmi les périodes humiliantes de notre histoire…

Dans tous les partis, dans les grands postes responsables, dans les professions où l'on s'informe, quelques hommes lucides savaient que le courant de cette guerre (qui semblait stagner dans des sables) devait normalement suivre sa pente, puisque nul ne la contrariait. Et cette pente avait son versant naturel vers les pires, les plus irréparables catastrophes. Ils savaient aussi, pendant cette période maudite, que chaque ligne écrite dans un livre ou dans un journal, chaque démarche publique déchaîneraient l'hystérie – ombre noire que toute parole de paix, de pitié, de vérité traînait derrière elle, plus efficacement meurtrissante et meurtrière que les mots auxquels elle répondait ne contenaient de puissance salvatrice.

Du point de vue du patriotisme le plus orthodoxe et de la stratégie la plus classique, il était très amer de considérer cette situation. La méditation des nouvelles conditions de la vie des peuples et des individus approfondissait ce chagrin : une solidarité des hommes et des nations n'a été entrevue, au cours des âges, qu'en de brèves et éblouissantes lueurs, tandis qu'aux gens de notre temps il est donné de toucher du doigt, dans le quotidien de la vie, hors des transcendances, les cordes qui lient entre eux tous les humains, et dont chaque jour se resserrent les nœuds... Nous connaissons la cruauté de savoir que celui que nous combattons est notre ami d'hier et de demain, et celle de sentir en même temps notre honte et sa douleur pour les coups que nous lui assénons – notre douleur et sa honte pour ceux dont il nous frappe...

Dans les vieilles guerres classiques, il existait toujours un ennemi (personnage invisible, ou du moins inconnu) auquel il était facile d'attribuer la somme des vices et des laideurs (il en avait d'ailleurs sa bonne part). Mais dans cette guerre d'Algérie si affreusement intime, l'ennemi est un ancien compagnon de classe et de jeu, avec lequel, après les parties de billes ou de ballon, on a, sur la plage, discuté éperdument de poésie et de métaphysique... Parmi ces jeunes hommes qui combattent durement, il est arrivé que l'un d'eux retrouve après le combat, dans le lot condamné des ennemis capturés, l'ami d'autrefois gravement blessé – et le sauve. Un autre, avec horreur, en inspectant les cadavres du jour, a reconnu trop tard son camarade d'enfance. Plus souvent encore, l'ami, le voisin, a conduit volontairement dans le traquenard où ils sont morts tels et tels qui lui donnaient leur confiance... Ensuite ce voisin-ennemi a été longuement guetté, cruellement tué... Et entre ces haines proches et poignantes, entre ces amitiés déchirées, d'autres morts, des milliers de morts, ont été coulés comme du mortier entre les dalles...

Sous toutes ces histoires je peux mettre des noms.

Loin des verbiages, dans le réel et le cruel de la vie, des êtres se sont trouvés pris ainsi à l'intersection des courants qui les ont entraînés ensuite d'un côté ou de l'autre ; et malgré la violence du flot, *des deux côtés, en grand nombre*, des combattants n'ont pas voulu haïr tout l'adversaire ni tout aimer du mal qui lui était fait.

Les hasards intérieurs, les circonstances poussent certains vers tel parti pris ou telle action ; ils en demeurent responsables – mais il y a bien de l'inexpérience ou une amplitude très courte de l'esprit à détester tout autre choix que celui qu'on a fait.

Le grand écrivain que la France vient de perdre ne cessa de conserver la disponibilité de son cœur et de son temps pour chaque homme qui souffrait, mais, au moment le plus confus et le plus noir, il avait brusquement choisi de se taire, de ne pas apporter sa voix au concert des clameurs.

Il était de ceux que guide un sûr instinct… Et il est vrai que les mots qu'il faut, dits au juste moment, suffisent parfois pour infléchir une fatalité. Un peu plus tôt, un peu plus tard, les mêmes mots ne servent qu'à accroître le bruit.

Il est mort. Et personne aujourd'hui ne peut, à sa place, achever le profil de sa pensée. Peut-être aurait-il participé publiquement à telle juste passion, condamné tel crime, poussé vers telle rive… Peut-être aurait-il attendu que le flot d'horreurs s'arrête, pour aider à relever les ruines du pays dévasté – mais il est mort.

Les douleurs et les haines cesseront, ceux qui ne les oublient pas mourront aussi, et tout passe. Sauf quelques œuvres – terre commune et partagée, patrimoine sans frontière.

1960

La réconciliation franco-algérienne

Pensez-vous que la masse des Européens[a] *souhaite la réconciliation et y est prête ?*

Je ne pense pas exagérer en disant que les Européens citadins, à une énorme majorité, demeurent persuadés qu'ils sont les victimes d'une immense trahison, d'une injustice à l'échelle de l'histoire. Ils ont succombé en bloc à ce qu'on nomme l'« action psychologique ». Auprès des musulmans celle-ci a échoué, également en bloc. Tout ceci est très cohérent : chacun croit les siens.

Les éléments de l'armée qu'on appelle « activistes » et les civils dits « ultras » sont arrivés à s'auto-intoxiquer à un tel point que, en majorité, ils croient vraiment les absurdités qu'ils disent. Le contact avec les réalités n'en est que plus rude…

En janvier 1961, par exemple, ils étaient encore persuadés que la métropole allait voter au référendum, à 80 %, NON à l'Algérie algérienne et NON à de Gaulle… Ils ont été atterrés par les résultats.

En outre, ils ont subi intensément la propagande organisée autour des attentats du FLN, et, en même temps, ils ont ignoré totalement la propagande inverse sur les exactions françaises. Par conséquent, ils ont aujourd'hui le sentiment d'appartenir à un groupe qui est toute vertu et bonté ; et ils redoutent que leur gouvernement ne les livre, pieds et poings liés, aux mains d'un groupe qui serait, lui, toute fureur et férocité. Ils sont pris de panique à cette perspective. J'imagine et espère que, au plus tôt, le gouvernement français entamera, par la presse et la radio, la campagne de désintoxication et de remise en ordre des cerveaux sans laquelle des explosions imprévisibles peuvent se produire.

Que pensez-vous des campagnes menées en France et, plus encore, en Algérie, contre le terrorisme FLN, tandis que, dans toute la presse mondiale, on pouvait trouver des échos sur l'emploi de la torture par des Français, en Algérie ?

a. Les Européens habitant l'Algérie (les « pieds-noirs »).

Je pense qu'il existe des situations où tous les hommes médiocres deviennent criminels. La guerre d'Algérie est une de ces situations.

Seuls des chefs de grande valeur morale et intellectuelle auraient pu prendre conscience du glissement et, par des ordres stricts, l'enrayer. Le malheur de la France a voulu que les deux plus hauts responsables français – le ministre Lacoste et le général Salan – soient des hommes médiocres. Médiocres intellectuellement et médiocres moralement…

À partir de ces deux hommes les ordres, en cascade, ont dégringolé, en s'amplifiant à travers les terrains viciés de la guerre…

Dans une guerre comme celle-là, il existe une force interne d'accélération vers l'horrible. Cette force, des hommes ayant du jugement et du cœur l'auraient contrariée de toute leur énergie – sans parvenir néanmoins à la juguler totalement.

Au lieu de cela, à partir de l'automne 1954, nous constatons que cette accélération vers l'horrible a été constamment favorisée, encouragée, protégée. Nous constatons aussi que les hommes qui ont martyrisé le peuple algérien sont les mêmes que ceux qui voulaient assassiner la démocratie française…

C'est-à-dire ?

Il me semble que ce n'est pas la faute du ministre Lacoste, socialiste, si la France est encore une démocratie… Dans le domaine de la morale humaine, il me semble que tous les exécutants – y compris le général Massu – sont bien moins coupables que le général Salan, car c'est lui qui donnait les ordres.

Ensuite, naturellement, ceux qui ont commencé par obéir ont été obligés d'assumer les ordres qu'ils avaient exécutés. Ils se sont ainsi solidarisés avec ces ordres – et pour prouver qu'ils n'avaient pas eu tort, ils ont continué à avoir tort…

Vous avez dit également, dans Les Ennemis complémentaires, *que les échauffourées du 13 mai 1958 et du 24 janvier 1960 obéissaient à un même mécanisme.*

À mon avis, les échauffourées du 13 mai 1958 et du 24 janvier 1960 présentent une analogie : dans les deux cas, des personnages peu connus du public préparaient paisiblement l'abolition de la démocratie en France, couverts par la distraction ou la complaisance des hauts personnages dont ils dépendaient.

Le 13 mai 1958, tous les partis (y compris le Parti socialiste) se mettent d'accord plus ou moins explicitement pour écarter de la combinaison Pflimlin les ministres dont on connaissait l'indulgence pour le ou les « complots »... Le 24 janvier, même histoire : on annonce le remplacement du général Massu par un chef qu'on pouvait supposer moins bienveillant pour les désobéissances systématiques aux ordres du gouvernement français[b].

Dans les deux cas, ces personnages se sont vus brusquement à la veille de perdre leur « couverture » – tout nus, en quelque sorte –, ce qui les exposait à de graves ennuis. Par exemple être traduits devant les tribunaux. Et ils sont passés à l'offensive, un peu trop précipitamment pour le succès de leurs combinaisons.

Vous avez dit de la guerre d'Algérie qu'elle était « la plus atrocement intime des guerres »...

La guerre est toujours une intimité : deux flots ennemis qui s'affrontent et mêlent leurs vagues...

Mais dans le cas de la France et de l'Algérie, une intimité quotidienne a préexisté à la guerre, et ensuite a coexisté avec elle... La plus grande fureur, emmêlée avec la plus grande intimité, tel a été, pendant sept ans, le destin de tous les habitants de l'Algérie, quelle que soit leur origine.

En 1945, l'Allemagne était devenue pour la France « un bloc de péché », l'objet d'une rancœur inextinguible. Pensez-vous que la France soit cela pour l'Algérie ?

Une grande partie du peuple algérien a été victime d'injustices atroces et inexpiables et je crois qu'il y a, en effet, des éléments algériens pour lesquels la France apparaît comme ce « bloc de péché » dont vous parliez.

Cette haine sans fissure, sans pardon, ne me semble pas majoritaire. Elle existe néanmoins... Il reste que la partie la plus dynamique du peuple algérien est en même temps celle qui a le plus souffert, et celle qui a le plus profondément pénétré la culture française.

Elle entretient, elle continue à entretenir des amitiés, non seulement avec Voltaire et Rousseau, mais encore avec des Français vivants...

b. Le 13 janvier 1960, le général Massu est remplacé, à la tête du Corps d'armée d'Alger, par le général Crépin. Le 24 janvier commence la semaine des « barricades », insurrection de la population française dans le centre d'Alger.

Oui. L'on peut dire qu'elle a connu, mieux que quiconque, les deux Frances : la Belle et la Bête…

Depuis 1954, chaque année Français et Algériens se sont enfoncés ensemble un peu plus profondément dans le cauchemar… Chaque année les atroces ont été plus atroces, mais pendant ce temps, jour après jour, les prises de conscience, des deux côtés, croissaient en gravité et en nombre. Du fait même de l'horreur de cette guerre, dans l'un et l'autre camp, pour certains, les valeurs fondamentales prenaient vie et force…

Chez les politiques algériens que je visite régulièrement en prison, l'épreuve et la souffrance ont autorisé la dignité, la liberté de tous les hommes… Une enquête méthodique faite auprès des soldats du contingent, après leur service en Algérie, montre également un ébranlement profond, une méditation grave et douloureuse du respect qui est dû à autrui.

Ce n'est pas un motif d'espoir suffisant, bien entendu, car, dans les cataclysmes comme celui que vient de traverser l'Algérie, de telles valorisations n'affectent en général que de petites minorités. Mais, en 1957, j'ai demandé à des amies algériennes de procéder pour moi à des enquêtes par pointages dans les milieux définis. Dans ces milieux on ne rencontrait aucune famille qui n'ait été, très cruellement, victime de la France. Pas une non plus qui, au plus fort de sa détresse, n'ait trouvé l'aide efficace, l'amitié fidèle apportées par des Français. – Sans doute n'en est-il pas ainsi dans toute l'Algérie, et il est probable que bien des Algériens n'ont connu que la face grimaçante de la France.

Par exemple, il y a quelques mois, une jeune étudiante algérienne se promenait avec ma nièce dans un parc de Paris. Ma nièce est petite et très blonde, elle avait quinze ans ; notre amie a un beau et pur type arabe : deux gamines rieuses, dans un jardin, ce n'est pas un spectacle qui éveille la fureur. Elles ont croisé un Algérien : il a regardé sa compatriote et a craché par terre pour lui signifier son mépris. Elle en était bouleversée.

En Algérie, des hommes ont atteint un degré de désespoir sans borne, et rêvent de vengeance…

Connaissant ces sentiments d'une partie de leur peuple, les dirigeants du FLN n'ont pas cessé, depuis plusieurs mois, et même depuis le début du conflit, de parler de coopération nécessaire.

Croyez-vous qu'ils n'obéissent, ce faisant, qu'à des considérations d'ordre tactique ?

Je suis absolument convaincue du contraire et, qui plus est, je pense qu'eux seuls peuvent contenir le désir de vengeance de certains éléments du peuple algérien et qu'ils s'efforcent de le faire. Cela je l'ai dit et écrit depuis 1957 : ceux qui cherchaient à massacrer tous les membres de l'OPA[1] démantelaient du même coup un rempart – celui qui protégera un jour très particulièrement les familles françaises établies en Algérie. La méchanceté et la bêtise sont des sœurs siamoises…

Vous voulez dire que la coopération de la France et de l'Algérie vous semble une nécessité inscrite dans les faits ?

Exactement. Mais cela ne suffirait pas : dans l'histoire de l'humanité on voit constamment des peuples faire, par passion, les pires bêtises. Aussi, je trouve bien plus rassurant encore de constater que les dirigeants de la révolution algérienne ont fait, en sept ans, la preuve de leur compétence, de leur information internationale, en un mot : de leur sérieux.

Vous avez décrit avec précision, dans Les Ennemis complémentaires, *les conséquences néfastes de la guerre pour la France et l'Algérie : « Tous ces maux cruels n'ont qu'un remède,* y dites-vous à un moment : *il s'appelle réconciliation. » On peut penser que la rencontre de Gaulle-Bourguiba qui vient d'avoir lieu va contribuer à hâter la fin du conflit. Croyez-vous qu'après six ans et demi la réconciliation profonde que vous appeliez de vos vœux soit encore possible ?*

L'Algérie est un pays où tout est possible : le meilleur et le pire. Ce qui m'épouvante, c'est la panique : des éléments français échappant aux contrôles français ; des éléments algériens échappant aux cadres FLN. Réseaux cyniques et organisés du côté français ; masses tumultueuses et exaspérées du côté algérien… La combinaison des deux n'est pas rassurante.

Pour passer de la guerre à la paix – de l'eau salée à l'eau douce –, il y a une barre à franchir, bouillante d'écume, de tumulte et de dangers. Au-delà sont les eaux calmes…

1. OPA : Organisation politico-administrative (algérienne).

Quels que soient les périls du passage, il faut les affronter. Comme le marin. Parce qu'il n'y a rien d'autre à faire...

Après quelques mois de paix, quand les Français établis en Algérie découvriront qu'ils ont été trompés, que leurs compatriotes musulmans ne veulent pas les couper en petits morceaux, et qu'il y a encore un avenir possible pour eux sur leur sol natal, leur étonnement sera tel que nous assisterons vraisemblablement à un retournement psychologique très brusque. N'oublions pas que ce sont des Méditerranéens impulsifs et sentimentaux. Il y avait chez beaucoup d'entre eux un fond de sincérité dans les mascarades de la fraternisation, en mai et juin 1958. Pour peu que les Algériens s'y prêtent, je les crois capables d'accepter non plus la fraternisation, mais simplement la fraternité.

Vous avez parlé tout à l'heure de la négociation. Croyez-vous que le général de Gaulle soit, cette fois, résolu à aboutir à une véritable négociation ?

Des faits nombreux, juxtaposés, me font penser que telles étaient ses vues politiques, bien avant le 13 mai 1958, mais peu de gens se rendent compte de l'état dans lequel s'est trouvée l'autorité gouvernementale française en Algérie à partir de janvier 1957...

Donc un an et demi avant le 13 mai...

Un an et demi avant, et deux ans et demi après. À mon avis, le gouvernement français se fait obéir en Algérie depuis le référendum de janvier 1961. Depuis janvier 1957, date où tous les pouvoirs civils ont été cédés par Lacoste aux militaires, le régime algérien était devenu celui de « l'anarchie autoritaire », c'est-à-dire qu'on obéissait aux ordres qui convenaient, ce qui amenait certains chefs de gouvernement à donner ces ordres-là précisément pour avoir l'air d'être obéis. Voyez Sakiet[c]. Pour la première fois, depuis 1957, le gouvernement français est aujourd'hui assez fort pour arrêter la guerre d'Algérie. Il a donc fallu deux ans et demi au général de Gaulle pour reprendre l'« appareil » en main. Et avec la patience, l'adresse, la poigne d'un pêcheur de saumon. Avec un pêcheur maladroit, le saumon casse le fil et le pêcheur perd son saumon et son hameçon. Exactement ce qui est arrivé au gouvernement précédent...

Dès janvier 1960, nous avions vu un corps d'élite – la gendarmerie

c. Le 8 février 1958, en riposte aux attaques du FLN provenant de Tunisie, la France bombarde le village de Sakiet-Sidi-Youssef : 69 civils tués, 130 blessés.

– obéir exactement aux ordres gouvernementaux. En ce temps-là, le fait n'était pas commun en Algérie. S'avancer, l'arme à la main, dans un guet-apens et ne pas tirer coup pour coup, cela est héroïque.

Par sa discipline exemplaire, ce corps a mérité aux yeux des foules musulmanes d'être présent en Algérie pendant et après le référendum sur l'autodétermination, et de même qu'il a protégé les femmes et les enfants algériens contre les « blousons noirs » de Lagaillarde[d], il sera là pour protéger les femmes et les enfants français contre la colère redoutable de certaines foules musulmanes dont les chefs naturels sont morts au combat.

Quelles sont à votre avis les conditions nécessaires pour que réussisse cette réconciliation qui vous apparaît toujours possible ?

Les intérêts français et algérien sont *si concordants dans tous les domaines* qu'une seule condition me paraît nécessaire et suffisante, celle que je suis fatiguée de rabâcher en public et en privé : *une conversation directe entre les chefs véritables des deux pays, autrement dit le général de Gaulle et Ferhat Abbas*[e].

1961

d. Pierre Lagaillarde est le chef de la mutinerie de janvier 1960 ; il sera arrêté le 1er février 1960.

e. Ferhat Abbas était alors président du GPRA (Gouvernement provisoire de la République algérienne).

Les Français d'Algérie

À la fin des vacances de Pâques, un courrier me rattrapa, avec un livre sur *Les Français d'Algérie*[1] et une aimable lettre de *L'Express* qui m'en demandait le compte rendu « parce qu'il mettait en cause mes conceptions »...

J'aurais lu cette étude avec intérêt de toute façon, mais si j'ai accepté la proposition de dire ce que j'en pense, ce n'était pas parce que « mes conceptions étaient en cause » (mes livres sont faits pour être critiqués), c'est parce que le sujet m'inquiète.

Malgré un départ légèrement orienté vers la critique, je dois dire que mes réactions dominantes furent celles de l'approbation et même de la sympathie. Disons : 90 % d'approbations sérieuses, et 10 % de petites critiques. Mais puisque c'est le jeu, nous parlerons brièvement des premières (sans toutefois les omettre) et nous détaillerons les secondes…

Approbations : le sujet – trop peu exploré et qui mérite de l'être ; le ton – qui est juste, avec la violence nécessaire pour atteindre un lecteur ; la documentation – assez honnête et jamais fatigante ; le style – souvent excellent ; des observations nombreuses, pittoresques, fines… Bref, un livre intéressant, écrit par un jeune et brillant universitaire.

Universitaire, certes ! Et qui a *lu* beaucoup, réfléchi sur ses lectures, comparé, systématisé – mais qui a *lu*, plus qu'il n'a *vu*. Ce pour quoi j'ai supposé, sans rien savoir de lui, qu'il était jeune, tout frais sorti de nos meilleures écoles, doué pour regarder la vie, sans, toutefois, en avoir eu suffisamment le loisir. Maladie guérissable, car lorsqu'il connaît directement, il en parle bien…

En fait, ce que je préfère dans ce livre, ce sont les notations visiblement prises sur le vif ; elles sont toujours honnêtes. Par exemple, la description de la jeunesse française d'Algérie, après les tangages du 13 mai, avec ses contradictions, ses incohérences, ses virtualités qui

1. Pierre Nora, *Les Français d'Algérie*, Paris, Julliard, 1961, 252 p.

permettent l'espérance… Par exemple, l'étrange et très dangereux amalgame de la vieille colonisation algérienne et de la jeune armée française revenue d'Indochine, toute déboussolée par les revers et par l'exil, avec son fascisme marxisant, son anticolonialisme réel, son acharnement à combattre un invisible ennemi (si proche, pourtant, à tous égards, de celui qui les combat)… Tout cela, qui n'est pas imaginable pour qui n'a pas vu l'Algérie entre 1957 et 1961, l'auteur l'a observé et il en parle fort bien, mais trop brièvement à mon goût. Peut-être manque-t-il de recul pour saisir l'étrangeté de ce qu'il voit.

L'aplatissement du temps

En dehors de ce « moment » de l'histoire, tout ce qu'il sait de l'Algérie a été visiblement puisé dans ses lectures. De là, un certain aplatissement du temps que même les chiffres qu'il cite nous révèlent (ils sont le dernier bastion, pourtant, de la précision). À propos du statut de 1947, l'auteur nous dit, en effet, qu'il assurait à la minorité française « une représentation égale aux neuf millions de musulmans du second collège ». Or, au recensement de 1948, les musulmans d'Algérie étaient 7 611 777, et pas neuf millions. Erreur minime, involontaire, sans grande conséquence – car il importe peu, dans notre propos, qu'une injustice ait porté sur neuf millions ou sur sept et demi. Tout de même, c'est 7 611 777 en 1948, 8 800 000 en 1954, 9 300 000 en 1960[1]… Bien que je ne retienne aucun chiffre, si l'erreur m'a sauté aux yeux, c'est parce que le « devenir » algérien me semble l'arête centrale de son présent. Au point que, lorsque j'écoute une anecdote sur ce pays, je ne demande plus : où ? (comme je le faisais jadis, aux temps de l'ethnographie), mais : quand ? quelle année ? quel mois ? quel jour ?

Les incohérences meurtrières

Hors des chiffres, la déformation est plus grande encore, et ce qu'on nous dit des rapports actuels du colon français avec la terre algérienne

1. Les statisticiens prévoyaient une population musulmane atteignant, au 1er janvier 1960, 9 800 000 (Jacques Breil, *La Population des département algériens*, juin 1955).

me semble avoir été vrai vers 1910 (l'auteur se réfère d'ailleurs[1] à un roman paru à la veille de la guerre de 1914, et le colon qu'on nous y présente est un vieillard qui a dû naître aux environs de 1840). Déjà à cette époque la petite propriété française subsistait difficilement ; la grande propriété française devenait industrielle et les « colons » émigraient vers les villes. Aujourd'hui, les Français d'Algérie sont, dans la proportion de 91 %, des citadins…

Cette désertion de la campagne par les colons français n'a certainement pas obéi à un désir de se sentir entre soi, de fuir un danger, comme le dit M. Nora (en fait, elle correspond à la période où la sécurité était la plus grande), mais elle me paraît très exclusivement la conséquence d'une évolution économique.

Les conditions de l'exploitation agricole en Algérie ruinèrent la petite propriété dans son ensemble ; les paysans musulmans dépossédés réagirent en émigrant vers les usines de France ; les petits colons français, incapables également de supporter la concurrence des grands propriétaires, vinrent s'installer à Alger, Oran, Bône, où leurs enfants accaparèrent le commerce, les postes techniques et les traitements de fonctionnaires. Du coup, les grands propriétaires devinrent des hommes d'affaires, des « industriels de la terre », qui habitent également les villes – Alger, Oran, Bône –, voire Marseille, Nice ou Paris. Ils sont tourmentés par le placement des récoltes trop abondantes, par le déficit des récoltes trop faibles, par le choix de leurs gérants, par la politique, par les traites à payer – mais, sauf de très rares exceptions, ils ne cultivent plus que par personnes interposées. On en compte 6 385 qui possèdent 2 700 000 hectares, soit 87 % des terres européennes, et près de 28 % de la surface cultivable totale[2]. C'est dire que le problème posé par eux est exclusivement financier et qu'un dédommagement honnêtement calculé peut résoudre leurs difficultés essentielles : ils discuteront le chiffre, pas le principe. (En Tunisie, le gouvernement français rembourse actuellement à 50 % les domaines moyens, à 25 % les grands domaines – c'est insuffisant, mais pouvait-on à la fois payer la guerre et payer la paix[3] ?)

1. Pages 169 et 173.
2. Je prends ces chiffres dans le journal *L'Espoir-Algérie* (6 avril 1961) qui, après plusieurs semaines d'éclipse involontaire, vient de reparaître sous forme de feuilles ronéotypées.
3. M. Jules Moch a calculé que si, au lieu de poursuivre en Algérie la guerre que l'on sait, on avait voulu dédommager tous les gens qui revendiquent la nationalité française,

Quant aux autres – les petits colons restés sur leurs terres – encore que fort peu nombreux (16 000 familles), ils le sont cependant trois fois plus que les hommes d'affaires du groupe précédent – trois fois plus nombreux et vingt fois moins riches –, car ils possèdent 22 hectares en moyenne, au lieu de 420, et leurs terres représentent 3 % du terroir algérien. J'en connais que ni la concurrence des grands domaines ni la guerre n'ont fait fuir, mais s'ils ont affronté ce dernier péril, c'est davantage par affection pour l'Algérie en tant que patrie, que par amour possessif d'un domaine. Certains ont aidé chaque jour, depuis sept ans, leurs compatriotes musulmans à franchir vivants les incohérences meurtrières de l'heure, et s'ils parviennent à s'intégrer dans l'Algérie de demain, ce sera avec grand profit pour celle-ci. Bref, de tous les problèmes que pose une paix prochaine, le plus soluble me semble être celui des Français cultivateurs…

L'aide au FLN

M. Nora fait précéder l'attaque assez vive qu'il dirige contre les libéraux (et plus précisément moi-même) d'un parallèle où il les oppose aux « quelques dizaines ou centaines de Français qui furent des nationalistes révolutionnaires algériens de la première heure et ne cessèrent de militer aux côtés des musulmans ». Il entend, par là, très certainement, les Français assez nombreux qui furent accusés ou condamnés pour aide au FLN, au cours des cinq dernières années, et il spécifie, d'ailleurs, qu'il n'en a connu aucun.

Je ne puis en dire autant, et si je n'ai pas connu *tous* les premiers, ni *tous* les seconds, j'ai rencontré *beaucoup* des premiers et *beaucoup* des seconds – c'est pourquoi je me permets de dire que, à quelques exceptions près, ce qui les distingue, c'est un événement accidentel.

Dans les vieux contes de l'Aurès, le supplice classique et final s'intitule : « Chameau-Faim et Soif ». Il consiste à empêcher un chameau de manger et un autre chameau de boire, puis à conduire les deux bêtes à égale distance de l'abreuvoir et du pâturage après avoir attaché entre eux l'homme ou la femme qu'on veut punir. Alors les chameaux tirent, chacun de leur côté, l'un vers l'orge et l'autre vers le puits…

---

chaque famille de quatre personnes pouvait recevoir 14 millions d'anciens francs (Jules Moch, *Paix en Algérie*, Paris, Laffont, 1961).

Cette hideuse guerre d'Algérie fit le coup du Chameau-Faim et Soif à beaucoup de jeunes hommes... C'est pourquoi je n'écoute jamais sans grand malaise des bonnes gens, dont les chameaux sont repus, discuter sévèrement à propos de celle des deux cordes qui a cassé. Autrement dit: j'ai pris consciemment et délibérément la défense des gens qui sont attachés entre les chameaux ; j'ai tâché, je tâche et je tâcherai à les déficeler – plutôt qu'à resserrer les nœuds qui les étranglent – et je continuerai ainsi jusqu'à ce que plus rien ne distingue ceux qui aiment la France et ceux qui aiment l'Algérie, ceux qui servent leur pays et ceux qui obéissent à leur conscience. Mais cela ne signifie nullement que je me désintéresse des chameaux (comme le suppose M. Nora).

Un vieux croquemitaine

Certes, dans le livre publié sous le titre *Algérie en 1957*[1], j'avais écrit que le colonialisme était « un vieux croquemitaine » – et là j'avoue mes torts, car il s'est rudement défendu –, encore qu'il se soit moins défendu qu'il ne semble, car depuis le 13 mai 1958 le complexe colonialo-militaire d'Alger menace bien davantage les libertés des Français que les ambitions du FLN.

En fait, les hommes qui relancèrent l'intégration, comme contre-feu de l'indépendance, ne pouvaient plus rien résoudre avec cette vieille formule, car l'intégration était devenue une solution de violence, mais ils reconnaissaient explicitement la faillite de la formule coloniale. Bref, si j'anticipais un peu en 1956 lorsque j'écrivais que le colonialisme était moribond, je me figure que le livre de M. Nora retarde déjà bien davantage.

Sans doute, dans mes relations avec les événements, ai-je le travers inverse de celui que j'ai critiqué tout à l'heure: à force de voir derrière le présent les profils du passé, j'ai tendance à chercher des lignes et des directions qui me font imaginer l'avenir un peu plus vite qu'il ne chemine. Je reconnais donc qu'en 1956-1957 le colonialisme pouvait sembler vivace et méchant et que, dans l'ordre des urgences, ses victimes agissaient raisonnablement en mettant en première posi-

1. Brochure parue en 1956 dans un bulletin de déportés de la Résistance, reprise par les Éditions de Minuit sous le titre *Algérie en 1957*, puis rééditée, avec d'autres textes, sous un titre plus adapté : *L'Afrique bascule vers l'avenir*.

tion leur liberté et en seconde position la lutte contre la misère qui les étreint.

La misère n'en est pas moins réelle et, en 1961, les gens les moins informés constatent la libération irrésistible de tous les peuples colonisés, tandis que l'appauvrissement des hommes pauvres et l'enrichissement des hommes riches s'étalent sur toute la terre et inquiètent désormais même ceux qu'ils favorisent.

En 1956, je n'en avais parlé ni pour chagriner les uns ni pour procurer aux autres « un lâche soulagement », mais parce quc je les avais vus, parce que c'était vrai.

Être libéral

« Chrétiens ou kantiens, nous dit l'auteur, les libéraux ne voient que des individus, sans histoire, des corps qui s'entre-déchirent et des âmes qui se sous-estiment. La désinvolture avec laquelle ils traitent le passé », etc.

Si tels sont en effet les libéraux, M. Nora a raison de m'y inclure car je refuse le péché originel, et les diverses séries d'excommunications de quelque pape qu'elles viennent – et cela pour toutes les catégories humaines sans exception. C'est dire que les enfants des colonisateurs me semblent innocents, tout comme les autres mioches de ce monde. Disons que j'aime mieux voir réparer les crimes que les faire expier – ou, plus exactement, que je souhaite voir s'instaurer un milieu qui ne soit pas générateur de crimes.

Que le colonialisme soit essentiellement un type de relation anormale, viciée, oppressive, et que lorsqu'on place n'importe quels humains dans une situation de ce genre, ils en pourrissent – de tout cela je suis convaincue depuis longtemps… mais c'est la relation qu'il faut redresser, et non pas le cou des gens qu'il faut tordre.

Est-ce cela que M. Nora appelle « être libéral » ? Il ajoute (et j'en suis bien d'accord) que « le libéralisme est une position d'ajustement individuel ». Il ne l'oppose pas explicitement au marxisme, mais alors à quoi l'oppose-t-il ? Car après tout, « ajustement individuel », c'est aussi une définition de la vie… Mais va pour ajustement individuel, je sais d'ailleurs mieux ce que c'est que le libéralisme.

En ce qui me concerne, et dès mes premiers contacts avec l'Algérie (en 1934), j'ai beaucoup écouté les Algériens sans songer à les endoctriner, et j'ai contracté l'habitude de ne pas penser à leur place.

Lorsque, en 1935, j'écoutais à Biskra le Dr Saadane, et à Constantine M. Tahrat, j'étais pleine d'attention et de sympathie pour leurs thèses – qui visaient alors l'intégration ; lorsque, vingt-deux ans plus tard, en 1957, j'ai visité les camps et les prisons d'Algérie, et revu partout de vieux amis dont la bonne foi m'était connue, il m'a paru au contraire évident que l'intégration était devenue une solution de violence. Donc une exécrable solution – plus exactement une impossibilité de résoudre quoi que ce soit.

Dans les deux camps

Après avoir acquis objectivement cette conviction, je me suis efforcée aussitôt de persuader nos dirigeants de la nécessité d'arrêter des massacres affreux et sans issue, par une entente avec le FLN, directe, sans préalable. En même temps, j'essayais (assez dangereusement) de protéger des vies, et je peux le dire : dans les deux camps (car l'histoire c'est *aussi* des corps qui s'entre-déchirent...).

Cela veut dire que je n'avais pas beaucoup de temps pour contrarier le « lâche soulagement » qu'éprouvaient, d'après M. Nora, certains de mes lecteurs. J'ai saisi cependant les deux occasions qui me furent offertes de le faire : à la radio française en 1957, j'ai parlé des atrocités de la bataille d'Alger[1] et dans un article[2] j'ai analysé le caractère irrépressible de la revendication politique des Algériens.

Depuis sept ans

Depuis sept ans, l'Algérie coule vers son indépendance comme un fleuve vers la mer ; depuis trois ans (pratiquement depuis les « fraternisations » et le collègue unique), seule la guerre la sépare encore de sa liberté : quelle que soit la façon dont la guerre se serait arrêtée, l'Algérie ne pouvait qu'être libre aussitôt – libre, souveraine, indépendante... Les ennemis de la liberté algérienne le savent bien, et ils ne se sont appliqués qu'à faire durer la guerre, nullement à préparer une paix favorable à leurs chimères.

1. On ne m'a d'ailleurs pas demandé, depuis, d'y reprendre la parole.
2. Écrit en octobre 1957. Il parut dans le numéro de *Preuves* de mai 1958 sous le titre « Les ennemis complémentaires ». Repris aux Éditions de Minuit en 1960.

Depuis la reprise officieuse des négociations, on grossit dans la presse des difficultés mineures – bricoles – telles que : Sahara, pétrole, gaz naturel…

Que le pétrole ou le gaz soient maghrébins ou algériens, qu'est-ce que cela peut bien nous faire ? Ni la science ni la diplomatie ne leur feront traverser la Belgique ou la Pologne, pour atteindre la mer… Donc, même du point de vue le plus sordide, tout dépend de *la nature* de nos relations avec les Algériens.

Je voudrais pouvoir en dire autant des relations franco-françaises – mais j'ai grand-peur qu'elles n'aient été aigries pour longtemps par les poisons algériens… et j'ai grand-peur aussi que l'excès de souffrances subies par l'Algérie ne l'amène à des règlements de comptes internes, qui compromettront l'unanime acquiescement dont pourrait bénéficier le FLN, s'il parvenait à les interdire.

Voilà que j'anticipe encore !

1961

Entre guerre et paix

L'Algérie va être indépendante – aussi indépendante que le pays le plus indépendant. Cela veut dire que, bientôt, elle ne saura même plus ce que veut dire le mot « indépendance », car l'indépendance, la liberté sont comme l'air : on n'y pense pas lorsqu'on en a…

Après une épouvantable lutte pour atteindre l'oxygène, l'Algérie va commencer sa rude vie de nation libre, et il est possible que les Français – justement ceux qui proclamaient « l'Algérie, c'est la France » – rêvent maintenant aux terribles difficultés qui guettent ce pays…

D'autres Français, au contraire, se sentent profondément concernés par le destin de ce peuple-frère ; ils savent que nous pâtirons de leurs difficultés, que nous saignerons de leurs règlements de comptes, et nombreux sont aussi les Algériens qui ont compris que tout le bien et tout le mal qui peut nous advenir continueront à les atteindre de plein fouet : plus nous serons libres et plus ils seront libres ; moins nous serons divisés et moins ils seront divisés.

Après les derniers coups de feu, après les clairons de l'armistice, chacun des deux pays va baisser les yeux sur lui-même et voir ses plaies… Depuis dix-sept ans, la France se battait en Afrique, en Asie – à la lettre : contre elle-même. Les Français (non sans verser largement leur propre sang) s'acharnaient avec fureur à transformer en ennemis des hommes qui étaient plus près d'eux *qu'aucun autre peuple au monde*.

Maintenant la guerre est finie et la paix pas encore commencée… Nous sommes à cette heure que les vieilles gens de nos campagnes appellent « entre chien et loup », parce qu'on distingue déjà les formes et pas encore les couleurs, et qu'on peut confondre les chiens de garde avec les loups-garous (les vieilles gens d'Afrique disent la même chose avec d'autres mots, et surnomment les crépuscules « heures où l'on ne distingue pas un fil noir d'un fil blanc »).

Bref, dans ce crépuscule qui précède la grande lumière du jour (où tous les fils seront blancs – ou blanchis), nous sommes encore, de Calais à Tamanrasset, très emmêlés dans nos fils noirs…

Notre tentation : punir violemment les violents ; notre passion : sauver l'unité future de nos deux patries, préserver le destin des enfants trop petits pour être déjà empoisonnés par le malheur, et – pour eux – raisonner, dominer notre colère…

Au-delà de ce double et difficile dépassement intérieur subsiste, pour le peuple français et le peuple algérien, le grand risque de la paix, qui est le repliement sur soi ; être tous deux libres et devenir amis, voilà notre commune victoire…

1962

Des justes et des traîtres

Le mot traître me hérisse d'horreur. Il y a cinquante ans, pendant la Seconde Guerre mondiale, j'ai connu des vrais traîtres, des hommes qui, pour de l'argent, beaucoup d'argent, envoyaient à la torture et à la mort, par charrettes, des compatriotes qui ne leur avaient jamais fait le moindre mal et qu'ils ne haïssaient même pas. Ces monstres furent heureusement peu nombreux, car il en suffisait d'un seul pour décimer tout le village.

Dans les vraies guerres, l'ennemi a un uniforme et il se tient de l'autre côté d'une frontière ou d'un front, il ne vous entoure pas de toutes parts, il n'est pas votre voisin, votre frère, votre camarade de travail ou de jeu. Dans la guerre d'Algérie, la plus atrocement intime des guerres, les adversaires – c'est-à-dire une majorité frustrée et combative, une minorité possessive et armée – qualifièrent de traîtres tous ceux qui se refusaient au massacre aveugle. Ils auraient dû s'étonner de les trouver, de chaque côté, si nombreux.

En ne cherchant pas hors de ce siècle les premiers traîtres à l'Algérie française, nous citerons, parmi les plus anciens, un gouverneur général surnommé dans les quartiers français d'Alger Jonnart le Musulman. De 1900 à 1911, puis de 1918 à 1919, il créa un enseignement ouvert à tous – faisant dire en 1955 à un homme d'État étranger visitant l'Afrique : « Mais vos écoles sont au même niveau que celles de France… »

Le traître suivant, dit Violette l'Arabe, fut nommé gouverneur général en mai 1925 (et rappelé en 1927 sous la pression des élus français d'Alger). Devenu ministre du Front populaire, il sera l'auteur du projet de loi dit projet Blum-Violette, conférant le droit de vote à diverses catégories d'Algériens d'origine. Autres traîtres, le général Catroux qui, le 7 mars 1944, abolissait les différences de statut entre habitants de l'Algérie, et le gouverneur Chataigneau dit Mohammed, tous deux nommés par le général de Gaulle. Le gouverneur Chataigneau ne parvint pas à prévenir la tuerie de Sétif du 8 mai 1945, mais onze mois plus tard il obtint une loi d'amnistie. Date tragique : après Sétif, presque chaque Français d'Algérie eut encore des amis musulmans (et réciproquement), mais entre les communautés la peur s'installa.

Lui succéda comme gouverneur Edmond Naegelen, socialiste bon teint mais originaire d'une province de France trois fois envahie en soixante-dix ans. Croyant défendre une frontière et ignorant tout de l'Algérie, il laissa falsifier massivement les élections d'avril 1948, dernière année où le gouvernement de Paris eut encore les mains à peu près libres. Par cet acte odieux, stupide, irréparable, deux nations qui avaient tant de motifs vitaux de s'accorder s'engouffrèrent tête basse dans huit annécs de combats sauvages – car, bien sûr, dès novembre 1954 et le démarrage de l'insurrection, faute d'élus nationaux et reconnus comme tels, le seul interlocuteur possible devint le maquis.

Rendons cependant justice à tous les gouvernements de la IVe République : sans nulle exception ils « trahirent » l'Algérie française en essayant de négocier secrètement avec le Front de libération nationale, avec pour ambition (principale puis exclusive) de ne pas embarquer les deux pays dans une seconde guerre de Cent Ans. De leur côté, les chefs algériens se méfiaient terriblement les uns des autres, ils croyaient nos diplomates beaucoup plus malins qu'eux, et ils pensaient que l'Algérie était un morceau juteux dont se gorgeait une France avide – mais toutes les tentatives échouèrent.

En retrait des luttes féroces que se livraient les combattants déclarés, il y avait aussi deux guerres civiles et tout d'abord, selon notre vieille habitude, et gauche et droite confondues, France-la-Belle et France-la-Bête s'empoignèrent. De leur côté, avec moins de discours mais plus de sang, les politiques algériens s'expliquaient au couteau, recrutant ainsi pour le compte de leurs adversaires une partie de ceux qu'on appelle harkis. Avec autant d'application et davantage de moyens, l'armée française recrutait des adhérents au FLN.

Est-ce tout ? Nullement. Car nous sommes dans l'antique vallée méditerranéenne, et sous le couvert et l'alibi des trois guerres, un nombre incalculable de règlements de comptes assouvirent de vieilles haines pendantes entre familles. Histoire vraie dans un village de Grande Kabylie : un collecteur du FLN est dénoncé par un ennemi héréditaire ; traqué, puis « retourné », il accepte de se faire « harki ». Le voilà libre, avec une solde et un fusil. Sans traîner, il assassine celui qui l'a dénoncé, et ensuite, comme il se doit, la famille du mort se met à surveiller les allées et venues du harki. Elle le tue. A-t-elle tué un ancien FLN ou un ennemi du FLN ? Qui venge-t-elle ? L'ennemi d'un harki ou un agent de renseignements français ?

Pendant ces interminables années où, jour après jour, chaque famille algérienne et beaucoup de familles françaises s'endeuillaient, le peuple algérien, contracté sur soi, devenait une nation, et ceux qui voulaient protéger tous les habitants de l'Algérie, sécuriser toutes ses familles, offrir un avenir ouvert à tous ses enfants, étaient insultés, menacés. Assassinés.

À Alger, le dimanche 22 janvier 1956, on n'en est encore qu'aux insultes, mais malgré l'important service d'ordre qui protégeait la salle, on entendait dans la rue les menaces de mort d'une foule française qui avait annoncé son intention d'enlever le conférencier et d'empêcher la réunion. N'y pouvant parvenir, les manifestants se défoulèrent en entonnant notre chant national, et c'est au cri de « Liberté, liberté chérie » qu'ils s'efforcèrent ce jour-là d'empêcher Albert Camus de parler. Il parla d'une fatalité bien réelle, celle du sang qui fait avancer l'Histoire, pour dire qu'il ne faut pas s'y soumettre et que, devant la tragédie qui prenait corps, on pouvait, humblement, demander aux combattants d'épargner les civils.

Dix-sept ans plus tôt, en juin 1939, il avait écrit à propos de la misère kabyle[1] : « Persuadons-nous bien qu'en Afrique du Nord comme ailleurs, on ne sauvera rien de français sans sauver la justice... » À cause de quelques phrases comme celle-ci, il y avait ce jour-là dans la petite salle aux peintures déteintes des étudiants algériens qui, au cours des années suivantes, par la mécanique de la guerre, allèrent rejoindre le FLN. L'un d'eux, dont j'ai connu la famille, ne prit sa décision qu'après avoir été insulté par un service d'ordre, mais avant de gagner le maquis, il vint dire adieu à ses amis français.

Un autre grand écrivain algérien, Mouloud Feraoun, m'écrivait, en décembre 1960 : « Les gens ont compris qu'ils se ressemblaient jusque dans leur haine, ils vont peut-être tirer de ce qui s'est produit, les uns et les autres, la leçon d'humilité dont nous avons tous besoin. Il restera à panser, à guérir, puis à oublier. Alors le rapprochement sera possible. Je ne crois pas que le fossé ait été agrandi, puisqu'il était déjà bien grand et bien profond. Mais il ne faudrait tout de même pas, maintenant que tout le monde l'a vu, qu'on se mette à le combler avec du sang... »

1. *Actuelles III*, Gallimard, 1958.

Quatre jours avant le cessez-le-feu, le 15 mars 1962, deux voitures s'arrêtèrent devant le siège d'un service de l'Éducation nationale et des hommes en descendirent. Trois d'entre eux installèrent posément les pieds de deux fusils-mitrailleurs, pendant que les autres entraient dans la salle de réunion, avec une liste de six noms que nous avons le devoir moral de retenir : Robert Eymard, Marcel Basset, Mouloud Feraoun, Ali Hamoutène, Max Marchand, Salah Ould Aoudia. Ces hommes, inspecteurs des Centres sociaux éducatifs, ne se battaient que contre ce qu'on appelle pudiquement le « sous-développement », fléau mortel du siècle qui vient.

Les six hommes sont alignés contre un mur, les deux fusils-mitrailleurs et les mitraillettes tirent en même temps, les premiers dans les jambes, puis dans les cuisses, les secondes dans les poitrines. On entendit ensuite quelques coups de revolver… Quand les premiers témoins arrivèrent, un ruisseau de sang inondait le sol et Mouloud Feraoun râlait encore.

Le fils d'une des six victimes alla le soir même reconnaître le corps de son père – à l'hôpital Mustapha. Comme il était externe de cet hôpital, on le laissa entrer et un des employés lui demanda : « Quel drapeau faudra-t-il mettre sur les cercueils ? » – car, cette semaine-là, les morts étaient mélangés. La famille humaine n'a pas de drapeau. Et le jeune homme ne répondit pas.

1992

Note

Pendant la guerre ou au lendemain du cessez-le-feu, GT a donné de nombreux autres entretiens à la presse, ainsi :

– « Faire comprendre l'Algérie aux Français c'est presque impossible », Faïza, *mai 1961 ;*

– « Les Français d'Algérie. Que pensent-ils ? Que ressentent-ils ? », Faim et Soif, *41, juillet 1961 ;*

– « Séduction de l'abrutissement », Témoignage chrétien *du 9 mars 1962 ;*

– « L'armée, les pieds-noirs et la France », Jeune Afrique, *19-26 mars 1962 ;*

– « Un phénomène démographique important », Syndicalisme, *874, avril-mai 1962.*

Enfin, beaucoup plus tard :

– « Casbah 1957 », Révolution africaine, *1379, du 2-8 août 1990. Quelques extraits de ce dernier, à propos des accords d'Évian :*

J'ai été soulagée d'apprendre qu'on ne se battrait plus, mais j'ai été consternée par le drame de la minorité. Les Français d'Algérie étaient nés en Algérie, ils avaient donc autant de droits d'y vivre que les fils de migrants nés en France en ont en France… Le problème des minorités est celui de notre siècle.

– À propos de l'évolution contemporaine du régime algérien :

Je partage le point de vue d'un fonctionnaire français qui, en 1962, à Alger, avait affiché comme conseil aux coopérants français : « Tu ne convoiteras pas la révolution d'autrui… »

GT a également publié un compte rendu de l'ouvrage de Jacques Berque Le Maghreb entre deux guerres *(Paris, Seuil, 1962) dans* Le Monde *du 25 mai 1962 ; et une lettre concernant des accusations portées contre Jean Daniel dans* Notre République, *288, du 15 décembre 1967.*

VI. SCIENCE HUMAINE

Notice

Nous avons laissé de côté les publications spécialisées de GT concernant l'ethnologie de l'Afrique du Nord. Celles-ci incluent, en dehors d'un livre, Il était une fois l'ethnographie *(Paris, Seuil, 2000), plusieurs articles, parmi lesquels :*

– « Les sociétés berbères dans l'Aurès méridional », Africa, *XI (1938), 1, p. 42-54.*

– « La période des pèlerinages dans l'Aurès » (résumé de communication), Anthropologie, *58, 1938, p. 212.*

– « Le partage annuel de la terre chez les transhumants du sud de l'Aurès », conférence au Centre des hautes études d'administration musulmane (CHEAM), Paris, juillet 1939.

– « Conflits de civilisations » (exposé suivi d'un débat), Jeunes Femmes, *35, 1957, p. 1-12.*

– « Mariage et mode de production », in Production, pouvoir et parenté dans le monde méditerranéen, *Paris, Librairie orientaliste P. Geuthner, 1981, p. 209-218.*

Plusieurs textes ont été publiés dans Littérature orale arabo-berbère, *et notamment :*

– « Buts et composition de l'unité de recherche. Déontologie proposée », 3, 1968, p. 2-8 ;

– « Introduction », 4, 1970, p. 2-4 ;

– « Compte rendu d'une mission en Haute-Volta », 5, 1971-1972, p. 137-139 ;

– « Implications économiques du mariage », 6-7, 1973-1974, p. 185-188.

Nous avons repris en revanche ses textes traitant de problèmes d'histoire et d'anthropologie générale, qui s'ajoutent donc à son livre Le Harem et les Cousins *(Paris, Seuil, 1966).*

« L'étude de l'homme par l'homme » est paru, en tant que « Préface », dans le livre de Mohamed Boughali La Représentation de l'espace chez le Marocain illettré, *Paris, Anthropos, 1974, p. IX-XII (nous omettons la dernière phrase qui annonce l'ouvrage).*

Plusieurs textes concernent la place des femmes dans la société.

GT a accompli quelques missions pour des organismes internationaux, comme l'Organisation mondiale de la santé (OMS), dont on trouve l'écho dans des écrits destinés à un public non spécialisé. « Les femmes sortent de l'ombre » a été publié dans Santé du monde, *mai-juin 1962, p. 28-34. « Les femmes dans l'étau des structures » provient également de* Santé du monde, *sept.-oct. 1969, p. 3-10.*

La publication de Le Harem et les Cousins *a donné lieu à plusieurs entretiens. L'un d'entre eux est repris ici sous le titre « Sociétés sauvages et sociétés civilisées » ; il est paru dans* Voix et Visages, *106, nov.-déc. 1966. Nous n'avons pas repris un autre entretien, publié dans* France-Algérie, *12, juillet-août 1966.*

« L'enfermement des femmes dans notre civilisation », qui présente sous forme condensée les vues de GT sur les structures familiales, a été publié dans l'ouvrage collectif Le Fait féminin, *sous la direction d'Évelyne Sullerot (Paris, Fayard, 1978, p. 404-418).*

« L'esclavage en Afrique » figure dans une brochure intitulée La Question de l'esclavage, *publiée par un Comité d'action pour l'abolition de l'esclavage (Paris, 1967). Des variantes de ce texte se trouvent dans* Voix et Visages, *112, janvier-février 1968 et dans* Visa pour un enfant, *27, juin 1968.*

« Peuple, race, ethnie, nation » est paru dans Droits & Liberté, *269, janvier 1968, au sein d'un ensemble de réactions à la phrase de De Gaulle sur les juifs, « peuple d'élite, sûr de soi et dominateur ».*

« Avatars musulmans de quatre personnages d'un portail de Vézelay » est paru dans le volume de Mélanges en l'honneur de Charles Morazé, intitulé Culture, science et développement, *Toulouse, Privat, 1974, p. 89-96.*

Le portrait de Fernand Braudel, écrit pour une commémoration publique en 1986, un an après sa mort, est resté inédit.

L'étude de l'homme par l'homme

Les termes scientifiques sont comme les valeurs boursières, sujets à des extensions ; à des étirements, ou au contraire à des amputations. Sensibles comme une monnaie, ils se dévaluent parfois brusquement ou, inversement, se mettent à « flotter ».

Toutes ces mésaventures sont advenues aux termes *folklore* et *ethnographie*, deux mots qui existent depuis un siècle et demi à peine. Bien jeunes encore, ils ont pourtant un passé, et il n'est pas possible de maîtriser toutes leurs significations en faisant abstraction de leurs avatars. En l'occurrence, ils tiennent non pas exactement à l'histoire de notre espèce, mais à l'histoire de la façon dont elle se l'est imaginée.

Le premier, le mot *folklore*, forgé en Angleterre, a désigné d'abord des chercheurs qui, « faisant de l'ethnographie sans le savoir », étudiaient « ethnographiquement » leur pays ; un peu plus tard il servit souvent à nommer les esprits curieux qu'on appelait « érudits de province », du temps où la province existait encore… Quant au mot *ethnographie*, il appartenait alors exclusivement aux voyageurs qui ramassaient du folklore dans les pays lointains.

Certes, le casanier qui choisissait de voyager autour de son jardin différait psychologiquement du nostalgique amateur d'exotisme qui s'en allait explorer des forêts supposées vierges. Tous deux cependant avaient un intérêt commun, celui d'attribuer des identités à leurs trouvailles, ou tout au moins des noms, ce qui reste la meilleure façon de s'en débarrasser. Chez les folkloristes et chez les ethnographes, on se mit donc à nommer et à ranger éperdument, et l'on s'aperçut alors qu'on pouvait rencontrer des plantes sauvages dans les jardins ratissés des folkloristes, tandis que la *terra incognita* réservée aux ethnographes offrait parfois la surprise inverse ; on s'aperçut aussi que les règles d'observation qu'on applique aux voisins peuvent, avec profit, être employées pour s'observer soi-même. Mais il avait d'abord fallu penser à se regarder.

De fait, au-delà des mots, il y a l'objet qu'ils désignent ; en l'occurrence, c'était l'étude *de l'Homme par l'homme*. Or elle est sans doute aussi ancienne que l'Homme lui-même, voire un peu plus – car les animaux supérieurs pratiquent quelque chose qui ressemble fort à la « politique » et à la « diplomatie » (activités qui sont, en quelque sorte, des écoles techniques de l'altérité) ; nos ancêtres les plus lointains les ont assurément pratiquées l'une et l'autre de façon intensive et préférentielle – c'est du moins la conclusion qu'on peut déduire à la fois des institutions et des aptitudes qu'ils léguèrent à l'ensemble de leurs descendants.

Bref, tous les hommes ne sont pas identiques – et voilà un bon sujet de réflexion pour chacun d'eux. On est un peu plus grand par ici, un peu plus brun par là, on ne raconte pas exactement les mêmes histoires, on ne mange pas les mêmes choses et on les prépare différemment, on parle des langues que le voisin appelle « jargon », et l'un croit vrai ce que l'autre juge faux, l'autre trouve poli ce que le premier estime grossier, etc. Ces petites variantes frappaient davantage les premiers voyageurs que les profondes parentés sous-jacentes, et elles furent très tôt un objet privilégié de description. Hérodote, cinq siècles avant J.-C., est le premier ethnologue (connu) du monde méditerranéen ; Tacite, cinq siècles plus tard, fut celui de la Germanie. Leurs œuvres furent alors classées par leurs contemporains dans la « géographie » ou dans l'« histoire », de même que les récits des innombrables commerçants, explorateurs, conquérants, missionnaires – musulmans ou chrétiens – qui s'efforcèrent au Moyen Âge de décrire les peuples qu'ils visitaient. Il fallut attendre le siècle qui a précédé celui où nous vivons pour que les hommes de science, en comparant les différentes variétés de civilisations afin de les répartir dans les tiroirs scientifiques dont ils disposaient, s'aperçussent que le tiroir *histoire* et le tiroir *géographie* étaient trop pleins pour leurs rangements.

Pendant ce temps, à d'autres étages, d'autres bataillons de chercheurs, tirailleurs dispersés, enquêtaient et classaient. Les archéologues œuvraient à proximité des préhistoriens ; les linguistes, philosophes, grammairiens restaient un peu à l'écart, les historiens et les géographes également ; les anthropologues avaient leurs assises dans le voisinage des professeurs d'anatomie, c'est-à-dire des médecins ; quant aux folkloristes, tout seuls, au grenier, ils rêvaient avec les poètes. Ainsi de suite, jusqu'aux sociologues qui, eux, travaillèrent d'emblée au rez-de-chaussée, au niveau des bagarres et des barricades… C'est dans le cours de cette phase que les folkloristes, se sentant par trop dévalués, demandèrent à s'appeler *ethno-*

graphes, tandis que ceux-ci, dévalués à leur tour, se précipitaient les uns dans la *sociologie* (pour ne pas dire la politique) et les autres dans le *structuralisme*.

Et pourtant…

Freud disait qu'il n'est pas possible de se psychanalyser soi-même, pas plus qu'il n'est possible de se regarder de profil dans un miroir à une seule face. J'en dirais autant de cette connaissance d'un peuple par lui-même que j'appellerais volontiers « socioanalyse ». Elle exclut en effet l'isolement, car on ne s'ethnographie pas soi-même, tout simplement parce qu'on *ne se voit pas* sans un miroir, et ce miroir c'est essentiellement, nécessairement, la connaissance d'une société *étrangère*, d'une société *différente*. Ce qui explique qu'il ait fallu tant d'années d'observations décousues, souvent interprétées de manière absurde, pour que ces observations s'organisent et deviennent des sciences, les « sciences de l'homme », et que nous puissions disposer enfin de ce jeu de miroirs qui permet à chaque peuple de s'observer, de se voir, de « se réfléchir » – en prenant ce mot dans tous ses sens.

1974

Les femmes sortent de l'ombre

Par le hublot d'un avion long-courrier, quelque part entre Karachi et Le Caire, je regarde ce morceau de la terre où, brusquement, il y a huit mille ans, au sein des évolutions imperceptibles de la nature, la première civilisation a vu le jour.

La première civilisation – cela signifie la première ville – imprima au temps des pulsations dès lors sensibles, et, en ce même lieu, vingt-cinq siècles plus tard, avec l'invention de l'écriture, le rythme des changements reçut sa seconde accélération. Ensuite, il fallut attendre cinq mille ans, la promotion de l'Europe, le XVe siècle, la découverte quasi fortuite de l'imprimerie, pour la troisième relance. Elle permit l'accumulation, pendant cinq cents ans, des inventions éparpillées de tous les hommes, grâce à quoi l'humanité se trouve, en ce siècle, propulsée vers l'avenir à une allure qui paraît maintenant vertigineuse, mais nous savons très positivement qu'elle ne peut plus cesser de s'accélérer. Toute l'humanité ? Pas encore…

La nuit tombe, l'avion fonce droit vers le soleil couchant, et les grandes ombres du soir accusent chaque détail du relief.

Nulle ligne droite – donc ni labours ni routes ; pas non plus de forêt, de villes, de prairies, de lacs. Rien que la terre – la terre nue. Plus que nue : écorchée vive.

Des traces sinueuses, creusées par d'anciens ruisseaux, se ramifient sur les collines et s'épaississent à l'intersection des pentes ; par endroits, les sillons sont soulignés par une traînée blanche qui étincelle sur le sol sombre : le sel. Il achève de stériliser ces plaines vides qui pourtant, il y a huit mille ans, furent assez favorables à la vie pour que l'insolite aventure de l'homme y prît son départ.

Le modelé actuel évoque d'immenses fougères dont ne subsisteraient que les nervures, ou mieux : une planche d'anatomie étalant des vaisseaux sanguins vidés de sang, le long d'os décharnés et de ligaments desséchés qui furent des muscles… Nulle part au monde l'écorce terrestre n'épouse si étroitement le squelette intemporel de l'astre qui nous supporte.

Le soleil bascule à l'ouest, et tout de suite après le bref crépuscule du 30e parallèle, les ténèbres s'installent... L'avion depuis quelques minutes a changé de régime et vole de plus en plus bas. Je continue à chercher dans les hiéroglyphes du sol une signature humaine – route ou champs –, mais déjà, sans transition, nous sommes en train de survoler « la Ville » – une ville d'Asie, immense et plate.

En pointillés lumineux, elle se dessine et s'étale sur toute la surface de la nuit. On distingue les lignes droites ou courbes des avenues et des rues, chacune avec – imperceptiblement différents – un éclairement, une largeur, une circulation de voitures, où se traduisent les sévères hiérarchies de l'argent. Vue d'ici, l'odieuse misère des quartiers surpeuplés ne s'inscrit que dans l'éclat jaune et espacé des lampes à pétrole et se mêle, comme une broderie précieuse, aux étincellements froids du néon. Sous nos pieds, c'est – à la fois aussi fascinant qu'un jouet, bien plus brillant et fastueux que les diamants du Shah – un ciel pur d'été, fourmillant d'étoiles, dont les constellations s'écrivent en signes déchiffrables, apprivoisés, vivants...

La rue

Une rue dans la grande cité musulmane d'Asie – Bagdad ou Téhéran, peu importe... Je découvre enfin la maison que je cherche. Elle est pareille à toutes les autres, c'est-à-dire offrant un mur nu, aveugle, n'ouvrant sur la rue qu'une seule porte, de taille médiocre, de facture courante, de couleur neutre.

La porte une fois franchie, on pénètre dans une petite cour gaie et vivante, avec bassin d'eau claire, des bancs bien disposés pour la méditation, la sieste, la conversation ; des bâtiments agréables dont toutes les fenêtres et toutes les portes ouvrent sur cette cour, l'encadrent sur trois côtés.

Il y a vingt ans, on m'aurait très probablement reçue dans le bâtiment central qui est celui des hôtes, mais maintenant tous les invités franchissent une seconde porte : elle sépare la plaisante petite cour du jardin secret – *« harem »*, interdit.

Là, les ombrages pleins d'oiseaux, les jets d'eau, les orangers, les jasmins concentrent leurs séductions entre la face aveugle du bâtiment des hôtes et la maison où vit la famille qui nous reçoit.

La beauté

Jadis, c'est-à-dire il y a cinq ans – ou dix, ou trente, selon les villes et les milieux (« jadis » survit d'ailleurs, ici et là) –, nul étranger ne franchissait cette porte, ouverte seulement aux gens du même sang, à des serviteurs, à quelques femmes appartenant à un milieu tellement identique à celui de la maîtresse cloîtrée de ce logis qu'elles étaient, pratiquement toutes, ses cousines… Cette disposition se retrouve, à peu de chose près, dans la plupart des maisons des grands bourgeois d'Islam, et cela de Dakar à Chittagong, c'est-à-dire sur un bon tiers de la ceinture du globe. Partout nous rencontrerons cette volonté de resserrer le charme des jardins, des ombrages, des miroirs d'eau au cœur secret du foyer, derrière les plus hauts murs : en Islam, la maison se voile comme une jeune femme…

Cette aspiration vers une beauté intime, privée, cachée, tient si fort au cœur que, jusque dans le dénuement uniforme des modernes cités dites « de recasement », ce sera (toujours invisibles du dehors) au coin de la cour minuscule – et pas sur un balcon ou la fenêtre d'une mansarde, comme chez Mimi Pinson – que s'étioleront un rosier, un jasmin ou quelque géranium… J'ai même aperçu, une fois, entre les murs de tôle d'un bidonville, un jet d'eau, dans une vasque grande comme un saladier : sollicitude d'un époux bricoleur et tendre.

La littérature a popularisé les détails pittoresques de la vie du harem bourgeois : café turc ou thé à la menthe, loukoums, loisirs fastidieux, cuisines compliquées sur un petit fourneau d'argile, papotages, disputes… Avec papotages et disputes – mais sans pâtisserie, sans loisirs et sans jardin –, la citadine pauvre fut, de tout temps, aussi cloîtrée que la patricienne. Elle l'est encore – bien plus souvent que la femme d'un avocat, d'un professeur ou d'un grand commerçant…

Je connais des banlieues ouvrières, dans des villes musulmanes, où chaque ménage dispose d'une seule chambre ; ces dizaines de chambres ouvrent toutes sur une cour unique et pas grande. Lorsque l'époux part à son travail, il fait jurer à sa femme de ne pas franchir le seuil de la porte – et toutes les femmes que j'ai rencontrées, considérant ce serment comme sacré, le respectaient scrupuleusement.

Ces servitudes écrasantes régressent partout, mais, là où elles sévissent encore, la femme du porteur d'eau, tout comme la riche bourgeoise, sortira parfois pour respirer l'air du soir ou embrasser ses parents – dûment accompagnée par un homme de sa famille, et voilée hermétiquement.

Le voile

Le voile – symbole, en Orient, de l'aliénation d'une moitié de l'humanité, objet, à ce titre, de la vindicte des intellectuels – n'a jamais été utilisé par les femmes des milieux paysans, autant sédentaires que nomades.

Chez les paysans du monde arabe, l'ensemble des règles de la société converge encore, plus ou moins efficacement, vers un but : maintenir le groupe social éponyme ; empêcher tout homme qui n'est pas un parent de vivre sur le terroir ancestral – voire même de le traverser. On ne voile donc pas les femmes, mais on les déshérite, ce qui revient au même…

On ne déshérite pas les femmes pour pallier l'absence du voile ; la vérité me semble exactement l'inverse : le voile et le harem des villes, bien loin d'être des modèles dont le campagnard s'inspirerait ambitieusement, seraient, tout au contraire, des succédanés édulcorés, des pastiches barbouillés de snobisme, tendant vers un idéal mythique : la fière solitude du douar bédouin.

Dans toute la zone où s'est répandue la civilisation sémitique et – beaucoup plus tard – l'Islam, on retrouve encore aujourd'hui, sous-jacent, à travers des sentiments, des institutions, des contes, le rêve chimérique et orgueilleux de la pureté de la souche. Voici comment l'exprime un des premiers sociologues modernes, l'historien maghrébin Ibn Khaldoun[1], lorsqu'il parle des nomades les plus pauvres : « … leur isolement est (…) un sûr garant contre la corruption du sang qui résulte des alliances contractées avec des étrangers ». Parlant d'un autre groupe plus favorisé : « Les Arabes établis sur les Hauts Plateaux, régions qui offrent de riches pâturages aux troupeaux, et qui fournissent tout ce qui peut rendre la vie agréable, ont laissé corrompre la pureté de leur race par des mariages avec des familles étrangères. »

1. *Prolégomènes*, I, p. 272. Ibn Khaldoun naquit à Tunis, en 1332, vécut à Grenade, Fès, Tlemcen, et mourut au Caire, en 1406.

Ailleurs[1] l'auteur réfute Averroès[2], lorsque celui-ci soutient que la noblesse dépend de l'ancienneté d'une famille et du nombre de gens illustres qu'elle compte. « La noblesse, l'honneur, ne peuvent résulter que de l'absence de mélange », pensent les hommes du sud de la Méditerranée, dont Ibn Khaldoun se fait l'interprète.

J'ai vu considérer comme le mariage idéal, dans la plupart des campagnes et des villes du Maghreb, l'union d'une jeune fille avec son cousin germain (de préférence, il va de soi, fils de l'oncle paternel). Cet objectif social a été signalé également dans les milieux campagnards et citadins du Moyen-Orient – mais, dans une ville, il ne peut s'agir que d'un vœu, tandis que, chez les nomades, on verra parfois un fils ramener une bru étrangère, mais la fille, en tout cas « ne sort pas de la famille ».

Du moins, telle était la règle invariable, depuis le plus lointain passé. Aujourd'hui les fils des « grandes familles » s'égaillent au loin, et refusent alors d'épouser leurs cousines. J'ai connu un vieux seigneur arabe qui est mort avec grand chagrin car il n'a pas pu marier ses filles, n'ayant pas d'hommes de leur rang (c'est-à-dire de leur sang) à leur proposer.

Le mariage

La condition de la femme dans la société tribale – celle qui fonctionne effectivement selon l'idéal endogamique des paysanneries du sud méditerranéen – est bien moins triste que dans les stades à demi évolués.

La petite fille, en effet, est alors élevée avec des cousines qu'elle ne distingue pas de ses sœurs, tandis que les sœurs et les cousines de sa mère la traitent comme leur propre enfant. Parmi ces dernières se trouve inévitablement la mère de son futur mari.

Lorsque la jeune femme arrivera dans son nouveau foyer – éloigné de quelques mètres de celui où elle a vu le jour – elle continuera avec sa belle-mère et ses belles-sœurs des relations de familiarité confiante qui remontent à sa naissance ; en cas de mésentente avec son mari, ce sera son mari qui devra plier devant la coalition invincible du bloc féminin.

1. *Prolégomènes*, *op. cit.*, p. 282 (p. 345 du texte arabe).
2. Averroès, commentateur d'Aristote, vécut au XIIe siècle ; il naquit à Cordoue et mourut au Maroc, en 1198. Philosophe, juriste et médecin.

Du coup, dans un tel milieu, le divorce est rare, la polygamie exceptionnelle.

En outre, chez de nombreux nomades (où cependant la filiation est en ligne paternelle, où, par conséquent, la femme n'a pas d'héritage ni, semble-t-il, de droits), des égards délicats lui sont dus. Ainsi, les hommes d'une tribu saharienne que j'ai connue il y a une vingtaine d'années (Ouled Saoula) spécifiaient dans tous les contrats de mariage qu'aucune femme de leur sang ne pouvait être obligée de monter à pied une certaine colline ; une chamelle blanche et une esclave devaient, de même, être inscrites dans leur douaire, pour leur éviter toute fatigue. Les Ouled Saoula étaient, en ce temps-là, déjà, bien trop pauvres pour avoir des chamelles et des servantes, mais ils continuaient à inscrire ces clauses dans leurs actes et, comme ils ne se mariaient guère qu'entre eux, ils se pardonnaient leurs omissions entre beaux-frères, offrant, quand ils le pouvaient, une ânesse à leurs épouses pour franchir les monticules escarpés.

Entre femmes

Lorsqu'une telle société évolue (et elle évolue fatalement), la première conséquence de l'évolution sera l'émiettement du clan ancestral et le mélange inévitable des lignées et des champs. En bien des régions, longtemps avant la prédication de l'Islam, cette évolution était déjà fort avancée (car elle remonte à la première ville) ; dans d'autres régions, de nos jours encore, on peut voir fonctionner quelques rares spécimens du modèle antique d'après lequel se rêvent, s'imaginent, se veulent des groupes humains que l'évolution entraîne malgré eux.

Dans cette situation intermédiaire (qui dure depuis des siècles et qu'il est difficile de déraciner), la jeune femme qu'on marie épouse souvent un étranger, donc un inconnu. Elle doit, non seulement se séparer pour toujours de la bande joyeuse et fraternelle avec laquelle elle a été élevée, mais se faire accepter par un groupe de femmes a priori hostiles…

Elle subit alors un dépaysement affreux. Dans cette épreuve, elle peut quelquefois, il est vrai, avoir le bonheur d'être soutenue par l'amour de son mari, mais cet amour a pour résultat quasi inévitable d'accroître l'hostilité du milieu ambiant à son égard. Au milieu des orages féminins, la ressource habituelle d'un homme sera l'empirisme : confier à sa mère toute l'autorité, les clefs des provisions, l'argent ; apporter (souvent en cachette) à sa femme, selon ses ressources et l'occasion, une robe, un bijou, une savonnette parfumée ; quand il échoue à les apaiser l'une et l'autre, il lui reste, comme partout, d'aller au café… Après quelques échecs, il divorce – souvent non sans regret.

On comprend parfaitement que, dans cette situation, l'antique tribu endogame apparaisse comme un modèle de paix, d'entente, de vertu, de bonheur – comme un âge d'or.

Le Coran

De ces plateaux écorchés, où se soudent les trois vieux continents – Asie, Europe, Afrique –, partirent les prédications des trois religions monothéistes. Issues toutes les trois du même tronc, élaborées dans un milieu identique, il est fort naturel qu'elles se ressemblent, notamment en ce domaine si essentiel à toute société : la femme, le mariage, la famille…

Le Coran[1], dans une même phrase, proclame d'abord l'égalité des sexes, et ensuite la prééminence de l'époux : « Le même traitement est dû à eux (les hommes) et à elles (les épouses) dans le bien. Mais les hommes ont la prééminence sur elles » ; il suit d'ailleurs, dans cette dernière affirmation, l'Ancien Testament[2] où Dieu dit à la femme « … tu seras sous la puissance de ton mari, et lui te dominera ».

À vrai dire, la prééminence du mari ne pose pas de problème plus sérieux à la femme d'Asie qu'à la femme d'Europe : dans tous les pays, c'est façon de parler, du moins quand les époux vivent avec leurs enfants, sans belles-sœurs ni belles-mères et que le droit de divorcer est reconnu aux deux.

Beaucoup plus chargés de conséquences seront les régimes légaux du mariage (la polygamie notamment), ainsi que les conditions du divorce et la garde des enfants.

Tout aussi rude que les codes apparaît la pression des mœurs. C'est d'elle que dépendent en effet : le droit à l'instruction, la liberté du choix dans le mariage, la cohabitation avec les beaux-parents, la pratique d'une profession, tous les accès à la vie sociale (voyager, aller au restaurant, au théâtre, traverser la rue) ; c'est elle qui obligera la fille

1. Coran, sourate II, dite « de la Génisse », verset 228.
2. Genèse, chapitre III, verset 16.

de Kabylie à renoncer « de son plein gré » à cette demi-part de l'héritage de son père que Dieu a voulu lui accorder. De la même façon, ailleurs, il y a seulement trois générations, elle envoyait au bûcher les veuves « consentantes »…

Les États musulmans modernes ont suivi la tradition de leur religion en promulguant des lois qui tendent à protéger les droits de la femme et à faire d'elle une « personne ».

Les premières réactions contre l'aliénation de la femme s'exprimèrent d'abord en Égypte, il y a près de soixante ans. Cela est normal : l'Égypte est, géographiquement, le centre de gravité du grand vaisseau de l'Islam ; ses anciennes traditions universitaires, ses bourgeoisies denses, supportées par une population nombreuse, le fait que les musulmans orthodoxes y furent toujours très majoritaires – tout cela lui permet de renouveler, de régénérer en soi-même ses propres doctrines.

En Égypte

Le Caire est une des belles capitales du monde aujourd'hui ; dans les rues animées de ses quartiers centraux, il est rare de rencontrer une femme voilée. Dans les faubourgs, c'est l'inverse, et il faut chercher un moment avant d'apercevoir une femme le visage nu : elle est jeune, en général, et toujours vêtue d'une robe pareille à celles qu'on peut voir à New York, Paris, Berlin ou Moscou.

L'État encourage des associations féminines, innombrables dans les villes, qui se préoccupent de tous les problèmes de l'heure (en particulier du contrôle des naissances) : « la Femme nouvelle » existe depuis 1919, « l'Union féministe égyptienne » depuis 1923.

Des campagnes de presse, périodiquement, reprennent les thèmes des revendications féministes ; je cite, par exemple, ce journal d'Alexandrie qui écrit, le 27 avril 1958 :

« … Cette pétition tend à réglementer les divorces [1] ; à abolir l'obligation pour la femme de réintégrer le domicile conjugal ; à interdire la polygamie ; à fixer le droit de garde des enfants du sexe masculin jusqu'à la majorité et celui des filles jusqu'au mariage »…

Rappelons que cette campagne s'ouvre à l'occasion de la commé-

1. En 1957, 59 948 divorces enregistrés et 241 436 mariages célébrés en Égypte, soit 1 divorce pour 4 mariages.

moration du cinquantenaire de la mort du promoteur de la libération de la femme : feu Kassem Amin.

Associations, campagnes de presse, appui de l'État – tout cela se heurte encore au mur que la loi religieuse elle-même, au cours de treize siècles de pratique, a eu tant de peine à entamer : la société préislamique.

Au Liban

À Beyrouth, on croise au coin d'une rue, une dame en tailleur, aux petits pieds élégamment perchés sur des talons Louis XV, qui porte le *hijab*, une voilette très courte, noire et opaque.

Dans les régions chrétiennes de la campagne libanaise, j'ai rencontré des vieilles femmes vêtues de noir et la tête couverte d'un fichu noir. Le Liban déborde de séductions. Et le merveilleux, c'est qu'il fait vivre en paix ses minorités religieuses. On y dénombre, en effet, dix-huit rites.

Parmi les musulmans, d'abord 286 000 orthodoxes (sunnites), auxquels viennent de s'ajouter des réfugiés de Palestine et des réfugiés kurdes ; 250 000 musulmans chiites en majorité duodécimains (c'est-à-dire partisans des douze imams), mais il y a aussi des Métoualites et des Alaouites, qui vinrent il y a quelques siècles de la Syrie du Nord ; les Bahaistes, dissidents plus récents, se réclament aussi de l'islam ainsi que la population druse – secrète, instruite, estimée – qui comptait 88 000 âmes en 1953. Son poids politique provient du fait qu'elle se situe tactiquement à la charnière de la majorité, c'est-à-dire à mi-chemin entre les chrétiens et les musulmans.

La plupart des chrétiens sont maronites (424 000 en 1953) mais il y a aussi : une Église grecque orthodoxe, une Église grecque catholique, une Église arménienne grégorienne, une autre arménienne catholique ; une Église jacobite syrienne (orthodoxe) et une syrienne catholique. Il y a également des catholiques tout court, dits latins (4 500) ; des protestants dont on n'analysera pas les appartenances car ils ne sont que 13 000, des juifs (6 000), des chaldéens (1 500) ; des « divers » (8 000).

Un peu moins morcelée qu'au Liban, nous retrouvons cependant dans tous les pays qui sont au sud-est de la Méditerranée cette mosaïque religieuse, et partout la juxtaposition, l'imbrication des cultes contribueront à l'extrême réserve des femmes : chaque minorité, en effet, entretient un objectif passionné et précis – empêcher ses filles de se marier avec un garçon appartenant à l'autre chapelle –, pour cela, il faut, à coup sûr, tenir les brides courtes, d'autant plus que, évidemment, les garçons de l'autre chapelle rêvent des filles qui leur sont interdites, et que les ardeurs de la Méditerranée soufflent sur le tout… Mais les brides courtes, cela ne favorise pas une évolution.

Pourtant, quant à moi, j'ai toujours pensé que l'existence de minorités dans un pays représentait de tels profits intellectuels que cela valait de prendre les risques de quelques conflits : en effet, pour qu'un individu quelconque conçoive distinctement sa propre existence, sa « personnalité », il lui faut d'abord l'opposer… En outre, l'espèce de contrariété permanente entretenue par la seule présence de gens qui, ostensiblement, dans les domaines les plus importants, pensent autrement que la majorité est, pour chacun, un « empêchement à radoter en rond ». Or l'expérience nous apprend que les radotages sans contradicteur, d'un pôle à l'autre, constituent la volupté essentielle des imbéciles.

Donc, on est très intelligent au Liban – mais aussi très contrarié : intelligence dans la contrariété ou intelligence par la contrariété ?

Bref, en écoutant, le soir, les autos dans les avenues de Beyrouth, je me suis tout de même demandé si, dans un pays sans minorité religieuse, on arriverait à faire autant de bruit avec les klaxons ?

En Irak

Dans les avenues de Bagdad, le voile noir transparent couvrant tout le visage – on l'appelle *pouchi* – a complètement disparu ; quelques femmes se drapent encore dans l'*abaya*, carré de soie noire semblable à celui des Iraniennes et sous l'*abaya* (portée comme une cape), elles sont en tailleur et talons Louis XV. Quelques-unes fument dans la rue…

En Irak, la révolution du 14 juillet 1958 a accéléré une émancipation tardive car la première école de filles y fut ouverte en 1899 et la première femme médecin obtint son diplôme en 1938. Les femmes aujourd'hui sont, théoriquement, électrices et éligibles et peuvent entrer dans toutes les universités, même celle de théologie. Quatre femmes sont diplomates, deux sont magistrats, cent vingt-deux ont un doctorat en médecine (les hommes sont quatorze fois plus nombreux dans cette profession : 1 673). Les licenciées en droit sont nombreuses – environ quatre cents –, dix ont un cabinet d'avocat.

Jusqu'en 1959, l'héritage était réparti entre filles et garçons selon la loi coranique : une part à la fille, deux parts au garçon. Depuis 1959, tous les enfants, quel que soit leur sexe, ont un droit égal sur l'héritage de leur père.

À la condition d'avoir un motif, la femme, maintenant, peut demander le divorce[1], même si ce droit n'est pas stipulé dans son contrat ; quant à la répudiation par le mari (qui, il y a fort peu de temps, n'était limitée que par son bon plaisir) elle doit, désormais, être admise par le juge et il demande au mari d'arguer un motif. Le divorce une fois prononcé, les enfants ne sont pas alors automatiquement séparés de leur mère, car le père ne peut réclamer ses fils que lorsqu'ils ont plus de sept ans et ses filles plus de seize ans.

En Iran

À Téhéran, les femmes (coquettes, vives, volubiles) ont des robes claires, des tailleurs, des talons très hauts ; quelques-unes se drapent dans un carré de soie noire dont, m'ont-elles dit, elles apprécient la commodité : on n'a pas le temps de changer de robe avant d'aller chercher le petit en classe, hop prenons l'*abaya*... En tout cas, elles ont dû renoncer au voile *(tchador)* qui a été sévèrement interdit (en 1937 ou 1938) par le père du souverain actuel : elles ne cachent donc plus leurs visages. Les hommes, selon leur fortune ou leurs occupations, portent le complet veston universel de notre siècle, ou le bleu de chauffe ; ils sortent en général tête nue, mais on aperçoit cependant de-ci de-là, quelques feutres, quelques casquettes. On croise aussi, parfois, des vieux messieurs à barbichette, portant turban et cape de laine écrue – ce sont des mollahs, prêtres chiites.

En Iran, cependant, malgré le modernisme de la rue, les femmes ne sont ni électrices ni éligibles (c'est également le cas en Suisse). L'homme possède seul le droit de divorcer ; l'épouse pourrait toutefois acquérir ce droit en le faisant mentionner dans son contrat, mais ce privilège est réservé, pratiquement, à la classe patricienne qui

1. On compte, dans les villes, 30 à 35 divorces pour 100 mariages. Dans les campagnes, le mariage consanguin, très répandu, fait obstacle à la répudiation, car l'homme n'ose pas renvoyer son « épouse-cousine ».

seule a les moyens de s'informer. Une femme ne peut pas non plus empêcher son mari de prendre une seconde ou une troisième épouse, mais rien ne s'oppose à ce qu'elle demande, avant le mariage, que par contrat son futur mari s'engage à la répudier avec un dédommagement en argent, avant de contracter une autre union.

À la Faculté de médecine de Téhéran, dans un récent concours, 2718 candidats et 501 candidates se sont présentés pour 300 places[1] : on accepta 356 étudiants et 44 étudiantes. Dans l'ensemble de l'Iran, on compte actuellement un peu plus de 300 femmes médecins ; elles étaient dix, en 1940. Pour les études de droit (toujours étroitement liées à la théologie) : 68 femmes ont obtenu leur licence. Cinq d'entre elles sont inscrites au barreau.

Comme dans tous les pays où coule l'or noir pétrolier, les universités ont reçu des giclures du pactole et il est très impressionnant de voir, à la moindre occasion, les adolescents, filles et garçons, défiler au coude à coude : leur intelligence, leur résolution, leur avidité juvénile, depuis moins de dix ans, se manifestent en sourdine dans les salles obscures des facultés. On ne les voit pas encore sur le pont – mais ils y viendront bientôt.

Au Pakistan

Entre les pays du sud et du nord de la Méditerranée, il existe un air de famille que l'uniformisation des costumes accroît encore, mais lorsque, dans la nuit noire, l'avion se pose à Karachi, et que la portière s'ouvre toute grande sur des ténèbres sans étoiles, un grand souffle inconnu, humide et brûlant comme la langue d'une bête, vous lèche aussitôt hâtivement le visage et les mains : l'Asie – la véritable Asie, l'Asie des moussons…

Le Pakistan est un pays qui a récemment beaucoup souffert : il a reçu, entre août et décembre 1947, sept à huit millions de réfugiés, fuyant l'Inde (dans cette même période on estime à un million le chiffre de ses morts). Généreusement, courageusement, il a fait place aux survivants, et maintenant il lutte avec eux pour se construire.

1. À la fin de 1961 on pouvait évaluer la population de l'Iran à 22000000, pour lesquels ce pays dispose en tout de 6000 médecins, dont plus de 2000 dans la capitale, pour 2000000 de clients virtuels (soit un pour 1000) ; 3200 dans les villes de moindre importance et 800 pour toute la campagne (c'est-à-dire, au moins, pour 16000000 de personnes).

Le très sage gouvernement pakistanais (comme la plupart des autres gouvernements musulmans) a entrepris de lutter contre l'aliénation de la femme. Pour cela il conseille la monogamie, le contrôle des naissances, mais ne légifère pas encore dans ces domaines ; il ouvre aux femmes les universités (huit dans le Pakistan ouest), les écoles, les postes administratifs (une Pakistanaise est ambassadrice, plusieurs pilotent des avions), mais il n'oblige pas les familles à y mettre leurs filles.

L'avenir

Dans les théâtres du Caire et d'Alexandrie, des acteurs pleins de talent jouent tous les soirs devant des salles combles ; dans le public, il y a autant de femmes que d'hommes. À Bagdad, à Téhéran, jeunes gens et jeunes filles sont en nombre presque équivalent dans les cinémas.

Dans les campagnes, pour peu de temps, on ne trouve encore que la radio ; elle est partout, mais la puissance d'envoûtement de la voix ne peut se comparer à celle de l'image et, dans bien des cas, on ne demande à la boîte à son qu'un ronronnement indistinct où se bercent les perpétuelles frustrations de l'indigence et la solitude du cœur.

Dans toutes les villes, par contre, du Caire à l'océan Indien, et jusque dans les faubourgs les plus pauvres, le cinéma, la télévision sont aujourd'hui présents ; garçons et filles, à la lettre, s'en saoulent. Et l'image, elle, quelle qu'elle soit, dispose d'une force de persuasion jamais anodine.

Ce n'est qu'un des éléments (non le moindre) inséré comme un coin d'acier entre les moins de vingt ans et toutes les générations responsables de leur pays : maintenant ils sont, tous, très différents de leurs aînés – très différents, donc incompris. Incompris et majoritaires… Pour l'instant les peuples de l'Orient sont encore en retard sur leurs lois, mais ils ne marchent pas vite : ils courent…

1962

Sociétés sauvages et sociétés civilisées

Je viens de relire ton livre [Le Harem et les Cousins] *et je m'aperçois qu'il y a des quantités de digressions qui sont si intéressantes que l'on perd le fil du récit. C'est seulement en revenant en arrière qu'on s'aperçoit qu'elles sont toutes indispensables pour la compréhension globale de ce que tu dis.*

En réalité, je me suis donné beaucoup de peine pour écrire un livre facile à lire, mais je ne pouvais éviter de me référer à un certain nombre de notions fondamentales ; je les croyais dans le domaine public et je me suis aperçue qu'elles ne sont pas familières aux non-spécialistes, en lisant certains articles qui rendaient compte du bouquin.

Quel est le thème principal de ton livre ?

Ce n'est pas en tout cas un prêchi-prêcha sur la libération de la femme, ni même une *description* de la condition des femmes dans la Méditerranée – cela a été cent fois fait. Par contre, on n'a jamais, à ma connaissance, expliqué *pourquoi* cela se passe ainsi, et c'est cela que j'ai voulu faire, en partant de données que j'ai personnellement observées, et en remontant jusqu'à la préhistoire…

Tu parles en particulier de la limitation des naissances à la période préhistorique ?

Ce qui est certain, en tout cas, c'est que la population à l'époque paléolithique s'accroît très peu ; en pratique elle est numériquement immobile. C'est aussi le cas des sociétés sauvages.

Pourquoi ?

Il y a, semble-t-il, une forme de limitation des naissances chez les animaux. Par exemple, chez certaines espèces d'oiseaux, des oiseaux en surnombre sont empêchés par les autres d'installer leur nid dans la colonie. Pour les hommes on peut imaginer que la limitation des naissances a pu se faire en supprimant des enfants à leur naissance, surtout des petites filles… Naturellement, il est difficile de savoir ce qui s'est réellement passé aux temps préhistoriques, mais on pense en tout cas que le cerveau humain était sensiblement le même qu'aujourd'hui, et il est probable que l'imagination humaine était aussi intense que maintenant. Or nous constatons que le progrès technique est très lent pendant toute la période. Pour cette raison j'imagine qu'il a dû y avoir une sorte de « blocage » de l'invention dans la direction technique car le progrès technique devait alors être générateur de famine en amenant une destruction du capital (c'est-à-dire, en l'occurrence, du gibier). L'imagination bloquée d'un côté a dû fuser dans une autre direction, par exemple la magie ou bien la politique. À mon avis, l'invention politique est beaucoup plus ancienne que l'invention technique, je m'imagine que la société civilisée est une société surtout orientée vers l'invention technique, alors que les sociétés sauvages sont orientées principalement vers l'invention politique.

Ce qui me frappe aussi, c'est le fait que le contact avec la civilisation européenne a représenté un choc presque mortel pour les sociétés dites « sauvages » (les Australiens, les Indiens d'Amérique, les Pygmées d'Afrique) : elles ont disparu rapidement dès que nous les avons approchées. Au contraire, à la suite de la colonisation, les populations d'Afrique du Nord et d'Asie ont augmenté numériquement. Or, à mon avis, les deux colonisations n'étaient ni meilleures ni pires les unes que les autres et la différence de nature se trouve entre les deux types de civilisations colonisées : l'une appartient au « secteur historique » (secteur de l'écriture qui s'étend de la Chine à l'Atlantique) et l'autre appartient au deuxième secteur, sans histoire et sans écriture.

Dans le premier secteur on trouve une tendance à l'expansion numérique de la population ; dans le deuxième secteur une propension à l'immobilisme dans ce domaine. Cela est logique, puisque la société à écriture est agricole ou industrielle et que son revenu croît en même temps que la main-d'œuvre. Les sociétés sans écriture sont des sociétés de chasseurs ou de petite agriculture.

On sait, d'ailleurs, que l'écriture a été inventée pour gérer des États, donc à partir d'une gestion de capital par l'État. Chez des chasseurs ou des ramasseurs de glands, on ne peut pas thésauriser, et par conséquent administrer. En somme il y a une liaison *politique* entre le revenu et la natalité.

1966

Propos recueillis par Denise Vernay

L'esclavage en Afrique n'est plus un problème politique

Dans toute la région[1] dont il sera ici question, la suppression de l'esclavage est, depuis longtemps, un objectif gouvernemental, et les États indépendants ont même renforcé les mesures prises antérieurement par les puissances coloniales française ou anglaise. Il n'en est pas de même dans la péninsule arabique, où l'entreprise est beaucoup plus récente ; toutefois, là comme partout, l'esclavage est officiellement supprimé.

Cette suppression *officielle* est, à l'heure actuelle, un des grands obstacles à la suppression effective de l'esclavage. En effet, il est difficile de demander à un État de prendre des mesures contre une pratique dont il a déclaré qu'elle n'existe plus et c'est pourquoi les actions contre l'esclavage auront intérêt à être très discrètes, voire à adopter une autre étiquette ; par exemple « développement des régions sahariennes » ou bien « programme alimentaire en zone nomade ».

Car l'esclavage n'a pas disparu, malgré des interdictions officielles répétées, et des mesures multiples dont certaines remontent à près d'un siècle : il subsiste aujourd'hui encore chez tous les nomades du Sahara et – partiellement – chez leurs voisins sédentaires. Il serait faux, et parfaitement injuste, d'attribuer cette indigne survie à la négligence ou à la complicité des autorités actuelles de l'Afrique : j'ai partout pu vérifier le fait exactement contraire. Non seulement, dans bien des cas, les gouvernements ont réagi fortement contre l'esclavage, malgré leur opinion publique (notamment en Mauritanie), mais encore certains, par des déclarations vigoureuses, ont provoqué sur leur territoire des conflits sérieux, des batailles rangées avec mort d'hommes, nombreux blessés, rancunes tenaces… Les survivants du combat (ces malheureux esclaves invités un peu trop vite à se croire libres) en furent les principales victimes, car ensuite ils se trouvèrent sans la moindre ressource, et mis au ban de toute la population dans laquelle ils étaient nés. Or, comme on le sait, la marge de survie de l'espèce humaine est très mince dans la région centrale du désert où vivent les Touareg.

1. Mauritanie, Maroc, Algérie, Libye, Sénégal, Mali et Niger.

C'est dire que la bonne volonté de tous les gouvernements actuels de l'Afrique septentrionale et occidentale ne peut pas être suspectée : en droit et en fait un esclave qui veut être libre n'a qu'à déclarer qu'il l'est, et partir… S'il le demande, il obtiendra le soutien des pouvoirs publics, et cela aussi bien en Algérie qu'en Libye ou au Maroc, en Mauritanie qu'au Sénégal, au Mali qu'au Niger (pour ne parler que des pays que j'ai vus).

Dans tous ces États, néanmoins, on peut rencontrer des esclaves, par conséquent des hommes ou des femmes qui acceptent leur situation, qui pouvant s'affranchir ne le font pas.

Pourquoi cette inertie ?

Tous les pays, ou plutôt les régions, où survit l'esclavage sont, à vrai dire, sans industrie ou avec peu d'industrie, et dans bien des cas l'esclave qui accepte son sort agit ainsi par crainte de la pure et simple famine ; chez les Touareg, en particulier, la pauvreté est si grande que le maître lui-même ne mange pas souvent à sa faim et pourtant il possède toujours quelque chose – des chamelles, un vague droit sur des palmiers –, tandis que l'esclave, lui, n'a *rien*, et aucun moyen de louer son travail dans un pays sans emploi. Dans sa malheureuse position d'esclave, il aidera à conduire une caravane de mil ou de sel, il puisera l'eau des puits, plus rarement il cultivera un terrain. Moyennant quoi il partagera la maigre pitance de son « propriétaire » et il recevra de lui un vêtement les jours de fête.

Esclavage et religion

La faim n'est cependant pas le seul lien qui attache l'esclave à sa condition, car il existe aussi une sorte de ligature religieuse, d'autant plus surprenante qu'elle est en contradiction avec la lettre et l'esprit de la religion musulmane.

Le Coran, en effet, considère comme une bonne œuvre, comme un acte de piété, le fait pour un maître de libérer ses esclaves. Même il prescrit cet affranchissement lorsqu'il s'agit d'un esclave musulman – or, *tous* les esclaves des régions dont nous parlons sont musulmans, et leurs maîtres le sont également. Comment alors la religion de l'islam peut-elle interférer dans cet assujettissement qu'elle réprouve cependant explicitement[1] ?

1. Il n'existe plus d'esclavage en pays chrétien – sauf peut-être en Éthiopie –, or saint

Le biais par lequel la religion interfère dans la servitude est, curieusement, celui de la cérémonie qui doit y mettre fin.

Cette libération, conseillée par le Coran, est sanctionnée coutumièrement par un acte public qui consiste à réunir un groupe d'une dizaine de notables et à proclamer en leur présence qu'un tel est désormais homme libre. Seul le propriétaire de l'esclave peut accomplir cette formalité, et tant qu'elle n'a pas eu lieu l'esclave se sent *revendiqué* par son maître. Cette revendication l'écrase.

On comprend, dès lors, par quels mécanismes la suppression officielle de l'esclavage contribue partiellement à le maintenir : l'État, en effet, ne peut pas fixer un tarif pour la libération des esclaves, puisqu'il n'y a plus d'esclaves. Ce tarif, ou plutôt ces tarifs, existent toutefois et une femme esclave vaut en général le double[1] d'un homme esclave ; celui-ci, quand il est adulte et en bonne santé, est estimé dix chameaux. Ailleurs on paiera 50 000 F et jusqu'à 100 000 F CFA pour libérer une femme.

Esclavage et société

Il faut bien souligner aussi que, dans toutes les régions où l'esclavage survit (c'est-à-dire les zones où existe encore la vie nomade), l'opinion publique l'approuve, et la preuve de cette approbation est contenue dans le fait que tout esclave qui *veut* s'affranchir contre le gré du propriétaire commence par s'expatrier. Cela signifie que sa liberté ne sera obtenue qu'à condition qu'il renonce, et pour toujours, à son enfance, à ses proches, à ses amis. À condition aussi qu'il sache ensuite où aller et comment y vivre.

Un garçon jeune, qui a fréquenté une école, tentera cette aventure, mais elle n'est guère possible pour un homme marié ou pour une

---

Paul ordonne aux esclaves chrétiens la soumission à leur maître ; inversement, l'esclavage survit encore dans des pays pratiquant l'islam, alors que le prophète Mohammed a, au contraire, prescrit aux maîtres de libérer leurs esclaves musulmans. Ceci nous montre combien la distance est grande entre ce que l'on croit religieux et ce qui *est* religieux. Dans les deux cas c'est la société qui agit, sous le couvert du sacré, soit pour libérer (au nord), soit pour asservir (au sud).

1. Il y a une raison à cela : les enfants des esclaves appartiennent partout au propriétaire de la mère et jamais à ceux du père, même lorsqu'ils sont issus d'un mariage et que le père est un homme libre. Les pays à filiation patrilinéaire (Mauritanie), comme ceux à filiation matrilinéaire (Hoggar), ont, dans ce domaine, la même coutume.

femme. Cette dernière, dans un mariage régulier (dot payée, fête publique, bénédiction religieuse), doit s'attendre à voir un jour ses enfants revendiqués par le maître. En dehors du mariage, elle n'a qu'une autre issue : la prostitution.

Mères et enfants esclaves

Cette mainmise sur l'enfant est peut-être ce qu'il y a de plus pratiquement douloureux dans la condition actuelle de l'esclave.

L'esclave africain, en effet, ne peut plus être vendu – sinon très clandestinement –, mais il peut être donné ou hérité, et il n'est jamais tenu compte des liens de famille dans ces répartitions du « cheptel humain ».

Actuellement, de plus en plus souvent, la mère a été mariée selon le rite musulman, ce qui lui permet, en principe, de n'appartenir qu'à son mari, mais ce qui ne lui donne nullement, pas plus qu'à son conjoint, un droit sur leurs enfants : ils appartiennent au maître. Bien plus souvent encore (et autrefois presque toujours), la femme esclave n'est pas mariée mais accouplée avec qui la veut et on attend d'elle, comme d'un bétail, un produit dont le propriétaire disposera.

On a vu que la femme esclave vaut financièrement le double[1] d'un homme esclave du même âge et précisément à cause du produit qu'on attend d'elle.

En outre une femme jeune et belle peut être recherchée par un homme libre ; celui-ci, s'il en a les moyens, souhaitera alors libérer sa compagne[2], pour avoir la disposition de ses enfants – et il n'est pas impossible que cela contribue à maintenir les cours.

Enfin, dernière cause d'aggravation pour l'esclavage féminin, l'homme peut s'enfuir et se libérer ainsi – la femme ne le peut guère, et cela, sans aucun doute, ajoute quelque chose à sa valeur commerciale[3].

1. Cette valeur n'est évidemment pas affichée, mais il en est tenu compte dans la répartition des successions.

2. Il existe une libération au rabais qui consiste à « libérer le ventre » (c'est-à-dire les enfants à naître) sans libérer la femme qui les mettra au monde.

3. Lorsque les Maures razziaient régulièrement des enfants sénégalais, on admettait que le prix des enfants nobles était la moitié de celui des enfants de caste servile. Cela peut s'expliquer par une plus-value commerciale pour les humains ayant « aptitude à l'esclavage ». Or les femmes entrent dans cette catégorie.

Recrutement de l'esclavage

Depuis assez longtemps – dès les débuts de la période coloniale – le commerce des esclaves a été supprimé en Afrique de façon effective ; quant aux rapts d'enfants, la loi les punit sévèrement, mais ils n'ont pas disparu car leurs auteurs sont rarement retrouvés et quand ils le sont ils n'accomplissent pas leur peine. Je connais plusieurs cas d'enfants volés dans la région du fleuve (sud de la Mauritanie, nord du Sénégal) et acheminés vers le Maroc où l'on perd leurs traces. Il s'agit, en général, de fillettes ou de petits garçons de dix à douze ans que de très pauvres parents louent comme bergers ; l'employeur déclare un beau jour que l'enfant a disparu, avec les bêtes qu'il gardait…

En dehors de ces cas, devenus rares, l'esclave, actuellement, est presque toujours né dans la famille à laquelle il appartient et cette circonstance, qui adoucit indiscutablement sa condition, contribue aussi à expliquer les difficultés psychologiques que présente pour lui son affranchissement. En effet, le plus souvent, il ne connaît pas son père et c'est le maître qui, à ses yeux, représente la fonction paternelle, bien qu'il ne soit pas, cependant, le fils réel de celui-ci, car alors il serait né libre, légitime et héritier du maître de sa mère, au même titre que n'importe quel autre enfant de celui-ci. Le Coran, obéi généralement en Afrique sur ce point, déclare en effet licites les relations physiques entre une femme esclave et son maître, et *légitimes* les fruits de ces relations ; il impose, en outre, la libération de la mère, mais cette libération, qui peut avoir lieu dès la naissance de l'enfant, n'est obligatoire qu'à la mort de son maître et époux [1].

Évolution de l'esclavage

Cet esclave, né chez le maître ou chez les parents du maître, a joué enfant avec ceux auxquels il appartient, et il est rare qu'il soit traité avec brutalité : il n'est jamais astreint à un travail fatigant et, quand il doit s'y résigner (par exemple puiser de l'eau en été), il arrive que son maître lui donne un salaire pour le décider. On m'a parlé de 50 F

1. Toutefois on m'a cité, dans le Hoggar, le cas (antérieur à 1955) d'un enfant, né dans ces conditions, et dont le père mourut quand il était encore en bas âge : l'enfant fut vendu, avec sa mère, par le fils aîné qui, de ce fait, éliminait un héritier, c'est-à-dire son frère.

CFA (par vache abreuvée et gardée et par mois) ; c'est ce qu'on paie un berger, mais il est vrai que les relations maître-esclave sont moins simples qu'on pourrait le croire.

En tout cas ce salaire (si salaire il y a) ne consacre nullement une étape de la disposition de soi, ni dans l'esprit de celui qui le paie, ni dans l'esprit de celui qui le reçoit. Toutefois il masque une évolution : le maître sait que s'il brutalise l'esclave, s'il l'oblige à travailler, s'il le nourrit trop mal, celui-ci s'enfuira et ne pourra pas être contraint à revenir. De ce point de vue, la proximité des grandes villes où l'on peut s'embaucher – Dakar, Port-Étienne, Bamako – fait plus pour l'amélioration de la condition servile que la plupart des lois. Très logiquement, c'est loin d'elles que le sort de l'esclave atteint, de nos jours, son maximum de cruauté : la ville ne sert que rarement de refuge à l'esclave, mais elle sert très efficacement à intimider le maître.

Actuellement, un maître impécunieux invitera souvent son, ou ses esclaves, à aller gagner leur vie où ils pourront, et ceux-ci se placeront à bonne distance comme bouchers, maçons, bergers, ouvriers d'usine. Théoriquement tout ce qu'ils gagneront appartiendra alors à leur propriétaire (déduction faite des dépenses vitales) ; pratiquement il n'en est rien. Le résultat c'est que, comme dans l'ancienne Rome, il existe des esclaves qui possèdent des biens et qui ont eux-mêmes des serviteurs.

Néanmoins le maître reçoit toujours quelque chose, et c'est ainsi qu'il existe encore, de nos jours, tel ouvrier africain (éventuellement embauché à Billancourt), qui enverra, à vrai dire irrégulièrement, une dîme à son « propriétaire » africain.

Même lorsque le sort de l'esclave est apparemment peu cruel, même lorsqu'il subit ce sort sans essayer de lui échapper, il reste qu'il ne dispose pas de lui-même : pour se marier, il doit avoir – effectivement – l'autorisation du maître[1] et, s'il meurt, le maître prend – effectivement – tous ses biens. Beaucoup plus grave encore : quand les esclaves ont des enfants, ceux-ci sont presque toujours réclamés un jour ou l'autre par le propriétaire de leur mère (je ne connais, en effet, aucun exemple

1. En revanche, traditionnellement, le maître devait prendre le douaire (ce douaire que l'époux musulman remet en échange de sa femme et qui en principe doit assurer l'avenir de celle-ci) ; or, de nos jours, le douaire, c'est-à-dire trois vaches ou leur équivalent, est remis en Mauritanie à la mère de la mariée et celle-ci en garde une partie, après divers cadeaux. Dans un cas dont j'ai pu avoir le détail, le maître reçut un peu de thé et un pantalon. Il n'était pas très content, ce qui amusait le public.

d'un esclave ayant épousé une femme libre. L'un et l'autre, il y a peu de temps, auraient risqué la mort).

Propagande contre l'esclavage

Dans la situation économique actuelle, l'entreprise la plus aisée contre l'esclavage serait une propagande faite sur place. Cette propagande est exactement ce qu'on peut faire de plus dangereux pour ceux qu'on souhaite affranchir.

En pays targui, c'est une campagne de ce genre qui a été à l'origine de la bataille au cours de laquelle il y eut des morts, et dont la conséquence, pour les survivants, fut d'être totalement privés de ressources : pas de travail, pas de terre, pas de troupeaux, donc aucun moyen de subsister…

Pour être efficaces et ne pas mettre des régions entières à feu et à sang, les mesures prises devraient par conséquent exclure la propagande – du moins la propagande directe. C'est une propagande discrète, faite à l'école ou par l'intermédiaire de personnages religieux, qui serait au contraire très souhaitable.

Mesures contre l'esclavage

La plus élémentaire consisterait à insister auprès des gouvernements africains pour qu'ils sanctionnent plus sévèrement les rapts d'enfants et qu'ils admettent effectivement l'extradition pour ce crime [1].

Une seconde série de mesures viserait à supprimer effectivement l'esclavage, et non pas seulement à sauver de l'esclavage des enfants nés de parents libres. Elle serait forcément coûteuse, complexe et elle exigerait une coordination bien conduite entre les États intéressés et les organismes internationaux.

Cette coordination serait certainement possible en Afrique, et elle éviterait aux États qui l'accepteraient des complications sociales graves et prochaines. Il est certain, en tout cas, qu'une réussite obtenue sans secousse, et accompagnée d'une élévation du niveau de vie, encouragerait les États d'Asie à suivre cette voie.

1. On ne retrouve pas leurs auteurs et quand on les retrouve ils ne subissent pas la peine à laquelle ils sont condamnés.

FAO et Unesco

Il est sans doute bien chimérique d'imaginer une conjugaison de deux organismes aussi compliqués que l'Unesco et la FAO, mais si une telle chose était possible, on ne pourrait pas trouver une meilleure occasion de la tenter que cette entreprise de suppression de l'esclavage.

Tout d'abord, la FAO mettrait en chantier un certain nombre de « programmes alimentaires », tous orientés vers une production (et non sur des dons) : par exemple des créations de palmeraies, constitution d'un bétail sélectionné…

Pendant ce temps une personnalité, appartenant à l'Unesco, serait chargée d'une mission d'enquête dans les pays africains, afin d'estimer le nombre approximatif des esclaves dans chaque région et les investissements à prévoir pour leur libération amiable – ou plutôt pour la *consécration religieuse de celle-ci* – puisque, juridiquement, ils sont déjà libres.

Cette libération amiable doit, me semble-t-il, se baser sur une indemnité identique et parallèle faite simultanément à l'esclave libéré et au maître qui le libère : par exemple des palmiers, des vaches, des chamelles, selon l'endroit et les moyens de subsistance qu'il est possible de créer sur place.

En effet, le problème pratique de la libération des esclaves est d'abord un double drame de la faim, car l'esclave qu'on libère dans beaucoup de cas va, à la lettre, mourir de misère ; dans les autres cas, ce sera le maître. Quant à la société, elle sera empoisonnée pour longtemps par l'amertume de l'ancien propriétaire et par un irrépressible mélange de culpabilité et d'angoisse chez l'homme-objet qu'on aura cru libéré par une décision gouvernementale.

Entre autres exemples, citons celui de ces deux vieilles sœurs, presque totalement dépourvues de ressources, mais possédant chacune un demi-esclave dont elles avaient hérité et qui les nourrissait grâce à son salaire d'instituteur.

Pour ces deux vieilles femmes, ce demi-esclave représentait évidemment leur unique chance de ne pas mourir de faim, et il semblait penser qu'en les abandonnant il les frustrait d'une façon que toute sa société (et lui-même) considérait, actuellement encore, comme malhonnête.

Un impôt sur les « serviteurs » tant que la cérémonie religieuse n'a pas eu lieu

Alors seulement, après que des indemnisations bien calculées auraient été offertes et acceptées de bonne foi et sans pression, les États intéressés annonceraient la création d'un impôt sur les « serviteurs » (on sait que tel est le terme pudique qui désigne les esclaves) ; cet impôt devrait correspondre au salaire agricole de la région considérée. Lorsque le « serviteur » aurait fait l'objet d'une cérémonie publique de libération, le maître serait affranchi de cet impôt.

Dans l'immédiat, l'impôt en question aiderait les propriétaires *effectifs* des esclaves à prononcer leur libération moyennant une indemnité, mais il existe aussi, un peu partout, des liens maître-esclave qui se sont distendus (on a peu à manger, chacun de son côté, « si tu arrives à vivre, tant mieux pour tout le monde »). Un jour l'esclave reparaît, plus à l'aise que le maître, et la revendication ressort des mémoires. C'est alors – disons dans quelques années, lorsqu'il ne sera plus question d'indemniser personne – que l'impôt jouera son rôle (« tu me revendiques, alors paye… ou sinon, accomplis le rite »).

Conjointement à ces diverses mesures, des missions seraient confiées à des lettrés musulmans, chargés de commenter les passages du Coran relatifs à l'esclavage, en soulignant la valeur que le Saint Livre attribue aux libérations d'esclaves musulmans.

Si cet ensemble complexe était correctement coordonné,

1° on libérerait effectivement les esclaves, c'est-à-dire *matériellement, psychologiquement* et *définitivement* ;

2° on ne précipiterait pas plusieurs groupes humains dans la disette absolue[1], avec les contrecoups qui peuvent accompagner celle-ci ;

3° on retirerait sans douleur de la « corbeille de mariage » des États indépendants d'Afrique une véritable vipère – car la survie de l'esclavage dans un milieu qui évolue à toute vitesse peut devenir une cause de conflits dramatiques entre les castes et à l'échelon individuel.

1. Les programmes alimentaires de la FAO se sont surtout cantonnés dans les désastres mondiaux accidentels, mais il existe aussi des désastres chroniques, et la misère saharienne en est un. C'est pourquoi il serait intéressant de mettre en chantier, à la FAO, un programme *curatif* de la misère, à l'échelle des individus et non des États. Il n'est pas exclu qu'une injection de biens productifs correctement calculée répartie à cette occasion donne des résultats économiques qui dépasseront ce qu'on attend d'eux, en revigorant l'ensemble d'une région.

En effet, la condition d'esclave paralyse encore l'épanouissement de toute une catégorie de l'espèce humaine (qui toutefois a subi longtemps ce malheur dans une sorte de torpeur qui l'adoucissait) – mais une société en mutation rapide, telle que la société africaine actuelle, dissipe beaucoup plus vite ses torpeurs qu'elle ne guérit ses plaies. Une fois la torpeur dissipée, l'être ne peut plus rien voir d'autre que son malheur.

1967

Peuple, race, ethnie, nation

On utilise à tort et à travers les termes de « race », de « peuple », de « nation », mais chacun de ces mots est un tiroir, dans lequel on peut faire entrer n'importe quoi. Pour les définir, il faut commencer par les aborder à travers quelques notions claires ; la première est celle de l'État.

Il est assez facile de définir un État car il a toujours des frontières, autrefois plus ou moins précises, mais actuellement toujours identifiées ; il possède aussi un gouvernement, une police, une armée, des lois. Le tout encadre des hommes, qui à leur tour se définissent administrativement par un certain passeport et une nationalité légale.

Peut-on dire alors que ces hommes constituent un peuple ? Pas nécessairement car, lorsqu'on emploie le mot peuple, on sous-entend l'existence d'une « personnalité nationale », or plusieurs personnalités nationales peuvent coexister à l'intérieur d'un seul État. L'Empire austro-hongrois jadis, et aujourd'hui encore la Yougoslavie, le Canada, l'URSS, le Nigeria, et beaucoup d'autres, se présentent aux étrangers avec une seule nationalité légale englobant plusieurs « personnalités nationales ».

Qu'est-ce alors qu'une personnalité nationale ? Nous voilà plus embarrassés… Une langue maternelle distincte ? Dans ce cas, il y a plusieurs « personnalités nationales » en Angleterre, en France, en Espagne, en Allemagne orientale, en Suisse, en Algérie, au Maroc et, d'une façon générale, dans la plupart des États du monde.

N'oublions pas, en effet, que l'ensemble de la population française n'a appris le français que récemment, grâce à l'école primaire rendue gratuite et obligatoire par la Troisième République, il y a moins de cent ans. Auparavant, on parlait presque uniquement le basque dans la province de ce nom, tandis qu'en Provence et en Auvergne les langues usuelles étaient romanes et qu'en Alsace un dialecte germanique, en Bretagne un dialecte celtique, servaient à tous les échanges. Ces langues survivent aujourd'hui, mais on les appelle des patois.

Même situation hybride en Angleterre, en Espagne, au Maroc – et je ne cite ici que des « vieux pays », unifiés et conscients d'eux-mêmes dès la fin du Moyen Âge.

En fait, on ne peut pas définir « une personnalité nationale » à l'aide d'un seul critère, et il faut recourir à un ensemble de caractères ou même d'aspects, pour parvenir à la cerner. Le premier de tous est, me semble-t-il, la volonté de vivre ensemble.

Cette volonté de vivre ensemble résulte le plus souvent (mais pas toujours) d'une longue histoire commune, au cours de laquelle on a partagé des épreuves et des espérances, où l'on s'est aussi assez longuement disputé et battu, mais finalement supporté. Pendant ce temps, on mettait au point des institutions, on inventait et on colportait des poèmes, des chansons et des recettes de cuisine, on fabriquait en un mot des habitudes, et presque toujours (mais pas toujours[1]) on adoptait une langue dite nationale. Pour les très vieilles nations – telles que la France, l'Espagne, l'Angleterre –, c'est ce long passé plein de bagarres, de mariages et de deuils, ce sont ces habitudes partagées, qui constituent le mortier avec lequel on fait tenir le bâtiment.

Les jeunes peuples, par contre, sont contraints de trouver autre chose pour s'unir, et l'expérience prouve – expériences récentes et même contemporaines – que ce sera plus souvent la religion que la langue ou la « race » qui servira de liant.

Il y a une vingtaine d'années, l'Inde obtient son indépendance. Presque aussitôt, après un atroce massacre accompli au nom de la religion, elle se scinde en deux États dont l'un groupe en majorité des brahmanistes (il garde le vieux nom traditionnel), tandis que l'autre, où vivent la plupart des musulmans, prend celui de Pakistan. La Yougoslavie, quelques années plus tôt, a été décimée elle aussi, par un épouvantable massacre, lui aussi confessionnel : il a opposé les Serbes orthodoxes et les catholiques croates, et les seconds ont exterminé un million des premiers. Par miracle, l'État yougoslave survécut à ce désastre et sauve jusqu'à ce jour son unité.

La France a heureusement dépassé ses guerres de religion, mais nous ne pouvons pas en tirer de conclusion bien évidente, car ce qu'on nomme le « fanatisme » n'est pas la cause unique des conflits que nous venons d'énumérer, et il semble bien que le mélange de deux religions, ou de deux « races », ou deux « ethnies », ou deux « personnalités nationales », puisse se faire sans grand dégât – du moins à certains dosages très inégaux –, mais que le mélange moi-

1. C'est le cas de la Suisse et du Canada.

tié-moitié (ou voisin du 50 %) soit littéralement explosif. Peu importerait, en somme, les éléments qu'on mélange, tout ce qui compterait ce serait la façon de les mélanger.

Voyons maintenant les notions confuses par excellence : ethnies, races, etc.

Tout le début du XIXe siècle a pratiquement confondu les notions de « race » et de « langue » : on a parlé d'une « race » germanique, d'une « race » celtique, d'une « race » berbère, d'une « race » arabe, des « races » latines. Or les Germains, les Celtes, les Berbères, les Arabes, les Latins ont envahi successivement d'immenses territoires, tous déjà occupés par d'autres populations avec lesquelles ils se sont mélangés ; quant à celles-ci, elles étaient mélangées aussi, bien avant cette rencontre, mais le fait est qu'elles adoptèrent la langue des nouveaux venus – ce qui est un grand élément d'unification : il n'existe, actuellement, que des peuples qui parlent des dialectes dérivés du celtique, du germanique, du berbère, de l'arabe…

C'est ainsi que lorsque Hitler (autodidacte dont les connaissances retardaient sur la science de son temps) fit de la théorie de l'aryanisme un dogme politique, la plupart des savants allemands pensaient, avec des arguments sérieux, que les Germains (et par conséquent les Allemands) n'étaient pas des Aryens, mais des aryanisés. Ce fut néanmoins au nom de la « race aryenne », donc d'une double absurdité périmée, que Hitler mena à son terme, en plein vingtième siècle, le plus monstrueux massacre de l'histoire.

1968

Les femmes dans l'étau des structures

On entend assez souvent des étrangers résidant en Égypte dire : « Les femmes, dans ce pays, sont plus intelligentes que les hommes. » Personnellement, je n'en crois rien ; mais cette impression ne m'a pas étonnée car les femmes des pays méditerranéens, lorsqu'elles veulent accéder aux postes de responsabilité, se heurtent à des difficultés très grandes, beaucoup plus grandes que celles rencontrées par les hommes, elles sont en outre très peu nombreuses dans ces postes. Subissant ainsi un tri sévère, il est naturel qu'il en résulte des éliminations, donc une nette élévation de la qualité. La même remarque s'impose en présence de toute sélection inégale : dans la période coloniale, à postes équivalents, on rencontrait plus de gens remarquables parmi les fonctionnaires autochtones que parmi les fonctionnaires étrangers ; pour les mêmes raisons, après l'indépendance, le dosage s'est inversé car, statistiquement, les aptitudes des hommes se valent, sans oublier que les femmes font partie de la rubrique humaine.

Bien sûr, ces aptitudes exigent, pour se développer, le bénéfice de formations équivalentes. Or, ces chances équivalentes de développement, les femmes ne les ont pas, même dans les pays évolués, et à plus forte raison, partout où elles sont systématiquement tenues à l'écart de ce qui vivifie à la fois le caractère et l'esprit. Dans ces conditions, l'inégalité dans la formation se solde alors par une inégalité de valeur et, pour un même nombre d'individus, on rencontre beaucoup moins de femmes intelligentes que d'hommes intelligents, soit le contraire de ce qu'observaient les étrangers dont nous avons parlé, qui, eux, n'avaient fréquenté que les milieux les plus évolués de la nation.

Certes, on rencontre dans tous les pays, dans tous les milieux, chez les femmes comme chez les hommes, des êtres exceptionnels dont l'imagination, le jugement, la générosité constituent le pôle d'attraction d'un groupe de plus en plus large – eux aussi élargissant par cela même leur champ d'observation et de réflexion. J'ai connu pour ma part quelques vieilles femmes, totalement illettrées et jamais sorties du cercle familial, dont l'impressionnante autorité s'appuyait sur le plus incontestable discernement. Même privés d'instruction, cloîtrés, tenus à l'écart de l'expérience, ces êtres rayonnent et nous aident à croire à une vocation particulière de l'espèce humaine, mais il faut bien reconnaître qu'ils sont rares, si rares qu'il est impossible de tabler sur eux quand on pense en termes de progrès à l'échelle d'une nation. À ce niveau, sans instruction, sans conversations avec des gens informés, sans l'expérience de la vie sociale et sans cet effort mental qu'imposent la plupart des métiers, le faisceau de clarté de ce phare tournant qu'on appelle intelligence se rétrécit irrémédiablement.

À l'échelle d'une nation, l'inégalité de valeur intellectuelle entre les hommes et les femmes est évidente. Or, il ne faut pas imaginer que la femme ne joue aucun rôle dans les sociétés où elle est tenue en retrait ; ce rôle est grand, au contraire, et d'autant plus que la femme, comme individu, s'y trouve plus écrasée, mutilée, refoulée.

Influence de la « mama »

On sait que dans les familles traditionalistes du monde méditerranéen, la femme, tant qu'elle est jeune, n'a ni les moyens ni le droit d'exprimer une pensée personnelle – donc à ce titre sujette à de salubres examens –, mais elle peut toujours se référer aux *diktats* de la tradition qui, eux, n'ont pas à s'adapter. Lorsqu'elle atteint la maturité, elle cesse de se taire et accède aux décisions familiales, mais elle ne s'identifie pas pour autant à une « personne » : ses pensées, ses opinions, ses décisions s'élaborent en deçà, et ce qu'elles manifestent alors, ce sont les options d'un être sans visage et sans nom qu'on pourrait appeler « la féminité ». Entité redoutable, solidement cantonnée dans ces millénaires prescriptions qui, à la longue, deviennent des sottises et dont elle maintient la survie ; elle écrasera sans vergogne son petit tyran personnel si celui-ci, fantasque, essaie un jour de penser par lui-même pour résoudre une situation, ou s'il cherche à sortir du rôle odieux que lui assigne la coutume. Or les décisions que prend la « mama » méditerranéenne ne se trouvent pas seulement renforcées par le fait qu'elles sont identiques à celles qu'auraient prises à sa place sa mère et sa grand-mère, mais aussi par les justifications que lui apporte une adhésion contemporaine quasi unanime, car pendant ce temps, au même moment, dans d'autres villages, d'autres vieilles femmes prennent des décisions identiques ou semblables, auxquelles toute une famille se soumet.

De nos jours, toutefois, cette soumission commence à ne pas aller de soi, comme c'était le cas jadis, et il y a parfois conflit. Certes l'affection, l'habitude peuvent masquer la gravité des affrontements familiaux, mais quand ils surviennent, c'est encore le plus souvent l'homme qui se soumet, les femmes âgées entraînant la décision familiale. Elles interviendront, en particulier, pour empêcher les adolescents de poursuivre des études qu'ils aiment (et pas seulement les filles, mais aussi les garçons) ; elles choisiront les conjoints de leurs descendants et se mêleront sans discrétion aux incidents conjugaux des jeunes foyers. Quant à l'« émancipation des femmes », elles en seront, bien entendu, les principaux adversaires.

Que l'évolution de toute une famille soit ainsi bloquée par elles, c'est une évidence, mais le blocage est bien plus étendu, car il s'étend à toute la nation, et dans une période de crise où sa survie est en jeu.

Dans les zones où elles sont vraiment toutes tenues à l'écart de la société, ce que l'on nomme « féminisme » n'est pas l'affaire des femmes, pas plus que la lutte contre l'esclavage (là où il subsiste, c'est-à-dire en particulier dans le Sahara) n'est l'affaire des esclaves.

J'ai rencontré de nombreux esclaves dans tous les pays limitrophes du désert, et l'on sait que ces pays ont tous aboli l'esclavage, abolition qui n'est nullement une fiction juridique. Les esclaves qui veulent cesser de l'être n'ont donc qu'à s'en aller, les pouvoirs publics empêcheront qu'on les poursuive, et cependant le nombre de ceux qui s'en vont est infime. Leur aliénation est pourtant complète : ils figurent sur les testaments, sont répartis entre les héritiers au même titre que les palmiers et les vaches, le maître dispose de leurs enfants et souvent les donne tout petits à des membres de sa famille établis au loin ; ils ne reçoivent aucun salaire et peuvent être battus. Comment expliquer, dans ces conditions, la survie d'une pratique aussi choquante pour notre morale contemporaine ?

D'abord, évidemment, par les nécessités économiques. L'esclave n'a pas de moyens d'existence : pas de terres, pas de troupeaux, pas de possibilité d'emploi rémunéré. Ensuite par la pression du milieu : on pense autour de lui (et il le pense lui-même) que l'esclavage est juste, voulu par Dieu, que, en fuyant le maître, il le prive d'un « objet » lui appartenant, il le « vole ». Enfin par des liens affectifs : l'esclave n'a pas de père, et c'est le maître qui remplit la fonction paternelle. Il faut ajouter aussi à tout cela, pour compléter le blocage de l'évolution, les habitudes prises et l'absence d'informations.

Dans l'un et l'autre cas – asservissement des hommes ou asservissement des femmes –, seul l'État, s'il le veut, est en mesure d'intervenir. Non sans de grandes difficultés, il faut bien le reconnaître, car dans un cas comme dans l'autre, il se heurtera à l'opinion publique de ses propres ressortissants, y compris bien souvent celle des intéressés ; mais l'observation empirique des sociétés a depuis longtemps permis de savoir qu'il faut être déjà presque libre pour avoir envie de se libérer… Et l'émancipation des femmes, simple secteur de la libération de la personne humaine, ne fait pas exception à la règle. Or, sur les rives de la Méditerranée, bien rares sont les femmes ayant fait quelques pas sur les chemins de la liberté.

En Égypte, toutefois, il en existe, particulièrement dans les milieux intellectuels, et on en rencontre un nombre appréciable dans les professions médicales et paramédicales. Il est vrai que l'Égypte est un des pays arabes le plus anciennement évolué, le premier à avoir possédé dès le début de ce siècle une bourgeoisie citadine, instruite, nombreuse, ouverte à tous les courants mondiaux, et de nos jours une société intellectuelle très consciente des grands intérêts du pays, et riche d'un grand nombre de femmes intelligentes, instruites, influentes.

Dans cette élite active et nombreuse, on s'inquiète actuellement de l'absence de résultats obtenus par l'énorme effort que le gouvernement a fait ces dernières années pour généraliser une planification familiale, mais on note également la lenteur avec laquelle les juristes et les législateurs interviennent pour libérer la condition féminine de ses archaïques servitudes. Ces deux lenteurs sont étroitement liées, et l'une et l'autre constituent des périls graves, dans un temps où techniques et économies se sont mises en mouvement – un mouvement qui, comme celui de la chute des corps, s'accélère.

Cette contradiction entre la vitesse de l'évolution technique et la lenteur de l'évolution sociale est, dans tous les pays, une source d'angoisse actuelle, parce qu'elle est, profondément, une source de dangers. Les gouvernements le savent, et les élites pensantes le savent. Pourquoi donc les réactions officielles sont-elles si lentes ou si peu efficaces ? Parce qu'elles se heurtent à des difficultés considérables, plus grandes encore qu'ailleurs dans les pays les plus anciennement civilisés du monde. Pour les mesurer, pour les comprendre, il nous faut remonter aux plus lointaines origines de la société humaine.

Structures de parenté

Tous les éléments d'une société sont solidaires, et de même qu'on ne peut parler valablement de la condition des femmes sans se référer aux situations masculines, quand on en vient à étudier l'évolution générale d'une région, il est nécessaire d'examiner aussi les interactions entre l'homme et les conditions matérielles de sa vie : il agit sur elles, certes ; mais elles le lui rendent bien.

L'homme, de toute évidence, modifie son milieu, tout d'abord par des inventions techniques, dont la première – le feu – remonte à peut-être sept cent mille ans. Les inventions, aujourd'hui comme hier, il les lance. Ensuite elles l'entraînent, et parvenu à leur suite dans un paysage nouveau, il est bien obligé de s'y adapter. C'est ainsi que, contraint et forcé, il concocte alors péniblement ces inventions sociales que l'on appelle aujourd'hui des « structures »...

En ethnologie, lorsqu'on parle de « structures », il s'agit essentiellement de celles de la parenté. En l'occurrence, c'est d'ailleurs le cas.

Il n'est pas audacieux d'affirmer qu'elles sont tenaces, car dans toute l'espèce humaine on n'en connaît que deux séries, l'une caractérisée par l'interdiction absolue de marier garçons et filles appartenant de près ou de loin à la même lignée (exogamie) ; l'autre, inverse, autorisant ce type de mariage et même le préférant à tout autre (endogamie).

L'exogamie correspond dans le monde aux populations dites sauvages ; elle se présente donc, sur les cartes géographiques, en petites taches clairsemées, énormément distantes les unes des autres et actuellement en cours de disparition.

L'endogamie, au contraire, est particulièrement nette dans la zone la plus anciennement civilisée du monde : c'est là qu'elle a été inventée (ou réinventée) il y a très longtemps, là également qu'elle est encore pratiquée. Sur les cartes, elle constitue une seule nappe très homogène, dont le centre serait l'Orient méditerranéen ; autour de ce centre elle s'étend, étirée en fuseau, de l'Atlantique jusqu'au Japon. Elle est très anciennement établie dans les régions où elle se rencontre encore, car les documents historiques que nous possédons permettent de penser qu'on l'y pratiquait déjà à l'aube de l'histoire. Or, c'est là que l'histoire a commencé, il y a près de cinq mille ans.

Dans la perspective d'une « histoire naturelle de l'homme », ce rôle central, *structural*, donné au fait d'épouser une cousine (ou, au contraire, d'interdire radicalement ce type de mariage) peut paraître ridicule. En fait, il s'agit de cela, mais aussi d'autre chose, car autour des deux systèmes – endogame ou exogame – se greffent une infinité de *traits spécifiques*, apparemment incohérents, mais d'une si grande constance à s'associer qu'elle a frappé de nombreux chercheurs.

Il était troublant de constater que ces « sauvages », dispersés aux quatre coins de la terre, et dans l'impossibilité évidente de se transmettre des recettes, avaient tous inventé, apparemment chacun de leur côté, une même phobie, une règle et que cette règle ne pouvait s'apparenter ni à une pratique instinctive, ni à un usage de notre zone – la zone historique et proliférante. Aussi loin de l'animal ou même du vrai « primitif » que de l'homme classique, isolés à la périphérie de l'espace humain, énigmatiques, les « sauvages » maintenaient avec acharnement cette exogamie qui n'est ni naturelle ni commode et qu'ils considèrent eux-mêmes comme une gêne.

En montrant que cette interdiction d'épouser une femme de la lignée traduit l'obligation d'épouser une étrangère – ou plus exactement l'obligation de donner une parente en mariage à la famille étrangère (voire ennemie) qui vous fournira ou vous a fourni une épouse –, Claude Lévi-Strauss, dans son ouvrage *Structures élémentaires de la parenté*, explique à la fois la portée et par conséquent la généralité du mécanisme : le vrai moteur du système, c'est la règle établie qui contraint les groupes à échanger entre eux leurs filles, l'échange, le don étant ainsi, dans les sociétés qu'on appelle sauvages, la force motrice qui anime toutes les institutions, la « structure » qui les articule.

Une autre cohérence, presque totalement inverse de la précédente mais elle aussi « structurale », anime les sociétés endogames. Là aussi une obligation, celle d'épouser une cousine paternelle, frappe l'observateur. Mais ne peut-elle s'interpréter comme une interdiction de marier les filles de la famille à des étrangers ? Il serait alors interdit d'*exporter* des femmes, et interdit aussi de les laisser « chômer ».

Aux garçons de la famille de faire leur devoir…

Entre cette obligation de l'échange, du don, qui caractérise les « sauvages », et cette répugnance à échanger qui distingue les « historiques », il m'a semblé qu'il existait un élément commun : les contraintes de la démographie.

Elles ont varié, nous le savons, et elles varient à nouveau actuellement et ce serait cela qui, chaque fois, entraînerait un virage total de la société humaine.

Autant les inventions techniques sont brusques, inopinées, et en quelque sorte primesautières, autant les inventions sociales sont lentes à répondre au besoin qui les fait naître. C'est que les premières sont le fait d'un homme ou d'un groupe d'hommes et qu'elles ne rencontrent pas de résistance spéciale pour s'établir partout où elles servent ; une fois installées, elles agissent directement sur le milieu, sur l'écologie. Les secondes, au contraire, sont le fait de ce milieu modifié qui, par une pression irrésistible, mais lente, va ensuite agir à son tour sur la société qu'il contraindra à se réformer, qu'il acculera à l'innovation. C'est dire qu'une réforme de « structure » ne résulte pas d'une crise démographique, mais d'une crise de la « philosophie démographique ».

Démographie « sauvage »

Si, comme je le crois, les *« structures élémentaires »* (exogamie) ont précédé les *« structures historiques »* (endogamie), là où l'on trouve aujourd'hui ces dernières, cela signifie qu'elles ne sont pas une invention des « sauvages » contemporains, mais que, comme beaucoup d'ethnologues l'ont pensé, elles sont bien une étape de l'évolution générale de l'homme et que, par rapport aux peuples méditerranéens, elles sont leur préhistoire.

Je le crois d'autant plus que j'en ai trouvé trace chez des populations appartenant à un groupe linguistique méditerranéen : les Touareg. En comparant leur vocabulaire de parenté avec celui des autres rameaux berbères, on peut suivre presque pas à pas le virage de « structures élémentaires » vers le mode endogame et proliférant. S'il en est bien ainsi, les questions qui viennent à l'esprit sont : pourquoi ce changement ? Pourquoi précisément au confluent de l'Asie, de l'Afrique et de l'Europe ?

Pourquoi précisément là ? Peut-être parce qu'il s'est produit en ce lieu même, il y a sept ou huit mille ans, une énorme modification de l'économie générale des humains, résultat d'une série presque simultanée d'inventions : culture des céréales, domestication des animaux (et particulièrement de la vache), premiers moyens de transport, vie urbaine, etc.

Jusqu'alors, les groupes humains n'avaient vécu que de chasse, de pêche, de cueillette. En dehors d'un riche capital de traditions, ils ne possédaient que deux choses : les frontières de leurs territoires de chasse et leurs femmes. Qu'ils aient songé, à la longue, à utiliser les secondes, pour garantir les premières, c'est ce qu'on peut déduire des coutumes des peuples non civilisés.

Les humains qui conservent des structures exogames – les « sauvages » – ont encore ceci de commun : ils subsistent en très petit nombre, et difficilement, sur un grand territoire ; s'ils déciment leur capital ou s'ils augmentent numériquement, ils sont réduits à la famine. Or, parmi les observateurs qui les ont visités, certains ont noté qu'ils pratiquent usuellement infanticides et avortements et qu'ils n'ignorent pas les procédés anticonceptionnels. Quant à la protection de la nature – gibier et pâturage –, elle est leur grand souci.

Que le maintien d'une relation entre le nombre des bouches à nourrir et la nourriture disponible ait également obsédé les hommes du paléolithique supérieur, c'est là, évidemment, une hypothèse, mais elle expliquerait comment s'est forgée – de peine et de misère – l'exogamie.

Structures secondaires

Un jour, entre le Nil, l'Euphrate et le Jourdain, les hommes ont inventé le pain.

Dès lors toutes ces combinaisons d'alliances, compliquées, pénibles, avec des adversaires déclarés ou potentiels, deviennent inutiles : pour conserver ses frontières, il faut seulement avoir beaucoup d'enfants, qu'on peut d'ailleurs nourrir. Et, par conséquent, il faut d'abord *garder toutes les filles de la famille pour les garçons de la famille...* Et ensuite importer des femmes lorsqu'on le peut, mais en tout cas ne pas en exporter, sinon chez plus puissants que soi et en signe de défaite ou de soumission, ce qui nous explique sans doute la facilité relative avec laquelle on accueille encore aujourd'hui dans ces mêmes régions une bru étrangère et la hargne que provoque le mariage d'une fille avec un non-parent, surtout s'il n'est que de condition égale à celle de ses beaux-frères.

Le nouveau mot d'ordre est croissance : croissance économique et croissance démographique. « Croissons et multiplions », dit l'Ancien Testament, et cette phrase qui pourrait encadrer le blason du nouveau système est encore la devise de toutes nos entreprises industrielles.

Bien entendu, la population finit tôt ou tard par atteindre les taux de saturation, *mais elle les atteint dans des zones où elle est dense* et où la mortalité est par conséquent si élevée qu'elle rend inutile cette surveillance millénaire du nombre des bouches à nourrir qui aurait caractérisé l'ère précédente.

Les civilisations urbaines, en effet, ont disposé, dès leur origine, d'un moyen de planification démographique vulgairement connu sous le nom de microbes, et dans toute la phase historique de notre passé, lorsque la campagne avait plus d'enfants qu'elle n'en pouvait nourrir, elle les envoyait en ville. Là, entre les typhoïde, typhus, peste, choléra et tuberculose, l'enfant comme porteur d'eau, de bois ou de charbon, gagnait sa vie (ou sa mort). L'humanité menait ainsi, sans révision déchirante de ses « structures secondaires », un petit bonhomme de chemin assez sanguinaire.

Un jour vient où, dans la région la plus anciennement civilisée, donc la plus « nataliste » du monde, vont maintenant se répandre les grandes découvertes médicales de ce siècle : désormais presque tous les enfants qui naîtront pourront survivre, mais désormais aussi les moyens barbares, employés par les « sauvages » pour parvenir à nourrir leurs populations, font horreur.

Les pays industrialisés dès le début du XIXe siècle ont accompli, non sans convulsions, non sans crimes, mais parallèlement aux premières grandes découvertes médicales, leur industrialisation et leur adaptation démographique. Cela leur a valu, par la suite, des avantages qui, le temps aidant, vont devenir écrasants. Les autres, c'est-à-dire *les pays qui furent très tôt civilisés*, mais qui, pour des raisons géographiques et historiques, s'industrialisèrent avec retard, sont maintenant acculés à leur « révolution structurale », à cette adoption d'une nouvelle « philosophie démographique » (que nous pourrions appeler « structure tertiaire de la parenté »).

Voyons maintenant comment ils vont y faire face.

Misère et démographie

En 1952, au début de la révolution nassérienne, l'Égypte avait 22 millions de bouches à nourrir, c'est-à-dire 8 millions de plus qu'en 1927 ; aujourd'hui elle en compte 32 millions. L'accroissement de 8 millions par quart de siècle est devenu 1 million par an, et il continue naturellement à progresser, d'abord proportionnellement à la population, ensuite grâce à la baisse régulière de la mortalité infantile qui est encore très élevée (de l'ordre de 117 pour 1 000), mais qui décroît sans cesse, car la médecine égyptienne est bien faite, l'hygiène progresse vite, et s'il y a actuellement un médecin pour 5 000 habitants, on en prévoit un pour 1 000 en 1972.

Cette accélération du nombre des naissances qui, à l'aube des temps historiques, constitua la « force de frappe » de la civilisation, est devenue une grave préoccupation du tiers-monde, et représente pour la communauté des hommes un des grands sujets actuels d'anxiété. Tout autour de la Méditerranée, la surnatalité me semble encore liée pour une bonne part aux « structures secondaires de la parenté », dont nous avons tenté de démontrer le mécanisme. Toutefois, si l'adaptation aux structures modernes n'est pas accélérée dans ces pays, il est à craindre que la misère ne prenne le relais des vieilles philosophies néolithiques et n'englue pour longtemps les populations.

Tel n'est pas le cas de l'Égypte qui a opté pour le mouvement – sauf peut-être dans des secteurs heureusement très limités. Il faut l'admirer d'autant plus d'avoir pu maintenir et même d'avoir accru légèrement son niveau de vie, malgré l'écrasant handicap que constitue un accroissement démographique excessif. De 1960 à 1965, le taux de croissance de l'économie égyptienne a été de 6 % en moyenne annuelle. Ainsi, compte tenu de la démographie, le produit national brut par tête s'est accru de 3 % annuellement, soit plus de 16 % en cinq ans. La guerre de 1967 a malheureusement tout remis en question.

J'avais parcouru l'Égypte en 1961, et je l'ai revue en janvier 1969, d'Assouan à Alexandrie. Après huit ans d'absence, ce qui m'a d'abord frappée dans le spectacle de la rue, c'est un progrès incontestable, et particulièrement le rétrécissement de l'échelle des fortunes : le très grand luxe a disparu, dans les costumes, dans les magasins, dans la vie sociale. Mais la très grande misère, la misère voyante, loqueteuse, est également absente.

Dans les villes, dans les campagnes, de nombreux magasins offrent des marchandises variées, fabriquées en Égypte, d'assez bonne qualité, à des prix toujours très bas.

La grande industrie n'est pas absente du tableau des productions : autos, camions, une partie du matériel ferroviaire, tout le mobilier usuel des citadins modernes (cuisinières, réfrigérateurs, postes de radio et de télévision) sont montés dans le pays, avec des pièces dont une partie seulement est importée. Enfin, dernier exploit, celui-là héroïque : la construction du barrage d'Assouan.

Cette œuvre d'envergure, cette œuvre exceptionnelle, a déjà permis une augmentation du revenu global de l'Égypte. Grâce à cette augmentation, on peut espérer un accroissement des revenus privés, accroissement indispensable pour permettre l'adaptation familiale à de nouvelles structures de la parenté, à ces « structures tertiaires » déjà à demi installées dans certains foyers égyptiens.

Dans toute l'Afrique paysanne, Égypte comprise, si la naissance d'un fils est une occasion de grandes réjouissances, ce n'est pas seulement pour obéir à une tradition millénaire, mais parce que, encore aujourd'hui, la mécanique sociale avantage le père (et la mère) de nombreux garçons ; cet avantage, contrairement à ce que l'on imagine, l'évolution moderne le renforce, du moins dans les campagnes.

Voyons d'abord les avantages traditionnels de la fécondité.

La femme, on le sait, n'a que des droits très restreints dans la maison de son père ou de ses frères, et encore bien moins dans celle de son mari ; par contre, chez ses fils, elle commandera jusqu'à l'abus ; quant à la vieille femme sans fils, elle peut se voir réduite à la mendicité.

Pour le père de famille, plus souvent ouvrier agricole que propriétaire, le profit est encore plus immédiat, car l'enfant tout petit garçon gagne déjà plus qu'il ne mange ; or, malgré la loi qui impose la scolarisation primaire totale, on voit encore, même en ville, de nombreux enfants qui quittent la classe pour gagner leur nourriture et quelques sous.

Dans le domaine du prestige, les avantages restent évidents, car la division des villages en deux ligues rivales ne caractérise pas seulement la Kabylie, l'Aurès, l'Atlas marocain, les élections corses ou les parents italiens de Roméo et de Juliette, mais elle est encore très active en Égypte. Or, dans le village d'aujourd'hui, comme dans celui d'hier, les postes intéressants ou fructueux sont accaparés par la « moitié » la plus forte, et le modernisme n'a fait que remplacer le fusil ou le bâton par le vote.

Ce sera loin des impératifs agricoles, loin des divisions du village, donc dans la ville ou le faubourg, là où le logement n'est pas extensible, mais là aussi où un meilleur salaire permet au jeune père d'avoir de l'ambition pour ses enfants, que pourront se multiplier les signes de l'évolution familiale.

Sans voiles

En voici quelques-uns, observés récemment :

Actuellement, dans les milieux où, pour avoir un emploi, il faut posséder une qualification – fonction publique, professions libérales, commerce, postes techniques –, le jeune homme qui veut s'établir préfère une jeune fille ayant fait des études secondaires ou possédant un diplôme professionnel ou, mieux encore, ayant un emploi. Le fait est nouveau – il y a moins de dix ans c'était le contraire –, mais il a déjà été enregistré par les familles qui en font leur profit, et d'un seul coup capitulent devant les revendications de leurs filles. C'est là, à coup sûr, une des explications de l'affluence féminine dans les cours spécialisés et dans les universités.

Il y a huit ans, j'avais déjà noté l'absence du voile dans les beaux quartiers, mais sa présence dans les banlieues ; cette année, ayant parcouru du sud au nord toute l'Égypte, j'ai aperçu, en tout et pour tout, une femme voilée. Or, cette absence n'est pas une cause, mais une conséquence : ce n'est pas parce qu'elle est dévoilée qu'une femme sera étudiante, médecin, commerçante, infirmière, mais parce qu'elle occupe un de ces emplois qu'elle ne peut pas se voiler. Or, dans le monde moderne, pour la majorité des ménages, un seul salaire familial permet tout juste de survivre, tandis qu'avec deux salaires on peut réaliser une ambition : acheter ou améliorer un logement, faire faire des études coûteuses aux enfants.

Car c'est sur l'enfant que va s'articuler la charnière des deux « structures ». L'enfant a toujours été aimé ; mais l'enfant moderne est plus exigeant que ses devanciers : il lui faut, pour être outillé dans la bataille de la vie, son compte de calories, de médecins, de dentistes, d'instituteurs… Et c'est cette « exigence » de l'enfant – exprimée par la mère – qui règle les démographies. Bien plus que la pilule.

1969

Avatars musulmans de quatre personnages d'un portail de Vézelay

À Vézelay, sur la route des pèlerins de Saint-Jacques-de-Compostelle, l'abbé Arnaud, bénédictin, construisit au XIe siècle une vaste et splendide église dont la dédicace eut lieu en 1104. Malgré ses dimensions inusitées, elle se trouva trop exiguë, quarante ans plus tard, pour contenir l'immense foule que saint Bernard harangua le 31 mars 1146 ; ce fut donc sur le flanc de la colline que la Seconde Croisade prit son départ[1], en présence du roi Louis VII, premier croisé.

Au cours des quatre années suivantes, et incontestablement à cause de cette grande foule de 1146, un successeur de l'abbé Arnaud, l'abbé Ponce de Montboisier, fit ajouter à l'église un narthex de trois travées si largement ouvert sur l'église principale qu'il permet aisément de suivre les offices à ceux qui s'y trouvent. Trois portails séparent le narthex (du XIIe siècle) et l'église (du XIe siècle) et c'est de l'un d'eux, le portail central du narthex, qu'il sera exclusivement question ici.

On y peut déchiffrer en effet une grande page d'ethnographie dont il n'est pas indifférent de chercher l'inspiration dans la prédication qui, quelques mois plus tôt[2], entraîna la foule, par le Danube, Constantinople et Antioche, jusqu'à Jérusalem.

Sur le linteau et le tympan de ce portail central le sculpteur inconnu a voulu représenter la mission des Apôtres, et à partir de ce thème a conçu une composition d'une ambition gigantesque, où la totalité des Temps et des Espaces doit trouver place.

L'ensemble est dominé par une figure centrale immense, celle du Christ en majesté, tout entier cerné dans un nimbe ovale, le visage paisible et grave, le front ceint de l'auréole crucifère. À ses côtés on peut compter, malgré des mutilations, douze personnages qui évidemment représentent les apôtres ; vers eux sont dirigés des rayons de pierre qui partent des mains divines (ce sont – en particulier – ces

1. Provoquée par la chute d'Édesse en 1144.
2. Le narthex fut terminé vers 1150, quatre ans après la prédication de saint Bernard. Il fut donc conçu et construit sous son inspiration immédiate et directe.

rayons qui firent dire à Émile Mâle que le sculpteur de Vézelay s'était inspiré d'un manuscrit byzantin[1]).

Aux apôtres, médiateurs entre l'humain et le divin, l'auteur donne une taille qui correspond à la moitié de celle du Christ, mais qui est deux fois celle d'autres figures qui remplissent tout le reste de la composition. Parmi ces figures, on reconnaît aisément quelques humains familiers – paysans bourguignons du XIIe siècle –, mais ils sont associés à des créatures étranges, dont quelques-unes, nous le verrons, ont encore une activité mythique sur le littoral méridional de la Méditerranée.

Avant de suivre leurs avatars en terre d'Islam, il vaut la peine de songer un moment au projet du sculpteur de Vézelay.

Tout d'abord, cernant exactement l'ensemble du tableau, nous voyons une frise constituée par la juxtaposition de vingt-neuf médaillons, dont vingt-six sont aisés à interpréter : ils représentent la ronde des mois, les mois quotidiens, humbles, terrestres, mais jumelée avec celle des planètes : douze scènes pour les uns, douze scènes pour les autres. Et deux encore pour la naissance et la mort de la végétation.

Voici janvier : un paysan qui taille une miche de pain ; c'est le moment où la huche et le saloir sont encore pleins. En février le paysan se chauffe, et en mars il taille sa vigne ; en avril, mois des disettes[2], pour nourrir ses chèvres il coupe les pousses d'un arbre. Mai (mois où les chevaux ne s'enlisent plus, mois des batailles) : le sculpteur a représenté un guerrier appuyé sur son bouclier. En juin le paysan reparaît avec sa faux, pour symboliser le mois des fenaisons ; en juillet il moissonne ; en août il bat sa récolte au fléau ; en septembre, il verse son grain dans la huche ; en octobre, il vendange ; en novembre, il tue le cochon. Et enfin, en décembre, il porte un an de plus sur les épaules…

Au centre de cette frise, qui sans nul doute représente la ronde du temps, sont placées trois figures énigmatiques dont l'emplacement

1. Émile Mâle, *L'Art au XIIe siècle*, Paris, A. Colin, 1947, p. 330 : « Cette assemblée des nations de la terre se continue au linteau, et là encore, nous retrouverons l'ethnographie fabuleuse, chère aux artistes clunisiens. »

2. Selon une superstition française, encore vivante, celui qui a de l'argent en poche quand retentit le premier chant du coucou sera riche toute l'année. J'ai compris sa signification dans les pays dits « sous-développés » en observant, en mars et avril, cette hausse des céréales qui enrichit les riches et affame les pauvres. La superstition en question est en réalité une sagace observation d'économiste.

même accuse l'importance : elles dominent tout le tableau et le Christ lui-même. Une étude bien documentée[1] les décrit ainsi : « un chien, un bateleur, une sirène »... Cette interprétation me semble bien improbable.

Deux séries d'ondulations placées immédiatement au-dessous de ces figures mystérieuses évoquent l'une des feuillages, tandis que l'autre correspond à la représentation qui, depuis les Pharaons, est traditionnellement celle de la mer ; elles encadrent ainsi l'auréole divine. À cause de ces ondulations, de leur proximité des planètes, j'imagine plutôt que ces trois mystérieuses figures ont pour rôle d'associer la création tout entière à la rédemption.

Ce petit être tournoyant, au-dessus de la tête du Christ, c'est l'Homme, entre la bestiole terrestre et le grouillement marin. Le premier homme, ancêtre du Christ :

« Que les eaux qui sont sous le ciel s'amassent en une seule masse... »

« Que la terre verdisse de verdure... »

« Qu'il y ait des luminaires au firmament du ciel... »

« Que les eaux grouillent d'un grouillement d'êtres vivants... »

« Que la terre produise des êtres vivants selon leur espèce, bestiaux, bestioles, bêtes sauvages... »

« Dieu dit : faisons l'homme[2]... »

Après le temps quotidien et les temps historiques, le sculpteur de Vézelay nous raconte la rédemption de l'espace à laquelle il associe tous les hommes de la terre, les proches et les lointains, ceux du présent et ceux du passé. Ils défilent sur le linteau et poursuivent leur défilé dans huit médaillons qui s'intercalent entre la grande scène centrale et la frise en demi-cercle où se déroule la ronde du temps.

C'est dans ces défilés que les familiers de l'Afrique vont reconnaître deux de leurs légendes : celle des « hommes à tête de chien » (ils sont représentés en haut du tympan, à gauche), et tout en bas, à droite sur le linteau, celle de Gog et Magog, ces peuples de l'Ancien Testament que le Coran nomme Jouj et Majouj.

Les autres scènes n'appartiennent pas à l'imagerie du Maghreb. Dans des hommes chaussés de socques aux épaisses semelles, coiffés de turbans, on a cru reconnaître les Arméniens qu'évangélisa saint Barthélemy (car un psautier grec du XIe siècle conservé à Londres les

1. Marie Bécet, *Vézelay*, Paris, Alpina, 1952, p. 25.
2. La Bible de Jérusalem.

représente ainsi) ; sur le linteau qui soutient le tympan on distingue un Pygmée qui, par une échelle, monte sur son cheval. Tous les autres personnages gardent, me semble-t-il, leur mystère. Ces deux scribes assis, avec leur écritoire sur les genoux, symbolisent un métier, une nation, ou deux moines transcrivant un texte sacré ? Au-dessus d'eux, ce ménage (qui semble opulent) a été interprété comme représentant les juifs ; trois hommes montrant une jambe blessée seraient cappadociens, tandis que dans les quatre suivants (contrefaits, ou tordus par un mal inconnu), on a cru voir les peuples arabes. Viennent alors les deux cynocéphales…

Émile Mâle[1] nous les décrit ainsi : « … dans un des compartiments du haut une nouvelle énigme surgit : on voit là deux hommes à tête de chien. Que viennent faire ces monstres parmi les nations qui reçoivent l'Évangile ?… Ce sont, à n'en pas douter, les cynocéphales de l'Inde… Suivant Ratrame[2], les cynocéphales participent à la raison humaine ; les Anciens nous ont rapporté, dit-il, qu'ils avaient des troupeaux, qu'ils savaient tisser leurs vêtements, qu'ils formaient une nation véritable. Il ajoute un argument singulier qu'il emprunte à la légende orientale : saint Christophe, ce vaillant martyr du Christ, était, nous dit-on, un cynocéphale[3]. »

En 1937, j'ai rencontré un vieux notable chaouïa dont un oncle (Hadj Ali, de Chelma) avait fait le pèlerinage de La Mecque à pied, par le désert. Le neveu en tirait gloire, et répétait volontiers le récit du vénérable voyageur. Le voici tel que je l'ai reçu : « Adadi Hadj Ali habitait Chelma près de Menaâ. Il a été à pied à La Mecque et il a vu les Beni-Kleb, les Beni-Truck, les Beni-Arian, et dans les endroits où il n'y a personne il a vu les grands serpents qui mangent les hommes. » « Les Beni-Arian, ils marchent tout nus ; les Beni-Truck, aussitôt que le soleil chauffe, ils commencent à sauter ; les Beni-Kleb, ils ont l'odeur du chien et le poil et les oreilles du chien. Les mains, la figure et les pieds sont comme d'un homme. Ils se marient avec des femmes qui ont aussi l'odeur du chien mais pas le poil ni les oreilles, et elles marchent comme des femmes et eux ils marchent comme des chiens. On les trouve en Arabie du Sud. »

D'autres personnes de Menaâ avaient entendu parler des Beni-

1. Émile Mâle, *op. cit.*, p. 330.
2. Moine de Corbie, au temps de Louis le Débonnaire ; dans la *Patrologie*, tome 1231, colonne 1153, longue lettre de Ratrame sur les cynocéphales.
3. Saint Christophe est représenté parfois avec une tête de chien.

Kleb ; elles pensaient qu'ils aboient comme des chiens et qu'ils habitent « dans le sud », sans autres précisions.

Marco Polo (qui les a naturellement rencontrés aussi) écrit : « Angaman[1] est une île très grande. Les gens n'ont nul roi, sont idolâtres et vivent comme bêtes sauvages. Et vous dis que tous les hommes de cette île d'Angaman[2] ont tête comme chiens et dents, et yeux aussi, car de visage, ils ressemblent à de grands chiens mâtins. Ils ont beaucoup d'épices. Ce sont de très cruels gens, car ils mangent tous ceux qu'ils peuvent prendre »…

Le frère Odrio de Frioul, envoyé par le pape en 1314 prêcher la foi, n'hésite cependant pas à les visiter et raconte : « De ce royaume alasmes vers midy. Si trouvasmes plusieurs isles dont li une est nommée Vacumeran… ; les gens y ont visaiges de chien[3]. »

Deux siècles plus tard (en 1550), on les retrouve sur l'atlas de Guillaume Le Testu, pilote du Havre, mais cette fois ils voisinent avec les hommes aux longues oreilles – Gog et Magog, Jouj et Majouj. Près d'eux l'auteur a représenté un petit monument à coupole, du type de ceux que l'on construit dans le Maghreb sur le tombeau des marabouts.

Les « hommes à longues oreilles », Gog et Magog, avaient eu auparavant la visite de Jean de Mandeville, chevalier anglais né en 1300, qui rédigea à Liège, en français, le récit des voyages qu'il fit en Palestine, Asie Mineure et Égypte[4]. Mais Gog et Magog sont prioritairement des familiers de la littérature écrite et orale du Maghreb (où leur nom est vocalisé Jouj ou Majouj)[5].

À vrai dire Jouj et Majouj ont des répondants : l'Ancien Testament, le Coran, mais aussi la tradition orale qui actualise les textes sacrés.

Bref, dans le Maghreb, Jouj et Majouj sont encore plus connus que notre loup blanc ; la plupart des adultes et même les enfants savent qu'ils ont d'immenses oreilles qui traînent par terre et dont, la nuit, ils

1. A. t'Serstevens, *Le Livre de Marco Polo*, Paris, Albin Michel, 1955, p. 254.

2. « Les îles Angaman, au nord des Nicolas. » « Voir à ce sujet les réflexions de Cook dans son troisième Voyage » (notes de t'Serstevens).

3. Traduction de Jean Lelong.

4. *Le Livre des merveilles*, beau manuscrit, peint de 1380 à 1400.

5. Les spécialistes de l'Antiquité pensent que ce nom de Gog et Magog fut donné par les Hébreux aux tribus nomades que les Grecs appelaient Scythes. Elles vivaient sur le territoire actuel de l'URSS et, au début du VIIe siècle avant Jésus-Christ, elles envahirent la Mésopotamie où elles accumulèrent les dégâts ; trois siècles plus tard, ces mêmes tribus anéantirent des éléments de l'armée d'Alexandre que, sous le nom d'Alexandre-Double-Corne, la tradition musulmane associe à Jouj et Majouj (voir ci-dessous).

utilisent l'une comme matelas et l'autre comme couverture, et ils savent aussi que Jouj et Majouj habitent les pays de la neige. Ce peuple possède en outre une très horrible réputation : il se nourrit, dit-on, de serpents, ne cultive pas, ne fait pas de commerce, les individus qui le composent se balancent tout le jour comme des vagues, ou s'entre-tuent.

Ces monstres haïssent les hommes, mais ils ne pourront assouvir sur eux leur méchanceté qu'à la fin du monde, car jusque-là, grâce au roi « Alexandre Double-Corne[1] », ils demeurent enfermés dans le pays du froid, très loin au nord, derrière un mur d'acier, de plomb et de bronze, « haut de cent mètres et large de cinquante », m'a dit un vieux *taleb* très informé de toutes choses.

Chaque jour que Dieu fait, ces « abominables hommes des neiges » lèchent le mur d'airain et, quand le mur usé craquera sous leur poussée, ils se précipiteront sur le monde et dévoreront les hommes ; puis, comme le raconte le Berbère marocain rencontré par E. Destaing, « le premier boira les océans, le second aspirera les fonds bourbeux tandis que le troisième criera : "là était la mer" »…[2].

Les versions orales s'écartent un peu du texte coranique sur lequel elles s'appuient et le Coran lui-même se réfère à l'Ancien Testament (et sans nul doute à d'autres traditions).

Voici la traduction des deux mentions coraniques d'Alexandre le Grand et du peuple malfaisant :

Sourate 18, dite de « la caverne ». Versets 82 à 98[3] :

82. Ils m'interrogeront sur Dhou'l-Karnaïn.

Réponds : « Je vais raconter son histoire. »

91. Alors il suivit une (autre) route,

1. Le possesseur des « deux Cornes » est Alexandre le Grand représenté avec deux cornes, symbole de sa double puissance en Occident et en Orient.

À son propos, E.F. Gautier écrit dans *Mœurs et Coutumes des musulmans*, Paris, Payot, 1955, p. 175 : « Dans le Coran Alexandre-Double-Corne figure sous le nom de Doul-Karneïn, le Bi-cornu. Cela évoque la tête du bélier à deux cornes qui est, sur tous les monuments égyptiens, la figuration d'Amon… Il ne reste plus que le fils d'Amon-Râ, consubstantiel à son père. »

René Basset (*Mille et Un Contes, récits et légendes arabes*, Paris, Maisonneuve frères, 1924-1927, 3 vol., dans le t. 1, p. 401) pose : « Alexandre est appelé par les Arabes Dzou'l Qarnaïn, l'homme aux deux cornes, après les représentations où il était figuré avec les attributs de Jupiter Ammon. On sait qu'il passe chez les Orientaux pour avoir arrêté les invasions de Gog et Magog. »

2. Voir note 2, p. 355-356.

3. Le Coran, trad. Édouard Montet, Paris, Payot, 1929.

92. Jusqu'à ce qu'il atteignît (le point) entre deux montagnes, où il trouva à leurs pieds un peuple qui pouvait à peine comprendre la parole.
93. (Les gens de ce pays) lui dirent : « Ô Dhou'l-Karnaïn ! En vérité, Iâdjoüj et Mâdjoüj commettent des ravages dans le pays. Est-ce que nous (pouvons) te payer un tribut, à la condition que tu établisses entre nous et eux un rempart ? »
94. Il répondit : « (La puissance) que mon seigneur a solidement établie pour moi est la meilleure. Aidez-moi donc avec force et je ferai entre eux et vous une barrière. »
95. « Apportez-moi des pièces de fer de manière à remplir l'espace entre les deux montagnes. » Il dit (ensuite) : « Soufflez jusqu'à ce que (tout) cela devienne un feu. » Il dit (ensuite) : « Apportez-moi de l'airain fondu afin que je (puisse) le verser par-dessus. »
96. Et (Iâdjoüj et Mâdjoüj) ne purent ni l'escalader, ni y creuser un tunnel.
97. Il dit (alors) : « (Ce rempart est un effet) de la Miséricorde de mon Seigneur. »
98. Mais lorsque l'arrêt de mon Seigneur sera promulgué, il en fera de la poussière.

Sourate 21, dite « des Prophètes ». Versets 95 à 97 :
95. Il y a une interdiction sur la ville que nous avons détruite. Ses (habitants) n'y retourneront pas.
96. Jusqu'à ce qu'Iâdjoüj et Mâdjoüj (puissent) passer ; alors ils glisseront de chaque versant (des montagnes)[1].
97. Alors (le temps de l'accomplissement) de la véritable promesse s'approchera. Et quand elle commencera à s'accomplir, ceux qui ne croient pas auront les regards fixes.

Voici maintenant deux versions orales recueillies, l'une en 1935, à l'est de l'Algérie, et l'autre, vingt-cinq ans plus tôt, au Maroc. On verra qu'une des innovations de la tradition orale consiste à attribuer

1. Note d'Éd. Montet : « Gôg et Mâgôg de l'Ancien Testament, ici, comme dans la sourate 18, les peuples barbares de l'Asie orientale, arrêtés par Alexandre le Grand au moyen du mur de fer comblant l'intervalle des deux montagnes. Voy. sourate 18. v. 93 ss. Le mur de fer s'écroulera au jour du Jugement dernier. C'est donc à ce temps-là que font allusion les v. 95 et 96 de la sourate 21 : les habitants d'une ville interdite y retourneront au jour de la résurrection et du jugement. »

à Jouj et Majouj les longues oreilles ; elles sont, en tout cas, leur attribut invariable dans tout le Maghreb.

Mars 1935, Tagoust :

« Il y avait un roi, Skandar dul Karnini[1], qui vivait il y a longtemps et qui commandait au monde entier. Il a mis tous ces gens derrière une montagne. On les appelle “Yajouja wa Majouj”.

Ils ne cultivent pas, ne vendent pas. Chaque vendredi, ils reçoivent une sorte de pluie : des serpents nourrissants. Des années ils en ont beaucoup, d'autres non. Ils ne se marient pas, ils vivent comme des animaux.

Ils ressemblent à toutes les plantes et à toutes les bêtes. Il y en a qui ont des oreilles si longues qu'ils peuvent prendre une comme couverture et l'autre comme matelas. Il y en a qui n'ont qu'un seul pied, d'autres qui n'ont pas de tête mais des yeux sur la poitrine.

Ils habitent au nord de Mekka et il faut quatre-vingts ans de marche pour aller dans leur pays.

Ils se balancent comme les vagues de la mer et ne font que se tuer entre eux toute l'année. Ils s'appellent Yajuja et Majuj à cause de leurs pères Yajuj et Majuj.

Le roi Skandar dul Karnini les a mis derrière une montagne où il neige jour et nuit, où les scorpions sont gros comme des maisons, où il y a des serpents qui mangent des chameaux. Dans le col, le roi a fait un mur de cent mètres de haut et de cinquante mètres de large avec du plomb, de l'acier et du bronze.

Ce peuple lèche ce mur pour le faire diminuer et quand le mur sera usé ils sortiront et ce sera la fin du monde. Ils boiront la mer d'un seul coup.

Cela viendra quand Sidna Aissa sera revenu. Et lui et ses disciples devront se sauver devant ce peuple. Alors Rabbi enverra une pluie qui les tuera jusqu'à ce que la terre crie à force de sentir mauvais.

Dans l'éternité, ils serviront de bois pour chauffer l'enfer. »

La version collectée au Maroc, un quart de siècle plus tôt par E. Destaing[2], n'est pas moins terrifiante :

1. Mon interlocuteur (lettré en arabe et *hadj*) pensait que *dul Karnini* (deux cornes) signifiait en réalité « deux siècles ».

2. E. Destaing, *Étude sur le dialecte berbère des Beni-Snous*, Paris, Leroux, 1911, t. II, p. 50 (texte dicté par Belqâcem Ould Mohammed du Kef).

E. Destaing précise : « Sur les légendes orientales relatives à Gog et Magog, dont le récit n'est qu'une forme altérée, il faut se reporter à Ferdousi, *Le Livre des rois*, traduction

« Entre "Ajuj et Mâjuj" et nous se dresse une montagne. Pour arriver jusqu'à nous chaque jour, ils viennent percer la montagne. Ils y font un trou de la dimension de l'œil d'une pioche ; mais alors, comme la nuit les surprend, ils doivent cesser leur travail. Et en partant ils disent : "Demain, nous achèverons notre ouvrage et nous tomberons sur les hommes." Le lendemain, quand ils reviennent, ils trouvent la montagne telle qu'elle était auparavant, leur travail étant détruit. Alors ils recommencent leur ouvrage jusqu'à la nuit qui les arrête, et ainsi chaque jour.

Mais quand approchera le jour de la destruction, un enfant naîtra qu'ils appelleront "Nchâllah". L'enfant grandira, se lèvera et les suivra au travail. Ils perceront, dans la montagne, un trou gros comme l'œil d'une pioche ; la nuit aussitôt arrivera. Ils se mettront à regarder de notre côté par cette ouverture. Et en partant, l'un d'eux dira : "Ô Nchâllah, de cette manière, demain, nous pourrons fondre sur eux." Le lendemain, ils reviendront, agrandiront le trou et arriveront jusqu'à nous. Le premier d'entre eux, arrivant à la mer, la boira presque entièrement ; le deuxième, accourant, achèvera de la vider ; un troisième en boira le fond humide. Le quatrième dira : "Là était la mer." Alors tous se mettront à attraper les hommes. Chacun d'eux en placera deux sous chacune de ses aisselles et un dans sa main ; tout en marchant, il le dévorera ; quand il aura fini, il en recommencera un autre de la même façon, jusqu'à ce qu'il soit rassasié. »

Entre Gog et Magog, Jouj et Majouj, les Scythes combattus par Alexandre le Grand (« ces peuples scythiques aux oreilles démesurées qu'Isidore de Séville appelle Panotii ») et la méchante population décrite par les traditions orales du Maghreb, la confusion est constante : il s'agit du même peuple et c'est bien lui qui défile sur le linteau du grand portail de Vézelay. Mais est-ce la fin de leur périple ?

En 1939, les transistors n'avaient pas encore envahi la planète et cependant l'annonce de la déclaration de guerre, criée de berger à berger, me parvint au fond des montagnes de l'Aurès très peu d'ins-

---

Mohl, t. V, Paris, 1877, p. 178-181 ; Iber el Ouardi, *Kharidat el Adjaib*, Le Caire, 1302 hég. p. 146-147, R. Basset, *Les Apocryphes éthiopiens*, t. X, La Sagesse de Sibylle, p. 83-84. »

tants après sa proclamation à Paris. Un an plus tard il n'en fut pas de même de nos désastres militaires.

Toutefois, au cours du mois de mai 1940, les vieillards les plus augustes de la tribu, « ceux qui parlaient à la *djemaâ* », réunis comme d'habitude devant ma tente pour prendre le café, m'interrogèrent un soir, à brûle-pourpoint, sur la situation du mur construit par Alexandre-Double-Corne pour enfermer la horde redoutable.

Nous avons vu que Jouj et Majouj connaissent en pays musulman une universelle notoriété de bon aloi, littéraire, édifiante, un peu analogue, en plus usuelle, à celle que les pays chrétiens accordent à la bête de l'Apocalypse. C'est que, tout en ne discutant pas l'existence des affreux personnages (ils sont, ici comme là, article de foi), les relations que l'on entretient avec eux excluent la familiarité et ils sont par conséquent sans rapport avec l'intimité quotidienne qui règne entre les Écossais et leurs fantômes, ou les paysans maghrébins et leurs djinns – en un mot, nul n'aurait jamais songé dans l'Aurès à regarder le soir dans l'enclos des chèvres, pour s'assurer que Gog et Magog ne s'y étaient pas faufilés à la faveur du crépuscule. D'où mon étonnement devant l'expression brusquement attentive et grave de mes interlocuteurs, dont tous les regards se fixaient sur moi dans un silence inhabituel, un peu anxieux, à peine, mais plus encore circonspect, comme si la chose me concernait plus qu'eux.

La question que me posait ce jour de mai 1940, avec une extrême gravité, la *djemaâ* des Ouled Abderrahmane, se rapportait précisément à l'état des fortifications derrière lesquelles grouillait l'affreuse engeance. Un peu embarrassée, car je ne voulais pas mentir ni choquer leur conviction (et j'ignorais totalement nos désastres), je me tirais d'affaire en répondant que je ne connaissais ce peuple que par ouï-dire, mais que, à force de lécher les murs, la langue de Jouj et Majouj devait peut-être s'user aussi. Tout le monde rit, et l'on parla d'autre chose.

Des mois, ou peut-être des années plus tard, toute la scène me revint en mémoire, avec son contexte inexprimé – l'espèce de gêne que j'avais ressentie, l'attention extrême, un peu anxieuse qui m'entoura.

Or, en cette fin de mai 1940, des radios étrangères alimentaient sans nul doute des rumeurs, qui circulaient alors du Sahara aux djebels, sur les périls encourus par notre « Grande Muraille Maginot ». L'une d'elles venait vraisemblablement ce jour-là de parvenir jusqu'à moi, mais sous une forme hermétique que je ne sus pas alors déchiffrer. Très longtemps plus tard, en me remémorant la scène, il me vint à l'esprit que les descriptions consacrées par notre radio et nos journaux aux militaires allemands ressemblaient singulièrement à ce que le Coran et les traditions maghrébines racontent sur Jouj et Majouj. Et, pour parachever la ressemblance, un personnage fabuleux – Maginot-Double-Corne – avait construit, afin de protéger l'espèce humaine contre les entreprises du peuple immonde, une fameuse digue, grand sujet d'inspiration pour les bardes de la radio et les ménestrels de la grande presse.

1974

L'enfermement des femmes dans notre civilisation

La condition actuelle des femmes dans tous les pays (civilisés) – j'entends par là les pays possédant des villes – me semble en relation avec la révolution économique qui, au cours du néolithique, donna le départ à l'énorme expansion moderne. Non pas directement, mais par l'intermédiaire des grandes vagues démographiques que déclencha la nouvelle économie, ce seraient celles-là qui auraient balayé la « philosophie » antérieure, les « politiques » antérieures (une certaine façon d'utiliser les femmes) pour les remplacer par nos philosophies et politiques actuelles (qui reposent sur une utilisation différente du capital féminin).

Il s'agit là d'une hypothèse, mais cette hypothèse permet d'expliquer deux vastes séries de faits apparemment inexplicables.

Première série

Des peuples différents (par la langue, le patrimoine culturel et la religion) mais géographiquement jointifs ont les mêmes « structures de parenté ». Par commodité, nous les appellerons « méditerranéennes », car c'est bien autour d'un centre de dispersion qui correspond approximativement au Levant méditerranéen qu'elles étirent leurs auréoles concentriques. Elles les étirent jusqu'aux marges, je veux dire d'un océan à l'autre, de l'Atlantique au Pacifique, de Gibraltar au Japon, ceinturant largement la taille du vieux continent eurasiatique.

Dans la partie la plus centrale, proprement méditerranéenne, de cette immense flaque, tous les caractères que nous allons analyser sont portés à leur paroxysme, mais au-delà ils s'étalent en s'atténuant, comme une tache d'encre sur un buvard. Il m'a semblé que ce n'était pas un hasard si cette carte « structurale » correspondait à peu près à celle de la charrue à l'aube des Temps modernes, à peu près à celle des plus grands branle-bas de l'Histoire, à peu près à celle des plus anciennes civilisations…

Tous les peuples qui se partagent le « système méditerranéen » se considèrent comme très « différents » les uns des autres, et apparemment ils le sont. Majoritairement chrétiens au nord, majoritairement musulmans au sud ; du côté chrétien parlant plutôt des langues indo-européennes, du côté musulman possédant des parlers plutôt sémitiques ou sémito-chamitiques, etc. Or, dans la façon de considérer et de traiter les femmes, le mariage, la famille, bref tout ce qu'on appelle les « structures de parenté » (avec ce qui s'y rattache étroitement : une sacralisation de l'expansion, du travail, du profit, de la natalité, de la guerre...), les plus intimes ressemblances peuvent être relevées entre les deux rivages et leurs occupants.

Seconde série

Un peuplement non moins jointif sur le plan géographique, mais cette fois homogène par la langue, le patrimoine culturel et même la religion[1] – le peuplement berbère –, conserve, du point de vue de ses structures socio-familiales, une division en deux rameaux.

En effet, l'ensemble berbère, dans toute la partie nord, que les Arabes ont nommée *Maghreb* (Couchant), se rattache au système familial *méditerranéen* – notre système et celui de tous les peuples dits civilisés –, tandis que dans sa partie sud (les provinces touareg), on retrouve ces structures que les ethnologues attribuent, depuis L. Morgan, aux sociétés très archaïques – et dont un large public connaît l'existence grâce à l'œuvre de Claude Lévi-Strauss.

Or, la comparaison des vocabulaires de parenté[2] de ces deux

1. L'emprise des religions sur les peuples ne correspond pas uniquement à des hasards historiques, il suffit pour s'en convaincre d'examiner les répartitions du protestantisme en Europe.

2. Dans le Maghreb, une série de termes de parenté a visiblement manqué aux Berbères lorsqu'ils changèrent de système, ce qui explique que *tous* les parlers berbères du Maghreb les aient ensuite empruntés à la langue arabe lorsqu'ils furent en contact avec elle.

Sont empruntés à l'arabe les termes qui signifient *oncle paternel* et *oncle maternel.* D'autres appellations, en particulier celles qui sont utilisées pour nommer le *père,* les *grand-pères,* les *grand-mères* – termes souvent frappés d'interdit chez les Touareg –, permutent avec ceux qu'on utilise pour le frère aîné, la sœur aînée. Quant aux rares termes de parenté qui, dans la zone maghrébine berbérophone, sont étymologiquement berbères, ils évoquent alors un système matrilinéaire : mon frère *u-ma* (littéralement : « fils de ma mère »), ma sœur *ult-ma* (littéralement : « fille de ma mère »), ma mère *iemma*, mon neveu utérin *ayyau* (en touareg, on retrouve ce dernier mot, mais avec le sens de « ma descendance »).

rameaux permet de penser que l'un des deux (le maghrébin) est directement dérivé de l'autre (le saharien touareg).

Curieuse dérivation, car, lorsqu'il y eut changement, le plus ancien système ne s'est pas « rajeuni », « modernisé » : il s'est retourné comme une peau de lapin.

Si la confrontation attentive de deux systèmes socio-familiaux, à la fois *inverses, apparentés et coexistants à l'intérieur du même peuplement*, permet de prouver que celui des Méditerranéens est directement dérivé d'un système antérieur assez proche de celui des Sahariens, elle permet aussi de penser que la fission eut lieu *après* la mise en place de la grande nappe linguistique berbérophone. À l'intérieur de cette nappe, *quelque chose* se serait produit qui aurait affecté fortement sa partie nord (méditerranéenne, maghrébine) et, moins directement, sa partie sud (saharienne, touareg).

Ce quelque chose n'est pas la conquête arabe, car la zone nord (décrite au début de notre ère par les historiens grecs et latins) avait déjà, mille ans avant l'arrivée de Sidi Okba, des « structures de parenté » presque identiques à celles qu'elle conserve encore. Quant aux influences que le Maghreb subit de la part des peuples qui l'envahirent – Latins, Grecs, Carthaginois –, qu'il me soit permis de signaler ici que cent années de domination française en Afrique du Nord n'ont *rien* changé aux structures de parenté de cette immense région. Ni au nord, ni au sud.

Tout se passe comme si les structures de parenté s'accrochaient, comme une tête de ténia, au centre le plus inexpugnable des « philosophies collectives », et résistaient là à toutes les influences externes.

En revanche, on constate (et cela chez toutes les populations du monde) une facilité et une rapidité incroyables pour assimiler une bonne occasion qui se présente d'améliorer matériellement la vie de chaque jour. Les changements qui résultent de ces innovations déplacent ensuite les perspectives économiques et, de l'intérieur, font éclater les invisibles philosophies – avec leurs épaisseurs sédimentaires, je veux dire leurs institutions.

À partir de ce fait d'observation, c'est du côté des changements économiques *internes*, et non des influences politiques *extérieures*, qu'il convient de chercher la paroi défoncée.

Qui répond alors le mieux à notre interrogation du passé, à la fois par sa date (les deux ou trois millénaires qui précèdent l'Histoire), par ses localisations (le Levant méditerranéen et toute l'Asie occidentale), par son ampleur ? La « révolution néolithique » ou, plus précisément encore, les grandes vagues démographiques qu'elle déclencha.

Il faut peut-être en effet imaginer l'opération du « retournement des structures » en plusieurs temps : un premier temps où la multiplication de la nourriture est une simple donnée euphorisante dont les recettes se répandent vite ; il s'accompagne immédiatement d'une croissance numérique sans précédent. Dans un second temps, se mettent en place les organisations que le nombre impose – l'État, la cité ; l'intérêt obsédant porté à la protection de la nature, à la limitation des besoins fait place à un intérêt non moins avide pour le travail, le rendement, le nombre des travailleurs. Les « philosophies » antérieures basculent, toutes les disciplines du premier système se relâchent, selon des rythmes qui nous sont inconnus – relâchement qu'accompagnent (ou suivent ? ou précèdent ?) les mises en place d'autres disciplines. Rudes également, mais inverses.

Depuis quelques années, une partie de la jeunesse occidentale opère des poussées vigoureuses sur nos vénérables traditions néolithiques. Il n'est pas indigne de réflexion de montrer que ce n'est pas le premier grand chahut de notre espèce, et que les innovations en cours coïncident « philosophiquement » avec les pratiques que nos ancêtres ont délaissées il y a (par hypothèse) cinq mille à huit mille ans.

Pas seulement délaissées, mais aussi discréditées. Lorsque, tout autour de la Méditerranée, naquirent et se développèrent les plus anciennes nations historiques du monde, elles furent amenées assez vite à s'observer entre elles longtemps avant d'observer les autres, ce qui explique l'intérêt qu'elles accordent encore à leurs petites originalités respectives et, inversement, la distraction dont elles font preuve dans l'enregistrement de leurs ressemblances. En fait, l'usage d'attribuer à la « nature humaine » nos particularismes locaux était encore général chez les hommes de science du XIXe siècle ; de nos jours il n'a pas totalement disparu. Ce sont toutefois des particularismes – malgré leur énorme extension géographique –, une simple province de cette *terra incognita* qu'on appelle « la nature humaine ».

En simplifiant énormément (mais comment faire autrement dans un résumé si bref), on peut classer les plus caractéristiques de nos ressemblances « civilisées » (plus ou moins méditerranéennes) sous cinq rubriques. Ce qui facilite leur confrontation avec leurs homologues du système ancien.

Paléo-système

(Structures socio-familiales du type ancien, observées chez les berbérophones touareg)

Il n'est pas question de passer en revue tous les aspects d'une société complexe, mais seulement d'isoler quelques traits fondamentaux qui l'opposent à son homologue du Nord.

La terminologie berbère de la parenté est complètement matrilinéaire dans tout le domaine touareg

Dans certaines provinces touareg (Gourma), le système de filiation, le système d'héritage et la nomenclature sont les unes et les autres matrilinéaires ; dans d'autres régions (Ahaggar), le système de filiation et la nomenclature restent matrilinéaires, tandis que le système d'héritage est devenu celui du Coran. Un troisième groupe de tribus ne conserve que la nomenclature matrilinéaire ; il a adopté la filiation et l'héritage en ligne paternelle, mais cela à la suite d'une transformation relativement récente et parfaitement « historique » : trois siècles chez les Iullemmeden, beaucoup moins chez les Imakalkalen et les Kel Antessar.

Dans toutes les provinces touareg, l'*oncle maternel* (si effacé dans le système méditerranéen qu'à Alger on cite volontiers le proverbe suivant : « Mon oncle maternel, quelle parenté as-tu avec moi ? – Si ta mère meurt, tu ne m'es plus parent, et je ne te suis plus parent… ») prend au sud du Sahara, chez les patrilinéaires comme chez les matrilinéaires, une importance considérable. En zone complètement matrilinéaire, c'est de lui qu'on hérite la condition sociale, le pouvoir, le bétail ; mais même en zone patrilinéaire il doit faire à son neveu utérin des cadeaux très importants (par exemple, une chamelle à l'occasion de sa naissance et un sabre quand il prend le voile qui correspond, pour l'homme, à la puberté) ; son fils est astreint aux mêmes considérables cadeaux. En revanche, ce *tégézé* (fils dc sœur) leur est très sévèrement assujetti à l'un et à l'autre, et cet assujettissement se transmet aux *descendants.* En zone touareg patrilinéaire, il en résulte une prépondérance héréditaire du lignage des mères sur celui des pères ; elle a pour conséquence (ou pour cause) une non-réciprocité des mariages : les Touareg disent alors qu'on est *plus* (davantage) par sa mère que par son père. On rencontre ainsi des *tiusatin* (tribus) où hommes et femmes se présentent en bloc comme *tégézé* (neveux utérins) d'une autre tribu, laquelle leur donne des femmes et des ordres, mais n'accepte d'eux ni les unes ni les uns. Les garçons nés de ces mariages peuvent parfois convoler dans le niveau immédiatement supérieur à celui de leur mère – surtout si c'est celui de leur grand-mère maternelle. Tout cela crée une mobilité sociale extrêmement distrayante pour les intéressés : les hommes manœuvrent de longue main pour se marier un cran au-dessus de leur condition, et les femmes se pavanent dans leurs supériorités. (Certains auteurs appellent ce type de snobisme « hypogamie ». Notons en passant qu'il s'oppose, trait pour trait, à l'hypergamie féminine méditerranéenne.)

Autre système d'opposition : dans le Maghreb, on « exporte » les femmes avec une extrême répugnance, mais on « importe » sans difficultés excessives les brus étrangères. Au sud du Sahara, c'est le contraire : on s'efforce de garder des garçons au foyer, mais on marie très volontiers les filles dans des tribus étrangères. Il est vrai qu'il faut bien en passer par là si l'on veut se procurer des neveux utérins qui, chez les matrilinéaires, assurent la survie, et chez les patrilinéaires, seront inconditionnellement clients, serviteurs et soldats. Judicieusement répartis (ce qui est le cas, en général), on peut les appeler « *tégézé* stratégiques ».

La parenté est classificatoire

Tous les hommes de la lignée et de la génération du père sont appelés « pères » ; toutes les femmes de la lignée et de la génération de la mère sont des « mères » ; tous les enfants des « pères » et des « mères » (autrement dit les « cousins parallèles », du vocabulaire ethnologique) sont des « frères » ou des « sœurs », que l'ordre des naissances différencie rigoureusement.

Sont exclus de cette vaste fraternité les cousins non parallèles, les fameux « cousins croisés [1] » si bien connus des ethnologues et tellement ignorés du public non spécialisé : ils sont enfants des oncles maternels ou des tantes paternelles et ils ont droit à une même appellation, qui se prononce chez les Kel Ahaggar *abubaz* (pluriel : *ibubah*), chez les Tullemmeden Kel Dinnik *abubaz* (pluriel *ibubazen*), chez les

1. Les Touareg distinguent trois grandes catégories de parents : « parents du dos » (les hommes du côté paternel) ; parents du ventre (les femmes du côté maternel) et la « hanche » : l'homme du lignage maternel, l'« homme-mère », l'oncle utérin, etc.

Iullemmeden Kel Antessar *ababas* (pluriel : *ibubashin*). Leurs voisins, les Maures Termoz, Kunta, Berabich (seuls arabophones à utiliser ce terme) disent *ibubas*.

Le mariage le plus souhaitable

Dans beaucoup de provinces touareg, au dire des gens, on aime marier entre eux des *cousins croisés*. Pour le garçon, on préfère le lignage maternel, donc *« la fille aînée du frère de la mère »* (les Touareg l'appellent « fille d'homme » pour la distinguer de son homologue la « cousine croisée fille de la sœur du père », appelée « fille de femme ») ; pour la fille, évidemment, ce sera le contraire, et le fils de la tante paternelle représentera le conjoint idéal[1].

Le mariage avec une *cousine parallèle matrilinéaire* (qu'on appelle « sœur ») gagne toutefois du terrain : c'est en effet celui qui, dans les familles où le statut se transmet par les femmes, permet à l'*aménokal* (chef, roi) de procurer à sa descendance masculine une chance d'accéder au pouvoir.

Un seul mariage reste presque partout mal vu des berbérophones sahariens, et c'est justement celui que chérissent les berbérophones maghrébins, ainsi que la plus grande part des riverains de la Méditerranée : le mariage avec la « fille de l'oncle paternel ». Les Touareg l'appellent « sœur » (tout comme la fille de la tante maternelle), mais elle est un peu plus « sœur » que celle-ci, car les cousins parallèles patrilinéaires sont normalement élevés ensemble dans le même campement.

Le mariage est en effet toujours virilocal, et cela quel que soit le système de filiation. Si le système est matrilinéaire, les fils vivent chez leur père jusqu'à la mort de celui-ci. Ils doivent alors tout laisser à leur *« cousin croisé-fils de tante paternelle »* (le cousin « fils de femme »), n'emportant que quelques cadeaux, enregistrés comme tels de longue date, et sévèrement contrôlés. Celui qui perd tout et celui qui prend tout, étant entre eux « cousins croisés », se voient toutefois *obligés* de plaisanter de leurs déconvenues respectives. C'est heureux.

1. Tous les Touareg sont unanimes pour dire que les femmes n'ont pas de *tégézé* ; c'est la raison pour laquelle les tantes paternelles appellent « mon fils » les enfants de leurs frères. Toutefois ces enfants et ceux des tantes paternelles sont entre eux « cousins croisés ». Tout cela s'éclaire si l'on sous-entend le terme « héritier » dans celui de *tégézé* : pour une femme qui a des enfants, quel que soit le système, ses héritiers sont toujours ses enfants.

Dans un proche passé, le caractère de conjoints préférentiels au cousinage croisé (encore très apprécié) semble avoir été plus marqué encore, et le vocabulaire concourt avec les traditions orales pour le signaler. Par exemple, le verbe qui se traduit littéralement par « faire le cousin » *(zebbubeh)* a également le sens de « faire la cour », « flirter », « taquiner ».

La première raison donnée de cette prédilection est presque toujours le caractère de « parenté à plaisanterie » du cousinage croisé : avec un époux cousin croisé on pourra éventuellement divorcer, mais on ne pourra pas se fâcher (en dehors des *cousins croisés*, les seuls autres parents à plaisanterie sont les *beaux-frères*. Beaux-frères et cousins croisés se confondent d'ailleurs plus ou moins – ce qui se comprend).

Seconde raison : en système matrilinéaire l'épouse est fille de l'oncle dont le mari hérite, tandis qu'en système patrilinéaire elle est fille de l'oncle dont le mari *devrait* hériter (et dont il n'hérite pas) ; dans les deux cas, le mariage constitue une sorte de compensation, tantôt pour la fille déshéritée, tantôt pour le *tégézé* spolié.

Troisième avantage (explicitement évoqué par les Touareg) : par le moyen de ce type de mariage, on renouvelle régulièrement une alliance avec la tribu *préférentiellement ennemie*. Comme me le disait le très vieux chef des *Taitok*, parlant de ses ennemis préférés, les *Kel Ghela* : « Nous nous battons tout le temps et ils m'ont tué deux fils, et nous nous marions tout le temps... » En tribu matrilinéaire, ce sont les « fils » qui deviendront *otages-négociateurs* et qui, en cas de conflit, serviront d'intermédiaires entre leur tribu (celle de leur oncle maternel) et la tribu de leur père où ils sont élevés. En tribu patrilinéaire, les *tégézé* (neveux utérins) rempliront cet office et feront la navette entre les belligérants pour rétablir la paix. Les hommes ayant des attaches directes dans deux tribus en guerre – en qualité de *fils* ou de *neveu utérin* – sont appelés les uns et les autres *apaiseurs*.

En zone touareg, comme presque partout dans le monde, le pouvoir est exercé par les hommes, mais il est chez eux toujours plus ou moins transmis par les femmes, même lorsque le secteur considéré se présente comme patrilinéaire[1]. C'est en effet dans ces secteurs-là

1. Beaucoup de tribus sont divisées en deux branches : une branche explicitement aînée, dite « noire » ; une branche cadette, dite « rouge ». La priorité est aux « noirs », et le pouvoir souvent aux « rouges », du moins en zone patrilinéaire. Cela s'explique peut-être par l'obligation, pour les plus élevés dans la hiérarchie, de n'épouser que des parentes très proches de leur lignage maternel (ce qui les prive de *tégézé*, donc de force politique).

(particulièrement chez les familles qui briguent le pouvoir) que nous constatons la multiplication des mariages avec une « cousine matrilinéaire parallèle » (sœur classificatoire). L'enfant issu de ces mariages se trouve ainsi appartenir, par son père et par sa mère, à la tribu souveraine (c'est-à-dire aînée), et de ce futur candidat au pouvoir les Touareg disent qu'il est *« pur »* (*pur*, comme la coutume l'exigeait, très probablement, des pharaons).

Inversement, lorsque le père du candidat a épousé une cousine croisée (en principe, originaire d'une autre *taousit*), on dit alors du candidat qu'il est *« fort »* – *fort* parce qu'il dispose de soutiens dans d'autres tribus. L'idéal est évidemment d'être à la fois pur (ascendants endogames) et fort (ascendants exogames). Difficile problème ! Mais l'art de vivre consiste à doser les contraires, et plus encore à ne pas le faire à contretemps. Dans les époques pacifiques, l'endogamie sera payante et gagnera du terrain ; s'il survient une période de bagarres, les *tégézé* et les beaux-frères, soldats inconditionnels, permettront – mieux que le droit – d'accéder au pouvoir. Plagiant les Touareg, nous traduirons : « On aime mieux les purs, mais on choisit les forts. »

Les femmes ne sont pas voilées et circulent librement (détail pittoresque : ce sont les hommes seulement qui se voilent)

Hommes et femmes assistent ensemble aux distractions collectives – joutes poétiques, musique, tournois, jeux de balle, réceptions d'étrangers…

Lorsqu'un mari, revenant à l'improviste, trouve un visiteur masculin dans la tente de sa femme, il s'éloigne en attendant que l'entretien soit terminé[1]. S'il retrouve chez sa femme le même visiteur, il peut, par un tiers, faire avertir celui-ci de son mécontentement. Après la troisième fois, s'il le désire (mais rien ne l'y oblige), il le provoquera au sabre – combat avec bouclier, où l'on est surtout exposé à des coupures. Il peut en outre divorcer si cela lui convient, mais on trouvera naturel qu'il ne le fasse pas.

En fait l'initiative du divorce revient presque toujours à la femme. Quand elle en a assez du mariage, ou du mari, tout simplement elle

1. Signalons à ce sujet qu'une enquête sérologique reposant sur la généalogie exhaustive de trois tribus intermariées, établie sur trois siècles de profondeur, a prouvé que la *parenté paternelle légale* y coïncidait totalement avec la *parenté paternelle physique* : il n'y a pas d'enfant adultérin chez les Touareg. A. Chaventre, « Étude généalogique d'une tribu saharo-sahélienne (les Kel Kimmer et leurs apparentés) », thèse d'État, Paris, 1973.

s'en va, emportant ce qui lui appartient, c'est-à-dire la tente de cuir et son mobilier : lit démontable en bois, nattes de paille, coussins et vélums de peau, piquets sculptés, caissettes ornées, deux types de sacs de cuir et surtout un magnifique paravent *(asabar)* brodé qui se troque contre une génisse. Comme le disait, en janvier 1970, une sympathique vieille dame touareg du Gourma : « Par mesure de pitié, on laisse au mari une natte de paille pour dormir, et un coussin. »

La femme qui s'en va ainsi n'aura pas à emmener son bétail personnel, souvent important, car il est resté dans le campement de son frère aîné – y compris celui du *douaire (taggalt)* que le mari a dû remettre au moment du mariage (c'est-à-dire une chamelle ou une génisse au moins, sept chamelles ou sept génisses au plus). Le douaire, qui varie avec le rang des époux, est très rarement rendu après le divorce, car la société considère qu'un homme « distingué » ne le réclame pas. En revanche, quand elle part, l'épouse déçue emmène tout le bétail que lui a prêté son frère lorsqu'elle est allée rejoindre le campement marital. Or ce bétail doit être au moins équivalent, et de préférence supérieur, à la *taggalt* donnée par le mari : chaque homme soigne ainsi des vaches provenant du troupeau de son beau-frère, et boit son lait…

Cet échange de vaches m'a été très explicitement présenté dans la série des avantages qui résultent du mariage entre cousins croisés.

Croissance zéro

L'élevage extensif que pratiquent les Touareg est un mode de production qui les rapproche des « chasseurs-cueilleurs » du paléolithique. Pour les uns comme pour les autres, la survie dépend de la nature, dont on doit apprendre à ne pas tarir les renouvellements normaux. Cette science écologiste ne s'acquiert pas sans de longues et cruelles expériences ; mais user sans abuser, c'est ce qu'avaient toujours fait les Touareg, du moins jusqu'aux perturbations politiques de ces dernières années[1].

Sur le plan démographique, ils ont une natalité moyenne faible et une croissance nulle. Et, certes, la dure vie nomade, avec ses catastrophes naturelles, explique une mortalité infantile élevée, mais la

1. Parmi les causes qui ont aggravé les désastres dus aux sécheresses périodiques du Sahel, il faut citer le statut juridique des points d'eau : n'étant attribués à personne, ils sont à tout le monde et le seul responsable est alors l'État. Il faut donc qu'il place un gendarme derrière chaque brin d'herbe… Il aurait fallu confier la gestion de l'eau à ceux qui avaient l'usage de l'herbe et qui assumaient, dans le respect de la nature, cette responsabilité.

population est croissante dans la caste des « serviteurs *ikian* », qui partagent en plus rude la vie des Touareg proprement dits (*imajeghen*-guerriers et *imghad*-tributaires). Cette différence, depuis longtemps remarquée, a fait dire (en 1910) à E.-F. Gautier[1] : « Chose étrange : ce peuple a reculé au-delà du vraisemblable les limites du dénuement ; ils vivent à même la nature, à peu près nus sur la terre nue, pas beaucoup mieux outillés qu'un chacal, et parmi leurs très rares ustensiles domestiques on en signale un d'hygiène intime, en os et en cuir, grossière fabrication indigène, mais très utilisable. Une marmite, un violon et un irrigateur, voilà le mobilier d'une tente. »

En l'occurrence, il est probable qu'il s'agit d'une confusion, et l'irrigateur en question pourrait bien être un entonnoir de cuir qui, dans les campements aristocratiques, sert à engraisser (en lui faisant avaler de force des quantités de lait) la petite fille qui un jour transmettra le pouvoir. En fait, je ne crois pas que les Touareg pratiquent délibérément et systématiquement une forme de contrôle des naissances, car avoir des fils et des filles nombreux rend service à une famille, en appuyant ses ambitions futures, et lorsqu'on interroge des individus sur ce qu'ils souhaitent, ils n'expriment pas le vœu de limiter le nombre de leurs enfants[2].

Toutefois, dans ce domaine précis, leur société n'exerce pas sur eux – et de loin – les énormes pressions qu'on observe dans la zone méditerranéenne. C'est ainsi qu'il est rare et un peu ridicule pour un Touareg masculin de se marier pour la première fois avant trente-deux ou trente-cinq ans ; pour les filles, surtout de rang élevé, le premier mariage suivra immédiatement la puberté, et elles auront dès leur naissance un nombre élevé de prétendants – mais un seul les épousera et les prétendants éconduits resteront célibataires ou guetteront pendant encore de nombreuses années une autre bonne occasion ; plus ils seront nobles, moins ils auront de chances de trouver facilement plus noble qu'eux. Inversement, à l'autre bout de la piste (je veux dire dans les campements les moins « distingués »), les filles ne trouveront pas preneur. Bref, la société s'équilibre avec un très grand nombre de célibataires dans les deux sexes… Ajoutons à cela

1. E.-F. Gautier, *La Conquête du Sahara*, Paris, 1910, p. 178.

2. Dans l'austère Maghreb, des cas de naissances hors mariage figurent dans le passé tragique de nombreuses tribus : la jeune mère est alors mise à mort par sa propre famille (enterrée vivante, empoisonnée, égorgée ou lapidée par le village). Rien de tel chez les Touareg, où l'absence de bâtards et d'enfants adultérins permet de penser que « l'enfant non désiré » ne vient pas au monde ou ne survit pas.

une majorité de femmes qui divorcent après leur premier mariage, qui ne se remarient plus ou qui ne se remarient que longtemps après, qui redivorcent, et passent ainsi une part notable de leur période féconde en dehors de l'état de mariage[1]. J'ai connu de vieilles femmes très proches de la chefferie, qui, après quelques jours de vie conjugale, étaient revenues définitivement chez leur frère ; leur tente personnelle était à la droite de celle de l'*aménokal*, elles y tenaient salon et recevaient de nombreuses visites. Quelquefois, elles partaient elles-mêmes en villégiature, pour plusieurs jours ou plusieurs semaines, dans des campements alliés.

Le système néo

(Nos structures socio-familiales méditerranéennes, observées chez les Berbères du Maghreb)

Si nous quittons les Touareg et traversons le Sahara vers le nord, nous allons retrouver dans le Maghreb un environnement qui ne nous dépayse qu'en apparence : la famille maghrébine, c'est celle de l'Europe, c'est la nôtre, à quelques nuances près.

Le système de filiation est exclusivement patrilinéaire

Les civilisations méditerranéennes n'ont pas le monopole de ce système de filiation, mais c'est dans leur domaine qu'il a pris un caractère assez obsédant pour faire considérer comme une donnée psychologique universelle toutes les implications qui en découlent (voir Freud) ; le même point de départ fit dire à des observateurs patrilinéaires de sociétés matrilinéaires (voir Malinowski) que ces dernières ignoraient le rôle du père dans la procréation.

La négation du rôle de la mère dans la « fabrication de l'enfant » peut sembler encore plus pittoresque, et c'est pourtant le cas des civilisations anciennes dont la nôtre est issue (finalement il n'y a pas si longtemps que nous pensons que les deux lignages s'équivalent biologiquement). À Rome, afin de reconnaître (tout de même) un lien

1. En dehors de l'état de mariage, les pratiques usuelles (signalées par le père de Foucauld) peuvent être classées dans la catégorie que Van Gennep appelle (à propos de la société paysanne européenne) l'« onanisme à deux » ; elles peuvent naturellement comporter des erreurs de parcours, dont les femmes corrigeront les conséquences (peut-être par un avortement, plus probablement par un infanticide).

de parenté entre le fils et sa mère, on les considérait, par fiction, comme frère et sœur ; à Athènes, le père est l'unique géniteur, la mère est une nourrice – et lorsque Euripide nous fait assister à une explication familiale entre Oreste, qui vient de tuer sa mère, et le père de celle-ci, grand-père maternel du jeune meurtrier, Oreste réplique ainsi aux reproches de son grand-père : « Mon père m'a engendré ; ta fille m'a mis au monde, sillon qui reçoit d'ailleurs la semence. Sans un père, jamais n'existerait d'enfant. J'ai donc conclu que l'auteur de ma vie avait plus de droit à mon aide que celle qui m'a donné nourriture. »

Il n'est pas question d'énumérer ici toutes les conséquences évidentes de cette priorité de la filiation masculine, mais il n'est pas inintéressant de signaler que, grâce à la compréhension des notaires et des agents du fisc, et malgré la Révolution française, les filles continuent encore, dans la France paysanne d'aujourd'hui, à être discrètement déshéritées.

Tout comme – malgré le Coran – chez les paysans maghrébins.

Nomenclature égocentrique de la parenté

Tout autour de la Méditerranée, les parents sont toujours nommés par rapport au sujet parlant. Celui-ci a un père, et un seul, une mère unique, deux grands-pères, deux grands-mères, des frères, des sœurs… Petite variante entre le rivage chrétien et le rivage arabe, mais au niveau des oncles et des cousins : côté nord, on différencie les générations (les « oncles-tantes » distingués des « cousins-cousines »), et côté sud les lignées (*âamml*, « parent paternel » ; *khall*, « parent maternel »). Autre petite variante entre les deux rives, sur le rivage sud, un oncle paternel peut reléguer le vrai père au rang d'un frère aîné.

Si la parenté de type égocentrique mérite qu'on attire l'attention sur elle, ce n'est pas uniquement parce que de nombreux auteurs la considèrent comme caractéristique du modernisme social, mais parce qu'elle fait partie du système d'oppositions que nous examinons.

Mariage préférentiel entre cousins paternels

Du point de vue féminin, ce type de mariage peut apparaître souvent comme un palliatif. Grâce à lui, en effet, la fille (qui n'a pas droit à l'héritage de son père) « mange » dessus, et ses fils deviennent héritiers ; en outre elle peut espérer être mieux traitée par des oncles et tantes qui l'ont vue naître que par des étrangers. Ce mariage, qui reste aujourd'hui très répandu sur le rivage musulman et n'a pas disparu sur le rivage chrétien, semble particulièrement commode dans les régions et dans les périodes où le natalisme est un vœu social explicite et cohérent.

Corollaire : lorsque, par exception, on marie une fille à un non-parent, on exige, on doit exiger, qu'il soit de condition supérieure à elle. Appelons cela une « endogamie tempérée par l'hypergamie »... Dans les villes musulmanes, cette « endogamie tempérée » explique les hausses du *sdak* (douaire), terme que beaucoup d'Européens appellent « achat » parce que, dans nos traditions, par l'usage de la dot (grande institution du XIXe siècle), c'est l'achat du gendre qui se trouvait privilégié.

Enfermement des femmes, surestimation de leur vertu, dramatisation de la virginité et de l'adultère

Ces traits de civilisation furent longtemps répandus de façon à peu près équivalente sur les deux rivages méditerranéens. Quant à leurs implications dans la vie quotidienne de nos concitoyens du Sud européen, et dans celle de leurs vis-à-vis musulmans, elles ont rempli, et remplissent encore, les bibliothèques, les tribunaux et les cimetières, mais elles sont si profondément insérées dans nos droits (droit romain, droit canon), nos philosophies et même nos religions, que nous n'y prenons plus garde. Signalons toutefois que la mère de Jésus est vénérée comme *vierge* par tous les Méditerranéens (musulmans, catholiques, orthodoxes), et comme *mère* par les chrétiens du Nord, dits « protestants »...

Culte de l'expansion – démographique, économique, territoriale...

Ce culte de l'expansion est perceptible dans toutes les institutions, encore actuelles, des peuples qui – en auréoles autour de la ceinture méditerranéenne – constituent la grande flaque endogame. Et c'est au point qu'on peut l'imaginer jouant le rôle du détonateur au moment où basculèrent – cul par-dessus tête – toutes les institutions antérieures.

Il est bien probable en effet que l'attitude adoptée par l'humanité vis-à-vis de sa croissance joue le rôle de clé de voûte dans cet édifice qu'on peut appeler la « morale », la « philosophie » – bref, un ensemble d'options, d'attitudes mentales essentielles et cohérentes. Le reste, les institutions, les coutumes, les usages, c'est-à-dire les nomenclatures de parenté (classificatoires ou égocentriques), les modes de filiation (patri-, matri- ou bilinéaires), les types d'alliance (exo- ou endogames), ce seraient les arbres qui cachent la forêt.

Une démographie, dite galopante, ruine actuellement les espérances économiques des nombreux pays de la ceinture endogame du vieux continent – ceux, précisément, qui eurent priorité pour profiter des premiers avantages de la civilisation. Or, dans cette région, au niveau des institutions vécues, l'analyse des pressions subies par chaque foyer n'a pas changé : elles vont, comme dans le lointain passé, dans le sens de la croissance aveugle. À quoi sert alors la pilule tant que personne n'en veut ?

L'utilisation des femmes

Notre espèce a inventé d'innombrables façons [1] de moduler ses deux grands groupes « structuraux » et il faut simplifier beaucoup pour isoler les caractéristiques les plus constantes du paléo-système et du système néo. Elles existent toutefois.

Dans le premier groupe on respecte l'écologie, on modère la croissance (en tout cas on ne la sacralise pas), on a toujours des relations riches en complications avec l'oncle maternel et l'on pratique l'exogamie (deux faits liés l'un à l'autre), on conserve souvent une nomenclature de parenté classificatoire et on dispose de moyens usuels pour la liquidation des conflits. Filiation matrilinéaire et exogamie paraissent bien s'accommoder et la nomenclature classificatoire semble particulièrement pratique dans une société à « croissance zéro »…

Dans le second groupe de systèmes (le nôtre), on ignore l'écologie, on sacralise le travail, la croissance, la prolifération des hommes et des biens, on mène des guerres sans merci, et l'on conçoit les généalogies en forme de pyramides – avec un glorieux ancêtre masculin tout en haut. Quant aux filles de la famille (ou du village), on les garde pour les garçons de la famille (ou du village), ce qui explique l'extrême effacement de l'oncle maternel en tant que tel dans nos sociétés – et par suite les définitions qu'elles élaborent de la « famille ».

Si l'on examine l'extrême dispersion mondiale des paléo-sociétés, on a le choix, pour expliquer leurs similitudes, entre l'explication

1. Plus nombreuses dans le paléo-système que dans le nôtre, *comme si* la faculté d'invention humaine dans le domaine technique ayant été plus ou moins brimée, pénalisée dans les sociétés de chasseurs (mais pas dans les sociétés de pêcheurs), cette faculté avait trouvé alors son épanouissement dans le social. Inversement, elle bégaie dans le social et s'épanouit dans le technique.

« structuraliste » et l'explication « fonctionnaliste ». Mais le second groupe, « le groupe civilisé », se présente très différemment : en tache, en flaque. Il a coulé sur l'autre. Et il a commencé à couler d'un certain endroit du monde, à un certain moment de la durée : on pense à quelque chose comme un événement ou, mieux encore, à ce qu'on nomme usuellement un « concours de circonstances » – car à un autre moment, en un autre endroit, des conditions analogues n'ont pas fait naître les mêmes systèmes socio-familiaux (par exemple, la civilisation maya qui, elle aussi, inventa villes, État et agriculture intensive). Autrement dit, si le paléosystème est « habillé sur mesure » par les structuralistes, le système néo, tout préhistorique qu'il soit, appartient à l'ordre de l'Histoire.

Dans l'optique que nous avons adoptée pour survoler le domaine berbère, il peut sembler amusant d'examiner aussi l'Europe occidentale, indo-européenne.

Elle aussi présente des oppositions. Moins flagrantes, mais oppositions tout de même, et du même ordre, et bien connues des juristes entre la famille romaine, qui fait de la femme une mineure à vie, et la famille de type germanique.

On la retrouve, cette même opposition, et sur le seul territoire français, et presque jusqu'à nos jours. Rien qu'en confrontant (grâce aux registres des paroisses) les dates comparatives du mariage et de la première naissance dans la société paysanne française du XIXe siècle, on pourrait même très probablement redessiner une très vieille frontière.

Au nord de celle-ci survit tout ce qui scandalise les Méditerranéens : le « maraîchinage » vendéen, ses équivalents poitevins, le *kiltgang* des Alpes franco-italiennes, les groupements de jeunes filles ayant des droits égaux aux groupements de jeunes gens (Artois, Flandres, Picardie et Normandie maritimes [1]), enfin et surtout l'habitude de marier les filles quand elles sont enceintes. Sans drame.

Au sud de cette frontière, la virginité est un capital sacré, on respecte la prostitution et l'enfant naturel représente la honte suprême, l'abomination absolue.

Que dans nos sociétés les plus modernes apparaissent depuis peu des revendications, des tentatives, qui évoquent les plus vieux acquis de la paléo-société, les plus vieilles « philosophies » humaines, cela

1. Sur ce sujet, on peut consulter la bibliographie donnée par Arnold Van Gennep, *Manuel de folklore français*, Paris, Picard, 1943, t. 1, p. 255.

signifie peut-être que nos « structures » sociales tournent comme un manège de chevaux de bois autour d'un pivot. Quel pivot ? Probablement la manière d'utiliser les femmes. Dans l'ancienne société on privilégiait leur utilité comme « objet d'échange », dans la société suivante c'est leur utilité comme « instrument de reproduction » qui retient l'attention. Évidemment, il n'est pas exclu qu'on puisse innover.

1978

Fernand Braudel

Le grand historien français Fernand Braudel commence sa vie le 24 août 1902, dans une très simple maison de Luméville-cn-Ornois qui fut d'abord une ferme, comme toutes les maisons de ce village lorrain, avec jardin derrière et devant une cour, dite « l'usoir ».

Le nouveau-né, déclaré sous le nom de Fernand-Paul-Achille Braudel, est le second fils d'un instituteur et de sa femme, née Louise Falet. Du côté maternel il a des ancêtres bretons et nîmois, du côté paternel ses grands-parents sont lorrains, mais son père et sa mère se sont connus et mariés à Paris où ils habitent et ils sont donc parisiens.

Ce petit garçon qui aura toute sa vie une excellente santé a la chance d'être déclaré délicat par les médecins de l'époque, ce qui lui vaut de passer sa première enfance dans la vallée de l'Ornain, avec sa grand-mère paternelle.

Comme les hommes, et plus encore, les enfants n'ont pas seulement besoin d'être aimés, ils ont besoin d'être préférés.

Ce petit garçon-là sera le préféré d'une grand-mère qu'il adore. Elle est gaie, elle est intelligente, elle est bonne, elle l'appelle « mon homme », et ce premier bonheur l'imprégnera de sécurité jusqu'à sa dernière heure : il sera, grâce à lui, un homme joyeux, aimant la vie, et sera aussi, lorsque ses parents le reprendront, non pas un « petit Parisien passant ses vacances en Lorraine », mais un « petit Lorrain venu étudier à Paris ».

Il est doué pour tout mais n'aime déjà pas qu'on le dirige. Or son père veut qu'il prépare l'École polytechnique, et lui veut faire sa médecine. L'agrégation d'histoire sera le fruit de la transaction.

Il est reçu à vingt ans. Ensuite, selon l'usage, on lui propose plusieurs postes, il choisira ceux d'Algérie et enseignera d'abord à Constantine, puis à Alger.

Dans ces années-là, quand les gens du Nord voulaient se rendre en Algérie, ils arrivaient à Marseille la veille de l'embarquement, par un train enfumé, dans une ville désordonnée et obscure, mais le lendemain ils partaient pour une traversée de trois jours, encadrée par deux émerveillements : celui du lent départ et de la lente arrivée dans les deux grands ports qui se font face, aux pieds de ces deux villes blanches si belles que sont Marseille et Alger.

Dès son premier voyage, la Méditerranée fascinera ce jeune professeur qui, un jour de septembre 1923, débarque sur le sol maghrébin ; elle sera l'héroïne du grand livre qu'il va bientôt mettre en chantier.

Quelles péripéties de sa longue histoire va-t-il viser ? La plus fascinante, celle où s'amorcent les rencontres créatives et fracassantes des grandes cultures terrestres, celle qui suit la découverte du Nouveau Monde (des Nouveaux Mondes), c'est-à-dire le règne du roi Philippe II, le souverain dont l'Empire ne voit pas se coucher le soleil. Raconter le siècle de Philippe II, c'est faire un état des lieux avant la mondialisation des postérités de l'*Homo sapiens*.

Pour l'amour de Philippe II, le jeune universitaire passera toutes ses premières vacances à déchiffrer en Espagne les grimoires du XVIe siècle. Puis, un beau jour de l'année 1930, il aura dans sa classe de khâgne d'Alger une étudiante très douée qui s'appelle Paule Pradel. Elle n'a que seize ans, mais à coup sûr elle aime l'histoire. Aime-t-elle aussi les historiens ? Celui-ci attend qu'elle ait dix-huit ans pour le lui demander. Il est vrai qu'il y a urgence, car il vient d'être nommé à Paris.

Il part rassuré, et revient à la fin de l'année pour le mariage : on le célèbre en 1933 à Tiaret, où la famille Pradel cultive du blé dur depuis que l'Alsace, en 1871, est devenue provisoirement prussienne. Pendant plus de cinquante ans, sa femme sera l'axe de sa vie, son bonheur quotidien, sa confidente, sa conseillère, sa première lectrice, sa collaboratrice de chaque jour, sa meilleure amie…

Après trois années d'enseignement dans un lycée de Paris (dont, à la fin de sa vie, il parlait encore avec enthousiasme), on lui propose un poste à l'université de São Paulo où Paule le rejoint avec la petite Marie-Pierre qui vient de naître.

La nouvelle université brésilienne a été bien servie par la France, car Fernand Braudel y tient la chaire d'histoire et celle de philosophie est occupée par Claude Lévi-Strauss débutant… Ensuite, tous deux continueront à « voisiner » jusqu'à l'Académie française – après s'être d'abord retrouvés à l'École pratique des hautes études, puis au Collège de France.

Pendant la période algérienne de sa vie, l'historien de Philippe II passait ses vacances en Espagne, pendant la période brésilienne il les passera en Italie à explorer, avec sa jeune femme, les archives du XVIe siècle. Ici, comme là, là comme ici, tout l'intéresse : les récoltes de telle année, le temps qu'il a fait tel jour, le taux et le poids d'une certaine monnaie, l'origine de l'or qui sert à sa fabrication, le nombre d'heures ou de semaines demandé par tel trajet à cheval ou à pied…

En 1937, en tout cas, il fallait quinze jours pour aller ou revenir du Brésil. Durant ces longs trajets, des amitiés merveilleuses et durables pouvaient se nouer. Cette année-là, sur le bateau qui le ramenait en France, Fernand Braudel rencontra un collègue qui s'appelait Lucien Febvre.

Lucien Febvre, né en 1878, est un grand aîné qui, depuis 1933, enseigne au Collège de France ; il a publié des œuvres magistrales : en 1922 *La Terre et l'Évolution humaine*, en 1928 *Un destin, Martin Luther*, en 1929, avec Marc Bloch, il avait créé *Les Annales*. « J'avais besoin d'un père et il avait besoin d'un fils », dira plus tard le cadet. De suite, il a mesuré la valeur de ce cadet et su qu'avec passion ils aimaient tous deux la même science, rigoureuse mais curieuse et s'enrichissant de toutes les sciences voisines. Sur le bateau qui revient du Brésil, les deux historiens commencent une conversation et une amitié qui dureront l'une et l'autre toute leur vie. Désormais ce sera dans la maison de campagne de Lucien Febvre que la famille Braudel passera souvent une partie de ses vacances et l'aîné insistera pour que le cadet entreprenne la rédaction de son livre. C'est à quoi il s'apprêtait, son énorme fichier dûment classé, pendant les vacances d'été, en 1939.

Quand la guerre éclate, Fernand Braudel vient d'être élu à la IVe section de l'École pratique des hautes études, mais il est aussi lieutenant d'artillerie. Son poste, près de Haguenau en Alsace, s'insère dans un des intervalles de la ligne Maginot, et dès la mobilisation il l'a rejoint. C'est là qu'il passera les longs mois de la « drôle de guerre », puis le front français craque et Braudel et ses hommes sont encerclés. Ils ne se rendront que cinq jours après l'armistice sur la promesse de n'être pas prisonniers : ils ne se sont pas rendus, on les a rendus. Trois lignes, dans le grand livre posthume qu'il a consacré à la France, seront, sur ces heures-là, la seule et très brève confidence du lieutenant Braudel : « J'ai vécu ces débâcles… Nous, les vaincus, sur le chemin injuste d'une captivité ouverte d'un seul coup, nous étions la France perdue, comme la poussière que le vent arrache à un tas de sable » (*L'Identité de la France*, I, p. 18).

Malgré la promesse allemande, non tenue, Braudel sera prisonnier. Pour cinq ans. Tout d'abord dans la forteresse de Mayence où les conditions de détention sont normales : les jeunes officiers peuvent y faire des études que le lieutenant Braudel dirige et il a même la possibilité d'emprunter des livres à la bibliothèque universitaire.

Sur le territoire français, des opinions libres se sont formées et concertées dès 1940, mais les *Oflag* sont totalement privés d'information et de communication, et soumis à une intense et exclusive propagande, venue de Vichy où sévissent les repentances. Bouleversés par l'écrasante défaite, privés de leurs familles, de leurs livres, de leurs amis, beaucoup d'officiers écoutent « le chef le plus âgé dans le grade le plus élevé » et quand les Allemands proposeront de sortir de l'*Oflag* et de travailler pour eux, quelques prisonniers que l'inaction rend fous hésiteront…

Mais les propagandes s'enracinent mal dans une cervelle d'historien. Comme le général rebelle qui reprend à Londres le combat, le prisonnier Braudel sait que les peuples ne meurent pas et que les situations se retournent. Il met en garde ses jeunes camarades contre les propositions allemandes. Beaucoup l'écoutent. Quelques-uns s'en scandalisent, et les tensions sont rudes, si rudes que leur écho parviendra aux Allemands et que l'historien-soldat sera envoyé dans un camp de représailles. Il a sûrement pensé à ces dures journées de l'année 1941 lorsque, peu de mois avant sa mort, il note : « Je pense en homme de l'Est, adossé à l'appareil unitaire de la France, conscient que sa liberté dépend de cette unité et de la vigilance qu'elle implique… Sans doute ces expériences expliquent-elles le pouvoir d'émotion qu'ont pour moi quelques pages, que je citerai, et qui, à la relecture, me font toujours mal. Et cependant elles furent écrites il y a longtemps, au XVIe siècle, par François de La Noue, protestant et homme de cœur s'il en fut :

“Aucuns qui, un peu à l'escart, considéroient ces choses plus profondément, déploroient le discord public, source des maux futurs ; et quand ils venoient encores à repenser en eux-mesmes que toutes les caresses qu'on s'entrefaisoit seroient converties en meurtres sanglants si les supérieurs donnoient un petit signe de combattre et que, les visières estans abatues, et la prompte fureur ayant bandé les yeux, le frère quasi ne pardonneroit à son frère, les larmes leur sortoient des yeux. Je me trouvais là du costé de ceux de la religion, et puis dire que j'avois de l'autre part une douzaine d'amis que je tenois chers comme mes propres frères et qui me portoient une affection semblable.”

Le 19 décembre, six mois plus tard, c'était la bataille de Dreux. Les adversaires sont face à face :

“Chacun alors, écrit François de La Noue, se tenoit ferme repensant en soy mesme que les hommes qu’il voyoit venir vers soy n’estoient Espagnols, Anglois ny Italiens, ains François, voire des plus braves, entre lesquels il y en avoit qui estoient ses propres compagnons, parents et amis…” »

Et l’historien de 1985 termine son chapitre en citant le mot du vieux gentilhomme qui, voyant venir la Révolution, en prédisait les drames à un ancien page de Marie-Antoinette, le comte Alexandre de Tilly. « Comme celui-ci l’écoutait incrédule, Monsieur, lui dit-il, nous sommes une nation à tragédies. »

À Mayence Fernand Braudel resta dix-huit mois, ce fut donc dans les dernières semaines de l’année 1941 ou les toutes premières de l’année 1942 qu’il est envoyé dans le camp de punition de Lübeck. Le jour de son arrivée, le colonel allemand responsable du camp l’a prévenu : « Quelle que soit l’issue de cette guerre, sachez que vous ne reviendrez jamais chez vous. » Et de fait, après le bombardement de Dresde en 1945, Hitler fou de rage donnera l’ordre d’anéantir le camp d’otages militaires au lance-flammes (Himmler en arrêtera l’exécution parce que, à cette date, il discute à Lübeck même avec le comte Bernadotte les conditions d’un éventuel armistice et que le représentant de la Croix-Rouge suisse, M. de Blomay, lui aussi à Lübeck, est intervenu).

En arrivant, le nouveau prisonnier avait reçu le numéro 66, c’est dire que, à la fin de 1941, le camp était presque vide. Il se remplira ensuite avec des officiers évadés et repris, des officiers russes (parmi eux le fils de Staline que les Allemands fusilleront, après avoir tenté en vain de l’échanger), tous les officiers juifs sans distinction, les prêtres et les moines jugés trop influents, les aviateurs de la RAF tombés en cours d’opération, les rescapés du soulèvement de Varsovie, etc. Entre ces hommes si divers, deux traits communs : ils ont fait la guerre en soldats, ils sont les adversaires irréductibles du nazisme. En les regroupant (pour pouvoir les négocier ou les exécuter), la haine de l’ennemi leur a fait, bien involontairement, un cadeau inestimable : celui de vivre dans ce qu’on peut appeler « un milieu porteur ».

Du premier au dernier jour, grâce à leur entente, ils parviendront notamment à reconstituer par deux fois un poste de radio avec des pièces détachées, mais ils seront d’accord également pour accepter les brimades collectives qui leur étaient réservées. L’une d’elles consistait à renouveler plusieurs fois par jour des appels qui les rassemblaient dans une cour des heures durant, debout, dans le froid.

C'est ainsi que naquit l'idée de creuser un tunnel dans cette cour même, à quelques mètres de la clôture de barbelés. L'entrée, obturée par quelques planches, se dissimulait facilement sous le sol sableux. Protégés par le groupe de leurs camarades, des hommes s'y glissaient chaque jour, avec, pour étayer les murs, quelques boîtes de conserve éventrées et soigneusement aplanies. Cette œuvre d'art servit malheureusement peu de temps, l'orifice de sortie s'étant effondré sous le poids d'un véhicule. Les prisonniers eurent au moins le plaisir de voir les soldats allemands s'y engouffrer pour en ressortir avec stupéfaction au beau milieu de la cour. Des aventures comme celle-là soudent une communauté mieux que tous les discours.

En 1942, lorsqu'à Lübeck le numéro 66 avait pris possession de son lit dans une chambrée de vingt-cinq détenus, il avait trente-neuf ans, une bonne santé, et il atteignait, avec la pleine maturité de sa vie, la pleine maîtrise de ses immenses connaissances – il avait lu tous les livres essentiels, dépouillé personnellement, dans plusieurs langues, des milliers de textes inédits (il avait aussi gagné sa vie dans trois continents et vécu au coude à coude avec des hommes de tous bords, durant dix-huit mois en service militaire, un an de guerre, et une captivité déjà longue).

À Lübeck il n'est plus question pour personne d'avoir accès à une bibliothèque universitaire : pas de livres, pas d'archives, pas même une lampe ou une table – une planche, posée entre deux lits, en tiendra lieu –, mais, chance immense, il a trié, classé et relu ses notes, à la veille même des hostilités, dans l'ordre qu'il veut leur donner. Et ce qu'il lit une fois s'imprime dans sa mémoire.

À partir de cette base solide, dans le dénuement et le « hors temps » de la captivité, il va ajuster entre eux les faits qu'il a collectés, et imaginer pour eux un cadre neuf de déchiffrement. Ensuite, chapitre après chapitre, il écrira son œuvre, d'une petite écriture serrée, la plus serrée possible, sur de minces cahiers que le représentant de la Croix-Rouge suisse fera parvenir à Lucien Febvre.

Les prisonniers de l'Oflag 10 C ne furent rapatriés qu'un mois après la capitulation allemande, ils virent les atrocités des derniers jours, les cadavres vivants sortis des camps, les convois sur les routes. Fernand Braudel (qui accepta, durant cette attente forcée, de diriger un hôpital improvisé) détestait parler de cette période, car, en homme sain, il aimait la vie, la bonté et la joie.

Comme beaucoup d'autres, il avait quitté, en juillet 1939, une famille très chérie. Quand il était parti, l'aînée de ses deux petites filles, Marie-Pierre, avait quatre ans, et Françoise n'avait que huit mois, mais, pour elles comme pour sa femme Paulette, pendant ces six années d'absence, il ne cessa pas un seul jour d'être présent. Ses amis aussi attendaient anxieusement son retour et les précieux petits cahiers qui sortaient de l'Oflag avaient été gardés en lieu sûr.

L'historien reprend son enseignement à la IVe section de l'École pratique des hautes études et en 1948 il soutient sa thèse, *La Méditerranée et le Monde méditerranéen à l'époque de Philippe II*, qui va marquer une date dans l'histoire de l'Histoire. Consécration : il est élu l'année suivante au Collège de France, à la chaire d'Histoire de la civilisation moderne.

À ces jalons de la carrière scientifique vont s'ajouter bientôt d'autres charges, et tout d'abord, en 1947, une place à la direction de la revue que Lucien Febvre et Marc Bloch avaient créée en 1929 *(Les Annales)*, puis, en 1948, grâce à l'acharnement de Charles Morazé, l'École pratique des hautes études qui vient d'avoir cent ans met au monde une VIe section qui reprendra l'intitulé des *Annales* « Économies, sociétés, civilisations ». Les premiers directeurs d'études de cette petite dernière seront Lucien Febvre, Ernest Labrousse, Fernand Braudel, Charles Morazé, quatre historiens que viendra plus tard rejoindre le maître international de l'anthropologie sociale, Claude Lévi-Strauss. Lucien Febvre fut choisi comme président, Fernand Braudel, en 1956, lui succédera.

Entre 1945 et 1950, j'avais eu plusieurs longues conversations avec Lucien Febvre (à propos de documents sur la Résistance et la déportation), mais je n'ai rencontré Fernand Braudel pour la première fois qu'en 1958, et nous avons uniquement parlé de l'Algérie.

La rencontre avait été organisée par un de ses amis que je connaissais moi-même fort peu. Il approuvait un livre (publié en 1957) où, à partir de l'exemple algérien, j'expliquais pourquoi et comment la condition des paysans africains se dégradait de plus en plus vite. C'était donc de cela que notre hôte voulait que je parle – mais j'étais alors épouvantée par l'évolution de la guerre d'Algérie et je n'ai parlé que d'elle (sans savoir que mon principal auditeur, très silencieux, avait vécu pendant dix ans dans ce pays écrasé).

Il ne m'a pas dit ce jour-là ce qu'il pensait de la situation, mais, très peu de temps après cette conversation, il a voulu que je connaisse sa fille Françoise et sa femme (née sur le sol algérien, dans une famille où, depuis presque un siècle, on ensemençait une terre jamais encore cultivée). Déchirés, ils l'étaient tous deux ; informés et lucides, ils l'étaient également. Une fois encore, pour les Français, « les visières étaient abattues, et la prompte fureur ayant bandé les yeux, le frère quasi ne pardonnerait à son frère »...

La paix cependant coexiste avec la guerre et, à partir de 1958, j'ai vu fonctionner la VIe section – dont les directeurs d'études se retrouvaient un dimanche matin chaque mois, de plus en plus nombreux d'une année à l'autre. À droite et à gauche du commandant de bord siégeaient les membres du « Comité de recherche scientifique », bien nommés car, chacun à leur créneau, ils surveillaient l'horizon de la création pour y voir poindre tout ce qui pouvait entretenir ou rajeunir les diverses sciences dites humaines...

En 1966 paraît la seconde édition de *La Méditerranée* ; elle est suivie, à partir de 1967, des trois volumes de *Civilisation matérielle, économie et capitalisme* ; ces deux œuvres atteignent désormais le grand public, et dans les médias on se met à parler de « temps court » et de « temps long »...

La VIe section vit au rythme des besoins de l'Université française (plus vite que celle-ci par conséquent), et bientôt elle est contrainte à l'émigration, car elle ne tient plus dans les vénérables locaux que lui alloue la Sorbonne. Il lui faut se disperser dans les logis qu'on lui a procurés, non sans peine. Elle trouvera place, finalement, à côté de la « maison des Sciences de l'homme », création *ex nihilo* de Fernand Braudel, dans le magnifique et moderne bâtiment qui s'élève aujourd'hui à quelques pas de Saint-Germain-des-Prés et du boulevard Saint-Michel, au cœur du Quartier dit « latin », sur l'emplacement de la prison vétuste qui vit les dernières heures des « résistants » de 1940 (entre Edmond Michelet, garde des Sceaux, et l'ancien captif de Lübeck, j'eus l'occasion de faire plusieurs navettes).

Cet homme actif aimait trop ses créations, et l'effort quotidien qu'elles exigeaient de lui, pour accepter sa retraite avec bonne humeur ; elle lui permit cependant d'accepter d'innombrables invitations, venues de tous les pays s'intéressant à la « nouvelle histoire » et lorsque, le 30 mai 1985, Maurice Druon le reçut à l'Académie française, il pouvait lui dire, dans le rituel discours de réception, « vingt toques de docteur *honoris causa* s'accumulent sur votre front... Cinq croix de commandeur pèsent à votre cou ; douze académies se sont fait honneur de vous appeler à elles... ».

Presque exactement six mois plus tard, le 27 novembre 1985, s'éteignait à Saint-Gervais ce grand homme de science « et homme de cœur s'il en fut »… Il nous a laissé une dernière œuvre magnifique, un livre tendre et sévère, les trois volumes de *L'Identité de la France*.

1986

VII. INTERVENTIONS

Notice

GT n'a jamais eu une activité de militante politique, ce qui ne l'a pas empêchée de commenter la vie politique courante et de s'y impliquer, comme on l'a vu déjà pour la Résistance, la lutte contre le totalitarisme ou contre la violence en Algérie. Nous avons réuni dans la présente section ses interventions autour d'autres questions de société.

À propos de l'élection présidentielle en 1965, elle écrit une lettre publiée dans Ça ira, *6, décembre 1965, p. 26-29, « Le choix d'un président », repris ici. Elle exprime la même position dans une interview publiée dans* Combat *du 17 décembre 1965.*

C'est en 1967, au moment de la guerre des Six-Jours, que GT écrit « Soldat de fortune », compte rendu du livre de Vincent Monteil ; destiné au Nouvel Observateur, *cet article ne sera jamais publié. Il y est question, entre autres, du conflit israélo-palestinien. En 1946, dans « À la recherche de la vérité » (cf. ici même, section II), p. 37, GT écrit à propos du projet de création d'Israël :*

C'est peut-être ici la place de remarquer avec mélancolie le complet silence que gardent les Quatre Grands sur les indemnisations qu'ils comptent faire payer par l'Allemagne à ses deux principales victimes : le peuple gitan et le pseudo-peuple juif. Pourtant il n'y a pas d'autres solutions que de leur donner à chacun une base territoriale sous un protectorat, et il est parfaitement monstrueux de le prendre aux Arabes à cause d'une vieille histoire qui remonte à 2 000 ans (on pourrait avec autant de raison chasser les Provençaux de leur Provence). Le seul pays vis-à-vis duquel les Juifs sont en droit de demander une compensation territoriale (sous protectorat non allemand), c'est l'Allemagne. Mais Juifs, Gitans et Arabes n'ont pas d'artillerie lourde et partant pas de droits.

Toujours à propos du conflit israélo-palestinien, « La paix maintenant » est composé de deux textes publiés dans Le Monde, *du 8 juillet 1982 et du 21 juillet 1982.*

GT a réagi aussi à certains événements concernant la vie des femmes. « Un crime de la nuit des temps » a été publié dans Le Nouvel Observateur *du 10 juillet 1978. À la suite d'une enquête sur l'excision, elle écrit au* Monde *(le 18-19 mars 1979) :*

Il suffit d'examiner la carte de l'excision rituelle pour constater que cette affreuse pratique existe *sporadiquement* dans les pays de confession musulmane et *massivement* dans les régions d'Afrique noire non touchées par l'Islam. Cela indique clairement qu'il s'agit bien d'un usage d'origine préhistorique et païenne.

Ces articles du *Monde* rendront donc un double service, d'abord sur le plan humain en signalant au public international une torture barbare, d'autant plus odieuse qu'elle est infligée à des enfants. Ensuite en aidant les éléments novateurs et les gouvernements des pays concernés à lutter chez eux contre des traditions archaïques qu'ils réprouvent, mais dont ils hésitent trop souvent à faire état pour ne pas mécontenter les partisans de ces traditions.

L'entretien « Le devoir de vérité » est paru sous le titre « Le pire attentat contre l'espèce humaine » dans L'Humanité *du 7 novembre 2000. Il a été réalisé à l'occasion d'un Appel à la condamnation officielle de la torture pratiquée au nom de la France pendant la guerre d'Algérie, signé au départ, parmi d'autres, par GT. Sur le même sujet, GT a accordé un entretien à* Libération *du 24 novembre 2000, où elle dit, notamment :*

On doit condamner la torture, mais on ne doit pas condamner les gens

et, à propos de la création d'une commission d'enquête :

Prenons l'exemple de Maurice Papon. À quatre-vingt-dix ans, il est le seul à expier pour tous les fonctionnaires de Vichy. Je trouve cela pénible. Ne reproduisons pas la même chose avec la guerre d'Algérie.

Nous n'avons pas repris un autre entretien de GT, librement transcrit dans La Rue, *37, février 1997, où l'on rend compte de son adhésion à la lutte des sans-papiers (elle est membre du collège des médiateurs).*

La question religieuse est évoquée dans « Un dialogue de fond », extrait d'un entretien dont l'autre partie, autobiographique, figure en section I (« Comprendre le mal ») ; il est paru dans Actualité religieuse dans le monde, *le 15 mai 1991.*

« Compassion et justice » a été publié sous le titre « Les Évangiles

placent la compassion au-dessus de la justice » dans un dossier hors-série du Nouvel Observateur *(40, 2000), intitulé « Que reste-t-il du christianisme ? ».*

Le choix d'un président

Depuis vingt-cinq ans notre pays a connu des périls, dont le plus récent a été, en 1959, la rébellion d'une partie de l'armée.

Or cette insubordination a été progressive : les colonels d'Algérie, en 1955, ne dirigeaient pas encore leurs généraux, le gouvernement contrôlait ces derniers et c'est seulement en 1956 que commencèrent les pressions, les exigences, les menaces déguisées. En septembre 1957, sans que la nation en soit avertie, on en était déjà au pur et simple refus d'obéissance. Qu'a fait M. Coty durant ces tristes mois ? Il a d'abord cédé à chaque pression, à chaque exigence (renforçant ainsi les suivantes) et ensuite, modestement, il s'en est allé.

Dix-huit ans plus tôt, un autre président, également honnête homme, également patriote, également démocrate – M. Albert Lebrun – dans une autre conjoncture tragique suivit la même route et, lui aussi, l'ouragan le balaya.

Les événements de ces deux périodes m'ont assez bouleversée pour que j'aie cherché à connaître, dans le détail, leurs acheminements et c'est ainsi que j'ai appris – non sans stupeur – que M. Albert Lebrun, en mai 1940, *n'était pas* partisan de l'armistice (d'accord en cela avec les présidents du Conseil, du Sénat et de la Chambre). Toutefois, en ce même mois de mai, il demandait au maréchal Pétain de prendre la tête du gouvernement.

M. Coty, M. Albert Lebrun avaient été, l'un et l'autre et très à loisir, sélectionnés par des assemblées hautement représentatives et démocratiques. Dès lors, ils ne manquèrent pas de présider des concours hippiques et de promener avec dignité le roi ou la reine d'Angleterre en bateau-mouche, voire de panacher adroitement des majorités chancelantes. Mais maintenir la France, envahie et vaincue, parmi les belligérants, arrêter – malgré l'opinion publique – une série de guerres coloniales sanglantes, injustes et perdues d'avance, mater sans armée une révolte de l'armée – un très vilain jour, ils eurent à le faire et ne le firent pas.

À vrai dire, ce n'était point là besogne d'homme politique, mais besogne d'homme d'État. Et un homme d'État ne se sélectionne pas sur diplôme (M. Albert Lebrun était sorti premier de Polytechnique), ni sur un programme, mais sur des actes. Nous attendons d'un homme d'État qu'il soit prudent quand il faut l'être, et audacieux quand la prudence n'est plus de mise, qu'il sache aller vite et qu'il sache temporiser – bref que, dans un danger pressant, il adopte la conduite qui sauvera tout ce à quoi nous tenons le plus.

Or, il faut être bien inattentif à l'actualité pour penser que le danger ne fait plus partie de la flore terrestre, et que désormais les grandes traverses seront épargnées à notre pays qui en a tant connu, c'est pourquoi je n'imagine pas sans effroi le poste le plus responsable de la République française tenu par un homme choisi sur ses discours.

Parmi les candidats qui se présentent actuellement à nos suffrages, j'en vois plusieurs dont les programmes me conviennent, du moins à peu près. Notamment MM. Mitterrand et Lecanuet.

Sur « M. Lecanuet-homme politique », sur « M. Lecanuet-citoyen », nous avons tous appris récemment quelques détails par la presse, mais nous ne l'avons encore jamais vu dans un grand poste, et ignorons par conséquent comment il s'y comporterait. En ce qui concerne M. Mitterrand, par contre, nous ne l'ignorons pas. Malheureusement ! M. Mitterrand n'était-il pas garde des Sceaux au moment des premières exécutions capitales en Algérie ? Notamment celle de ce jeune communiste, coupable d'avoir déposé une bombe symbolique dans un lieu dépourvu d'habitant, n'ayant ni tué, ni blessé personne, ni voulu le faire, et qui, renié de tous, fut guillotiné à Alger.

Le 5 décembre 1965, si je compte voter pour le président de Gaulle, ce ne sera pas par reconnaissance (encore que la mienne soit à la mesure des services rendus par lui au pays), car la reconnaissance n'est plus de mise lorsqu'il s'agit d'autre chose que de nous-mêmes – mais parce que je ne crois pas que n'importe qui vaille n'importe qui.

Je sais qu'il est convenable de dire qu'aucun homme n'est irremplaçable. Certes ! Pourtant on ne remplace pas Clemenceau par Paul Reynaud, et Foch par Weygand sans que cela coûte très cher. Et je préfère éviter ce risque si je le puis.

1965

Soldat de fortune

Soldat de fortune, livre dense de 360 pages[1], nous fait parcourir trois continents et les plus pathétiques théâtres de l'histoire contemporaine : Israël, le Vietnam, l'Algérie.

Il y a sept expériences dans ce livre, étalées sur dix-huit années[2]. La plus ancienne, la plus exemplaire, se trouve être aujourd'hui, par le jeu d'événements prévisibles, la plus actuelle ; du 13 juin au 13 juillet 1948, elle mène « entre les lignes » du combat où s'affrontent le vieux monde arabe et le jeune État israélien, un officier blessé, combattant de la Résistance : Vincent Monteil, homme de science, homme d'épée.

Sur sa demande, il vient d'être mis à la disposition de l'ONU pour tenter, aux côtés du comte Bernadotte, d'arrêter en Palestine le conflit israélo-arabe. Au bout de quelques heures, il commence à pratiquer l'hébreu moderne et l'arabe palestinien, grâce à quoi il « entend » les deux partis en présence – c'est-à-dire, au lieu de deux unanimités officielles inconciliables, des voix multiples, un peu moins unanimes… Toute la mécanique meurtrière qui éclatera à nouveau en juin 1967 est déjà en place en juin 1948, et l'incurie des puissants, leur complaisance en face des intérêts immédiats, bien plus, semble-t-il, que les calculs ténébreux et lointains qu'on aime si souvent leur attribuer, jouent déjà en faveur du traquenard où depuis vingt ans tous les visiteurs du Moyen-Orient savent que la paix va sombrer

Certes, les hommes qui ont un minimum de cœur, pour avoir été simplement contemporains d'un des plus grands crimes de l'histoire, la tentative d'extermination des juifs par Hitler, se sentent une dette solidaire vis-à-vis des victimes de ce crime. Mais cette dette collective, pourquoi serait-ce les Arabes – et les Arabes seuls – qui devraient la payer ?

1. Vincent Monteil, *Soldat de fortune*, Paris, Grasset, 1967.

2. J'ai sous les yeux une bibliographie des œuvres de Vincent Monteil publiées entre 1949 et 1967, c'est-à-dire précisément au cours des dix-huit années qu'il nous raconte ; elle comporte quarante-cinq titres, dont quinze au moins correspondent à des livres denses et importants, presque tous (mais non tous) consacrés à la linguistique et à la sociologie de l'immense domaine que couvre l'Islam, en Afrique, en Europe et en Asie.

Certes, pour des êtres jeunes, le fait d'avoir été « hors du droit » (quelle que soit l'injustice ou même l'absurdité de l'exclusion) représente un traumatisme atroce et quasi indélébile, qui exige une éclatante réparation. Mais par quelle aberration de la conscience peut-on se satisfaire en réparant une abominable injustice par une spoliation dont fait les frais une population parfaitement étrangère au premier crime ?

Les six autres expériences vont entraîner un voyageur exceptionnellement perspicace au cœur de tous les autres grands drames de notre temps : en Iran (1950-52) où il assiste au prologue de l'acte Mossadegh[a], en Corée et en Indochine (1953-54) où il diagnostique aussitôt la sottise et l'injustice de la guerre, et où il contracte, comme une maladie, l'amour incurable de l'Extrême-Orient, en Algérie enfin où, aux postes les plus importants, il participera, de 1955 à 1962, à toutes les tentatives pour le rétablissement de la paix et le respect de la justice.

En Californie et au Mexique, ce sont les conflits raciaux qui vont le retenir quelques mois, en 1964. Il opte d'emblée pour les Portoricains, les Indiens, les Noirs, les immigrés récents, mais, au passage, il consacre au culte de l'argent, à la psychanalyse, aux divers niveaux de vie de la confuse Amérique, à ses intimités, à ses religions officielles et officieuses, à la valeur qu'elle donne à l'argot, des pages solides qu'il est indispensable d'avoir lues si l'on veut déchiffrer l'événement quotidien.

Le livre se termine sur une odyssée à travers l'« Afrique profonde », dont Vincent Monteil a la connaissance à la fois intuitive et savante. À travers les poèmes, les beaux objets, un appel saisi au vol, il sait discerner les grands courants secrets qui traversent, aujourd'hui comme hier, cette « Afrique poreuse, qui n'est fermée que pour ceux qui ne savent pas voir » (p. 341). Partout, entre Abidjan, Accra, Lagos, Ibadan, Bamako, il va rencontrer les quelques hommes – connus, inconnus – qui savent ce que nous voudrions savoir.

Avant de quitter cette œuvre d'une densité si rare, d'une actualité si brûlante, il nous faut mentionner le fait que, lorsque Vincent Monteil nous dit qu'il « se contente de parler sept langues », nous devons entendre par là qu'il les parle parfaitement, et qu'en outre il fréquente

a. Muhammad Mossadegh (1880-1967). Premier ministre de l'Iran en 1951, il fait voter la nationalisation des pétroles, mais les représailles économiques occidentales amènent le shah à le limoger et à le jeter en prison.

un très grand nombre d'autres langues dérivées des précédentes, qu'il est rompu à la phonétique générale, à la grammaire comparée, à la gymnastique mentale du passage d'un dialecte à l'autre, ce qui signifie qu'il est un des très rares humains capables, à peu près n'importe où, au bout de quelques semaines de séjour, de parler à n'importe qui *dans sa langue.* Certes l'anglais, le russe, le français, l'arabe, en un mot les grandes langues qui furent impériales, par les mécanismes de la politique, des scolarisations, de la démographie, gagnent actuellement plus de terrain hors de leur territoire natal qu'à aucune autre période de leur histoire. Est-ce à dire que le nombre des hommes incompris diminue ?

À l'abri des larges frontières russes, chinoises ou indiennes, l'Asie conserve des langues opaques, d'autant plus opaques qu'elles sont maintenant, de plus en plus souvent, confrontées avec une autre langue, officielle celle-là, enseignée dans les écoles ; en Afrique noire, sur le seul trajet qui va de Dakar au lac Tchad, on peut, paraît-il, compter quatre cents langues, la plupart inconnues même des cours les plus spéciaux des universités. Quant à l'immense zone arabophone qui s'étire sur deux continents, sa cohésion affective – dont nous avons actuellement la démonstration – est religieuse et non pas linguistique, car les dialectes que parlent les paysans déroutent bien souvent même les spécialistes de l'arabe.

Or, dans l'énorme amas de possibilités que charrie le monde moderne, ce que « les hommes incompris » acceptent et refusent représente un élément capital de notre avenir à tous.

1967

La paix maintenant

La survie physique et politique des Palestiniens peut être assurée assez rapidement si l'on ménage immédiatement l'honneur et les vies des combattants.

Les puissances neutres, par une double promesse, permettraient le désengagement militaire (c'est-à-dire la remise, par les Palestiniens, de leurs armes lourdes à l'armée libanaise et le repli des armées syrienne et israélienne). Il convient pour cela de : 1) Organiser pour les Palestiniens en exil un vote (sous contrôle international) leur permettant d'élire des représentants. 2) Reconnaître (s'engager à reconnaître) l'État démocratique dont ce serait le point de départ.

S'il se trouvait que les députés élus soient ceux de l'OLP, Israël n'aurait pas de raison de contester leur représentativité.

Aux Palestiniens, cette mesure assurerait un pavillon, un passeport, des capitaux et la possibilité protocolaire de négocier directement leur base territoriale avec des interlocuteurs concernés.

Pour l'instant, les Israéliens disposent encore de la force (dans le jargon contemporain on appelle cela « menace crédible de solution militaire »), mais dès l'arrêt du combat il leur faudra négocier, et leur plus fidèle alliée les lâchera alors ; les Palestiniens auront un jour de forts appuis diplomatiques, mais en attendant ils n'ont que celui de leur courage

Les uns ont trop de prises sur l'avenir et pas assez de pouvoir présent, les autres un pouvoir présent trop grand et trop précaire ; les uns et les autres sont trop tentés de réajuster leurs excessives ambitions à chaque tournant du combat. D'où ses lenteurs.

Des « sorties honorables » existent, qui arrêteraient cette guerre, mais elles ont toutes un préalable qui dépend des seuls combattants : accepter le réel, c'est-à-dire un État palestinien qui sera, quoi qu'il arrive, pour Israël un voisin immédiat et – pour la « diaspora palestinienne » – une patrie.

Dépêchez-vous, Israéliens, de rayer le mot « terroriste » de votre vocabulaire – vous fûtes aussi terroristes que vos adversaires. Traiter aujourd'hui en amis vos ennemis est la dernière bonne carte de votre jeu. Souvenez-vous qu'il y a tout juste vingt ans le modèle des neutres, la championne des discours moraux, la sage France, encore saignante de ses deux guerres mondiales, sacrifiait en Algérie une de ses générations, en massacrant « pour rien » des alliés objectifs et d'authentiques amis. Le monde entier mesurait la folie des combattants, eux seuls ne la voyaient pas.

En « occultant » un grand peuple, on le contraint toujours au terrorisme ; or on ne supprime pas une organisation terroriste, car, par sa nature même, elle renaît de ses cendres, mais en devançant les pressions internationales, en parlant ouvertement, de suite, à vos adversaires, vous aurez affaire, *pour la dernière fois*, à des hommes qui, connaissant la guerre, veulent l'épargner à leurs fils, et vous gagnerez ainsi le but de toutes les guerres : la paix. Une paix juste, donc stable.

Votre nation, Palestiniens, a probablement quadruplé en nombre depuis qu'elle a perdu sa patrie, mais ses enfants sont scolarisés aujourd'hui à presque 100 %, ce qui leur donne, pour une génération seulement, une avance vitale – car, dans ces temps où nous vivons, ce n'est déjà plus le rapport d'un petit champ qui fait vivre son homme, mais c'est (encore) un salaire, voire un salaire gagné au loin.

Si vous obtenez très vite le pavillon, le passeport, la patrie, pour lesquels vous combattez depuis quarante ans – maintenant, où vous pouvez, mieux que plus tôt ou plus tard, assurer la difficile et indispensable cohésion de votre peuple –, alors l'intelligence que vous avez acquise dans l'épreuve et l'exil, les positions dispersées que vous détenez déjà et vos grands appuis politiques vous ouvriront les routes et les maîtrises du monde.

Pour vous aussi, votre intérêt réel, immédiat et médiat, c'est « la paix maintenant ».

1982

Un crime de la nuit des temps

Lorsqu'un frère enlève sa sœur de force – une sœur légalement mariée, majeure –, cela constitue un crime[a]. Mais si, pour une partie du monde, ce crime apparaît étrange, déconcertant, il risque d'être, dans l'autre partie, non pas approuvé mais compris.

Cet aspect « crime culturel » entretient évidemment le scandale international bien plus encore que sa mise en scène. Une victime endormie dans un fauteuil roulant, un avion privé, des policiers sans défiance, le franchissement aisé de deux frontières, puis l'indignation du pays dont on a ouvertement violé les lois fondamentales…

Chaque région cultive en effet des crimes de prédilection, et les crimes accomplis par des frères sur leurs sœurs représentent l'une des spécialités de la zone méditerranéenne, la chrétienne comme la musulmane. Ils comportent des brutalités diverses, pouvant aller jusqu'au meurtre. En revanche, ils n'appartiennent pas au catalogue criminel de l'Europe du Nord ou du Canada.

Ces violences ont d'ailleurs des contreparties : un Maghrébin ne peut pas refuser de recevoir sa sœur veuve ou divorcée et, bien souvent, elle aura alors chez lui, sur lui, plus d'autorité que sa propre femme, celle que nous appelons la « maîtresse de maison ».

Les unes et les autres de ces attitudes fraternelles apparemment si opposées ont cependant la même origine : une théorie de la génération qui remonte à la préhistoire, ce qui, certes, la rend très antérieure à toutes les religions modernes. Des milliers d'années plus tard, le judaïsme, le catholicisme romain, l'islamisme se partagèrent les populations les plus solidement imbues de cette théorie extravagante qui, jusqu'aux découvertes scientifiques du XIXe siècle, ne fut discutée dans aucun des pays dits civilisés.

D'après cette théorie, l'homme conçoit et engendre seul : la femme n'est qu'une nourrice, une couveuse, une éprouvette. Toutefois,

a. GT réagit ici à l'« affaire Maschino » : Dalila, une Algérienne, a épousé un Français, ils sont installés au Canada ; le frère de la jeune femme la fait enlever et ramener en Algérie.

comme il n'est pas possible de se passer de l'éprouvette en question, il faut l'obtenir de celui qui la détient, en l'occurrence un père ou un frère. Dans le Maghreb, cette cession est plutôt un prêt qu'un don ; en Europe, c'était plutôt un don qu'un prêt. Cette différence n'est pas petite. Elle explique notamment que, dans le bon vieux temps, en France, les maris trompés tuaient eux-mêmes l'épouse supposée coupable, ce qui ne se faisait pas dans le Maghreb.

Aujourd'hui, en Europe, en Afrique, le fond de l'affaire n'est pas de savoir qui détient le plus de droits sur une femme mais de décider si quelqu'un – frère, père ou mari – peut disposer contre sa volonté d'une personne humaine, saine d'esprit et majeure. Question très actuelle dans le monde entier. Dans une situation un peu comparable – je veux dire : mettant en conflit les droits de l'homme et ceux de la démocratie –, plusieurs gouvernements d'Afrique et d'Asie ont pris le parti d'interdire l'esclavage ; or, s'ils avaient consulté démocratiquement leur majorité, ils l'auraient assurément maintenu.

Il va de soi qu'une fille n'est pas esclave chez son père – ni une femme chez son mari –, mais une femme mariée qu'on enlève de force à son mari, après l'avoir endormie, est effectivement dans une situation d'esclave et, pour cette raison, une partie de l'opinion algérienne réprouvera à coup sûr cet enlèvement au nom des droits de l'homme, tandis qu'une autre partie, en revanche, l'approuvera en invoquant les mariages que le Coran reconnaît.

Est-ce que les droits de l'homme concernent aussi la femme ? Telle est la question qu'on évite en général de poser dans les pays méditerranéens, et le frère de Dalila Maschino a rendu un bien mauvais service à son gouvernement en le contraignant à y répondre par oui ou par non.

1978

Le devoir de vérité

Vous avez signé un appel demandant à la France de condamner officiellement la torture, qui a été pratiquée en son nom, pendant la guerre d'Algérie. Pourquoi avez-vous signé ce texte ?

La torture est un crime, même et surtout quand votre propre patrie s'en est rendue coupable ; toutefois, je souhaite vivement que les autres patries (par exemple l'Algérie) fassent le même examen de conscience, car la torture est un attentat à la dignité de deux êtres humains : celui qui est torturé et celui qui torture. Et, à l'heure actuelle, il y a des peuples innombrables qui s'en sont rendus coupables.

Quand on torture, n'est-ce pas faire appel à ce que la victime refuse le plus, se trahir et trahir les siens ?

Moi-même, je n'ai pas été torturée, mais je connais des gens qui l'ont été et n'ont trahi personne, et d'autres qui ont trahi sans être torturés…

Vous avez souhaité que ce texte soit moins un jugement des personnes, même si les victimes le réclament, qu'un devoir de vérité ?

Essentiellement un devoir de vérité. Si elle est un crime d'hier, la torture est aussi un crime d'aujourd'hui et – j'en ai peur – un crime de demain. C'est surtout à cause de demain qu'il faut la condamner aujourd'hui, et non pas à cause d'hier, par vengeance.

On pourra être surpris par ce que vous dites là, dans la mesure où les victimes de la torture en Algérie ne font que demander justice comme l'ont fait ceux qui ont été torturés par la police allemande sous l'Occupation.

Les procès intentés aux criminels nazis ont eu lieu immédiatement après la fin de la guerre 1940-1945…

Et le procès Papon ?

Il a eu lieu plus de cinquante ans après, et il a assurément fourni à la jeune génération beaucoup d'informations exactes et émouvantes sur les atrocités de l'antisémitisme hitlérien et sur les stupidités du racisme en général… Mais la justice n'est pas faite uniquement pour qu'une vieille génération enseigne pédagogiquement un fragment d'histoire à la jeunesse. À mon avis, la justice est (d'abord) faite pour protéger la société contemporaine contre des contemporains dangereux, immédiatement dangereux, et pour mesurer le degré de leurs responsabilités… J'ai été moi-même en prison à partir d'août 1942 jusqu'en avril 1945, et je déteste qu'on enferme les gens sans y être obligé. J'ai d'abord été enfermée deux mois à la prison de la Santé. J'espère que, soixante ans après, on y a tout de même tué les punaises ! Mais, en 1942, je me suis dit : ce sont des punaises françaises ! Quand ensuite j'ai été libre je ne m'en suis pas préoccupée, c'était donc bien fait pour moi…

Le texte de l'appel indique de façon claire que, du côté français, ceux qui ont engagé et poursuivi la guerre d'Algérie portent la responsabilité de cet engrenage dans lequel la torture a été institutionnalisée. C'est bien votre avis ?

La grande faute a été de donner les pouvoirs de police à l'armée. Les militaires sont faits pour se battre, pas pour faire la police.

Sauf que, pour citer un exemple que vous connaissez bien, le cas du général de Bollardière montre que l'armée, même si elle est mise dans cette situation, n'est quand même pas obligée d'avoir recours à de telles méthodes et d'ailleurs Massu vient de dire : « On aurait pu éviter cela. »

Oui, probablement, ils auraient pu et ils auraient dû s'y refuser Mais, c'est bien le pouvoir civil qui les a obligés à faire la police, sans s'arrêter aux moyens employés Dans la guerre" on n'est pas obligé de torturer

C'est pour cela qu'on parle de crimes de guerre ?

Il y a la guerre, et il y a les crimes de guerre.

Et il y a eu crimes de guerre ?

À mon avis, le crime de guerre c'est, au fond, le pouvoir civil qui l'a commis.

Pierre Vidal-Naquet parle de crime d'État.

C'est un crime d'État. Je suis tout à fait de l'avis de Vidal-Naquet, parce que l'État est responsable.

Dans le livre que Jean Lacouture vous consacre, Le témoignage est un combat, *deux événements charpentent la biographie, c'est Ravensbrück et la guerre d'Algérie. Qu'est-ce qui est au cœur du lien entre vos attitudes respectives dans la Résistance, la déportation et dans votre combat en Algérie contre la torture ?*

Mon expérience de 1934 à 1940, en Algérie, dans l'Aurès, m'avait déjà appris à vivre dans un milieu qui m'était complètement étranger, à regarder tous les problèmes, tous les problèmes politiques comme des objets. Lorsque je me suis retrouvée en 1940, en France, et ensuite à Ravensbrück, j'ai gardé cette façon de voir chaque chose, même la pire, comme un objet à analyser, ce qui oblige à aller chercher les informations là où elles sont. Ensuite, troisième opération, en 1954, après quatorze ans d'absence, je retrouve l'Algérie avec l'expérience de la misère absolue, en présence de gens qui vivent souvent dans la misère. Alors, je suis au fond complètement de plain-pied avec eux, et aussi avec le désir profond de les sortir de cette misère. C'est mon idée, avec la pensée qu'il n'y a aucune différence entre une variété humaine et une autre.

N'est-ce pas la même idée qu'a Geneviève de Gaulle quand elle dit que son expérience de déportée lui a fait mieux comprendre la réalité du quart-monde ?

Elle a été en phase totalement, elle a vécu Ravensbrück, ce qui l'a mise de plain-pied avec l'extrême misère.

Peut-on dire que Ravensbrück a forgé en vous une culture du refus de l'horreur qui vous a amenée à repousser, en Algérie, tout ce qui pouvait se commettre d'horrible ?

Tout, mais attention, la pauvreté d'abord, la pauvreté tout court. La pauvreté, pour moi, c'est lorsque chaque être humain n'a pas un métier, lorsqu'il est empêché de vivre, de manger, de se faire une idée du progrès pour lui-même, pour sa famille, pour ses enfants.

Pour en revenir à la guerre, la différence entre la société algérienne et la société française qui sont aux prises, c'est tout de même que la France se proclame, elle, pays fondateur des droits de l'homme.

Les autres aussi se revendiquent des droits de l'homme. L'absurdité a été d'ailleurs de voir des militaires français exterminer des gens avec qui nous aurions dû nous entendre.

Il y a un cas flagrant, c'est l'assassinat de Mouloud Feraoun.
Feraoun a été assassiné par l'OAS.

L'OAS est le produit d'une guerre qui peu à peu s'enferme ?
Les guerres que nous allons avoir maintenant risquent, si nous n'y prenons garde, de tomber dans des impasses. C'est cela qui me fait peur, nous allons avoir des groupes qui ne pensent qu'à s'entretuer. Je vous assure que j'ai peur du racisme à l'heure actuelle.

Dans ces luttes de groupes, ce que l'on appelle parfois les guerres ethniques, il y a aussi, au premier ou au second plan, des puissances politiques militaires et économiques qui sont à l'œuvre. Par exemple, la référence au pétrole est fréquente.
Pour le moment, oui, parce que c'est là qu'il y a l'argent. Mais, soyez patient, les humains sont bien capables de se battre même quand il n'y a pas de pétrole.

Quand on observe votre trajet, vos prises de position sont toujours liées à vos expériences concrètes, d'un engagement de terrain, près des conflits. Est-ce fondamental chez vous que tout soit conditionné à l'expérience et à une plus grande connaissance ?
J'ai aussi, tout simplement et comme tout le monde, des réactions affectives. Mais il est difficile de réagir à quelque chose que l'on n'imagine pas. La meilleure preuve en est que, dans la guerre d'Algérie, pas mal de ceux qui ont dénoncé la torture étaient des anciens déportés.

Comment expliquez-vous cela ?
En déportation, on a été au coude à coude avec toutes les classes de la société, avec tous les gens d'Europe. On s'est rendu compte que la valeur personnelle n'a rien à voir avec une catégorie. Ce qui est important, c'est de pouvoir compter sur quelqu'un, ce que j'appelle la fiabilité. Il y a des camarades à qui on peut se fier et d'autres pas.

Quand vous vous engagez, vous prenez des risques, pas seulement des risques physiques, mais le risque aussi de se tromper. Y a-t-il des engagements que vous regrettez aujourd'hui ?
Je ne crois pas.

D'après le livre de Lacouture, non. Selon son récit, vous avez toujours été de bonne foi et s'il y a eu évolution, particulièrement sur l'Algérie, c'était qu'au fur et à mesure du conflit vous preniez en compte les positions des uns et des autres, leur radicalisation, donc les réalités de la guerre et de son issue. C'est comme cela que vous voyez les choses ?

Bien sûr. Tout ce que j'ai souhaité fondamentalement, pendant toute la guerre d'Algérie, c'est d'arrêter la guerre, c'est de parvenir à cc que chacun s'explique autrement qu'à coups dc fusil, de bombes, ou de gégène. Et pourquoi pas par le vote ? Si on avait voté en 1955, en donnant les droits que l'on refusait, il n'est pas évident que le FLN aurait eu la majorité, mais en 1957 oui, à coup sûr.

On vous répondra que les Français auraient peut-être donné une majorité électorale à Pétain en 1940 et à de Gaulle en 1944.

Ce n'est pas sûr, et cela dépend de la zone et de la date.

Donc le vote n'a pas une valeur absolue, c'est une valeur relative à un contexte ?

Vous avez tout à fait raison.

Les engagements qui ont été les vôtres sont certes venus au fil de l'expérience, mais on y perçoit la permanence de valeurs. Dans votre biographie, il est question de la France, de Jeanne et de Bayard et de la République de Zola et de Jaurès

Ce n'est pas moi qui dis ça

Non, c est Lacouture

C'est un fait que l'occupation de la France par Hitler m a paru totalement insupportable : il fallait alors agir comme on pouvait, et tout de suite… mais, en dehors de ce cas extrême, je pense qu'il faut s'expliquer, négocier, ménager toutes les vies et aménager les points de vue… C'est pour cela que les femmes sont nécessaires en politique, elles ne sont pas sanguinaires…

À propos de la conception aristocratique de l'honneur, j'ai été très frappé de vous voir polémiquer avec le film d'Harris et Sédouy, le Chagrin et la Pitié. *C'était, à vous lire, une présentation de la Résistance qui ne vous convenait pas du tout parce qu'on y opposait une avant-garde, une élite éclairée et le reste de la population amorphe et plutôt vichyssoise.*

Je peux vous donner ma parole d'honneur que je n'ai jamais, pendant toute la période où j'ai été dans la Résistance, c'est-à-dire jusqu'en 1942, demandé un service à quelqu'un sans qu'il me le rende, sans qu'il ne me pose aucune question. Et d'ailleurs, réfléchissez, vous avez les chiffres officiels que donnent les juifs de France, nous savons à l'heure actuelle exactement combien de juifs ont été déportés, et rappelez-vous toujours qu'il suffit d'un traître pour faire arrêter tout un village, un seul traître peut faire arrêter 100 personnes, eh bien on a sauvé trois juifs sur quatre. Cela veut dire que pendant quatre ans des milliers de gens se sont refusés à la collaboration. La France occupée a été majoritairement contre Hitler, une partie de la France a cru probablement en Pétain (moins bien informée que ne l'étaient les hommes politiques qui étaient ses collègues) jusqu'au moment où ils ont vu la poignée de main avec Hitler.

Je voudrais vous poser une autre question. Je ne sais pas si vous avez suivi de près ce qui s'est passé en Afrique du Sud lorsque l'apartheid a été aboli, mais Nelson Mandela, devenu président de la République, a eu cette idée d'une commission Vérité et Réconciliation, qui consistait à faire reconnaître les crimes, y compris ceux de son propre camp, sans placer les partis dos à dos, avec une volonté manifeste de maîtriser la violence de la société sud-africaine. Et cela renvoie au mot célèbre de Mandela : « J'ai toujours lutté contre la domination blanche, je lutterai contre la domination noire. » Comme il me semble qu'il y a quelque parenté avec ce que vous dites, comment avez-vous vécu cet événement, et cela vous paraît-il avoir de l'avenir ?

C'est très beau, très émouvant et je me dis que peut-être les Noirs sont meilleurs que nous.

En tout cas Mandela.

En tout cas Mandela. En réalité, j'ai peur qu'on ne puisse pardonner que le mal qui a été fait à quelqu'un d'autre. Et que le mal qui vous a été fait à vous, personnellement, on ne le pardonne pas…

On a peut-être du mal aussi à dire le mal qu'on a fait soi-même ?

À la rigueur, cela peut se dire et même soulager la conscience de quelqu'un, c'est possible mais pas certain. En tout cas, pour ce qui est de pardonner aux meurtriers de quelqu'un de proche, je pense que c'est impossible.

Jacques Derrida dit qu'il y a deux sortes de pardons, le pardon qui n'appartient qu'aux victimes et le pardon d'État qui est destiné à pouvoir vivre ensemble.

C'est pourquoi, il faut punir les actes mais pas trop, il faut avoir un peu pitié des gens qui les ont commis…

À propos de jugements, Lacouture dit à un moment donné que la déposition de Marie-Claude Vaillant-Couturier, à Nuremberg, était quelque peu marquée par l'idéologie. Comme si sa qualité de communiste, à ce niveau, hypothéquait d'une certaine manière sa déposition. Qu'en pensez-vous ?

Marie-Claude n'était pas du tout sectaire. Mais, s'agissant de cette époque, il faut bien dire que la pression du Parti était une sacrée pression. Moi, je suis de famille catholique, je vais à la messe quand je peux, mais il y a des catholiques très pratiquants, et aussi des communistes très pratiquants dans leur croyance. À l'époque dont nous parlons, j'ai eu une camarade de mon réseau de résistance, le réseau du musée de l'Homme, Agnès Humbert, qui était très communisante. Là-dessus, elle s'est emballée pour Tito, et cela lui a valu d'être traitée de tous les noms par les « vrais » communistes, elle en a été malade.

À ce sujet, j'aimerais vous poser une question : à certains moments du siècle, vous avez croisé le communisme, les communistes, et à d'autres moments vous avez été en opposition, par exemple quand vous enquêtiez avec David Rousset sur les crimes de l'Union soviétique. Quelle idée vous faites-vous aujourd'hui de cela ?

L'idée que c'étaient des incidents de notre parcours historique, si l'on peut dire. Dans ma baraque, à Ravensbrück, j'ai eu beaucoup de camarades communistes qui m'ont raconté toute leur vie et leurs engagements : communistes, depuis plusieurs générations, comme on est catholique ou protestant, toutes prêtes à se sacrifier, par vertu pure. Les souffrances des juifs et leurs deuils ont été immenses, incomparables. Pour les massacrer ainsi, massivement, il a fallu y préparer tout un peuple civilisé pendant plus de dix ans, avant même 1933, et on peut même dire que, s'ils ont inventé les chambres à gaz, c'était pour ménager les nerfs des assassins. Mais il faut dire que les communistes aussi en ont bavé, car ceux que Staline enfournait dans le goulag n'étaient pas des aristocrates, mais surtout des communistes convaincus, prêts à se sacrifier pour un idéal humanitaire. Les communistes n'ont pas souffert qu'en URSS, mais aussi dans tout l'est de l'Europe. À Ravensbrück, ma meilleure amie tchèque, Hilda, était la responsable de tous les communistes tchèques du camp. Quand je crevais de la diphtérie, elle m'a sauvé la vie sans me connaître, elle a aussi été admirable dans la résistance à Hitler… Après la Libération, elle m'a écrit pour me sermonner sévèrement quand elle a appris que je faisais partie du jury qui enquêtait, à Bruxelles, sur les crimes de Staline[a]… Et, un jour, très bouleversée, Marie-Claude Vaillant-Couturier est venue m'annoncer la mort de Hilda : elle s'est suicidée peu après le « coup de Prague », en 1950.

Pensez-vous, après la chute des États communistes, notamment en Europe, que c'est une histoire finie ou qu'il s'agit d'une histoire qui peut être différente mais pas forcément achevée ?

Il y a des familles attachées, depuis plusieurs générations, à une tradition communiste, il y a, en France, un électorat communiste et j'espère que la génération contemporaine aura plus de chance que l'ancienne.

Une dernière question, j'ai été très amusé par une anecdote, celle de votre deuxième rencontre avec le général de Gaulle : il vous montre le livre que vous venez de publier sur l'Algérie et il vous dit : oui, mais maintenant c'est politique. Et vous lui répondez : mais aujourd'hui je ne viens pour parler que de cela, général. Je vous cite cette anecdote parce qu'on oppose parfois le témoignage à la politique.

La vision de la politique que j'ai eue entre 1934 et 1940 était une vision très dépassionnée, parce que j'ai vu alors de près une politique qui était aussi loin de nous que la politique des Grecs mille ans avant Jésus-Christ.

Qu'est-ce que vous voulez dire ?

Dans l'Aurès, je n'étais pas affectivement concernée par les mécanismes politiques des tribus qui étaient à l'œuvre devant moi. Mais je pense que la première activité de l'*Homo sapiens*, avant même la

a. GT se trompe sur la raison de l'intervention de Hilda, qui n'est pas liée à la commission Rousset. Cf. ici même, p. 210.

découverte du feu, c'est la politique. Les hommes ont commencé à faire de la politique avant même de commencer à faire des outils. L'homme ne peut pas vivre seul. L'être humain est un animal qui est fait pour vivre en communauté et, par conséquent, il faut qu'il s'organise.

2000

Propos recueillis par Charles Silvestre

Un dialogue de fond

Durant toute cette longue épreuve de la captivité et de la déportation où trouviez-vous un soutien ? À un moment, évoquant vos souvenirs, vous dites que vous êtes prête à pardonner beaucoup de choses à l'ordonnateur de l'univers, mais tout de même pas les punaises…

Bon, c'est une plaisanterie. Disons que j'aime Dieu mais que je n'y crois pas.

Position difficile…

Aucun être ne sait exactement ce qu'il croit. Par conséquent, dire qu'on est incroyant, c'est faux : personne n'est incroyant. Il y a au fond de chaque être humain, je dis tous, un dialogue sourd. Et ça, c'est une des expériences de l'extrême souffrance : comme un écho du grand big bang initial. Comme un écho retenu au fond de l'être.

Vous ne l'aviez pas perçu avec la même profondeur auparavant…

Non, et pourtant je me considérais alors comme une catholique pratiquante. Durant cette période de la déportation il y a eu cet écho. Et maintenant… Disons que j'ai honte de moi maintenant, par rapport à ce que j'étais alors. Je considère que ma vie actuelle est raisonnable, c'est-à-dire médiocre. En réalité, il y avait parmi nous beaucoup de véritable perfection. En déportation, j'étais prête à donner ma vie pour quelqu'un d'inconnu

De fait, on sent en vous lisant que vous êtes à l'affût de tout ce qui pourrait témoigner d'un peu d'humanité chez vos geôliers, mais à Ravensbrück vous ne trouvez plus rien. C'est donc bien le Mal. Quel fut l'impact de cette découverte du mal absolu sur votre image de Dieu ?

À ce degré-là, c'est incompatible. Et pourtant je n'ai pas cessé cet appel à Dieu à ce moment-là. Comment dire… Je crois que c'est plus tard, il y eut un moment où j'avais accumulé un tel excès d'horreur qu'il fallait en quelque sorte me détacher de tout. Le dialogue, cet écho dont je parlais, s'est tu.

Et pourtant, je persiste à dire que c'est une erreur de la part de l'Église de ne pas percevoir que la véritable incroyance n'existe pas. « Incroyant », « athée », ce sont des mots vides. Adresser une *Lettre aux incroyants* est une absurdité, parce que, chez tout être humain, il y a ce dialogue de fond, cet écho interne et c'est à cet écho qu'il faut parler.

Cet écho, c'est peut-être un dialogue avec une absence. Mais c'est aussi une méditation, une réflexion intense, dans laquelle il n'y a pas qu'un silence total. L'Église devrait percevoir ce dialogue qui est aussi une demande, un appel intérieur. Il reste qu'entre cet appel intérieur et la foi véritable il y a un monde d'incertitude. Mais appeler cette incertitude « incroyance » est un abus de terme.

Cette attitude de l'Église, vous ne pouviez guère la mesurer pendant votre déportation. Mais vous l'avez mesurée au retour. Elle vous a déçue ?

Oui, je me suis détachée de l'Église. Mais le fait d'être détachée de l'Église ne vous détache pas de l'Évangile.

On a tous une certaine image de l'humanité. Vous êtes passée par une épreuve qui doit tout bouleverser.

Bien entendu. Encore que la déportation ne soit pas une réalité toute simple. Il faut bien se dire que si l'intensité de la douleur était continuelle, on ne survivrait pas. On souffrait de la faim et du froid tous et toujours, bien sûr. Mais on était aussi capable de donner son pain même quand on avait faim. C'est une chose que j'ai vu faire et que j'ai faite moi-même. Pas tout le temps, bien sûr. Si on le fait tout le temps, on meurt.

1991

Propos recueillis par Jean-Pierre Manigne

Compassion et justice

Bien avant de pratiquer l'ethnologie, j'ai été fascinée par les traces les plus anciennes de la créativité et de l'intelligence humaines, celles surtout qui ont précédé l'écriture. Cette intelligence, qu'elle soit collective ou personnelle, s'appuie toujours sur un préalable, un acquis antérieur – donc sur un passé. En même temps, elle est invention, nouveauté, et elle se projette au-delà du présent (de son présent) et devient ainsi une hypothèque sur l'avenir. Où chercher des traces laissées par les très anciennes conquêtes accomplies par l'intelligence des lointains ancêtres de l'humanité sinon dans ce qu'ils nous ont transmis de plus vénérable : quelques monuments, des rites, des usages, des croyances conservées surtout par les religions contemporaines, en particulier celles qui nous sont le plus proches – la judaïque, la chrétienne et l'islamique, toutes trois axées sur le culte du Dieu unique, et soucieuses d'imposer un ordre social soumis à la justice.

En ce début de troisième millénaire, c'est du christianisme que l'on célèbre l'anniversaire. En lui, ce qui me semble essentiel et neuf, donc inventif, c'est le rang primordial qu'il attribue à la compassion, car les Évangiles placent celle-ci au-dessus même de la justice. Bien entendu, ce « christianisme littéral » des Évangiles a été de tout temps très peu pratiqué, même et surtout lorsque l'Église était politiquement souveraine, car il est très peu praticable. Il a toutefois promu au plus haut, et pour la première fois, des actes et des sentiments que vénèrent aussi – mais sans les imposer – les deux autres religions du Dieu unique. Cette nouvelle dimension de la compassion a laissé un héritage aujourd'hui largement laïcisé qui s'étend de plus en plus au-delà de l'Occident.

2000

Liste chronologique des textes

*La date retenue est celle de la publication, sauf pour les inédits. Les titres aux dates incertaines sont précédés d'un *.*

1941 « La cause de la vérité », p. 79, inédit.

1942 « De la collaboration », p. 82, inédit.

1946 « À la recherche d'informations », p. 89, extrait de « À la recherche de vérité », *Cahiers du Rhone*, 20 [65], déc. 1946.

« Le procès de Ravensbrück », p. 161, *Voix et Visages*, 4, novembre 1946.

1947 « Ce qui s'est passé à Hambourg », p. 163, *Voix et Visages*, 5, 6, 7 et 8, 1947.

1948 « Ce que je savais de quelques-uns », p. 91, « *Le colonel Paul Hauet », « *Boris Vildé », « *Eugène Delahaye », inédits.

1949 « Le commandant de Ravensbrück », p. 180 : 1) *Voix et Visages*, 20, 1949 ; 2) déposition adressée par GT au tribunal qui doit juger le commandant, consignée auprès de la police française en 1949, inédit.

1950 « Critères du régime concentrationnaire », p. 207, communication présentée par GT à la session du 17-18 décembre 1950 de la Commission internationale contre le régime concentrationnaire, inédit.

1951 « Commission d'enquête internationale contre le régime concentrationnaire », p. 203, *Voix et Visages*, 29, mai-juin 1951.

1957 « Le drame des civilisations archaïques », p. 234, *Annales*, 3, 1957, p. 393-402.

1958 « 1940 : la périphérie d'un réseau parisien », p. 103, rédigé pour l'essentiel entre 1950 et 1953, publié sous le titre « Première résistance en zone occupée (Du côté du réseau Musée de l'Homme Hauet-Vildé) », *Revue d'histoire de la Deuxième Guerre mondiale*, 2, 1958, p. 6-22.

« L'Algérie nouvelle, les Algériens et la France », p. 246, *France-Forum*, 10, mai 1958, p. 22-25.

« Albert Camus et l'Algérie », p. 268, 1) « Albert Camus et l'Algérie », *Preuves*, 91, 1958, p. 69-72.

1960 « Albert Camus et l'Algérie », p. 268, 2) « Devant le malheur

algérien », *Preuves*, 110, 1960, p. 25-27.
« Les ennemis de la démocratie », p. 214, *Preuves*, 112, juin 1960 (sous le titre « Démocratie et colonialisme. I. La France en miettes »).
« Les Centres sociaux », p. 253, « 3. Les persécutions », *Démocratie 60*, le 21 juillet 1960 (sous le titre « Les Centres sociaux en Algérie, un service de l'Éducation nationale en Algérie »).

1961 « La réconciliation franco-algérienne », p. 278, *Afrique-Action*, le 13 mars 1961.
« Les Français d'Algérie », p. 285, *L'Express*, le 18 mai 1961.

1962 « Entre guerre et paix », p. 293, *Candide*, 15-22 mars 1962.
« Les femmes sortent de l'ombre », p. 308, *Santé du monde*, mai-juin 1962, p. 28-34.
« Les Centres sociaux », p. 253, « 4. Trois Algériens et trois Français », *L'Éducation nationale*, le 22 mars 1962.
« Les Centres sociaux », p. 253, « 5. La bêtise qui froidement assassine », *Le Monde*, le 18-19 mars 1962.

1963 « *Le double apprentissage », p. 231, inédit.

1965 « Le choix d'un président », p. 391, *Ça ira*, 6, décembre 1965, p. 26-29.

1966 « Sociétés sauvages et sociétés civilisées », p. 321, *Voix et Visages*, 106, nov.-déc. 1966.

1967 « L'esclavage en Afrique n'est plus un problème politique », p. 323, *La Question de l'esclavage*, Comité d'action pour l'abolition de l'esclavage, Paris, 1967. Variantes dans *Voix et Visages*, 112, jan.-fév. 1968 et dans *Visa pour un enfant*, 27, juin 1968.
« Soldat de fortune », p. 393, inédit.

1968 « Peuple, race, ethnie, nation », p. 333, *Droits & Liberté*, 269, janvier 1968.
« Ce que je savais de quelques-uns », p. 91, « 4. Henriette Roux », *Voix et Visages*, 113, mars-avril 1968.

1969 « Les femmes dans l'étau des structures », p. 336, *Santé du monde*, sept.-oct. 1969, p. 3-10.

1971 « Les Centres sociaux », p. 253, « 1) Un combat social », *Historia magazine*, 203, novembre 1971, p. 295-300.
« Un profil non ressemblant », p. 139, *Le Monde*, le 8 juin 1971 ; et *Voix et Visages*, 128, mai-juin 1971.

1974 « L'étude de l'homme par l'homme », p. 305, dans Mohamed Boughali, *La Représentation de l'espace chez le Marocain illettré*, Paris, Anthropos, 1974, « Préface », p. IX-XII.

«Avatars musulmans de quatre personnages d'un portail de Vézelay», p. 348, dans *Culture, science et développement*, Toulouse, Privat, 1974, p. 89-96.

1978 «L'enfermement des femmes dans notre civilisation», p. 359, dans *Le Fait féminin*, dir. É. Sullerot, Paris, Fayard, 1978, p. 404-418.

«Un ordre caché», p. 39, *Panorama aujourd'hui*, mai 1975, p. 16-20 (sous le titre «Conversation avec Germaine Tillion : On ne peut transiger avec la vérité»).

«Un crime de la nuit des temps», p. 398, *Le Nouvel Observateur*, le 10 juillet 1978.

1980 «Dix-huit juin», p. 142, *Espoir*, sept. 1980, p. 29-31 ; et *Voix et Visages*, 171, juil.-oct. 1981.

1981 «Ce que je savais de quelques-uns», p. 91, «5. Yvonne Oddon», *Voix et Visages*, 182, nov.-déc. 1981.

1982 «La paix maintenant», p. 396, *Le Monde*, le 8 juillet 1982 et le 21 juillet 1982.

1983 «Les Centres sociaux», p. 253, «6. Un homme qui n'a pas fait carrière», *Le Monde*, le 7-8 août 1983.

1986 «Deux échanges sur la répression communiste», p. 210, inédit (reprend des lettres de février 1949 et de juin 1951).

«Fernand Braudel», p. 376, inédit.

«Lettre à Claude Lanzmann», p. 191, *Voix et Visages*, 202, nov.-déc. 1986.

«Le réseau musée de l'Homme», p. 145, inédit.

1988 «Distinguer le crime du criminel», p. 49, *L'Événement du jeudi*, le 25-31 août 1988 (sous le titre «Toujours distinguer le crime du criminel»).

1990 «Comment écrire l'histoire de la déportation ?», p. 193, *Voix et Visages*, 218, jan.-fév. 1990.

1991 «* Fragments de ma résistance», p. 127, inédit.

«Comprendre le mal», p. 53, *Actualité religieuse dans le monde*, le 15 mai 1991 (sous le titre «Personne n'est incroyant»).

«Un dialogue de fond», p. 409, *Actualité religieuse dans le monde*, le 15 mai 1991 (sous le titre «Personne n'est incroyant»).

1992 «Les Centres sociaux», p. 253, «2. Naissance», inédit.

«Des justes et des traîtres», p. 295, *Le Nouvel Observateur*, 9, 1992.

«Rencontre à Moscou», p. 219, *Le Monde* du 6 juin 1992 (sous le titre « La résistance dans le goulag »), et *Voix et Visages*, 230, mai-juin 1992.

1998 « En souvenir de David Rousset », p. 223, *Voix et Visages*, 258, jan.-fév. 1998.

2000 « Candides confidences », p. 58, *Esprit*, 261, février 2000, p. 155-159 (sous le titre « Faire confiance »).

« Vivre ensemble », p. 63, *Libération*, le 3 février 2000 (sous le titre « Camus était des deux côtés, comme moi »).

« Penser à la terre », p. 66, *Télérama*, 2617, le 8 mars 2000 (sous le titre « Toute une vie pour l'Algérie »).

« Le devoir de vérité », p. 400, *L'Humanité*, le 7 novembre 2000 (sous le titre « Le pire attentat contre l'espèce humaine »).

« Compassion et justice », p. 411, *Le Nouvel Observateur*, hors-série 40, 2000 (sous le titre « Les Évangiles placent la compassion au-dessus de la justice »).

L'AFRIQUE BASCULE VERS L'AVENIR

La première partie de cette étude a été écrite en 1999.
Sa seconde partie date de 1956, elle fut publiée en 1957 par les Éditions de Minuit sous le titre : L'Algérie en 1957 *puis reprise par le même éditeur avec d'autres textes et intitulée :* L'Afrique bascule vers l'avenir.
À beaucoup d'égards cette seconde partie n'en est que plus actuelle.

En mémoire du professeur Louis Massignon, homme de science, chrétien mystique, fervent ami de l'Islam…

Par ses origines, les expériences de son adolescence, son premier environnement affectif, et l'on peut presque dire son tempérament (car il était ombrageux et fier), le jeune Louis Massignon se situait dans une lignée aristocratique d'artistes, d'hommes de science, d'écrivains qui, au début de notre siècle, s'intéressaient peu à la politique et que par conséquent, dans la seconde moitié de ce même siècle, on classa comme « gens de droite ».

Imprégné par la sensibilité catholique bien avant d'être ébloui par la foi, patriote aussi, au sens le plus traditionnel de ce mot, austère comme certains officiers de l'ancienne armée dont physiquement il garda l'allure jusqu'à sa mort – ce fut à partir de ces points de départ qu'il devint un des chefs de file du grand mouvement de justice qu'on appela « décolonisation ».

Ces sortes de vie sont nourries toujours par une méditation. J'entends « méditation » dans un sens qui n'est pas fragmentaire : non pas quelques pensées hétérogènes accrochées aux événements mais une pensée profonde et continue qui, comme une source souterraine, nourrit par les racines toute la fructification visible d'une grande destinée.

Sa longue marche rencontra le cheminement du père de Foucauld qui, lui aussi, homme d'une caste, officier patriote, chrétien fervent, « inventa », dans l'approfondissement de sa foi, le respect et l'amour fraternel des plus démunis, des plus lointains. Inventions qui dépassent la tolérance passive, cet acquis du XIX*e* *siècle.*

Après mes deux premières missions scientifiques dans l'Aurès et dès mon retour à Paris – c'est-à-dire au début de l'année 1938 – je vins, comme il se devait, dans les locaux de la Sorbonne pour voir le professeur Massignon à son séminaire de l'École pratique des hautes études. Je lui apportais quelques-uns de mes travaux et il en lut d'abord le titre : Une République du Sud aurésien *– nom que j'avais provisoirement choisi par détestation du terme de tribu,* *dont le petit air ethnographique me semblait, en l'occurrence, inadapté.*

Son visage expressif refléta le scandale. Sourcils froncés, l'œil sévère, il me dit : « Nous ne faisons pas de politique ici... » J'étais moi-même fort loin de songer alors à la politique et je ne pensais nullement classer sous cette rubrique les observations de tout calibre que j'emmagasinais depuis l'année 1934 (donc depuis près de quatre ans) dans une vallée saharienne où ni homme ni femme ne comprenaient un mot de français. Interloquée, je l'ai alors regardé sans répondre. Comprenant sans parole, comme d'habitude, il enchaîna pensivement : « Ah oui, la res publica... »

Si je rappelle ce menu fait photographié par ma mémoire, c'est parce qu'il permet de jalonner un de ces longs chemins que parcourent les défricheurs de route, et Louis Massignon fut l'un d'eux. J'ai connu plus tard des hommes qui, le considérant comme leur maître et ayant reçu de lui un message – qu'il avait, lui, lentement et durement arraché à l'informulé –, s'étonnaient devant moi que trente ans plus tôt, il n'ait pas eu le même point de départ qu'eux-mêmes. C'est là le lot de ceux qui, dans chaque génération, apprennent aux autres à faire un pas vers l'avenir.

Entre cette lointaine rencontre et les dernières j'ai beaucoup vu Louis Massignon, à la fois comme un maître et comme un ami – mais tout d'abord deux autres missions scientifiques me ramenèrent dans cette zone du Sud aurésien où, à quatorze heures de cheval des gens qui parlaient le français, je connaissais chaque campement...

Tout cela se passait entre 1934 et 1940, et en ce temps-là ce que l'on nomme l'Événement *éventait préférentiellement l'Europe avec de lourdes ailes gluantes : l'Afrique dormait et l'Amérique regardait... J'étais en Afrique, fort loin de la poste et des radios – mais en 1933 j'avais déjà voyagé dans l'Allemagne de Hitler et cela me rendait attentive.*

Il était prévu que ma quatrième mission se terminerait en mai 1940, c'est donc à la fin de mai 1940 et ignorant alors tout de la débâcle que j'ai quitté mon campement, puis l'Algérie, puis revu Paris et ceux que j'y connaissais, notamment mes deux directeurs de thèse, Marcel Mauss et Louis Massignon, qui, l'un et l'autre, sans s'être immédiatement engagés dans ma propre organisation, en suivaient jour par jour avec profonde émotion les terribles péripéties.

Louis Massignon, à tous les niveaux de sa personnalité, possédait une présence si intense que les contradictions s'effaçaient, et de cet homme qui était tout esprit on pouvait dire qu'il n'ignorait aucune réalité, car l'ascétisme, le détachement des contingences mondaines, le mépris profond et vrai des choses matérielles coexistaient en lui avec l'intuition la plus aiguë et la plus réaliste. C'était cela, ce courant vivant circulant entre deux pôles contraires, qui rendait son jugement si pénétrant et si sûr. À ce conseiller exceptionnel j'ai eu recours, et tout d'abord pendant l'Occupation après m'être trouvée (pour la première mais non la dernière fois de ma vie) en présence du versant atroce de l'humanité. Un soir de février 1942, je suis allée le trouver, après avoir appris, de la bouche même du chanoine Tricot, secrétaire du cardinal Baudrillart, qu'il venait de déchirer une demande de grâce signée par le cardinal, « parce qu'il ne voulait pas user de l'influence du cardinal dans cette affaire » *et* « parce que des gens qui travaillaient contre l'Allemagne ne méritaient pas qu'on les sauve ». *Il avait terminé en me disant :* « Je n'ai pas de temps à perdre même pour des condamnés à mort », *et il avait ri.*

À cette même heure un tribunal militaire allemand prononçait les condamnations à mort de mes sept camarades du musée de l'Homme. Ils étaient donc encore là, vivants, à quelques pas de nous, au cœur de leur propre impuissante capitale, où plusieurs millions d'habitants respiraient à cette même heure, et où rien n'était tenté pour les sauver – que cette dérisoire démarche auprès d'une ganache qui riait.

J'ai vécu cela, cette douleur insupportable, cette colère impuissante... Et, ce soir-là, j'étais venue partager mon indignation avec Louis Massignon. Une indignation active, car moins de six mois plus tard (en août 1942) ce fut pour moi la prison, les menaces de mort, la déportation, la perte de tout ce à quoi je tenais...

Après 1945, mes perspectives vitales se trouvèrent disloquées : la résistance d'abord, ensuite trois années de captivité dure et un très cruel deuil, puis la disparition à Ravensbrück de ma documentation scientifique et de mes deux thèses et, enfin, la nécessité de sauvegarder une vérité historique sur les crimes nazis qui s'imposait comme une urgence – tout cela rompait mes liens avec l'ethnologie, avec l'Algérie, avec ce que j'aimais... Je revoyais toutefois Louis Massignon et, en novembre 1950 – donc quatre ans avant le départ de la guerre algéro-française –, il m'écrivait notamment :

« J'ai été il y a un mois au Sahara (pour me recueillir, une nuit durant, dans le bourg de Tamanrasset, là où mon ami F…[1] a été tué, laissant une lettre pour moi à côté de lui).

J'y ai pensé à vous, à votre vocation. Avez-vous abandonné l'Afrique ?

- -

En grand respect et fidèle pensée,

Louis Massignon. »

Par une prescience qui était normale pour ces deux hommes aux vocations parallèles, le père de Foucauld, solitaire du Hoggar, avait en effet adressé à son ami Louis Massignon sa dernière lettre, celle qui fut trouvée près du corps assassiné. Il y disait en substance qu'il fallait choisir le danger… Et il est vrai que le danger est comme une lame : détachant les braves de ce qu'ils ont de peureux, mais tranchant chez les lâches leurs velléités de courage. Le danger contraint les uns et les autres à choisir une des deux voies, puis les pousse dans le chemin choisi, puis finit par leur barrer toutes les autres routes.

Le 1er novembre 1954, quelques coups de feu furent tirés en Algérie : ils annonçaient beaucoup de bruit et de fureur pendant huit ans – des années cruelles pour tous les gens concernés mais qui, pour Louis Massignon, furent vécues comme un tourment de chaque seconde : son information et sa lucidité ne lui permettaient en effet aucune ignorance et il ne pouvait se désintéresser d'aucune victime, car il se sentait fraternellement solidaire et responsable de tous les coupables des deux bords.

En 1962, dans le dernier mois de sa vie, je l'ai visité plusieurs fois, et je le revois, penché vers moi, me confiant à voix basse comme un secret merveilleux : « J'attends la mort… » Mais un autre soir de ce même mois je le revois aussi, dans le grand fauteuil où il recevait, émacié, transparent, visiblement au bout de ses forces, au bout de sa vie, consumé jusqu'aux cendres, soudain transfiguré et debout, avec une joie lumineuse et jeune dans les yeux car, avant tout le monde, il avait entendu le bruit imperceptible d'une clé frôlant la serrure palière : « Je reconnais sa clé… » C'était en effet sa fille Geneviève

1. La correspondance du père de Foucauld et de Louis Massignon a été publiée aux Éditions du Seuil.

qui, sans prévenir comme elle le faisait souvent, revenait d'un voyage d'étude en province.

J'ai oublié d'autres paroles, d'autres circonstances, mon propre départ, et je ne me souviens que de cela : ce sursaut de jeune tendresse paternelle, plus forte que l'avidité de la mort, plus forte que l'épuisement d'une existence consumée – mais image des contradictions de ce qu'il faut appeler « une vie donnée ».

I. L'ALGÉRIE EN 1954

1. *Novembre 1954* : Revoir l'Algérie après quatorze années d'éloignement

Le 24 novembre 1954, le professeur Massignon parvint à me joindre par téléphone pour me fixer un rendez-vous urgent et je l'ai rencontré le soir même. Auparavant il m'avait déjà envoyé le pneumatique suivant :

« Je voudrais être sûr qu'on vous a consultée, parmi les spécialistes de l'Aurès, en cette affreuse crise.
Si non, comme je vois Mitterrand demain 25 à midi, et que je voudrais qu'il vous y envoie, prenez contact avec moi.

En grand respect et amitié,

Louis Massignon. »

En novembre 1954, très loin de songer à l'Algérie et à l'Aurès[1], mon souci était de mettre en route une enquête éclairante, confrontant textes et témoignages, sur les crimes nazis et sur les débuts de la résistance en zone occupée. J'étais donc allée cette année-là aux USA pour m'enquérir du sort des archives de la police allemande saisies en France à la Libération par le général Bradley, et c'est ainsi que le 24 novembre je n'avais même pas encore complètement défait mes bagages.

Le lendemain (jeudi 25 novembre 1954) nous fûmes reçus par François Mitterrand, alors ministre de l'Intérieur dans le gouvernement de Pierre Mendès France. Il accepta aussitôt de me charger d'une mission de deux mois pour m'informer du sort des populations civiles algériennes. Comment ? Avec quels moyens ? Cela ne fut pas précisé.

Avant cette rencontre je savais, comme tout le monde, que Pierre

1. Entre 1934 et juin 1940, grâce à quatre missions scientifiques, j'avais passé plus de cinq années avec des semi-nomades du Sud algérien, mais tous mes documents et manuscrits ayant disparu à la suite de mon arrestation et de ma déportation pour résistance (1942-1945), je croyais avoir, du moins en 1954, renoncé à l'ethnologie du Maghreb.

Mendès France, jeune député arrêté par la police de Vichy, puis évadé, était parvenu à gagner Londres, où il avait choisi de se battre dans l'aviation, l'arme à la fois la plus efficace et la plus dangereuse ; dix ans plus tard, devenu président du Conseil de notre Quatrième République, il affrontait d'emblée, et ensemble, nos deux monstres les plus organisés, je veux dire le colonialisme et l'alcoolisme (l'un et l'autre très efficacement défendus dans notre parlement) : c'est donc trop peu dire qu'il avait toute ma sympathie. Moins enthousiaste était ma vision du ministre de l'Intérieur car, quelques années plus tôt, débutant dans la politique comme ministre des Anciens Combattants, il avait aidé à l'expulsion de notre association de déportées de la Résistance[1] pour s'installer sans façons dans l'appartement ainsi libéré.

Ce jour de novembre 1954, dans le grand bureau de la rue des Saussaies, je revis et reconnus aussitôt le petit homme brun que j'avais déjà croisé une fois rue Guynemer ; il ne me prêta, cela va de soi, aucune attention, mais accéda sans discussion ni réserves à la demande du professeur Massignon.

De mon côté je considérais les obligations de ma profession d'ethnologue comme comparables à celles des avocats, avec la différence qu'elle me contraignait à défendre une population au lieu d'une personne. Il ne m'est donc pas venu à l'esprit que je pouvais refuser la proposition qui m'était faite et, pétrie de civisme, je refis ma valise.

M'enquérir du sort des populations les plus démunies d'Algérie en vue de les protéger, cela me convenait puisque je les connaissais bien et de longue date. En revanche je me demandais comment circuler sans nulle aide ni papier dans un pays où s'affrontaient polices et révolutionnaires. On m'assura toutefois, rue des Saussaies, que je n'avais besoin de rien et qu'un ordre écrit ne pouvait m'être remis qu'à Alger, par le cabinet du gouverneur, et que cette abstention de Paris était une mesure de courtoisie usuelle entre les deux centres de pouvoir. Je pris donc le train, puis le bateau, nantie uniquement de trois adresses dont m'avait pourvue le professeur Massignon : celles du colonel Schoen, de Jean Scelles et du professeur Dermenghem.

Dans les bureaux du gouvernement général, deux membres du cabinet me reçurent, et visiblement soucieux l'un et l'autre de ne me remettre aucun document écrit pouvant les engager *« pour ne pas*

1. Association des déportées et internées de la Résistance, ADIR, 4, rue Guynemer. Aujourd'hui dissoute.

empiéter sur les prérogatives du préfet de Constantine », m'assurèrent-ils, sans rire. Il est vrai que le gouverneur Léonard, haut fonctionnaire métropolitain, avait été nommé par un ministère précédent et opposé, et que, dans l'Algérie de ce temps-là, l'opinion publique – c'est-à-dire uniquement celle de la minorité française – avait d'emblée espéré que l'équipe Mendès France aurait une courte vie. De tout cela je n'avais pas encore pleine conscience, n'ayant pratiqué antérieurement ni les chausse-trappes de nos administrations ni celles de nos cabinets ministériels, mais seulement les bancs de la Sorbonne, les ruses archaïques des nomades berbères, et les candeurs de la Résistance (je veux dire celles des premiers mois).

Avant de quitter Alger, je rendis toutefois visite aux gens que j'y connaissais, et j'aurais pu déduire de leurs conversations que le paysage politique algérien n'avait guère changé depuis mai 1940, car on m'y parla beaucoup des partisans de Messali Hadj et de Ferhat Abbas, mais très peu d'une nouvelle formation, qui sera le FLN.

Grâce à ces quelques visites, un de mes anciens employés aurésiens (devenu à Alger un riche commerçant) apprit ma présence et vint me saluer à l'hôtel. Sachant qu'il était un personnage dans le parti messaliste, je me serais bien gardée de lui poser des questions s'il ne m'avait pas interrogée lui-même, et avec une perceptible anxiété. En particulier – à ma surprise – sur ce mystérieux FLN dont j'ignorais tout.

Dans le train de Constantine les rares voyageurs étaient des *« pieds-noirs »* (expression que je n'avais jamais entendue entre 1934 et 1940). Ils racontaient des histoires, et de préférence sur la population rivale qu'ils n'appelaient que *arabe* – bien qu'elle ne fût guère plus arabe qu'eux-mêmes. Car les Maghrébins musulmans, majoritaires, sont en effet ou des Berbères ou des Berbères arabisés, tandis que les autres habitants de l'Algérie étaient juifs ou catholiques souvent alors venus de Malte ou du sud de l'Espagne[1], et provenant ainsi de régions qui, elles aussi, furent longtemps occupées par des Maghrébins musulmans. À propos de leurs diverses étiquettes j'ai souvent pensé à ce que m'avait dit, en 1933, un linguiste juif professeur de la faculté de Königsberg (plus tard émigré aux USA, cela va de soi) : *« En Prusse tous les paysans parlent un patois slave mais s'ils sont protestants ils*

1. Les paysans maltais parlent un dialecte arabe et le sud de l'Espagne a été arabisé pendant plusieurs siècles.

se disent prussiens, s'ils sont catholiques ils se croient polonais, et s'ils sont orthodoxes ils se veulent russes. »

Qu'importaient d'ailleurs les appellations puisque deux termes suffisent pour désigner des gens qui en 1954 allaient s'affronter : ceux de *minoritaires* et de *majoritaires* : des « minoritaires » craignant pour leurs privilèges puis pour leur vie ; des « majoritaires » frustrés, dont le nombre et la misère doublaient déjà à chaque génération… Deux bombes, côte à côte – comme ce sera la cas, en 1997 et 1999, dans les Balkans…

* * *

À Constantine, le super-préfet – comme les autres administratifs – ne me remit aucun papier authentifiant ma présence, mais dans les semaines qui suivirent je pus toutefois aller où je voulais dans tout l'Aurès.

Avant de quitter la petite capitale du Constantinois j'avais, cela va de soi, rendu visite aux hauts fonctionnaires qui (selon les « bien-disants » français) « connaissaient le pays et pouvaient m'éclairer » – mais je le connaissais mieux qu'eux. Suffisamment en tout cas pour m'abstenir – à tout hasard – d'aller voir quelques vieux amis musulmans, car j'avais déjà peur de les compromettre. Les compromettre vis-à-vis de qui ? Des autorités françaises ? ou de ce mystérieux FLN ? Pratiquement (comme aujourd'hui), vis-à-vis de tout le monde…

Pour aller à Batna, une voiture militaire fut mise à ma disposition. À l'arrivée, un jeune soldat vérifia les papiers du chauffeur, pendant qu'un autre fouillait un vieux berger en djellaba – tout en laissant passer deux hommes pantalonnés à l'européenne. Le paysan effrayé levait les deux bras au ciel selon l'usage international des suspects. Scène que j'avais vue maintes fois à Paris entre 1940 et 1942, mais jamais entre 1934 et 1940 en Algérie… Ce fut le premier choc.

À Batna, je pris contact avec les officiels, puis avec plusieurs familles algériennes que je n'avais pas revues depuis quatorze ans – et ce fut alors le second grand choc de ce retour, car on m'y parla aussitôt du drame sanglant qui s'était produit à Sétif neuf années plus tôt, exactement le 8 mai 1945. Donc un jour de fête, le jour de la célébration de la victoire sur le nazisme.

Personne ne m'avait encore parlé de ce drame. Et, pour excuser mon ignorance, je dois expliquer ici brièvement que, ce jour-là, 8 mai 1945, je me trouvais hospitalisée en Suède avec les survivantes du camp nazi de Ravensbrück, sauvées de la mort[1] par le comte Bernadotte, cousin du roi.

Après mon retour de captivité – donc après juillet 1945 – j'avais toutefois reçu les visites de plusieurs vieux amis algériens qui, les uns et les autres, me parlèrent en vrac de leurs problèmes familiaux, de la dernière récolte, de la santé des chèvres – mais pas de politique ; et, quant à moi, avec l'accord du Centre national de la recherche, je consacrais alors tout mon temps à une enquête sur les crimes nazis…

Parmi les visiteurs qui vinrent ainsi me donner des nouvelles de l'autre continent il y eut notamment un vieux bachagha, descendant direct du célèbre chef kabyle qui dirigea la révolte de 1871 : El Mokrani…

Soixante ans plus tôt (donc vers 1890) le vieil homme, qui, entre 1940 et 1950, vint ainsi me rendre visite à Paris, avait été un gamin d'une quinzaine d'années et, en ce temps lointain, la révolte de 1871 était déjà une vieille histoire. Il se trouva ainsi que le fils du chef kabyle lia amitié avec son contemporain le fils du général de cavalerie qui, dans cette période que l'on appelle encore « la belle époque », commandait la garnison de Constantine : les deux jeunes gens eurent les mêmes chevaux de selle et les mêmes places à l'Opéra, où le général avait sa loge et recevait comme un fils l'ami de son fils. Soixante ans plus tard, donc après 1945, devenu colonel en retraite (et coupable de pétainisme), le copain en question venait d'être condamné à l'indignité nationale et s'était exilé en Espagne – ce qui bouleversait le descendant du célèbre rebelle.

Passa encore un demi-siècle et, dans le fauteuil où s'était assis mon vieil ami le bachagha, prirent place les ardents militants du FLN (celui de 1957) qui, après les convulsions algéro-algériennes de 1989, venaient à Paris réclamer la nationalité française qu'ils avaient repoussée en 1962…

1. Dans cette période Himmler rêvait de succéder à Hitler et, pour cela, de négocier, à l'insu de Hitler, une paix séparée avec les Américains [voir *Ravensbrück*, p. 11 et suivantes]. Il fallait toutefois qu'un *neutre* accepte de transmettre ses propositions aux armées alliées. Les « neutres » (d'abord suisses, puis suédois) exigèrent qu'on leur remette quelques milliers de femmes déportées à Ravensbrück. Et c'est ainsi que ce camp compta des survivantes, car, en décembre 1944, lorsque l'armée russe approcha d'Auschwitz, l'équipe de tueurs nazis qui en masse exterminait, depuis 1942, les juifs civils, fut repliée à Ravensbrück où elle entreprit aussitôt l'extermination artisanale (par gaz ou par balles dans la nuque) des *femmes de la résistance européenne* [voir à ce sujet l'interrogatoire, par la justice anglaise, du commandant adjoint du camp Johan Schwarzhuber, cité dans mon livre intitulé *Ravensbrück*, p. 246].

Car ainsi vont les familles et les révolutions. Et pourquoi non ? Les Allemands ne sont-ils pas, cinquante ans après 1945, nos plus fidèles amis et alliés ?

2. *Décembre 1954* : Remémoration de l'affrontement de Sétif, vieux alors de neuf ans

Ce ne fut donc pas à Paris en 1945 mais à Batna, et en 1954, que j'entendis pour la première fois parler du drame de Sétif. D'emblée j'ai pensé alors qu'il avait une grande responsabilité dans le déclenchement de la guerre algéro-française qui venait de commencer.

Que disait l'histoire imprimée ?

Elle disait que, dans les campagnes, les premières victimes de l'émeute avaient été françaises, « *102* » selon les archives militaires. Cent deux morts (souvent affreusement mutilés), c'est déjà terrifiant...

Ensuite la répression – ou plutôt « *les vengeances* » – furent folles. « *3 000 victimes* » selon les textes. « *Le double* », écrit l'historien Charles-André Julien.

De sang-froid, les autorités légales arrêtèrent ultérieurement 4 560 personnes et les tribunaux prononcèrent 166 condamnations à mort. Suivirent 33 exécutions[1] et 133 grâces. Visiblement, les autorités de Paris réprouvaient les excès de la répression, et refusaient de suivre les juges. Qui fallait-il donc accuser de cet excès dans la vengeance répressive qui suivit immédiatement les premiers assassinats ?

En 1945, à Alger, et cela depuis le début de la Troisième République, tous les ordres de Paris étaient reçus et retransmis par le gouvernement général, et l'ensemble des pouvoirs civils et militaires dépendait donc de lui. Or le tout nouveau gouverneur général de l'époque, Yves Châtaigneau, était un socialiste particulièrement estimé par les Algériens musulmans, au point que les francophones colonialistes l'avaient surnommé « Mohammed Châtaigneau », parce qu'il suivait enfin la ligne amorcée treize mois plus tôt par une ordonnance du général de Gaulle. Cette ordonnance, datée du 7 mars 1944, conférait aux Algériens de souche, c'est-à-dire « musulmans », tous les droits et devoirs des Français, et elle leur ouvrait accès à toutes les carrières. Elle nous explique la hargne que les colonialistes (qui tenaient à se les réserver) manifestèrent ensuite constamment vis-à-vis du gaullisme. Cette hargne donna plus tard l'OAS.

1. Pierre Miquel, *La Guerre d'Algérie*, Fayard, 1993.

Sous la Troisième République, en dehors du gouverneur général (choisi parmi les hommes politiques ou les très hauts fonctionnaires de la métropole) et de la petite équipe qui l'accompagnait, les fonctionnaires de toutes catégories étaient majoritairement recrutés sur place et presque exclusivement dans le milieu colonial – sous le prétexte que, dans le milieu dit « indigène », les candidats n'avaient pas les diplômes requis pour ces postes.

Quand éclata l'émeute, puis la grande peur justifiée qu'elle engendra chez les colons du bled, le corps local des fonctionnaires se solidarisa avec ces hommes terrifiés qui, avec femmes et enfants, cultivaient un terrain à des dizaines de kilomètres d'un poste de police ou d'une gendarmerie. Au départ de l'émeute, toutefois, il est invraisemblable que le corps local des fonctionnaires ait *préalablement* prévu de la susciter, à l'insu du gouverneur qui venait d'être nommé et dont tout le monde pensait (dans les deux populations) que sa nomination signifiait que la France s'apprêtait à mener en Algérie une politique évolutive – donc non colonialiste et assimilationniste. Autre hypothèse (tout aussi improbable) : un des chefs algériens aurait été assez farouchement hostile à cette perspective assimilationniste et aurait organisé cyniquement les premiers meurtres pour la rendre impossible ? Penser ceci ou cela serait projeter il y a un demi-siècle des positions extrémistes imaginables aujourd'hui…

* * *

En 1954 les deux communautés coexistaient encore dans le département de Constantine, et l'affrontement de Sétif y était, chez l'une et l'autre, ressenti à la fois comme un drame récent et comme un péril proche : en tout cas je n'ai pas eu besoin d'y interroger les gens pour entendre les deux séries de versions…

Aujourd'hui – à la fin du vingtième siècle, à la veille du troisième millénaire – l'ancien milieu colonial a été dispersé en France depuis près de quarante années mais, en 1954, il était présent et vivant dans toute l'Algérie, où il refusait d'assumer sa part majoritaire de responsabilité dans le massacre.

« C'est “eux” qui ont commencé » (m'ont dit les cultivateurs français du Constantinois que j'ai alors revus)… Et il est vrai que l'émeute éclata après une longue période de paix et de bon voisinage, car la plus récente grande révolte remontait à 1871 et 83 années de sécurité réciproque lui avaient succédé : la durée d'une longue vie humaine. Toutefois les colons connaissaient la recrudescence de misère qui enrageait alors les hommes de la montagne sur des terres dont les rendements se réduisaient – mais quant à eux, propriétaires d'une petite ferme isolée, ils s'en sentaient innocents car ils avaient acquis leurs terres par achat ou héritage, et ils y vivaient, pauvrement et dignement, depuis plusieurs générations. Ils attribuaient donc le nouvel état d'esprit des campagnes musulmanes non pas à leurs proches voisins musulmans – qu'ils connaissaient amicalement, souvent depuis plusieurs générations – mais aux voisins de leurs voisins, inconnus suspects, et plus encore aux Algériens instruits en français qui, à ce titre, étaient en effet amenés à exprimer dans la presse et dans les deux parlements les justes revendications d'une majorité musulmane silencieuse ; en outre les colons pauvres et sans diplôme étaient jaloux des musulmans instruits, parce que ceux-ci commençaient à leur rafler de temps en temps un poste de fonctionnaire ou une clientèle commerciale.

De leur côté les témoins musulmans, qui devant moi ont évoqué en 1954 leurs souvenirs de 1945, ne me parlèrent alors ni de bombardements de villages ni de répressions policières ou militaires mais essentiellement des arrestations accomplies (en dehors de toute légalité) par des milices de colons. Ces milices, apparemment improvisées, avaient-elles été très imprudemment armées au cours des heures d'affolement qui suivirent immédiatement les premiers meurtres du 8 mai ?

Car, à coup sûr, après les premiers meurtres d'Européens, il y eut affolement à tous les niveaux civils et militaires de l'Algérie française – et il est en effet bien évident que le *dernier jour* de la plus cruelle guerre de notre histoire nos cadres militaires d'élite n'étaient pas dans le Constantinois (quand on parle de « cadres » il faut penser que cela va du général à l'adjudant)… Ces milices « civiles » auraient eu (m'ont dit les témoins musulmans) des listes de « gens à abattre », qu'elles ont effectivement fusillés, et ces gens étaient totalement innocents de tout meurtre, coupables seulement d'être ce que la minorité coloniale appelait alors *« les politisés »* ou même *« les francisés »*. C'était donc une élite précieuse, capable de construire une Algérie moderne et indépendante. (Cinquante ans plus tard, à l'aube du millénaire suivant, nous retrouverons cette même élite – instruite, tournée vers l'avenir, et encore menacée de mort – mais cette fois par les islamistes.)

Selon ces mêmes témoins, en cette fin de guerre mondiale, là où les campagnes musulmanes étaient habituées aux disettes ces disettes étaient devenues famines, et ce jour-là à Sétif – venus au marché, ou venus réclamer la liberté de Messali Hadj, ou venus protester et demander des vivres, ou tout cela en même temps – il y eut environ dix mille hommes, furieux et sans ressources (mais armés de leurs couteaux), dans les rues d'une petite ville où une vingtaine de gendarmes avaient été prévus pour encadrer une fête.

Soixante-dix ans plus tôt les pères d'une partie de ces visiteurs pourvus de couteaux avaient eu des terres confisquées à la suite de la révolte de 1871 (celle que dirigea l'ancêtre du vieux Mokrani que j'ai connu) et les paysans n'oublient jamais une telle perte, surtout quand ils s'appauvrissent ; de plus, en 1945, ils étaient « chauffés » depuis quelques semaines par la propagande des *trois* formations nationalistes tout nouvellement unies…

Car – selon le rapport du général Tubert[1] – les Oulema (association ayant pour but de rénover la pureté de l'Islam, mais acquise depuis plusieurs années à une politique panislamique) avaient fait alliance avec, d'une part, les fidèles de Ferhat Abbas (lui-même originaire de Sétif mais absent le 8 mai) et, d'autre part, ceux de Messali Hadj (alors interné en France).

Incidemment ce même rapport Tubert signale que les propagandistes des trois associations en question demandaient une cotisation aux sympathisants qui se présentaient, en leur donnant à croire que les fonds récoltés serviraient à l'édification de mosquées, acte très valorisé par la religion. *« Si tu es bon musulman paie et adhère au nouveau parti. Si tu refuses tu es un mauvais musulman »*…

En 1934, lorsque j'ai connu les campagnes d'Algérie, aucun paysan ne s'y disait *algérien* mais tous se disaient et se sentaient *musulmans* : l'Islam seul était ressenti comme identité, comme « nationalité »…

Un demi-siècle plus tard, et en pleine période de harcèlement religieux, cela vaut la peine d'évoquer mes propres souvenirs et cette citation, mais elle n'implique aucunement une responsabilité des chefs musulmans ou algériens de 1945 dans le départ meurtrier de

1. L'enquête connue sous le nom de « rapport Tubert » eut lieu à la demande du gouverneur général Châtaigneau, *immédiatement* après la première répression. Les enquêteurs ne furent pas choisis pour *masquer* cette répression mais pour la *mesurer* : elle est signée par le général de gendarmerie Tubert, l'avocat général Labatut, le cadi Taleb Choaïb, et datée du 18 mai 1945.

J'ai rencontré le général Tubert à Paris, un peu après 1962.

l'émeute. Certes ils ont voulu exploiter la célébration du 8 mai pour réclamer *ensemble* la libération de Messali Hadj, affirmer *ensemble* leur nouvelle unité, et, à cette double occasion, compter leurs partisans dans les rues – mais plutôt dans celles d'Alger ou d'Oran que sur le marché d'une ville secondaire comme Sétif. Au surplus aucun chef algérien connu n'était présent à Sétif le jour du drame, et si l'un d'eux avait été là il aurait retenu ses partisans – car Messali Hadj et Ferhat Abbas, les deux fondateurs de la nation algérienne, se dressaient alors, et avec raison, contre les injustices du système colonial, mais aucun des deux n'était « raciste » (ils étaient d'ailleurs très soutenus par de nombreux amis français, et il se trouve même que l'un et l'autre ont épousé une Française). Les accuser d'avoir déclenché la tuerie sauvage de Sétif serait aussi injuste que d'en rendre responsable Yves Châtaigneau qui, lui non plus, ne peut pas être accusé de « racisme »… Alors ?

Alors, en ce jour fixé dans le monde entier pour la célébration de la paix – mais également jour du marché de la très petite ville, aucune protection spéciale n'avait été prévue à Sétif, en dehors des vingt gendarmes…

Ensuite il y eut les vengeances, les deux séries de vengeances – *trente fois* plus nombreuses quand on avait des armes… Et après les vengeances il y eut la peur, de part et d'autre… Et c'est pourquoi on peut dire (et ce fut ma conviction dès mon retour en Algérie) qu'un des départs de la Guerre de Huit Ans se situe à Sétif neuf années plus tôt.

* * *

Toutefois, en 1954, cela ne signifie encore nullement que la population algérienne se trouva acquise d'emblée au FLN.

Le premier attentat de la guerre eut lieu en effet dans le car Biskra-Arris et, dans ce car, toujours bondé, les seuls passagers non aurésiens étaient un jeune instituteur et sa femme qui venaient d'arriver de France.

Les insurgés (que la presse de l'époque appela « *fellaga* », c'est-à-dire « coupeurs de route ») arrêtèrent le car, firent descendre ses occupants puis, indécis, leur dirent de remonter. Un des passagers du car, le caïd Saddoq, aurait alors sorti son revolver et il fut en tout cas abattu par une giclée de balles, tandis qu'une autre balle blessait mortellement l'instituteur Monnerot et qu'une troisième atteignait sa jeune femme…

Il est avéré, en tout cas, que l'instituteur était vivant quand des secours arrivèrent, et qu'il mourut pendant son transport à Arris, que sa femme survécut, et que cet attentat constitua longtemps, pour la révolte, une véritable contre-propagande – car la majorité musulmane de l'Aurès considérait alors ses instituteurs français comme des hôtes précieux et amicaux, et tout le monde savait que le jeune couple confiant, si tragiquement désuni, n'était venu de France que pour instruire les gosses et leur permettre ainsi de gagner un jour leur vie.

Les déclencheurs de l'insurrection espéraient entraîner les masses – et finalement ils y parvinrent. Mais, en 1954 et en 1955, l'ensemble du pays ne les suivait pas encore et, pendant quelques mois, *de part et d'autre*, on parut essayer de limiter les meurtres et de se démarquer des massacreurs de Sétif.

En 1954, dans les deux jeunesses, on pouvait rencontrer un élan vers l'autre culture et des amitiés durables se sont alors formées, mais, les submergeant, il y avait aussi deux masses humaines – s'identifiant comme étant *« deux »* – à la fois inégales, lourdes et jalouses, avec leurs préjugés assez semblables et leurs racismes parallèles.

Quarante années plus tard, nous reconnaîtrons le même schéma partout où il y a plus d'hommes que de bonnes terres, plus d'avidités que de ressources – et deux identités rivales (rivales ou simplement identifiées comme *deux*) : dans les Balkans, dans l'Afrique des Grands Lacs…

En attendant que les atrocités se déclenchent (ce qu'elles ne manquent jamais de faire au cours de situations semblables), dans les cantines et hôpitaux de campagne que j'ai visités en décembre 1954, des jeunes médecins militaires français rencontraient pour la première fois les réalités quotidiennes de l'Algérie, elles les émouvaient davantage que les poteaux télégraphiques mis à mal par l'insurrection (qui débutait et ménageait alors les vies humaines). Le médecin militaire que j'ai vu à Tadjemout, en janvier 1955, commandait chaque semaine à un épicier de Biskra des caisses de lait en poudre, afin de remettre sur pied les nombreux enfants malades que les parents lui apportaient. *« Malades ? »* me disait-il, *« ils ne sont malades que de faim… »*

En 1954, les masses françaises de France et beaucoup de Français d'Algérie ne voulaient pas cette guerre, et les masses musulmanes algériennes ne la voulaient pas non plus. La guerre eut lieu quand même, entraînée par son propre poids – c'est-à-dire les deuils et vengeances de quelques-uns, et les intérêts de quelques autres.

Alors ? Des droits politiques égaux pour tous les Algériens ? Une vraie consultation populaire contrôlée ? Et la paix, l'indépendance au bout, avec la double nationalité pour tout le monde ? Voire…

* * *

Quatorze années avant cette année 1954 (donc entre 1934 et 1940), j'avais eu la possibilité de connaître amicalement la population paysanne de l'Aurès et celle de mesurer alors, à une poignée près, les besoins et ressources dont disposaient les familles. Je revoyais maintenant ces familles et je constatais que pour chacune d'elles les besoins avaient doublé, tandis que les ressources s'étaient régulièrement amenuisées à cause des partages trop nombreux – et aussi du gaspillage inévitable qu'impose la vraie misère.

J'entrepris alors de noter quelques étapes de cette « clochardisation » des pays sans école, sans emplois et où la population double trop vite…

Pour cela je suivis, d'une année à l'autre, et budget par budget, l'évolution de la grande pauvreté dans les zones que je connaissais le mieux.

À travers un de ces budgets – budget moyen, pas désespérant – on comprendra mieux combien il faut peu de chose pour perdre ou sauver une nichée humaine, et on comprendra aussi que les bidonvilles des mégapoles africaines et les banlieues d'Europe se peuplent de gens qui, chez eux, avaient *presque* de quoi vivre.

3. Un paysan aurésien de 1954 : Mohand-ou-si-Tayeb

Mohand-ou-si-Tayeb (Mohand fils de si Tayeb)[1], paysan de l'Aurès, se situe exactement à la charnière d'un univers rural dont la destruction est toujours en cours. Cet homme existe et je l'ai connu…

La dernière fois que je l'ai vu, en décembre 1954, il paraissait âgé de soixante-dix ans mais disait en avoir cinquante, d'accord avec l'état civil. Il vivait avec sa femme et ses quatre enfants : trois filles de quinze, treize et cinq ans, un garçon de dix ans. En tout six bouches qu'il fallait nourrir.

Pour cela il devait trouver, chaque mois, quarante *iqarouay* d'orge. C'est peu, puisqu'on calcule dans le pays, pour la consommation mensuelle d'un adulte, une dizaine d'*iqarouay* (quarante litres).

L'*aqaroui* (pluriel chaouia : *iqarouay* ou *iqarouayen*) est une mesure de capacité utilisée dans toute la campagne algérienne mais qui varie avec les régions : elle a correspondu à quatre litres dans le Constantinois et, dans l'Algérois, à vingt litres.

Quarante *iqarouay* font une charge (cent soixante litres). La charge fut longtemps la mesure de base constante de toute l'Algérie paysanne. En 1954 elle ne variait pas mais s'affrontait presque partout avec le quintal ; les campagnes ne comptaient encore qu'en charges (mesures de capacité), tandis que les villes n'utilisaient plus que les mesures de poids du système métrique. Le va-et-vient entre les villes et la campagne entretenait, entre les deux systèmes, des confusions fructueuses pour les intermédiaires. La charge d'une orge de qualité moyenne pèse environ cent douze kilogrammes ; la charge de blé : entre cent vingt-cinq et cent cinquante kilogrammes. La mesure de vingt litres (dite pointue) pèse quatorze kilogrammes.

Mohand-ou-si-Tayeb a commencé la silencieuse glissade des paysans maghrébins, mais il n'en est encore qu'au début : une année pluvieuse, quelques conseils assortis d'une aide minime, un chantier ouvert à proximité de son domicile, et il serait, semble-t-il, tiré d'affaire. Car il a des droits que nul ne conteste sur les terrains qu'il

1. En berbère *ou* (fils de) et *oult* (fille de) sont les équivalents des *ben* et *bent* arabes.

cultive, et ceux-ci sont assez vastes pour que, convenablement ensemencés, on puisse attendre d'eux une récolte correspondant approximativement à la consommation d'une famille. Son petit groupe communal (appelé *âarch*) possède de larges espaces pas totalement stériles et sur lesquels il peut faire paître un troupeau de chèvres.

L'âne

Premier signe alarmant : il possédait un mulet il y a quinze ans, qu'il a dû, depuis quelques années, remplacer par un âne. Un âne, en cas de disette, lui rend très difficile la fréquentation du grand marché et l'oblige souvent, par conséquent, à payer les céréales au cours le plus haut. Inversement, si par chance l'année est pluvieuse, c'est immédiatement, et sur place, donc au cours le plus bas, qu'il vendra son excédent de récolte.

Désormais, à chaque déplacement saisonnier des troupeaux, il lui faudra plusieurs voyages pour transporter son campement. Mêmes difficultés au moment des labours, car ses champs sont dispersés au long d'une vallée qui, à vol d'oiseau, mesure une quarantaine de kilomètres. Il ne dispose naturellement que d'une seule charrue et doit la transporter chaque fois, ainsi que ses semences. L'engrangement de sa récolte dans la forteresse tribale exige de lui également un effort quadruple, car un mulet peut porter une centaine de kilogrammes, alors qu'un âne n'en porte guère plus de vingt…

Mais l'orge est rare, et l'âne mange trois ou quatre fois moins qu'un mulet. S'il crève, son remplacement ne représentera pas une impossibilité – car avant la guerre de 1940 un mulet se vendait, au moment des labours, entre 35 000 et 70 000 francs, et un âne entre 6 000 et 12 000 francs ; d'octobre à mai, les prix diminuaient de moitié. Il s'agit, bien entendu, des francs de 1957.

Le champ

Il possède, espacés sur tout le territoire montagneux de son clan (*ferqa*), trois groupes de parcelles ; en outre, à la lisière des sables sahariens, il participe chaque automne au tirage au sort des terres de labour qui appartiennent à sa tribu (*âarch*) et la tribu les répartit chaque année entre les chefs de famille. Il doit donc labourer quatre fois et dans quatre zones différentes, très éloignées l'une de l'autre... (Avant de crier à l'absurdité, souvenons-nous des difficultés que les fonctionnaires chargés du remembrement des terres ont rencontrées dans la France rurale du vingtième siècle.) Ici, cette complication s'explique à la fois par les impératifs de la transhumance et parce que la nature du sol, l'altitude, la pluviométrie variant dans chaque zone, la répartition des champs étale un peu l'énorme risque auquel un climat impitoyable expose ces populations.

Au moment du partage annuel de la terre communale Mohand-ou-si-Tayeb s'est associé avec deux familles et les trois hommes ont tout mis en commun : terrains et semences. Deux d'entre eux possèdent chacun un âne, le dernier n'a rien, que ses bras, mais il est jeune et courageux ; ils ont attelé ensemble les deux ânes et ont ainsi labouré leurs trois parts. Dépense totale (semence et nourriture des animaux) : une charge d'orge. Récolte : néant.

Dans les trois groupes de champs que le vieil homme possède en propre, il a usé (semence et nourriture des bêtes) : pour les cinq premiers, cent quarante litres d'orge et vingt litres de blé (récolte : quatre cent quatre-vingts litres d'orge et cent soixante de blé) ; pour les deux parcelles du second groupe, vingt *iqarouay* d'orge de semences qui en ont rapporté cent ; dans les derniers, les mieux arrosés, il n'a pas labouré, n'ayant plus de grains.

Il dispose donc, pour une année, de mille quarante litres de céréales (environ six cent cinquante kilogrammes). Or, il lui faut douze quintaux de céréales pour nourrir les siens, et trois pour ses semences – soit quinze quintaux en tout, *qu'il n'a pas.*

« Quelle imprévoyance, dit l'observateur étranger, il gaspille des semences dans le désert et n'en a plus pour labourer sur les hautes pentes de sa montagne où il pleut toujours un peu. » Mohand-ou-si-Tayeb n'est pas encore imprévoyant (il le deviendra si son malheur se prolonge) et, mieux que quiconque, il sait que quatre années sur cinq l'orge enfouie dans les sables est perdue. Mais il sait aussi que, la cinquième année, six *iqarouay* rapportent six charges – quarante pour un – et cela dès avril, au moment où l'on a le plus faim.

Car, entraînées par les orages, au cours des millénaires, les bonnes terres du djebel se sont accumulées au bord du désert et, là, l'implacable sécheresse qui détruit quatre récoltes sur cinq – assolement forcé, assolement ruineux – permet parfois des explosions végétales miraculeuses. Dans la montagne, au contraire, le sol, comme un très vieux burnous, montre partout sa trame : hors d'usage par trop d'usage.

Le troupeau

Aux yeux de tous les paysans africains le troupeau est d'abord une caisse d'épargne et, dès que Mohand dispose d'un peu d'argent, il achète une chèvre. En cas de besoin pressant (impôts, dettes de vendetta) il ira au marché et vendra des bêtes…

Caisse de secours en cas de disette, possibilité d'épargner dans les années prospères (en pratique, une population paysanne ne peut pas subsister, encore moins prospérer, sans une marge bénéficiaire capitalisable), le troupeau n'est pas que cela : il apporte aussi un complément alimentaire essentiel : ces miettes de viande, ces traces de beurre qui aromatisent le couscous, un peu de lait – telle est sans doute l'origine des sornettes qu'on peut lire çà et là sur de prétendues inégalités raciales en Afrique ou ailleurs. Deux « races » ? Si l'on veut, mais ni berbère, ni arabe, ni noire. Race supérieure : celle qui mange un peu de viande, de beurre et de lait ; race inférieure : celle qui ne se nourrit que d'orge, de dattes et d'huile de coprah.

C'est encore à la race supérieure qu'appartient Mohand-ou-si-Tayeb, malgré l'exigence impérieuse qui le talonne : ces cent soixante litres d'orge qu'il lui faut chaque mois trouver…

Car on mange quelquefois de la viande dans son gourbi, et, dans l'année 1954, il a égorgé cinq bêtes : quatre chevreaux pour les fêtes (Aïd el Kebir, Mouloud, Achoura, Yennar)[1] et, au moment où le bétail est un peu moins maigre que d'habitude, une chèvre, la plus grasse possible. Dépouillée et vidée, elle représentait quatre kilogrammes environ de viande, de graisse et d'os, que sa femme a salés

1. Les trois premières fêtes font partie du calendrier musulman, qui est un calendrier lunaire : le jour de Mouloud on célèbre la naissance du prophète Mohammed ; l'Achoura est le premier jour de l'année ; pour l'Aïd el Kebir (littéralement : la grande fête) on doit rituellement sacrifier un mouton et la coutume veut qu'un morceau de ce mouton soit conservé pour être mangé le jour de l'Aïd Seghir (littéralement : la petite fête) qui marque la fin du mois de Ramadan.

« Yennar » appartient à un calendrier solaire que les paysans du Maghreb, comme ceux de Syrie, empruntèrent aux Romains et qu'ils ont conservé, les uns et les autres, jusqu'à nos jours. Le nom « Yennar », parallèle de « janvier », correspond à notre Jour de l'An. Le calendrier algérien (calendrier julien) retarde de 13 jours sur le nôtre depuis la réforme de celui-ci par le pape Grégoire.

et conservés dans des pots « pour recevoir les invités ». Sa femme élève aussi quelques poules, dont (comme toutes les autres femmes de l'Aurès) elle a le droit de disposer à son gré [1].

Pas de dattes, pas de fruits, pas d'huile, pas de légumes, sinon un peu d'ail et d'oignons, et quelques fèves – mais, trois ou quatre fois par an, à partir d'avril, un peu de lait qu'on laisse cailler avant d'en extraire tout le beurre. Il faut beaucoup de courage quand on sort à peine des cruelles privations de la saison sèche pour ne pas manger tout de suite la précieuse denrée, mais chacun sait que le beurre a plus de goût lorsqu'on le laisse vieillir, et plus il est fort plus il fait de profit. En outre, il est indispensable d'en conserver un peu pour les fêtes (frais, le beurre se vend 250 à 300 francs le kilogramme ; rance, 700 francs). Mohand-ou-si-Tayeb est fier d'avoir pu épargner quatre litres de vieux beurre, dit « beurre enterré ».

Ce peu de lait, ce peu de beurre, il le doit à ses chèvres, élément essentiel de survie pour des populations que guette sans cesse le naufrage économique. Mais les chèvres sont, en même temps, un facteur actif de la destruction en chaîne qui commence avec la mort de l'arbre. Ce dilemme, comme les autres, ne comporte pas de solution à ce stade : l'homme ne peut pas vivre sans ses chèvres, qui précipitent indiscutablement assez vite l'anéantissement de la végétation, donc de ses ressources.

Le budget

Déjà ces gens sont si pauvres qu'ils ne voient plus dans un chevreau que la quantité de céréales acquises par sa vente : un chevreau représente deux ou trois kilogrammes de viande et coûte 1 500 francs, prix de quatre-vingts litres d'orge au marché, en décembre. Quatre-vingts litres d'orge, c'est la nourriture de deux semaines pour six personnes – or six personnes ne peuvent pas manger pendant quinze jours avec deux ou trois kilos de viande, ni non plus rester quinze jours sans manger…

En 1954, année sèche, tout paysan de l'Ahmar Khaddou possédant une vingtaine de bêtes en janvier en a perdu en moyenne cinq ou six en février (mortes de faim) ; il a vu son cheptel s'accroître au prin-

1. Dans le Maghreb du nord, comme chez les Touaregs, la volaille est une nourriture un peu « commune » qu'on ne sert pas aux invités.

temps d'une dizaine de chevreaux (au lieu des quinze ou vingt qu'il peut escompter quand l'année est bonne). S'il a égorgé cinq bêtes pour sa consommation, et s'il en a vendu douze avant la récolte pour subsister, il ne lui reste plus en décembre que huit chèvres. De quoi cependant reconstituer un troupeau l'an prochain, s'il pleut, ou si la famine ne l'oblige pas à tout vendre avant le printemps...

L'orge est vendue, en janvier 1955, 100 francs la mesure de quatre litres dans la petite épicerie qui s'est ouverte, depuis peu, au cœur de la tribu – elle ne coûte que 75 francs au grand marché de Zeribet, mais pour s'y rendre avec un âne il faut trois ou quatre jours, et avoir un âne. Il faut aussi 23 000 francs (monnaie de l'époque) pour payer, au prix du grand marché, les huit quintaux nécessaires pour empêcher une famille de mourir. Où les trouver ?

Mohand-ou-si-Tayeb possède, il est vrai, quarante *iqarouay* de blé – denrée luxueuse. Plein d'ambition, il en a caché vingt pour les prochaines semailles (nous avons vu que, l'année dernière, il n'en a effectivement semé que cinq car l'année est longue et la faim mauvaise conseillère). Il en a gardé dix pour les « invités » et pour les fêtes ; les dix derniers, il les a vendus, dès octobre, pour 1 600 francs, dans son propre village.

Il a cueilli du genévrier dans la montagne pour le vendre aux fumeurs amateurs du Sahara, et, lorsqu'il se rend au grand marché de Zeribet pour acheter de l'orge, à l'aller il en charge son âne et gagne ainsi, d'habitude, 350 francs à chaque voyage, mais, au début de 1955, les cours ont monté, à cause de la présence des tirailleurs et des goumiers – peut-être aussi de celle des invisibles « fellaga » auxquels un chef austère[1] n'a pas encore interdit les cigarettes.

Le genévrier, malheureusement, ne pousse qu'à l'extrême pointe nord du très long territoire de sa tribu, et le marché se situe très au-delà des frontières du sud. Lorsque Mohand-ou-si-Tayeb réside (comme c'est le cas six mois par an) à mi-chemin des deux frontières, il lui faut trois ou quatre jours pour aller cueillir son genévrier, et autant pour l'aller vendre. Il trouve cependant cela un peu moins décourageant que la cueillette et le transport de l'alfa.

Il a travaillé quinze jours à une route – 320 francs par jour, soit, en

1. Bachir Chihani, originaire du Kroubs, ancien élève du lycée de Constantine, interdisait le tabac en avril 1955 aux combattants FLN qu'il commandait. (Ce serait eux qui l'auraient exécuté.)

tout, 4 800 francs. Il a vendu précipitamment toutes les poules de sa femme à l'annonce de la prochaine arrivée des militaires (trois poules à 200 francs font 600 francs), car les militaires ont la réputation de voler les poules.

S'il a le stoïcisme de n'acheter ni sucre ni café, ce dont je doute, si le percepteur l'oublie – ce dont je doute aussi (et Mohand lui doit 4 000 francs), si ses chèvres ne crèvent pas en février, comme d'habitude, si les *Imounafqen* (hors-la-loi) ne lui demandent rien, si les « Forces de l'ordre » ne le soupçonnent pas d'aider les *Imounafqen* – il lui manquera seulement quatre quintaux d'orge pour subsister.

Aura-t-il l'audace, dans ces conditions, d'en semer trois ? (exactement trois mois de nourriture)… Et s'il ne sème pas, comment vivront l'an prochain ces six personnes ?

Il est possible, hélas, de le prévoir, simplement en observant, en Algérie même, la situation d'autres populations encore plus avancées dans l'indigence : là, on a vendu la dernière chèvre et avec elle l'espoir de reconstituer un troupeau, on ne sème plus qu'une vingtaine de kilogrammes d'orge par an et sur des terres tellement usées qu'elles ne rapportent guère plus que ce que l'on y a mis. Le bénéfice ? quelques brassées de paille pour l'âne, avec lequel, chaque fois qu'on a pu gagner un peu d'argent sur un chantier dit « de charité », on va au marché dépenser jusqu'au dernier franc pour acheter de la nourriture. La plus volumineuse, au plus bas prix… S'il pleut, toutefois, tout va s'arranger, pour un an ou deux.

La mort de l'âne livre sans recours le paysan au petit trafiquant du village et elle représente pour lui l'ultime catastrophe. Peut-on alors, avec la même somme de travail, manger deux fois moins ? Probablement, puisque le petit trafiquant vit, et vit même assez bien.

Si ce petit trafiquant avait un peu de concurrence il deviendrait alors un élément actif dans une fermentation qui s'amorce : celle d'une bourgeoisie manufacturière et dynamique, très créatrice d'emplois. Cette bourgeoisie je la voyais naître en 1955 dans toutes les campagnes algériennes scolarisées, c'est-à-dire celles où presque chaque famille envoyait un ou deux travailleurs en France (par exemple la Grande et la Petite Kabylie, quelques villages du nord de l'Aurès)… Là, outre l'école, les villages possédaient plusieurs épiciers, un boucher…

4. *Février 1955* : Les besoins matériels de l'Algérie

La ville d'Alger

Après avoir revu pendant plusieurs semaines un Aurès où venait de commencer une longue guerre, ce serait (selon mon agenda) le mardi 22 février 1955, à trois heures du soir, que j'aurais été reçue par Jacques Soustelle[1], le tout nouveau gouverneur de l'Algérie – cela dans un bureau qui, au propre et au figuré, dominait toute la ville d'Alger. De ce bureau, qu'on peut imaginer majestueux et jouissant d'une vue capitale sur un des plus beaux paysages du monde, je n'ai malheureusement gardé aucune miette de souvenir, sans doute parce que chaque fois que j'y suis entrée je pensais intensément à autre chose.

Le gouverneur qui, ce jour-là, occupait le majestueux bureau en question avait été nommé à ce poste le 26 janvier, donc presque exactement un mois plus tôt, et il devait sa nomination au président du Conseil Pierre Mendès France[2] – ce qui, en soi, faisait événement.

Ethnologue comme moi (mais spécialiste du Mexique), Jacques Soustelle avait été, dix-sept ans plus tôt, le très jeune sous-directeur du musée de l'Homme ; de mon côté, entre mes deux premières missions et les deux suivantes, je me trouvais en 1938 à Paris, appliquée à rédiger mes thèses d'ethnographie. Qui dit « ethnographie » dit « musée de l'Homme » – et j'y croisais, cela va de soi, le sous-directeur. En fin d'année une troisième mission me réexpédia sur mon aride rocher aurésien et une quatrième mission m'y retint

1. L'écrivain Bernard Ullmann a consacré à Jacques Soustelle une attentive biographie qui est aussi l'histoire de la France libre et des Quatrième et Cinquième Républiques : *Jacques Soustelle, le mal aimé*, Plon, 1995.

2. Rappelons que Pierre Mendès France ne fut président du Conseil que de juin 1954 à février 1955 : au cours de ces neuf mois, il arrêta la guerre d'Indochine et nous évita une guerre en Tunisie. C'est assurément pour cela qu'il était extrêmement mal vu par les colonialistes d'Algérie : c'est-à-dire une grande partie de la population d'origine européenne.

jusqu'à la fin de mai 1940. De son côté Soustelle était reparti en Amérique…

Donc, en février 1955, quand je fus reçue par le ministre-gouverneur, dix-sept années s'étaient écoulées depuis que je n'avais pas revu mon ancien collègue. Dix-sept ans – mais aussi une guerre mondiale, au cours de laquelle Jacques Soustelle avait rejoint le général de Gaulle à Londres, où il était devenu le commissaire à l'Information – donc très informé des services secrets de la France combattante et bien placé, par conséquent, pour suivre ce qui concernait notre équipe de résistance du musée de l'Homme, dans Paris occupé : d'abord les dizaines d'arrestations de février 1941, puis les sept exécutions au mont Valérien en février 1942, puis les déportations… À mon retour de captivité, les services de la France combattante m'avaient demandé de donner un nom à l'écheveau de cette première résistance (organisée dès août 1940, et dont, depuis juillet 1941, j'étais seule responsable), et – en mémoire de nos premiers fusillés, mais aussi de l'idéal humain qui nous anima tous – j'avais choisi, en 1946, d'appeler notre réseau « le réseau musée de l'Homme »…

Ces dix-sept années étaient présentes dans le solennel bureau – et tout d'abord Jacques Soustelle m'embrassa avec émotion. Ensuite, longuement, je lui décrivis la situation désolante de l'Algérie telle que je venais de la voir. Et, à peu de chose près, mon récit a dû correspondre à l'analyse que l'on lira plus loin sous le titre de « L'Algérie en 1956 ».

Le lendemain et le surlendemain Jacques Soustelle me présenta successivement aux divers membres de son cabinet, et ensuite il me demanda si j'accepterais d'en faire partie.

Matériellement, il suffisait pour cela que le Centre national de la recherche scientifique accepte de me mettre « à la disposition »[1] du ministre de l'Algérie, ce qui ne comportait aucune difficulté mais allait m'obliger à interrompre les mises au point que j'avais entreprises sur la résistance de 1940 à 1942, et sur la déportation des femmes françaises de 1940 à 1944. C'était donc la seconde fois de ma vie que j'abandonnais un travail qui me tenait à cœur pour obéir à une autre urgence – car, en 1945, à mon retour de déportation, après la perte de

1. Cette formule de « mise à disposition » (différente de celle du « détachement ») permet à un fonctionnaire de revenir sur simple demande à son cadre d'origine. À tout hasard j'ai toujours souhaité conserver mon indépendance politique.

mes deux thèses disparues à Ravensbrück, la Recherche scientifique m'avait proposé une mission dans le Maghreb, mais j'avais pensé alors qu'il fallait, dans l'immédiat, recueillir les témoignages des survivants de la grande extermination humaine qui venait de s'achever… En 1955, de nouveau, je retrouvais les problèmes de l'Algérie – une autre Algérie que celle que j'avais connue, une Algérie dont l'avenir me faisait peur, mais où je croyais encore possible de faire vivre ensemble – dans la « liberté, égalité, fraternité » – deux populations de religions différentes, *sous le drapeau que choisirait sans fraude la majorité.* Encore fallait-il que l'une voulût bien de l'égalité, et que l'autre acceptât la fraternité.

Parmi les dossiers que me communiqua l'ethnologue du Mexique qu'était Jacques Soustelle, il y eut évidemment ceux qui concernaient les missions culturelles ambulantes inaugurées par le gouvernement mexicain. L'urgence des besoins algériens me paraissait exiger une formule différente, plus calibrée, plus radicale, et surtout d'effets plus rapides… Et je me mis aussitôt à en chercher les éléments.

J'avais rêvé bien souvent, depuis des années – pendant les terribles mois de février et de mars où les bergers regardent mourir leurs chèvres faute d'un peu de fourrage pour la soudure, où les laboureurs affamés mangent les semences, espoir de l'an prochain –, à un moyen de prévenir les disettes avant qu'elles ne deviennent des famines…

Assise sur une natte à côté des chefs de famille, j'avais cherché avec eux une défense contre les méchancetés de la nature et les malices du commerce et des administrations. Il aurait suffi quelquefois de très peu de chose, semblait-il, pour sauver une grappe humaine en perdition – peu de chose néanmoins inaccessible. Et, tout en admirant les magnifiques travaux entrepris en Algérie pour la « Défense et restauration des sols », non sans amertume, je pensais que les arbres y étaient mieux défendus que les hommes.

Quand on voit devant soi des gens qui souffrent on voudrait les soulager : eux tout de suite, eux d'abord. On peut aussi donner un bonbon à un gosse tuberculeux parce qu'on a envie de le voir sourire. Bonbon et sourire ne lui feront pas de mal mais ne le guériront pas. Là où l'on veut guérir la misère – cette lèpre que les découvertes du XXe siècle n'ont pas fait reculer –, il faut d'abord briser des mécanismes, inverser des courants – c'est-à-dire pratiquement sauver *personnellement* tout le monde : plus exactement donner à tout le monde une chance de vivre. On ne peut espérer y parvenir qu'à condition d'attaquer le mal par tous les bouts à la fois et en même temps : la misère-ignorance, la misère-maladie, la misère-famine, la misère-chômage, souvent conjuguées. Elles exigent, pour être neutralisées, beaucoup d'acharnement et des moyens suffisants : c'est-à-dire considérables.

Dans la ville d'Alger, je découvris alors les rouages d'un « colonialisme » vivace, obstiné, entreprenant, et attaché à des intérêts souvent contraires à ceux de la majorité – c'est-à-dire du bien public. Toutes choses nouvelles pour moi qui, en Algérie, avais surtout vécu dans des régions sans villes.

Pendant onze mois de travail acharné j'ai profité alors de l'occasion qui m'était offerte pour concevoir et structurer un organisme apte à réaliser ce programme de « défense et restauration des hommes » (si urgent sur toute la terre), c'est-à-dire tenant compte à la fois des besoins essentiels et des ressources accessibles. Par répugnance pour les sigles, ce service fut d'abord appelé « les Centres sociaux », puis « les Centres sociaux éducatifs », ce qui précisa alors une de ses ambitions.

Son ambition principale était *d'accroître les ressources* des familles algériennes, c'est-à-dire de mettre à leur disposition les informations nécessaires pour mieux gagner leur vie : des connaissances, des techniques, des adresses, et aussi des soins médicaux. Car, en ces siècles-ci, il ne fallait pas seulement deux bras et une pioche pour vivre, il fallait aussi avoir accès à tout ce que possèdent (de façon plus ou moins précaire) les peuples privilégiés – qui, eux, ont peiné pendant plusieurs générations pour l'acquérir.

Or, puisque, en 1955, l'Algérie faisait encore partie de la France, à ce titre la France avait le devoir d'assumer la charge de son coûteux et dur apprentissage de la modernité… En outre, et quel que soit l'avenir du pays algérien, c'était l'intérêt de la France que d'avoir, sur son flanc méditerranéen, une jeune nation prospère et amicale, et non pas une gangrène. Toutefois il fallait faire vite, sous peine de voir le niveau de vie débordé par la croissance démographique.

Les excédents annuels des naissances sur les décès n'étaient encore, en 1950, que : 220 000 ; en 1960, on prévoyait 310 000 ; en 1970 : 420 000 et en 1975 : 490 000. Et ainsi de suite…

Qui allait employer ces 490 000 excédents annuels que les terres nourrissaient très mal, ou pas du tout ?

Il était clair que la population *rurale* de 1955 devrait venir vivre en partie dans des villes et y trouver des emplois… Quelles villes ? Quels emplois ? Quels logements ?

* * *

Sur la pauvreté des familles rurales maghrébines, sur ses causes et son évolution, je possédais en 1955 plus d'informations directes que les services officiels et je savais qu'il fallait, prioritairement, augmenter leurs ressources. En revanche je connaissais mal la misère des villes et un de mes premiers soucis fut d'y faire mener des enquêtes éclairantes et directes, donc de prendre contact avec ceux qui s'en occupaient, presque tous à titre bénévole. Tel était le cas en particulier du père Scotto, curé de la paroisse d'Hussein-Dey (avant de l'être à Bab-el-Oued, ce faubourg d'Alger que la littérature *« pied-noir »* a rendu célèbre).

Le père Scotto avait fait venir de France depuis plusieurs années une assistante sociale, Marie-Renée[1], volontaire pour quitter sa Vendée natale et s'installer à demeure au cœur d'un bidonville, celui de Bérardi, où, en 1955, elle était déjà connue de tous et de toutes. Dans le milieu amical qui l'entourait elle put très vite et facilement me dire :

– *Qui* étaient les gens qui vivaient dans un bidonville ?
– *D'où* venaient-ils ?
– *Quand* avaient-ils quitté leur ancien domicile ?
– *Comment* survivaient-ils dans leur domicile actuel ?
– *Combien* étaient-ils ?
– *Pourquoi* avaient-ils pris la décision de venir s'y installer ?

(C'était à peu près les « bonnes questions » que mon vieux maître Marcel Mauss nous conseillait de poser…)

Autour de l'assistante sociale vendéenne, collaborant avec elle, il y avait des étudiants et des scouts musulmans (SMA et UGMA), des membres du Service civil international, des Éclaireurs de France, des membres de la Jeunesse étudiante chrétienne, les Sœurs protestantes de Grandchamp, des prêtres de la Mission de France et des bénévoles de toutes obédiences…

Marie-Renée Chéné m'a remis un premier rapport sur son bidonville le 8 mars 1955. (Plus tard ce sera son sujet de thèse.)

1. Elle est revenue vivre en Vendée mais ses amis algériens lui sont toujours fidèles.

Si l'on était ignorant en haut lieu des étapes de la grande misère, dans le domaine strictement scolaire en revanche on était assez bien informé et l'Éducation nationale avait étudié les besoins de l'Algérie, où elle était loin toutefois d'offrir à tous les enfants les perspectives d'avenir que ses écoles permettaient d'ouvrir aux rejetons parisiens.

En 1955, il y eut donc encore 1 683 000 enfants algériens qui ne trouvèrent pas place dans les écoles primaires de la République française, ce qui ne signifie pas que tous auraient fréquenté l'école la plus proche si le nombre des places avait été suffisant pour les recevoir, mais ce qui signifie que les familles de ces enfants-là (c'est-à-dire cnviron les deux tiers du pays algérien) n'avaient guère de chances de leur procurer un emploi plus tard. N'oublions pas en effet que, depuis que les vaccinations permettaient de survivre à tous les nouveau-nés, la population doublait approximativement à chaque génération et quant aux terres, telles qu'elles étaient entretenues, elles permettaient tout juste de vivre aux anciennes générations qui les exploitaient – mais pas de multiplier par trois, par quatre, par dix, le nombre des ayants droit. Où vont aller, dès lors, ces millions de jeunes adultes que la terre ne nourrit plus ? Évidemment dans une ville – et cela sans rien savoir des moyens d'y gagner leur vie et sans autre domicile que des bouts de tôle.

Pour sauver ces jeunes que la campagne allait rejeter, qu'elle rejetait déjà en masse, il fallait leur fournir le bagage de connaissances qui ouvre les grandes et les petites portes et il fallait aller plus vite que la démographie. Sinon on laissait dans les banlieues se créer des noyaux irrésorbables de « clochardisation ».

Aider une personne sur cent à se tirer d'affaire, c'est de la bienfaisance, et bravo pour elle. Mais, en l'occurrence, il s'agissait de régions entières où il fallait, de façon évidente et très rapidement, *augmenter les ressources des familles*… Et non pas seulement celles de quelques ministres (comme ce sera le cas après les découvertes du pétrole…).

Bref, en cette année 1955, dans la ville d'Alger (mieux pourvue que le reste du pays) 2 enfants musulmans sur 3 allaient en classe ; dans la banlieue il n'y en avait plus que 14 sur 29 (donc pas tout à fait un sur deux), tandis que, dans l'ensemble des petites villes du département, le pourcentage tombait encore plus bas : 14 384 enfants scolarisés sur un peu plus de 40 000.

Toujours dans le même département, mais dans les campagnes, sur 530 000 enfants d'âge scolaire 64 447 étaient scolarisés (donc pas même un sur huit), tandis que si l'on examinait les effectifs de certaines communes mixtes c'était alors un enfant sur cinquante, ou même un enfant sur soixante-dix, qui avait une chance de pouvoir un jour gagner à peu près sa vie.

En 1954, un plan décennal de scolarisation primaire avait été prévu pour l'Algérie mais, selon ce plan, on n'ouvrait en 1955 que 557 nouvelles classes ; pour les années suivantes on envisageait un effort triple : soit 1 500 classes nouvelles inaugurées chaque année. Au bout de cet effort de dix ans les enfants algériens n'étaient encore scolarisés que dans la proportion de 35 pour 100 : un gosse sur trois. Il fallait donc tripler l'effort, puisque la démographie allait plus vite que tous les plans.

Plus vite aussi allait la guerre. Mais guerre ou pas guerre, et que l'Algérie reste française ou devienne algérienne, rien ne pouvait empêcher qu'elle ne constitue dans l'avenir notre frontière sud, ni que, dans le passé proche, ses hommes n'aient combattu sous notre drapeau pendant cent trente ans, et que, quoi qu'il arrive, tant pour cette raison-ci que pour cette raison-là, moralement et matériellement nous ne fussions gravement concernés par son destin et par celui du million d'émigrés européens qui se nommaient eux-mêmes les *pieds-noirs*. Ceux-là, passionnément, voulaient rester français tout en continuant à vivre dans la patrie algérienne où ils étaient nés… Quant au FLN, il voulait « sa » guerre et « tout » le pouvoir. Et ensuite tout ce qui accompagne le pouvoir.

5. *27 octobre 1955* : Création du Service des Centres sociaux

Entre 1934 et 1940, j'avais bien connu une Algérie berbère et paysanne où les gens étaient gais et la vie possible ; je l'avais retrouvée en 1954 contrainte aux émigrations individuelles mais prête à basculer en masses familiales vers la misère des banlieues.

Pour que l'Algérie soit sauvée de la grande pauvreté menaçant l'Afrique il fallait à la fois aider à mieux vivre *sur place* une partie de ses paysans et aider à vivre *ailleurs* ceux qui allaient être contraints de s'expatrier – mais il fallait aussi ne pas oublier que si l'école est un besoin essentiel pour accéder aux emplois fournis par les sociétés vivaces elle n'est pas le seul : il faut aussi à chaque individu une bonne santé (donc des soins médicaux) et les équipements sociaux qui permettent de se guider dans les maquis des sociétés urbaines.

Il fallait aussi se souvenir que plus une société écrase les femmes et plus celles-ci ont un intérêt vital à avoir un grand nombre de fils – donc d'enfants. Car, dans les pays polygames et pas encore outillés scientifiquement pour *trier* leur descendance, pour avoir beaucoup de fils il faut, d'abord, avoir un enfant chaque année[1]. Dans ce cas, les fils sont d'abord une garantie contre la répudiation, et ensuite, s'ils atteignent l'âge adulte, ils deviendront une assurance potentielle contre la mendicité qui, dans les villes, menace les femmes répudiées. Or, pour être sûr de garder vivant au moins un fils, l'expérience des milliers de siècles qui ont précédé le nôtre a appris aux mères des continents pauvres qu'il faut mettre un enfant au monde chaque année. Ainsi font-elles. Et qui leur a appris que, par rapport à la mort, quelque chose sur la terre avait changé depuis les découvertes inaugurées par Louis Pasteur ? (Ces calculs peuvent sembler sordides aux parents riches – mais font partie

1. Si le prophète de l'Islam a interdit le meurtre des petites filles c'est donc que l'usage de les laisser mourir à leur naissance était alors courant en Arabie. Même interdiction dans les pays chrétiens – et parfois mêmes violations de cet interdit (révélées, des siècles plus tard, par les statistiques).

de la vie des pauvres, et n'empêchent pas le double courant d'amour qui les lie à leurs enfants. Toutefois, et malgré cet amour, on connaît des milliers d'enfants vendus, prostitués, réduits à l'esclavage… Et cela jusque dans les pays riches…)

Pour éviter à l'Algérie de sombrer en partie dans la misère des bidonvilles, il fallait que son niveau de vie et sa scolarisation progressent vite. Pour cela il fallait agir simultanément dans les domaines de l'instruction, de l'emploi et aussi de la santé, registres que les États modernes séparent habituellement par commodité administrative. Toutefois leur coordination représentait une grosse économie d'argent, de bâtiments et de main-d'œuvre, et en outre un surcroît d'efficacité.

Cette efficacité accrue on pouvait l'obtenir par un travail en petites équipes, des équipes polyvalentes fonctionnant sous l'impulsion et le contrôle de responsables très qualifiés techniquement et moralement. Avec un encadrement de haut niveau il était en effet possible d'utiliser comme enseignants des jeunes hommes et des jeunes femmes peu diplômés, mais recrutés sur place, et l'accroissement du rendement n'était pas alors le seul avantage du travail ainsi multiplié, car s'il aidait à enrichir en science et conscience des jeunes moniteurs de valeur, grâce aux qualifications et à la valeur morale de leurs anciens, il permettait également de faire bénéficier les anciens d'une compréhension réciproque acquise dans le secteur ou dans la région par ceux et celles qui y étaient nés.

Encore fallait-il trouver ces responsables si qualifiés et dévoués, et cela dans une Algérie de 1955 où la guerre ne rampait encore que comme un feu de brousse, mais déjà prêt à tout embraser.

À cette date nous étions toutefois quelques-uns à rêver pour la population algérienne d'un destin ouvert sur le bonheur, et parmi les rêveurs en question je comptais beaucoup d'amis enseignants de toutes origines : Français nés en France ou sur le sol algérien, et Arabo-Berbères. Chacun d'entre eux m'en fit connaître d'autres et cette première équipe des Centres sociaux recruta les suivantes. Ce fut sans doute pour cela qu'elles restèrent solidaires ensuite, quelles que fussent les options politiques adoptées plus tard par chacun de leurs membres.

Parmi les enseignants que je suis allée recruter sur place un à un – et qui, comme moi, avaient sous les yeux les mécanismes de la misère et souhaitaient les gagner de vitesse –, il y eut en particulier Charles Aguesse, alors directeur du Service des Mouvements de jeunesse et d'éducation populaire[1] en Algérie depuis 1945 – car c'est en effet cette année-là si dure à vivre sur le sol algérien que Charles Aguesse, jeune agrégé originaire de Nantes, vint, à la demande de Jean Guéhenno, occuper ce poste. Depuis cette date ses équipes circulaient jusque dans les villages les plus reculés, animant théâtres, conférences, chorales, expositions, bibliothèques itinérantes, aidant à la naissance d'un théâtre de langue arabe et au développement d'émissions en arabe et en kabyle. En même temps il organisait à Alger des rencontres où figurèrent les « pieds-noirs » Albert Camus, Jules Roy, Emmanuel Roblès, Gabriel Audisio, Jean Sénac, mais aussi des « gens dc l'intérieur » tels que Louis Guilloux, Jean Cayrol, Francis Ponge, Brice Parain, Michel Leiris…

Avec son accord j'ai proposé la nomination de Charles Aguesse à la direction du Service des Centres sociaux.

Considérant d'autre part le « saupoudrage » avec grande suspicion, je pensais qu'il fallait assortir l'importance de chaque Centre aux besoins numériques des populations, donc évaluer ceux-ci.

En 1955, le secteur algérien d'un Centre social d'importance moyenne, c'est-à-dire correspondant à 6 000 ou 7 000 habitants (et comptant environ 90 petits garçons et 90 petites filles par années de naissance), devait occuper pour eux un certain nombre d'éducateurs, car le Centre social devait être accessible *sans limite d'âge*. Son équipement comptait aussi une infirmière soignant l'ensemble de la population, une monitrice d'art ménager et (dans les campagnes) un moniteur agricole. Dans les villes (ou plus exactement dans les bidonvilles, car les villes algériennes étaient à peu près pourvues du nécessaire) l'éducation agricole fut remplacée par des cours professionnels et le bureau social prit une importance plus grande que dans les milieux ruraux.

Les parents musulmans de 1955 étaient attachés à l'école primaire telle qu'elle fonctionnait en France, et cela pour de bonnes raisons car elle avait déjà permis à nombre d'Algériens d'accéder à un haut niveau universitaire. Il n'était donc pas question d'offrir aux gamins et gamines des zones paysannes une « école au rabais », mais au contraire d'ouvrir plus largement les portes des études et des emplois

1. Rappelons que c'est Jean Zay, ministre radical-socialiste de l'Éducation nationale de 1936 à 1939 (assassiné par la milice du maréchal Pétain en 1944), qui donna une place officielle à la culture populaire dans l'université française.

à ceux et celles qui désiraient y accéder, quel que soit leur âge. Pour cela il fallait parfois coordonner le programme du Centre social avec celui d'une école primaire existant déjà dans la région – car l'école (telle qu'elle fonctionnait alors dans les campagnes) n'assurait qu'à quelques enfants privilégiés, triés par âges, une instruction primaire complète, puisqu'elle n'accueillait que les enfants de six ans qu'elle gardait ensuite pendant huit ans – leur ouvrant dès lors toute la chaîne de l'enseignement secondaire puis éventuellement supérieur. Dans des pays où l'habitat est dispersé et l'école trop souvent éloignée, des zones entières étaient ainsi privées d'avenir.

À tout cela il fallait remédier…

Le nouveau service allait ainsi être amené à recruter des moniteurs dans trois domaines : l'enseignement, la santé et l'agriculture, et il m'a semblé, à l'époque, que celui qui respecterait le plus les consciences politiques des enseignants et les personnalités originales des enseignés (originaires des diverses régions d'Algérie) serait l'Éducation. Ce fut donc au sein de la Direction générale de l'Éducation nationale que, le 27 octobre 1955, fut créé le *Service des Centres sociaux*[1].

1. Il sera question des Centres sociaux dans *Les Ennemis complémentaires*.

II. L'ALGÉRIE EN 1956

Rétrospective bibliographique (1999)

L'étude qui va suivre fut documentée en Algérie entre décembre 1954 et février 1956, donc pendant les treize premiers mois de l'atroce guerre franco-algérienne, mais elle s'appuie aussi sur quatre longues et attentives missions scientifiques qui, entre 1934 et juin 1940, me permirent pendant plus de cinq ans de partager la vie de très pauvres populations berbères, et d'apprendre avec elles le respect de leur culture.

Quinze années plus tard, à partir de février 1955, j'ai essayé – avec l'équipe qui créa les Centres sociaux – d'ouvrir un avenir aux paysans algériens que la terre ne nourrissait plus, et cette année-là, deuxième année de la guerre, j'ai aussi beaucoup circulé dans toute l'Algérie, souvent seule, au volant de ma petite Peugeot – car la guerre algéro-française était apparemment moins féroce, en 1955, que celle, algéro-algérienne, qui, en 1999, dure déjà depuis six ans...

La guerre algéro-française devint cependant vite féroce mais au tout début de 1956 (exactement le 22 janvier à 17 heures, selon mon agenda) je me suis trouvée dans la salle dite « du Progrès » où Albert Camus plaidait passionnément pour la trêve civile *; Ferhat Abbas le rejoignit sur l'estrade, et le service d'ordre fut assuré par des étudiants musulmans dont beaucoup étaient peut-être déjà inscrits au FLN. Dans la rue, à cette même heure, on entendait des voix françaises criant « à mort Camus »...*

Une semaine plus tard – exactement le 2 février – c'est sur les quais du port d'Alger, et mêlée à cette même foule française (non plus en fureur mais en larmes), que j'ai assisté au départ du gouverneur Soustelle... Et c'était alors une multitude terrifiée, pathétique – à laquelle se mêlaient beaucoup de musulmans et musulmanes...

Le successeur de Soustelle devait être le général Catroux, grand soldat, capable de gérer à Alger une politique conduite à Paris. Hélas, le président Coty, au lieu de placer à la présidence du Conseil l'authentique vainqueur des élections – c'est-à-dire Pierre Mendès France –, préféra appeler Guy Mollet qui ne savait faire ni mal ni bien. Ce fut donc Robert Lacoste qui devint ministre résidant (et non pas résident).

L'année 1956 je l'ai ensuite passée presque entièrement à Paris mais alertée sans cesse par des coups de téléphone, des lettres, des télégrammes, des visites de gens venant d'Algérie, où – comme dans toutes les guerres qu'on laisse aller – les cruautés se multipliaient de jour en jour. La France (qui venait de voter majoritairement pour la paix) regardait sans voir…

Mes camarades de résistance et de captivité de l'ADIR[1] *me demandèrent alors de leur expliquer la situation et c'est pour elles que j'ai rédigé mes notes de 1954 et 1955 ; elles parurent donc en feuilletons dans notre petit bulletin mensuel sous le titre de* L'Algérie en 1956, *puis elles furent réunies en brochure, vendue au prix coûtant au siège de notre association – car quelques amis et moi-même nous nous étions entendus pour racheter éventuellement les invendus, afin que notre association n'ait aucuns frais à supporter. Sur les épreuves j'avais changé le premier titre et intitulé le tout « L'Algérie en 1957 ». Bien évidemment j'avais eu tort car les guerres marchent vite, plus vite que ceux qui les racontent…*

Dans la période où la guerre s'appelait encore « événements » – c'est-à-dire 1954 et 1955 – des observations que j'accumulais se dégageait surtout l'anxiété provoquée chez les paysans algériens par leur misère, mais aussi par le caractère croissant de cette misère (dont ils étaient tout aussi conscients que des économistes) et les attentats passaient alors à leurs yeux au second plan. En revanche, à partir de janvier 1957, la guerre couvrit désormais toute l'actualité, et il me semble même que janvier 1957 marque une étape dans la désespérance, surtout pour tous ceux qui, comme moi, espéraient pour ce pays une décolonisation sans violence – car c'est précisément en janvier 1957 que le président du Conseil Guy Mollet et le ministre Lacoste attribuèrent les pouvoirs de police à l'armée.

Six mois plus tard (en juin 1957), pendant que, repartie en Algérie, je visitais les camps et les prisons, avec la « Commission internatio-

1. En 1956, présidente, Geneviève de Gaulle-Anthonioz (réseau Défense de la France) ; secrétaire générale, Anne-Marie Boumier (réseau Combat) ; trésorière, Anise Postel-Vinay (réseau Gloria SMH). Responsable du bulletin : Anne de Seynes (réseau Comète). C'est Anne de Seynes qui prit l'initiative de cette publication.

nale contre le régime concentrationnaire »[1]*, mon étude sortit de sa quasi-clandestinité pour paraître en français sous son titre de* L'Algérie en 1957[2] *puis en anglais sous le titre* Algeria. The realities[3].

Sur l'édition américaine, Albert Camus, sans m'en parler, m'avait fait la surprise d'écrire :

« I have never been able to read any book on the Algerian tragedy without a feeling of unreality, discomfort, and often even anger. Only one book – Germaine Tillion – seemed to me at one true, fair, and constructive. Germaine Tillion knows what she is talking about. And no one either in Algeria or throughout the world can henceforth discuss the Algerian problem without having read what an understanding and cultivated woman has written about my misunderstood, desperate native land, now stirred by a heart-rending hope. »

Traduction : *« Je n'ai jamais pu lire un livre concernant la tragédie algérienne sans éprouver un sentiment d'irréalité, d'inconfort et souvent même de colère. Un livre seul – celui de Germaine Tillion – m'a semblé dès le premier abord vrai, juste et constructif. Germaine Tillion sait de quoi elle parle. Et personne à l'avenir, pas plus en Algérie qu'à travers le monde, ne saurait parler du problème algérien sans avoir lu ce que cette femme cultivée et compréhensive a écrit sur ma misérable terre natale, si mal comprise, qu'un espoir déchirant meut aujourd'hui. »*

* * *

Cette même année 1957 – donc plusieurs mois avant de penser revenir au pouvoir – le général de Gaulle me reçut longuement et il avait précisément sous son coude le livre (non politique) dont nous venons de parler, avec son titre de L'Algérie en 1957, *il me le montra, en me disant un peu sarcastiquement :* « Maintenant tout cela est politique... » *J'avais répondu :* « Oui, Général, mais c'est justement de politique que je souhaitais vous parler... » *De fait, il fut ensuite surtout question des tortures et du terrorisme de cette*

1. La CICRC, créée par David Rousset, pour lutter contre le goulag stalinien mais aussi contre les strangulations de Franco et les prisons grecques.
2. Aux Éditions de Minuit, 1957. Repris en 1961, avec d'autres textes, sous le titre *L'Afrique bascule vers l'avenir*.
3. À New York chez Alfred A. Knopf, en 1958. Réédité en 1976 par Greenwood Press.

année 1957. Et sur ces chapitres j'avais aussi beaucoup de choses à dire[1]*…*

À cause des réserves que je viens d'exprimer sur la date réelle de cette étude, il m'a semblé approprié de lui conserver son premier titre et de lui garder aussi sa dédicace – car, en 1956, à cause de leur expérience vécue de l'extrême misère, j'avais tenu à dédier à mes camarades de déportation ce que je savais sur la grande pauvreté des pays que l'on appelle « le Tiers Monde ».

En cette fin de millénaire, malgré des efforts énormes – mais jamais radicaux –, la misère est toujours là.

1. Voir *Les Ennemis complémentaires.*

1. Mes chères camarades,

Depuis plusieurs mois certaines d'entre vous me demandent de leur parler du drame algérien mais je ne puis le faire brièvement, car il s'agit de plusieurs drames.

Chacun d'eux pourrait être dénoué – non pas facilement, non pas rapidement – mais, à la rigueur, dénoué. Malheureusement chaque dénouement exclut les autres, sans toucher cependant aux problèmes qu'ils étaient appelés à résoudre. À cette complexité fondamentale, ajoutez la confusion due à une circulation réellement exceptionnelle de contrevérités, de fausses analogies, de mauvaise foi et surtout d'ignorance.

Une avalanche d'opinions absolues et absolument contradictoires déferle chaque jour dans la presse ; les images défilent : nationalisme, fédéralisme, séparatisme, colonialisme, terrorisme, fatalisme, fanatisme, communisme, élections, intégration, négociations, capitulation, trahison, tout-ce-que-la-France-a-fait-en-Algérie, tout-ce-que-la-France-n'a-pas-fait-en-Algérie, le FLN, le MNA, le CRUA, le MTLD, le PPA, la Main Rouge, les « pieds-noirs », Présence française, Ligue arabe, Intelligence Service, les grandes compagnies de pétrole, les ennemis certains, les alliés douteux, le colonel Nasser, M. Borgeaud, la Guerre Sainte – ensemble abracadabrant, qui fait songer à trois ou quatre mauvais romans de la *Série noire* dont un éditeur négligent aurait mélangé les pages avant le brochage.

Vous vous trouvez donc, comme tout le monde, livrées à des réactions affectives. Or nos « réflexes conditionnés » sont – et je sais que je parle pour la majorité d'entre nous – un amour passionné de la Justice, une solidarité quasi instinctive avec les opprimés, les prisonniers, les fugitifs, mais aussi la fidélité à notre pays et à nos compatriotes lorsque l'un est attaqué et que les autres sont en danger.

Il existe des devoirs simples, cruels mais simples. Pour nous, en 1940, le devoir s'est présenté sous cet aspect-là. Rien n'est moins « simple » que l'épreuve d'aujourd'hui, et soyez sûres qu'elle n'est « simple » pour personne, sauf peut-être pour quelques cervelles microscopiques – d'ailleurs équitablement distribuées de part et d'autre de toutes les frontières. Mis à part les détenteurs de ces cervelles-là, il n'y a pas un acteur de la tragédie qui ne soit déchiré entre les options les plus contradictoires, aussi bien dans les camps des « *coupeurs de routes* » [1] que dans les nôtres.

Sur un point cependant les nationalistes algériens semblent d'accord : c'est qu'il leur faudra un jour, d'une manière ou d'une autre, collaborer avec la France – mais ils ne se rendent pas compte que, pour l'Algérie, cette collaboration est vitale, plus encore que pour les autres pays d'Afrique. Tous les Français que j'ai interrogés sont, de leur côté, d'accord sur un autre point : celui des devoirs particuliers que nous avons contractés vis-à-vis des Algériens, parce qu'ils ont versé leur sang pour nous dans trois guerres, parce qu'ils partagent notre destin depuis plus longtemps que les Niçois et les Savoyards. J'ajouterais volontiers : parce que nous avons un peu contribué, sans le vouloir et sans le savoir – par des méfaits inconscients et des bienfaits maladroits –, à les enfoncer dans l'impasse où ils se trouvent actuellement.

À vrai dire, ils n'ont partagé qu'une partie de notre destin, car s'ils ont fidèlement pris leur part de nos dangers, ils ont été exclus en grande partie de nos réussites et de nos chances, et c'est une des causes du drame actuel. J'en ai exposé souvent les données à des Français qui m'interrogeaient. Une fois sur deux, mon interlocuteur m'interrompait avec entrain pour me dire : « C'est leur faute. Nous, à leur place… » Avec la même conviction et la même bonne foi l'interlocuteur suivant me coupait la parole pour me dire : « C'est la faute de la France ; nous n'avions qu'à… »

Ce n'est pas moi qui vous présenterai un beau coupable à pendre, ni un *happy end* facile et radical, malgré le vaste choix qui nous est proposé. La tragédie algérienne, telle que je la vois, comporte beaucoup de victimes, peu de traîtres – mais ses possibilités de dénouement m'apparaissent comme un point de départ pour d'autres tragédies.

1. *Coupeurs de routes*, traduction du mot « fellaga », utilisé en Tunisie pour désigner les maquisards.

2. Au milieu du gué

En 1954, dans un pays immense, mais pauvre, et très inégalement évolué, vivent neuf à dix millions d'habitants dont la plus grande partie (environ huit millions)[1] pratiquent la religion musulmane, tandis que les autres (à peu près un million) ne la pratiquent pas. Avec un mode d'exploitation archaïque très ordonné, ce pays pourrait encore se nourrir – mais il ne peut pas nourrir une population qui double à chaque génération.

Les musulmans sont majoritaires et les minoritaires les appellent souvent « indigènes », mais ce mot m'agace, car personne en France ne m'appelle « indigène », bien que je sois, dans mon pays, aussi « indigène » qu'on puisse l'être, et attachée à tout ce qu'il y a de plus suranné, voire absurde, dans les vieilleries de notre héritage. Peut-être est-ce la raison pour laquelle les « indigènes » m'ont toujours inspiré un sentiment si fraternel, et la raison aussi pour laquelle leurs vieilleries m'ont toujours semblé respectables et émouvantes… Il n'en est pas moins vrai que ce terme, en Algérie, prétend être injurieux.

Les seconds (minoritaires), on les appelle « les colons ». On entend par là : un propriétaire terrien d'origine européenne. Or, il y a, en Algérie (sur 1 042 409 minoritaires)[2], exactement 19 400 colons au sens strict, dont 7 432 possèdent moins de dix hectares et sont de très pauvres gens, à moins qu'ils ne soient des retraités, des commerçants, des fonctionnaires disposant d'un terrain qui ne les fait pas vivre. Des « vrais » colons, il y en a 12 000 environ, dont 300 sont riches et une dizaine excessivement riches (vraisemblablement plus riches à eux dix que tous les autres ensemble). Avec leurs familles, les 12 000

1. En 1999, la population musulmane d'Algérie a plus que triplé en nombre mais elle est loin d'avoir triplé ses ressources malgré la chance qu'a représenté un moment la grosse demande du pétrole.

2. En 1962, cette minorité et une petite partie de la majorité (dite indigène) émigra en France. Après les épreuves de la transplantation, elle contribua à y dynamiser l'économie et sa présence joua un rôle dans la vague de prospérité française connue sous le nom de « Trente glorieuses ».

colons constituent une population d'environ 45 000 personnes (car, pour 10 familles européennes d'Algérie, on compte en moyenne 36 individus). Les autres « colons » – un million d'êtres humains – sont des ouvriers spécialisés, des fonctionnaires, des employés, des chauffeurs de taxi, des garagistes, des chefs de gare, des infirmières, des médecins, des enseignants, des standardistes, des manœuvres, des ingénieurs, des commerçants, des chefs d'entreprise, et leur ensemble représente l'infrastructure économique d'un pays qui survivra très mal à sa perte. Cependant, comme le terme « indigène », celui de « colon » est devenu péjoratif.

Lorsque je parle des habitants de l'Algérie, je les appelle des « Algériens », et je me sens incapable d'en maudire ou d'en injurier une catégorie quelconque, car je comprends les uns et les autres et je considère qu'ils ont, les uns et les autres, pour des motifs différents, des droits sur nous. Au surplus « colons » et « indigènes » se ressemblent comme des frères : ils ont les mêmes qualités – sens de l'honneur, courage physique, fidélité à leur parole et à leurs amis, générosité, ténacité – mais aussi les mêmes défauts : goût de la violence et de la vengeance, passion effrénée de la compétition, vanité, méfiance, susceptibilité, jalousie. Ces similitudes pourraient s'expliquer par une longue cohabitation, mais l'étrange ressemblance dans les coutumes qui existe également entre les deux groupes exige d'autres explications et nous amène à jeter un regard sur leurs origines respectives.

Chez les « colons », nous trouvons des républicains déportés de France par Napoléon III, des Alsaciens et des Lorrains partis en Algérie pour ne pas devenir prussiens – mais aussi un pourcentage élevé de gens venus de Corse, de Malte, d'Espagne… Or, les Corses sont culturellement plus proches des Kabyles et des Chaouias que des Bretons, les paysans maltais parlent encore aujourd'hui un patois arabe, et l'on sait ce que les Espagnols doivent à la domination maure.

Chez les « indigènes », nous avons affaire à des gens nés sur un des coins de la planète où, aux temps historiques, du nord au sud, d'ouest en est, d'est en ouest, à la fois par grandes masses homogènes et par infiltrations individuelles, les hommes se sont déplacés : par exemple, les légions romaines qui ont stationné pendant des siècles dans le Constantinois étaient surtout composées de soldats gaulois amenant leurs familles, cultivant un bout de terrain et, leur « temps » achevé, s'établissant dans le pays. Bref, si les fantômes de « nos ancêtres les

Gaulois» pouvaient revenir en Algérie et y faire un recensement de leurs chromosomes, qui peut dire où ils les retrouveraient ? Cela n'a assurément aucune importance, car nulle lignée humaine ne détient le monopole de l'intelligence ou de l'équité, et toutes comptent, parmi leurs géniteurs, une proportion massive, probablement constante, de sacripants et d'imbéciles. Nous n'avons rien à envier à personne sur ce point, mais personne non plus n'a rien à nous envier... Si je vous mentionne ces détails, c'est parce qu'il arrive parfois que des argumentations racistes figurent dans l'imbroglio algérien. Ailleurs elles me semblent pénibles, mais ici elles sont également sottes.

Pratiquement, la notion de race est d'ailleurs souvent confondue tantôt avec celle de langue, tantôt avec celle de religion. L'Algérie ne fait pas exception à la règle, et une façon usuelle d'y situer « racialement » un individu consiste à le définir comme « musulman » ou « non musulman ».

Certes, l'appartenance religieuse pèse énormément sur le développement de chacun ; encore ne faut-il pas s'imaginer chaque religion du globe comme un bain d'une teinture indélébile, uniforme, et nettement tranchée pour chaque confession. Je compte parmi mes amis de très nombreux musulmans et musulmanes, appartenant aux niveaux et aux milieux les plus divers, et je puis vous assurer que la majorité des intellectuels musulmans, et musulmans convaincus – professeur, médecin, avocat, instituteur –, ont des attitudes religieuses plus proches de celles des intellectuels chrétiens que de celles d'un illettré de leur pays. *Et inversement.* Si, dépassant le niveau des comportements, on pouvait faire abstraction du paquet de convictions non inventoriées dont chaque être humain est encombré dès sa naissance, pour analyser le contenu réel, intime, profond et vivant des véritables croyances religieuses, on retrouverait probablement – par-delà les frontières des cultes – toute une gamme de parallélismes.

Lorsqu'on vous parlera de « guerre sainte », de « fanatisme musulman », n'évoquez pas une espèce dc sauvagerie intrinsèque et, par essence, incompatible avec ce « cartésianisme », ce « rationalisme » dont nous faisons étalage, mais prenez un livre d'histoire et considérez les contemporains de Montaigne ou même ceux de Descartes et vous verrez que la haine religieuse qui a opposé les chrétiens catholiques et les chrétiens protestants était aussi furibonde, sanguinaire, fanatique, « intrinsèquement sauvage » que celles qui peuvent exister aujourd'hui en Afrique et en Asie. Pourquoi ? Parce que fanatisme et férocité sont des faits sociaux qui tiennent au niveau culturel d'une population et non à la nature de sa religion. Il y a des musulmans fanatiques, mais l'histoire prouve que le fanatisme ne fait pas plus partie intégrante de l'Islam que la croisade contre les albigeois ou les procès de sorcellerie ne sont, par essence, constitutifs de la Chrétienté : les musulmans vivent aujourd'hui, en quasi-totalité, dans un secteur terrestre très mal placé par rapport à l'ébranlement contemporain d'une civilisation qui écrase ceux qu'elle n'entraîne pas. Plus grave encore, la société musulmane (pour des raisons qui me semblent antérieures et même contraires aux volontés exprimées de son fondateur) s'est efforcée d'effacer les femmes de la catégorie active et pensante de l'humanité. Or, comme ce sont les femmes qui élèvent les enfants, il en résulte souvent pour cette société une arriération chronique.

Le niveau de civilisation, en revanche, détermine, pour une part, le comportement, mais c'est une délicate entreprise de l'évaluer, surtout quand il s'agit d'illettrés ; doser les influences qu'ils ont subies n'est pas moins délicat.

Entre 1934 et 1940, j'ai passé la plus grande partie de mon temps en mission scientifique dans l'Aurès. Dans les régions où j'ai le plus longtemps séjourné la moitié de mes interlocuteurs et toutes mes interlocutrices n'avaient *jamais* vu d'Européen de leur vie. Beaucoup, en revanche, avaient fréquenté des Esprits, au sujet desquels tous et toutes, sans exception, possédaient les informations les plus précises et les plus abondantes. Malgré l'isolement et le « prélogisme » apparent que cela suppose, ce qui me frappait déjà dans mon enquête – par comparaison avec celles menées par d'autres ethnologues, au Soudan, au Brésil, au Mexique, en Polynésie, chez les Eskimos –, c'était l'*absence d'exotisme.*

Je doute qu'un simple travers de mon esprit, plus intéressé par les causes et les raisons (nécessairement de type universel) que par le pittoresque, suffise à l'expliquer, et je serais assez portée à croire, sur les rives de la Méditerranée, à des influences réciproques déjà sensibles aux temps préhistoriques. J'ai étudié les deux séries de folklores et les deux séries d'archéologies qui, à mon sens, confirment l'existence de ces doubles courants[1]. Ensuite, périodiquement, les relations

1. Voir *Le Harem et les Cousins*, Le Seuil, 1982.

entre le nord et le sud de la Méditerranée furent réactivées au fil des siècles…

Dans la première moitié de ce siècle-ci je retrouvais – dans des vallées perdues où, apparemment, rien n'avait changé depuis le néolithique – des mots, des contes, des histoires qui avaient enchanté mon enfance. Et je m'étonnais souvent d'avoir si peu d'occasions de m'étonner. – C'était avant 1940.

En 1954, les débuts de la lutte, un effondrement économique (dû à la démographie) et les phénomènes psychologiques résultant de l'émigration – ces trois causes, simultanément conjuguées, minaient des vieux cadres traditionnels qui avaient résisté à la conquête arabe, à la conquête turque et à la conquête française.

Songez qu'au moment de l'avant-dernier recensement, les musulmans âgés de 20 à 60 ans étaient 1 600 000. Quelques-uns de ceux qui, à cette date, dépassaient la cinquantaine, avaient fait la guerre de 1914-1918 ; les « moins de 40 ans », eux, avaient pu être mobilisés en 1939, voire prisonniers, voire évadés ; d'autres – ou quelquefois les mêmes – avaient participé à la campagne de France, à celle d'Indochine… Ajoutez à cela un contingent de 400 000 hommes qui travaillent dans nos usines mais qui se renouvellent régulièrement depuis quinze ans, et demandez-vous quel est, en Algérie, le pourcentage des musulmans adultes ayant traversé la Méditerranée. La moitié ? Le tiers ? Les deux tiers ? Sûrement plus des deux tiers dans certaines régions, moins dans d'autres. Mais c'est précisément dans les régions où ils sont la majorité que l'insurrection est née.

Ces hommes qui ont travaillé à Billancourt, à Saint-Denis, dans les hauts-fourneaux lorrains ; qui ont combattu à Verdun, à Charleroi, sur la Somme, sur la Loire, à Monte-Cassino ; qui ont libéré la France, qui ont traversé le Rhin avec de Lattre, est-ce qu'ils sont, ou non, sortis de leur Moyen Âge ? Musulmans, certes, et fervents, mais pas plus contemporains de Sidi Ocba que nous de Saint Louis. Pas davantage des hommes d'Orient (l'Orient poétique et somnolent, l'Orient fanatique et sanguinaire, l'Orient fataliste et résigné, l'Orient fabuleux – les clichés ne manquent pas). Que sont-ils alors ? Ils sont des Algériens du XXe siècle, c'est-à-dire à l'interférence du Moyen Âge et de la modernité.

Croyez-moi, ce n'est pas une situation enviable. Comme me disait un vieux Kabyle : « Vous nous avez emmenés au milieu du gué, et vous nous y avez laissés. »

Quelques-uns, cependant, ont franchi le gué. Combien ? Un tiers peut-être, car, prise en bloc, la population algérienne (un peu plus de neuf millions de personnes en comptant la minorité dite coloniale) vit pour un tiers ou une moitié dans une économie comparable à celle de l'Europe, et pour le reste dans une économie de type africain, ce qui signifie que la plupart des minoritaires (descendants d'Européens chrétiens ou appartenant à la minorité juive) et deux millions environ de majoritaires musulmans ont des niveaux de vie et de culture assez voisins de ceux que l'on peut rencontrer en France. Les autres – quatre à cinq millions d'êtres humains, tous appartenant à la majorité – ont progressivement perdu les biens matériels et les stabilités spirituelles des sociétés anciennes, sans avoir pu, faute d'instruction et de technicité, devenir des hommes modernes. Ils se trouvent à la charnière des deux mondes – au milieu du gué – hantés par le passé qu'ils connaissent un peu, enfiévrés par l'avenir qu'ils ont palpé en migrant, mais les mains vides et le ventre creux, entre leurs fantômes et leurs fièvres.

Cette spoliation n'est pas un phénomène propre à l'Algérie et elle atteint actuellement les trois quarts de l'Afrique, la moitié de l'Amérique du Sud et une partie de l'Asie, mais vous en comprendrez plus facilement le mécanisme et vous sentirez mieux son injustice et sa cruauté si je vous la présente à l'échelon d'un petit groupe humain qui vit dans les montagnes les plus sauvages de l'Aurès ; j'y ai connu, pendant de longues années, chaque homme et chaque femme.

3. L'accroissement brutal de la population

Lorsque je les ai vus pour la première fois ils étaient tous très pauvres – ils l'ont toujours été, mais pas plus que ne le furent la majeure partie de nos ancêtres. Après quatre ou cinq années consécutives de sécheresse, leur situation pouvait même devenir précaire (et il arrivait parfois que l'Administration soit amenée à faire des distributions gratuites de céréales), mais normalement ils avaient, tout juste, le nécessaire pour vivre.

Certains d'entre eux étaient malheureux, et j'ai connu dès ce temps-là beaucoup trop d'enfants séparés sans raison de leur mère et élevés durement par des marâtres, des jeunes gens brimés par leurs familles, des amours contrariées, des haines inexplicables, un nombre réellement ahurissant d'assassinats – mais il n'y a pas de société parfaite et la meilleure gagne beaucoup à n'être pas regardée de trop près. Les bonheurs individuels et privés étaient, me semble-t-il, plus rares encore que chez nous. En compensation, je n'ai jamais rencontré alors ces malheurs profonds, ces solitudes irrémédiables, dont les grandes civilisations ont le secret.

Ces gens avaient aussi des vertus, des belles traditions, des chances raisonnables de bonheur, de la gaieté, de la cordialité, de la malice. Ils se maintenaient dans un assez bon équilibre, grâce à l'entraide illimitée qui liait entre eux les habitants d'un village ou d'un groupe de tentes, à la fierté qu'ils ressentaient tous de cette union, au plaisir extrême qu'ils prenaient à jouer de mauvais tours à leurs voisins et à l'inefficacité relative de ces mauvais tours.

Je me souviens, en particulier, de deux tribus, ennemies de longue date, et d'une de leurs petites guerres qu'ils m'ont racontée en détail : au bout de trois jours de bataille ininterrompue (au cours de laquelle on s'était tiré dessus à satiété) on comptait, en tout et pour tout, *un* homme blessé et *une* brebis tuée. Le marabout le plus proche servit alors d'intermédiaire ; le parti victorieux consentit à dédommager le blessé ennemi, la brebis fut payée à son propriétaire et mangée par lui ; puis tout le monde se mit d'accord pour faire la paix et pour cacher l'affaire, non seulement aux lointains messieurs français de la Préfectorale, mais aussi aux deux caïds musulmans du secteur. En attendant comme on s'était amusé, de part et d'autre !

Je les ai quittés dans la dernière semaine de mai 1940…

Quand je les ai retrouvés, entre novembre 1954 et février 1955, j'ai été atterrée par le changement survenu chez eux en moins de quinze ans et que je ne puis exprimer que par ce mot : « clochardisation ».

Ces hommes qui, il y a quinze ans, vivaient sobrement mais décemment, et dans des conditions à peu près identiques pour tous, étaient maintenant scindés en deux groupes inégaux : dans le moins nombreux, l'aisance, il est vrai, était plus grande qu'autrefois, mais dans l'autre plus personne ne savait comment il mangerait entre décembre et juin. Jadis, après une bonne récolte, le plus pauvre homme en répartissait l'excédent sur les trois années suivantes – car une expérience millénaire avait appris à tous la prévoyance – et maintenant sept à huit familles sur dix vivaient au jour le jour.

Comment expliquer cela ? Les explications abondent mais beaucoup ne valent pas cher. En voici une première série, classique : « Ils sont imprévoyants… Ce sont de grands enfants… Le fatalisme musulman », etc.

Malheureusement – du moins pour les explications en question –, j'étais là, précisément là, il y a quinze ans, et j'ai connu ces mêmes hommes, les mêmes, ni imprévoyants, ni fatalistes, ni « grands enfants », mais au contraire pleins de sagesse, de gaieté, d'expérience et d'ingéniosité.

Seconde série d'explications, également classique : le colonialisme…

Malheureusement encore il n'y a jamais eu de colon, ni hier ni aujourd'hui, à moins de cent kilomètres à la ronde, et seuls le vent de sable et les chèvres peuvent à la rigueur être accusés d'une diminution de la surface des terres cultivables (mais ce n'est pas le « colonialisme » qui a créé les chèvres et le vent).

À vrai dire, en cette fin d'année 1954, il y avait tout de même une route (sur laquelle personne ne passait, excepté les caravanes de jadis) et il y avait aussi une splendide école (où aucun instituteur n'était encore venu). Et, comme par le passé, on ne voyait jamais ni médecin, ni infirmier, ni aucune sorte de fonctionnaire – sinon, tous les trois ou quatre ans, deux gendarmes qui enquêtaient flegmatiquement sur un assassinat (que le meurtrier était venu en personne leur avouer la veille ou l'avant-veille afin de se faire protéger en prison d'une vendetta, organisée par la famille de sa victime). Depuis novembre 1954, la nouvelle route servait aussi à quelques militaires ou quelques « fellaga » (mais ceci est une autre histoire ou plutôt un autre épisode de la même histoire). La « présence française » brillait apparemment par son absence : aucun colon, une école sans instituteur, une route vide, ni médecin, ni infirmier, ni aucune sorte d'émissaire de la « civilisation ». Quelques intentions, tout au plus, mais non suivies d'effet.

Quelle erreur ! La « présence française » était partout, mais invisible, omniprésente et distribuant à pleines mains le Bien et le Mal. Mal et Bien sont difficiles à distinguer ici, comme vous allez le voir.

Pas de tournées médicales régulières, c'est vrai – donc pas de distribution périodique d'aspirine ou de boules de gomme –, mais le paludisme, le typhus exanthématique et la typhoïde (qui dévastaient encore la région il y a quinze ans) ont à peu près totalement disparu, sans que les gens du pays aient même remarqué le passage des blouses blanches et des thermomètres : des spécialistes ont circonscrit les zones impaludées, le DDT a fait le reste. Dans la période antérieure c'était la peste et le choléra qui, par les soins invisibles de nos médecins militaires (dont beaucoup y laissèrent leur vie), avaient opéré la même sortie discrète. À peu près en même temps les famines mortelles et les guerres de tribus, surveillées de loin par les services préfectoraux, allaient rejoindre les vieilles légendes du passé.

Quel tableau idyllique : pas de colon, pas de fonctionnaire, mais la paix règne, la santé s'améliore, les poux disparaissent (avec le typhus), les moustiques également (avec le paludisme), et quand survient une vraie famine – pas la faim qui fait mal au ventre, mais celle qui fait mourir – les hauts fonctionnaires se déplacent pour faire distribuer de la farine ou du riz. Est-ce cela, la « colonisation » ? Oui, c'est parfois cela, qui n'est pas aussi anodin ou inoffensif qu'il semble.

Bref, la population a augmenté, et nous avons vu que, pour l'ensemble de l'Algérie, elle est devenue quatre ou cinq fois ce qu'elle était il y a cent ans ; elle a même atteint un rythme d'accroissement qui est actuellement un des plus hauts du monde, *mais qui n'est pas encore le plus haut qu'elle puisse atteindre.* En même temps que la population augmentait ses troupeaux et ses cultures s'accroissaient en proportion, et atteignaient puis dépassaient ce qu'on pourrait appeler la cote d'alarme, celle à partir de laquelle il y a usure irréparable des sols, destruction définitive des sources et des forêts. Donc, pendant que la population se multiplie selon une progression géométrique, non seulement ses ressources n'augmentent pas selon une progression seulement arithmétique (comme le disait Malthus), mais elles cessent de s'accroître et *même elles diminuent.*

Pendant ce temps, sur cette route vide, où, semble-t-il, il ne passe personne, chemine un autre type d'évolution : les paysans ont cessé de compter en charges d'orge et ils calculent en pièces d'argent : ils sont passés de l'économie de troc à l'économie de marché sans presque s'en rendre compte. Maintenant ils sont pris dans l'infernal système qui a étranglé pendant des siècles Jacques Bonhomme, notre ancêtre-paysan : Jacques Bonhomme – avec son imprévoyance, sa fainéantise, tous ses « vices de pauvre » et naturellement son « fatalisme », qu'on appelait dans son cas « résignation chrétienne ».

Ce cycle, qui s'est retrouvé à toutes les époques dans tous les pays affamés du globe, consiste pour le paysan à être obligé de vendre ses produits immédiatement après la récolte, donc au cours le plus bas, afin de rembourser ses emprunts. Cinq ou six mois plus tard il rachète le produit qu'il a vendu, mais cette fois au cours le plus haut, c'est-à-dire à un prix au moins double de celui qui lui a été payé. Il n'est pas difficile de comprendre que le malheureux achève ainsi de s'enfoncer dans une détresse sans remède, et néanmoins ce système, et d'autres encore, ne constituent que des remous et des tourbillons dans l'énorme fleuve de misère qui fait vivre les banques et qui a enrichi jadis les usuriers : il entraîne aujourd'hui irrésistiblement des continents entiers.

L'accroissement numérique brutal de la population, contraire à son expérience millénaire, la diminution parallèle de ses ressources, l'effondrement de l'économie, le contact avec la supériorité décourageante des mécaniques étrangères, ont pour résultat de faire chavirer les civilisations archaïques qui subissent ces assauts. Tout, maintenant, s'effondre ou va s'effondrer : les arts, les techniques et toutes les ingénieuses coutumes qui permettaient à un groupe humain de vivre à peu près en paix. Et c'est parfaitement logique : il faut des semaines de travail et sept toisons pour tisser un burnous (chaque toison vaut entre cinq cents et mille francs)[1] ; il est absurde, pour des gens qui mangent de la viande quatre fois par an, de consacrer cet argent et ce temps à un vêtement, alors qu'on peut avoir, pour un prix dérisoire, une minable défroque qui, tout de même, protège du

1. Ces prix, comme tous ceux cités dans cette étude, sont ceux de 1956.

froid. Tout le reste est à l'avenant et, dans tous les domaines, le minable, le sordide, va remplacer le noble patrimoine déchu.

Je ne puis vous décrire l'interminable enchaînement de catastrophes qui, désormais, vont méthodiquement dévaster une à une chaque existence. Le pâturage ? Utilisé par un trop grand nombre de bêtes, il est usé avant le renouveau – et les bêtes crèvent. La semence, espoir de l'an prochain ? Mourant de faim, on l'a mangée, par petites poignées. On est volé quand on achète. On est volé quand on vend. On n'aura plus de miel, car les abeilles sont mortes à la dernière sécheresse et on n'a pas refait de ruches. Et j'allais oublier les impôts, les usuriers et les grandes sociétés internationales…

Les lois et les fonctionnaires sont impuissants à protéger les hommes illettrés et pauvres ; une nuée de parasites les rongent. Et en 1954 il y a désormais : la révolte, les *« coupeurs de route »*, les « forces de l'ordre ». Et entre les *« coupeurs de route »* et les « forces de l'ordre » ? Eux. Naturellement.

4. Deux types de natalité

En 1828, lorsque nos ancêtres ont décidé de traverser la mer pour venger un coup d'éventail, l'Algérie était un pays archaïque. La France aussi.

Depuis lors la face du monde a changé, et la guerre de 1870 a sans doute été la dernière guerre du Moyen Âge. Mon grand-père l'a faite, votre bisaïeul aussi peut-être. C'est dire que le Moyen Âge est encore tout près de nous et que nous pouvons essayer de comprendre les hommes contemporains qui ne l'ont pas encore dépassé.

La nouvelle ère a commencé, non pas avec la fission de l'atome (qui n'en est qu'un des événements), mais avec le développement énorme du machinisme, l'intensité et la rapidité des transports et des échanges et, plus encore, les grandes découvertes médicales ; en liaison avec ces phénomènes : généralisation de l'instruction, augmentation de la technicité, accroissement régulier des richesses.

Tout cela – suppression *mondiale* des épidémies, commercialisation *mondiale* des richesses, diffusion *mondiale* des idées, des découvertes et des événements – a eu pour conséquence de transformer le milieu biologique humain sur toute la terre.

Or, une partie des hommes s'adapta au nouveau milieu et trouva dans celui-ci des avantages considérables ; les autres n'y parvinrent pas immédiatement et se mirent alors à prendre du retard, de telle sorte que, chaque année, il devient un peu plus difficile pour eux de rattraper les premiers.

Un des symptômes de ce retard est une augmentation démesurée de la population, et c'est pourquoi, prenant l'effet pour la cause, la plupart des gens, surtout dans les pays anglo-saxons, préconisent pour les peuples misérables le contrôle des naissances. Conseiller le contrôle des naissances à un pays sous-développé est une blague dont je vais essayer de vous montrer le côté sinistre.

Les populations inadaptées ont des civilisations agricoles dont les racines plongent dans un très lointain passé de l'espèce humaine et elles vénèrent la tradition ; les populations adaptées ont des civilisations de type industriel, résolument tournées vers l'avenir. Entre les deux, je n'aime pas poser l'écran d'un jugement de valeur : individuellement, on n'est ni moins intelligent, ni moins bon, ni surtout moins heureux, dans une population dite « arriérée » que dans la nôtre – du moins tant que personne ne touche à l'équilibre empirique millénaire qui a permis aux hommes d'y subsister. Il fut un temps – pas si lointain, puisqu'il se termine avec la Seconde Guerre mondiale – où les deux civilisations ont coexisté dans notre propre pays : quant à moi, je les y ai connues en France l'une et l'autre.

À chacune des deux civilisations correspond un type de natalité différent et, dans les deux cas, ce type de natalité se lie à l'ensemble des exigences sociales des deux sociétés : prêcher la natalité biologique dans un milieu universitaire parisien ou new-yorkais (où chaque parent veut offrir à tous ses enfants un métier gratifiant exigeant de longues études) n'est pas plus absurde que de prôner le contrôle des naissances dans une population archaïque où l'on a un besoin matériel de main-d'œuvre et aucun autre moyen de s'en procurer. En revanche, dès que les deux sociétés sont en contact, elles tendent à avoir le même type de mortalité. Il en résulte, pour les groupes archaïques, un accroissement démesuré et imprévu de leur population.

De même que les deux civilisations ont chacune un type de natalité distinct, elles ont également, dans le domaine économique, des types de productivité essentiellement différents.

Dans les sociétés archaïques, où, par tradition et nécessité, les hommes se multiplient au maximum pour survivre, les ressources restent plus ou moins stationnaires, c'est-à-dire qu'elles s'accroissent peu, dans la meilleure hypothèse, et qu'elles ont tendance à diminuer lorsqu'elles ont atteint un plafond auquel elles parviennent vite. Multiplication des hommes et diminution des ressources, le résultat est, inévitablement, une baisse tragique, régulière, progressive, inexorable, du niveau de vie.

Inversement, dans les sociétés industrielles, l'augmentation des richesses a longtemps été rapide, tandis que celle des hommes y devient souvent insuffisante. Le résultat a longtemps été une élévation constante et substantielle des conditions générales de l'existence.

Il n'y a pas là d'argument pour ou contre le malthusianisme : théoriquement, il faudrait être antimalthusien dans les sociétés malthusiennes et malthusien dans les milieux archaïques où il est impensable de l'être. Présenter ainsi le problème démontre combien il est chimérique d'espérer le résoudre facilement : chaque civilisation constitue un tout homogène qui ne se laisse pas débiter en pièces détachées interchangeables. Lorsqu'un de ses accessoires devient inutilisable, c'est la voiture entière qu'il faut réviser.

L'accroissement des ressources et l'accroissement des hommes sont donc deux phénomènes distincts, mais ils se présentent, dans les deux systèmes, avec une sorte de parité discordante : ici les richesses croissent et pas les hommes, là ce sont les hommes qui augmentent et pas les richesses. Et lorsque l'on établit, dans chaque secteur, les revenus moyens des individus, on constate que le niveau de vie baisse encore plus vite dans les pays dits sous-développés qu'il n'augmente dans les zones riches. Encore la situation est-elle pire que ne le disent les statistiques, car celles-ci ne sont capables d'enregistrer – plus ou moins exactement – que la somme des revenus et le total des hommes, mais elles ne peuvent tenir compte de la façon dont les premiers sont distribués entre les seconds. Or, dès que l'économie du pays archaïque s'effondre, il s'y développe une couche de population parasite qui accapare une portion considérable du revenu national – et croque, éventuellement, les investissements étrangers et même les charités étrangères. Revigorée par ceux-ci, elle n'en est que plus avide pour pomper les autres ressources du pays où elle prolifère, et c'est au point que l'on peut se demander si, lorsque l'indigence et l'ignorance d'une population dépassent un certain taux, les investissements ne contribuent pas à l'appauvrir, de même que son dénuement culturel est aggravé par une lutte irrespectueuse et grossière contre la vieille culture orale qu'une alphabétisation précaire ne remplace pas.

Ces doubles processus ont pour résultat d'enrichir régulièrement une partie de la population terrestre, tandis que d'autres hommes sont sur la pente d'une déchéance accélérée que, faute d'un autre mot, j'ai appelée « clochardisation ».

Des populations archaïques ont longtemps survécu sans être ni « adaptées » ni « clochardisées » dans les régions où d'immenses espaces vierges permettaient de différer provisoirement le surpeuplement, mais il est clair qu'il s'agissait là d'un sursis. Et attendrissons-nous, en passant, sur leurs masques sculptés, sur leurs tapas, sur leurs danses, sur leurs djellabas brodées, avant l'invasion du bleu de chauffe ou de la guenille. Quant à moi, permettez-moi de pleurer d'abord sur leur malheur, car de pleurer, il y a lieu.

Le plus grand forfait du XVIIIe siècle me semble avoir été la traite des Noirs. Et le colonialisme représente à mes yeux celui du XIXe siècle.

Mais le crime du XXe siècle sera la « clochardisation » d'une partie de l'espèce humaine. Le système concentrationnaire ? On peut, probablement, le considérer comme une rationalisation extrême du phénomène, une tentative pour en tirer financièrement le « meilleur parti » possible.

L'antiesclavagisme a été souvent un des alibis du colonialisme, et je me demande si l'anticolonialisme ne sert pas d'alibi dans certains cas à la « clochardisation ». À l'heure actuelle, par exemple, la situation alimentaire dans les régions où il n'y eut jamais de colons apparaît comme un peu plus alarmante que dans celles où les colons ont mis les terres en valeur et créé des entreprises.

5. L'enfant

Dans les pays qui ont eu l'incroyable chance de prendre le train au bon moment – l'express qui entraîne la civilisation industrielle – l'adaptation eut lieu insensiblement, ce qui ne permit pas de remarquer à quel point elle a été considérable.

Actuellement, dans ces pays, tout enfant[1], dès avant sa naissance, mobilise d'innombrables médecins. Ensuite – poumons, cœur, yeux et dents – il est revu régulièrement. Sa nourriture, son sommeil, ses jeux deviennent l'objet de sciences qui ne cessent de progresser ; le nombre des années d'instruction dont il bénéficie s'accroît également : en un mot, toutes les sollicitudes, toutes les protections dont dispose le riche pays auquel il a fait cette grâce de le choisir pour patrie lui sont offertes. Cela est juste, car il représente pour cette patrie la garantie de sa force future, de sa sécurité, et de son progrès continu, en outre c'est lui qui travaillera pour payer les retraites dorées de ses vieux travailleurs. Mais à ce haut prix seulement, et il faut y prendre bien garde.

Par une pente continue et régulière, chaque adolescent est amené ainsi jusqu'à l'âge de la spécialisation et du métier. Et d'année en année, dans les pays adaptés, la spécialisation devient plus exigeante, le métier plus difficile, mais aussi le profit social plus grand. Et l'un sera ouvrier qualifié ou chirurgien, l'autre vendeur, physicien-atomiste ou ministre – c'est tout un, car le fils du maître ouvrier, s'il en a le goût, peut faire un homme politique ou un homme de science.

Dès lors, chaque enfant qui vient au monde impose à ses parents de plus en plus de soins et de dépenses. Parallèlement à cette exigence, les naissances sont devenues moins nombreuses, et c'est au point que l'État veille à ce que la natalité ne baisse pas trop, ce qui l'oblige à protéger encore plus l'enfant et la famille.

Dans les pays en question, les individus normaux sont conscients

1. Il y a, hélas, dans nos sociétés des enfants mal nourris, qui n'ont ni jouets, ni écoles, ni vacances – mais leur situation constitue un scandale. Dans un pays inadapté elle est la règle.

du tort grave qu'ils causeraient à leurs enfants en ne leur assurant pas une alimentation abondante et de bonne qualité, une surveillance médicale vigilante, de nombreuses années d'études, un certain confort général – vêtements, air pur, jeux, vacances – *et, pour terminer, un métier.* Tous ces avantages ne constituent pas un privilège, c'est leur absence, au contraire, qui représente un grave préjudice. Or, malgré la plus totale abnégation, un couple ne peut pas assumer une pareille charge pour l'« enfant annuel » qui correspond au rythme biologique normal de la reproduction humaine.

Dans le Canada français, pays catholique où la natalité était par conséquent freinée par l'interdiction du divorce et par la monogamie, j'ai rencontré en 1954 (précisément quelques semaines avant de revoir l'Algérie) plusieurs vieilles dames ayant *vingt-trois enfants vivants*[1] et des centaines de petits-fils ; on y citait également le cas d'une femme n'ayant jamais eu l'occasion d'être réglée : mariée très jeune, puis enceinte chaque année jusqu'à l'âge mûr…

Dans un pays comme l'Algérie, où les conformismes sociaux sont parmi les plus favorables du monde à un taux de reproduction maximum – mariage précoce, polygamie autorisée, répudiation aisée et fréquente –, on pouvait s'attendre (s'il n'y avait pas de mutation à la fois culturelle et économique) à une accélération de la natalité plus forte encore que celle que laissaient prévoir les statistiques.

Les statistiques, en effet, ne peuvent permettre qu'une demi-prévision empirique des faits démographiques, car elles enregistrent sans discrimination des phénomènes contradictoires dont quelques-uns nous sont parfois inconnus. C'est ainsi que l'ébranlement biologique subi par les pays en cours d'évolution a, dans le domaine démographique, deux conséquences diamétralement opposées : au-dessus d'un certain niveau de revenu et de culture, baisse de natalité ; au-dessous de ce niveau, *hausse* de la natalité. L'enquête ethnographique décèle les deux phénomènes, souvent dans un même milieu, mais les statistiques ne nous permettaient d'estimer l'importance réelle ni de l'une ni de l'autre. Dans le cas où l'évolution de l'Algérie (scolarité, niveau de

1. Avec une surface comparable à celle de l'Europe et une population voisine de celle de la Belgique, le Canada aurait pu se permettre de conserver pendant quelques générations cette natalité – qui est la natalité *normale*, *animale*, de notre espèce. Il n'en fut rien, malgré tout ce qu'a pu dire le pape, parce que, dans un pays évolué, l'enfant et son avenir comptent plus que toute autre considération.

vie) serait ralentie ou arrêtée, il me semblait probable que l'accroissement de la natalité dépasserait les taux énormes prévus en 1955. Dans le cas inverse (scolarisation totale des garçons et des filles, hausse substantielle de la masse des salaires), en une ou deux générations la natalité algérienne pouvait se rapprocher de celle des pays prospères et ambitieux car ce n'est pas seulement l'égoïsme qui prescrit aux parents une limitation de leur fécondité, mais bien plus souvent l'amour paternel ou maternel, c'est-à-dire la même loi de conservation de l'espèce qui, aux peuples archaïques, prescrit exactement le contraire. Et, dans les deux cas, deux attitudes qui, en apparence, sont diamétralement opposées doivent aboutir cependant, à peu de chose près, aux mêmes résultats : des populations relativement stables.

Le groupe archaïque, pour survivre, devait mettre au monde autant d'enfants qu'il le pouvait, et, même ainsi, il restait à la merci d'une épidémie, d'une bataille perdue, d'une année de sécheresse exceptionnelle. Pour quiconque a approché un groupe de ce type, il est clair que tous les sentiments collectifs ou privés, toutes les institutions, y encouragent un taux de reproduction maximum, et il est clair également qu'il ne peut pas en être autrement.

Lorsque la civilisation technique investit le groupe archaïque, la suppression des épidémies diminue massivement et soudainement sa mortalité. Tandis que sa mortalité décroît, sa fécondité s'accroît, sous l'influence des antibiotiques qui font disparaître les cas de stérilité d'origine blennorragique et les avortements dus à la syphilis. L'importance de cette action est même assez grande pour que, dans de nombreuses régions d'Algérie, la pénicilline ait été connue sous le nom de « drogue qui fait avoir des enfants »[1]. Des causes sociales agissent simultanément dans le même sens, car l'intensification des échanges commerciaux, l'affaiblissement des liens tribaux, l'accroissement de la population font éclater ou élargissent les clans consanguins où, hier encore, on ne se mariait qu'entre cousins. Élargissement ou éclatement ont le même résultat : faciliter la nuptialité, donc favoriser les naissances. L'augmentation de la fécondité, la diminution de la mortalité favorisent ensemble un accroissement foudroyant – selon une progression géométrique – de la population. Les hommes, de plus en plus nombreux, s'efforcent naturellement de multiplier en proportion leurs troupeaux et leurs défrichements pour pouvoir subsister, ce qui a

1. En Indochine, un médecin amassa une énorme fortune, simplement en faisant une piqûre de *novar* à toutes ses clientes.

pour résultat une destruction progressive des sols, des sources, des ressources en eau, des forêts, et une diminution parallèle des moyens de subsistance – peu ou pas compensée par quelques améliorations techniques. La sous-alimentation chronique s'installe : il paraît qu'elle est aussi une cause de fécondité.

Mais ne croyez pas que cette effrayante perspective constitue un motif, pour d'innombrables populations des trois continents, de limiter leurs naissances, car cette perspective, c'est nous qui la voyons et pas elles. Pour elles rien ne change, du moins en apparence. Les sentiments qu'elles ont mûris au cours des millénaires de survie, où chaque petit groupe cerné par mille dangers était sans cesse menacé de disparaître, pourquoi y renonceraient-elles ? Ils sont ce qu'elles ont de plus essentiel et de plus précieux. Le cadre matériel de la vie n'a pas changé non plus : comme par le passé, les enfants s'élèvent tout seuls, entre les poules et les chèvres (ou, maintenant, dans les ordures des rues). Comme par le passé, on en a donc autant qu'on peut en avoir, et lorsque par hasard un couple est stérile, il s'en affecte au point d'aller consulter le médecin étranger (qui, dans des pays au surpeuplement tragique, verra rarement des clients soucieux de limiter leur famille). Tout cela, parfaitement cohérent, nous prouve qu'il n'y a pas de problème humain exclusivement physiologique et que, dans celui-ci, le plus grave de tous, le physique, le psychique, le social concourent parallèlement au même résultat[1]. Il y a donc de moins en moins souvent de la viande dans la marmite. La faim devient une sensation habituelle, mais jadis on en mourait quelquefois, tandis que maintenant l'insuffisante sollicitude humanitaire des pays civilisés maintient allumée – mais de plus en plus basse – la petite flamme de la vie.

Un jour, le terrain qu'on cultivait de père en fils – et qui s'amenuise désormais à chaque génération, donc à chaque partage – ne peut plus faire vivre, même très mal, même au plus bas niveau, une famille. Alors, c'est la « clochardisation » dans une banlieue urbaine.

Le « clochard » a plus de raison encore que l'« homme archaïque »

1. En Kabylie, où l'héritage des immeubles est réservé exclusivement aux héritiers masculins, une femme qui n'a pas de fils, une fille qui n'a pas de frère peuvent être chassées de la maison de leur mari ou de leur père à la mort de celui-ci. L'Européen qui voit une pauvre mère de famille se désespérer de ne pas attendre un sixième enfant s'étonne sottement, sans songer que plus elle chérit ses cinq filles, plus son angoisse est grande de ne pas avoir de fils.

de multiplier sa descendance, car il est *irresponsable*[1] de ses enfants auxquels il n'a aucun patrimoine à léguer et qui survivent, comme lui, au jour le jour, dans la rue – où ils rapportent souvent plus qu'ils ne coûtent…

La plupart de nos journaux – spécialement quand, par chance, l'actualité languit – détaillent complaisamment à leurs lecteurs les enchanteresses perspectives d'avenir que la science nous permet maintenant d'envisager. Pour les lecteurs de ces journaux, en effet, ces perspectives ne sont en rien déraisonnables, car – comme le dit, en d'autres termes, l'Évangile – celui qui possède un vélo recevra un jour son auto, celui qui détient une glacière peut espérer acquérir un réfrigérateur, mais à celui qui n'a rien on prendra même ce qu'il croit avoir.

Je n'ai jamais lu sans rage les belles histoires qu'on raconte sur les perspectives de la « chlorella » (une algue alimentaire dont le prix de revient sera infime), car je crois fermement que manger ne suffit pas pour vivre, et que les hommes sans école, sans métier, sans terre, ceux dont le nombre double à chaque génération (mais avec la chlorella il pourrait tripler pour le grand malheur de la planète), je refuse donc d'imaginer leur sort et leur avenir, accroupis sur leur fumier, entre la distribution – nécessairement gratuite – de chlorella et celle de DDT. Nous, au moins, dans nos camps de concentration, nous avions connu antérieurement la dignité, l'effort utile, la réflexion, la responsabilité – et ce souvenir a permis à la plupart d'entre nous de continuer jusqu'à l'agonie à appartenir à l'espèce humaine.

Avec ou sans chlorella – celle-ci n'est qu'un symbole – *aucun pays au monde ne peut désormais faire l'économie de l'École et du Métier, pour ses fils et pour ses filles*, et c'est une erreur de croire que les grands périls des peuples dits « sous-développés » sont des périls exclusivement alimentaires ou exclusivement démographiques, que des « trucs » faciles (méthode Ogino, éducation de base ou chlorella) vont permettre de surmonter. Ce qui, précisément, rend si ardus les problèmes qu'ils posent, c'est qu'ils demandent pour être résolus le passage d'un système dans un autre, c'est-à-dire *rien de moins qu'une mutation*. Celle-ci exige – et pour chaque individu en particulier – un idéal d'existence ambitieux, plus ambitieux que celui présenté à cet individu par la société où il vit. Elle exige également des options (qui

1. La natalité humaine ne peut être freinée que par le sentiment de responsabilité des parents vis-à-vis de leurs enfants.

dit option, dit sacrifice), des efforts énergiques et suivis, de la discipline, en un mot : de l'espoir.

Des gens doctes vous diront que, pour de mystérieuses raisons, certaines catégories de populations sont incapables d'effort, d'ambition, de discipline. C'est faux. En revanche, elles n'ont réellement pas la plus petite chance de vivre une vie normale, *la solution raisonnable* – celle que nous adopterions si nous étions à leur place – *c'est le morne abandon ou la révolte inconditionnelle* : rien d'autre n'est possible dans le monde qui leur est fait – mais auparavant, quand les hommes sont raisonnables, ils commencent par se battre dès qu'ils voient se réduire leur espace.

Un journaliste, dans un reportage sur l'Orient, parle de la « haine pathologique » que les gens de ces pays éprouvent pour tout ce qui est occidental. Un ethnologue, à propos des Indiens du Brésil, s'attriste de leurs sentiments profonds de haine, de méfiance et de désespoir à l'égard de tout ce qui touche à nos systèmes. Mais n'est-ce pas légitime ? Comme l'or du diable, tout ce que nous leur donnons se transforme dans leurs mains en feuilles sèches.

Cette haine impuissante et désespérée est le dernier refuge d'hommes qui n'ont même pas la possibilité de se révolter contre cette crasse gangreneuse que devient notre civilisation lorsqu'elle leur parvient. La puissante locomotive qui a inspiré Honegger ? C'est cette vieille machine à coudre rouillée qui ruine leurs brodeurs. Nos philosophes, nos historiens, nos savants ? L'imbécile ricanement d'un cuistre devant tout ce que ces hommes vénèrent.

La révolte organisée, la guerre endémique se placent à égale distance du désespoir sans remède et de l'équilibre heureux atteint par ceux auxquels les circonstances permettent de croire dans l'Avenir.

6. Une école et un métier

Une élévation rapide, générale et massive, à la fois du niveau de vie et de l'instruction, est une condition indispensable pour atteindre la mutation sociale qui peut seule sauver n'importe quelle population en cours de paupérisation. Mais elle représente un effort gigantesque dont quelques chiffres, évalués au plus bas en 1955, vont nous donner une idée[1] :

– Instruction primaire, par enfant (6 à 14 ans) : plus de 300 000 F ;
– Un an de formation professionnelle, par adolescent : 600 000 F ;
– Investissements nécessaires pour un emploi dans l'industrie : 3 à 6 millions ;
– Un logement ouvrier : 1 million.

L'effort que cela représente, si élevé soit-il, est accessible au pays qui doit seulement maintenir certaines de ses minorités à son niveau, mais pour le pays archaïque ou – pire – pour le pays déjà « clochardisé », pouvez-vous mesurer l'énormité de l'entreprise qui consiste à vouloir effectuer sur ces bases le sauvetage de la totalité de sa population ? Et pourtant, pensez-vous qu'elle puisse être sauvée à un moindre prix ?

N'espérez pas qu'on puisse s'en tirer au rabais, avec quelques ampoules de vaccin, une généreuse distribution d'« invendus », et une lutte sommaire contre l'analphabétisme.

Toutes ces marques de sollicitude ne pouvaient avoir qu'un seul résultat, celui qu'effectivement elles ont : effondrement fatal des valeurs, des techniques et des traditions d'un peuple original, accroissement démesuré de sa population, diminution ininterrompue de ses ressources et une distorsion sociale de nature d'autant plus explosive et agressive que la sollicitude aura été plus suivie sans être suffisante.

Dans un pays où la majorité des gens savent lire, il est indispensable d'instruire les analphabètes, mais, dans celui où les masses sont illet-

1. Ces chiffres, pour le lecteur de 1999, ne veulent pas dire grand-chose. (On estime qu'en France, aujourd'hui, un élève qui va jusqu'au bac coûte plus de 450 000 F à l'État.)

trées, la lutte contre l'analphabétisme peut même devenir un moyen d'exploitation pour les bénéficiaires.

Comprenez bien qu'il s'agit essentiellement d'une question de dosage : un enfant scolarisé sur vingt, cela suffit pour mettre en faillite l'éducation traditionnelle reçue par les dix-neuf autres, mais si les vingt enfants trouvent place dans une école qui les garde assez longtemps, ils pourront tous trouver place dans la société moderne où ils vivent ; un seul commerce, dans un pays archaïque agricole, cela suffit pour y faire prospérer le parasitisme mercantile et pour effondrer l'économie ancienne, mais s'il se crée un nombre de commerces et d'industries suffisant pour élever l'ensemble des revenus, le pays est sauvé ; nos ampoules d'antibiotiques et de vaccins ont fait chavirer un équilibre démographique millénaire, mais si, en même temps que les antibiotiques et les vaccins, on fournit aux naufragés des écoles et des moyens de ressources : usines en quantité suffisante ou commerces, ils prendront pied dans un autre équilibre, et ils deviendront ambitieux pour chacun de leurs enfants en particulier…

Or, on pouvait vivre dans un système archaïque, on peut vivre aussi dans notre système. Est-on plus heureux ici ou moins heureux là ? Peu importe, puisque jamais on n'a le choix et que l'évolution est irréversible. Mais dans le « système clochard » le malheur est indiscutable, évident, et les chances de lui échapper à peu près nulles. Il est malheureusement facile de prévoir, à plus ou moins longue échéance, la dégringolade que je vous ai décrite pour le milieu archaïque qui ne parviendra ni à éviter tout contact avec la mondialisation, ni à s'y adapter : c'est-à-dire à *scolariser la totalité de ses enfants, filles et garçons*, et à assurer un *métier*, et un *emploi* à tous ses adultes, femmes et hommes. Et il est non moins facile de calculer que le nombre des « humains biologiquement adaptés » (ou qui vont l'être dans un proche avenir) ne correspond qu'à *une partie* de la population terrestre, tandis que celui des « clochards » (ou des malheureux exposés à le devenir) s'étend jusqu'à nos propres banlieues. Les humains « biologiquement adaptés » sont ceux dont les enfants *coûtent beaucoup d'argent et n'en rapportent pas.*

Quels sont les pays « biologiquement adaptés » ? Ceux où le niveau de vie peut logiquement s'élever régulièrement, ceux qui ont la chance d'être dans le peloton de tête de la civilisation au bon moment : donc la plus grande partie de l'Europe, de l'Amérique du Nord et du Japon, l'Australie et quelques régions en Asie… J'entends bien qu'il existe en France, en URSS et même aux USA, des secteurs qui correspondent parfaitement à la définition d'un pays sous-développé, mais on a le droit d'espérer pour eux un alignement progressif avec les secteurs plus favorisés.

En face, il y a les régions maudites, celles qui ont pris du retard, celles où le morceau de pain quotidien devient chaque année un peu plus sec et un peu plus petit.

Entre ces deux extrêmes, il existe naturellement un talus, terriblement en pente et couvert de verglas, sur lequel cependant des pays s'accrochent, essaient de se hisser… Pour ces nations, les hasards de l'histoire jouent au maximum : une aide extérieure, un bon gouvernement – les voilà presque sauvées ; une guerre, une révolution, un peu de gaspillage, une exploitation étrangère – et elles coulent.

L'énorme difficulté que présente pour les zones qui ont pris du retard les entreprises consistant à le rattraper, nous pouvons la mesurer en considérant ceux qui, résolument, tentèrent cet exploit au cours de la première moitié du XXe siècle : l'URSS et le Japon. Le premier a payé – mais de quel prix : dix-sept millions de morts, dont douze millions de morts de faim – le droit d'expérimenter le stalinisme ; et, même à ce prix terrible, il n'y serait pas parvenu sans ses immenses ressources naturelles et une industrie qui, dès avant la Première Guerre mondiale, était déjà en plein essor. Le second, grâce à un effort héroïque, à une population exceptionnellement industrieuse et disciplinée, à un État ancien et fort, a d'abord rattrapé le retard. Maintenant, la Chine et l'Inde se lancent dans le corps-à-corps pathétique, fortes de quelques exemples à ne pas suivre.

J'essaie d'abréger et de simplifier la description des traquenards qui ont jalonné la route des vieux pays archaïques qui voulaient survivre, mais il en est un qui me semble si dramatique et si essentiel que je dois vous en dire un mot : celui de l'équilibre entre la ville et la campagne, c'est-à-dire entre l'industrie et l'agriculture.

L'essor prodigieux des puissants États-Unis, du Canada, de l'Australie, et, toutes proportions gardées, du tout petit État israélien, a été certainement très accéléré par le fait qu'ils sont constitués d'émigrants et qu'ils n'ont, par conséquent, pas de classe paysanne autochtone – circonstance qui leur a permis d'aligner presque d'emblée leur agriculture sur leur industrie, et qui nous empêche, par conséquent, de tirer profit de leur exemple.

Il n'en a pas été de même partout, et en URSS, d'innombrables indices nous permettent de penser que ce fut là son secteur le plus vulnérable : épouvantables famines des débuts du régime, répression d'une ampleur et d'une durée apparemment injustifiées, baisses *locales* surprenantes de la natalité – tout cela ne s'explique que par des tâtonnements meurtriers portant sur les problèmes de la paysannerie et par la volonté d'en exterminer une partie.

Le fait très inquiétant, c'est que, dans ce domaine, il n'y a, jusqu'à présent, jamais eu, nulle part, de réussite, sinon dans les pays où l'instruction des masses et la prospérité remontent à une époque ancienne : Danemark, Hollande et (à un moindre degré) France.

Depuis le grand essor de la Civilisation planétaire qui est en train de faire éclater toutes les vieilles structures, pas un seul peuple de paysans pauvres qui soit passé de la misère à l'aisance, mais uniquement de l'aisance à l'émigration en ville ou à la misère. Il faut bien avouer qu'il y a là de quoi faire peur.

En supposant (hypothèse peu probable) que tous les pays privilégiés se mettent rapidement d'accord pour s'imposer les plus grands sacrifices afin de « déclochardiser » le reste de l'univers, en auraient-ils les moyens ? En attendant de les avoir ils se bornent à des saupoudrages à éclipses qui enrichissent la misère mais non les misérables. Tout cela a la même efficacité et obéit un peu aux mêmes principes que la pièce d'un sou dont les « petites filles modèles » de la comtesse de Ségur se munissaient, pour donner à leur pauvre, à la sortie de la messe.

Dans la seule population qui soit pupille de l'ONU (les Arabes chassés de Palestine), un rapport officiel nous apprend qu'au cours de l'année 1955-1956, parmi 500 000 adolescents de moins de quinze ans, 408 avaient reçu une formation professionnelle. Ce n'est donc pas le quart de son devoir que l'UNWRA avait fait (comme ce fut notre cas en Algérie), mais le millième de son devoir. Que vont devenir les Palestiniens ?

Accuser d'avarice les pays prospères est aussi vain que d'accuser d'ingratitude les pays pauvres. C'est un fait pourtant que l'argent donné aux seconds ne leur sert souvent à rien – quand il n'aggrave pas leur situation en enrichissant leurs parasites – mais ce même argent représente cependant, de la part des premiers, un sacrifice lourd.

En France, par exemple, chacun sait que les vieux travailleurs n'ont pas le nécessaire et que, lorsque le gouvernement a voulu leur assurer une pension (minable), il n'a pas su où prendre l'argent ; en URSS, les paysans marchaient encore pieds nus sous Staline ; dans les riches

États-Unis les impôts sont énormes, la sécurité sociale est très insuffisante dans la majorité des professions, tandis que la misère, la faim, l'analphabétisme, l'alcoolisme, l'enfance abandonnée sont des maux connus autrement que par ouï-dire. Pour tous ces pays, les dons octroyés aux régions sous-développées correspondent à un effort qui leur semble considérable, et il est fort triste de constater à quel point cet effort est insuffisant.

Car tout ce qui est fait, au-dessous du niveau très élevé de formation de la jeunesse que je viens de décrire, précipite la déchéance des pays inadaptés, mais ce qui pourrait les sauver coûte trop cher ; alors on leur donne ce qui va les perdre, c'est-à-dire, bien souvent, des armes.

Si l'on pouvait du moins les laisser tranquilles ! Hélas, cela aussi est impossible, car le diable a mis dans leurs sous-sols des tentations auxquelles les pays riches et avides sont incapables de résister. Et, malgré les armes et les dépeuplements qu'elles causent, la planète Terre est devenue trop petite.

7. Des femmes, traitées comme un animal domestique

Considérez maintenant, dans cette perspective, le destin de notre pays – pays relativement comblé par la nature, mais pas plus que certaines régions d'Afrique (par exemple celles des Grands Lacs) où les gens s'entretuent…

Première chance : nous réussissons notre révolution politique et démographique ainsi qu'une partie de nos réformes agraires avant le début de l'essor industriel et longtemps avant la révolution biologique (appelons « révolution biologique » les inventions en série qui vont doubler la durée moyenne de la vie humaine).

Nous nous trouvons donc bien placés au moment le plus important de l'histoire des hommes : la première moitié du XXe siècle. C'est pourquoi, malgré notre hémorragie de 1914, malgré la catastrophe de 1940, malgré onze années de guerres mondiales et je ne sais combien d'années de guerres coloniales, malgré nos malheurs et nos sottises, on peut dire que nous avons eu de la chance, puisque, au moment voulu, nous nous sommes trouvés dans le clan des gagnants économiques. Entendez par là : les pays où la définition du niveau de vie s'élève régulièrement en dents de scie – car le niveau de vie lui-même peut subir partout des aléas.

On imagine volontiers que le hasard seul n'a pas tout fait et que nous pouvons aussi revendiquer des mérites – mais acquiert-on des mérites lorsqu'on n'est pas bien placé pour cela ?

Cette ligne ascendante de notre chance, chacun peut facilement en suivre quelques étapes sans feuilleter des livres ou inventorier des statistiques. Asseyons-nous plutôt à côté d'un paysan pauvre ou d'un très vieil ouvrier (n'importe lequel, dans n'importe laquelle de nos provinces) et, comme je l'ai fait moi-même tant de fois, laissons-le parler, écoutons-le.

Il nous racontera son enfance : à six ans l'école, « pour apprendre les lettres » ; « placé » à huit ans comme berger – et souvent plus petit que ses moutons ; des maîtres avares, qui mesurent le pain ; pas de viande, pas de sucre. Plus tard : « On gagnait trois francs par jour, à faucher à la main, comme des martyrs ; la moisson durait deux mois. Après, c'était le trimard »… Entendez : la mendicité. Et la maladie, et le chômage, et le terme… Rien de tout cela n'est tellement lointain : cela remonte seulement à la première moitié du XXe siècle…

Certes, il y a actuellement en France bien des choses qui vont mal – logements indignes, salaires insuffisants, chômage, enfants abandonnés, vieillards misérables – mais, dans tous les domaines, l'amélioration a été longtemps constante et régulière. Cette amélioration, nous la retrouverons dans d'autres pays démocrates qui vivent au-dessus d'un certain seuil de pauvreté : au-delà de ce seuil les affamés (qui chaque année auront un peu moins de ressources) ; en deçà le bloc des rassasiés, que chaque année enrichit…

Les Algériens ont eu le sort inverse des Français car ils se sont trouvés d'emblée en présence de l'explosion démographique avant d'avoir atteint ce niveau de culture et de revenu que je vous propose d'appeler « le niveau d'autoprotection »[1].

En 1954, une partie moderne du peuple algérien entre en guerre contre une injustice authentique : l'inégalité politique de deux populations qui, l'une et l'autre, sont nées sur son sol – mais le pays comptait alors de neuf à dix millions d'habitants – dont un million environ de minoritaires étaient des émigrants juifs ou chrétiens venus d'Europe depuis plusieurs générations. Cent ans plus tôt l'Algérie n'était peuplée que par près de deux millions de paysans musulmans (berbères, plus ou moins arabisés) et quelques milliers de citadins juifs et de citadins turcs… Combien aura-t-elle de gens à nourrir à la fin de notre siècle ? Près de trente millions ou davantage ?

Tout cela est fou, car ces enfants à naître exigeront des écoles, des universités, des logements décents – et un métier… Un métier pour chacun, garçons et filles, un emploi pour chacun, femmes et hommes…

Car la seule façon de limiter les naissances sans utiliser la violence (à la manière chinoise ou hindoue) consiste à donner aussi aux femmes d'abord une instruction et des diplômes, ensuite des droits, des emplois, des responsabilités, leur permettant d'assumer une famille et de ne pas être une sous-espèce humaine[2].

1. C'est là qu'est intervenu, jusqu'en 1962, notre responsabilité. Et – après 1962 – la responsabilité des gouvernements algériens qui vont alors se succéder.

2. Dans *Le Harem et les Cousins*, p. 199, on peut trouver une analyse de la dégradation

En 1954, un petit garçon musulman sur cinq allait en classe et une petite fille musulmane sur seize. Ces chiffres honteux étaient eux-mêmes inexacts – comme le sont toutes les statistiques qu'on n'analyse pas – car, en Algérie, plus encore qu'un problème « musulman - non-musulman » ou « colon-indigène », c'était le problème « ville-campagne » qui tendait à s'imposer : en 1955, la scolarisation totale des enfants de toutes les confessions allait être atteinte dans les villes (dans la commune d'Alger, treize enfants musulmans sur dix-huit), tandis que dans les campagnes elle constituait encore un rêve inaccessible.

On ne désire pas ce qu'on ignore et, dans les cavernes aurignaciennes, nos ancêtres sont morts sans avoir souffert de l'absence de télévision ou de chauffage central. Mais l'Afrique (et particulièrement l'Algérie) constitue des zones où coexistent le plus constamment les connaissances directes et personnelles d'un certain nombre de privilèges (instruction, droits politiques, structure familiale évoluée, possibilité d'améliorer une situation) avec l'impossibilité pratique de les acquérir. De tous ces biens, que nous avons acquis en deux siècles, les femmes algériennes sont frustrées, en connaissance de cause, avec une immense amertume[1]...

Quant à l'expérience vécue de la faim, il faut des cataclysmes, comme ceux que nous avons traversés entre 1940 et 1945, pour que, dans nos pays heureux, on connaisse ses méandres et ses nuances – car il y a deux faims : une faim primaire et une deuxième faim...

Dans la *faim primaire*, on est exclusivement obsédé par une certaine masse qui remplira l'estomac : pain, farine, riz. Sous l'influence de cette *faim primaire*, nous avons vu, dans les camps de concentration, des captifs avaler, coup sur coup, deux, trois gamelles de rutabagas – quand il y avait des malades ou des mortes dont on leur laissait la ration. Dans les blocks, lorsqu'on énumérait les précieuses denrées qui hantent le cerveau des affamés, nous avons entendu souvent répondre : « D'abord du pain, *beaucoup* de pain... »

Ensuite, lorsque l'estomac est plein, naît une autre faim, une « faim secondaire » – faim de viande, de laitages et de fruits –, et, au fur et à mesure que cette « faim secondaire » est satisfaite, la consommation de pain, de pommes de terre, de riz, diminue.

---

féminine d'abord dans l'ensemble méditerranéen, ensuite dans les zones du Maghreb fraîchement urbanisées.

1. Qui s'est accrue après 1962 au lieu de diminuer.

Dans les campagnes d'Afrique, les enquêtes que j'ai faites sur les consommations familiales me permettent de penser que la « faim primaire » est, vaille que vaille, *grâce souvent à l'émigration des travailleurs en Europe*, à peu près satisfaite. Pas tout le temps, et pas pour tout le monde, et avant l'émigration, au moment de la soudure (février-mars), on a connu en Kabylie, dans certaines maisons, la galette de glands et, dans l'Aurès, les baies de genévrier bouillies.

La *faim secondaire*, seules les familles riches et celles des travailleurs de l'industrie travaillant sur place ou émigrés en France peuvent la rassasier. Lorsque, dans un gourbi du Zaccar, je demandais en 1955 combien de temps dure une « charge » de blé ou d'orge, si la réponse correspondait à une consommation supérieure à un litre par personne et par jour, je savais que la « faim primaire » était apaisée, mais que la « faim secondaire » planait en permanence sur le foyer. Lorsque la consommation des céréales diminuait, cela signifiait ou bien l'aisance (un peu de sucre, un peu de beurre, un peu de viande et de lait), ou bien le dénuement total de la faim qui fait mal au ventre.

Or, en 1957, il ne faut pas l'oublier, un homme algérien adulte sur deux a déjà vécu en France et, à l'arrière-plan de cette misère qu'il a chez lui sous les yeux, il peut évoquer des images d'un autre monde : enfants joyeux, bien habillés, bien débarbouillés, qui mordent dans la tartine du goûter en revenant de classe, ménagères affairées faisant leurs copieuses emplettes du jour, et ces petites cuisines chaudes et commodes qu'on aperçoit par les fenêtres, le soir, entre le moment où la lampe s'allume et celui où se ferment les volets… Sans oublier aussi ces droits politiques dont beaucoup de Français ne font aucun cas, et ce passeport qui ne leur sert souvent à rien…

Certes, l'homme qui travaille ou qui a travaillé en France paraît à ses autres compatriotes un privilégié : sa famille est mieux nourrie et mieux vêtue que celles de ses voisins, il participe aux avantages acquis par les travailleurs français, du moins dans le domaine du salaire, puisque nos lois exigent qu'on le paie au même tarif que son camarade métropolitain.

Voyons cependant les conditions de vie de ce privilégié : il gagne en France théoriquement autant que l'ouvrier d'ici, mais l'ouvrier français vit en famille ; en ville, bien souvent sa femme travaille de son côté et le ménage (qui subsiste sur deux salaires) dispose d'un peu plus que le strict nécessaire – cet « un peu plus », c'est justement un des éléments du bonheur : quelques semaines de vacances auxquelles on pensera toute l'année, ou une vieille maison – maison qu'on restaure dans le village où l'on est né… Lorsque la femme ne travaille pas, elle administre la maison, cuisine, lave, coud, repasse, fait le marché, économise… Dans la famille ouvrière musulmane, il n'y a qu'un seul salaire et, en moyenne, deux ou trois fois plus d'enfants ; c'est l'homme qui fait le marché, qui coud, qui calcule, qui administre, c'est lui qui soigne le bébé malade et, lorsque l'enfant ne peut être nourri par sa mère, il arrive que ce soit le père qui doive faire le biberon. J'ai connu, dans des milieux divers, des hommes qui avaient patiemment transmis à leurs femmes quelques-unes des recettes ramassées dans leurs voyages, mais ils avaient, croyez-moi, du mérite : les autres – la majorité – renoncent. Je me souviens d'un petit fonctionnaire, dont tous les enfants étaient trachomateux, disant à un coreligionnaire qui lui donnait des conseils d'hygiène : « Tu sais bien que nous avons tous épousé des s… »

J'ai connu aussi des cas où un père, après la naissance d'un troisième ou d'un quatrième enfant, s'en allait tout simplement sans laisser d'adresse, pour fonder ailleurs un autre foyer[1].

Les femmes ainsi spoliées et insultées n'ignorent pas qu'il existe ailleurs une autre condition que la leur. Dans les villes, elles regardent la télévision, elles écoutent la radio (chez elles ou chez une voisine, peu importe), elles parlent entre elles, elles s'informent et, même dans les villages du bled, j'ai entendu, dès 1955, des réflexions stupéfiantes d'amertume. Elles savaient qu'il est plus facile, dans leur pays, de répudier une épouse honnête, et de la séparer de ses enfants, que dans le nôtre de renvoyer un domestique.

Adolescentes mariées de force, petites filles vendues légalement à des vieillards, polygamie, spoliation des veuves et des orphelines, cohabitation avec les beaux-parents et quelquefois les beaux-frères et les belles-sœurs – tout cela est vu et senti comme une odieuse contrainte.

Lorsque dans un bidonville de Constantine ou d'Alger, je demandais en 1954 aux enfants ce qu'ils voulaient faire quand ils seraient grands, les petits garçons (comme tous les petits garçons d'Europe ou d'Amérique) parlaient d'une belle auto, mais les petites filles voulaient presque toutes être institutrices – et ne pas se marier.

1. En cette fin de siècle, et grâce au *Code de la Famille*, le père peut répudier sa femme, en gardant l'appartement et les enfants. En ville la femme est alors littéralement « sur le trottoir ». Dans les campagnes il y a presque toujours des parents (proches ou non) qui l'aident.

8. Le courage des migrants

Durant plus d'un siècle la France et l'Algérie ont été liées par un double exode qui, de part et d'autre, les engagea au-delà de leur volonté : le vieil exode des « migrants-colons » partis d'Europe pour gagner leur pain au sud de leur pays, auquel a répondu le moderne exode des travailleurs musulmans partis vers le nord gagner le leur : deux courants inverses de populations qui furent l'un et l'autre responsables de la double évolution de l'Algérie.

Ces travailleurs algériens émigrés, tous les Français les connaissent de vue, mais j'ai rencontré des gens bien intentionnés qui se demandent encore pourquoi ils viennent ici : les uns, d'ailleurs, sont persuadés qu'ils y ont été attirés malgré eux par des employeurs pervers (qui ensuite ne les emploient pas), tandis que les autres pensent qu'ils y viennent uniquement par amour des voyages ou pour faire peur, dans les faubourgs déserts, aux passantes attardées.

En fait, cette émigration de plusieurs centaines de milliers d'hommes représente plusieurs centaines de milliers d'actes de courage et d'initiative, plusieurs centaines de milliers d'actes de dévouement à une famille pauvre. Ils attestent la non-passivité des maghrébins, leur absence de « fatalisme », leur volonté de se forger un meilleur destin, et leurs capacités pour le faire. – Essayez d'imaginer l'audace qu'il a fallu aux premiers pionniers qui n'ayant, bien souvent, jamais vu une auto ni un chemin de fer, ni même un robinet ou un escalier, osèrent en précurseurs se lancer ainsi dans l'inconnu.

Dans deux villages différents, où personne ne comprenait le français, j'en ai connu deux qui, à trois ans de distance, furent, chacun de leur côté, les initiateurs de ce moderne exode. Je mesurais le risque qu'ils affrontaient ainsi, car ils devaient vendre leurs pauvres trésors, aliéner leurs terres, et cela sans avoir en France le moindre contrat, la moindre promesse, sans même savoir où il fallait s'adresser pour trouver du travail. Et quel travail ? Ils n'en savaient naturellement faire aucun et, comme je vous l'ai dit, ne parlaient même pas le français. Ils n'ont pas suivi mes conseils et ils sont partis.

Ce sont eux qui avaient raison, car il faut vivre… Depuis lors l'industrie métropolitaine nourrit directement des millions de gens.

On connaît par les bureaux de poste les chiffres des envois réguliers opérés par ces nouveaux colons : en 1956, ils se situaient entre quarante et quarante-cinq milliards. Outre les effets directs de cette transfusion d'argent, et le courant de richesses qu'elle alimente grâce aux achats effectués par les bénéficiaires des mandats (achats faisant vivre des commerces, des industries, une production agricole), il s'est produit des phénomènes moins classiques : beaucoup de paysans algériens que j'ai vus partir pour la France possédaient un petit domaine qui ne suffisait plus pour nourrir leur famille ; avant de partir, par contrat de métayage, ils confiaient leurs terres à un parent ; cette opération devint même si fréquente, du moins dans les zones où les hommes partent en France, que tous les anciens systèmes de fermage y évoluèrent en moins de dix ans, donnant alors au fermier la moitié de la récolte au lieu du cinquième. Le parent qui ne pouvait pas vivre sur sa propre terre a pu subsister lorsqu'elle s'est ainsi agrandie. Faut-il dès lors doubler le chiffre des gens qui mangent, grâce au courage des exilés ? Tout cela a précipité une évolution dont on ne peut prévoir le cours…

Les gouvernements indépendants du Maroc et de la Tunisie ont substitué peu à peu des cadres marocains et tunisiens aux anciens cadres français, substitution opérée sans violence, sans véritables difficultés. On est arrivé ainsi, *progressivement*, à ne voir demeurer dans ces pays que les Français qui s'y plaisent et qui y plaisent : cela s'appelle la paix.

Avec le Maroc et la Tunisie, nous avons des rapports classiques et, si nous les rapprochons des liens (inverses mais parallèles) qui nous unissent à nos alliés américains, cela peut nous aider à comprendre les aigreurs qu'on a nourries parfois à notre égard à Tunis et à Rabat (et inversement, d'ailleurs, celles que nous a répercutées parfois Washington – car, simultanément « satellisants » et « satellisés », nous sommes placés de telle sorte que nous pouvons comprendre les deux).

L'alliance qui a succédé à l'indépendance tunisienne représente pour la France quelques investissements, tout comme l'amitié marocaine. Mais, à ce prix, nous pouvons espérer entretenir avec ces deux pays des liens amicaux qui leur sont aussi profitables qu'à nous-mêmes. Négociations, échanges, brouilles, réconciliations, emprunts ou dons se situent à l'échelon des ambassades ; le Français moyen, le Marocain moyen, le Tunisien moyen n'ont pas grand-chose à y voir et ne s'en mêlent qu'à contretemps et à contresens : pour tout dire, cela ne les regarde pas, et les alliances de ces pays avec le nôtre – comme jadis l'Entente cordiale – auront été forgées à la sauvette par quelques fonctionnaires et quelques hommes d'État attachés à leur devoir.

Ce qui peut arriver de pis – c'est-à-dire une rupture des relations franco-tunisiennes ou franco-marocaines – met en péril les budgets des deux gouvernements de Tunisie et du Maroc mais n'atteint qu'indirectement les budgets particuliers des Tunisiens et des Marocains.

Entre la France et l'Algérie, ce ne sont ni des ministères, ni des ambassades qui nouent et dénouent les situations, mais des centaines de milliers de gens de l'un et de l'autre pays qui, sans le vouloir, sans le savoir, ont tissé à travers la Méditerranée les fils de chaîne et les fils de trame. D'où la gravité de ces relations *qui nous ont engagés, de part et d'autre, au-delà de notre volonté.*

En 1956, la nationalité française et tout ce qu'elle implique (scolarité, lois sociales, protections diverses) rapportait aux Français musulmans des avantages dont ils furent nombreux à mesurer plus tard l'importance – bien que le statut « particulier » de l'Algérie ait permis aux diverses administrations de « rogner » sur ces avantages. Allocations familiales ? Oui. Seulement pas au même taux qu'en métropole. Sécurité sociale ? Il faut savoir s'en servir et pour cela avoir fréquenté l'école. Instruction primaire obligatoire ? À la condition d'avoir un instituteur dans le village. Pensions aux aveugles civils ? Là encore, le taux était différent, etc.[1].

Pendant que de bons fonctionnaires français (respectueux de la justice et de l'humanité) tiraient à hue, d'autres bons fonctionnaires, non moins français (mais aimant les finances publiques et les beaux bilans), avec non moins de conviction, tiraient à dia. Et la situation juridique de l'Algérie le permettait aux uns comme aux autres, puisque « l'Algérie, c'était la France », mais quand même, « pas tout à fait la France ». Ajoutez à cela l'espèce de complexe racialo-économico-religieux qui s'est forgé en Algérie, quelques intérêts privés puissants et organisés, et vous comprendrez comment les meilleures intentions peuvent mal tourner, et pourquoi les intéressés ont considéré avec une profonde suspicion n'importe quelle définition de la « personnalité algérienne ». Connaissant les automatismes qui se déclenchent quand des intérêts

1. En contrepartie, en 1956, on dépensait 600 à 800 milliards pour la guerre.

privés cherchent appui sur les mythes, j'imagine trop facilement la traduction pratique d'une telle définition : « Personnalité du travailleur de métropole : 4 000 calories. Personnalité du migrant étranger : 2 000. »

J'ai entendu en 1955 et 1956 des jeunes étudiants algériens nationalistes expliquer qu'avec l'aide américaine (voire soviétique ou même chinoise) l'Algérie pouvait se passer de la France, mais si vous avez lu attentivement les pages qui précèdent vous avez compris que le problème qui se posait en Algérie était (est encore) un problème de *métiers et de salaires* – insoluble encore sur le territoire algérien, même avec des capitaux considérables.

Les mirifiques richesses du Sahara existent, car il y a de tout partout, et mille fois plus dans mille millions d'hectares que dans un million d'hectares, mais si la planète était paisible les grandes compagnies internationales auraient intérêt à empêcher des concurrents d'exploiter, même à perte, de nouvelles mines ou de nouveaux puits, intérêt également à ne pas accroître leurs charges en ajoutant de nouveaux forages aux séries de ceux qu'elles contrôlent *et qui suffisent provisoirement aux besoins du monde* (certains ont même imaginé que l'une ou l'autre d'entre elles favorisaient, pour ces raisons-là, une continuation des états de guerre en Afrique). Mais la terre n'est ni libre-échangiste ni paisible. Voyant plus loin, et mesurant l'ampleur des tempêtes dont se chargent actuellement nos ciels politiques, les compagnies pourraient aussi chercher à disperser leurs mises, afin de neutraliser les unes par les autres des revendications inévitablement démesurées, inévitablement déçues, inévitablement destructrices.

Les revendications algériennes se sont trouvées être plus démesurées et plus dangereuses que celles des autres peuples dits « en développement ». En compensation, l'entreprise qui consistait à en faire un pays moderne et adapté à la rude compétition mondiale, *parce que ce pays était déjà à demi adapté*, semblait une entreprise possible, *possible matériellement, financièrement, psychologiquement*[1].

Un jour viendra où même les financiers comprendront que la seule richesse authentique d'un pays ce sont les hommes et les femmes qui sont dessus, dont chacun a une valeur personnelle. On peut tout réussir avec eux, mais, Dieu merci, rien contre eux. Rien en tout cas de solide ou de durable.

1. Qu'en a fait, en quarante ans, la république algérienne (malgré l'aide du pétrole) ?

Pour profiter d'une situation, il faut être « mis en position de profit » et il y a, autour des gens indigents et incultes, une sorte de cercle magique quasi infranchissable : donnez-leur de l'argent, ils ne le recevront pas ; des lois salutaires, elles deviendront malfaisantes ; des fonctionnaires capables, ils seront débordés par les prévaricateurs[1], etc. Autrement dit : *il est impossible de protéger une population qui n'est pas en état de se protéger seule.* C'est une des causes de la faillite du colonialisme, et ce sera également celle des faillites actuellement en gestation dans « l'Univers des clochards ».

Qu'il y ait de la haine à notre égard chez des Algériens, cela peut sembler normal mais on rencontre aussi la haine inverse, et j'ai eu plusieurs fois le chagrin de la voir. Il y a en outre, et de part et d'autre, des hommes qui déraillent, qui se ruent aveuglément, follement, dans la violence – et il est possible de mentionner dans le passé des actes et des écrits où se sont exprimées, d'un côté comme de l'autre, l'incompréhension bête et l'animosité.

Souvent également, aujourd'hui comme jadis, le contraire frappe, et chez les deux populations : curiosité avide pour une humanité inconnue, parti pris en sa faveur, enchantement à vivre dans le milieu qu'elle nous offre. Presque tous les gens de France qui ont séjourné en Afrique du Nord en ont gardé la nostalgie. En face on rencontre la fascination inverse, et certains écrivains maghrébins nous le prouvent.

1. Un haut fonctionnaire polonais, parlant des investissements terriblement insuffisants de la Pologne de 1955 : « En outre, plus de 40 % de ces investissements sont pure sottise, gaspillage ou concussion. » Même sottise, même gaspillage, même concussion, dans tous les pays où les investissements sont insuffisants (entendez : dans tous les pays sous-développés). Sur ce point, les gouvernements capitalistes et marxistes peuvent se donner la main.

9. L'Afrique bascule vers l'avenir

Le fléau de notre siècle fut l'effondrement économique et culturel qui atteignit les peuples non adaptés lorsqu'ils furent en contact avec les peuples industriels. Cependant, tant qu'il subsistera sur la terre un seul peuple colonisé, le colonialisme endossera les responsabilités du fléau : trop de petits despotes locaux, trop de groupes financiers ont intérêt à canaliser dans ce sens une agressivité qui n'est que trop authentique et avec laquelle il faudra eux aussi qu'ils comptent. C'est dire que la position de « puissance coloniale » a été nécessairement celle de bouc émissaire, et si nous avions effectué plus tôt notre reconversion, nous aurions fait l'économie de beaucoup de sang, de beaucoup d'or, et aussi de quelque chose qui est à la fois sanglant et coûteux, qui s'appelle la haine.

Était-ce suffisant ? Je ne le crois pas, car les contacts des peuples riches avec les pays d'outre-mer ont profondément perturbé ceux-ci, politiquement, socialement, économiquement.

Partout en Afrique, ont été plaquées des administrations étrangères, et les anciennes institutions locales se sont atrophiées, tandis que, sous l'influence du surpeuplement, les masses qu'elles encadraient jadis éclataient leurs structures. C'est dire que les anciennes institutions ne pouvaient pas supporter la relève des administrations coloniales, et que les jeunes pays devaient improviser – dans de mauvaises conditions économiques, sociales, politiques, démographiques, avec des cadres insuffisants et mal préparés – une administration neuve et des institutions originales adaptées à une nouvelle démographie. Tâches fantastiques qui furent celles de l'Europe, des États-Unis et du Japon pendant tout le dur XIXe siècle.

Certes, beaucoup de Français ont cru bien faire en luttant contre l'esclavage ou l'anthropophagie, en protégeant les paysans sédentaires contre les nomades pillards, en supprimant les épidémies et les guerres de tribus, en construisant des ponts, des routes et des usines, en soignant les enfants et en leur apprenant à lire. Mais un système social est un tout cohérent, et lorsqu'on détruit ce qu'il a de mauvais, on ébranle ce qu'il a de bon. Bref, les méchants colons européens qui ont opprimé et exploité ces pays et les bons colons qui les ont aimés et leur ont voué leurs vies ont, ensemble, scié les maîtresses poutres qui soutenaient les vieux édifices politiques où des humains s'abritaient depuis des millénaires. Leur effondrement était inévitable. N'oublions pas cependant que c'est par nous et avec nous qu'il s'est produit et prenons garde de ne pas faire plus de mal encore à ces populations dans une nouvelle phase insidieuse :

Or, adieu, j'en suis hors,
Tâche de t'en tirer, et fais tous tes efforts.

Les alliances économiques entre pays de développement inégal succéderont au colonialiseur, comme lui elles doivent inspirer une profonde méfiance : si elles sont inévitables, connaissons du moins le grave péril qu'elles font courir au plus faible. En outre, d'âpres rivalités se font jour dans ce domaine, et la prochaine combinaison ne sera pas la dernière.

Aux pays qui ont cependant la chance d'être peu peuplés un sursis est accordé pour leur permettre d'harmoniser leurs traditions avec l'obligation vitale d'affronter une concurrence terrible : celle de la civilisation planétaire – car la suppression des liens coloniaux ne peut rien changer au caractère inévitable du contact entre les cultures artisanales et le système industriel mondial. Qu'ils prennent garde, et de notre côté prenons garde avec eux, car la négociation de gré à gré n'exclut nullement des perspectives peu rassurantes : les formules qui consistent à installer un complexe industriel dans un pays théoriquement indépendant sont aussi inhumaines, aussi tragiques dans leurs conséquences, donc finalement aussi sottes et aussi coûteuses que la formule colonialiste. *Lorsque vous installez une industrie ou la monoculture dans une région (coloniale ou libre, peu importe), vous devez préalablement mettre les gens de ce pays en état de défense contre le système où vous les obligez désormais à vivre ; et pour cela, il vous faut, avant tout, faire les frais scolaires de leur adaptation.* Autrement dit, il est malfaisant de créer une industrie là où il n'y a pas une population ayant le niveau, la démographie et les exigences de la civilisation industrielle, tel que nous l'avons défini : *droits politiques, scolarisation totale des garçons et des filles, plein emploi.* Si vous n'observez pas ces obligations, vous aurez nécessairement, à plus ou moins brève échéance, un effondrement social tragique, dont les nations industrielles supporteront la responsabilité morale (sans compter un manque à gagner et des embarras stratégiques), tandis que la cascade des calamités déferle sur la jeune nation qui, très vite privée d'espace, en cherchera chez ses voisins.

Un autre lien – spirituel, personnel, durable – existe entre la France et une grande partie de l'Afrique : le Maghreb, l'Afrique occidentale, l'Afrique équatoriale, Madagascar ont tout leur avenir hypothéqué d'avance par l'existence ou la non-existence d'une langue internationale, et le français s'y trouve en bonne position pour jouer ce rôle et pour leur permettre de saisir toutes les perspectives économiques qui vont s'offrir à eux car, pour s'adapter à la civilisation planétaire, il faut disposer d'une langue moderne de grande extension.

En 1954, rien de tout cela ne concernait plus l'Algérie. L'Algérie a dépassé largement l'heure du dernier sursis. Quand cela ? Il me semble entre 1900 et 1920. En 1955, c'était pour elle – tout de suite – les exigences de la civilisation industrielle intensive avec tout ce qu'elles impliquent : scolarisation *totale*, démocratie, droit des femmes immédiats… Ou des soubresauts sanglants.

Pour tous les enfants : huit ou dix ans d'instruction primaire et l'accès possible aux enseignements supérieurs ; pour les adultes (hommes et femmes) : un métier, du travail, un salaire décent, des lois sociales évoluées, un bulletin de vote non falsifié – tel était, dès 1954, le « préalable » algérien. En un mot : tout ce que nous avons et qu'ils n'avaient pas.

Était-ce du moins suffisant ? Il existe, entre certaines civilisations archaïques et la nôtre, de si graves incompatibilités que si l'on pouvait fournir aux hommes qui les composent tout le harnachement social dont nous disposons, ils continueraient sans doute à se détourner de nos systèmes. Peut-être était-ce le cas de certains peuples d'Amérique et (plus encore que la destruction systématique dont ils ont été victimes) cela expliquerait leur disparition. *Dans le cas de l'Algérie, ces incompatibilités n'existent pas.* J'ai visité, dans le Nouveau Monde, des « réserves » d'Indiens et, par comparaison, je considère qu'un « bidonville » d'Alger en 1955 était un spectacle réconfortant, car là du moins on luttait, on désirait, on entreprenait, on espérait. Que l'on donne aux Algériens les moyens de vivre, et ils vivront.

Pour s'en rendre compte, il n'est que d'observer avec quelle aisance des hommes (et même des groupes d'hommes) du secteur indigent passent dans le secteur prospère actif dès qu'une occasion favorable leur en donne la possibilité.

Du côté français, on a ignoré un peu trop, en France, les besoins et les aspirations des masses algériennes mais la réciproque est vraie et les dirigeants nationalistes ont agi comme s'ils ignoraient les exigences impérieuses de leurs propres troupes. Ils ne se sont pas rendu compte, en particulier, de l'ampleur des sacrifices que leur pays exige pour simplement subsister et ils ne se sont pas rendu compte non plus que les travailleurs algériens n'étaient que trop aisément remplaçables en France.

L'hypothèse d'une Eurafrique supposait des ajustements particuliers et en tout cas, sur place, des milliers de créations d'emplois supplémentaires, ce qui, avec la scolarisation totale et une réforme agraire intelligente, exige des centaines de milliards d'investissement. Une partie importante de cette somme correspondrait à des investissements à fonds perdus exigés par les écoles, l'infrastructure économique, des réformes agraires rationnelles. À la condition que ces investissements aient lieu, il ne serait pas exclu que des capitaux privés, français ou étrangers, affluent alors. Mais il faudrait être bien audacieux pour planter des usines dans un pays où, un beau matin, faute, précisément, de tout cela, on mettra le feu à l'usine.

En 1956, l'instruction publique algérienne coûtait à la France 29 800 millions de francs – une trentaine de milliards. C'était insuffisant, puisque cela ne permettait pas à l'Algérie de rattraper, dans ce domaine, son retard.

La restauration de la société rurale algérienne, à l'intérieur de ses propres traditions, est réalisable mais ardue.

En pays berbérophone, la règle est le partage entre les fils – et on peut voir un figuier divisé entre plusieurs familles. En pays arabophone, lorsque l'héritage est trop petit et les héritiers trop nombreux on ne peut plus appliquer la loi coranique, et l'on aboutit à l'indivision – plus personne ne sait alors, pour aucune terre, à qui elle appartient et c'est pourquoi ceux qui cultivent ne tentent plus de planter des arbres ni même de mettre de l'engrais dans leurs champs, car dès l'année suivante ils peuvent voir reparaître une trentaine de cousins qui reprendront leurs parts. L'extrême morcellement de la propriété aboutit ainsi à l'imprécision des droits et, par suite, constitue le plus grand obstacle à l'amélioration des techniques agricoles et des rendements.

Pour que le paysan ait intérêt à bien cultiver, il faut, avant tout, qu'on le mette en possession de son propre bien, ce qui n'est pas une petite affaire, car cela exige le dressage d'un cadastre, le recensement des domaines, des modifications délicates des diverses législations, disposer, par conséquent, d'une nuée de techniciens possédant une bonne connaissance des droits antérieurs, et capables d'appliquer et d'expliquer des lois nouvelles, capables également de déterminer les dimensions d'un domaine pouvant *faire vivre normalement une famille* (quinze hectares ? vingt hectares ? trente hectares ?), puis d'identifier et de protéger ceux qui atteignent ou dépassent les dimensions en question. À tous les possesseurs de domaines non rentables, on devrait alors pouvoir proposer un rachat ou des échanges, et les recaser éventuellement sur des terres rachetées ou arrachées au désert, ou sinon leur assurer un métier et du travail dans l'industrie. Viendraient enfin le remembrement des terres, l'amélioration substantielle des rendements, l'introduction des cultures nouvelles et des engrais, la création des coopératives, la surveillance des marchés – tout cela précédé par des bataillons serrés d'instituteurs et d'institutrices…

En présence de situations juridiques de ce genre, beaucoup de gens (notamment parmi les spécialistes de l'agriculture) ont pensé qu'un système du type des kolkhozes soviétiques ou des kibboutzim palestiniens représenterait une économie d'efforts. Il me semble au contraire que, à moins de disposer d'un énorme appareil répressif, et d'être décidé à l'utiliser impitoyablement pendant des années, un gouvernement ne doit pas entreprendre, dans une population paysanne, l'espèce de table rase que cela implique[1]. Encore une fois, l'exemple d'Israël n'est pas valable, car il s'agit d'un peuple d'émigrants, donc sans tradition terrienne.

Quelles que soient les réformes adoptées, elles demandent de l'argent, des terres libres et beaucoup de techniciens – ces derniers étant l'élément le plus nécessaire et le plus rare.

Une troisième condition consisterait à doubler les emplois industriels dont dispose le pays.

Parce que je ne vous ai parlé que du tragique drame du pain, ne croyez pas que je n'attache pas d'importance aux traditions ancestrales, aux rites, aux croyances, à la langue maternelle, à la religion, mais l'expérience historique nous apprend que les initiatives créatrices, les inventions pratiques, l'enrichissement spirituel et finalement le progrès correspondent toujours au maximum d'échanges – et je pense, en priorité, à tout ce que la France doit à ses minorités

1. En 1960, pour lutter contre le FLN, les militaires français ont fait table rase des traditions paysannes locales, principal obstacle au marxisme – et ils ont ainsi ouvert la porte à un marxisme FLN catastrophique.

religieuses, protestante et juive, qui, l'une et l'autre, et dès 1792, ont été au premier rang de notre promotion républicaine. C'est précisément parce que je connais, aime et respecte le patrimoine moral et religieux de l'Islam, et que j'ai mesuré l'avidité intelligente qu'une grande partie de sa jeunesse tourne vers l'avenir, que je suis convaincue de l'apport réciproque qu'ils peuvent espérer de nous et nous d'eux.

Plus que les mirifiques gisements de ceci ou de cela, c'est la prime qui sera donnée, par-dessus le marché, à l'instruction totale des filles et des garçons, à la démocratie, à la paix sociale. Faute de ces bases essentielles, croyez-moi, ils ne vaudront pas cher, les gisements mirifiques… Et même les grandes compagnies internationales pourraient faire une mauvaise affaire en y risquant leurs mises…

En pleine guerre, c'est beaucoup demander aux minorités françaises d'Algérie et à la France et beaucoup demander à ses adversaires que de les prier d'étudier entre eux un accord *libre*… Et j'ai alors souhaité qu'on fasse ici une place à tous ceux que nous *devons* sauver en Algérie, à quelque sang ou quelque religion qu'ils appartiennent, car on peut déjà prévoir que la barque algérienne tiendra mal la mer.

LES ENNEMIS COMPLÉMENTAIRES
Guerre d'Algérie

Une juste parmi nous

Germaine Tillion n'a pas attendu la guerre d'Algérie pour se comporter comme une grande dame. Elle a traversé la période qui va de la capitulation des armées françaises à la Libération avec le plus naturel, le plus singulier et on peut dire le plus tranquille des héroïsmes. Elle est entrée moralement en résistance un jour avant que de Gaulle n'y appelle, c'est-à-dire le 17 juin 1940. Elle était d'ailleurs déjà en rapport avec Geneviève de Gaulle, la nièce du général, qui vient de mourir. Une autre héroïne de sérieuse stature. Le réseau de Germaine Tillion a été démantelé, ses compagnons torturés. Sa mère a été, comme elle, déportée à Ravensbrück. Elle mettra longtemps avant d'en parler. Entre la Libération et la guerre d'Algérie, elle ne s'est pas démobilisée. Elle a fait partie, avec David Rousset, l'auteur de *L'Univers concentrationnaire*, d'une commission chargée de vérifier s'il y avait des camps de concentration sous Staline. C'est une époque où l'on n'aimait pas entendre ce genre de témoignage. L'Union soviétique avait perdu des millions de morts en luttant contre le nazisme. Et dans la Résistance, une fraternité véritable avait créé des liens sur lesquels on répugne à revenir. L'avis de la commission a été formel : il y avait bien des camps de concentration en Union soviétique.

Mais Germaine Tillion n'a pas non plus attendu la guerre d'Algérie pour connaître l'Algérie. Deux maîtres, à vrai dire parmi les plus prestigieux de leur époque, Marcel Mauss et Louis Massignon, l'ont envoyée, un jour de 1934, dans une région perdue de l'Algérie, les Aurès, pour étudier les structures de la parenté dans les familles des Chaouias. Deux maîtres comme chaque étudiant rêverait d'en avoir. Cette jeune chercheuse solitaire se fait admettre dans le milieu le plus protégé et dans la société la plus rebelle que l'on puisse rêver. Elle va lentement y découvrir les mécanismes ancestraux de la protection structurale. Parmi ces mécanismes, il y a l'endogamie. On se marie surtout entre cousins. Et bien sûr pas n'importe lesquels. C'est de cette expérience que va naître une grande thèse dont le titre sera *Le Harem et les Cousins*.

D'avoir vécu avec les Chaouias l'évolution de la société patriarcale vers une modernité chaotique permettra à Germaine Tillion d'évoquer (expression qui fera date) la « clochardisation » des Algériens. Ils sont deux, au même moment, que la misère économique des Algériens empêche de dormir, c'est elle et le jeune Albert Camus. Il ne se connaissent pas encore mais leur destin algérien va être très proche et lorsqu'il s'agira d'obtenir la grâce pour les condamnés à mort, ils uniront leurs efforts et leurs voix.

Ce qui me touche le plus dans ces textes que j'ai lus ou relus avec une complicité sans cesse frémissante, ce sont les courages insolites d'un engagement particulier. Germaine Tillion pense par elle-même sans se soucier des doctrines environnantes ni des modes de pensée. Elle ne se réfère jamais à la « pensée correcte » de l'anticolonialisme. Elle est, dans l'univers du témoignage intellectuel, aussi solitaire qu'elle l'a été dans la recherche des institutions aurésiennes.

On dit que tout est politique. Peut-être, dit-elle, mais en attendant, il y a la misère. On dit qu'il y a une fatalité du combat vers l'indépendance. Elle témoigne que ses amis musulmans et nationalistes auraient pu accepter une fédération avec la France. Elle évoque ces nombreux Algériens qui désirent rester français au point de risquer leur vie pour cela : « Chaque bavure de la pacification en diminue massivement le nombre ; chaque bavure de l'insurrection l'a au contraire accru. » On dit que le colonialisme engendre et donc justifie toutes les violences. Elle répond qu'il y a plusieurs formes de colonisation et que les violences contre elles ne sont pas unanimement condamnées par les victimes. On rappelle que tout a commencé avec l'émeute de Sétif le 8 mai 1945. Elle souligne que le secrétaire de la section communiste a eu les deux mains tranchées à coups de hache par les insurgés. On affirme que les alliés, très nombreux alliés de la France pendant la guerre étaient des traîtres. Elle dit comment le comportement de certains chefs maquisards a conduit les Algériens à rechercher la protection de la France. On a décrété que l'insurrection avait troublé la candeur d'une France colonialiste. Or 60 % des Français, consultés le 2 décembre 1955, refusent la guerre d'Algérie. Lorsque le terrorisme va survenir, elle rappelle que les premières bombes sont le fait d'activistes français. Lorsque ont lieu en 1961 les premiers entretiens des représentants du FLN avec ceux du général de Gaulle à Melun, on raconte que tous les Algériens se crispent et se méfient. Elle témoigne de ce qu'elle a vu et entendu : des famille de nationalité algérienne qui en ont assez de voir le sang couler et qui voudraient une alliance avec la France dans l'indépendance. Et tous ses témoignages ne sont pas donnés sous des formes abstraites assénées dans des formules péremptoires mais par l'évocation de la vie quotidienne de gens simples qui s'expriment avec des mots simples.

Au moment où Germaine Tillion renonce à croire, contre Camus, que la solution peut être économique, elle dit que l'Algérie n'aura de toute façon pas les moyens de fournir des emplois à sa jeunesse immense et turbulente. Camus meurt en 1960. Il n'aura pas le temps de faire comme Germaine Tillion, c'est-à-dire d'accepter que la politique prime l'économie et que ce n'est qu'après l'indépendance que l'on pourra aider les Algériens à stopper leur clochardisation. Quand le terrorisme devient-il populaire chez les musulmans d'Algérie ? Réponse : depuis que la répression s'est réactivée avec des meurtres et des tortures qui sont pratiqués ouvertement dans la ville d'Alger. « À partir de mai 1957 des enfants musulmans manifestaient ouvertement leur joie, dans la rue, au passage d'une ambulance : au moment des attentats dits "des lampadaires" – attentats particulièrement meurtriers, qui décimaient au hasard des passants innocents aussi bien musulmans que "colons" –, l'admiration qu'ils ont inspirée a été publique et générale dans les quartiers non européens. Deux ans exactement auparavant, quand un instituteur français avait été blessé mortellement dans l'Aurès, j'avais pu personnellement contrôler la réprobation générale que ce crime avait suscitée dans les milieux musulmans les plus divers. Lorsque l'on établit un parallèle entre cette attitude et la joie qui éclatera, après mai 1957, dans la prison civile d'Alger, dans la Casbah, ou dans n'importe quel bidonville, après un attentat réussi, on mesure avec épouvante le chemin parcouru en vingt-quatre mois. »

Plus tard, Germaine Tillion rencontre les chefs terroristes réfugiés dans la Casbah qui sont traqués au cours de la bataille d'Alger organisée par le général Massu. Le récit des entretiens est dostoïevskien. Elle veut savoir pourquoi on tue et pourquoi on accepte de mourir. Elle veut savoir si le terme d'innocent a encore un sens quand deux terrorismes s'affrontent. Germaine Tillion leur dit : « Vous êtes des assassins. Vous avez versé le sang innocent. Il crie vengeance. Si je suis ici en ce moment, c'est pour l'amour du sang innocent, français ou algérien. Je n'ai jamais fait de différence. »

Du temps du tsar, en 1905, des terroristes n'avaient pas voulu mettre une bombe dans le carrosse du grand-duc Serge parce qu'il y avait ses enfants. L'épisode avait fasciné Camus qui en avait tiré une pièce, *Les Justes*. Mais en 1957, on aurait mis la bombe dans la calèche parce qu'il y avait les enfants. Germaine Tillion s'en indigne auprès de Yacef Saadi, seigneur de la Casbah, qui est impressionné par la grande dame. Depuis ce jour, tous les ans, jusqu'à aujourd'hui, il va lui rendre visite. Rien de plus actuel, de plus moderne et de plus harcelant que tous les thèmes évoqués dans ce livre par Germaine Tillion. À chaque moment, on peut transposer les débats au Proche-Orient ou en Bosnie et partout où il y a des « ennemis complémentaires » qui s'entretuent.

L'un de ces thèmes se confond avec l'histoire des occasions manquées. Deux thèses s'affrontent. Les uns disent que ce n'est pas par hasard que les occasions ont été manquées, c'est simplement parce que ce n'était pas de vraies occasions et que si on les avait saisies elles auraient été perdues. C'est ce que pensent tous les théoriciens de la révolte des colonisés qui ont cru à une fatalité du radicalisme et qui pensent que si on ne donnait pas tout, on n'obtiendrait rien. Ils ne croient pas que l'histoire est contingente.

Et puis il y a ceux qui pensent, avec Germaine Tillion pour l'Algérie, avec Théo Klein pour Israël, qu'il y a eu des moments où les populations aspirent à pouvoir élever leurs enfants ailleurs que dans les cimetières. Ceux-là refusent le postulat de la nécessité en Histoire.

Ce qui fait l'intérêt pathétique de ce livre, ce n'est pas seulement qu'il reconstitue des rapports que peuvent avoir deux terrorismes lorsqu'ils s'acharnent l'un contre l'autre jusqu'à disparition de l'un des deux, en Algérie ou en quelque autre endroit de la Terre. « Si le mal répond au mal, quand le mal finira-t-il ? » Jamais. C'est le discours d'Hector dans *La guerre de Troie n'aura pas lieu* de Giraudoux. Hector implore les morts de renoncer à réclamer vengeance. Et ce sera en vain.

Germaine Tillion montre ainsi tous les aspects d'un conflit où la dimension de guerre civile est aussi importante que l'affrontement colonial. Mais le texte de Germaine Tillion est la grande réponse à la question de savoir ce que l'on peut faire lorsque l'on comprend qu'il est impossible de servir une cause tout à fait juste dans un océan de violence où l'injustice est partout. Que faire ? Le docteur Rieux, dans la ville pestiférée d'Oran, soigne tous les malades en doutant qu'un seul puisse guérir. Germaine Tillion déclare qu'elle se contente de sauver des têtes avant de défendre des causes. Ce qu'elle a fait, grâce à l'appui du général de Gaulle, en faisant suspendre les condamnations à mort – et grâce à son propre rayonnement dans son dialogue avec les terroristes de la Casbah.

Jean Daniel

Avertissement

La première édition des *Ennemis complémentaires* est parue en 1960 aux Éditions de Minuit, là où avait été publié, en 1957, le premier livre de Germaine Tillion, intitulé alors *L'Algérie en 1957*. L'ouvrage comportait alors deux parties, identifiées par la date de leur écriture. La première, intitulée « 1957 », contenait le texte d'une lettre à Raymond Aron (publiée originellement dans *Preuves* en 1958) et celui d'un témoignage devant la justice militaire, publié pour la première fois dans *L'Express*, également en 1958. La seconde partie, intitulée « 1960 », y était, pour l'essentiel, publiée là pour la première fois.

Depuis la parution du livre, Germaine Tillion avait conçu le projet de sa refonte, et elle y est revenue à plusieurs reprises, pour la dernière fois en 1998, sans jamais parvenir à un résultat définitif. En 2004, elle a confié à ses proches le soin d'assurer la nouvelle édition du livre. Ceux-ci, réunis au sein d'une Association Germaine Tillion, ont préparé la présente édition, en accord avec les vœux de l'auteur[1].

La nouvelle édition des *Ennemis complémentaires* comporte deux types de changement par rapport à l'édition précédente. Premièrement, le texte ancien est réorganisé en deux parties qui ne correspondent pas à la répartition antérieure : d'abord une présentation historique, « Chronologie des deux terrorismes », ensuite une analyse, « Migrants d'Europe et d'Afrique ». Le texte ancien est légèrement amendé à la suite de cette recomposition et des notes nouvelles (dont la date est toujours indiquée) ont été ajoutées ; les notes supplémentaires des éditeurs figurent entre crochets. De plus, deux sections entièrement inédites y ont été ajoutées, intitulées « Récit d'une rencontre » (p. 554-565) et « Septembre et octobre 1957 : après les arrestations » (p. 572-576).

Deuxièmement, l'ancien ouvrage a plus que doublé de volume par l'adjonction d'un Dossier. Celui-ci est composé de documents inédits

1. Le travail préparatoire a été accompli par Émilie Sabeau-Jouannet, sans qui ce texte serait resté à l'état d'archives, ainsi que par Nelly Forget et Tzvetan Todorov.

(à trois exceptions près, le témoignage devant la justice militaire, la réponse à Simone de Beauvoir et les rédactions d'écoliers de la Casbah) et de notes rédigées par Germaine Tillion quelques jours, quelques mois ou quelques années après les événements qu'elles relatent. Ces documents, lettres échangées avec quelques-uns parmi les principaux protagonistes de la guerre en Algérie, notes confidentielles ou rapports, représentent une source précieuse pour la connaissance de ces pages de l'histoire contemporaine.

La nouvelle version des *Ennemis complémentaires* prend ainsi place à côté des autres publications de Germaine Tillion consacrées à la guerre d'Algérie, *L'Afrique bascule vers l'avenir* (Éd. Tirésias, 1999, nouvelle édition augmentée de celle parue aux Éditions de Minuit en 1959, laquelle reprenait, en l'élargissant, *L'Algérie en 1957*), et *À la recherche du vrai et du juste*, Seuil, 2001 (section « Algérie »).

Tzvetan Todorov

Introduction[1]

Les doubles courants de dépendances

Une analyse de la misère algérienne, écrite en 1956[2], a pu faire supposer que des recettes exclusivement économiques me semblaient suffisantes pour soigner le grand ulcère à vif qu'est devenue l'Algérie. Cette équivoque explique, je le crains, quelques-unes des approbations dont j'ai bénéficié.

L'efficacité d'une drogue exclusivement politique me semble d'ailleurs tout aussi chimérique, et le complexe algérien m'apparaît comme un phénomène global où tout est insoluble si tout n'est pas résolu. L'ensemble des remèdes économiques est en effet détenu par la France car ces remèdes sont liés à la masse des salaires[3] bien plus qu'à celle des investissements.

La médication politique, au contraire, nous a désormais totalement échappé, et il est de plus en plus dangereux pour la France de continuer à s'illusionner sur ce point.

Chacun des belligérants dispose ainsi d'une moitié de la « drogue miracle » qui pourrait sauver ce pays. Grâce à quoi les années passent sans qu'apparaisse l'ébauche d'un accord.

Français d'Algérie et Algériens, il n'est pas possible de concevoir deux populations dont la dépendance réciproque soit plus certaine.

1. Cette Introduction reprend les principaux passages d'une lettre datée du 7 novembre 1957 et adressée à Raymond Aron, publiée par notre ami Jean Bloch Michel dans la revue *Preuves* en mai 1958, puis dans *Les Ennemis complémentaires*, Éditions de Minuit, 1960. Quelques corrections ont été apportées à ce texte.

2. Écrite à l'intention de mes camarades de déportation, reprise six mois plus tard aux Éditions de Minuit sous le titre *L'Algérie en 1957*, rééditée chez le même éditeur en 1961 avec d'autres textes sous le titre *L'Afrique bascule vers l'avenir*. Ce texte, sensiblement augmenté, est ressorti aux Éditions Tirésias en 1999.

3. En 1957, les travailleurs algériens en France ont été au nombre de 350 000 à 400 000 et, en Algérie, ils ont fait vivre, directement ou indirectement, un tiers de la population rurale. Les capitaux français investis sur place ont fourni aussi près de 100 000 salaires. À la même date, sur le sol algérien, beaucoup plus d'un million de gens avaient ou revendiquaient un passeport de citoyen français.

Nous les « tenons » et « ils » nous « tiennent », car de tout ce qu'ils souhaitent nous pouvons les priver, tandis qu'ils peuvent nous gâcher très sérieusement tout ce que nous ambitionnons. Nul moyen, ni de part ni d'autre, de se protéger contre les coups, mais mille moyens de se les rendre avec usure. De chaque côté, aux avant-postes, pour recevoir le feu, des femmes et des gosses terrifiés. Aucune borne aux imaginations atroces des combattants : ni boucliers, ni frontières, ni ligne Maginot, ni même une référence à un droit quelconque, national ou international, puisqu'on n'est ni en paix ni en guerre.

Qu'ont-ils à perdre en perdant notre amitié ? À peu près tout et d'abord une masse de salaires, c'est-à-dire pain, vie, avenir des enfants et même cette liberté payée d'un prix si haut. Sans compter l'amitié.

Et nous, à quoi devons-nous renoncer en sacrifiant leur confiance ? D'abord à la sécurité de nos compatriotes d'Algérie, ensuite à nos espoirs africains sans compter la confiance.

Double courant de dépendances, interdépendances objectives, qui donnent à cette horrible guerre son acharnement absurde et désespéré.

Une faillite certaine est ainsi attachée pour chacun des deux peuples à la victoire qu'il espère arracher à son adversaire. Or ces deux mortelles victoires sont toutes deux plus accessibles que la paix raisonnable.

Invraisemblable sur le plan militaire, la capitulation française ne devient plausible que d'un point de vue financier et politique. Elle représenterait théoriquement un succès incroyable pour les insurgés algériens, mais ce succès mettra en péril la majorité de leurs espérances, car aucune aide étrangère ne leur permettra, du jour au lendemain, de nourrir plus du tiers de leur population rurale actuellement alimentée par les salaires venus de France, où Italiens, Portugais, Espagnols, Yougoslaves, Hongrois, Polonais, ne demandent qu'à venir avec un contrat de travail (sans parler des centaines de milliers de chômeurs de la Tunisie, du Maroc et de l'Afrique profonde).

La sécurité des Français en Algérie, pour les uns ; une priorité algérienne dans l'emploi en France, pour les autres ; voilà ce qui intéresse la masse des gens qui se combattent depuis 1954. Et voilà aussi ce qui va continuer à les intéresser…

Quant à la victoire militaire (qui est apparemment notre objectif actuel) elle est plausible, à cause de l'adaptation croissante de notre armée et de l'extrême lassitude des populations rurales musulmanes. Elle n'est pas moins catastrophique. Catastrophique pour nous et pour les Français qui voudront continuer à vivre en Algérie. Catastrophique dans l'immédiat, dans l'avenir, en Algérie, hors d'Algérie.

L'armature clandestine

Depuis 1830, c'est-à-dire au cours d'un bon petit siècle de gestion, des juristes français avaient élaboré des structures administratives sur le territoire conquis enlevé aux Turcs (communes mixtes, caïds, ouakkafs, etc.) : j'ai assisté personnellement à leur effondrement, qui a été total et définitif en moins de six mois. Elles avaient cependant été conçues par des gens qui connaissaient bien le pays, dans un climat psychologique favorable et – c'est le moins qu'on puisse dire – à loisir. Elles ont été remplacées, dès 1955, par des improvisations nécessairement hâtives auxquelles des militaires, ne connaissant pas le pays, s'efforcent actuellement de faire prendre racine (dans l'ambiance que l'on sait et avec les chances de succès que l'on imagine).

Les vieilles structures originales de la société réellement autochtone ont résisté plus longtemps, mais elles sont à leur tour en train de craquer. Cloisonnement tribal, autorité des anciens, organisation familiale, position particulière de la femme, respect des parents, tout cela avait déjà été entamé par quelques brèches, mais rien de comparable au véritable éclatement auquel nous assistons aujourd'hui.

Effondrement des cadres administratifs, éclatement de l'architecture sociale et familiale… Que reste-t-il ? Les structures clandestines nationalistes et notre implantation militaire. Tête à tête. Enfin seuls.

Car dans la nuit insurrectionnelle, toutes les administrations d'un État moderne se sont mises à bourgeonner soudain un peu partout en Algérie. Et de même que nos officiers – bien malgré eux – ont en cent ans arabisé la Kabylie et l'Aurès berbères (simplement en créant des routes et en assurant leur sécurité), les « fellaga », sans le vouloir et sans le savoir, ont plus « francisé » leur pays en trois ans que nous n'y sommes parvenus au cours du siècle antérieur. Entendons-nous : c'est contre la France qu'ils utilisent les idées françaises (liberté, démocratie, laïcité, égalité des hommes, résistance légitime des opprimés), et contre la France qu'ils copient nos institutions civiles et militaires. Il n'en est pas moins vrai que ce que nous détruisons actuellement chez eux, c'est une image de nous-mêmes, comme pour ajouter encore à l'horreur du meurtre que nous commettons.

Après deux ans de guerre (fin 1956), la quasi-totalité de la société musulmane s'est ainsi trouvée encadrée par une armature clandestine ; des magistrats occultes, arbitrant partout les conflits privés, avaient fait baisser le taux des affaires jugées par les tribunaux officiels (30 % à Alger, 100 % en Grande Kabylie) ; des officiers d'état civil, inconnus de notre administration, s'étaient mis à enregistrer les naissances et les décès ; des percepteurs collectaient les impôts, les taxes et les amendes, des lois somptuaires réglementaient les fêtes, les dépenses, les dots.

On pourrait penser que ces cadres invisibles, puissante arme de guerre, avaient été préparés de longue date mais ce n'est probablement pas exact et le processus d'évolution de l'insurrection m'apparaît comme le suivant :

Dans une première phase, des hommes jeunes (25 à 35 ans en moyenne), résolument modernes, ayant une grosse expérience de la clandestinité (souvent huit à dix ans pour les cadres supérieurs), une éducation politique, une discipline stricte, une connaissance parfaite du milieu, font démarrer l'insurrection et constituent son armature hiérarchique. Durant cette période initiale, les masses musulmanes suivent les événements – avec bienveillance, avec curiosité, avec anxiété – mais en quelque sorte du dehors. À la condition de leur faire, sans tricher, des concessions massives, il était peut-être encore possible de les dissocier de l'insurrection.

Dans une seconde phase – à partir de décembre 1955 – les masses se laissent encadrer par les réseaux nationalistes, et à partir de février 1956, le mouvement se généralise avec une incroyable vitesse. À la fin de cette même année (décembre 1956), l'œuvre est achevée.

Au cours de cette seconde phase, les hommes qui dirigent, les hommes qui agissent, ne sont plus seulement des cadres révolutionnaires, isolés des masses par le secret nécessaire à leur action, ils représentent au contraire l'ensemble des notables de la population algérienne. Dès lors, imaginer qu'on va parvenir à soustraire cette population à leur influence est chimère pure. Et, lorsque sévira la répression, elle va atteindre fatalement et de plein fouet une société homogène qu'il est impossible de détruire et qu'il sera impossible d'épargner.

Les responsables politiques français ont alors commis la faute de ne pas comprendre le caractère irréversible du mouvement qui s'accomplissait dans les profondeurs silencieuses d'un peuple qui n'avait plus ni journaux ni représentants. Sans doute aussi n'évaluèrent-ils pas exactement l'ampleur et la profondeur de l'opération qu'ils prirent la très lourde responsabilité de déclencher. Bref, aux environs de septembre 1956, l'armée reçut l'ordre d'anéantir les cadres politico-militaires de l'insurrection «par tous les moyens». Les cadres politico-militaires, c'étaient, en pratique: les notables des villages, les élites des villes, la jeunesse instruite. Et nous entrons alors dans la troisième phase de la guerre.

L'armée française d'Algérie est une armée très impressionnante: combative, efficace, entraînée et aguerrie. Elle fait ce qu'on lui dit de faire sans avoir le droit de choisir ses objectifs et elle s'applique, conformément aux ordres reçus, à détruire l'armature originale d'un pays vis-à-vis duquel nous avions une si grande responsabilité. Elle s'y applique non sans résultat, et «par tous les moyens». Mais si elle atteint son but (et elle est apte à l'atteindre), par quoi va-t-on remplacer ce qu'elle est en train d'anéantir?

Nos adjudants sont, outre-mer, conseillers municipaux, instituteurs, moniteurs agricoles, voire sages-femmes – sans préjudice de leurs fonctions guerrières et policières. Vont-ils maintenant être à la fois l'autorité paternelle, l'idéal national, l'exemple religieux? Vont-ils renoncer pour toujours à revenir dans leurs villages pour, de l'autre côté de l'eau, jouer ces rôles d'abracadabrante substitution? Hélas, s'il est possible que nous détruisions l'architecture vitale de ce pays, il est bien certain que nous ne la remplacerons pas, et non moins certain que l'anarchie meurtrière, tenace, désespérée ne se limitera pas à leurs frontières et que nous-mêmes, un beau jour, nous paierons, au prix le plus haut, le gâchis que nous sommes en train de faire[1].

Dans le continent africain – immense banquise qui dérive vers des océans inconnus – il y avait déjà, bien avant 1954, une élite algérienne très agissante, issue directement de nos bonnes œuvres et de notre malfaisance, toujours étroitement combinées. J'entends par «nos bonnes œuvres» la masse d'instruction et d'expérience moderne mise à la disposition de la population algérienne par la France (car il ne faut pas oublier, à notre actif, que les masses algériennes sont, de loin, les plus évoluées du monde arabe). J'entends par malfaisance le barrage que nos compatriotes d'Algérie ont constitué devant l'irruption des jeunes élites musulmanes, barrage qui contraignit à s'expatrier les jeunes cadres qui ne consentirent pas à être chez eux des «exilés de l'intérieur».

1. 1998: Dans cette destruction des premiers cadres de la révolution algérienne les dissensions du FLN ont joué aussi un grand rôle.

Les Français d'Algérie

Nous n'avons encore parlé que d'une « Algérie algérienne », si l'on peut dire. En face de celle-ci il en existe une autre, aussi vivace, aussi dangereuse, aussi exposée : l'Algérie française. Effacer l'une au profit de l'autre est inhumain ; effacer l'autre au profit de l'une est tout aussi féroce. Existe-t-il un moyen terme ? Oui, les effacer toutes deux.

Il existe dans les forêts de l'Amérique boréale des cervidés batailleurs et stupides qui parfois emmêlent leurs gigantesques bois et crèvent ainsi naseaux contre naseaux. C'est à eux qu'il faut songer en mesurant l'équilibre des forces en présence, car leurs proportions sont aussi diaboliquement ajustées que celles des deux bêtes.

Si les musulmans étaient moins nombreux, on aurait déjà réalisé l'assimilation – elle eut parmi eux de très nombreux partisans. Si la population non musulmane d'Algérie avait été moins compacte et moins groupée, une solution d'indépendance du type tunisien ne présenterait pas de difficulté majeure, car les élites algériennes autochtones sont très supérieures à ce qu'on croit généralement, et elles ont prouvé depuis trois ans qu'elles étaient aptes à encadrer une nation.

Mais la balance numérique des deux groupes (un d'un côté, huit de l'autre) n'est qu'un trompe-l'œil, car si la force est aussi dans le nombre, elle n'est pas que dans le nombre : les investissements, les techniques, des cités denses et organisées figurent dans le potentiel d'un peuple. En Algérie il est surtout détenu par la minorité européenne, groupée, organisée, armée, terrifiée, agressive (Alger, Oran, Bône). Nous ne pouvons pas accepter qu'on les massacre, ni être assurés qu'ils ne massacreront pas. Bref, la guerre indéfinie – dévalant, de catastrophes en lassitudes, sur le sol africain vers des partages du style Mau-Mau, sur le nôtre vers l'expulsion progressive des Algériens – m'apparaît comme la solution la plus hideuse mais la plus « facile ». Par manque d'imagination et de courage civique, on s'y achemine, de part et d'autre, inexorablement…

Par hasard, un entrefilet de *L'Écho d'Alger*, daté du 2 octobre 1957, me tombe en ce moment sous les yeux. On y parle d'un monsieur prénommé Marcel et demeurant à El-Biar, dont on nous dit : « Le fou ne voulut pas entendre raison et, par la fenêtre, jeta une grenade sur les agents… Le dément a été conduit à l'hôpital de Mustafa. » Aucune surprise d'ailleurs chez le journaliste qui relate l'incident : il est tout naturel, lorsqu'on s'appelle Marcel et qu'on habite El-Biar, de posséder une grenade dans le tiroir de la cuisine pour la jeter, dans un mouvement d'humeur ou quand le sang vous monte à la tête, sur les représentants de l'autorité. N'insistons pas non plus sur les ennuis très sérieux que ce pauvre fou se serait attirés s'il s'était prénommé Ali ou Mohamed (ce qui, somme toute, n'est pas une garantie contre l'aliénation mentale), mais méditons les problèmes que posent tous ces Marcel, ou Jean ou Robert, en nous souvenant que, de quinze à soixante-quinze ans, ils sont tous armés[1].

Il est vrai qu'ils ne sont pas 1 200 000 comme on nous le dit. Encore faut-il s'entendre sur une définition des gens dont nous parlons. Qu'est-ce qu'un Français ? Et quels sont les critères qui permettent de le définir ? Groupe sanguin ? Patronyme ? Religion ? Collège électoral ? Carte d'identité ? La plus haute fantaisie règne pour caractériser ce personnage. Je propose donc une définition pratique (mais qui exige qu'on consulte les gens) : *un Français c'est quelqu'un qui se considère comme français.*

En Algérie, qui revendique cette étiquette ? Assurément les non-musulmans (ils sont 1 042 409, dont 49 979 non-naturalisés) ; peut-être les musulmans dissidents (Mozabites), dont le nombre est mal connu (60 000 ?) et les opinions plus mal connues encore. (On les fait figurer sur les statistiques avec la minorité européenne, bien que certains soient ralliés au FLN.) En tout cas et sans aucun doute, il faut compter, aux côtés des minoritaires, un certain nombre de musulmans majoritaires. Combien ? Personne n'en sait rien, car on sait seulement que certains d'entre eux désirent rester Français, au point de risquer leur vie pour cela[2], que chaque « bavure » de la pacification a diminué massivement leur nombre (mais que les bavures de l'insurrection l'ont au contraire accru) et qu'ils sont encore quelques-uns – silencieux, consternés – entre les deux flots de bave, entre l'alluvionnement d'aval et l'érosion d'amont…

Qui oserait contester à ces musulmans la qualité de Français, s'ils la veulent encore – avec une place sur le *Mayflower* des reflux coloniaux, et de quoi s'établir comme les autres sur notre sol ? (Légitime retour de l'expédition de Charles X.)

Distinguer cet homme – notre compatriote indiscutable – du « fellaga » qui lui ressemble comme un frère constitue, il est vrai, un exercice ardu, auquel, depuis trois ans, s'adonnent en vain les forces de

1. 1998 : Et fourniront les armes de l'OAS.
2. 1998 : Depuis 1962 on les appelle harkis.

l'ordre. Leur échec est excusable, car les intéressés eux-mêmes ne s'y retrouvent pas toujours et s'y embrouillent chaque jour un peu plus.

Dans les délégations municipales, 6 552 Algériens ont consenti à figurer et 239 autres sont fonctionnaires français de catégorie A, dite de conception et de direction. Parmi les uns et les autres, je compte de nombreux amis, et je sais sous quelle charge d'amertume, malgré leur dévouement, notre politique les écrase. Il existe peut-être, dans le sein de ces deux phalanges sélectionnées, un ferme soutien de notre ordre qui n'en soit pas la victime ; je ne l'ai, quant à moi, jamais rencontrée.

Inversement, les représentants les plus qualifiés de nos adversaires sont actuellement entassés dans les camps et les prisons où je les visite quand j'en ai la possibilité (ils sont d'ailleurs frères ou cousins des précédents et il en est que, comme ceux-ci, je connais depuis vingt ans). Il se peut, et il est même probable que dans leur nombre figure le fanatique féroce, haineux et borné qu'on nous présente assidûment. En ce qui me concerne, je ne le connais pas. Ceux que je connais sont des hommes inquiets et douloureux, partagés entre les options les plus contradictoires, remplis de méfiance pour ce qui vient de nous, mais bien plus méfiants encore pour tout ce qui n'en vient pas.

Et les atrocités ?

Elles ne sont que trop réelles, je ne les connais que trop bien : j'ai vu Mélouza, j'ai parcouru les publications du gouvernement général sur les assassinats et les tortures accomplis par le FLN, j'ai interrogé des pauvres gens mutilés. Tout cela est vrai et horrible, mais n'est pas plus représentatif du peuple algérien que d'autres atrocités (dont s'organise également l'affreux catalogue) ne sont représentatives de la France. De celles-là aussi, je suis informée, avec minutie, et malade de chagrin et de honte. En nous abstenant de les punir (comme c'est, hélas ! le cas), nous nous retirons d'ailleurs nous-mêmes le droit de juger nos ennemis.

Je ne parle volontiers ni de nos crimes ni des crimes algériens, car il faut que nous nous acceptions réciproquement, et si nous voulons tous « gagner » cette guerre, il faut que nous trouvions – non pas dans douze ans, comme avec l'Allemagne, et même pas demain, mais tout de suite – une formule qui nous ménage de part et d'autre.

Laquelle ? N'importe laquelle pourvu que nous soyons d'accord avec nos adversaires. Car si la France acceptait l'indépendance algérienne, celle-ci perdrait du même coup la plupart de ses inconvénients. Inversement, si les insurgés algériens acceptaient la loi-cadre, celle-ci est assez flexible pour satisfaire très rapidement leurs exigences. Entre l'indépendance et la loi-cadre, il existe toute une série de solutions intermédiaires qui nous obligeraient à des concessions que nous sommes bel et bien décidés à consentir, et que d'ailleurs nous n'éviterons en aucun cas. Pourquoi alors ne pas se donner la peine de les étudier ? Parce que ce serait reconnaître à nos adversaires une existence légale. Plutôt continuer indéfiniment la guerre. Plutôt ruiner sans recours notre pays. Plutôt sacrifier à coup sûr la sécurité de nos compatriotes d'Algérie.

Le patrimoine le plus authentique d'une nation, c'est la valeur des hommes qui l'habitent, mais, à cette valeur avide, il faut donner l'aliment qu'elle exige pour s'épanouir. C'est une cruelle originalité que de cumuler, comme la population algérienne, les valeurs et les exigences d'un peuple adulte, d'un peuple « développé », avec les moyens matériels d'une nation mineure. Cette distorsion entre valeurs et moyens, entre exigences et possibilités est évidemment un des éléments du désespoir actuel – il sera peut-être le ressort des catastrophes de demain – mais il pourrait aussi être le moteur d'un progrès surprenant et, avec lui, d'une paix stable. Et, de même que la guerre algérienne est un cancer, une vraie paix algérienne, fondée sur le consentement mutuel, consolidée par des avantages réciproques, pourrait, de proche en proche, régénérer le grand corps africain que guettent actuellement tant de maux.

Nous avons chacun – nos adversaires du FLN et nous – la moitié du remède qui peut sauver ce peuple algérien, si héroïque et si malheureux. Si, par haine aveugle, sottise ou impuissance, nous nous abandonnons les uns et les autres à la solution facile qui est celle de la guerre indéfiniment poursuivie, alors, gare à eux, gare à nous, gare aux voisins. Et cependant, dans les deux registres – celui des moyens matériels (que nous détenons) et celui de la volonté de progrès (patrimoine indiscutable de la jeunesse insurgée) –, au milieu des cruelles souffrances de ces trois années, malgré ces souffrances, à cause de ces souffrances, des ressources se sont accumulées.

Ce n'est pas une image métaphysique : l'évolution du peuple algérien est un fait et l'impulsion incroyable qui, depuis trois ans, le projette vers l'avenir apparaît dans toute la vie sociale de ce pays et jusque dans le vocabulaire courant des femmes encore cloîtrées. Dans les villages de montagne, les vieillards (guides traditionnels de l'opinion) vous disent maintenant : « Nous sommes de vieilles bêtes ; les jeunes ont plus de courage et plus de sagesse que nous »…

Par une coïncidence surprenante (où les machinations politiques ont joué un petit rôle), dans le même temps où ce peuple, si longtemps brimé et méconnu, revendiquait un nom, un patrimoine et des raisons de vivre, cette terre, que le désert ronge, révélait les immenses réserves d'énergie qu'elle détient. Mais à la valeur des hommes, comme à l'énergie du sous-sol, il ne suffit pas d'exister : elles existent, et c'est acquis. Maintenant, il leur faut un minimum de chance pour donner des fruits. Un appel à l'avenir est parti d'Algérie – le plus violent, le plus passionné, le plus « qualifié » de toute l'Afrique. Selon la réponse qui sera donnée à cet appel, tout un continent va être orienté.

I. CHRONOLOGIE DES DEUX TERRORISMES, LE FRANÇAIS ET L'ALGÉRIEN

1945-1954, le colonialisme et la démocratie

À plusieurs reprises, avant et après 1945, le gouvernement de Paris, timidement, tenta de faire pénétrer la démocratie en Algérie. Des gouverneurs furent nommés avec cet objectif précis, des ordres et des circulaires formels prescrivirent de recruter des musulmans dans tous les emplois disponibles dépendant de l'État... Ordres, circulaires, gouverneurs se heurtèrent à une surface bien lisse : l'administration locale, presque entièrement issue de la population coloniale née sur place et n'ayant nulle raison de ne pas partager tous ses préjugés. Bien au contraire, il était normal qu'elle les exagère, car elle bénéficiait directement de l'accaparement de tous les postes de la fonction publique.

En Algérie, en 1954, on comptait 113 000 agents des services publics ou semi-publics, dont 33 147 étaient musulmans ; dans les postes importants (catégorie A) les musulmans étaient (d'après une brochure officielle) 145 en 1956, et 239 en août 1957. Cette brochure ne donne pas le nombre total des fonctionnaires de cette catégorie. En fait, à la fin de 1958, dans les effectifs budgétaires algériens, 9 349 postes de la catégorie A étaient prévus (dont 7 394 pourvus de titulaires).

Dans la mesure où cet accaparement a représenté aux yeux de la majorité une usurpation de plus en plus odieuse, parce que de plus en plus injustifiée (compte tenu du nombre d'Algériens ayant déjà fait des études supérieures), elle y a entretenu une amertume croissante. Cette amertume était parfaitement connue et sentie de ceux qui la provoquaient, dont elle enrichit l'angoisse chronique, aliment substantiel d'une agressivité vigilante. Malgré cela, j'ai rencontré des fonctionnaires de cette administration qui, systématiquement, ont soutenu le plus pauvre et le plus faible et défendu ses biens et sa vie – mais c'étaient des hommes d'un grand courage et d'un grand désintéressement, et il n'est pas raisonnable d'espérer cela de tout le monde. Les hommes ordinaires, c'est-à-dire la majorité, dans une situation de ce genre, dépensent toutes leurs forces et leur ingéniosité à barrer les routes du pouvoir, pour en conserver seuls les accès. Et, lorsqu'ils les sentent menacés, ils deviennent méchants parce qu'ils ont peur.

Cette nouvelle source de rancœurs de la population musulmane frustrée est venue relayer la douleur sourde, souvent informulée, que cause une dépossession culturelle. En outre, dans de nombreuses régions subsistait la franche exaspération provoquée dans la paysannerie par les confiscations de terres – exaspération inépuisable et que chaque génération transmet intacte à la suivante. Tous les paysans du monde comprendront cela. Dans le Constantinois, de 1871 à 1878, séquestre total : 568 000 hectares. Dans l'ensemble de l'Algérie, cinq millions d'hectares expropriés.

Dans les campagnes, l'amertume devint d'autant plus âcre que la faim y était désormais d'année en année plus obsédante, à cause de l'accroissement brutal et démesuré de la population (dû aux vaccinations), et à l'usure des sols qui en résulte.

Les belles terres ne s'exportent pas, celles que cultivaient les colons s'étalaient au soleil : elles restaient là, admirablement cultivées, portant des récoltes de Canaan, grâce aux méthodes modernes de culture des grandes compagnies propriétaires.

8 mai 1945 : l'émeute de Sétif, conséquence de la « pacification » de 1853

Pourquoi la manifestation organisée par les nationalistes algériens, le jour de la célébration de la victoire (8 mai 1945), fut-elle pacifique dans toute l'Algérie, sauf dans la région de Sétif ?

En 1954, j'ai parlé de ces horribles jours avec des témoins nombreux et divers. Du côté musulman, on croyait fermement à une provocation montée par les colons ; du côté colon, on ne doutait pas de la préméditation musulmane : des faits précis me furent cités des deux côtés pour démontrer la préméditation adverse.

Les deux me semblent peu certaines, car cacher pendant quinze ans les trames d'une machination (nécessairement connues d'un grand nombre de personnes), cela représente un exploit peu conforme au tempérament très également méditerranéen des deux groupes et c'est pourquoi la préméditation de l'un ou de l'autre me semble peu probable.

En revanche, la famine des tribus montagnardes qui entourent Sétif n'était que trop certaine, et trop certaine aussi la convoitise excitée chez elles par les splendides récoltes que ramassait, sur leurs terres confisquées (14 744 ha), la Compagnie genevoise de Sétif. Dix ans plus tard, à deux cents kilomètres de là, les paysans qui m'en parlaient perdaient encore leur calme…

La Compagnie genevoise fut mise en possession des meilleures terres de la région de Sétif, en 1853, sans autre obligation que celle d'y créer dix villages de cinquante feux. Les bons comptables suisses s'aperçurent vite que ces créations étaient onéreuses et ils s'appliquèrent dès lors à décourager les colons européens déjà installés : 428 en 1870, 105 seulement en 1923. Malgré cela, un décret du 24 avril 1858 accorda gratuitement à la Compagnie la propriété du fonds, en la dégageant de toute obligation[1]. Elle vendit par la suite, et dans de bonnes conditions, une partie de ses terres, mais elle possédait encore, en 1944, 14 744 hectares – part peu importante de son capital, qu'elle conservait peut-être par négligence.

Il eût été aisé de la dédommager et de ne pas maintenir ce brûlot allumé en permanence près de cet immense monceau de brindilles sèches, mais il aurait fallu y penser. Et le malheur voulait que l'Algérie algérienne était – pour la France de Paris broyée par la guerre de 1939-1945, pour les fonctionnaires « métropolitains » et pour les hommes politiques – comme si elle n'avait pas existé.

Pendant ce temps, les cheminots et les facteurs français nés sur place à Sétif demeuraient là, partageant quotidiennement la vie de leurs voisins, donc sentant cette amertume et cette hostilité des tribus qui les cernaient, et cette hostilité les rendait solidaires des grands banquiers lointains qui, dans l'innocence de la Suisse, ne touchaient à cette dynamite que sous forme de dividendes inodores. Le facteur et le cheminot avaient peur, non sans raison. La peur exaspère : elle exaspère celui qui a peur et celui qui fait peur.

1. La Compagnie genevoise a constamment réinvesti en Suisse capitaux et bénéfices, même pendant la guerre de 1914-1918. Une autre grande compagnie (la Compagnie algérienne) a bénéficié de faveurs aussi exorbitantes. Elle possédait encore, en 1954, une centaine de milliers d'hectares, on peut évoquer la concussion.

La répression répond à l'émeute ; neuf ans plus tard l'insurrection répondra à la répression

Avant 1940, j'ai connu des intellectuels algériens ; ceux que j'ai rencontrés militaient pour l'intégration : ils voulaient être français, et ils étaient, pour cette raison, très assidûment persécutés par l'administration française locale et par les cadres coloniaux qu'une aussi insupportable prétention révoltait.

Découragés, la plupart d'entre eux se rallièrent au PPA [1] qui demandait l'indépendance et à l'AML de Ferhat Abbas [2] ; ce dernier prônait alors une Algérie algérienne, fédérée à la France [3].

Le mardi 8 mai 1945, jour de la victoire alliée, une manifestation pacifique fut organisée par ces deux mouvements dans toutes les villes d'Algérie. Le hasard voulut que le mardi fût jour de marché à Sétif – ce qui signifie que les hommes des tribus spoliées étaient là, amers, violents… Ils grossirent tout naturellement les rangs des manifestants qui, vers 8 heures du matin, se rassemblaient près de la grande mosquée.

Les autorités françaises recevaient pendant ce temps les responsables qui s'engageaient à maintenir l'ordre et qui désarmèrent eux-mêmes leurs partisans. La manifestation n'étant pas interdite, le cortège s'ébranla…

Au centre de la ville, rue de Constantine, un policier en civil aurait arrêté le défilé, et il y eut sans doute une bousculade, il était armé, il tira et tua le jeune garçon qui portait le drapeau.

La foule musulmane se scinde alors en deux groupes, dont un va déposer une gerbe au monument aux morts, tandis que l'autre s'égaille, s'empare d'armes improvisées, et massacre au hasard des

1. L'Étoile nord-africaine, animée par Messali Hadj, fut dissoute par décret le 26 janvier 1937. Sur le conseil du colonel de La Rocque, leader d'une partie de la droite française, Messali fonda un parti régulier, le PPA (Parti du peuple algérien), qui fut déclaré le 11 mars 1937. Il fut dissous après les émeutes de 1945. Messali Hadj fonda alors le MTLD (Mouvement pour le triomphe des libertés démocratiques).

2. Amis du manifeste et de la liberté, parti fondé à Sétif le 14 mars 1944 par Ferhat Abbas. Après l'emprisonnement de son leader, l'AML devint un parti régulier : l'UDMA (Union démocratique du manifeste algérien), déclaré en 1946.

3. Entre le 9 et le 15 mars 1960, l'Institut français d'opinion publique a interrogé, dans toutes les régions de France, des hommes et des femmes de toutes conditions sur le « gouvernement des Algériens par eux-mêmes en union étroite avec la France ». Cette solution avait 64 partisans sur 100.

civils français – avec des pierres, des couteaux et des haches, car les manifestants n'avaient pas d'armes à feu.

Trois jours plus tard, l'armée était là, et commençait une répression qui dura jusqu'au 16 mai. Le bilan officiel mentionne 1 165 victimes musulmanes, la presse d'opposition donne le chiffre de 45 000 morts. Divers recoupements permettent de penser que le chiffre exact doit être inférieur à 45 000 mais dépasse 15 000. Du côté européen on compta 103 morts (dont 29 à Sétif) et 110 blessés.

Le journaliste suisse Charles-Henri Favrod, dans un livre où abondent les renseignements de première main[1], signale l'influence directe que la répression de 1945 a exercée sur la révolution de 1954. Cette observation, toutes les informations que j'ai recueillies personnellement auprès des témoins de ce drame la recoupent absolument. Charles-Henri Favrod signale également les commandos contre-terroristes qui s'organisèrent spontanément, et qui, à titre privé, pendant plusieurs semaines, assassinèrent méthodiquement des Algériens innocents, sans qu'il y eût tentative de sanctions contre les assassins. Enfin, il mentionne la part prise par le parti communiste algérien dans la répression[2] ; elle accrut la méfiance que les vieux nationalistes algériens ont nourrie à diverses reprises à l'égard de ce parti. Notamment en 1921 et 1937.

1948 : falsifications des élections en Algérie

En 1948, la France devait subir en Algérie un autre grand échec, entendons qu'elle laissa commettre une autre faute irréparable : la falsification systématique des élections[3]. Faute d'abord due à l'ignorance, à l'absence de méditation politique, à la carence de morale civique. Échec ensuite, et échec aux graves conséquences…

Il y en eut d'autres, moins éclatants, qu'il serait fastidieux d'énumérer, car il faudrait pour cela suivre les avatars de toutes les velléités de

1. *La Révolution algérienne*, Plon, 1959, p. 76.

2. Le secrétaire de la section communiste de Sétif eut les deux mains tranchées à coups de hache par les insurgés. Ceux-ci promenaient des banderoles portant des inscriptions : « Vive l'Algérie indépendante », « Libérez Messali », « À bas le colonialisme », « À bas le parti communiste ». (Charles-André Julien, *L'Afrique du Nord en marche. Nationalismes musulmans et souveraineté française*, Julliard, 1972, p. 135 et 303.)

3. Élections municipales en 1945, 1947, 1952 ; élections à la première Constituante, en 1946 ; à l'Assemblée algérienne en avril 1948.

libéralisme qui, de Paris, cherchèrent à pénétrer jusqu'à la population musulmane, écrasée, offensée, asphyxiée. Or, non seulement aucune des velléités libérales de Paris n'aboutit, mais il semble bien que leur seul effet fut de stimuler les oppositions au libéralisme, et de leur donner l'envie et l'occasion de se durcir.

Huit années plus tard, à partir de 1956, des deux côtés, des raisonneurs sans cervelle dirigèrent l'appareil de la répression contre ce que l'on appela OPA[1] (Organisation politico-administrative), organisme qui comprenait à la fois des jeunes élites formées dans nos écoles et des cadres traditionnels, c'est-à-dire les hommes que l'on écoutait dans les villages. Ils savaient aussi se faire entendre du chef militaire FLN qui baroudait[2] dans le secteur. – Or cela ne fait aucun mal à des activistes de se laisser parfois chapitrer par des « intellectuels » ou par des grands-pères expérimentés qui parlent raison.

Tous ces petits lettrés de campagne, ces notables pieux et pauvres, auxquels une année passée de temps en temps à Billancourt permettait de subsister, ces hommes si originaux, à la fois vrais aristocrates et vrais prolétaires, n'étaient pas « obéissants », et il est exact qu'ils ont d'abord composé avec le maquis, mais non sans réciproque.

Inversement, ils n'acceptaient ni ne rejetaient *a priori* toutes les initiatives françaises : quand elles leur semblaient avantageuses et convenables, ils les examinaient, ils les adaptaient, ils les imposaient – ils furent les grandes victimes d'abord de la répression française puis de celle du maquis.

On ne peut s'appuyer que sur ce qui résiste, on le vit après 1958, lorsque toute la haute administration française et même quelques chefs militaires commencèrent à se pencher avec sollicitude sur les fruits de trois ou quatre élections algériennes : « Allons, un bon mouvement, dis-moi non… » Hélas, il fallut plus de deux ans pour l'obtenir, même chez les plus dociles.

On n'en était pas encore là, lorsque, le 1er novembre 1954, sonnèrent les premiers coups de feu d'un interminable combat.

À cette date, si le gouvernement de Paris avait été assez stable, organisé et assez énergique pour faire procéder en Algérie à des élec-

1. 1986 : Il s'agit de ce que les militaires de l'époque appelaient « la guerre révolutionnaire », autrement dit, sous prétexte d'« encadrer » la population civile, une répression généralisée.

2. Le mot *barouder* est emprunté à l'arabe. *Baroud* signifie guerre.

tions vraiment libres, elles nous auraient probablement épargné une guerre longue et cruelle, pour le plus grand bien de tout le monde – car l'intérêt de la France, le seul intérêt de la France en Algérie, n'était pas de s'y maintenir par la force, c'était d'y voir la paix, d'y assurer une vie paisible au million de Français qui y étaient nés. Mais cela était bien plus difficile que de s'y maintenir.

1er novembre 1954 : une guerre qui n'ose pas dire son nom

À trois heures du matin, le 1er novembre 1954, une révolte éclata en même temps dans l'Aurès, dans la région d'Alger et en Oranie.

On signala la mort de cinq soldats, dont deux à Batna et trois à Kenchela, de deux agents de police à Dra-el-Mizan (à 120 kilomètres d'Alger), d'un fils de colon près de Cassaigne, tandis que, sur la route d'Arris à Biskra, un jeune instituteur et un caïd étaient blessés mortellement. En tout dix morts – les premiers d'une longue guerre[1].

Dans l'ensemble, on peut dire que l'Algérie de 1954 – grandes masses musulmanes et colons réunis – ignorait presque tout du petit groupe d'hommes qui venait de prendre les armes.

Des observateurs de tous bords savaient depuis longtemps que « quelque chose n'allait pas » ; mais ces mêmes observateurs n'ont pas immédiatement reconnu, dans les flammèches de novembre 1954, le grand incendie qu'ils appréhendaient dans leurs cauchemars.

De décembre 1954 à avril 1955 je suis revenue dans l'Aurès, premier foyer de la révolte où, dans toutes les tribus, je comptais depuis 1934 de vieux amis paysans[2]. En tête à tête et à voix basse, ils me disaient, parlant des hommes du maquis : « Les gens d'ici se demandent ce qu'ils veulent. »

En ce temps-là, les chefs de famille qui constituaient les *jemaâs*, ces petits sénats traditionnels, laissaient voir parfois de l'agacement à

1. 1985 : Du côté français, on a compté 27 000 soldats tués, 65 000 blessés et un millier de disparus, 2 800 civils tués et 800 disparus. Du côté algérien « un chiffre gravitant autour de 500 000 morts paraît de l'ordre du possible » (Bernard Droz et Évelyne Lever, *Histoire de la guerre d'Algérie*, Seuil, 1982, p. 343). [Se référant à Ch. R. Ageron, G. Meynier et M. Harbi évaluent à environ 250 000 le nombre de morts algériens (« La dernière frappe du révisionnisme médiatique », *Confluences méditerranéennes,* janv. 2004).]

2. Entre 1934 et juin 1940, quatre missions scientifiques m'ont permis de vivre chez les semi-nomades du sud de l'Aurès.

l'égard de ceux que tous appelaient alors *imounafqen* (hors-la-loi) et, dès le premier jour, le meurtre improvisé d'un jeune instituteur sympathique venu de France et tué près d'Arris avait scandalisé l'opinion musulmane qui, sur ce point, réagissait encore à l'unisson de l'opinion européenne (un des premiers efforts de propagande des *imounafqen* consista pendant les mois qui suivirent à se désolidariser de ce meurtre).

Aux mêmes endroits, moins de six mois plus tard, le mot *imounafqen* n'avait plus cours et le terme courant pour nommer les révoltés était devenu *Hodjadj* (pluriel du mot *Hadj*, titre que porte le cCroyant après l'accomplissement du pèlerinage de La Mecque). À l'origine, il semble que l'adoption de ce mot avait eu surtout pour but de tromper un auditeur indiscret, mais peu à peu, comme toujours, l'appellation clandestine s'imposa au point d'être connue de tout le monde et de devenir la plus usuelle. Elle était relayée de temps en temps par des locutions telles que *yan-negh*, « les nôtres », *yay-nbarra*, « ceux du dehors », *yay-n-oudhgher*, « ceux de la montagne ».

En Kabylie, où le mot *imounafqen* existe et avec le même sens que dans l'Aurès, il n'a, à ma connaissance, jamais servi pour désigner les hommes du maquis. D'emblée les Kabyles ont nommé *moudjahidin*, « combattants de la foi », ceux qu'en France on appelait « fellaga » (pl. de *felleg*. Pluriel arabe *fellaga* ; pluriel *chaouïa* : *ifellagen*). Par la suite, plus souvent encore que *moudjahidin* les Kabyles dirent *yen-nit*, « les autres », puis *yeu-hegh*, « les nôtres », en parlant d'eux.

Au cours de l'été 1955, l'organisation secrète qui avait déclenché la révolte (le CRUA : Comité révolutionnaire d'unité et d'action) définissait les structures de ses deux composantes :

– le FLN (Front de libération nationale), instrument politique, sera la synthèse de tous les mouvements nationalistes algériens ;

– l'ALN (Armée de libération nationale) groupera les maquis…

À cette date les deux populations cœxistant en Algérie confondent encore le MTLD[1] et le Front, et cette confusion se prolongera dans les campagnes jusqu'au début de 1956. La police imitant cette ignorance s'efforça de détruire tout ce qui ressemblait à une organisation. Celles-ci, naturellement, sont d'autant plus vulnérables qu'elles sont plus innocentes : c'était faire la part belle aux vrais clandestins.

1. Ce dernier ne prit aucune part à l'élaboration de la révolte de 1954 et ses partisans ont été ensuite en opposition violente avec ceux du FLN.

De 1956 à juin 1957, d'une démission à l'autre

2 janvier 1956 : les électeurs français refusent la guerre d'Algérie

Le 2 décembre 1955 le président du Conseil Edgar Faure dissout la Chambre pour consulter l'opinion ; la campagne électorale porte essentiellement sur la guerre d'Algérie qui dure déjà depuis 13 mois. On est « pour » ou on est « contre ». Sont « contre » Pierre Mendès France (radical) et Guy Mollet (socialiste) qui dénonce « cette guerre imbécile et sans issue[1] » ; ensemble ils ont formé le Front républicain. C'est le Front républicain que choisissent les électeurs.

Le président de la République René Coty a été élu parce qu'il était honnête et incolore ; son seul pouvoir consiste à choisir l'homme politique de la majorité qui dirigera les affaires de la France ; il a le choix entre Pierre Mendès France, homme d'État qui a déjà fait ses preuves à l'occasion de la guerre d'Indochine, et Guy Mollet. Il choisit Guy Mollet.

6 février 1956 : première capitulation de l'État français

Le 6 février 1956, le nouveau président du Conseil Guy Mollet se rend à Alger pour voir la situation et défendre son programme ; il est accueilli à coups de tomates par la foule française et il décide alors de suivre non pas le programme que lui ont confié ses électeurs de France mais celui que défendent en Algérie ses adversaires.

Avant le 6 février 1956, l'appareil de la révolution algérienne est assez réduit et très mal connu des masses musulmanes. Les sentiments qu'il leur inspire sont : une vague bienveillance, une vague inquiétude, beaucoup de curiosité.

La campagne électorale de décembre 1955 et le succès électoral de Pierre Mendès France et de Guy Mollet suscitent un timide intérêt

1. Cité par B. Droz et É. Lever, p. 87.

parmi une majorité d'Algériens musulmans, et un désespoir bruyant chez les colons européens ; la capitulation totale et immédiate de Guy Mollet, président du Conseil, dès son arrivée à Alger, le caractère spectaculaire des manifestations violentes qui la précèdent déclenchent inversement une profonde inquiétude chez les musulmans, tandis que les colons d'Algérie, ayant pris conscience de leur force, aspirent désormais à s'en servir.

Le hasard veut que le premier grand réseau FLN ait été démantelé vers cette époque. Grâce à la presse française, l'opinion musulmane apprend – pour la première fois et non sans orgueil – l'importance des organisations du Front.

Chaque détail en est alors avidement accueilli, commenté, grossi, et les adhésions au FLN prennent aussitôt – nous sommes en avril 1956 – l'allure d'un mouvement de masse : de toutes parts les gens cherchent le contact avec l'organisation clandestine et prient ses représentants de bien vouloir accepter leurs cotisations.

Pendant ce temps les réseaux de colons contre-terroristes s'organisent fébrilement car, dans l'étrange magma conducteur qu'est l'Algérie, on sait de part et d'autre à quoi s'en tenir sur les dispositions prises par la communauté rivale[1]. Ce qui, évidemment, accélère encore le zèle offensif de chacune d'elles.

Il ne faut pas perdre de vue que dans ce double processus la métropole supporte une lourde responsabilité : elle a désespéré les Français d'Algérie (qui se sont crus abandonnés par Paris) et fait naître ainsi chez eux le « complexe de la trahison », puis elle a libéré sans contrôle leur agressivité, née de leur peur (agressivité compréhensible mais nullement excusable et très dangereuse même pour eux). La métropole laissa détruire également, par sa faiblesse coupable, toute la confiance que les Algériens musulmans conservaient encore dans un arbitrage de la France : en leur retirant toutes les voies démocratiques de revendication elle ne leur laissa ainsi que celles de la pure violence.

Si je rappelle ces événements, c'est parce qu'ils sont directement à l'origine de l'énorme impulsion que prirent, dans le courant de l'année 1956, les grands réseaux qui gouvernèrent la guerre en gou-

1. 1998 : On sait aujourd'hui que des fils de colons demandèrent en 1962 la nationalité algérienne, tandis que de nombreux Algériens musulmans (qu'on appela alors indistinctement « harkis ») voulurent rester français.

vernant les opinions : terroristes FLN et contre-terroristes français (ou l'inverse, selon le point de vue du lecteur).

Trois mois plus tard (juste le temps de s'outiller) ils vont déclencher des mécanismes irréversibles.

Terrorisme, contre-terrorisme, tortures, exécutions clandestines, assassinats, exécutions officielles et exemplaires – dans ce double système d'explosions en chaîne, qui perpétuellement retentissent les unes sur les autres, en s'entraînant réciproquement, nous allons d'abord analyser le rôle des exécutions capitales, qui fut déterminant.

Juin 1956 : exécutions capitales et attentats FLN

Il était fou de laisser s'enclencher une telle guerre. Plus fou encore – et odieux – de ne pas l'appeler par son nom, et de ne pas traiter en soldats les hommes qui nous combattaient : la « guerre subversive » n'est pas une nouveauté dans l'histoire humaine, et l'instinct de survie de notre espèce lui a fait inventer depuis longtemps son antidote : il s'appelle l'honneur.

Dans ces sortes de guerres, où ni barbelés ni ligne Maginot ne séparent les combattants, mais où des populations terrifiées sont, tout à la fois, le terrain du combat et son enjeu, il faut renier totalement la « Patrie humaine », cette Patrie des patries (ce qui est folie et crime), ou alors suivre sans nul détour un tracé millénaire, entaillé si profondément dans la plaine désolée de l'histoire, qu'en tous temps et tous lieux il demeure visible : la fidélité à une parole donnée, le respect de l'hôte, l'attention à autrui que l'on nomme politesse, une protection désintéressée accordée aux faibles… tout cela constitue un langage qui est compris dans tous les continents.

Avoir affaire à des Hommes et ne pas croire à leur Humanité (autrement dit : à leur raison), c'est une méchante position et une sottise, car on exclut ainsi la possibilité d'un accord : or il n'existe rien de plus dangereux que d'acculer un peuple entier au désespoir.

Pendant vingt mois, les autorités de Paris, s'appuyant à la fois sur nos institutions et sur une répugnance légitime, parvinrent à freiner les exécutions capitales exigées par la population coloniale. Puis, comme d'habitude, elles cédèrent et deux exécutions eurent lieu à Alger le 19 juin[1].

1. Ferradj et Zabanah (nom orthographié inexactement par l'état civil : Zahana).

Une exécution capitale est en soi assez ignoble pour révolter n'importe quel individu normal ayant l'occasion de connaître de près les circonstances qui l'accompagnent. Le moins que l'on puisse exiger pour excuser ces cérémonies sauvages, c'est de les appeler à sanctionner un forfait odieux, inexcusable, universellement réprouvé, et dont on a identifié l'auteur avec certitude.

Dans la conjoncture politique de 1956, et en présence de l'unanimité musulmane qui avait pris corps désormais, les exécutions étaient en outre et directement des affronts et ils ne compromettaient pas un sous-ordre irresponsable (comme les tortures) mais tout le corps institutionnel. Or c'est justement cela qu'exigeait âprement une certaine opinion « coloniale » : compromettre définitivement le seul arbitre possible du conflit, afin de rendre celui-ci insoluble.

Par lâcheté politique, par paresse d'esprit, par émiettement des responsabilités, l'arbitre se laissa entraîner.

Si la police française, en novembre 1954, avait retrouvé l'assassin de l'instituteur Monnerot, il est possible – mais non certain – que l'opinion musulmane, en présence de son exécution, eût été partagée. Dix-huit mois plus tard elle était unanime contre notre justice.

Le lendemain des deux premières exécutions capitales, dans Alger seulement, il y eut une trentaine d'attentats au revolver, les premiers. Ils firent 47 morts ou blessés européens[1].

En même temps s'intensifiait le recrutement des « commandos de la mort » que le peuple appelle désormais *fiddayin*[2] mais plus souvent encore *moussebbilin*, les « sacrifiés[3] ».

Deux des agresseurs furent abattus, dont *l'un, nommé Achour, habitait 3, rue de Thèbes* ; un autre, pris vivant, sera exécuté par la suite. D'innombrables arrestations eurent alors lieu dans les milieux auxquels appartenaient les auteurs connus ou présumés d'attentats.

1. 1986 : L'historien anglais Alistair Horne, dans *Histoire de la guerre d'Algérie*, Albin Michel, 1980, p. 191, donne le chiffre de 49 civils tués au revolver entre le 21 et le 24 juin, par ordre de Ramdane Abane (« n'importe qui mais ni femmes, ni enfants, ni vieillards »), en représailles des exécutions.

2. Pluriel du mot arabe *fedday*, « celui qui purifie ».

3. En kabyle, *insebbelen* (sing. *insebbel*) de l'arabe *es-sabbil*, « le chemin ». Littéralement, « les gens que la caravane abandonne sur sa route ». Dans son sens actuel, ce mot a été employé pour la première fois, à ma connaissance, en Kabylie, en 1872, pour désigner les hommes qui sont partis escalader les murailles de Fort-National.

Les *insebbelen* sont revêtus de neuf, comme les morts, et l'on prononce sur eux la prière de l'Absent. Avant la cérémonie, ils vont au bain maure et se parfument pour être prêts à comparaître devant Dieu.

Avant cette date, on pouvait citer des cas de tortures en Algérie – il n'est d'ailleurs pas un pays au monde qui soit totalement indemne de cette horrible pratique – mais ils demeuraient isolés. Après les premiers attentats terroristes, la torture devint le complément sinistre de l'arrestation : le terrorisme justifiait la torture aux yeux des uns, tandis que la torture et les exécutions capitales rendaient licites (dans l'opinion des autres) les attentats les plus meurtriers.

Août 1956 : première bombe de terroristes français

La première bombe au plastic qui explosa à Alger fut une bombe contre-terroriste – une bombe française. Elle fit 53 morts (37, selon d'autres sources) et d'innombrables blessés. Elle démolit plusieurs immeubles et, d'après la mairie d'Alger, 280 personnes se trouvèrent sans toit (1er août 1956).

Les auteurs du crime placèrent l'engin quelques minutes avant le couvre-feu, afin de faire le plus grand nombre possible de victimes, et le hasard voulut que celles-ci soient surtout des enfants, des femmes et des hommes très âgés. Si un certain hasard a pu présider au choix des victimes, il n'y eut pas de hasard dans celui de l'emplacement – *3, rue de Thèbes* –, le domicile d'un des *moussebbilin* qui avait été pris en vengeant Ahmed Zabanah et Abdelkader Ferradj, les deux premiers condamnés à mort, deux mois plus tôt.

Aucune émotion dans le public européen : les journaux mentionnent l'attentat sans parler du nombre des victimes, et n'y reviennent plus. Celui que j'ai sous les yeux lui a consacré neuf lignes, qui répètent la version officielle : « On pense qu'il s'agit d'un épisode de la lutte entre membres du FLN et messalistes. »

Or personne dans Alger ne pense cela, car la bombe qui vient d'exploser est une bombe au plastic, et la population européenne, en juillet 1956, est très loin d'imaginer que FLN ou messalistes pourront un jour en posséder de semblables. La police a-t-elle identifié les coupables ? Je l'ignore. En tout cas, il n'y eut pas d'arrestation.

Cependant, des suspects sont très vite nommés ouvertement dans de nombreux milieux algérois : un certain Michel Féchoz (condamné pour participation à l'attentat commis en janvier 1957 contre le général Salan), avec le fameux Kovacs, aurait dirigé l'organisation qui a fabriqué et placé la bombe ; ils auraient eu pour collaborateur un inspecteur de la DST nommé Mestre – inspecteur qui sera assassiné deux mois plus tard (septembre 1956) par un nommé Ahad qui lui aussi habitait rue de Thèbes, dans une des maisons contiguës au bloc sinistré. Ahad a été condamné à mort et exécuté en juin 1957, mais il vengeait des morts innocents : sa propre famille, dont nulle justice ne s'était souciée[1].

En face de l'indifférence apparemment totale de l'opinion et des pouvoirs publics français, les musulmans sont bouleversés : ils ont désormais le sentiment d'être livrés – sans défense, sans armes, sans recours légal d'aucune sorte – à l'assassinat pur et simple. Lorsque, deux mois plus tard, les premières bombes FLN éclateront à leur tour, elles seront accueillies avec exultation par des secteurs de plus en plus importants de leur opinion, et les poseurs de bombes feront tout naturellement figure de « protecteurs du peuple » et de « héros nationaux ».

Or, quel que soit le parti politique auquel il appartient, quel est le Français qui ose dire publiquement qu'une vie algérienne innocente tranchée par une main française ne doit pas être payée du même prix qu'une vie française innocente tranchée par une main algérienne ?

Pourtant, pendant six années accomplies, la sévérité de nos lois s'est appesantie constamment sur les uns et jamais sur les autres, et cela, il faut le dire, malgré les efforts d'officiers français et de magistrats français indignés par cette inégalité de la justice.

Depuis 1958 quelques sanctions locales ont pu être prises contre des Français auteurs d'exactions en Algérie ; elles diminuèrent *un peu* le nombre de celles-ci – un peu seulement, sans doute parce qu'elles ne furent ni assez nombreuses ni assez publiques.

Il y a crime et crime : crime de tempérament, crime de situation. Dans cette guerre, plus que dans toute autre, la solution facile, bête et lâche était le glissement vers l'atroce. Et, certes, on a glissé.

Le problème était d'arrêter ce glissement, en se souvenant que ceux

1. Le docteur René Kovacs, accusé d'avoir commis en janvier 1957 un attentat contre le général Salan (qui commandait en chef en Algérie) et d'avoir tué par erreur à cette occasion le commandant Rodier, fut jugé avec ses complices à Paris par la justice militaire. À la stupeur du public français et étranger tous les accusés furent mis en liberté provisoire et naturellement le plus compromis s'évada. (Deux ans plus tard, aux procès dits « des barricades », les principaux accusés de l'insurrection du 24 janvier 1960, également mis en liberté provisoire, s'évadèrent dans les mêmes conditions.)

qu'il entraîne sont « des hommes comme les autres ». On rêve d'une justice impitoyable pour le crime et pitoyable pour le criminel. Mais avant de punir, et s'il y a lieu de pardonner, il faut appeler le crime par son nom.

30 septembre 1956 : premières bombes de terroristes FLN

Les premières bombes FLN explosent dans Alger, deux d'entre elles font de nombreuses victimes, car elles ont été placées un dimanche après-midi dans les cafés les plus fréquentés de la ville : le Milk-bar et la Cafétéria. Ensemble elles font un mort et 52 blessés. Comme pour la bombe de la rue de Thèbes, une haine attentive et calculatrice avait choisi l'heure la plus meurtrière.

Cette fois, en revanche, l'émotion est immense dans les milieux européens : elle remplit tous les journaux pendant plusieurs jours, elle exige des détails sur l'enquête ; mais elle n'exige pas que cela : il lui faut aussi, et à tout prix, et tout de suite, des coupables. Elle les exige si impérieusement que la police, l'armée et la presse – qui d'ailleurs vibrent à l'unisson – vont s'efforcer d'en découvrir à tout prix.

Malgré des tracts FLN qui revendiquaient l'attentat, l'opinion et la police ont attribué d'emblée les bombes du 30 septembre à un réseau communiste. Pourquoi ? Simplement, sans doute, parce que c'était « du travail bien fait » et que l'opinion européenne d'Alger ne parvenait pas encore à se défaire, malgré l'expérience, de ses stupides préjugés habituels sur le « travail arabe » ; l'armée, de son côté, mal adaptée à l'Algérie, transposait en Afrique son amère expérience de l'Asie et « inventait » le communisme là où il n'existait pas.

Et il y eut en effet des membres[1] du parti communiste algérien d'origine française qui collaborèrent avec le FLN mais le Front ne consentit à les accueillir qu'à titre individuel et, lorsqu'ils furent arrêtés, ils bénéficièrent de façon très réticente du soutien officiel des communistes français. (Il va de soi que, à l'intérieur du parti communiste, il n'y avait pas unanimité à cet égard.)

Fernand Iveton, Français d'Algérie et communiste convaincu, afin de se solidariser complètement avec la révolution algérienne, déposa

1. En particulier Maurice Laban, fils d'un instituteur gascon, militant de la guerre d'Espagne, et l'aspirant Henri Maillot (Laban fut tué au maquis et Maillot fut exécuté sans jugement).

un engin explosif dans un bâtiment public, mais il prit des risques pour n'atteindre personne, et effectivement seuls des dégâts matériels furent à déplorer. Il fut arrêté dans l'atmosphère délirante d'Alger, condamné à la peine capitale et exécuté. Abandonné de tous (y compris de la majorité du parti communiste français) – il eut le soutien total de sa famille, en particulier de sa femme et de son père. Par solidarité avec les condamnés musulmans partageant sa cellule il aurait participé avec eux aux prières de l'Islam – du moins c'est ce que m'a dit un de ses compagnons de captivité.

Il fut exécuté le 10 février 1957, avec deux Algériens, et c'est au cri de « Allah Aqbar », Dieu est grand, qu'ils marchèrent vers l'échafaud.

Les condamnés à mort ne pouvaient ni ne voulaient dormir avant l'heure où les bourreaux venaient chercher ceux qu'ils allaient exécuter (entre deux et trois heures). Tous les autres prisonniers, hommes et femmes, veillaient avec eux, dans l'angoisse. À trois heures on entendait, dans toute la prison, la prière des condamnés, on savait alors qu'il n'y aurait pas d'exécution cette nuit-là et c'était le signal du sommeil.

En feuilletant la collection des journaux français d'Algérie de cette période, nous pouvons mesurer avec effroi l'hystérie collective qui entraînait nos malheureux compatriotes. Mais en face de celle-ci, dans l'ombre de la Casbah, une hystérie au moins égale – tout aussi meurtrière, tout aussi pitoyable – soulevait désormais les masses musulmanes depuis l'explosion de juillet 1956, dans la rue de Thèbes ; elle était ensuite réactivée presque chaque jour par les meurtres et les tortures qui se sont pratiqués, de plus en plus ouvertement, dans la ville d'Alger.

À partir de mai 1957 des enfants musulmans manifestaient ouvertement leur joie, dans la rue, au passage d'une ambulance ; au moment des attentats dits « des lampadaires » – attentats particulièrement meurtriers, qui décimaient au hasard des passants innocents aussi bien musulmans que « colons » –, l'admiration qu'ils ont inspirée a été publique et générale dans les quartiers non européens. Deux ans exactement auparavant, quand un instituteur français avait été blessé mortellement dans l'Aurès, j'avais pu personnellement contrôler la réprobation générale que ce crime avait suscitée dans les milieux musulmans les plus divers. Lorsque l'on établit un parallèle entre cette attitude et la joie qui éclatera, après mai 1957, dans la prison civile d'Alger, dans la Casbah, ou dans n'importe quel bidonville, après un attentat réussi, on mesure avec épouvante le chemin parcouru en vingt-quatre mois.

Il n'est pas permis de dire, à cause de cela, que les Algériens sont des hommes cruels : j'ai vu la même joie hideuse chez certains Français, devant le deuil et la souffrance de l'adversaire. Mais j'ai vu aussi (heureusement) d'innombrables exemples de compassion humaine chez les uns et les autres. Cette compassion n'appartient exclusivement à aucune patrie, à aucun parti : tel jeune maquisard dont je connais toute la famille doit la vie à un vieux policier de la DST qui l'a sauvé par bonté pure ; cet autre fut arraché à la mort par un « ultra » ; j'ai su les noms de soldats parachutistes qui dépensaient sur leur solde pour soigner et nourrir les malheureux prisonniers qu'ils devaient garder – et de qui je tiens bien d'autres informations.

En face, des responsables politiques FLN imaginèrent de donner des primes à leurs soldats quand ils faisaient des prisonniers – pour limiter un peu l'affreuse pratique des guerres civiles qui consiste à abattre un ennemi désarmé.

Il n'y a pas des « bons civils » et des « méchants militaires » – ou l'inverse ; ni des « bons Algériens » et des « méchants FLN » – ou l'inverse. Il y a des hommes méchants et des hommes bons, et des situations où, en outre, tous les imbéciles sont méchants. Hélas, ils sont nombreux partout.

Octobre et novembre 1956 : détournement d'un avion et expédition d'Égypte

Après deux ans de combats, le gouvernement de Guy Mollet admettait en privé que la révolte algérienne était une guerre et que les problèmes politiques de l'Algérie devaient être résolus politiquement ; de leur côté le roi du Maroc et le président tunisien souhaitaient vivement être débarrassés de leurs amis algériens et ils s'employaient à faciliter des rencontres. Il était donc encore possible d'arrêter les dégâts avant d'avoir totalement décimé et ruiné les deux malheureuses populations d'Algérie. C'est alors que se produisit l'arraisonnement par les militaires français d'un avion civil d'Air-Maroc où se trouvaient, entre autres passagers, les éventuels négociateurs du FLN (Ben Bella, Boudiaf, Khider, Aït Ahmed) ainsi que l'écrivain Mostfa Lacheraf et le journaliste américain Tom Brady.

En France, pour protester contre cette violation française du droit international, un ministre socialiste (Alain Savary) et un ambassadeur (Pierre de Leusse) donnèrent leur démission ; quant au président du Conseil, Guy Mollet, il aurait été furieux (selon Mendès France) mais, comme d'habitude, il se tut modestement.

Ceci se passait il est vrai le 22 octobre 1956, donc exactement neuf jours avant l'expédition de Suez.

En vingt-quatre heures, 500 parachutistes français et 600 anglais furent vainqueurs, le lendemain leurs deux gouvernements, sur l'ordre des USA et des Soviétiques (qui la veille venaient d'agresser sauvagement la Hongrie), rappelèrent leurs soldats. Ce jour-là, les deux ex-grandes puissances surent quelle serait désormais leur marge vitale.

L'historien anglais Alistair Horne[1] conclut : « Ainsi s'achevait, après quarante-huit heures d'hostilités, la guerre de Suez, la plus courte et peut-être la plus stupide de l'histoire. »

7 janvier 1957 : deuxième démission officielle de l'État français en Algérie

À partir du dernier trimestre de l'an 1956, les gens qui suivaient attentivement les événements d'Algérie savaient que le gouvernement français avait cessé d'y être obéi. Dirigé à Paris par le président Guy Mollet et représenté à Alger par le ministre résidant Lacoste, il commit l'erreur irréparable de confier à un général, Massu, la totalité des pouvoirs de police dans la zone du Grand Alger. J'ai suivi avec consternation les étapes du processus ainsi enclenché, la bataille d'Alger, qui fut marquée par des arrestations massives et la généralisation de la torture.

Entre autres malfaisances, cette décision retira à l'armée le rôle d'arbitre qu'elle avait détenu dans une partie de la campagne algérienne depuis l'aube de la Troisième République – donc depuis 1870… C'est du moins ce que l'on pouvait extraire des récits que me faisaient les vieux paysans berbères que j'écoutais assidûment entre 1934 et 1940.

En 1957, les paysans en question avaient déjà vieilli de 20 ans, et aujourd'hui, à coup sûr, ils ne sont plus là car ils étaient déjà très vieux quand j'étais encore très jeune. À leur place rappelons que le

1. *Histoire de la guerre d'Algérie*, 1980, p. 169.

bon empereur Napoléon III envisagea au cours de son règne une indépendance progressive des territoires musulmans (qu'il devait aux conquêtes de deux rois capétiens qui l'avaient précédé dans le palais des Tuileries) et que lorsque la République Troisième lui succéda elle adopta alors d'emblée une cause inverse, c'est-à-dire toutes les prétentions des colons, à l'exception de leurs stupides hargnes antisémites.

Pour expliquer cette nouvelle orientation, il faut dire aussi que, parmi ces colons, il y avait de nombreux républicains que le méchant empereur Napoléon III déporta dans les terres les plus insalubres d'Algérie, lorsqu'il étrangla – vite fait – notre République II.

Oubliant leurs vertus civiques, les « déportés pour républicanisme et droits de l'homme » se mirent très vite à ficeler des lois à leur exclusif avantage : par exemple une loi Warnier (1873) qui favorisait les migrants venus d'Europe – en majorité cultivateurs – au détriment des musulmans – souvent éleveurs. Dès lors, partout où le pouvoir était civil et représenté par un maire, les colons – électeurs privilégiés – eurent tous les droits, tandis que là où les militaires administraient (recrutant leurs cadres dans l'aristocratie pauvre et paysanne et d'ailleurs toujours en retard d'un régime), les vieilles coutumes locales étaient souvent protégées. Les anciens opposants à l'Empire sont devenus des ultras, cent six ans après.

De juin à septembre 1957 : les négociations

Juin 1957 : enquête de la CICRC

Avant 1956 il y avait déjà eu des « bavures » en Algérie, mais après janvier 1957 elles se généralisèrent, et c'était prévisible. Dans les milieux où l'on surveillait attentivement les droits de la personne humaine on était donc déjà alerté et anxieux, et dans ces milieux figuraient en particulier les survivants de la résistance française déportés dans les camps nazis (j'avais quant à moi et depuis longtemps ma carte de visiteuse de prison)… Bref, à la suite d'un appel de notre camarade David Rousset[1], nous nous étions même organisés à l'échelle européenne sous le nom de *Commission internationale contre le régime concentrationnaire* (CICRC) et dès 1951 la CICRC avait demandé à Staline le droit d'enquêter sur les camps soviétiques. Après son refus, elle avait élu un jury, réuni des témoins et enquêté publiquement à Bruxelles ; ensuite elle avait pris en ligne de mire les prisons de Franco en Espagne et celles des colonels grecs.

Sur l'Algérie, la CICRC ouvrit un dossier dès 1955 puis, en 1957, représentée par son fondateur David Rousset, elle fut officiellement reçue par le président du Conseil Guy Mollet qui lui accorda – sans difficulté, et même, selon David Rousset, avec soulagement – l'autorisation de visiter les camps et les prisons d'Algérie qu'elle désignerait, avec celle d'y interroger librement et sans témoins les prisonniers.

Selon les échos qui nous parvinrent, Robert Lacoste (ministre de l'Algérie) et Bourgès-Maunoury (ministre de la Guerre) avaient dû s'incliner devant le chef du gouvernement, mais non sans rechigner. J'en déduisis que le premier était alors à l'écoute de ses électeurs proches (les colons) et que le second tendait l'oreille vers les grognements de la Grande Muette militaire – tandis que Guy Mollet, leur

1. 1998 : David Rousset, né le 18 janvier 1912 à Roanne (Loire), mort à Paris le 13 décembre 1997. Arrêté pour résistance le 12 octobre 1943, déporté à Neuengamme. Auteur de *L'Univers concentrationnaire.*

chef (revenu à Paris et honteux des tomates reçues à Alger), réentendait les voix de la morale socialiste et aussi celles de quelques-uns de ses électeurs métropolitains qui ne comprenaient rien à l'Algérie mais qui ne voulaient plus entendre parler de guerres coloniales.

Les anciens déportés avaient convenu (dès le début de leurs enquêtes sur Staline et Franco) que les rapports sur les conditions de détention d'un pays devraient être signés par des étrangers à ce pays. Pour la France, un médecin belge, un avocat hollandais et une journaliste norvégienne acceptèrent. Deux membres français devaient les accompagner et ce furent l'écrivain Louis Martin-Chauffier et moi-même.

C'est ainsi que le soir du 18 juin 1957 nous atterrîmes tous les cinq sur l'aérodrome d'Alger où nous attendaient un préfet et un lieutenant-colonel représentant leurs autorités respectives.

Les jours suivants nous fûmes reçus par les autorités civiles et militaires aux plus hauts échelons, et je me souviens en particulier du général Salan en culottes courtes. Et couvert de décorations jusqu'au ventre, et assis tout seul, à six pas de nous, dans une très grande salle obscure et vide – il resta muet quinze minutes. Nous aussi.

À la tête de l'organisation des camps il y avait un civil, donc un préfet : nous vîmes le préfet. Les prisons faisaient partie d'un autre service : nous vîmes l'autre service. Plus que tous les autres prisonniers nous voulions protéger les prévenus (parce qu'ils étaient les plus exposés des gens arrêtés). Or pour cela il nous fallait des autorisations qui pouvaient concerner les parquets, et il y en avait deux. Nous fûmes reçus par les deux, en particulier par le procureur général Reliquet, seul dans cette longue chaîne de très hauts responsables à oser avoir une opinion et à la dire.

Dans son journal[1] l'écrivain Louis Martin-Chauffier écrit : « Le procureur général Reliquet est un des rares hommes dont la rencontre impose d'entrée le respect... Dans les prisons d'Alger sont enfermés un certain nombre d'hommes et de femmes, membres des Centres sociaux que Germaine Tillion a créés du temps de Soustelle. Ils se sont donné à servir les déshérités. Nul n'a fait davantage pour le rapprochement non par le prêche mais par l'exemple et par l'amour.

1. Louis Martin-Chauffier, « Journal de voyage d'une enquête », *Saturne*, cahier mensuel de la Commission internationale contre le régime concentrationnaire, 3e année, n° 15, octobre-novembre 1957, p. 5.

Cette générosité naturelle a peut-être entraîné quelques-uns d'entre eux à un excès de confiance. C'est le seul crime qui leur soit reproché. Il est peu courant d'entendre un procureur général faire l'éloge de prévenus et – dût la loi sévir, le plus doucement possible – célébrer leurs vertus et reconnaître qu'ils ont choisi la meilleure part sinon la plus facile, et que, si tous avaient agi comme eux, le drame actuel n'existerait peut-être pas. »

Ce n'était pas un hasard si l'arrivée à Alger de la *Commission internationale contre le régime concentrationnaire* avait coïncidé avec la tenue du procès d'une équipe des Centres sociaux car, soutenue par David Rousset, j'avais veillé à cette « coïncidence »…

Nous savions en effet que, même après leur acquittement, des ex-accusés pouvaient se voir interner indûment, en dehors de tous contrôles légaux, et à cela il fallait veiller. En attendant nous eûmes le droit d'entrer dans la prison de Barberousse à Alger où se trouvait alors une partie de l'élite intellectuelle musulmane d'Algérie.

Récit d'une rencontre

Au terme de cette mission de début de juillet, tandis que nos collègues étrangers restaient entre eux pour rédiger leur rapport, Louis Martin-Chauffier et moi-même, qui n'étions que les accompagnateurs des enquêteurs, profitâmes de ce temps libre pour rencontrer des amis.

Le 4 juillet, à l'hôtel Saint-George où je résidais, j'eus la visite d'une amie enseignante, Fatima Hamdiken, qui m'apprit que « des gens… importants » voulaient me rencontrer[1].

– « Ils » veulent vous parler.

– Qui ça « ils » ?

Je ne sais pas… J'ai quelques minutes pour prendre une décision.

Je peux :

1. Refuser l'entrevue (et je suis tentée de le faire), mais je viens de parcourir toute l'Algérie d'ouest en est et d'est en ouest et ce voyage m'a convaincue à la fois de l'admirable instrument qu'est devenue notre armée et de la parfaite étanchéité à laquelle est parvenue la

1. 1998 : Pour faire le récit de cette entrevue et de celles qui s'ensuivirent, j'ai repris les notes écrites le jour même des événements qu'elles relatent ou sinon quelques jours plus tard – et dans ce cas, à partir de notes prises sur des chiffons de papier ou des bouts d'enveloppes griffonnés séance tenante. Les quelques commentaires écrits après 1957 figurent en italiques.

totalité de la société musulmane. L'embrayage est brisé entre eux et nous. Il n'y a aucune raison pour que la guerre se termine dans trois ans plutôt que dans cinq (ou même qu'elle se termine tout court).

2. Accepter au moins une rencontre, à mes risques et périls, et sans en avoir informé les responsables d'Alger.

3. Informer les responsables d'Alger et courir le risque d'être prise en filature par la police, provoquant ainsi l'arrestation des gens qui veulent me questionner.

(Cette perspective me fait horreur. Je ne peux pas l'envisager et je ne vois aucun moyen de m'assurer, avec certitude, contre elle.)

Je me décide donc à accepter l'entrevue, quitte à en rendre compte à Paris immédiatement au chef du gouvernement.

Ma décision étant prise, j'ai ensuite de nombreuses heures fort pessimistes pour songer à l'inutilité probable de ma démarche et au contexte extrêmement peu plaisant dans lequel elle se présente mais je ne varie pas sur l'impossibilité morale de m'y dérober.

J'arrive, avec quelques minutes de retard, au rendez-vous. Je repère immédiatement mon guide et le suis de loin sans lui parler. Deux trams successifs. Marche à pied dans des quartiers inconnus. J'observe attentivement les autos et les visages et m'assure que je ne suis pas suivie.

Je ne m'attends pas à un traquenard (qui est psychologiquement exclu) mais je sais que je m'engage sur une passerelle dont toutes les planches sont pourries. J'en ai pris mon parti et j'ai confiance dans mon calme et mon absence d'agressivité pour retourner des situations même très vilaines. À condition, naturellement, qu'on m'en laisse le temps.

Rétrospectivement je me rends compte que je n'ai à aucun moment cherché à imaginer les gens que je vais voir (ce qui m'évite d'être étonnée en les voyant). Si j'avais imaginé d'avance, j'aurais probablement pensé à une arrière-boutique, à deux ou trois étudiants ou à un avocat. Je n'éprouve ni optimisme, ni pessimisme, ni même curiosité, je suis seulement attentive et calme.

Je cesse de voir mon guide. L'endroit est désert. Puis je distingue une porte ouverte, obscure, au fond de laquelle apparaît l'éclat d'une chemise blanche, une jeune femme s'avance vers moi, me tend la main, s'efface pour me laisser passer, puis me conduit à travers des salles désertes, à un escalier. Sa réserve, sa distinction, sa gravité, sa douceur me sont perceptibles dès cette première minute.

Nous nous trouvons dans une pièce meublée simplement mais commode, bien aérée, agréable, paisible.

Je m'assieds sur le canapé ; la jeune femme est à ma droite : mon guide est assis sur une chaise à ma gauche. Entre lui et moi, une petite table. Je commence immédiatement une conversation détendue sur la température.

Une jeune fille arrive. Poignée de main.

Quelques mots échangés à voix basse entre les deux femmes. Celle qui m'a reçue sort.

Je reprends une variation sur la température avec mes deux interlocuteurs. Eux, sont visiblement tendus et anxieux.

Au bout de quelques minutes la jeune femme revient, suivie de deux hommes d'une trentaine d'années. Tous deux ont un ou deux revolvers à la ceinture et tiennent une mitraillette à la main.

L'entrée est assez sensationnelle – non à cause de l'arsenal qui visiblement n'est pas là pour orner – mais par suite d'un climat extrêmement vibrant que je pressens sans pouvoir l'analyser. Quelqu'un chuchote près de moi, avec une émotion intense en me désignant un des deux hommes : « Voilà le Grand Frère. » Mon guide s'est avancé, l'embrasse, échange quelques mots avec lui. On me dit : « Ils ne se sont pas vus depuis deux ans » (et sur le moment je me demande s'ils ne s'appellent pas « frères » parce qu'ils le sont, tant ils sont émus l'un et l'autre).

J'attends en silence. Au bout d'un instant tous se tournent vers moi. Je m'avance et serre la main des deux nouveaux venus, d'abord la main de celui qu'on appelle « le Grand Frère » (et dont j'ignore toujours le nom) puis celle de l'autre homme.

Le « Grand Frère » me dit :

– C'est notre célèbre Ali la Pointe.

Ce nom ne me dit rien. Je serre benoîtement la main du célèbre Ali. Quelqu'un (je suis presque sûre que c'est la jeune fille) dit avec exaltation :

– Ils vous font un grand honneur.

Quelqu'un d'autre (je crois que c'est le « Grand Frère ») réplique :

– Non, c'est vous qui nous faites un grand honneur.

Les deux autres surenchérissent ; quant à moi, n'ayant pas d'opinion sur la question, je me tiens coite et attend la suite.

(Un ange passe.)

J'ai remarqué en passant que personne ne m'a dit le nom du chef qu'on appelle « le Grand Frère » mais cela me semble tout naturel et je ne songe pas à m'en étonner. J'ai su plus tard qu'il n'avait pas osé se nommer devant moi par crainte de m'effrayer – en quoi il avait bien tort car j'ignorais son nom autant que celui du célèbre Ali dont la réputation était encore pire que celle de Yacef. *(Pourquoi m'avoir nommé Ali la Pointe et pas Yacef ?)*

Nous sommes six dans la pièce : mon guide, les deux hommes à mitraillette, deux jeunes femmes et moi.

Je suis assise sur le canapé ; la jeune fille est assise à ma droite, la jeune femme va et vient pour servir le thé à la menthe mais se tient en général à droite du canapé.

Le chef est assis en face de moi, sa mitraillette sur les genoux ; le malabar est installé sur le divan à ma gauche et joue avec sa mitraillette pendant toute la conversation (qui dure 4 heures et demie). Mon guide a repris sa chaise à gauche de la table.

La jeune femme est silencieuse, douce et grave ; elle suit attentivement la conversation mais sans y prendre part. J'apprends que son mari a été tué par nous, qu'elle a de très petits enfants, que depuis la mort de son mari elle « sert la cause ». Elle versera le thé à la menthe qu'accompagne un magnifique moka très ouvragé (j'ai très soif mais pas faim).

La jeune fille doit être une étudiante.

Le malabar, qu'on appelle Ali la Pointe, écoute de son mieux et comprend de temps en temps quelque chose. Entre-temps il joue avec son outil. Quand on lui donne un ordre il a brusquement l'air intelligent.

Mon guide ne dit rien. Il est extrêmement intimidé par le « Grand Frère » et exalté par le bonheur de le voir.

L'homme qui est devant moi est, au premier chef, un homme d'action et le danger pour lui est de se laisser entraîner par l'action. C'est aussi un émotif.

Il a pris une chaise en face de moi et nous sommes tous les six assis en cercle – il est alors à environ trois mètres de mon canapé. À la fin de l'entretien il est à un mètre cinquante, les deux coudes sur les genoux, penché en avant. Entre-temps il a jeté sa mitraillette sur le divan du malabar – à une bonne distance – et j'ai noté au passage l'aisance, la précision et la rapidité de son geste.

Des sentiments vrais et profonds le bouleversent et il est visiblement fasciné par les problèmes que je lui expose : tout cela se lit sur son visage et jusque dans la contraction de ses muscles. À plusieurs reprises les larmes lui montent aux yeux ; une fois ses larmes coulent (lorsqu'il me parle de l'attentat du Casino et qu'il me dit qu'il a pleuré trois nuits en l'apprenant). Il me donne aussi des détails sur l'horreur de sa vie (je les omets volontairement) et sur les épreuves qu'il endure. Mais à deux reprises il change brusquement d'expression (et j'ai devant moi un homme furieux et exceptionnellement redoutable) : c'est lorsque je parle de la possibilité de nouvelles exécutions et lorsque je dis que les émeutiers de Bab-el-Oued auraient massacré la Casbah si les CRS ne les avaient arrêtés. Ce qui m'impressionne alors ce n'est pas seulement le changement radical qui s'opère en lui mais c'est la rapidité incroyable de la transformation : tous les muscles instantanément durcis, l'homme ramassé sur lui-même, prêt à l'action la plus immédiate et la plus dure, dans une décharge d'énergie qu'il n'est pas possible de ne pas percevoir. À un autre moment (lorsque je parle de la situation économique de l'Algérie, de la force matérielle et du potentiel des colons, de l'inexorable déclin des pays sous-développés) il a un cri : « Alors je ne serai jamais un homme libre ! » Cri de désespoir, non de colère – comme s'il acceptait d'avance le verdict du destin. Sa sincérité m'émeut et me consterne.

À ce moment-là je ne savais pas – et ne pouvais pas savoir – à quel point cet homme était traqué et qu'il ne lui était pas permis de se séparer une minute de ses armes – tirer et fuir, telle est sa seule défense. Néanmoins j'ai instinctivement senti l'absence de « mise en scène », l'authenticité de chacun des gestes et des mots de chacun d'entre nous. En ce qui me concerne, j'ignorais tout des gens que j'allais voir et j'ai parlé à chaque seconde sous l'inspiration du moment, mais j'ai eu en face de moi un homme qui, je le crois, n'avait rien prémédité, même pas la promesse solennelle qu'il m'a faite – et qu'il a tenue.

Tous les autres étaient des comparses fascinés par lui et dressés, dès la plus petite enfance, à se taire en présence de ceux qui ont le droit de parler : le frère aîné, le Grand Frère – appellation qu'ils ont adoptée pour leur chef et qu'il faut comprendre dans le contexte de la famille algérienne.

Donc après les présentations et les politesses tout le monde s'est assis et chacun se tait. Je laisse volontairement se prolonger le silence puis je prends la parole :

– Eh bien voilà, vous vouliez me voir, je suis là. Qu'est-ce que vous me voulez exactement ?

Tous les regards se tournent vers le « Grand Frère » qui est visiblement désarçonné. (Au fait qu'est-ce qu'il me voulait ? J'ai eu depuis toutes les informations possibles sur les circonstances qui, de son côté, ont présidé à cette rencontre et cela me semble encore assez confus.

« Ils veulent vous poser des questions sur votre brochure », m'a-t-on dit. Mais quelles questions ? En fait il ne m'en a posé aucune. Il ignore que j'ai des relations d'amitié dans des milieux politiques très efficaces et ne songe pas à me demander de m'entremettre auprès du gouvernement. Alors ?)

Cependant je sais aujourd'hui qu'il a expressément tenu à me voir lui-même (court-circuitant un autre réseau moins important mais plus qualifié pour ce genre d'entrevues). Mon sentiment actuel est qu'il a agi impulsivement, intuitivement, en me promettant d'arrêter les attentats beaucoup plus (ou à tout le moins autant) à cause de mon expérience 1940-1945 (dont il connaissait les détails) que sous l'influence des arguments économiques de mon article sur l'Algérie – qui l'ont intéressé lorsque je les ai développés oralement devant lui mais, j'en suis convaincue, pour la première fois. Par contre il a pu être retenu par le « ton » de l'article.

Il mène, il est vrai, depuis vingt mois une existence dont la tension est inhumaine. Probablement peu d'hommes au monde ont été aussi âprement, aussi personnellement traqués que lui, pendant aussi longtemps et sur un si petit espace. À cette existence atroce, très lucidement, il n'envisage d'autre fin que la mort, et il me le dit à plusieurs reprises (et chaque fois Ali intervient alors pour dire lui aussi qu'il n'y a pas d'autre issue pour eux). Il a cependant, par nature, un tempérament actif et gai, et c'est la raison qui a miné en lui toute espérance personnelle. De cela il parle sans bravade, sans attendrissement, avec discrétion. (Il ne s'attendrit sur lui-même qu'une seule fois, c'est lorsqu'il me parle des conditions matérielles de sa vie.)

Il a horreur de ce qu'il fait – ou plus exactement il a pris ce qu'il fait en horreur. Cette horreur est-elle venue brusquement (le choc de l'attentat du Casino) ? ou a-t-elle monté en lui lentement et progressivement ? Est-elle momentanée ? périodique ? Il est bien difficile de le savoir.

En tout cas elle est sincère et profonde et elle l'entraîne. Car si j'ai senti immédiatement la spontanéité générale de tous les protagonistes de la scène j'ai pu aussi, par la suite, vérifier son improvisation totale.

En effet je sais aujourd'hui qu'il a voulu me cacher son nom – de crainte de me faire horreur – mais pourquoi alors me donne-t-il celui de son garde du corps dont la réputation n'est pas meilleure ? Apparemment parce qu'il n'y a pas réfléchi.

S'il a voulu me cacher son nom, c'est parce qu'il est associé à celui de tous les attentats d'Alger. S'il me cache son nom – pour ne pas me choquer – pourquoi alors me parle-t-il des attentats ? Apparemment parce qu'ils l'obsèdent.

L'impression qui s'est dégagée pour moi dans cette première entrevue a cependant mérité dans la suite quelques retouches :

Il m'est apparu d'emblée en effet comme un actif (intellectuellement et physiquement) et comme un émotif, mais il est sans doute moins impulsif que je ne l'ai cru ou, plus exactement, il raisonne, dose et soutient ses impulsions. Des faits nombreux me permettent maintenant de penser qu'il est extraordinairement intuitif – ce qui lui permet de modifier brutalement un plan complet, sans incohérence, sans désordre et sans instabilité. À cette intuition il doit la vie presque chaque jour, ce qui a probablement contribué à la développer au maximum.

J'ai essayé de m'imaginer ce qu'il donnerait dans une existence ordinaire : une carrière de préfet, de ministre ou d'ambassadeur, par exemple. C'est extrêmement difficile, car en ce moment où je lui parle il vit au-delà de lui-même (ce qui est inconcevable chez un préfet, du moins en exercice).

Les deux femmes et les deux hommes n'osent pas parler en sa présence. Par respect. Lorsque je pose ma question tous les regards sont donc tournés vers lui. Aussi interrogatifs, me semble-t-il, que le mien.

De ce respect enthousiaste qu'il inspire à tous les gens qui l'approchent j'aurai par la suite mille preuves – mais dès les premières minutes de l'entrevue, avant même le premier échange de répliques, je l'ai touché du doigt. (Il faut souligner le fait que la société maghrébine est très hiérarchisée par âge. Dire de quelqu'un qu'il est le Grand Frère, l'aîné, correspond à un comportement.)

Lui, au contraire, lorsqu'il parle des cinq « Grands frères », de Ben M'hidi[1] (puis de tous et chacun), a une formule favorite : « Moi je ne suis rien à côté de x, y, z » (y compris n'importe lequel de ses collaborateurs). Au cours des deux très longues entrevues que j'ai eues avec le groupe (la première a duré au moins 4 heures et demie, la seconde encore plus longue – de 17 heures à minuit) j'ai été frappée par ce double courant de vénération et d'humilité et par l'espèce d'atmosphère franciscaine qu'ils dégagent.

Il faut se méfier du danger lorsqu'on juge des gens courageux – le

1. [Larbi Ben M'hidi, leader du FLN, est arrêté le 17 février 1957 et exécuté sans jugement par l'armée française.]

courage est une chose assez courante – parce que les gens courageux, en danger de mort, en grand danger de mort, sont sublimés.

Tout cela je le sais bien et je sais que l'abnégation et le courage ce ne sont pas des costumes de tous les jours. Mais j'aime l'abnégation et le courage et ce que je sais de leur caractère relatif augmente encore ma compassion fraternelle.

Il bafouille et se lance dans une histoire confuse : quelqu'un devait être là, mais ce quelqu'un a été retenu par des occupations – la grève de demain. Il parle aussi du CCE[1], et reprend pied en m'expliquant en détail ce que c'est (je n'en avais jamais entendu parler). Il y a cinq grands frères et il faut que je les connaisse. Le principal d'entre eux, le « Grand Frère » par excellence, n'est pas là pour l'instant.

C'est je crois à ce moment-là qu'il me parle de Ben M'hidi, assassiné par Bigeard (et aussi de l'Homme à la moustachette). Lorsqu'il parle de Ben M'hidi les quatre autres, avec émotion et enthousiasme, interviennent dans le dialogue.

Ensuite, il me semble qu'on aborde la question des tortures. Et il me remet un dossier qu'on a préparé pour moi (des doubles de plaintes au procureur général), mais ce n'est pas pour me les remettre qu'ils voulaient me voir.

Je réponds que j'en sais presque autant qu'eux là-dessus et c'est à cause de cela que je suis venue.

J'explique en détail ce que sont nos associations de déportés, comment s'est créée la Commission internationale contre le régime concentrationnaire et la Commission d'enquête en Algérie. Je raconte notre voyage et je dis (avec émotion, parce que c'est vrai) ma honte et mon chagrin. Et que je ne suis pas seule, en France, à ne pas pouvoir supporter la pensée de leurs souffrances.

Je parle ensuite, très longuement, de notre résistance, de nos prisons, de nos morts, des traîtres qui nous ont vendus. Tous mes auditeurs sont fascinés.

Incidemment je fais remarquer que – pour eux, pour leurs vies – j'ai pris plus de précautions que je n'en ai jamais pris pour moi-même quand c'était ma propre vie qui était en jeu. Et c'est parfaitement vrai. Ils ne disent rien, mais inclinent tous la tête, parce qu'ils savent tous que je dis la vérité.

Le « Grand Frère » me demande comment leur guerre va finir. Son ton est anxieux.

1. [Comité de coordination et d'exécution, organe exécutif suprême du FLN.]

Je réponds qu'il n'y a aucune raison pour que cela finisse jamais, que je suis, en ce qui me concerne, très pessimiste parce que les positions actuelles des parties en présence sont inconciliables.

– Le monde entier nous admire. Nous avons des amis, me dit-il. (Les autres surenchérissent. C'est le style dont ils ont l'habitude.)

– Le monde se fout de vous. Des gens vous vendront des mitraillettes à gogo tant que vous en voudrez.

Ils m'interrompent.

– On nous a pris un bateau mais les cinq autres on les a eus.

– Les mitraillettes ne se mangent pas et la France a plus d'amis que vous. Et vous avez vu notre armée ? Ce n'est pas une plaisanterie. (Le « Grand Frère » se tait, visiblement pénétré par l'évidence.)

– Je peux vous le dire par ma propre expérience : on vous cueillera un à un (je le crois car ils sont très imprudents). Ceux qui vous remplaceront ne vous vaudront pas. Déjà tous vos collecteurs de fonds s'amassent des fortunes et remplacent (en pire) les caïds. Et vous allez tous vous faire tuer, pendant que les margoulins se remplissent les poches en votre nom et ruinent le peuple.

J'entreprends un très long monologue sur l'Algérie, au cours duquel je reviens forcément, à plusieurs reprises, sur les mêmes thèmes et c'est pourquoi il m'est impossible de faire un résumé chronologique de l'entrevue.

Sur les problèmes économiques : on ne peut rien espérer en Algérie tant qu'on n'aura pas accru la masse des salaires industriels. Il y en a actuellement 500 000 (dont 400 000 distribués en métropole et 100 000 sur place mais en partie par l'élément européen). Il en faut 800 000 avant d'entreprendre quoi que ce soit d'évolutif. La France peut donner ces 800 000 salaires ; elle seule.

J'explique que si le gouvernement français décidait de faire une solution à la tunisienne cela pourrait aboutir à un massacre général. Que l'armée se solidariserait peut-être en partie avec les colons et que cela pourrait aboutir en France à une crise révolutionnaire qui mettrait la vie même de la république en question.

– Alors je ne pourrai jamais être un homme libre ! s'écrie le chef (le ton est désespéré, pas furieux).

(C'est ce cri désespéré qui m'a le plus émue et impressionnée.)

Je dis que je ne vois pas de solution du problème algérien parce qu'il n'y a pas un problème mais plusieurs problèmes et que si on ne les résout pas tous, on prépare des catastrophes.

Je dis qu'il y a 300 000 chômeurs en Tunisie et 500 000 au Maroc.

Que jusqu'à présent il n'y a eu aucune concurrence sur le marché du travail français entre eux et les Algériens (400 000 travailleurs algériens en métropole, 30 000 marocains et tunisiens ensemble).

– Nous n'avons pas l'habitude de penser à ces choses, me dit le chef d'un ton humble.

Puis nous parlons (ou plutôt je monologue) sur les prisons allemandes, les traîtres ; je dis ce que je pense, que s'il fallait recommencer, je ne pourrais pas, que j'essaierai de mourir. Ils me répondent :

– Nous aussi... nous y avons pensé, nous avons prévu.

De part et d'autre la sincérité est totale et c'est après un long, long moment qu'avec un demi-sourire amical il me dit :

– Vous voyez, nous ne sommes ni des criminels ni des assassins.

(Un choc. Repli en moi-même.)

Je réponds :

– Vous êtes des assassins. Vous avez versé le sang innocent. Le sang innocent crie vengeance. (Je dis la même phrase une dizaine de fois au cours de la conversation.) Si je suis ici en ce moment, c'est pour l'amour du sang innocent, français ou algérien, je n'ai jamais fait la différence.

Dès le premier mot il a vu que je ne parlais pas pour eux mais que je pensais tout haut. Cela ne s'imite pas.

Il baisse la tête, les larmes lui montent aux yeux :

– Oui, nous sommes des assassins. Mais les bombes, c'est la seule façon que j'ai de m'exprimer.

Il me parle de l'attentat du Casino. (Cette fois, une larme coule.)

– Un de mes amis a été tué, un Français, sa fiancée a eu les deux jambes sectionnées. C'était une bombe de 2 kilos. Je peux en faire de 20 kilos. Oh ! je voudrais les voir toutes au fond de la mer ; mais c'est ma seule façon de m'exprimer. Tenez, madame Tillion, je vais vous en donner une. Ali, va la chercher.

Ali se lève et file. Je suis, cette fois, soufflée au point de rester sans voix. Puis j'éclate :

– Vous êtes totalement fous. Vous ne vous rendez pas compte combien c'est cruel pour moi d'être ici. Je ne veux même pas la voir. Ou alors donnez-les-moi toutes et je vous permettrai bien volontiers de me tuer si ça vous chante.

– Oh non ! madame Tillion, on ne veut pas. Mais je vous fais la promesse qu'aucun civil ne sera plus touché par bombe à Alger.

Je réponds que je n'ai aucune qualité pour promettre quoi que ce soit. Il me dit :

– Ça ne fait rien. C'est à vous que je veux promettre.

Je parle alors des militaires. Je dis :

– Ce sont des gosses de vingt ans qui sont ici par ordre (mon sentiment est qu'ils vont s'attaquer à eux).

Ce jour-là, au cours de la conversation, ils sont presque toujours « intimidés » par moi. Sauf une fois où c'est l'inverse.

Je parlais de « notre » résistance, des dangers permanents qui nous cernaient, des méthodes différentes de la Gestapo et de l'Abwehr – et surtout des mouchards.

Yacef, presque distraitement, comme une constatation faite pour lui-même, dit à mi-voix :

– Nous, nous n'en avons pas.

Il dit cela sans la moindre emphase, comme il me parle des 120 000 hommes armés qu'ils contrôlent, des 13 milliards qu'ils administrent, des 48 heures – non, trois jours – qu'il lui faut pour arrêter le feu sur toute l'Algérie.

Mais moi, pour la première fois, je l'admire bouche bée, et je les admire tous du même coup. Parce que j'ai toujours ressenti nos mouchards comme une infériorité collective, comme une tare dont nous n'étions pas seulement les victimes, dans la mesure où on est responsable de la société où l'on vit.

À 7 h 30, on se sépare. Je me lève, tend la main d'abord à la jeune fille qui est à ma droite puis à la jeune veuve. Celle-ci, sans un mot, m'embrasse sur les deux joues. Émue, la main sur son épaule, je la supplie d'user de son influence pour protéger les innocents. Elle incline doucement la tête.

Ali la Pointe me tend la main. Je le prends par son col de chemise et le secoue un peu en lui disant (pour la dixième fois) :

– Vous avez bien compris ce que j'ai dit : le sang innocent crie vengeance.

Il baisse la tête d'un air intimidé :

– Oui m'dame.

En dernier, je tends la main au chef, il la prend dans les deux siennes et me remercie avec émotion d'être venue, de lui avoir parlé ainsi…

Le guide me demande si je désire qu'il m'accompagne ou si je préfère partir seule. Je réponds que je ne sais pas où je suis et ne veux pas le savoir et que je préfère repartir comme je suis venue, avec lui.

Après l'avoir quitté je flâne lentement dans la rue Michelet, je m'arrête au Milk-bar.

Le soir je retrouve, très tard, l'hôtel Saint-George, des amies, ma Commission d'enquête… Je me sens brusquement à bout de forces, accablée, découragée, consternée…

Que faire ? pratiquement que faire ?

J'essaie d'imaginer une contrepartie – qui s'impose d'ailleurs d'elle-même : tenter de faire baisser le niveau de la violence – de part et d'autre. Donc obtenir l'arrêt des exécutions, contrepartie de l'arrêt des attentats.

Ensuite on se parle.

Les conséquences

Cet entretien avait eu lieu le 4 juillet[1]. Le samedi suivant, 6 juillet, je pris l'avion pour Paris avec les autres membres de la Commission et le lundi 8 juillet je fis de cette conversation un récit fidèle à mes amis de la présidence du Conseil[2]. Je terminai en exposant un point de vue personnel sur le problème algérien : ce point de vue est que l'hystérie des deux populations constitue un obstacle quasi absolu à toute solution, et qu'il faudrait simultanément concevoir un mode de règlement du conflit (acceptable pour les deux groupes), mais – et quel que soit ce mode de règlement – ne l'appliquer qu'après avoir fait baisser progressivement la haine et la terreur que s'inspirent réciproquement les deux collectivités. Or, la population européenne est, avec raison, affolée par les attentats, ils provoquent chez elle les réactions les plus violentes et les plus contraires au but qu'elle poursuit, qui est de les faire cesser. C'est ainsi que sous la pression de la peur et de l'horreur, elle exige (par l'intermédiaire de ses représentants avoués ou occultes) des exécutions, des arrestations, des sévices innombrables. Ces sévices, ces arrestations, ces exécutions, ont pour objectif l'anéantissement de l'adversaire mais tant qu'ils n'ont pas atteint cet objectif ils ont, de toute évidence, une influence directe sur l'accroissement du nombre des attentats, et s'ils parviennent un jour à leur but cela ne peut être qu'à titre provisoire. Inversement, la population musulmane qui, à peu

1. Le texte qui suit est extrait de mon témoignage au procès de Yacef, dont on lira les autres parties dans le Dossier, ici même p. 710-722. Quelques éclaircissements sont ajoutés en note.

2. Louis-Eugène Mangin était un très vieil ami de ma famille et il était depuis quelques jours chef du cabinet militaire de Maurice Bourgès-Maunoury.

près unanimement, considère les condamnés à mort comme des héros nationaux, est mise dans un état violent d'agressivité et de désespoir chaque fois qu'il y a une exécution capitale. Elle exige alors la réaction terroriste, bien que celle-ci suscite une répression dont elle est, à coup sûr, la première victime. Si les nationalistes algériens s'étaient totalement abstenus d'attentats contre la population civile, il y aurait peut-être eu quelques cas de torture. Inversement, si l'armée française, parfaitement tenue en main, avait pu s'abstenir de tout excès, il y aurait peut-être eu quelques attentats. Cependant c'est en s'abandonnant de part et d'autre à une surenchère – en fait illimitée – que l'on a aggravé constamment la situation. Partant de ce point de vue, j'ai personnellement suggéré de suspendre les exécutions tant qu'il n'y aurait pas d'attentat, et il me fut répondu que cette proposition serait examinée, mais qu'à première vue elle était raisonnable[1].

Dans une seconde conversation, le directeur du cabinet du président du Conseil me dit que le gouvernement souhaitait depuis longtemps connaître le véritable point de vue des chefs politico-militaires du Front, et qu'il souhaitait également faire exposer à ceux-ci les perspectives qu'il envisagerait pour l'Algérie. Il ne s'agissait pas d'une négociation, mais d'une conversation privée qui pouvait éventuellement, si les points de vue n'étaient pas trop discordants, donner lieu ensuite à une consultation précise. Dans cette perspective, il fallait que j'accepte de retourner en Algérie pour m'entretenir avec un membre du CCE ; et je devais en outre accepter de le faire à mes risques et périls.

Je mesurais pleinement ce que signifiaient ces « risques » et ces « périls », mais j'acceptai néanmoins, d'une part par patriotisme et d'autre part à cause de l'extrême compassion que m'inspirent les malheurs du peuple algérien. Je ne mis à mon acceptation qu'une seule condition, c'est que je ne serais en aucun cas utilisée à mon insu pour jouer un mauvais tour aux gens que je rencontrerais et qui me faisaient confiance. Le directeur du cabinet du président du Conseil m'ayant donné sa parole d'honneur que je ne risquais rien de ce point de vue, je n'avais dès lors aucune autre objection, car j'avais une totale confiance en sa bonne foi. Je pris cependant toutes les précautions possibles pour que la rencontre prévue ne fasse courir aucun risque à mes interlocuteurs. Je pris ces précautions en toute sécurité de conscience, car c'était la condition *sine qua non* de mon acceptation.

1. Elle correspondait au désir profond d'André Boulloche et de Louis-Eugène Mangin.

Je fixai la date de départ de mon second voyage au mercredi 24 juillet, parce que ce jour-là devaient être jugés à Alger des moniteurs et monitrices du service des Centres sociaux, service créé sous ma responsabilité à l'époque où j'appartenais au cabinet du gouverneur général. Je souhaitais pouvoir être là au cas où, acquittés et libérés, ils se trouveraient néanmoins en danger, comme cela s'est quelquefois produit à Alger au cours de ces derniers mois[1].

Le samedi qui précéda ce départ, j'eus une entrevue avec un de mes amis, M. Louis Mangin, membre du cabinet du président du Conseil, qui m'annonça, avec beaucoup de ménagements, que trois exécutions allaient avoir lieu incessamment à Alger.

Cette nouvelle fut pour moi un choc violent, non seulement parce qu'elle signifiait, dans l'immédiat, la reprise des attentats contre une population innocente (et, dans une perspective plus lointaine, un élargissement du fossé de haine qui séparait chaque jour un peu plus les deux communautés) mais parce qu'en outre je suis personnellement sensibilisée dans ce domaine.

J'ai eu dix camarades (du groupe musée de l'Homme) arrêtés en février 1941 ; de février 1941 à février 1942, date de leur exécution, j'ai tenté de coordonner leur défense et d'obtenir leur grâce ; dans la nuit qui précéda leur exécution, c'est moi que l'un des avocats prévint pour que j'aille avertir les familles et, à la fin de cette affreuse journée, ne voulant jamais croire au pire, j'entreprenais encore une démarche pour les sauver, alors qu'ils étaient déjà fusillés. C'est encore à moi que, le lendemain, un autre avocat remit le journal d'un des morts, où il exposait le détail de la trahison qui les avait tous livrés à la Gestapo. Les démarches que je fis pour neutraliser le traître, l'organisation d'une évasion de trois autres condamnés à mort, furent la cause de ma propre arrestation qui eut lieu le vendredi 13 août 1942. J'eus ensuite, pendant plusieurs mois, et plusieurs fois par semaine, l'occasion de dire adieu aux camarades qu'on emmenait au poteau d'exécution, et l'indignation, le chagrin et la rage que j'éprouvais alors sont encore vivants en moi aujourd'hui.

C'est dire qu'en présence d'une population que je connais bien, où je compte d'innombrables amis, où j'ai toujours été accueillie avec confiance, et dont, de surcroît, les épreuves me sont bien connues (elles ne datent pas d'aujourd'hui), il m'était impossible de ne pas

1. Des prisonniers acquittés et libérés par le tribunal ont été arrêtés à leur sortie de prison et « assignés à résidence » dans un camp d'internement.

reconnaître des sentiments que j'ai moi-même éprouvés[1], quitte à souffrir doublement de cette transposition.

Néanmoins j'avais accepté de partir et je pris, trois jours plus tard, l'avion pour Alger, mais je partais effrayée par l'incohérence de notre politique, sans espoir dans une possibilité de réconciliation, et la mort dans l'âme.

Le soir même de mon arrivée, c'est-à-dire le 24 juillet 1957, j'appris le verdict rendu dans le procès qui s'était terminé ce jour-là. J'eus même l'occasion de rencontrer un des avocats qui avaient plaidé et plusieurs personnes acquittées ou relâchées dans cette affaire. Malgré tout ce que j'en savais déjà, j'ai été atterrée par les faits que, très discrètement mais officiellement, ce procès a laissé transparaître (il s'agissait de disparitions et de tortures que l'innocence des victimes – reconnue par le tribunal – rendait plus intolérables encore).

Le lendemain, me trouvant avec un groupe d'avocats, j'appris par eux que, dans la nuit, avaient eu lieu les trois exécutions qui m'avaient été annoncées et auxquelles l'un d'eux avait assisté.

Le surlendemain, samedi, huit bombes éclatèrent dans Alger. Lorsqu'elles éclatèrent, je me trouvais à peu de distance de l'une d'elles[2]. Je m'efforçai immédiatement d'aller sur le lieu de l'attentat pour savoir s'il avait fait ou non des victimes civiles, car j'étais fermement décidée, dans l'affirmative, à repartir immédiatement pour Paris. Je ne suis ni diplomate ni militaire, et personne ne pouvait m'obliger à poursuivre cette entreprise contre mon gré. Or j'étais résolue à ne pas la poursuivre si je n'obtenais pas d'emblée un relâchement du mécanisme « attentats-tortures-exécutions ». C'était là, de ma part, un acte de répulsion évidemment instinctif, mais secondairement il se justifiait sur le plan de la raison, car aucune chance d'aboutir à quoi que ce soit d'humain ne pouvait subsister si, d'un côté comme de l'autre, on ne trouvait nulle trace d'un désir actif de paix, ou même simplement d'un peu de bonne foi et d'humanité.

J'appris dès le lendemain qu'il n'y avait eu aucune victime civile (ce que j'ai attribué, à ce moment, à un hasard heureux et extraordinaire) et j'acceptai alors le principe de la rencontre qui avait été projetée entre un représentant du CCE et moi-même. (Cette rencontre, si elle avait eu lieu, aurait eu, de part et d'autre, le caractère d'une libre discussion sur

1. Entre 1940 et 1945.
2. À un rendez-vous avec un émissaire de Yacef.

des problèmes sociaux et économiques.) Mais, contrairement aux prévisions envisagées au début de juillet, aucun membre du CCE ne put être joint au début d'août car, à cause de la proximité des débats de l'ONU, ils se seraient tous trouvés à ce moment-là hors des frontières de l'Algérie. Il fut donc convenu que j'aurais, avant de repartir, une seconde conversation avec Yacef Saadi, dont j'appris alors le nom.

Cette seconde conversation eut lieu le vendredi 9 août. J'avais d'avance très nettement précisé que je ne parlais qu'en mon nom personnel, mais avec l'autorisation de mon gouvernement. Non moins clairement Yacef Saadi m'avait fait dire que toute décision relative à une possibilité de négociation incombait exclusivement au CCE. Notre seconde rencontre avait donc surtout pour but d'en préparer une troisième – si toutefois les membres du CCE tenaient à donner suite à la suggestion que Yacef avait pris la responsabilité de leur faire.

Il arriva, comme la première fois, sa mitraillette à la main mais, très à l'aise et riant sous cape, il commença par me dire : « J'ai appris que vous aviez échappé à un attentat. » D'un ton très froid je répondis : « S'il y avait eu une seule victime civile, je ne serais pas ici, car je faisais immédiatement ma valise et je repartais pour Paris. Nous pouvons remercier Dieu. » Du même ton libre et gai il répliqua : « Je le savais et j'avais pris toutes mes précautions en conséquence. Ce n'est donc pas Dieu qu'il faut remercier, mais moi. » Je lui dis alors très gravement : « Vous avez raison, monsieur, et je vous remercie. Je vous remercie d'autant plus que je sais que rien n'a été fait de notre côté dans le sens humain que j'ai souhaité. »

Comme la première fois, Zohra Drif était présente à l'entretien mais elle y prit part davantage et, comme nous ne parlions tous qu'en nos propres noms, nous abordâmes tous les problèmes avec une parfaite franchise et une grande liberté d'expression. Nous parlâmes naturellement, et en premier lieu, des diverses perspectives d'entente possible et de la possibilité de les discuter avec les membres (absents) du CCE. Il spécifia à cette occasion : « Si j'en reçois l'ordre, il me faut quarante-huit heures pour arrêter le feu sur toute la surface de l'Algérie », puis il réfléchit un moment et il ajouta : « Il me faudra trois jours. » Quant à la décision elle-même, elle incombait, à son avis, et il s'y soumettait d'avance, exclusivement au seul organisme dont il reconnût l'autorité, qui était le CCE. Son rôle à lui consistait à assurer dans toute l'Algérie la coordination de l'action politique et militaire – rôle dans lequel, par contre, il n'avait, d'après ce que j'ai cru comprendre, pas de compte à rendre. Quant à ses opinions personnelles (qu'il exprimait toujours avec beaucoup de spontanéité), elles m'ont semblé pleines de bon sens, modérées, tout en restant fidèles à un ferme idéal.

Connaissant bien le milieu algérien et les surprenantes contradictions que comporte la situation actuelle, je l'ai entendu sans stupeur exprimer à plusieurs reprises un réel attachement à la France, ainsi qu'à la civilisation et à la culture françaises ; je l'ai entendu parler avec émotion de Paris, et avec sympathie de notre jeunesse. Au cours de ces deux très longues conversations où j'ai, avec de forts arguments, exposé la nécessité d'une symbiose économique entre les deux pays, il a, en toutes occasions, exprimé l'espoir ardent que, une fois atteint l'objectif de liberté poursuivi, des liens étroits puissent enfin se nouer et se consolider entre nos deux populations, et il ne m'a pas caché la méfiance qu'il ressentait vis-à-vis des gouvernements ou des organismes qui pouvaient tirer un bénéfice de leur mésentente chronique[1]. Il m'est apparu clairement, d'autre part, qu'il mesurait avec réalisme les difficultés d'une indépendance complète – encore que celle-ci fît partie d'un idéal pour lequel (il me l'a également dit à plusieurs reprises) il avait accepté de mourir.

Le lendemain (samedi 10 août), j'allai moi-même retenir ma place dans le premier avion en partance. Comme c'était la période des vacances, je ne pus en trouver une que pour le surlendemain, et le dimanche j'appris, par des musulmans, qu'il y avait eu deux nouvelles exécutions à Alger.

Ils ne me cachèrent pas leur effroi et leur horreur à la pensée des représailles qu'elles ne pouvaient manquer de provoquer. Je connaissais suffisamment à ce moment-là l'ensemble de la situation pour être convaincue qu'il n'était plus possible de les éviter. Néanmoins, je décidai d'écrire une lettre à Yacef Saadi pour le supplier de prendre la responsabilité d'arrêter la meurtrière surenchère, mais – puisqu'il m'avait été impossible de freiner du côté français ce mécanisme féroce et stupide – je lui demandai par conséquent d'être assez généreux et assez intelligent pour prendre cette position de modération seul et sans contrepartie.

À la suite de cette lettre il me fit dire qu'il n'y aurait pas de représailles, et il n'y en a pas eu.

Or, je tiens à spécifier qu'à cette date du 11 août 1957, tous les réseaux FLN démantelés en février-mars-avril avaient été reconstitués

1. En 1957 c'était l'URSS.

et que, sous cette forme nouvelle, ils étaient encore intacts (ainsi que l'ont démontré des arrestations qui ont eu lieu plusieurs semaines plus tard, et les papiers, publiés par la presse, découverts alors).

Septembre et octobre 1957 : après les arrestations

Le 24 septembre 1957, par le journal *Le Monde*, j'appris vers 13 heures les arrestations du réseau terroriste d'Alger. Immédiatement j'ai pensé que les prisonniers pouvaient être torturés.

Dans l'heure qui suivit je parvins à joindre au téléphone mon ami Louis-Eugène Mangin qui était directeur du cabinet militaire du président du Conseil. Je lui rappelai l'engagement pris à l'égard de ces hommes. Il me répondit qu'il avait déjà donné des ordres pour que les prisonniers soient remis immédiatement à la justice légale, et il me fixa rendez-vous pour le lendemain 25 septembre, à 10 heures 30, à la présidence du Conseil, rue Matignon. Là, j'appris que, malgré les ordres de Paris, les prisonniers étaient encore interrogés, ce qui, évidemment, accrut mon extrême anxiété. Le 26 septembre, je pus joindre au téléphone André Boulloche qui était alors à l'Organisation des régions sahariennes. Sur mon agenda j'ai retrouvé à cette date la mention suivante : *« 19 h. Boulloche, ministère du Sahara »* et *« 20 h. Boulloche, Louis, Guibert à Matignon »*.

Le 26 septembre, ce fut donc vers vingt heures que je suis entrée dans l'hôtel de la rue Matignon, complètement silencieux à cette heure de la nuit, et j'ai oublié par quelle porte nous sommes passés, mais j'ai gardé le souvenir d'un salon de taille moyenne, meublé de fauteuils anciens et confortables et d'un épais tapis de laine très décoré.

Les trois hommes qui me suivaient prirent place dans des fauteuils – André Boulloche étant, je crois, à ma gauche et Louis-Eugène Mangin à ma droite. Assis en face de nous se trouvait un monsieur en civil (inconnu de moi) dont j'appris alors qu'il était le directeur de la justice militaire et de la gendarmerie. Celui-ci, tête basse, les yeux obstinément fixés sur un dessin du tapis entre ses deux chaussures, ne disait pas un mot. Lorsque André Boulloche l'interrogea par une question brève et vive il répondit à mi-voix, sans lever la tête : *« Les paras refusent d'obéir »*...

Je n'oublierai jamais le silence qui suivit, dans ce centre du pouvoir républicain qu'était le grand palais Matignon, muet et désert à cette heure de la nuit. Le commandant de la justice militaire, tête basse, y continua à regarder le même dessin du tapis, André Boulloche, blême, se contracta davantage sans dire un mot (car, devant ce premier craquement annonciateur de la vraie révolution de mai 1958, c'était directement et immédiatement à lui de prendre des décisions dont allait dépendre le sort du pays : c'est-à-dire nos libertés). Ce fut Louis-Eugène Mangin, fils du vainqueur de Verdun, qui le premier rompit le silence en disant à peu près : *« On n'a jamais vu cela en France »...*

Je mesurais certes, amplement, le désastre politique que signifiait un refus d'obéir dans un corps d'élite de l'armée (et je savais aussi combien on avait abusé de cette armée depuis les débuts de la guerre d'Indochine) mais en même temps je pensais intensément à la torture à laquelle était exposés des hommes et des femmes qui m'avaient fait confiance, et qui (dans cette minute même) supportaient sans doute des supplices dont je connaissais l'existence et le détail. Et cette pensée m'était exactement insupportable.

Dès cette minute je compris que le pouvoir de Paris en Algérie n'était plus que symbolique – mais, heureusement, un symbole fort. Toutefois l'armée française y combattait avec ordre et courage et elle obéissait donc à quelqu'un. Il me fallait par conséquent, prioritairement, atteindre celui (ou ceux) qui se faisaient obéir, afin de leur expliquer *qu'il fallait* remettre les prisonniers immédiatement à une justice *légale*. Que c'était un *devoir*.

Ma première pensée (qui montre ma candeur) fut que le ministre de l'Algérie Robert Lacoste, après s'être démis (irréparablement pour la France et la République) de ses pouvoirs de police en les rejetant sur l'armée, devait au moins avoir conservé sur place une certaine audience. En conséquence la chose à faire était de joindre des politiques ayant une influence sur Robert Lacoste et de leur expliquer *pourquoi* il fallait que celui-ci fasse remettre les prisonniers à la justice.

Dans les heures et les jours qui suivirent, avec l'accord complet d'André Boulloche – c'est-à-dire du pouvoir républicain –, j'ai fait ce que j'ai pu dans ce sens, et c'est ainsi que je me suis trouvée dans le bureau d'un des autres ministres de ce temps-là, M. Champeix [1]. Je ne

1. [Champeix, membre de la SFIO, secrétaire d'État à l'Intérieur auprès du ministre Jean Gilbert-Jules, dans les gouvernements Guy Mollet, puis Bourgès-Maunoury.]

me souviens plus de quoi il était ministre mais en tout cas à partir de son bureau et sur sa ligne directe avec Alger j'ai eu immédiatement le gouvernement général de l'Algérie et Robert Lacoste lui-même au bout du fil. D'après mon agenda ceci se passait le 2 octobre 1957 dans l'après-midi. (Rappelons que le 2 octobre Lacoste ne connaissait les négociations – entreprises en juillet à Alger à son insu par le gouvernement dont il faisait partie – que depuis le 24 septembre, *par les officiers qui avaient arrêté la cellule terroriste de la Casbah.* Ensuite le ministre de l'Algérie s'en était expliqué avec le pouvoir de Paris – c'était leur affaire et cela ne me concernait pas.) Mais que les prisonniers (qui m'avaient fait confiance) soient toujours aux mains de la « justice irrégulière » cela me concernait, me terrifiait et m'indignait, *car ils avaient réellement interrompu le cycle des vengeances algériennes (et c'est un cycle dur), pour permettre aux deux communautés de s'expliquer et peut-être de s'entendre*… C'est pourquoi je tentais de les faire libérer par le ministre gouverneur qui à l'époque (du moins je le supposais) commandait à Alger.

Robert Lacoste me parla longuement, on peut même dire onctueusement ; il m'appela plusieurs fois « chère amie » ; me demanda pourquoi je ne m'étais pas immédiatement adressée à lui après mes rencontres de la Casbah ; essaya de m'expliquer que « la remise des prisonniers à la justice régulière ne s'imposait pas », « que d'ailleurs il n'y avait pas de tortures en Algérie »… Je lui répondis seulement « que je savais ce qui se passait en Algérie », « que ces prisonniers étaient des prisonniers *politiques* », « qu'ils avaient arrêté sans contrepartie des attentats meurtriers », « que la morale et le droit exigeaient qu'on les respecte en attendant un jugement », « que le gouvernement de Paris était seul juge de sa politique », etc. Finalement, à propos de l'absence de tortures en Algérie je l'ai carrément engueulé et j'ai dit incidemment « quant à moi je ne serai jamais complice d'une forfaiture »…

Dans la pièce voisine (dont la double porte était grande ouverte) Champeix se régalait de notre conversation. Au mot « forfaiture » il éclata franchement de rire et, dans les mois qui suivirent, je le revis souvent et amicalement. Finalement je compris que Robert Lacoste – pauvre homme (socialiste et patriote) que dépassait totalement la situation incendiaire de l'heure – ne maîtrisait plus rien à Alger. Que faire alors, dans ces conditions, pour protéger *immédiatement* des combattants algériens qui venaient d'être arrêtés ?

Les aveux, spontanés et abondants, de certains des membres du réseau Yacef avaient permis à l'état-major de l'armée d'être mis d'emblée au courant des tentatives de négociations amorcées avec le FLN par le gouvernement de Paris ; je présumais que l'état-major d'Alger n'avait pas aimé cela – encore qu'il faille aussi finir les guerres. Outre l'armée – une armée déjà déchirée –, il y avait aussi sur place en Algérie un million d'électeurs ou futurs électeurs civils mais batailleurs (on a vu alors des enfants qui allaient au lycée avec un revolver chargé). Ces électeurs étaient soutenus en métropole par une portion de l'électorat assez redoutable pour faire trembler n'importe quel gouvernement et, sur ces gens surexcités et pitoyables, la seule mention de négociations aurait déclenché à coup sûr l'explosion qui se produisit en mai 1958, c'est-à-dire ce que craignait le plus le président Coty et ce qui le rendait odieusement impitoyable quand on lui adressait une demande de grâce (cruauté qui, plus tard, serait forcément reprochée à la France...).

Intensément et douloureusement je pensais à cette situation, dont je connaissais de près chacune des faces – mais, dans le très immédiat, il y avait les tortures possibles sur des adversaires qui m'avaient fait confiance, et qui avaient fait confiance au gouvernement de mon pays auquel notre armée n'obéissait plus.

À qui obéissait-elle ? Car, puisque l'armée française combattait durement et efficacement, elle obéissait par conséquent à quelqu'un. De qui prendre conseil pour obtenir de celui ou ceux à qui elle obéissait ? Tel était mon problème.

Et je pensais que ce quelqu'un comprendrait forcement que l'intérêt de la France, de l'Algérie algérienne, et aussi de l'aveugle Algérie dite « française », était d'arrêter la guerre en septembre 1957 (donc après trois années de lutte) et pas de laisser traîner deux proches et grands pays dans des combats qui pouvaient, de part et d'autre, être entretenus, presque indéfiniment...

Je n'ai donc entrepris aucune démarche sans tenir au courant au jour le jour André Boulloche et c'est donc avec son accord que j'ai vu et pris conseil de gens sûrs – selon mon agenda, plusieurs fois Albert Camus, mais aussi le pasteur Bœgner (car je savais qu'il était très écouté par le président René Coty, dont dépendraient les grâces des futurs condamnés à mort)...

Mais je participais aussi au souci gouvernemental qui était de ne pas provoquer une émeute dans la foule française surchauffée d'Alger (et par suite une révolution en France) en laissant diffuser la tentative de contact officiel dont j'avais été l'instrument.

Finalement (donc exactement le 11 octobre 1957, à 16 heures 50), avec mon ami Paul-Henry Chombart de Lauwe qui ce jour-là me servit de chauffeur, je me suis retrouvée boulevard des Italiens, dans le bureau de Hubert Beuve-Mery, directeur du journal *Le Monde*. Là, après lui avoir tout exposé et y avoir réfléchi avec lui, sur son conseil et avec son téléphone, j'ai appelé d'abord Louis Mangin pour lui demander l'adresse téléphonique d'un colonel de paras dont Beuve pensait qu'il réagirait « comme il fallait ». Puis – la famille de cet officier m'ayant appris qu'il était reparti en Algérie et inatteignable – nous ne savions plus que faire. J'ai alors rappelé Louis Mangin pour lui demander son avis, et il m'a conseillé de téléphoner au général Ély, chef d'état-major et inspecteur des forces terrestres, navales et aériennes. Le général était chez lui place des Invalides, et il me donna rendez-vous immédiatement à son domicile où il était déjà à table au premier étage. Il descendit donc dans le salon du rez-de-chaussée pour me recevoir et il écouta sans un mot (mais visiblement consterné) tout ce que j'avais à lui dire (longuement) sur la situation et sur l'Algérie.

Ensuite il appela devant moi le général Allard à Alger, et le soir même tous les prisonniers furent remis à la « justice légale ». Autant que je sache aucun d'eux n'avait été torturé.

Ensuite il fallait obtenir que la « justice légale » ne les condamne pas *légalement* à la guillotine – et c'est alors que j'écrivis le témoignage qu'on trouvera en annexe dans le Dossier. Destiné à la justice militaire, j'y reprenais en tant que témoin à décharge le récit qu'on a lu plus haut sous une forme différente.

Le 13 mai 1958 : premier complot

Coincés à temps par d'habiles stratèges militaires nos « Sudistes » français se contentèrent de piller et de dévaster le siège du ministère de l'Algérie et de renverser notre gouvernement – outrageant ainsi, par un juste mécanisme, les instruments serviles de leur domination. Puis ils se retrouvèrent sur le Forum, embrassant les femmes de ménage de Bab-el-Oued et portant en triomphe les petits cireurs arabes.

La foule, comme le taureau dans l'arène, se jette furieusement sur la loque couleur de sang que le matador brandit sous son mufle. Chez le matador on attend des tactiques moins simples.

Une crise ministérielle plus longue que de coutume désorganisait le pays.

Étrangement, inexplicablement, chaque parti à son tour désavouait ou desservait ses propres candidats – ceux, du moins, qui avaient provoqué la crise. Le MRP manœuvrait ouvertement contre M. Bidault, les socialistes contre M. Lacoste, les radicaux contre M. Morice…

Car tout ce que je dis dans ces pages, les hommes politiques français qui, depuis le 1er novembre 1954, se succédèrent à la tête du pays, le savaient et ils ont tous cherché comment sortir du piège que cette guerre d'Algérie représentait pour la France – c'est un piège diabolique, mais on ne comprend rien à toute cette horrible histoire tant que l'on n'a pas démonté ses articulations.

La tendance commune est de comparer l'affaire algérienne avec les affaires marocaine ou tunisienne, parce que, comme le Maroc et la Tunisie, l'Algérie se situe dans les terres d'Islam et que, comme ces deux pays, elle doit compter avec des minorités françaises – mais Maroc et Tunisie conservèrent de tout temps un enseignement, un État, un gouvernement, tandis qu'en Algérie ces nerfs vitaux qui animent un corps social étaient devenus « coloniaux » – c'est-à-dire pas seulement distincts, mais antinomiques… Entre Rabat et Paris, entre Tunis et Paris, il suffisait de relâcher une corde trop tendue pour redonner à chacun des protagonistes l'aisance de mouvement que leur vitalité exigeait. Entre Alger et Paris rien de tel : en relâchant la corde trop serrée dont le gouvernement français tenait un bout, en augmentant la liberté des services publics de la lointaine province, on ne pouvait qu'accroître la sujétion, la dépossession de la majorité algérienne. Ceci nous explique pourquoi, en Algérie, les premiers nationalistes modernes revendiquèrent la francisation – et non l'arabisation – et pourquoi ils se heurtèrent alors aux détenteurs de la citoyenneté française.

Ceux-ci, pour une part, venaient d'Espagne, d'Italie, de Malte, et n'avaient souvent nulle attache, directe ou familiale, avec le territoire français. Comme tous ceux qui revendiquent une possession contestée, ils déployèrent une passion aveugle, forcenée, pour refuser des droits équivalents aux leurs à cette population algérienne qui, depuis quatre ou cinq générations, sur tous les champs de bataille, partageait notre destin. Encore une fois : les Européens d'Algérie étaient français, puisqu'ils voulaient l'être (et leurs enfants le sont, sans équivoque), mais ils n'avaient pas à s'interposer entre les Algériens et la France, comme ils le firent pour leur malheur.

Ces milieux français d'Afrique du Nord sont normalement orageux, mais depuis qu'ils servent de champs d'expérience aux « psychologues » militaires leurs diapasons atteignent l'hystérie – une hystérie à laquelle peu de nerfs résistent.

En voyant partir pour l'Algérie des métropolitains se vantant d'être « anti-ultras », et en les retrouvant, peu de temps après, plus « sudistes » que nos pires excités d'Alger ou d'Oran, j'ai souvent pensé à deux histoires presque identiques qui toutes deux se passent en Inde.

Dans l'une de mes histoires, l'héroïne, jeune fille de la noblesse vendéenne, élevée dans un pensionnat religieux, épouse un Anglo-Saxon également catholique puis, jeune mariée de vingt ans, va vivre avec lui quelque part entre Guntur et Vijayawada. Après cinq ou six années de séjour, consternée, elle s'aperçoit un matin qu'elle croit à la métempsycose ; elle s'en confesse aussitôt, reçoit l'absolution sans difficulté de son vieux confesseur – qui, vivant en Inde depuis un demi-siècle, y croyait peut-être aussi. Quelques années s'écoulent encore, elle devient veuve, règle ses affaires et revient finir ses jours dans son village natal. Là aussi elle se confesse mais le curé de sa paroisse, éberlué par cet étrange péché, inconnu des ruraux de la Basse-Loire, lui accorde de justesse l'absolution. Deux ou trois années se passent encore et, un beau matin, tout heureuse, elle s'aperçoit qu'elle ne croit plus à la métempsycose. – *Happy end.*

Depuis bien des années, des fonctionnaires et des officiers, spécialement triés pour résister aux sirènes d'Alger, sont envoyés par nos gouvernements : ils cèdent beaucoup plus vite que la jeune mariée poitevine…

Plus ils sont « bons sujets », plus la capitulation mentale sera complète et rapide. J'ai connu des hommes doux et silencieux que les quatre heures de vol de l'avion suffisaient à transformer en énergumènes grossiers ; – de retour à Paris, non moins vite, ils retrouvaient leur civilité habituelle.

Parmi nos chefs militaires, les « bons sujets » sont nombreux, mais l'armée, puissamment établie sur la rive sud de la Méditerranée, nantie, en outre, d'un service psychologique, sécréta bientôt un milieu autonome, et entreprit de faire voir le diable en plein midi aux habitants de l'Algérie. Avec les Français, la réussite fut éclatante : comme deux miroirs parallèles, civils et militaires français « s'intoxiquèrent » l'un l'autre à l'infini… Sur les musulmans par contre, la pluie tiède des propagandes glissa comme sur l'aile d'un canard.

Au nom de cette minorité française si dangereuse et si exposée – dangereuse parce que exposée, exposée parce que dangereuse –, dès janvier 1957 on vit se combiner trois éléments : des réseaux organisés ne reculant pas devant le crime, des groupes de pression disposant de fonds et de complicités judicieusement placés, enfin une pitoyable masse de manœuvre, les foules d'Alger et d'Oran, authentiquement terrifiées par les attentats FLN, et par la menace d'être livrées sans défense à un ennemi dont elles savent pertinemment qu'il a de sérieux motifs de vengeance.

Cette conjonction a représenté, pendant trois ans, une tentation permanente pour nos amateurs de coups d'État, car il semblait possible de moduler la révolution, comme on tapote du piano, du bout des doigts, et – en attendant d'appuyer, au moment choisi, sur le détonateur – on pouvait exploiter très fructueusement à Paris la crainte que la détonation inspirait. Quant aux pauvres « pieds-noirs », ils étaient l'instrument inconscient des tortueux personnages.

Dès la fin de 1956, les gens attentifs savaient qu'il faudrait finalement en venir à la bagarre franche, que l'énorme armée française stationnée en Afrique du Nord aurait alors le dernier mot – et que, en dernière analyse, l'arbitre de la France allait être le général le plus étoilé d'Algérie[1].

1. [Le général Salan.]

L'attentat contre le général Salan, son attitude en quelque sorte contrite, après avoir eu la chance d'échapper à ses assassins, son désarroi quand le pétard du 13 mai lui éclata au nez, prennent ainsi tout leur sens…

Depuis plusieurs semaines, à Paris, les députés de tous les partis, comprenant enfin le danger, et beaucoup plus conscients de leur devoir que ne le pensent leurs électeurs, s'efforçaient, à travers les figures de ballet du jeu parlementaire, d'acheminer vers le pouvoir un homme digne de l'exercer. Ce fut le choix de ce dernier qui finalement déclencha l'émeute.

Celui-ci – M. Pflimlin –, Alsacien patriote, n'avait rien, en apparence, qui dut rebuter nos nationalistes frénétiques d'Algérie, mais sa réputation d'être un homme probe, droit, peu louvoyant, pouvait justement alarmer des fonctionnaires et des militaires un peu trop avancés dans les dédales d'une illégalité que couvraient jusqu'alors, avec plus ou moins de clairvoyance, les hommes en place. Elle fut ainsi, me semble-t-il, l'allumette qui mit le feu à la machine infernale. Prématurément, ce fut notre chance.

Dans le grabuge qui s'ensuivit, seul un homme pouvant rallier des éléments dispersés aux quatre coins de notre horizon politique avait des chances d'empêcher la France de se casser en deux.

Un mois plus tôt le général de Gaulle comptait très peu de partisans à la Chambre, et assez peu dans l'armée, mais, pour chacune de ces sociétés, il semblait plus acceptable que le partisan de l'autre. Entre les deux, le peuple français, passablement affolé, coagula sur ce nom et contraignit ainsi son aile militaire et son aile parlementaire à faire contre mauvaise fortune bon cœur.

Au premier référendum (28 septembre 1958) le général eut 17 666 828 partisans et 4 624 475 opposants[1].

En interrogeant des gens appartenant à cette très faible minorité, on constate qu'elle se compose d'électeurs résolument partisans du parlementarisme ou résolument communistes ou résolument cagoulards – trois blocs assez peu conciliables, mais qui, chacun, peuvent s'enfler brusquement, au hasard de l'actualité. Le dernier semble, en France, le moins consistant bien que l'on y doive ajouter en annexe quelques irréductibles partisans du maréchal Pétain.

1. 20,75 %.

Les fraternisations

Pendant ce temps une autre opération s'enclenchait à Alger : les fraternisations.

Œuvre d'éléments militaires (mais contrairement à ce que l'on pourrait croire, pas du service dit psychologique qui, tout au contraire, faillit être sa seule victime), elles eurent le mérite imprévu d'entraîner la foule européenne, et même ses éléments extrémistes, dans des embrassades spectaculaires. Elles échouèrent, par contre, auprès des musulmans qui, depuis les « succès » du général Massu à Alger, étaient hors d'atteinte de nos gazouillements.

Tout en étreignant sur le Forum les gens que, à la lettre, ils voulaient brûler quelques heures plus tôt[1], nos fanatiques ultras se ralliaient d'enthousiasme à la politique d'intégration qu'ils combattaient jusque-là ardemment. Cette dernière, ayant eu jadis de nombreux partisans parmi les intellectuels musulmans, pouvait être opposée à la politique d'indépendance, mot d'ordre du FLN – c'est du moins ce que croyaient les artistes qui orchestraient la partition. Quant aux choristes, tout permet de penser qu'ils n'y mettaient pas tant de finesses et qu'ils embrassaient de bon cœur[2].

Les éléments militaires les plus engagés comprenaient que ces embrassades n'arrêteraient pas la guerre, que la paix passait par les extrêmes – c'est-à-dire les combattants des deux armées – et que la Troisième Force était chimère pure, mais ils n'avaient guère de moyen de se faire entendre, et leurs velléités d'analyse se diluèrent

1. Entr- temps on s'était décontracté en dévastant le siège du gouvernement général et en renversant, croyait-on, la République française.

2. À chaque enterrement d'une victime du terrorisme, la foule française d'Alger s'est livrée à des voies de fait sur les passants musulmans. Dans certaines circonstances, les forces de l'ordre se sont interposées, mais pas toujours, et notamment pas pendant l'année 1957. Au cours de ces crises de fureur il y eut des morts, des blessés, des magasins musulmans pillés. Sévèrement chapitrés, le lendemain, par leur curé, des paroissiens de Bab-el-Oued, tout penauds, allaient rendre ce qu'ils avaient volé. Hélas, on ne ressuscite pas les morts…

Après le 13 mai 1958, à tout le moins dans les grandes villes, les foules françaises, prises dans la fiction « les musulmans avec nous », ont cessé de rendre responsable n'importe quel Algérien de n'importe quel attentat. Même lorsque l'on enterre des malheureuses victimes de la guerre, la foule musulmane continue à vaquer sans angoisse à ses affaires – du moins depuis 1959.

dans les stupides astuces des « services psychologiques », ou des « deuxième bureau ».

En fait, dès 1957, l'implantation du FLN dans les masses algériennes était trop profonde pour qu'une détente quelconque puisse se produire sans l'accord global qu'il peut seul donner. En outre, les grands patrons de la politique qui, du jour au lendemain, se mirent à patronner l'intégration et les fraternisations étaient bien connus de l'infortunée population musulmane qui se méfie d'eux vertigineusement. Le coup de grâce fut la bénédiction de *L'Écho d'Alger* – journal que les Algériens lisent toujours attentivement, pour savoir le contraire de ce qu'ils doivent penser.

Il y eut tout de même en Algérie une brève accalmie due à un quiproquo : civils et militaires français étaient arrivés à se persuader que tous les Algériens étaient anti-FLN et du coup devaient être traités en « Français à part entière ». Les musulmans, enchantés du changement, et pensant, en outre, que le général de Gaulle allait essayer de fabriquer une véritable paix, c'est-à-dire un accord avec l'Algérie réelle, bénéficièrent de la détente.

Comme tous les quiproquos, celui-ci fut bref. Très vite les polices militaires s'aperçurent que le FLN n'avait perdu aucune de ses positions, et comme l'armée conservait la bride sur le cou, certains de ses éléments se remirent à « casser du fellouze » – entendez par là : démolir méthodiquement en quelques heures toutes les fragiles « pacifications » qu'une autre partie de l'armée, avec grande peine et plusieurs années de travail, était parvenue à mener à bien.

Tout cela explique amplement l'échec des fraternisations dans le milieu musulman.

En revanche, de nombreux militaires et quelques civils français, enchantés par les embrassades publiques et par la kermesse du Forum, en gardèrent longtemps la nostalgie.

Dans une certaine mesure ces « fraternisations » unilatérales marquèrent tout de même une étape, en contribuant à effriter le racisme de nos « Sudistes ».

Il y aurait beaucoup à dire d'ailleurs sur cet étrange « racisme », si différent de celui des Anglo-Saxons.

Par exemple, dans tous les grands hôtels ou restaurants d'Alger ou d'Oran, de tout temps, les deux populations se sont coudoyées et depuis la promotion économique d'une partie des musulmans, on voit ceux-ci occuper les mêmes immeubles, vivre dans les mêmes quartiers, fréquenter les mêmes commerçants que les ex-colons.

On cite souvent comme une preuve du « racisme » algérois certains clubs de sport où, avant et après 1954, les jeunes « ultras » cherchaient à rester entre eux, en donnant comme motif de leur ostracisme : « Les s…, ils ne veulent pas nous laisser voir le nez de leurs femmes, et nous, on devrait leur montrer le c… des nôtres »… On cite aussi le « quant-à-soi » de quelques épouses de gendarmes et de douaniers qui ne « fréquentaient » pas une de leurs compatriotes mariée à un musulman…

Tout cela s'effrite à une vitesse incroyable, et, contrairement à ce que l'on imagine, la guerre contribue à l'effritement.

Certes, elle alimente la haine, la peur, la rancune, mais accentue les mélanges et elle a tué le mépris technique de nos « Sudistes » pour le « travail arabe ».

Conséquence logique : les mariages mixtes, nombreux déjà avant 1954, se sont encore multipliés.

24 janvier 1960 et la suite

Deuxième complot

Entre les « fraternisations » de mai 1958 et la déclaration du général de Gaulle sur l'« autodétermination » (16 septembre 1959), l'Algérie vécut une période de confusion inimaginable, pendant laquelle chaque adjudant menait « sa » politique – et tambour battant…

On eut alors à Alger une fièvre en dents de scie où, alternativement, une des communautés triomphait tandis que l'autre s'abandonnait au désespoir.

Entre le 16 septembre 1959 et l'échauffourée du 24 janvier 1960 – c'est-à-dire durant le dernier trimestre de 1959 – la tension à Alger devint de nouveau et progressivement insupportable, et, de nouveau, l'on pouvait prédire aisément que le moindre choc allait d'une heure à l'autre faire exploser la charge. Or, les chocs sont quotidiens, du moins dans cette ville.

Après coup, certains imaginèrent romantiquement que des diplomates malicieux envoyèrent au général commandant la région d'Alger le journaliste dont l'article déclencha un processus classique et bien connu : déclaration publique d'un militaire ; sanction normale prise contre lui ; protestations des tiers contre cette sanction.

Une hypothèse inverse semble tout aussi plausible, car de nombreux fonctionnaires et militaires demeuraient fidèles au président de la République, tout en déplorant la plupart de ses initiatives. Ceux-là cherchaient peut-être des occasions d'« ouvrir les yeux » du général de Gaulle, de « dégager leur responsabilité » sans se rendre compte, sans doute, de l'embarras dans lequel ils risquaient de mettre des gens qui bénéficiaient de leur propre cécité.

Le déplacement du général Massu embarrassa peut-être des éléments factieux – tout comme, dix-huit mois plus tôt, la désignation de M. Pflimlin… Bref, ce départ fut le signal d'une insurrection apparemment mal préparée, puisqu'elle échoua. La foule française assassina quatorze gendarmes et en blessa cent trente-six.

Antérieurement au 24 janvier 1960, une administration civile, où dominaient des cadres jeunes, avait repris certaines des positions concédées si malencontreusement à l'armée, trois ans plus tôt. On y vit déployer de grands efforts qui ne furent pas tous inefficaces – mais déjà, avant 1954, l'Algérie était un pays malade, et sa situation, après six années d'une guerre terrible, décourage les plus optimistes.

Parmi les entreprises pénibles, il faut mentionner des séries d'élections, au cours desquelles des fonctionnaires sans reproche s'efforcèrent d'enrayer les falsifications : d'une série à l'autre on put, grâce à leur zèle, constater des légers progrès.

Les gens informés des choses maghrébines étaient cependant unanimement hostiles à ces tentatives, à cause du danger d'éterniser la guerre en fabriquant un simili-Parlement. L'obstination du gouvernement français s'explique, semble-t-il, par d'autres motifs : familiariser les populations rurales avec la physique de la démocratie, meubler sommairement, provisoirement, ce vide périlleux – les cavernes que creusèrent dans le poumon algérien non pas seulement six années de guerre, non pas seulement des séries d'élections truquées, mais cent trente années de colonisation, au cours desquelles une population étrangère s'infiltra dans toutes les veines de ce pays, et se fixa électivement sur ses centres vitaux.

Malgré ces arguments, dont le poids est réel, je suis restée hostile à ces élections, parce qu'elles ont fait un moment obstacle à la paix, que ce retard me semble de grandes conséquences, et insuffisamment compensé : tant que la guerre durera, on ne peut rien attendre de la démocratie algérienne qui restera « un cadavre entre les mains du laveur des morts ».

En France, le discours du 16 septembre 1959 fut accueilli avec soulagement : « Puisque l'on n'a plus de motif de se battre, on ne se battra plus, ou du moins plus longtemps », telle fut la pensée de beaucoup de Français qui surent gré au général de Gaulle d'être celui qui les débarrassait de cette épreuve. Mais un an plus tard on se battait encore, en comprenant de moins en moins pourquoi nous devions continuer à nous donner tant de mal pour obliger l'Algérie à faire ce qu'elle veut (d'autant que chacun savait qu'elle voudrait finalement ce que lui prescrirait le FLN). Un peuple peut accepter des sacrifices, à la condition de comprendre pourquoi. Après tout, la vie est quelque chose de précieux…

La réciproque était vraie : pourquoi les Algériens se battraient-ils, s'ils avaient par avance obtenu ce qu'ils revendiquent ? On peut même dire que, dans la mesure où les batailles sont pour eux plus meurtrières[1] et les épreuves de leurs civils infiniment plus lourdes, à partir du moment où cette guerre cesserait d'avoir un but, ils avaient encore moins de raisons que la France de la prolonger.

Cependant, dans le morne abîme de détresse où l'Algérie musulmane était prostrée, les promesses du 16 septembre 1959 n'éveillèrent pas la moindre lueur d'espoir – mots, phrases que la réalité quotidienne contredisait à chaque minute. C'est seulement quatre mois plus tard – le 24 janvier 1960 – que les Algériens, devant la révolte de leurs oppresseurs, entrevirent la valeur des promesses faites. Et c'est devant la fermeté du gouvernement de Paris en face de l'émeute qu'ils pensèrent que leur confiance presque instinctive de mai 1958 était raisonnable, que le malheur écrasant, accroupi sur leur pays comme une énorme bête, pouvait être écarté…

Même phénomène après le discours que le général de Gaulle prononça le 4 novembre 1960. Il fut à peine écouté par un peuple découragé. Mais les réactions de fureur qu'il suscita chez les « ultras » français, dans les jours qui suivirent, provoquèrent l'attention chez les Algériens et les gens qui s'étaient refusés à l'écouter se prirent à le relire.

Entre-temps il y avait eu les entretiens de Melun. En Algérie, ils avaient soulevé les grandes vagues de fond de l'Espérance, et même à Tunis, où les Algériens sont supposés être tous « éfélénisés », leur émotion, leur joie de voir finir ce cauchemar déborda publiquement…

Cependant ces « entretiens », tout préliminaires qu'ils fussent, et n'ayant d'autre objet que de régler les détails d'une ultérieure rencontre, ont échoué…

Il est vrai que les délégués mandatés par des ministres que nous affectons d'ignorer prirent très tranquillement l'avion régulier Tunis-Paris, descendirent à Orly, pour se rendre dans une villa convenable où ils rencontrèrent des fonctionnaires dûment investis par le gouvernement français – en suite de quoi le tonnerre n'a pas tonné, le Forum d'Alger n'a pas bougé, et il ne s'est même pas trouvé un galopin pour un simulacre de manifestation hostile… Les peuples en conclurent

1. La population française est cinq fois plus nombreuse que la population algérienne, et nos pertes officielles en vies humaines n'atteignent pas le dixième de celles des maquis algériens. Quant aux souffrances des populations civiles algériennes, elles ont été indicibles. Depuis quelques mois, elles diminuent dans certains secteurs mais, même actuellement, dans les meilleurs secteurs, elles demeurent sans comparaison avec nos propres épreuves, encore que ces dernières soient bien assez pénibles.

que le gouvernement français se faisait obéir en France, ce qui constituait en soi un événement bienvenu – particulièrement bienvenu, il faut le reconnaître, parce que beaucoup de Français comptaient sur cette autorité toute neuve pour les libérer de la calamiteuse « expédition d'Alger ». Or, bien loin d'en être libérés, ils sentirent ensuite la guerre peser plus lourdement encore sur leurs épaules, à cause de cet espoir un instant entrevu et aussitôt dissipé…

Leur déception n'a rien été à côté de celle de la population algérienne. Et quand on connaît le tunnel sans lueur où chemine, depuis tant d'années, cette nation que les circonstances nous ont rendue proche et intelligible, les simples spectateurs, eux aussi, sont pris de désespoir.

Depuis plusieurs années, cependant, à l'étranger, tous les gens qui s'informent savent que l'Algérie sera, *à coup sûr*, indépendante. Et peut-être alliée de notre pays, si nous y consentons, et si elle y consent. – Ils savent cela comme on sait que la mer est salée, que la glace est froide…

Ces mêmes gens savent également qu'aucun peuple du monde, en dehors de la France, ne fournira aux Algériens les 800 000 emplois industriels dont ils ont un besoin vital et immédiat – tandis que, tout seuls sur la terre, Français et Algériens semblent continuer à ignorer qu'ils doivent s'entendre et que, faute de le faire, chacun d'eux asphyxie son propre pays.

Séparés comme deux éléments

La guerre, selon d'inflexibles lois, tout en intensifiant chaque jour le mélange pratique des deux populations et la curiosité anxieuse qu'elles ont l'une de l'autre, les a séparées invinciblement de plus en plus. Entre elles est tendue la paroi lisse, fragile mais indéfiniment recréée, qui isole deux éléments : l'air, l'eau – univers autonomes.

Rien de plus effrayant que d'écouter alternativement ces échos de deux mondes si proches et si distincts, et de se pencher sur l'Algérie muette, lorsque retentissent encore dans notre mémoire les pépiements de la « fraternisation ».

Entendre des Algériens musulmans, n'importe lesquels : les « ralliés », les « prisonniers arrêtés pour rien », les « prisonniers arrêtés pour quelque chose », les « hauts fonctionnaires de notre administration », « ceux auxquels la France a fait tout perdre », « ceux qui doivent tout à la France », « ceux qui ont peur du FLN », « ceux qui ont peur de notre police » – c'est tout un, pourvu qu'ils osent parler.

Quelles sombres histoires ils racontent ! Tous. Tous, sans exception. Car pas un d'entre eux qui ne compte dans sa famille proche au moins une victime de notre répression. Aucun non plus qui n'ait plusieurs parents engagés dans la révolte, et au moins un gravement compromis aux yeux du FLN… Que le destin leur épargne une épuration, de quelque côté qu'elle vienne, car pas une famille n'en réchapperait !

Dans un village kabyle, un représentant du FLN est dénoncé aux militaires français par un ennemi de sa famille. Guetté, pris, maltraité, il accepte de se faire « harki » : le voilà libre avec une belle solde et un fusil…

Quelques semaines plus tard il assassine l'homme qui l'avait dénoncé au temps, peu lointain, où il était « fellaga ». Aucune enquête autour de ce meurtre. (Qu'est-ce qu'un mort de plus en Algérie ?) Et puisque le meurtrier est harki, la victime était nécessairement suspecte.

Maintenant la famille du mort surveille à son tour les allées et venues du harki. Si elle le tue (et elle le tuera certainement), aura-t-elle assassiné un membre du FLN ou un ennemi du FLN ?

Je connais les noms des deux familles en question, et de quelques milliers d'autres qui vivent des situations analogues, ou plus confuses encore.

En attendant, les opinions durcissent, et de même que pendant six années notre milieu n'a eu d'écho que pour les crimes attribués à tort ou à raison à nos adversaires (ignorant ou voulant ignorer les nôtres) – chez neuf millions de musulmans, l'inverse exactement s'est produit : là, le bruit de nos exactions vraies ou fausses se propage (et se propage exclusivement), tandis que s'amplifient démesurément les hauts faits attribués aux combattants des maquis.

Dans les zones où la population est très dense – celles que la « pacification » a le plus éprouvées parce qu'elles résistent plus que les autres –, lorsque le terrorisme fait une victime, la famille essaie généralement de cacher ou de travestir cette mort, en tout cas ne l'entoure d'aucune solennité. A-t-il existé, çà et là, des ralliements ? Quelques-uns, mais ils n'étaient sincères, valables, stables que dans des régions où l'ALN avait exercé des violences – donc affirmé sa présence, remporté des succès. Par contre, partout où nos troupes gagnent, la France perd… Telle est la règle de cet horrible jeu.

Le danger est un unificateur redoutable, qui relègue toujours au second plan les idées et les théories. Pour l'instant la population algérienne, dans son ensemble, se sent en danger et fait bloc. Approuve-t-elle sur tous les points le FLN ? Elle n'en sait rien, et ne s'en soucie nullement car une solidarité passionnée la possède : la fraternité du combat.

De celle-ci je pourrais citer mille exemples, quand ce ne serait que ce boulanger de Kabylie chez qui, en 1959, on ne payait plus le pain ; cette ville où chaque foyer musulman s'ouvrit pour héberger des inconnus, parce qu'un contrôle militaire, un jour de marché, venait d'y retenir tous les paysans des environs…

Cette solidarité n'implique pas une communion totale de pensée (qui n'existe nulle part), mais elle implique un sentiment profond et fort qui est la racine même du sentiment national. On peut discuter sur l'existence ou la non-existence d'une nationalité algérienne à telle ou telle période de l'histoire mais après six années d'une guerre comme celle-ci, la nation algérienne se dresse devant nous : nous l'avons forgée et durcie de nos propres mains.

Car comment expliquer l'élimination presque instantanée du MNA dans les régions de peuplement musulman très dense (Kabylie, grandes villes algériennes), alors que ses fortes et anciennes structures le maintenaient dans les zones où cette population est clairsemée (hauts plateaux-steppes, banlieues de France) ?… Comment justifier cette observation empirique de nos officiers SAS que, lorsqu'un regroupement dépasse mille personnes, il échappe au contrôle « psychologique » ? Comment comprendre tout cela, sinon par le fait que, dès qu'il se forme en Algérie une opinion publique, elle se solidarise d'emblée avec « ceux qui combattent ».

Ils sont donc tous contre nous ? C'est là l'étrange : non.

Un jeune officier me disait à la fin de 1959 : « On ne peut pas dire qu'ils ne nous aiment pas… Seulement, ils préfèrent le FLN. »

Avant l'échec des conversations de Melun, beaucoup d'observateurs admettaient que 90 % de la population musulmane se sentait solidaire du FLN ; ils ajoutaient que plus de 60 % de cette même population envisageait son avenir aux côtés de la France. Il y aurait donc encore eu cinquante pour cent de la population musulmane d'Algérie qui, à ce moment-là, était à la fois pour le FLN et pour le maintien de relations privilégiées avec la France…

La guerre pour rien

Une révolution organisée en institution permanente, une armée de 500 000 hommes, également permanente, et deux contre-révolutions en vingt mois – c'est beaucoup de maladies pour un pays de dix millions d'habitants que rongeait déjà une cruelle pauvreté.

Un grand pays moderne et prospère qui, le premier, proclama l'égalité de tous les hommes et se fit le champion de leur liberté, soutient pendant quinze ans des guerres ruineuses, contraires à son génie, à son équilibre interne, à ses intérêts internationaux, contre des peuples qui lui demandent l'indépendance. Du coup, il manque par deux fois y perdre la sienne…

Les causes de dégâts aussi pernicieux méritent d'être analysées, car elles ne sont pas compréhensibles si l'on ne démonte pièce à pièce les mécanismes de notre pays et les relations bizarres et ambivalentes qu'il entretient avec les deux populations qui se disputent la direction de l'Algérie.

Cet effort est nécessaire, car tous ces maux cruels n'ont qu'un remède : il s'appelle réconciliation.

Or, il ne peut pas exister de réconciliation sans justice – une justice des peuples et une justice des hommes, l'une garantissant l'autre, toutes deux également indispensables pour contenir le débordement des horreurs que la folle politique et les folles guerres ont engrangées.

La guerre, depuis la déclaration du général de Gaulle sur l'autodétermination, s'est vidée progressivement de ses motifs : on se bat encore, on se bat durement, cruellement, mais désormais, des deux côtés, on se bat pour rien.

Toutes les élites des pays maghrébins ont cumulé dès l'adolescence une double participation : d'abord à ces communautés ardentes qui imaginèrent l'indépendance, et s'imprégnèrent ainsi de l'amour, de l'orgueil, de l'intimité de leur patrie ; ensuite (ou plutôt en même temps), une parfaite maturation de la culture française, puisée au cœur même de nos universités.

Un homme d'État indien qui visita l'Algérie à la fin de 1957 me disait d'elle d'un ton très pensif : *« Toutes ces écoles semblent au niveau de celles de France »*… Eh oui, elles le sont : nous avons donné à ce pays ce que nous avions de pire et ce que nous avions de meilleur.

Tout ce qui se dit et s'écrit sur les Français d'Algérie, sur cet écran opaque qu'ils tendirent un siècle durant entre les autres Algériens et la France, risque de donner d'eux une image injuste et fausse : ils sont des hommes comme les autres, pas pires que les autres. Comme ailleurs, on trouve parmi eux des valeurs exceptionnelles, tant sur le plan de l'intelligence que du courage et du cœur.

Lorsqu'un Français d'Algérie se met à comprendre les musulmans de son pays, il les comprend mieux, plus fraternellement que beaucoup de Français dits libéraux, parce que sa compréhension, son amitié n'ont aucun caractère théorique, qu'elles l'exposent à des dangers, à des souffrances, souvent même à l'animosité et à la méfiance de ses proches. Cette amitié chaleureuse, clairvoyante, dévouée, sûre, est alors un don plus riche que les bienveillances de ces neutres paisibles qui, n'ayant jamais haï, pensent que la haine se surmonte facilement.

Même chez les ultras les plus excités, les plus engagés, les plus compromis, on trouve presque toujours d'étranges ambivalences. Elles nous expliquent des revirements d'une incroyable rapidité, tels ceux des « fraternisations ». Dans l'avenir, elles nous réservent des surprises…

Pour comprendre vraiment une seule civilisation, il faut au moins en connaître deux, très profondément. – Or, à ceux qui naissent sur la charnière de deux mondes passionnés, le génie de l'enfance ouvre quelquefois, ensemble, les deux portes.

Cette double connaissance, comme la vision de nos deux yeux, est un correctif indispensable ; elle conditionne l'équilibre, le sens des perspectives et, dans notre monde actuel où tous les intérêts nationaux doivent plus que jamais chercher à s'ordonner, elle est la vertu essentielle des chefs d'État.

Ce n'est pas un hasard si des généraux marocains, des diplomates tunisiens sont aujourd'hui les appuis les plus sûrs du recours international : ils ont fait leurs « humanités »…

En Algérie, cet approfondissement de la valeur nationale n'est pas le privilège d'une classe, et il peut vivifier un avenir…

Mais tout cela n'existe que dans le virtuel – un virtuel qui s'appelle la paix. Avant la paix, on ne peut pas espérer voir se dégager une opinion quelconque. Qui dit paix, dit négociation, cela est clair pour tout le monde : c'est-à-dire négociations des Français avec les Algériens, négociations des Algériens avec les Français.

La paix

Certes la fureur accumulée par six années de combat explique bien des aberrations.

Du côté algérien, on ne parle plus de négocier avec la France, mais avec l'URSS, la Chine et les États-Unis ; on rêve d'un nouveau Suez – c'est-à-dire de l'URSS se mettant d'accord avec les États-Unis pour obliger la France à capituler en Algérie.

Du côté français, on entend, depuis plusieurs mois, des propos relatifs à une certaine république algérienne, dont les modalités ne seraient pas négociées avec les combattants algériens.

Les deux choses sont possibles mais, il faut le dire, elles sont aberrantes.

Avant de poursuivre cette navrante revue, essayons de définir les « buts de guerre » des deux adversaires.

Les Algériens se battent depuis un peu plus de six ans pour obtenir l'indépendance : c'est-à-dire une république algérienne, « autodéterminée ». Ils l'ont, apparemment.

Entre-temps, les hommes qui les dirigent ont changé – non pas qu'ils soient tous morts et remplacés par d'autres, mais ceux qui survivent ont, en six ans, accumulé des expériences qui les rendent très différents des patriotes garibaldiens qui prirent, il y a très longtemps, le maquis.

Par exemple, il y a sept ans, tous les nationalistes algériens pensaient que l'Algérie était un riche morceau, dont se gorgeait une France avide ; – ils savent aujourd'hui que l'Algérie est très pauvre, à grand-peine viable ; qu'elle coûte beaucoup à la France qui, dans cette guerre, a constamment suivi des passions confuses, irréfléchies mais désintéressées.

En 1954, personne ne parlait du pétrole saharien et je ne crois pas que son existence ait, le moins du monde, déterminé des gens comme Mostfa Ben Boulaid, Bachir Chihani, Belkacem Krim, Mohammed Ben Bella, Mohammed Boudiaf, Rabah Bitat…

La masse des Français est entrée dans la guerre sans même le savoir, et par conséquent sans se poser de questions ; quant à ses gouvernants, ils avaient trop à faire, au jour le jour, pour pouvoir, en plus, songer à l'avenir. Ceux qui le tentèrent – par exemple Pierre Mendès France – furent automatiquement éliminés.

À partir de 1956, par contre, on nous a abondamment cassé les oreilles avec les profits mirifiques du Sahara et de son pétrole, et avec je ne sais quelle « insularité de la zone franc », qu'ils permettraient de sauvegarder… Curieusement, depuis 1958, le romancero du pétrole a cessé d'être à la mode – sans doute parce qu'il était par trop en contradiction avec le bon sens.

Il suffit, en effet, à n'importe quel électeur moyen, de lire n'importe quel journal, pour constater que les acheteurs de pétrole sont moins nombreux que les vendeurs ; que le pétrole saharien n'aura de valeur que si nous l'achetons (et nous devrons, en tout état de cause, le payer au-dessus du cours mondial – ce qui signifie que les arrangements se feront sans difficulté) ; que notre balance des changes, avec un peu d'ordre, et malgré vingt années de guerre ininterrompues, retrouva aisément un équilibre où le pétrole n'a pas de part. Quant à notre autarcie économique, c'est une vénérable antiquité qui eut ses beaux jours au temps de l'Empire (le Premier, celui de Joséphine) mais qui, de notre temps, est aussi archaïque qu'une diligence.

Au surplus, beaucoup de gens, en France, pensaient (comme moi-même) que, à n'importe quel moment de cette horrible et stupide guerre, la vie d'un petit berger algérien valait plus que vaut le pétrole saharien.

Sur l'intérêt très conditionnel du pétrole, les Algériens sont plus informés encore que nous ne le sommes. Les quelques machinations auxquelles il donne lieu, ils les ont vues de plus près que nous et, j'imagine, ne se laissent plus duper par elles.

Ils ne se battent pas pour le pétrole ; nous ne nous battons pas pour le pétrole…

Alors pourquoi nous battons-nous et pourquoi se battent-ils ?

Notre légitime but de guerre, notre but de guerre avoué, c'est la sauvegarde des vies et des intérêts d'une population importante qui se réclame de la France. Soit un million de Français identifiés, un petit nombre d'Algériens qui ont sur nous tous les droits qu'ils demanderont – sauf un : celui de nous faire recommencer la guerre de Cent Ans…

Notre second but de guerre, non avoué mais fort légitime, consiste à ne pas relayer nos vingt années de guerres idiotes et lointaines par vingt nouvelles années de guerres civiles, car c'est un fait que notre armée ne parvient pas à se désembrumer des romans pondus par ses services psychologiques. Or, faire la guerre à sa propre armée est une perspective qui n'a rien de plaisant.

Contrairement à ce que pensent certains intellectuels, les militaires ne sont pas plus bêtes qu'eux, et les intellectuels ont autant de patriotisme que les officiers de carrière. La dissension vient de ce qu'ils ne disposent pas des mêmes sources d'information. Certes, si nous pouvions offrir un long voyage autour du monde à tous nos adjudants, ils comprendraient probablement en assez grand nombre combien la théorie de la « guerre révolutionnaire » appliquée à l'Algérie était en porte-à-faux, et contraire aux intérêts durables de la France.

Pour l'instant ils ne le comprennent pas, et seulement la crainte d'une désapprobation générale du peuple français les retient de désobéir.

Ne pas désobéir est une chose ; obéir en est une autre. Or le *statu quo* actuel de l'Algérie ne peut se maintenir : comme un avion notre gouvernement doit maintenant marcher, et marcher vite, pour ne pas tomber. Il aura alors besoin d'une obéissance active de l'armée. J'imagine que tel est le moteur du référendum de janvier 1961.

Cette action vers la paix, si contrariée par les chimères du milieu français, l'est aussi par certaines tentatives du FLN.

Des deux côtés, Français et Algériens vivent actuellement dans une tension redoutable, essentiellement passionnelle, et le moindre faux pas risque à tout moment de retourner leurs opinions.

Pour l'instant, les Français veulent la paix, suivent de Gaulle, donneraient manifestement tort aux auteurs de troubles insurrectionnels – mais une partie de notre opinion se retournerait certainement si, au cours des jours qui vont venir, une grande injustice était commise au détriment des Français d'Algérie.

En Tunisie, au Maroc, le passage de l'ordre français à un ordre tunisien ou marocain s'opéra en quelques heures sans coûter la vie à un seul Français[1] mais le Maroc et la Tunisie ne sont pas l'Algérie : en Algérie on ne peut imaginer sans effroi un hiatus de l'autorité, après six années d'une guerre furieuse. Pourtant, qui dit « indépendance algérienne » dit « ordre algérien ».

Ce passage d'un ordre à l'autre ne peut s'opérer directement, et il

1. Il y eut au Maroc, dans la région de Meknès, des troubles sanglants au moment de l'arraisonnement d'un avion marocain qui transportait des dirigeants algériens.

L'arraisonnement de l'avion eut lieu le 22 octobre 1956 ; les négociations avec le Maroc datent d'août 1955. Ces dernières prévoyaient le retrait des troupes françaises mais celles-ci étaient encore là lorsque survint le drame de Meknès et ne purent l'empêcher.

Par la suite les troupes françaises furent retirées du Maroc et de la Tunisie, et la sécurité des civils français est mieux assurée dans ces deux pays qu'en Algérie, où 500 000 soldats les protègent.

est normal que le gouvernement français cherche un palier. Il n'en est pas moins vrai cependant que, pour ménager à la fois une transition et des susceptibilités excusables mais néfastes, on compromet gravement l'avenir de nos compatriotes d'Algérie.

Les intérêts stables de la population française d'Algérie sont en effet beaucoup plus exposés dans une Algérie indépendante préfabriquée que dans une négociation avec le FLN, parce que, dans cette irréelle entité, un contrepoids manque nécessairement : celui des intérêts algériens en France. Or ils équilibrent très largement le poids des intérêts français en Algérie, et ils sont les meilleurs garants, les seuls vrais garants de ceux-ci.

Inversement, lorsque les dirigeants algériens parlent d'internationalisation du conflit, ils se rendent compte, assurément, que si celle-ci nous était imposée, elle compromettrait gravement les intérêts algériens en France – qui sont plus vitaux pour l'Algérie que les intérêts français en Algérie ne le sont pour la France.

On peut choisir ses amis mais pas ses adversaires… Nous sommes ce que nous sommes, les Algériens sont ce qu'ils sont, mais c'est avec nous qu'ils feront la paix et avec personne d'autre. Et nous avec eux, et avec eux seulement…

Certes, ces six années d'une guerre dont, en France, on n'imagine pas la cruauté, représentent pour le peuple algérien une perte de vies humaines qu'il est impossible actuellement de chiffrer, mais quelle qu'elle soit, et même énorme, elle ne parviendra pas à endiguer ce courant irrésistible de multiplication des hommes et de surmultiplication des passions.

Cette formidable réserve de puissance ne pourrait être ralentie que (dans l'indépendance) par l'impitoyable étreinte de la misère, ou (dans un régime colonial) par une poigne de fer, l'absence d'écoles, un truquage délibéré des élections, ou leur suppression pure et simple. Mais tout ce mécanisme de l'oppression ne peut fonctionner que dans la guerre et exclut une « intégration » paisible dans les cadres normaux d'une France démocratique.

De deux choses l'une : ou la France devait renoncer définitivement à un régime républicain et accepter pour elle-même la « haire et la discipline » nécessaires pour ligoter l'Algérie, ou, conservant nos lois sociales, notre niveau scolaire, notre liberté d'expression, il n'était pas possible d'empêcher indéfiniment l'osmose entre les deux pays. Donc, à plus ou moins longue échéance, l'Algérie devait, en tout cas et inévitablement, s'affranchir.

Tout cela, d'ailleurs, n'est plus que vue de l'esprit : les peuples d'Afrique vont désormais vers leur indépendance comme des fleuves vers la mer – irrésistiblement.

II. MIGRANTS D'EUROPE ET D'AFRIQUE

Les Français de l'intérieur

> « Or, ce peuple auquel on remettait ainsi ses propres destinées et qui n'était pas, je crois, incapable en lui-même de choisir les voies droites, qu'avons-nous fait pour lui fournir le minimum de renseignements nets et sûrs, sans lesquels aucune conduite rationnelle n'est possible ? »
>
> Marc Bloch, *L'Étrange Défaite*, juillet 1940.

« Nous », et les autres[1]*...*

La France de 1960 est riche, les Français travaillent beaucoup et travaillent bien ; ils ont de belles terres, des machines neuves, des enfants bien portants, une audience internationale – mais apparemment ils ne savent pas se gouverner.

Nous ne sommes pourtant pas plus bêtes ni plus méchants que les habitants d'autres pays qui parviennent à faire cœxister chez eux un État et des libertés publiques. En très grande majorité nous souhaitons l'ordre et la paix et nous tenons à vivre en démocratie – mais nous nous sommes fait piéger dans des guerres coloniales, au grand péril de notre ordre et de notre démocratie.

Certains attribuent nos ennuis à des travers particuliers, nationaux, voire héréditaires, et les font même remonter à la pagaïe dont nos ancêtres les Gaulois donnaient, dit-on, l'exemple. À l'inverse de cette théorie, il me semble que l'extrême complication de notre vie politique tient plus encore à des phénomènes de « modernisme » qu'à de vieilles querelles nationales. À ce titre elle menace par conséquent tous les pays de notre niveau.

N'importe quel observateur, dans n'importe quelle société archaïque (village provençal ou tribu africaine, c'est tout un),

1. Ce chapitre reprend une partie d'un article intitulé « La France en miettes », dont le titre avait été adopté par analogie avec celui de l'enquête de Georges Friedmann « Le travail en miettes ».

remarque la multiplicité et la vigueur des relations qui lient entre eux les participants d'un grand groupe familial ou rural. Solidarité, entraide, chaleur – mais aussi indiscrétion illimitée, pressions constantes sur les goûts, les volontés, les aspirations de l'individu. L'homme moderne est libéré (en partie) des pressions, mais privé du même coup, et durement, de la tiédeur rassurante du troupeau. Délivré : comme une barque sans pilote, comme un noyé, au fil de l'eau.

J'ai connu des populations – en Europe, en Afrique, en Amérique – où les gens de tout âge partageaient encore leurs loisirs entre le surnaturel et d'inépuisables histoires de famille. Tout permet de penser que les neuf cents générations qui nous séparent du paléolithique eurent peu d'autres sujets pour animer leurs très longues veillées sans électricité ni télévision. D'abord dans les cavernes, puis dans les huttes, chaumières, gourbis…

De nos jours, dans les appartements chics du XVIe arrondissement, comme dans les HLM des banlieues, on rencontre en grand nombre des citadins prématurément sevrés des commérages passionnants du clan ancestral et de ses contes de fées. Confinés dans un dénuement affectif qui est le revers du monde moderne, il leur reste la presse du cœur – combinaison de ragot et de merveilleux – pour tromper leurs échecs et leurs solitudes. (Je ne parle pas en ce moment des multitudes accumulées dans les bidonvilles africains car elles sont encore tracassées assidûment par les moustiques, les démons invisibles et les belles-mères, mais des êtres qui, plus évolués, doivent se repaître exclusivement de fiançailles princières et de divorces californiens.)

Les nations modernes évoluent, en effet, dans le sens d'une centralisation qui s'accroît sans cesse (tendance que renforcent toutes les mécaniques actuelles du transport et de l'information). Cette centralisation s'accélère avec la modernisation agricole, l'industrialisation, l'urbanisation, la commercialisation, tandis que les populations augmentent plus vite, et se déplacent en masse.

Tous ces phénomènes, multipliés les uns par les autres, brisent les relations traditionnelles des individus. D'autres relations se recréent (car les hommes ne pourraient vivre sans cela) mais elles sont mal expérimentées encore, et par suite instables, un peu incohérentes et, en outre, elles n'éliminent pas les anciennes mais se superposent à elles, non sans contradictions parfois : je parle des relations qui se nouent à l'intérieur de chaque nation, mais aussi qui les dépassent, les traversent, les transpercent, les ligotent les unes aux autres…

Pour chaque être humain, la conception qu'il se fait des rapports à la fois réels et idéaux qui l'unissent ou l'opposent au reste des hommes est l'assise profonde de la personnalité.

Jadis – jadis survit encore, ici et là – l'humanité se divisait en deux groupes, cohérents et stables : *« Nous »*, *« les Autres »*...

« Nous » : entité que l'on ne juge pas, que l'on ne voit pas, et dans laquelle chaque individu se fond comme un morceau de sucre dans le café bouillant ;

« les Autres » : monstres inconnus qui ne parlent pas « comme tout le monde », qui mangent des nourritures répugnantes, qui prient de travers, qui s'habillent de façon ridicule, font des choses qu'on ne saurait prévoir...

J'ai connu des villages français où *« les Autres »*, c'était à la fois le village voisin et le reste du monde ; j'ai connu des douars algériens qui, de même, divisaient en deux, fort simplement, tout l'univers : dans la mechta du haut de la montagne une infranchissable barrière de crainte et de menace cernait étroitement n'importe quel passant auquel ne liait pas une alliance formelle et bien méconnue de tous, mais – plus que toute autre suspicion – elle auréolait d'inquiétantes lueurs les habitants du même village, mais du village d'en bas[1]...

Dans le monde entier, peu à peu, cela devient du passé.

En 1960, qu'est-ce que *« Nous »* ? – Nous, Français ? – Nous, ouvriers ? – Nous, intellectuels ? – Nous, propriétaires de trente, de cent, ou de mille hectares ? – Nous, fonctionnaires de tel indice ? – Nous, Noirs d'Afrique ? ou bien Sénégalais ? ou bien citoyens du Mali ? – Nous, champions de l'Occident contre les autres points cardinaux ? Nous, marxistes ? – Nous, pacifistes ? – Nous, militaires de carrière ? – Nous, mormons ?

Certes, le danger unifie, simplifie et, de 1939 à 1945, nous avons su dire : « Nous, Français »... Même, entre 1954 et 1960, beaucoup d'hommes d'Algérie, un à un, ont appris à dire : « Nous, Algériens »... Mais les malheurs et les dangers passent (heureusement !), et il faudrait tout de même apprendre à vivre aussi dans le milieu (compliqué) de la sécurité et de l'aisance.

Lorsque les hiérarchies, les structures, les administrations, les partis politiques, et même les options simples et cohérentes (ligaments indispensables), s'émiettent, se désarticulent, se vident, telle une charge mal

1. 1998 : Cela n'explique qu'en partie certains aspects de la guerre civile de cette fin de millénaire.

arrimée sur un bateau qui tangue, le public pèse de tout son poids sur le flanc qui s'enfonce, et peut accélérer un naufrage.

Une cervelle et une tartine qui n'ont pas grandi…

L'humanité coordonne de plus en plus mal un équilibre ancestral, empirique, avec une puissance brusquement démesurée et des masses humaines croissantes, peu ou pas ajustées entre elles. Les interdépendances se multiplient, atteignant une ampleur et une complexité que ceux qu'elles lient ne parviennent même plus à bien concevoir.

En toutes choses matérielles des instruments désormais nous suppléent, mais pour les choses humaines les instruments deviennent aussi menteurs que ceux qui les emploient. C'est dire qu'il ne nous reste toujours que notre jugement : la confiance que nous accordons là, refusons ici…

Dans tous les pays de la terre – vieilles monarchies et jeunes républiques – certains s'étonnent de voir les foules s'adonner sans vergogne au « culte de la personnalité » de leur secteur.

Il est aisé de les critiquer, mais lorsque des millions d'individus font la même chose en même temps, il semble plus utile encore, et plus raisonnable, de se demander pourquoi ils le font, d'autant que, par une contradiction seulement apparente, alors que chaque individu en particulier se trouve sans parade devant les catastrophes de notre temps, le poids des opinions publiques est en train de devenir écrasant.

Entre leur redoutable pesanteur et le fragile et perméable élément dont elles sont faites, l'humanité moderne (avec ses contradictions, sa vulnérabilité, sa solitude) multiplie les instruments de transmission et de coordination qui révèlent leur insuffisance – car les gigantesques États du XXe siècle accroissent sans cesse leur puissance et se lancent avec une vitesse accrue sur des pentes de plus en plus raides, mais ils ont conservé, sans les améliorer, les embrayages du siècle antérieur… Ils ne les ont pas même conservés, car la rouille les mange et ils ne conservent que la rouille…

Une presse puissante et libre représenterait, certes, un palliatif.

Aller chercher la vérité où elle gît – précise, datée, située – et la dire sans permettre qu'on l'infléchisse prend dès lors une importance mondiale qui s'accroît au fur et à mesure de l'ingéniosité falsificatrice des diverses propagandes. Encore faut-il pour cela disposer de l'expérience et de l'autorité que possèdent un très petit nombre de grands journalistes.

Le poids de la presse, l'autorité des hommes qui ont notre confiance ne peuvent que croître au rythme même de l'accroissement des habitants de la terre : non pas croître comme une mauvaise herbe sur une friche – un chiendent vivace qui profite des négligences du cultivateur pour étouffer le froment –, mais comme l'ultime culture vivrière qui subsiste, parce qu'elle correspond à un besoin élémentaire et vital qu'elle seule peut désormais sustenter.

Par intuition ou empirisme, la démocratie américaine ne chicane pas à la presse cette place vitale qui lui revient. En France, pays moderne, mais posé sur un socle antique et dur, les tiraillements entre avant-hier et après-demain sont plus violents qu'ailleurs ; notre presse est souvent leur victime, et nos gouvernements ont trop facilement tendance à la brimer, à lui manquer d'égards, tandis que l'opinion publique elle-même ne mesure pas suffisamment l'importance de son rôle.

Les droits éminents de la presse devraient être partout consolidés, renforcés, car ils sont les courroies de transmission qui remplacent désormais toutes ces fines lanières qui liaient jadis (à la fois unissant et paralysant) les hommes à des communautés stables et vivantes.

Chaîne et trame s'effilochent aujourd'hui sous les gros pieds de l'énorme petite fille qui a croqué trop vite le champignon qui fait grandir…

Comme l'héroïne du conte anglais, l'Humanité, atteinte de gigantisme, a conservé, dans l'opération, sa cervelle de bébé ; mais moins heureuse qu'*Alice au pays des merveilles*, elle n'a pas vu grandir en même temps sa petite culotte, ni son tablier et se retrouve – débraillée, effarée, immense – étreignant sa tartine (qui, elle non plus, n'a pas grandi quoi qu'on nous dise). En tout cas pas grandi dans les mêmes proportions que la petite fille.

Les parois, jadis semi-étanches, qui séparent les nations se fendillent de toutes parts, et il n'existe presque plus de problème national, insignifiant ou grave, qui n'ait un retentissement hors des frontières du pays directement intéressé.

Ici ou là, telle bonne récolte de coton ou de café, tels excédents de pétrole ou d'huile d'olive sont ressentis tout autour de l'univers. Quand une épidémie de grippe apparaît en Italie, on tousse bientôt à Lyon, à Paris, à Londres ; quand des cas de variole sont signalés à Moscou, il est prudent de se faire vacciner à Rome, à New York et à Pékin. De même, lorsqu'un coup de fusil est tiré à Formose, dans le

Moyen-Orient, sur le Forum d'Alger, l'ébranlement sonore se transmet de proche en proche.

Les drames nationaux se propagent en vagues, heurtent les môles lointains et, toujours comme les vagues, reviennent alors en sens inverse – non sans aggraver ainsi leurs remous.

D'innombrables malheurs, aussi redoutables que les tremblements de terre ou les épidémies mais d'origine humaine, ont fait leur apparition et menacent plus que jamais chaque homme en particulier.

Tous les humains souhaitent du même cœur éviter le conflit atomique, mais quelle est la meilleure voie pour bloquer ce désastre ?

Les braves peuples, échaudés par la longue suite des calamités historiques, préfèrent visiblement la « paix tiède » à l'ancienne « guerre froide » – mais les mêmes honnêtes Américains qui suivaient M. Dulles ont approuvé ensuite la politique inverse, et Staline a probablement, dans son pays, bénéficié d'approbations très sincères qui vont aujourd'hui non moins sincèrement à des successeurs. D'un côté comme de l'autre les bonnes gens avancent timidement un pied craintif vers les rivages tentateurs de la vraie paix – tout en guettant anxieusement chaque ombre et chaque buisson, pour être les premiers à se rejeter à la nage…

Brochant sur ce fond majeur, des thèmes mineurs parcourent la mélodie terrestre : conflit de Berlin (ou de Palestine, ou de Formose, ou du Sikkim, ou d'ailleurs), « zone de libre-échange », « Marché commun »…

Les techniciens ont, dans ces divers domaines, des opinions contradictoires ; qu'on ne peut départager qu'à la condition d'être un peu technicien soi-même. C'est réellement trop demander à des gens qui travaillent beaucoup, souvent loin de leur domicile, et tracassés par des problèmes de santé ou de famille. Bref, des électeurs modernes.

Parmi eux, combien savent, même vaguement, ce que recouvrent les noms attribués aux catastrophes qu'on leur annonce ? Sans doute fort peu. Tous, en revanche, ont bien conscience de la présence, au-delà de leurs horizons, de grosses nuées mystérieuses, chargées d'une horrible grêle spécialement destructrice. Mais quels vents les poussent ou les repoussent, et quelles influences vont-elles exercer sur les problèmes obsédants et familiers, tels que le prix de la vie, l'embauche, le chômage, la mévente ?

Le nombre des combinaisons catastrophiques, à l'échelon national ou international, n'en continue pas moins à s'accroître. Chacune peut interrompre (ou perturber sérieusement) le cours de la vie de n'importe qui. Elles exigent des décisions de plus en plus rapides, sous peine de conséquences de plus en plus dramatiques, et leur ensemble constitue un danger multiforme, permanent, obsédant, qui nous concerne tous, et contre lequel chacun de nous se sent plus démuni encore que devant les méfaits de la nature brute.

Et néanmoins – bilan positif – cette intrusion du vaste monde à l'intérieur de toutes les frontières est en train de faire naître, au milieu de la confusion qu'elle accroît, le sentiment, encore sourd et obscur, d'une solidarité entre les habitants de la terre.

Dépassant les nations et les politiques, des hommes nombreux, de toute condition, de toute nationalité, de toute religion, disent ou pensent déjà : « Nous, humains… » – et s'émeuvent des souffrances d'une chair saignante que jadis chacun d'entre eux aurait nommée « étrangère ». Désormais, plus un pays sera apparemment écartelé par des options inconciliables, par des tractions qui le déchirent, plus il s'ouvrira, dans quelques cœurs, à ce dépassement de la patrie, condition de la survie de notre espèce.

Tome II de l'histoire humaine

Tandis que les énormes nations modernes, confuses et lourdes, évoluent mal à travers des politiques de plus en plus supranationales, aucun chef d'un grand État ne peut plus donner lui-même tous les ordres qu'exigent sa fonction et ses desseins ; aucun même ne peut se tenir informé de tout ce qu'il lui est nécessaire de savoir. Sous peine de paralysie totale, ces gigantesques organismes doivent donc disposer d'une ligne générale de conduite assez claire et simple pour être bien définie, inculquée, et comprise à tous les échelons.

Les vieilles « raisons d'État » les sollicitent encore, mais elles ont proliféré au rythme même de la complexité générale des sociétés modernes ; elles sont ainsi devenues innombrables et contradictoires : « déraisons d'État » que l'on prend de moins en moins au sérieux, malgré leurs piaillements… En outre, au fur et à mesure que s'élargissent les audiences, les mensonges sont de plus en plus exposés à ne pas être crus.

Chevillés entre eux par des accords qui se multiplient et les tiraillent de l'extérieur, constitués de petites noix lisses et dures que lie mal le friable mortier des intérêts, les États démocratiques sont fragiles, et n'ont de force que dans leur programme même. – Car celui-ci pourrait être facteur d'équilibre, s'il était scrupuleusement suivi, puisqu'il trouverait des complices dans chacun des trois milliards d'habitants de la Terre – trois milliards de petits « stabilisateurs » invisibles équilibrés par l'amour de la vie, du bonheur, de la paix...

Si les démocraties veulent survivre, il leur faudrait prêter grande attention à leurs faiblesses (inhérentes à leur nature, et indiscutables) mais aussi à leurs forces, qu'elles dilapident en voulant singer les États « efficaces ».

Leur chance serait d'être réellement ce qu'elles promettent – c'est-à-dire justes –, de maintenir la liberté, l'égalité, la fraternité, comme fondements de leurs lois, de faire, en toutes circonstances, respecter les droits de la personne humaine.

Au milieu du brouhaha des républiques qui naissent ou dépérissent, et des guerres qui se suivent – insidieusement, une ère a vu son terme, une autre est née, et l'âge du fer a fait place à l'âge nucléaire, tandis que les milliards d'hommes remplaçaient les millions d'hommes. Deux forces, l'atome et les multitudes, ont renversé en moins de vingt ans toute notre expérience historique.

Éperdue devant des systèmes de références tout neufs, s'accrochant fort naturellement à des analogies périmées, la France coloniale eut la malchance d'être interrogée sans préparation suffisante sur un méchant problème du Tome II de l'histoire humaine. Malheureusement pour elle, Demain avait déjà commencé.

Les démangeaisons des pays que l'on appellera « heureux »

En France, les divorces entre les ténors de l'opinion politique et le grand public distrait semblent plus accentués que dans les autres grands pays du monde.

En 1960, les foules algériennes des deux bords avaient l'une et l'autre « bon esprit », en ce sens qu'elles suivaient sans zigzags les excès de leurs chefs de file : c'est-à-dire le FLN pour les musulmans, et les réseaux ultras pour la population dite « Français de souche ».

Les « Français de l'intérieur », eux, ne suivaient pas, ou suivaient très lentement, en ratant les virages...

Beaucoup de gens dits « engagés », aussi bien de droite que de gauche, se plaignent de cette situation, et accusent l'ensemble de nos compatriotes d'être indifférents, inconscients, égoïstes, etc. Tout au contraire, il me semble voir progresser avec excès l'anxiété dont la « chose publique » éclabousse la majorité des vies privées.

Pourquoi alors cette inertie ?

Il faudrait, pour répondre correctement à cette question, consacrer du temps à une enquête spécifique et ce n'est pas mon propos. Tout au plus puis-je énumérer des circonstances qui pourraient avoir influé sur cet état de choses, en multipliant d'innombrables tractions contradictoires. Encore n'est-il pas exclu que ces causes de divisions soient simplement l'occasion pour une nation de prendre conscience d'une confusion plus essentielle qui tient à notre temps. Dans cette multiplicité d'obligations internes et externes qui contraignent les États, dans cette technicité qui, nécessairement, les envahit, l'effort le plus utile au bien commun serait, pour chaque homme politique, de rendre compréhensibles ses options à son souverain : le peuple. Pour dominer les complications qui s'accroissent, cet effort doit être de plus en plus grand. Il semble insuffisant, actuellement, autant en France que hors de France.

Élu par des électeurs dont l'observation démontre qu'ils sont indécis, le parti qui arrive au Parlement se trouve encadré dans des programmes formulés : conflit capital-travail, laïcité, Europe, décolonisation – pour ne citer que les plus voyants (il faut y ajouter un certain nombre de vendettas personnelles). Le tout provoque des scissions périodiques et des nouvelles séries d'initiales de plus en plus difficiles à identifier.

Notre politique devient ainsi, chaque jour davantage, une affaire d'initiés, de techniciens, de professionnels qui, sans y prendre garde, se laissent enfermer dans des petits cercles ésotériques, dont quelques-uns atteignent le pouvoir – pouvoir à vrai dire tempéré par la non-obéissance chronique de l'administration. Dès qu'il gouverne, le parti gagnant se trouve en conflit à la fois avec ses principes et avec les gens qui l'ont élu – tandis que la masse du pays continue à subir sans trouver de parade (mais non sans irritation) les innombrables démangeaisons des « pays que l'on appelle heureux ».

Les gens qui, du dehors, considèrent ces phénomènes sont inclinés à critiquer la rigueur des principes, l'apparent irréalisme qui séparent les cadres français du reste de la nation, et ils sympathisent avec nos foules surmenées et distancées…

Mais cela non plus n'est pas forcément juste : dans des problèmes ardus – tels que la construction de l'Europe, la construction de la paix, la décolonisation – un petit nombre d'hommes doivent pousser notre barque sans être aidés par le courant de l'opinion, pour le plus grand bien de tous… Les foules suivent, plus ou moins longtemps après.

Beaucoup de gens ensemble se trompent moins que quelques-uns…

Deux tendances (ou peut-être deux types humains) existent nécessairement à l'intérieur de chaque parti : sur un versant on cherche à façonner des masses selon un programme, sur l'autre versant, on tiraille un peu le programme pour l'adapter aux goûts du grand nombre. Dans les périodes de crise ces deux tendances constituent un élément supplémentaire d'éclatement, qui n'épargnera même pas un parti monolithique comme le parti communiste.

Il n'existe pas de règle pour départager ce conflit : les foules sont violentes, ignorantes, sourdement racistes – et pourtant elles ont plus souvent raison que les « spécialistes ». Peut-être que, globalement, l'humanité contient un tout petit peu plus de sagesse que de sottise, un tout petit peu moins de méchante hargne que de bonté. Cela nous expliquerait que, dans tous les pays de la Terre, expérimentalement, on soit arrivé à la conclusion que beaucoup d'hommes ensemble se trompent moins que quelques-uns. D'innombrables proverbes l'affirment, en tout cas.

Si l'on accepte cette optimiste hypothèse, il ne faut toutefois pas oublier que la marge est mince et que par conséquent, statistiquement, les foules conservent beaucoup de chances de se tromper – car vivre n'est pas une science mais un art, et un peu de discernement vaut mieux qu'une règle.

Notre pays, cependant, dès sa propre libération, se trouva en présence d'un phénomène dont il ne pouvait pas rester spectateur, car il fut entraîné dans la bagarre avant même d'avoir compris de quoi il s'agissait : j'entends la décolonisation.

Elle se présenta d'abord à lui sous l'aspect de difficultés mal expliquées, ambiguës, amères, humiliantes…

Ces causes de mécontentement ne faisaient que s'ajouter à une longue suite de divisions et de confusions qu'il est un peu fastidieux d'énumérer. En bref : nous eûmes au XIXe siècle, comme tous les pays démocratiques, deux partis, une droite monarchique qui, par la suite, s'intitula conservatrice, et une gauche républicaine qui, après l'élimination de nos diverses monarchies, s'appela radicale, puis socialiste. Les unes et les autres survivent, mais sans se superposer exactement aux modernes partisans du bloc occidental et du bloc oriental – ce qui nous donne déjà deux gauches : la série des gauches socialistes et la gauche communiste ; et deux droites : une droite américanophile et une droite américanophobe.

L'occupation allemande – terrible épreuve – divisa les Français selon des frontières ne correspondant pas aux partis anciens, mais l'orientation réactionnaire du régime de Vichy compromit sévèrement, après coup, la vieille droite – encore que des éléments de cette très vieille droite se soient largement engagés dans la France libre dès les premières heures.

Aux dernières heures de l'Occupation ce fut pourtant la gauche qui prit la vague par le travers, et justement à cause d'une poussée qui, à la Libération, lui était favorable, et grâce à laquelle elle se vit simultanément croquée sur ses deux flancs : d'un côté par la brusque extension du parti communiste, de l'autre par un parti catholique populaire qui venait de naître (MRP).

Lorsque l'on analyse les comportements politiques des électeurs en présence d'options complexes, on s'aperçoit en effet que le « programme », le « contenu » de chaque parti leur échappe et qu'ils s'attachent à des positions relatives : « plus » que radical donna socialiste ; « plus » que socialiste donna communiste, etc.

Dans cette perspective, une poussée générale à gauche accroissait le poids brut du parti de plus en plus à gauche (communiste) grâce à des votes soustraits aux socialistes, qui s'enrichissaient, en revanche, de voix radicales. La même poussée augmenta la consistance, à l'intérieur de la vieille droite catholique, d'une aile chrétienne républicaine et libérale. Cette dernière appuiera l'ancienne gauche (socialiste, radicale, anticléricale) dans tous les domaines, sauf celui de l'enseignement : il suffira donc de réveiller la querelle laïque pour obliger les partis démocratiques à choisir entre une association avec le parti communiste, ou une démission au profit de l'extrême droite.

La conjonction redoutable d'un grand homme et d'une opinion

Après le 13 mai 1958[1], nous avons assisté à une « poussée à droite », analogue dans son mécanisme à la « poussée à gauche » qui

1. Sur d'autres aspects du 13 mai 1958, voir plus haut.

suivit la Libération. Analogue aussi dans ses résultats : un accroissement de la confusion française.

Elle résultait d'une double équivoque, à vrai dire guère évitable :

En 1946, faute d'un groupe de soutien dans le Parlement, le général de Gaulle s'était trouvé dans l'impossibilité de s'opposer à la Constitution qui fut adoptée. Il prit cet échec assez à cœur pour renoncer alors à la politique – avec raison car cet échec fut de grande conséquence. Dès qu'il revint à la vie publique, on pensa qu'il ne se laisserait plus pincer dans le même piège.

En 1958, il lui fallut, malgré une répugnance visible, se laisser un peu monopoliser par un parti quelconque, tâchant bien entendu de l'inféoder à lui et non de s'y inféoder, mais naturellement sans y parvenir tout à fait.

On appelle « grands caractères » ceux qui ne font pas ce qu'ils ne veulent pas faire – ou du moins pas souvent –, car pour faire ce que l'on veut, il faut en outre de la chance et de la patience.

Les Français, de leur côté, tenaient au général de Gaulle. Leurs raisons étaient variables et multiples, mais ils en avaient une en commun : ils le connaissaient et, si l'on a lu attentivement les pages qui précèdent, on se rend compte que cette seule raison a du poids.

Bref, ils ont fait, en 1958, ce qu'ils pouvaient pour le garder, autrement dit : ils ont voté pour le parti qui leur semblait le plus propre à soutenir la politique d'un homme qui leur inspire confiance. Le résultat a donné un grand coup de tangage à droite. Les Français se découvrirent alors affublés de tout un appareil qui les contrariait autant que les mécaniques précédentes – et qui, en outre, les déconcertait.

Pour la première fois depuis quatre-vingts ans, ils avaient élu un Parlement résolument réactionnaire – très vite coincé à vrai dire entre le général de Gaulle (homme d'État d'opinions libérales et de caractère autoritaire) et des électeurs qui, étrangement, soutenaient un pouvoir contre leurs propres députés.

Dans cette situation aberrante, les éléments antiparlementaires de la nation (et notamment quelques réseaux militaires) trouvèrent un soutien exceptionnel dans un Parlement qu'ils rêvaient de supprimer, tandis qu'ils se heurtaient avec rudesse au « pouvoir fort », objet de leur tendresse.

La gauche se trouva prise également dans une tenaille, entre des députés qui cherchèrent à l'exterminer (bien qu'elle représente leur soutien naturel) et ce qu'elle redoute par excellence depuis l'élection de Napoléon III (1851) : la conjonction d'un grand homme et d'une opinion qui le soutient.

L'opinion informelle et les opinions informées...

Lorsque, en 1958, la France dut affronter l'épreuve inévitable que représentait pour elle la révision des valeurs signifiée par le mot « décolonisation », elle comptait 27 350 000 électeurs, auxquels il convient d'ajouter deux ou trois millions de jeunes gens et jeunes filles qui ne votent pas encore, mais font beaucoup plus de bruit que les vieilles classes. Or, en 1951, pour l'ensemble de notre pays, le nombre d'électeurs s'abstenant de voter représentait 19,8 pour cent du corps électoral ; sept ans plus tard, en 1958, les abstentionnistes atteignaient le chiffre de 22,9 pour cent.

Parmi ceux qui votent, c'est-à-dire 77 à 80 pour cent des électeurs inscrits, combien adhèrent à un parti ?

Il est difficile de le savoir exactement. Toutefois on sait que dans les formations organisées, le nombre des inscrits diminue massivement chaque année et que, le jour du vote, lorsqu'un parti a la vogue, il peut compter sur cent fois plus de voix qu'il ne possède de membres cotisants. Dans les mauvaises passes, il lui en échoit encore vingt fois plus.

D'après ces données il est permis de penser que, parmi les électeurs sérieux – ceux qui font l'effort de voter –, deux sur cent, au plus, sont inscrits à un parti, et vingt pour cent au moins votent pour ce parti avec une constance apparente.

Les autres (soit 80 pour cent des gens qui se dérangent pour aller, un dimanche, mettre un bulletin dans l'urne électorale) votent apparemment contre une coalition, ou pour un sentiment, ou au petit bonheur. Si l'on ajoute à ces éléments les gens découragés qui ne votent pas, on obtient un chiffre voisin de 85 pour cent des éléments inscrits.

Les partis, les journaux (ceux qui les font et ceux qui les lisent, j'entends : attentivement) représentent une opinion informée mais très divisée. Le nombre des individus qui la composent est faible.

En cas de grand choc, cette opinion *informée*, trop faible numériquement, se trouve débordée. En période normale les influences qu'elle exerce et celles qu'elle subit s'équilibrent à peu près, cahin-caha.

En mai 1958, les gens qui me téléphonaient de minute en minute (camarades de résistance ou de captivité) étaient des relations d'assez vieille date pour que leurs positions politiques exactes me soient bien connues. Ils voulaient tous, fort ardemment, « faire quelque chose »… Or, ceux qui souhaitaient voler au secours de la « patrie en danger » n'avaient pas cessé d'être (je le savais) de fidèles et loyaux républicains, et ceux qui voulaient « sauver la République » demeuraient des patriotes. N'empêche que la logique de l'événement les acculait normalement à s'entrebattre – voire à s'entretuer. Ce que je leur ai vivement conseillé de ne pas faire.

En janvier 1960, nouvelle crise politique où toutes les populations d'Algérie connurent la panique… L'aile du cyclone traversa la mer et vint caresser certaines de nos administrations – seules à broncher – tandis que, dans une unanimité aussi large que brève, les Français, tout étonnés et assez contents d'être d'accord, se regroupaient autour du général de Gaulle pour défendre l'unité de leur patrie et la survie de leur démocratie. On n'eut donc nul besoin des soutiens normaux de l'État. C'est fort heureux car ils étaient absents.

L'affaiblissement des partis, du Parlement, l'hostilité vivace que n'importe quel incident financier fait naître, en France, contre eux, constituent un des grands dangers de l'heure présente, mais non pas le seul, car nous constatons des dégâts analogues à l'intérieur de toutes nos administrations. On signale également depuis deux ou trois ans les pressions que les colonels exercent sur les généraux et subissent à leur tour de leurs subordonnés. Ceux qui n'osent pas critiquer le phénomène le baptisent « esprit de l'armée » – d'autres lui donnent des noms malsonnants tels qu'« insubordination », « fascisme », etc. Il serait plus fructueux de comparer ce mécanisme avec ce qui se passe chez les civils et qui est identique ; car existe-t-il aujourd'hui en France un ministre ou un délégué général assez inconscient pour oser croire qu'il commande là où il est[1] ? L'armée n'est qu'un morceau de la nation – ni une ultra-nation, ni une anti-nation, et les courants de pensée qui nous alimentent ou nous dispersent circulent aussi dans ce corps qui fait partie de nous-mêmes.

Néanmoins, les marques de la cruelle division qui, de 1940 à 1945, a mutilé la France subsistent plus qu'ailleurs dans notre armée. En 1954, nombreux étaient encore les officiers que le hasard avait placés,

1. Une caricature du *Washington Post* montre un petit Eisenhower s'adressant à un énorme de Gaulle et lui demandant les impressions que l'on a lorsque l'on gouverne vraiment. En France, nos journaux d'opposition ont fait cinquante fois la caricature inverse.

quatorze ans plus tôt, du mauvais côté – qui, de ce fait, non seulement se trouvèrent ensuite brimés dans leur carrière, mais souffrent aussi d'une marge d'écart avec le fort courant de la vie nationale. En outre, depuis quinze années, l'armée, engagée sans réflexion dans des guerres contraires à l'intérêt réel de la France, combat en terres très lointaines, où chaque étranger qui débarque respire souvent les bouffées d'une hostilité qu'il n'a pu encore faire naître, et dont il n'analyse pas l'origine : la haine, quoi que l'on fasse, vert-de-grise n'importe quel métal...

Lorsque lutter, souffrir, sont d'une nécessité évidente, cette évidence apporte un réconfort aux gens de cœur. En Indochine, l'armée française a souffert beaucoup, sans avoir ce réconfort : la France se désintéressait de cette guerre. Mais les jeunes hommes qui mouraient dans les brousses étaient bien obligés, eux, de trouver cela « intéressant » – et leurs camarades les voyaient mourir...

J'ai appris récemment, non sans indignation (et vérifié, tant cela me semblait incroyable), que, pendant la guerre d'Indochine, dans plusieurs villes de France (et notamment à Lyon) les Centres de transfusion garantissaient aux donneurs éventuels que leur sang ne serait pas utilisé pour les besoins de l'armée.

Refuser du sang à un blessé ennemi – cela corrompt un accord sacré avec la vie, cela dégrade. Mais le pays donneur de sang qui refuse son sang à ses propres soldats, comment peut-on appeler cela ?

On m'expliqua que les donneurs de sang gratuit se recrutaient habituellement en grand nombre parmi des ouvriers communistes, car le parti, chez ses meilleurs éléments (les ouvriers engagés), s'appuie sur un sens désintéressé et généreux du bien public. Or, dans la période en question, le parti militait *à fond* pour la ligne de Moscou. C'est pourquoi certains centres hospitaliers, pour ne pas voir baisser considérablement le nombre des donneurs bénévoles qui les fournissent, affichèrent alors cette exclusive honteuse.

En Algérie la guerre se présentait autrement, car les soldats français y combattaient de purs nationalistes, non seulement indépendants de toute pression étrangère mais en outre ayant été en opposition avec le communisme. En face les « pieds-noirs » étaient électeurs et électeurs « de gauche »... Pour ces raisons (et d'autres) les deux guerres furent vécues différemment par les milieux de l'extrême gauche française.

En janvier 1957, Guy Mollet et son ministre Robert Lacoste (hommes politiques dits « de gauche » eux aussi) remirent à ces mêmes soldats des pouvoirs exorbitants. Certes, on doit juger sévèrement les excès policiers dont certains éléments militaires se rendirent alors coupables, mais bien plus sévèrement encore ceux qui les poussèrent à les commettre, et qui, eux, avaient toute possibilité de savoir que ces cruautés étaient *évitables* et qu'il fallait, à tout prix, les éviter.

Le malheur, les dangers supportés en commun dans un milieu haineux ou simplement hostile développent normalement une certaine vertu appelée par Ibn Khaldoun « *aâcebiya* » – mot qu'on traduit mal par « esprit de corps ».

Cette vertu consiste à soutenir nos compagnons de lutte, comme s'ils étaient nos frères, quoi qu'ils fassent et même lorsqu'on les désapprouve. Vingt années de combats ininterrompus en Indochine puis en Algérie dans une grande solitude morale le portèrent au paroxysme dans toute l'armée française et ce sentiment puissant, qui (toujours selon Ibn Khaldoun) est le ciment de l'État, allait fatalement se retourner contre l'État – à moins que celui-ci ne consente à poursuivre indéfiniment des combats absurdes dont la seule finalité assurée ne pouvait être que des destructions irréparables.

Pendant ce temps, hors de France, les nouvelles conditions de la vie terrestre favorisaient chez tous les peuples colonisés une prise de conscience de la contrainte qu'ils subissaient, de leur existence originale, de leur force numérique croissante et des appuis nombreux et divers que leur offre la complexité des politiques mondiales. Fatalement, ils devaient tenter de s'affranchir de toute tutelle et à coup sûr y parvenir.

Le remodelage du monde

Jusqu'au défrichement de la sylve gauloise, nos ancêtres furent tantôt des « sauvages », tantôt des « colonisés ». Ils cessèrent de l'être, il y a un peu plus de mille ans, et la France carolingienne commença à jouer les vedettes dans l'histoire de la planète qui nous intéresse le plus.

En 1960, après une dizaine de siècles de croissance politique, l'importance relative de notre pays diminue progressivement, non par suite d'un affaiblissement de ses valeurs, ou d'une chute de son dynamisme, mais à cause du développement prodigieux de peuples géants.

Normalement, nous devions alors cesser de faire peur. Or, dans l'âge des multitudes, faire peur n'offre pas que des avantages, et nous voyons ceux qui ont les moyens d'effrayer s'agiter grandement pour séduire – car toutes les positions présentent des aspects où se mêlent les inconvénients et les faveurs du destin : la politique (j'entends : la bonne politique) consiste à neutraliser les uns, à utiliser les autres…

Nous n'inquiétons plus les peuples vraiment puissants – tout en représentant souvent à leurs yeux un appoint appréciable : deux raisons qui nous valent de leur part des ménagements. Plus cet appoint sera appréciable, plus notre position s'affermira.

Vis-à-vis des jeunes États nouveau-nés, les très « Grands » sont gênés par leur puissance même. Car il est dangereux de fréquenter plus fort que soi, et la puissance est une tentation à laquelle quelques hommes exceptionnels résistent, mais qui fait succomber trop souvent les grands États.

Pourtant ces jeunes pays doivent vivre, ils veulent vivre. Pour cela il leur faut rattraper un retard technique qui, au départ, est énorme et qui s'accroît chaque jour au fur et à mesure du développement de leurs grands voisins.

Leurs langues ne se prêtent pas à l'enseignement des sciences. Certes il est possible de les y adapter, mais cela signifie un retard supplémentaire qui, dans cette course dangereuse, peut devenir mortel. La vie n'attend pas : elle exige tout de suite des médecins, des ingénieurs. des savants internationaux.

Pour les former vite, vite, tout de suite, ils cherchent une langue de grande diffusion, solidement implantée dans tous les continents, supportée par une nation assez nombreuse et riche pour la maintenir à la pointe de l'intérêt scientifique, de l'invention, de la mode ; avec cette langue ils cherchent une civilisation dont nul homme ne se sente exclu, mais, plus que tout cela, ils cherchent un pays qui ne les menace pas, directement ou indirectement.

Or, de jouer les croque-mitaines, je crois vraiment que la France est lasse, et tout ce que veulent les peuples en formation elle le possède : la langue riche et précise, implantée profondément tout au long des latitudes, la civilisation ouverte à l'avenir, la vitalité nécessaire pour que les fermentations créatrices se perpétuent…

Paris-ma-grand-ville…

La France ne possède pas que cela, car elle détient un atout maître : Paris.

Paris, étrange phénomène, la plus internationale des capitales terrestres malgré la politique aberrante que nous avons menée en Indochine et en Algérie, continue à accroître imperturbablement l'intensité des courants qui le relient à l'univers et, alors que la France se voit distancée par des colosses inconnus des siècles précédents, il demeure un des centres du monde.

D'autres cités juxtaposent d'interminables files de maisons et, dans les nuits de la planète Terre, brillent de tous leurs millions de volts, mais cela ne suffit pas pour devenir ce lieu étrange où les valeurs cessent de s'additionner, et se multiplient…

Tous ces toits qui moutonnent jusqu'à l'horizon comme des vagues, fendues par le droit sillage des rues, ne sont que l'apparence de ces lieux magiques, créateurs de civilisation, où l'invention humaine rencontre ses meilleures chances, à la condition de s'accumuler d'abord, longuement, attirant et absorbant tout ce qui approche, pour ensuite éclater, déborder, rejaillir… On songe, devant la gigantesque effervescence, aux bouillonnements des océans primaires, et aux milliards de réactions chimiques stériles qui précédèrent quelques réactions privilégiées où la vie apparut.

Ici, le miracle exige une situation heureuse et favorisée par l'histoire – conditions banales et préalables que remplissent beaucoup de capitales. Pour que l'une d'elles atteigne la pointe de son destin, il faut qu'elle soit, en outre, le cœur battant d'un vaste et riche pays, très national, qui lui sacrifie tout, qui reçoit tout d'elle, dans un échange incessant où chacun s'enrichit.

Et il faut qu'en face de cette électrode, lourdement chargée d'un courant déterminé, une autre électrode s'érige, chargée d'un courant puissant et contraire – international, extra-national, comme il plaira de le nommer. Étranger, en tout cas.

Une « capitale du monde » doit être à la fois la plus nationale des villes, le lieu de convergence de tout le vif génie d'un grand peuple, aspiré par elle, pompé par elle, irrésistiblement – et aussi la plus internationale, celle où les voyageurs, les gens sans patrie, tous les solitaires nostalgiques, se trouvent mieux qu'ailleurs, celle où se croisent les courants exotiques de la terre charriant en vrac l'étrange et le lointain… Les grandes réactions chimiques que l'on nomme « progrès » sont à ce prix.

J'ai vu et j'aime New York et Londres : on y perçoit cet air électrique, gigantesque crépitement d'inventions à tous les registres ; Moscou est placé de telle sorte qu'il devrait aussi bénéficier du privilège.

Mais l'Angleterre a moins donné à sa ville que la France ne donne à son Paris (l'Angleterre se garde, par exemple, ses plus belles universités), la Russie installe, dit-on, ses écrivains à la campagne, et les puissants États-Unis contrarient une centralisation excessive en maintenant une structure fédérale qui convient aux dimensions de leur territoire…

Toutes ces raisons raisonnables font que, parmi les quatre villes majeures – Paris, New York, Londres, Moscou, propriétés indivises qu'une grande nation partage, doit partager, avec toutes les autres –, Paris demeure, Paris conserve et multiplie un pouvoir de fascination inégalé.

Il est vrai que, dans son rayonnement, le rythme de la pensée s'accélère, les échanges intellectuels s'enrichissent. Certes, les hommes ne disposent que d'une valeur individuelle identique mais dans les villes majeures cette valeur se révèle, comme celle des lampes lorsque les traverse le courant. À cet enrichissement de soi, à cet « air de Paris », on s'habitue vite – comme à l'arôme du café –, au point de ne plus pouvoir vivre sans lui et, dans le monde entier, des hommes qui l'ont connu supportent leur éloignement comme un exil.

« Paris-la-Grand-Ville » déborde de plus en plus son support national, et les Français se plaignent parfois de cette exubérance qui les déséquilibre et qui, très directement, se trouve à la source de leurs désordres, mais elle engendre et entretient aussi leurs plus rares privilèges, dans une combinaison assez inextricable pour leur interdire de modifier ce qui les gêne, en considération de ce qui les sert. – Au surplus, déséquilibre et exubérance dépendent moins d'eux qu'ils ne le pensent.

Les hommes des confins

Cultures meurtries

Dès la Première Guerre mondiale, dans l'hexagone français, creuset où se passent nos phénomènes chimiques essentiels, Paris, gigantesque mixer, élargissait et accélérait le broyage et le brassage de nos particularismes régionaux et – tandis que se communiquait jusqu'au pointillé de nos frontières le rythme haletant de la grande hélice – ce que Balzac, Stendhal et nos parents appelèrent « la province » se réfugiait frileusement dans la littérature.

Au cœur de notre communauté – ce cœur qui bat vite et fort – les modes de vivre et de penser se créent et se défont en si grand nombre qu'un choix s'opère : on conserve peu, et seulement ce qui plaît.

Lorsque l'on s'éloigne de notre centre vital les pulsations s'alanguissent, tandis que croissent les empiétements des cultures étrangères ; alors l'instinct de survie fait conserver non pas seulement ce qui est commode ou beau, mais n'importe quoi. Dans toutes les civilisations il en est de même, et les « hommes des confins » sont nécessairement à la fois un peu surannés et un peu exotiques – d'autant plus surannés qu'ils ne veulent pas accepter l'« exotisme » des cultures voisines. Cela leur permet de revendiquer des droits d'aînesse. Ils ne s'en privent pas.

La patrie s'estompe tout de même. Elle s'efface d'abord, et sans que l'on y prenne garde, dans les institutions, puis dans les manières d'être et de penser.

En 1960, au sud de la Méditerranée, pour les descendants de nos premiers migrants – les déportés de 1851, les réfugiés de 1871 –, comme à Québec, comme à Liège, « l'air de Paris » n'arrivait plus que sur commande, à l'usage des seuls amateurs. Or ces amateurs n'appartenaient plus seulement aux gens venus de France ou à leurs descendants, car Paris est un phénomène international.

De cet éloignement, de cet effacement de la métropole, certains descendants des premiers colons algériens s'accommodèrent assez bien : comme beaucoup de Canadiens, de Suisses et de Belges, ils aimaient la France et censuraient volontiers ses habitants. Ils s'accommodèrent très mal, en revanche, d'une plus douloureuse analogie : comme les Canadiens sous la pression anglaise (et maintenant américaine), comme les Belges devant le germanisme (et maintenant l'Europe), les îlots français d'Afrique du Nord ne pouvaient plus différer la recherche d'un équilibre viable avec l'Afrique, avec l'Islam. Hélas, tout fut mis en œuvre, par eux, pour reculer l'échéance fatale. Tout : c'est-à-dire le licite et l'illicite – mais plus on diffère une échéance inéluctable (et c'était le cas de l'échéance algérienne), plus elle devient ruineuse et redoutable.

En Algérie, le fait qu'il ne fallait jamais perdre de vue, car il était un fondement de catastrophes, tenait à la coexistence de deux populations possédant des « personnalités » vigoureuses, radicalement distinctes, mais proches et mêlées en 1954 dans une très dangereuse proportion : sept à huit millions d'Africains d'un côté, un million d'Européens de l'autre – énorme écart qui s'accroissait chaque année.

Le monde actuel, comme celui de jadis, abonde en minorités qui subissent des persécutions, et les gens de cœur qui veulent s'en tenir informés ont fort à faire ; les majorités soumises aux brimades d'une minorité deviennent, en revanche, de plus en plus rares : on cite l'Afrique du Sud où la population blanche a traité longtemps de façon inhumaine une population autochtone qui, numériquement, représenta le quadruple de celle qui l'opprimait ; on cite le Kenya où 60 000 Anglais et six millions d'Africains furent aux prises – un contre cent – et enfin l'Algérie, en 1960, où un million de privilégiés défendirent leurs avantages contre une majorité dix fois plus nombreuse.

La seule contemplation de ces chiffres nous montre que la responsabilité de la France était engagée dans ce conflit, car il aurait pu être réglé – mal ou bien – depuis longtemps si la puissance de notre pays, la proximité de ses frontières, l'appui quasi inconditionnel qu'il assura pendant plus de cent ans à la minorité, n'avaient permis au déséquilibre de se maintenir au profit des « migrants » européens.

Pour qu'une minorité et une majorité qui cohabitent pendant des générations continuent à rester distinctes, il faut qu'une frontière religieuse ou des sentiments « racistes » violents s'opposent à leur mélange : normalement, les minorités sont absorbées par les majorités.

Ce « déséquilibre stabilisé » porte deux noms : on le nomme tantôt « colonialisme » et tantôt « racisme ».

Adapter ou s'adapter

Pendant la période qui suivit le débarquement de 1830, Algériens et Français se battirent, somme toute, à égalité – ou presque. D'un côté comme de l'autre, des combattants aguerris, peu nombreux, disposant de sabres et de fusils, dont les uns connaissaient bien le terrain et les autres connaissaient bien la guerre ; ils étaient (selon Bugeaud) à peu près aussi alphabétisés les uns que les autres…

Dix-neuf siècles plus tôt, dans les combats qui opposèrent Vercingétorix à César, nos ancêtres furent vaincus ; ils avaient aussi l'avantage du terrain et en outre un armement dont l'archéologie nous apprend qu'il était légèrement supérieur à celui de Rome. Étaient-ils alors moins combatifs que les lointains ancêtres des Italiens ? Ni plus ni moins, c'est probable. Ils furent vaincus cependant, par une organisation solide et stable qui s'appelle un État. Tel fut également l'appareil qui appuya en Algérie les troupes venues d'outremer.

Après les expéditions armées commencent les colonisations : des étrangers viennent alors s'établir dans le pays qui leur a été ouvert par les armes, tâchant de l'adapter à eux – et non de s'adapter à lui –, ce qui constitue une seconde violence, plus durable que la précédente.

La minorité qui, en Algérie, bénéficia, pour son malheur, d'une telle inversion de puissance, descendait des familles émigrées de France, d'Italie, d'Espagne, de Malte, venues s'établir dans les campagnes algériennes après la conquête française de 1830 pour y cultiver un terrain nu.

Pendant cent trente ans, elles ont proliféré et, contrairement à ce qui s'est passé en Tunisie et au Maroc, leurs descendants furent presque tous amenés, par des conditions économiques défavorables et par l'extension des grands domaines modernes, à quitter l'agriculture pour devenir des citadins – des citadins souvent assez pauvres regroupés dans les grandes et petites villes et, autant que possible, entre eux.

Au Maroc et en Tunisie, les colons européens, arrivés depuis moins longtemps, nantis de domaines beaucoup plus importants et de capitaux suffisants pour les mettre en valeur, parvinrent généralement à s'y maintenir jusqu'à l'indépendance de ces deux pays ; ensuite des difficultés politiques – et non économiques – furent aux origines de leurs départs. Au moment de la crise, leur dispersion au sein de la population autochtone leur interdisait de songer à l'affronter. Et ce fut un grand avantage pour tout le monde, eux compris.

De nombreux colons français de Tunisie quittèrent alors ce pays non sans une très compréhensible amertume. Il n'en est pas moins vrai que, même dans les périodes de grande tension (époque de Sakhiet, notamment), tous les Français de Tunisie affirment n'avoir jamais eu un instant d'inquiétude pour leurs vies ou celles des leurs. Au Maroc il y eut à Meknès une crise très sanglante (mais brève et localisée) après l'arraisonnement d'un avion marocain transportant des chefs FLN. Depuis ce moment le comportement de la population marocaine vis-à-vis des Français a été constamment plus amical que les avatars de l'actualité politique ne le laissaient supposer.

En Algérie, au contraire, le regroupement compact des Européens dans les villes y favorisa la naissance d'une « opinion publique » distincte, et la présence des masses musulmanes encerclant les quelques petits colons qui se maintenaient dans l'espace rural entretenait chez ces citadins une anxiété combative qui, très tôt, les conduisit à s'organiser. Les représentants de l'Algérie française disposèrent ainsi des gros crédits fournis par les rares et puissants propriétaires modernistes et, en même temps, des masses urbaines compactes, turbulentes, disponibles : tout ce qu'il fallait pour manipuler les gouvernements fragiles de la Troisième République. Grâce à ces deux atouts – l'argent et les pressions électorales – la minorité conserva d'abusifs privilèges.

Le privilège majeur de l'instruction

Parmi les privilèges dont la minorité a bénéficié, et dont la majorité a été frustrée, un des plus déterminants fut longtemps celui de l'instruction.

L'accès des universités a toujours été ouvert en France aux enfants de toutes origines, mais pour qu'un enfant aille au lycée, puis à l'université, il fallait d'abord que, pendant huit ans, il ait fréquenté les classes primaires – il était donc nécessaire que son école soit à quatre ou cinq kilomètres au plus de sa maison et qu'elle soit gratuite.

Or, dans tous les villages et villes où vivait la minorité européenne on construisait des écoles, alors que dans les campagnes où vivaient des agriculteurs et des pasteurs musulmans on n'en construisait pas ou guère, malgré les lois de la Troisième République. Beaucoup de nos compatriotes ont signalé de tout temps cette injustice, et en particulier le grand écrivain disparu Albert Camus... Bref, en 1960, en Algérie, un musulman d'une trentaine d'années avait pratiquement cent fois moins de chances qu'un Européen d'atteindre le niveau du baccalauréat, et quinze fois moins de chances d'atteindre le niveau du certificat d'études.

En 1954, les hommes de vingt à cinquante ans d'origine européenne atteignaient le nombre approximatif de 200 000 ; les hommes du même âge, descendants des anciens habitants du pays, étaient exactement huit fois plus nombreux (dans les « moins de vingt ans », les musulmans étaient treize fois plus nombreux que les enfants et adolescents du même âge appartenant à la minorité française). Dans le premier groupe, 180 000 hommes avaient fréquenté l'école primaire et 30 000 l'école secondaire ; dans le second groupe (huit fois plus nombreux), 100 000 avaient fréquenté l'école primaire et 3 000 l'école secondaire. Un énorme effort a été accompli, par l'Éducation nationale française, depuis 1955, pour remédier à cette situation, et, en octobre 1960, un million d'enfants algériens allaient en classe.

Ce privilège initial de l'instruction a permis très vite aux descendants des colons venus d'Europe d'éliminer, dans presque tous les postes administratifs de l'Algérie, les fonctionnaires directement issus de leur métropole et formés par elle : entre 1900 et 1950, la France offrait des débouchés aux immigrants plus qu'elle n'en cherchait pour ses générations appauvries, puis décimées par deux guerres mondiales sur son territoire.

Pendant plus d'un siècle l'« Algérie française », l'« Algérie des colons » – suivant en cela l'exemple des colons anglais d'Amérique –, n'a pas cessé d'élargir délibérément la distance entre le pays neuf qu'elle voulait créer à son exclusif bénéfice, et la patrie épuisée. Notre présence nationale continuait cependant à s'affirmer sur les terres maghrébines dans des symboles – la langue, le drapeau, les uniformes – tandis que, peu à peu, l'écart se marquait davantage dans le domaine des évolutions lorsque l'on traversait la Méditerranée. On observe le même subtil éloignement quand, de France, on se rend directement en Wallonie, à Lausanne, ou dans la province de Québec.

Cet écart tient à des institutions différentes des nôtres, différentes dans la forme et dans l'esprit (avant 1954 un grand nombre de lois françaises n'étaient pas applicables en Algérie) – plus encore à une administration recrutée sur place, et qui a évolué dans un milieu clos.

J'ai séjourné en Suisse, en Belgique, au Canada, chez les francophones d'Afrique du Nord, et j'ai cherché à analyser la saveur qui leur est commune : une odeur de France un peu fanée, qui sent le placard, le musée, la naphtaline – mais dont on reconnaît quand même le goût tenace, au-delà des arômes puissants du continent américain, du continent africain, du demi-continent germanique.

Dans ces trois « finistères » – non pas de notre langue, elle va bien au-delà, mais de notre « personnalité » culturelle –, l'affrontement est dur : des deux côtés on perd et on gagne. Mais, par un étrange phénomène, on perd là où l'on croit gagner et l'on gagne souvent ce que l'on accepte de perdre.

Certaines des épreuves subies par les peuples « colonisés » sont aisément comprises de n'importe qui : par exemple l'accaparement des terres au profit du vainqueur ; viennent ensuite les privilèges législatifs et administratifs qu'il se réserve, avec leurs conséquences : cet infléchissement de la justice qui corrode autant celui qui en profite que celui qui en pâtit.

Tout cela révolte les honnêtes gens qui en ont connaissance, où qu'ils soient, quels qu'ils soient. En revanche, une autre série d'épreuves, et des plus cruelles – celles qui consistent à imposer à un peuple une civilisation étrangère –, échappent en général à ceux qui n'en ont pas souffert. Non seulement cette violence leur échappe, mais ils la prennent souvent, de bonne foi, pour un bienfait.

Avant de poursuivre, essayons d'observer les cultures de cette France lointaine dont les bords usent et s'usent, qui imprègne et s'imprègne, qui, tout à la fois, s'estompe et s'étend. Et par là même nous comprendrons mieux cet arabisme qu'on lui oppose et qui, sur ses marges, s'étend aussi, et se détériore…

Pour voir et comprendre les renforcements, les callosités qui se forment, là où deux civilisations vigoureuses et originales se sont trouvées, l'une par rapport à l'autre, en porte-à-faux, j'ai choisi le Canada, terre calmée – car on y voit encore les cicatrices de la lutte où s'épuisèrent pendant deux siècles des paysans de France, « colonisés » par un peuple (aujourd'hui notre ami véritable), mais qui ne parle pas leur langue et ne pratique pas leur religion.

Une très ancienne violence

En 1954, lorsque je visitais le Canada, la vieille fureur avait perdu en Europe tout écho : les Français vivants – les vieux, ceux de mon âge – ont vécu deux guerres, où les Anglais, de bout en bout, furent leurs alliés, et l'on parle encore du poste de radio, caché dans la pièce la plus sourde, où chaque soir venaient les voix de Londres. On n'oublie pas non plus les avions de la Royal Air Force, et les risques qu'ils prenaient pour atteindre l'ennemi sans frapper nos populations…

Très conservateurs, les diplomates et les services secrets de nos deux nations continuent à se jouer des tours – à propos de pétrole, de l'Europe, ou du Moyen-Orient – mais lorsque, d'un côté ou de l'autre, une des équipes dépasse les bornes de l'espièglerie, elle soulève une réprobation d'une vigueur quasi équivalente dans les deux publics. Ces derniers, le reste du temps, suivent d'une oreille blasée les aubades de leur Foreign Office et de notre Quai d'Orsay.

En 1954, au Canada, la vénérable querelle se survivait encore à elle-même. Certes, elle n'y faisait plus couler le sang, mais sur d'invisibles frontières la rogne et le quant-à-soi avaient remplacé les embuscades et les traquenards.

Pour un Français qui croit connaître son pays, un séjour dans la province de Québec déconcerte, émeut…

S'il ferme les yeux, il entend un vieux parler paysan où fourmillent ces mots savoureux et bien façonnés dont quelques méchants grammairiens ont amputé notre langue : ces contes, ces chansons, ces proverbes, il ne les connaissait pas et pourtant il les reconnaît, tant la phrase ou la mélodie ont un tour aisé – aisé pour lui – et trouvent sans peine en sa mémoire un lit doucement, tendrement creusé et patiné par sa propre enfance.

En revanche, dès qu'il ouvre les yeux, les objets qu'il aperçoit lui paraissent étrangers, inhabituels, et d'une offensante laideur. Le village lui-même, avec ses maisons de bois sans style, peintes de couleurs discordantes, privé de tout monument ancien ou beau, évoque, vu de loin, un paquet de bonbons acidulés éparpillés sur un tapis monotone – trop vert l'été, trop blanc l'hiver. Le charme magique des vieux poèmes se dissipe alors rudement – « la Belle dans les prisons d'amour », « Marianson dame jolie », le « P'tit Roi de France », la « Blanche biche » – car nous sommes aussi chez des « marginaux » de la civilisation américaine, et les beaux objets que fabrique celle-ci, nous les verrons ailleurs, à New York, à Hollywood, voire à Montréal. Pas ici.

Ici, les meubles sont neufs, sommaires, provisoires. La boîte de lait condensé, ouverte sur un coin de table, ajoutera tout à l'heure ses calories à celles de la mixture noire qui bout sur le poêle, le beurre ne manquera pas, ni le pain, mais, comme l'huile, ils sont sans goût. Malgré les vêtements chauds, les souliers solides, nous sommes bien ici chez des pauvres – pauvres privilégiés, car ils ont un avenir de prospérité qui s'ouvre désormais devant eux, mais pauvres, marqués par les spoliations, les frustrations, les humiliations du passé, et si profondément marqués que l'on voit encore les meurtrissures.

La pure violence est ancienne : elle remonte à deux siècles mais elle connut des épisodes odieux, telle cette « déportation des Acadiens », au cours de laquelle, en 1755, le gouverneur anglais Lawrence enleva la totalité des habitants de la province et les abandonna sur une côte déserte, cernée par l'impitoyable forêt vierge où la plupart moururent. Deux mille Français acadiens avaient pu fuir, que le gouverneur traquait, faisant payer 20 ou 30 livres pour chaque prisonnier « acadien ou sauvage, mort ou vif[1] »…

Les oppressions indirectes

Après le siècle des violences, vint le siècle des oppressions sournoises et indirectes. Lui aussi a pris fin, il y a longtemps – exactement avec la naissance de la Confédération canadienne, le 28 mars 1867.

Depuis ce jour, la vraie paix règne, une paix ordonnée et prospère. Elle s'accompagne des réalités de l'indépendance : vers 1908, les dernières troupes britanniques furent retirées du Canada, qui assure lui-même sa défense, et aucun traité impérial ne peut engager le dominion sans son consentement explicite.

Quatre ou cinq générations de paix, et – en 1954 (date où j'ai visité le Canada français) – les cicatrices subsistaient encore. N'y a-t-il pas là, déjà, de quoi nous faire réfléchir ?

On se souvient que le Canada de Cartier et de Champlain a été définitivement coupé de la France par la conquête anglaise de 1760, sanctionnée par le traité de 1763 – donc deux siècles plus tôt.

Pendant le premier siècle, les rapports entre les paysans français du Canada et leur mère patrie furent pratiquement nuls. Lorsque la France et l'Angleterre cessèrent de se battre, des relations auraient pu se rétablir, mais les liens de famille s'étaient brisés car la distance était trop grande pour des gens qui, longtemps, demeurèrent des paysans pauvres et illettrés.

1. 1998 : Était-ce un crime contre l'humanité ?

Mille chansons pieusement gardées

Or, entre 1948 et 1953, dans un répertoire de chansons recueillies scientifiquement et sans sélection par un même auteur[1], il s'en trouve plus de mille (exactement 1 147) importées de France, et moins de cent (exactement 83) inventées au Canada.

Tout se passe comme si la coupure brutale avec le cœur du monde francophone avait provoqué un tarissement provisoire de l'invention populaire. Par une compensation nécessaire, vitale – et universelle –, les fils dépossédés de leur héritage s'accrochèrent alors à chacune des miettes de mémoire que l'ennemi n'avait pu leur ravir…

Ainsi, chez ces hommes qui depuis plus de deux siècles vivent exclusivement de la coupe du bois et d'un peu de pêche saisonnière, qui n'ont jamais vu de bergers, ne boivent pas de vin, ne font pas de service militaire, on relève, parmi ces mille chansons qu'ils ont si pieusement gardées et transmises, 75 chansons de bergers, 143 chansons à boire, 111 chansons de soldats, 83 chansons de marins.

« Quarante-trois chansons ont pour cadre Paris, dix se situent à Londres, six à Orléans, quatre à Nantes, trois à Québec, deux à Ottawa et deux à Montréal. Les pays mentionnés sont : la France (36 fois), "les îles" (22 fois), l'Espagne (18 fois), le Canada (10 fois), l'Amérique (8 fois), l'Italie (7 fois), l'Angleterre (6 fois), l'Alsace et la Gaspésie (5 fois), la Martinique, l'Afrique et la Russie (4 fois), les Pays-Bas et Sainte-Hélène (3 fois)… »[2]

Encore faut-il souligner que la Russie et Sainte-Hélène ne sont pas parvenues dans la géographie populaire des bûcherons illettrés de Gaspésie par les voies de l'histoire écrite mais comme bagages du grand Empereur et grâce aux chansons qui lui sont consacrées. L'Alsace, de même, n'a traversé l'Atlantique qu'après 1871, avec « l'Oiseau qui vient de France ».

Au cours de l'été 1954, faisant le tour de la péninsule gaspésienne par l'unique route qui suivait les bords de mer, je vis parfois quelques

1. Carmen Roy, voir note suivante.

2. Carmen Roy, *Littérature orale en Gaspésie*, Ottawa, 1955, p. 247. Le Musée national du Canada a enregistré environ 12 000 versions françaises, correspondant (selon Luc Lacourcière) à 3 000 chansons anciennes originales. Dans cette énorme collection, le pourcentage des chansons d'origine canadienne est encore plus faible que celui indiqué par l'auteur que nous venons de citer.

humbles maisons qui, isolément, arboraient un drapeau bleu-blanc-rouge. Nulle raison particulière à cela, me dit-on, aucune fête ou cérémonie ne motivaient un apparat quelconque car elles étaient habitées par des Canadiens de vieille souche, et il s'agissait d'une simple et banale affirmation, et quotidienne... Étrange affirmation, dans ce pays qui fut si totalement coupé de la France au temps des fleurs de lis, qui n'a connu la République et l'Empire que par ouï-dire ; elle ne peut s'expliquer que par ce genre d'acharnement que l'on rencontre chez certains adultes, lorsque leur enfance a subi des contraintes insupportables. La contrainte est lointaine, certes, et périmée. Apparemment elle était encore sensible...

Au cours de cette longue et attentive tournée, des amis m'introduisaient, dans chaque bourgade, chez les célébrités villageoises : conteurs, chanteurs et chanteuses, rebouteux, guérisseurs. Par des pistes défoncées, on atteignait des maisons de bois sans électricité, où les habitants âgés étaient le plus souvent illettrés. Ils expliquaient que le médecin le plus proche habitait très loin, que dans leur enfance il était pratiquement inaccessible, que beaucoup d'entre eux suivaient toujours les usages des ancêtres – soignant leurs maladies de cœur avec des infusions de poils de porc-épic, et leurs bronchites avec du lait de jument noire. « Quand un enfant a les oreillons », disaient-ils, « on lui frotte le cou contre l'auge du cochon... »

En France, j'écoute toujours avec grand intérêt les conversations des gens de campagne : je me sens à l'aise entre le prix du blé, les histoires de revenants, l'élection du conseil municipal... Tout en écoutant, j'essaie quelquefois de dater les usages et les mots, avide de retrouver un ancien roc, sous les alluvions du siècle... Chez ce vieux bûcheron du nord de la Gaspésie, le XVIIe siècle rural – dont Marc Bloch écrivait qu'il est *terra incognita* – parlait encore à voix haute...

Mon hôte, arrière-petit-fils d'un Malouin, ne sait ni lire ni écrire, mais sa mémoire infaillible constitue un répertoire quasi inépuisable de science populaire : il a pu chanter 330 chansons et dire 70 contes qui, en majorité, étaient des contes à épisodes pouvant passionner plusieurs longues soirées ; en outre il possède des dons médicaux, guérit les verrues, arrête à distance, par une invocation, les hémorragies...

Ses contes m'enchantent : on y vit dans l'intimité d'une étrange forêt – l'intimité réaliste des trappeurs et des bûcherons. Est-ce la sylve gauloise où ses ancêtres et les miens, il y a dix siècles, tuèrent des loups, tracèrent des routes, arrachèrent les vieilles souches pour faire des champs bien carrés ? Est-ce l'impénétrable manteau de verdure du Nouveau Monde que ses ascendants plus récents découvrirent, il y a deux cents ans – sauvage, désert, sans autre piste que celles des caribous, des ours et des orignaux ? L'orignal[1], sur les tapis de mousse, au pied des bouleaux canadiens, croise maintenant l'Enchanteur Merlin, Jean de l'Ours et le Petit Poucet…

Son répertoire est appris par cœur, il le révise mentalement, il l'améliore, il l'accroît, et il le récite sans discrimination, avec une dignité d'officiant. Entre « Les Écoliers de Pontoise », complainte qui, je crois, remonte au règne de Louis XI, et le « Roy Renaud », dont le premier prototype connu est une saga nordique, il chante *La Marseillaise*, telle qu'il l'a apprise :

Je suis l'enfant de la Patrie
Le jour de gloire est arrivé
Entre nous et l'Arbanie
Nous irons tous deux promener…

Dans un autre foyer, je fais connaissance avec un patriarche à barbe de neige, vieux pêcheur du sud de la province.

Pendant qu'une de ses brus essaie, à ma demande, de compter les enfants, petits-enfants et arrière-petits-enfants du chef de famille, celui-ci (qui a dix-sept fils ou filles, tous vivants) me chante une partie de son répertoire, dont une interminable complainte sur les malheurs de la Grande Armée au cours de la retraite de Russie.

Surprise, je demande alors au vieux barde s'il connaît d'autres chants sur le même sujet. Oui, il en connaît… Et, sans fatigue apparente, pendant des heures, il les chante. – Napoléon, toujours personnage central[2], était alternativement un odieux tyran ou un héros idéal, et le vieillard, avec un égal respect, donnait toute sa voix et ses plus beaux effets sur les « regrets » des grognards de la Grande Armée et les sarcasmes des « ci-devant » royalistes… Quant à moi, j'aime nos vieilles chansons, je les collectionne, et je constatais que toutes les siennes m'étaient encore inconnues.

Or, durant le premier Empire, le Canada français fut coupé totale-

1. En Europe, le caribou est appelé renne, l'orignal est appelé élan.
2. Dans un conte canadien, Napoléon est représenté faisant la guerre aux Indiens dans les forêts du Nouveau Monde (Collection Luc Lacourcière, Université Laval, Québec).

ment de la France : coupé moralement, car les Canadiens demeuraient légitimistes, coupé matériellement, car ils n'en étaient pas moins suspects aux yeux du gouvernement anglais qui les surveillait sévèrement, et de plus contrôlait toutes les mers.

N'est-il pas impressionnant, dans de telles conditions, que ces fleurs fragiles que sont les contes et les chansons aient traversé les milliers de lieues et les centaines d'années ? Invisibles et sans poids, elles passèrent les douanes et les frontières dans les pauvres bagages des émigrants ; elles franchirent les fosses atlantiques, remontèrent en canot d'écorce les torrents du continent étranger, cheminèrent à pied d'homme le long de ses pistes. Parvenus enfin dans des hameaux perdus – sans le secours du livre, ni du journal, ni de l'école –, avec effort, avec patience, pendant six générations, des pauvres bûcherons et des pêcheurs illettrés se les transmirent pieusement.

En France, depuis plusieurs générations, le livre seul fait foi. La parole, la mémoire sont devenues ses auxiliaires – des outils secondaires, un peu suspects.

J'ai vu ailleurs cette même gravité religieuse

Cependant, j'ai déjà vu, chez des vieux récitants, chez des vieux bardes, cette même application, cette même gravité religieuse. Ce n'était pas en Europe…

En Afrique : pas chez ces petits colons du Constantinois dont les grands-parents émigrèrent en Algérie trois générations ou quatre après les marins de Saint-Malo qui sont les ascendants du vieux Canadien – car ceux-là eurent d'emblée des écoles et l'appui inconditionnel d'une puissante administration. Non : ce ton appliqué, ce sérieux me rappellent l'expression d'un *amoqran* maghrébin, d'un *taleb*[1]… Eux aussi, seuls contre les flots contraires, sans État, sans école, presque sans livre, ont maintenu ce qui leur restait d'une tradition auguste, mais confondent dans une même dévotion tout ce qu'elle leur a légué, les cailloux informes et la poudre d'or.

Les sottes moqueries dont les uns et les autres furent parfois l'objet m'ont toujours fait monter le rouge au front, et je voudrais

1. *Amoqran* : mot berbère qui signifie « grand », « vieillard » et désigne les hommes qui parlent au conseil de la tribu. *Taleb* : mot arabe qui désigne les instituteurs de campagne qui enseignent le Coran aux petits enfants.

que les cuistres français qui ironisent viennent voir ici ce que devient une des plus orgueilleuses civilisations lorsqu'elle cesse d'être maintenue par le dur corset d'un État… Châtiment peu cruel : on leur frottera leurs oreilles malades contre l'auge du cochon. Usage encore noté en Bretagne à la fin du XIXe siècle. Les paysans bretons le justifiaient ainsi : « Nous avons observé que le cochon est très sujet aux oreillons ; il se guérit en frottant son oreille et son cou contre l'auge de l'étable. » Avant de nous gausser, remémorons-nous que Jenner découvrit la vaccination antivariolique vers 1776, en observant l'immunité acquise par les vachères lorsqu'elles avaient l'occasion de traire des vaches atteintes de la maladie appelée « vaccine » – car une culture c'est d'abord un passé d'inculture et de recherche stérile.

Qu'est-ce qu'un Français ?

Les Français d'Algérie se sont donné à eux-mêmes le nom de « pieds-noirs » – expression bizarre que je n'ai jamais entendue avant 1940 et qui a pu être empruntée au vocabulaire de la marine où elle désigne les chauffeurs ayant les pieds dans le charbon, par opposition aux mécaniciens, dits « chiffons gras [1] ».

L'expansion des premiers Européens qui émigrèrent en Algérie ne peut se comparer à la vigueur de l'expansion française au Canada, mais

1. Éric Guerrier, dans une intéressante note, précise que c'est au début des années 1950 que, ignorée jusque-là, « l'appellation a émergé d'un coup, forgeant une extraordinaire force d'identité ». Né à Alger, vivant à Casablanca, Éric Guerrier affirme que cette dénomination est apparue pour la première fois fin 1952-début 1953 dans la presse du Maroc d'alors, dans les comptes rendus des manifestations et des violences qui eurent lieu à cette période : « Les Pieds-Noirs passent à l'attaque ! »

Il s'agissait des exactions d'une bande de jeunes Européens qui s'étaient baptisés ainsi, en s'inspirant du nom d'une tribu indienne – les pieds-noirs – qui s'illustrait dans un des westerns en vogue. D'autres bandes s'étaient dénommées les Sioux, les Apaches ou les Navajos.

Reprise par la presse métropolitaine pour désigner les « petits Blancs » du Maroc, l'appellation pied-noir « fut très fortement ressentie, notamment à Casablanca, comme une espèce de mépris envers la population européenne du Maroc. Avec ce génie propre aux peuples méditerranéens, la réaction fut immédiate : d'abord, toutes les bandes des autres quartiers s'identifièrent aux pieds-noirs du Ma'arif, se parant du nom comme d'une décoration. Et la mode s'étendit à toute la jeunesse. J'étais un élève "bien élevé" du lycée Lyautey, et je me souviens parfaitement comment nous nous sommes mis à nous entr'appeler pieds-noirs ».

elle présente avec elle une analogie : cette influence déterminante du peuplement le plus ancien et l'aisance avec laquelle il absorba ensuite les nouveaux venus : au Canada ce furent, semble-t-il, des paysans de Normandie qui remplirent les premiers voiliers…

Combien n'ai-je pas entendu de voix véhémentes expliquant, avec force chiffres et précisions, que les Pérez et les Pietri du Maghreb sont des Italiens, des Espagnols, des Maltais, et non des Français comme ils le clament… Autant, pour le moins, que de voix courroucées pérorant sur les Berbères d'Algérie, et les insoutenables prétentions de quelques-uns à l'arabisme… – mais les Berbères qui se veulent arabes sont arabes, et les Maltais qui veulent être français sont français. Et inversement, et réciproquement… Et à bien plus forte raison leurs enfants – car le « droit du choix » prime le « droit du sang » et le « droit du sol »…

L'influence du premier amalgame n'en est pas moins déterminante. Au Canada on sait que les premiers colons français débarquèrent en 1604, lorsque Henri IV était roi : quelques dizaines. Ils appelèrent Acadie leur nouvelle patrie et Port-Royal leur première capitale.

En 1660, ils étaient 2 000 ; en 1700, 16 000. Or, entre 1608 et 1700, on sait que 3 757 émigrants seulement s'embarquèrent pour le Nouveau Monde (celui-ci fabriquait déjà ses enfants). Au moment du traité de cession à l'Angleterre (1763), les colons français d'Amérique atteignaient le chiffre de 65 000. Entre 1700 et 1763, 5 000 métropolitains seulement avaient quitté la mère patrie.

Incluse dans ces chiffres, il faut compter une moyenne de 24 femmes par an, arrivées entre 1634 et 1674 ; de 9 femmes par an entre 1674 et 1700. Au siècle suivant, sans aucun doute, la moyenne de l'exode féminin a encore baissé – d'autant que celui-ci, bien souvent, n'était pas volontaire.

Bref, moins de 3 000 « Manon Lescaut » quittèrent notre France pour devenir les grands-mères des 4 309 326 Canadiens de 1951 – auxquels il convient d'ajouter un million et demi ou deux millions de citoyens américains dont les ancêtres viennent du Canada français ; en tout, six gros millions d'arrière-petits-enfants.

Si l'on garde tous ces chiffres présents à l'esprit, on s'explique aisément pourquoi les philologues signalent les ressemblances de la langue canadienne avec les patois parlés au XVIIe siècle (et non au XVIIIe) dans la Normandie, le Maine, le Perche : ce serait entre 1634 et 1671 que la détermination linguistique du Canada français aurait eu lieu.

Dès 1674, les vingt-quatre femmes par an[1] envoyées depuis un demi-siècle par le Roy avaient enfanté un milieu. Dans ce milieu, par hasard, l'élément normand était dominant. Sans cesse « dérangé[2] » et brassé par la guerre et les avatars d'une économie instable, il acquiert dès ce moment une homogénéité à l'intérieur de laquelle, dès 1674, tous les nouveaux arrivés – parlant breton, parlant basque, parlant auvergnat – fondaient comme beurre en broche : le Canada était francophone.

J'aimerais voir faire une enquête parallèle à celle-ci à la fois sur le parler des Français d'Algérie et sur le lieu d'origine de la première vague de colons venus d'Europe. À l'oreille, il semble qu'ils furent originaires des flancs du Massif central…

Quoiqu'il en soit, il exista très tôt en Algérie un « milieu » européen, vigoureux, expansif, original, avec un accent de terroir reconnaissable, des manières, des traits de caractère, une gesticulation caractéristiques. – La « détermination française » de ce milieu remonte assurément à ses origines : elle est antérieure à 1870.

Les gens du pays distinguèrent aisément les accents de Bône, d'Oran, de Constantine, d'Alger, mais pour eux tous les Français de France se ressemblaient et constituaient une unité reconnaissable appelée Francaoui ou Patos, termes péjoratifs : l'homme de France étant volontiers pris pour un imbécile par ses compatriotes d'Algérie. Le mot « Francaoui » veut seulement dire « Français de France » ; le mot « Patos » est espagnol et signifie « canard ».

Au contact de cette unité linguistique, que les « grands dérangements » des crises économiques et le siphonnage qu'opèrent les villes rendent homogène, les nouveaux immigrants venus d'Espagne, d'Italie, de Malte, sont absorbés comme des gouttes d'eau par la mer. Ceux de France également : en particulier les gouverneurs généraux et autres fonctionnaires que Paris envoya dans l'espoir d'être représenté sur place et d'y conduire une politique « républicaine ».

Dès la première génération, les descendants des migrants furent donc « français ».

1. Gustave Lanctôt, *Filles de joie ou filles du Roy*, Montréal, 1952. Père Archange Godbout, « Nos hérédités provinciales françaises », *Archives de folklore*, 1946.

2. Les Canadiens ont appelé la cruelle déportation des Acadiens « le grand dérangement ».

Mais en Algérie, ils n'étaient pas seuls ; une autre réalité se développait près d'eux, avant eux, plus vite, plus forte…

Consternés, fascinés, les descendants des migrants d'Europe furent attentifs, bien avant les statisticiens, à la croissance du jeune colosse algérien : croissance en valeur… mais aussi en nombre.

Au début de la guerre d'Algérie les prévisions basées sur les enquêtes statistiques donnaient, comme excédent annuel des naissances sur les décès, en Algérie :

- 1950 : 220 000,
- 1955 : 260 000,
- 1960 : 310 000,
- 1965 : 360 000,
- 1970 : 420 000,
- 1975 : 490 000.

Nous chez eux, eux chez nous

Les migrants d'Europe

La réalité algérienne, africaine, musulmane, s'imposa, dans toute son originalité, aux premiers colons français. L'Alsacien obstiné qui desséchait un marais dans la Mitidja, le maçon italien qui, pendant toute sa vie, empierra des pistes dans les djebels (partageant si continuellement la vie des Arabes de son chantier qu'il avait un peu oublié sa propre langue pour parler la leur) furent des étrangers solitaires. Ils baignèrent dans l'Algérie et elle les pénétra jusqu'aux moelles – parce qu'un homme seul ne résiste pas plus à une foule qu'une éponge ne résiste à l'eau : les humains sont faits pour vivre ensemble et ne peuvent pas survivre autrement.

Quelques-uns luttèrent alors pour conserver leur « personnalité nationale » – luttèrent en se regroupant. D'autres s'attachèrent de toutes leurs forces à ce pays violent. Ils en aimèrent les hommes – sûrs et fiers, généreux, courtois – et les paysages graves : les pins, les oliviers et les neiges de Kabylie, les plages oranaises, les défilés des djebels du Sud, où tout à coup vous accueille le désert, dans une lumière auprès de laquelle tout le reste du monde est pénombre.

Ils plantèrent des arbres, creusèrent des puits et des ports, élevèrent des barrages, des usines, des belles maisons couvertes de balcons et de fleurs…

Au siècle suivant, les descendants des premiers émigrés nostalgiques (je reconnaissais leur ferme, dans le Constantinois, à un absurde peuplier survivant tout seul, près d'un portail) et ceux des conquérants séduits par leur conquête se confondent d'abord, avant de se redistribuer en deux clans ennemis qui s'opposeront.

Les fils et les petits-fils des pionniers quittèrent presque tous les campagnes pour les villes ; ils furent alors entrepreneurs, fonctionnaires, épiciers, magistrats ; ils ne parlèrent ensuite que le français et vécurent entre eux, agglomérés en îlots compacts, étanches… Presque étanches.

La société francophone d'Algérie fait songer, jusqu'en 1954 ou même 1955, à ces vieilles halles de nos provinces du Nord, avec leurs savantes charpentes noircies par l'âge, leurs immenses, lourdes et hermétiques toitures – dans lesquelles s'abritent, avec les toiles d'araignée, quelques rapaces nocturnes – tandis qu'au ras du sol, le vent souffle en rafales, jouant avec les feuilles mortes et les chapeaux des visiteurs.

Au niveau de l'enfance, de l'adolescence, l'air passait : petits Arabes berbères et petits Français méditerranéens allaient en classe ensemble, jouaient ensemble au football, se battaient quelquefois en sortant de l'école[1], puis parlaient de tout, en s'étonnant d'être si proches… Au-dessus des jeunes têtes l'ombre des institutions surannées s'épaississait, et le vieux toit pesait de toutes ses ardoises sur l'ingénieux système de poutres que le temps et les vers avaient rongé jusqu'au cœur.

Une nuit de novembre 1954, le vieux toit s'effondra…

La France fut-elle ce jour-là en guerre avec l'Algérie ? Nullement, la cohabitation des deux peuples se poursuivit encore plusieurs mois, s'intensifia ; les enfants jouèrent ensemble en plus grand nombre encore. Et pourquoi ne se seraient-ils pas aimés ? Ils étaient dignes, les uns et les autres, d'amitié.

J'entends bien qu'une fiction s'est instaurée, selon laquelle la France se battait contre les Algériens FLN, et pas contre les autres Algériens – mais la moindre enquête faite de bonne foi montrait la perméabilité des frontières entre Algériens FLN et Algériens non FLN.

Sept ans plus tard, un jour de septembre 1960, la France s'aperçut, avec surprise, que ces Algériens presque inconnus, qui lui faisaient une guerre efficace et cruelle, comptaient, dans des milieux français très divers, des amis assez passionnés pour violer nos lois afin de venir en aide à nos adversaires, tandis que d'autres Français, extrêmement nombreux, auxquels ni lois ni police n'ont de reproches à faire, adhéraient, par des fibres multiples, diverses, contradictoires, à cette solidarité morale.

Mais comment pourrait-il en être autrement ? Oui ou non, les deux peuples cohabitaient-ils depuis plus d'un siècle ? Oui ou non, les

1. Ces jeunes gens ont eu leurs revues (*Consciences maghrébines*, *L'Espoir*), des entreprises sociales communes, ils commençaient à se connaître avec une avide curiosité… Le vent de la guerre a activé certaines amitiés et éteint les autres.

enfants des deux peuples avaient-ils joué ensemble, étudié ensemble, parlé la même langue, partagé le pain du corps et celui de l'esprit ?

Il y a deux cents ans, les petits protestants et les petits catholiques français étaient élevés à part, et on leur prescrivait de se mépriser, de se haïr, de se fuir, mais, au XXe siècle, nos instituteurs, nos professeurs n'enseignaient plus cela aux petits musulmans algériens et aux petits chrétiens qui voisinaient avec eux.

Cependant, à diverses reprises, des jugements sévères atteignirent ces ennemis du colonialisme[1], pris au piège de nos vertus, de nos principes, et de l'amitié qui, tout naturellement, unit des jeunes gens élevés coude à coude. Certains de ces jeunes Français outrepassèrent les limites de la loi – mais les lois sont parfois en conflit avec les impératifs de la vieille morale humaine, notamment en ce qui concerne une très vénérable et quasi universelle institution qui s'appelle l'« hospitalité ». En outre l'usage répandu de la torture incline ceux qui, positivement, connaissent son existence et ses mécanismes à soutenir et protéger toute personne exposée à la subir.

Quant aux Français très fidèles à leur patrie, dans la mesure même où ils sentent fortement la solidarité qui les unit à leurs compatriotes, ils se considèrent comme responsables des crimes commis par certains d'entre eux et souhaitent ardemment les réparer – désir qui renforce encore la compassion naturelle qui porte à vouloir redresser une injustice.

Comme si tout cela – qui est fort – ne suffisait pas, les hasards de l'histoire veulent que, parmi ces témoins des souffrances du peuple voisin, se trouvent certains Français qui ont connu directement, il y a moins de vingt ans, ces mêmes épreuves écrasantes…

Cette amitié torturée a été réciproque, et je connais tel jeune « fellaga » qui, avant de partir « pour un grand voyage » (dont il ne précisait pas la destination), alla embrasser ses nombreux amis français. Il a dit à l'un d'eux : « Je prie Dieu d'être tué et de ne pas tuer. » L'Algérie est un pays où tout le monde sait tout sur tout le monde et quelqu'un fut témoin de sa mort dont ses amis surent les détails : il avait rejoint le maquis pour servir d'infirmier, mais, de santé fragile, ne put suivre l'allure des maquisards et dut s'aliter chez des paysans où il fut pris et fusillé moins d'un mois après son départ.

1. Contrairement à ce que l'on croit généralement, les Français arrêtés, jugés (et souvent torturés) pour avoir aidé des Algériens étaient dans une notable proportion originaires d'Algérie.

Les migrants d'Afrique

Au cours du siècle qui suivit l'arrivée en Algérie des migrants d'Europe d'autres aventuriers prirent à leur tour la mer, en sens inverse… Et le nouveau courant croisa parfois le précédent.

Jadis un Méditerranéen, Ulysse, eut la réputation d'être le plus sage des hommes, mais l'histoire infidèle a inversé la chronologie de ses aventures : l'*Odyssée*, logiquement, devrait précéder l'*Iliade*, car l'homme sage est celui qui connaît l'avers et les revers des civilisations, l'homme sage est d'abord un pèlerin pauvre, avant de devenir parfois un guerrier victorieux.

Désormais, le solitaire immergé que cerne de toutes parts un univers inconnu sera cet étudiant silencieux qui s'assied pour la première fois à la terrasse d'un café du boulevard Saint-Michel, ou ce paysan kabyle, tremblant d'appréhension et de froid, qui débarque à la gare de Lyon, un soir glacial de mars – le mois des famines algériennes [1].

Un siècle après les autres conquérants, cet étudiant, cet ouvrier vont maintenant, à leur tour, s'engloutir dans le grand flot étrange de l'autre continent. Ils y garderont, eux aussi, tout d'abord, avec un peu de méfiance et de mépris, leurs distances – puis ils verront chaque jour celles-ci s'amenuiser. À leur tour d'y choisir une femme et leur meilleur ami, d'y soumettre aux mille agressions du vrai dépaysement (celui des pauvres) le paquet de sottises que tous les enfants du monde trouvent, en naissant, dans leur berceau. À leur tour d'accroître leur science et leur sagesse – jusqu'à comprendre, parfois, un voisin qui ne les comprend pas et, à cause de cela, d'avoir, un peu plus souvent que lui, compassion.

La conquête, le père Bugeaud, cent ans d'administration française glissèrent sur la profonde Algérie comme l'eau sur un granit – mais ici, en France, pour la première fois, la pierre se fend et l'eau pénètre… Contact explosif.

1. « J'ai faim, mon oncle Mars », dit le paysan chaouia. Réponse du mois de mars : « Que veux-tu que je fasse pour toi, la vieille orge est finie, la nouvelle pas encore prête, mais si tu veux laver sept fois ton burnous dans un jour, je te le sèche sept fois. »

Nous chez eux…

En 1938 – entre ma deuxième et ma troisième mission dans l'Aurès –, je me souviens avoir voulu faire le bilan des emprunts réciproques pratiqués entre les deux cultures du territoire algérien, après un siècle de cohabitation. Cette mise au point peut nous servir de repère pour mesurer le chemin parcouru depuis cette lointaine année 1938.

Emprunt de techniques aux colons par les Aurésiens du Sud ? Néant. En revanche dans la périphérie de l'Aurès on pouvait rencontrer de très pauvres paysans venus d'Italie, de Corse ou de Malte qui avaient adopté les manières de cultiver et de vivre de leurs voisins berbères : comme ceux-ci ne voilaient pas leurs femmes, les colons locaux ne le faisaient pas non plus – mais c'est tout juste.

Quelques rares lettrés musulmans figuraient cependant sur le tableau des contacts : c'étaient des hommes de qualité, assez introduits dans les deux civilisations pour pouvoir trier le meilleur de chacune d'elles. Ils furent d'un loyalisme émouvant vis-à-vis de la France, du moins jusqu'en 1945, mais ils revendiquaient timidement une intégration républicaine – qui leur sera offerte vingt années plus tard, quand ils n'en voudront plus. À cause de cette ambition d'être « complètement français », l'administration coloniale les appelait les « Anti-français » et les rabrouait en toutes occasions. Ils finirent par se rallier à la cause de l'indépendance que les travailleurs revenant de France prônèrent bien avant eux, car dans cette même période – entre la Première et la Seconde Guerre mondiale –, on pouvait déjà percevoir, dans des milieux restreints et populaires, une revendication politique encore légale et une concurrence individuelle croissante, premiers symptômes de l'Algérie moderne. Déjà une jeune élite autochtone s'installait dans les professions libérales (c'est-à-dire aux portes – non franchies – du pouvoir administratif) ; déjà une partie de cette élite était contrainte d'émigrer et, dès 1930, une trentaine d'instituteurs algériens enseignaient le français dans les écoles de Fez.

Cette première « intelligentsia » musulmane et francophone comptait des hommes de valeur qui cherchaient un équilibre vital pour les deux populations coexistant en Algérie : ils comprirent les vues du gouverneur général Violette[1] et soutinrent sa politique. L'échec de

1. Le projet Blum-Violette consistait à accroître progressivement le poids électoral du

celle-ci, la réaction brutale et grossière qui suivit le départ de cet honnête homme, écrasa dans l'œuf une espérance à peine née et donna le départ à une émigration discrète, mais gravement anémiante pour un pays : celle de ses élites, c'est-à-dire les jeunes gens ayant achevé des études supérieures.

À ce stade, le phénomène appelé « colonialisme » fausse toutes les lois de la concurrence, mais il est si tenace qu'en 1960 (et malgré tous les discours, promesses, ordres ou circulaires), il parvenait encore à interdire partiellement l'accès des postes d'autorité à la majorité algérienne. Certes, il fallait, pour exclure celle-ci de son propre pays, déployer tout l'arsenal des ruses les plus malhonnêtes, violer sans cesse nos propres lois – ce qui était une action à la fois vilaine et bête, d'autant plus bête que, grâce aux écoles françaises (la France, comme le personnage de la fable, souffle le chaud et le froid), le nombre des jeunes Algériens ayant achevé des études supérieures s'accroissait tous les jours.

À l'origine de la première vague d'intellectuels algériens, on trouve quelques écoles de campagne, avec des instituteurs dévoués venus de France, des bourses, les bons principes de la IIIe République – toutes choses qui furent considérées avec une aversion extrême par les puissants leaders de la minorité coloniale algérienne.

Presque simultanément s'opérait un autre contact, un contact de base, entre l'Algérie musulmane et le territoire métropolitain, par suite de la conscription et de l'émigration ouvrière en France.

Eux chez nous…

Les deux guerres mondiales sortirent de leur milieu plusieurs centaines de milliers d'hommes, soldats et ouvriers. Un grand nombre d'entre eux reçurent, dans le cadre de l'armée, une formation qui leur permit ensuite de s'adapter à l'Europe. Le retour de ces hommes à

Second Collège, afin que tous les habitants de l'Algérie aient un passeport de citoyen français : la liberté, l'égalité, en attendant la fraternité…

Peu de temps avant sa mort, M. Violette, alors député, confiait à un de ses collègues que les indignations éprouvées pendant son mandat en Algérie le réveillaient encore la nuit.

Le gouverneur général Châtaigneau qui, quinze ans plus tard, tenta de reprendre la même politique, subit une campagne, déjà orchestrée, de menaces, calomnies, lettres anonymes – et cependant il ne parvint pas à éviter le drame de Sétif.

l'intérieur de toutes les stratifications sociales du pays algérien joua un rôle déterminant dans le mécanisme des exodes ouvriers – car pour que soit prise une grande décision individuelle (par exemple un départ pour l'étranger), il ne suffit pas qu'elle paraisse utile, elle doit être d'abord imaginable, ensuite possible et enfin nécessaire. C'est le service militaire qui l'a rendue imaginable dans les milieux paysans africains.

Les débuts de l'exode civil sont anciens. Dans une première phase, quelques montagnards illettrés qui traversent la mer pour chercher leur pain n'ébranlent encore rien de visible. Au milieu des foules citadines distraites, ils passent bruns et furtifs, vendant des fleurs, des cacahuètes, travaillant dans les postes non convoités des chantiers et des usines – pas plus exotiques que l'Auvergnat marchand de charbon, la petite bonne bretonne, les maçons italiens ou les Juifs polonais qui fabriquent des casquettes rue des Rosiers. La grande ville broie, mastique, digère.

Vingt-cinq ans plus tard, on rencontre tels médecins, tels avocats, tels professeurs, tels mathématiciens ou chimistes dont les brillantes études ont été payées pendant ces années déjà lointaines par un père, ou un frère aîné, sur son salaire de manœuvre. L'émigré illettré dut pour cela se priver chaque jour de ce que l'on nomme en France le « minimum vital » – et auparavant comprendre les mécanismes de l'instruction, les valeurs d'un monde étranger, et ensuite endoctriner une famille, séparer un petit garçon de sa mère ; puis enfin le pousser, ardemment, patiemment, orgueilleusement, vers les premières places…

Après 1945, l'émigration sporadique d'avant 1939 devient un énorme déferlement : 400 000 hommes se renouvelant. L'Algérie musulmane se trouve alors au confluent de deux promotions francophones : d'abord une élite « intellectuelle » qui, pour une part déterminante, est directement issue du prolétariat, ensuite des centaines de milliers d'hommes, nés paysans, qui ont reçu dans les usines la formation vécue de la ville, de l'Europe. Ces deux promotions algériennes sont encore uniques en Afrique, et, sous leur double influence, entre 1940 et 1954, les masses paysannes vont évoluer.

Entre 1934 et 1940, j'ai rencontré dans l'Aurès des migrants revenus visiter leurs familles, ils semblaient désemparés par le changement, se hâtaient en général de repartir, et tous étaient originaires des vallées du Nord pourvues d'écoles. Dans la zone saharienne du massif, les hommes n'émigraient pas encore et deux seulement me demandèrent de les aider à tenter cette audacieuse expédition.

À cette même date, dans les Kabylies, dans l'Algérois, en Oranie, les explorateurs ouvriers de l'Europe se comptaient déjà par centaines de mille et tous connaissaient, au moins de nom, l'un d'entre eux qui, dès 1933, formula une exigence d'indépendance pour l'immense conglomérat d'identités culturelles étiré entre les frontières du Maroc et de la Tunisie et appelé Algérie sur les cartes. Cet « inventeur » de l'indépendance algérienne – Messali Hadj – était turc par son père, mais il peut aussi représenter un modèle d'intégration française réussie. Reçu à sept ans dans une école francophone, puis perfectionné dans sa connaissance du français parlé et écrit grâce à une famille venue de l'Hexagone, il épouse ensuite à Paris une jeune fille d'origine lorraine qui sera la compagne de sa vie, la mère de ses enfants et sa très fidèle collaboratrice politique ; outre sa belle-famille il aura de nombreux et dévoués amis français et il militera – à gauche – dans la période où la métropole s'orientait vers le Front populaire et la libération des opprimés. Toutes circonstances conjuguées qui ne l'empêchèrent en aucune façon de fréquenter surabondamment nos prisons.

Toutefois, les quelques Aurésiens qui, avant 1940, me parlèrent de lui le firent sur un ton renfrogné, car ils l'accusaient non pas d'être communiste (ce qu'il n'a été que par intermittence) mais d'être « tlemcénien », péché bien plus durable et consistant.

Après le grand brassage d'entre 1940 et 1945 et leur dispersion dans des usines, des camps, des casernes, des mines, des champs de bataille, des bistrots de banlieue, les exilés africains apprirent à reconnaître un compatriote dans le passant inconnu dont ils comprenaient le parler ; ils apprirent aussi que les gens d'Europe avaient des droits (formulés, sinon respectés) et qu'ils étaient tous pourvus d'une patrie si vaste qu'on ne connaissait pas ses frontières, en tout cas toujours mille fois plus vaste que le village (voire le quartier de village) dont, poignard au poing, on défendait l'honneur et l'intégrité quand on était au sud de la mer.

Cultures paysannes et cultures citadines

Plus encore que les contacts des cultures, un troisième facteur d'évolution me semblait détenteur d'une énorme charge explosive, et c'était la pure et simple augmentation numérique des habitants sur place, car elle chassait en ville les paysans et ainsi transformait de fond en comble toute l'architecture sociale, mutant d'abord les éleveurs nomades en cultivateurs sédentaires, puis les cultivateurs sédentaires en banlieusards, et ces derniers en clochards de bidonvilles.

L'accroissement annuel de la population algérienne musulmane atteignait :

– en 1926, 9 pour 1 000,
– en 1931, 16 pour 1 000,
– en 1936, 21 pour 1 000,
– en 1954, 30 pour 1 000.

Dès 1954, il était possible de prévoir qu'elle allait augmenter encore son rythme d'accroissement, ce qu'elle n'a pas manqué de faire.

Je ne basais nullement mon anxiété[1] sur les chiffres comparés des recensements mais sur mes observations quotidiennes : chaque fois que j'inventoriais les subdivisions d'un douar et que je tentais la reconstitution de son passé, j'y distinguais un épuisement progressif de son espace nourricier et une augmentation croissante du nombre des habitants que cet espace devait supporter. Clan par clan, famille par famille, on retrouvait partout le même redoutable mécanisme : diminution des ressources, multiplication des bouches à nourrir. Bravo pour l'évolution, pour les évolutions, qui font d'un paysan un ouvrier migrant. Encore faut-il que les transformations nourrissent les transformés.

Les conflits croissent encore plus vite que la démographie

Ce que l'on ne devine pas en lisant cela dans un livre – mais que l'on sent et comprend lorsqu'il est donné de le vivre –, ce sont les conséquences immédiates qui résultent de la multiplication humaine : disons que, lorsqu'une population double, elle voit quadrupler le nombre de ses difficultés, mais ses passions collectives et ses conflits s'accroissent plus vite encore, ce qui les porte, selon les circonstances et les ressources dont elle dispose, au diapason du dynamisme, de l'esprit d'entreprise – mais aussi de l'agressivité, voire de la franche hystérie.

Ceux qui se souviennent d'une France exsangue, laissant en 1938 envahir la Tchécoslovaquie, en 1939 la Pologne, et ensuite attendant passivement l'envahisseur, peuvent la comparer à cette même France qui, vingt-cinq ans plus tard, parce qu'elle est grouillante de jeunes

1. Voir *L'Afrique bascule vers l'avenir*, 1999.

hommes, joue à contresens et contretemps les matamores en Asie et en Afrique.

En 1940, désespérée par notre défaite et cherchant à comprendre ses causes, j'ai lu un grand nombre d'ouvrages français et allemands sur la sociologie des deux pays. L'auteur de l'un d'eux écrivait qu'il fallait attaquer la France en 1939, année de son plus grand affaiblissement, celle où sa « population active » serait la plus réduite.

En effet, en 1939, les morts de la guerre précédente (deux millions d'hommes hors de combat) auraient encore été en âge d'occuper des postes productifs, tandis que les enfants nés entre 1914 et 1918 – les moins nombreux du siècle – atteignaient leur âge actif. Dès 1940, notre courbe « active » remontait (au fur et à mesure des retraites de la génération décimée dans les tranchées), tandis que les enfants, nés nombreux dans les années qui suivirent la paix, arrivaient, classe par classe, à l'âge productif. Avec cette concurrence humaine sur le marché du travail survient une autre concurrence : celle des passions, des ambitions, des rivalités, problèmes d'espace…

Que certains d'entre nous eussent mieux aimé leur patrie un peu plus « militariste » avant 1940 (où la plus cruelle menace pesait même sur sa survie) et un peu moins atrabilaire une génération plus tard en Indochine et en Algérie, cela ne change rien à des événements, à des comportements collectifs que notre volonté ne détermine pas complètement… Mais si un tel changement a pu se produire en une génération, dans ce vieux pays lucide, construit et rassasié, qu'adviendra-t-il de l'Afrique, qu'adviendra-t-il de la jeune Algérie avide, dont les rythmes d'accroissement, les haines séculaires, les passions religieuses et les motifs d'amertume sont tellement plus amples que les nôtres ?

III. DOSSIER

Notice

Les textes constituant ce dossier sont de deux sortes. Les uns sont des documents, lettres envoyées ou reçues, rapports ou dossiers, extraits des journaux de l'époque ; ils sont imprimés ici en lettres romaines. Les correspondances envoyées par Germaine Tillion sont publiées à la date de leur rédaction, celles qui lui sont adressées, à celle de leur réception.

Les autres textes sont des commentaires ajoutés, parfois quelques jours seulement après les événements, à partir de notes prises sur le vif ; d'autres fois, plusieurs semaines ou mois plus tard, lorsque Germaine Tillion veut mettre de l'ordre dans ses souvenirs. D'autres encore ont été rédigés en vue de la publication du dossier. Ces commentaires ont été imprimés ici en italiques.

Les rares notes de la main de Germaine Tillion elle-même ont été incorporées dans le texte, habituellement entre parenthèses. Toutes les notes de cette partie ont été ajoutées par les éditeurs et rédigées par Nelly Forget. Elles n'ont pas la prétention de constituer une édition critique des textes présentés ; elles sont là seulement pour éclairer le lecteur d'aujourd'hui sur les personnes et les événements cités (ce qui d'ailleurs n'a pas toujours été possible). Le nom de Germaine Tillion y est toujours abrégé en GT.

Nos remerciements vont à l'éditeur Michel Reynaud pour sa longue patience et à Raphaëlle Branche qui nous a encouragé dans ce travail.

1. Lettres du professeur Louis Massignon[1]

Paris, ce 5 février 1957

Bien Chère Amie,

Je vous remercie profondément d'avoir eu pitié de mon pauvre Amokrane[2].

Je suis soulevé d'indignation par ce que j'apprends tous les jours sur les méthodes employées en plus des tortures et des assassinats à l'encontre des boutiquiers qui, ayant fait grève, ont eu leur devanture défoncée par les tracteurs et les tanks de nos troupes. Les exécutions sommaires d'innocents, de vieux serviteurs du Gouvernement, font que je me demande si le moment n'est pas venu que Gandhi appelait l'heure non-violente de la revendication civique du vrai : vous savez à quoi cela aboutit. L'appel au Juge du Jugement dernier fait entrer dans la mort en avant.

En respectueuse affection

L. Massignon

Paris, ce 25 mars 1957

Chère Mademoiselle et Amie,

Vous avez lu le *Monde* du 22 [mars 1957].

Jacques Soustelle[3] est devenu fou de technique : il a fait un cours d'« ethnologie » (à des officiers d'É[tat].-M[ajor].) préconisant la

1. Louis Massignon (1883-1962), professeur au Collège de France, éminent spécialiste de l'islam et du monde arabe. Il fut, avec Marcel Mauss, directeur de thèse de GT à qui le lia depuis lors une profonde amitié. C'est à son instigation que GT retourna en Algérie fin 1954 après 15 ans d'absence (voir *L'Afrique bascule vers l'avenir*, ici même, p. 421-425).

2. Deux mois auparavant (le 29 janvier), le professeur Massignon avait demandé à GT d'obtenir un secours pour la famille d'un détenu, Brahim Amokrane, qu'en tant que visiteur de prison il avait rencontré à l'hôpital de Fresnes.

3. Ethnologue (1912-1990), ancien sous-directeur du musée de l'Homme dont Paul Rivet était alors le directeur ; il y avait rencontré GT, puis, pendant la guerre où lui-même était à Londres, il avait été informé de l'engagement de GT dans la Résistance. Gouverneur général de l'Algérie de fin janvier 1955 à fin janvier 1956, il fit appel à GT qui entra dans son cabinet en février 1955 (voir *L'Afrique bascule*, p. 449-451).

« contrainte physique » (torture) comme mesure de répression collective adaptée à ces mentalités prélogiques[1].*

Suppliez sa femme de lui ouvrir les yeux. Paul Rivet vient de lui dire que son dernier livre était « une mauvaise action ».

Que Dieu vous garde,
et tous les bagnards des camps
de la République.
*influence d'Achiary, Pontal et Wybot[2]

L. Massignon

Paris, ce 8 avril 1957

Chère amie,

Vous savez combien Chafika Meslem[3] est précieuse pour un avenir commun, franco-musulman, pour une Algérie rénovée.

En ce jour où le *Figaro* publie les abjectes menaces de XIII professeurs de faculté contre le Doyen Peyrega[4]– je suis si soucieux du sort de Chafika.

Je crois qu'un pays qui se met à torturer les femmes est un pays réprouvé. Les tortures infligées déjà par les paras à Nassima N[5]. et à Djemila M. ont été attestées.

Je fais passer à Mitterrand[6] un document du 3.4 [1957] prouvant que c'est sous la discipline du *secret* que des ordres supérieurs font

1. Tout ce paragraphe et les noms qui suivent sont assortis de la mention « ceci pour vous seule ».

2. Clan de la répression dans l'entourage de J. Soustelle à Alger. André Achiary avait été sous-préfet de Guelma lors de la sanglante répression de mai 1945 ; réputé à la tête du groupe d'ultras européens qui revendiqua l'attentat de la rue de Thèbes (voir ci-dessus *De février 1956 à janvier 1957).* Pontal était un ancien directeur de la DST qui, en juin 1955, a remplacé le préfet Vaujour à la Direction de la Sécurité.

3. Arrêtée début mars, torturée dans l'appartement même où elle avait été appréhendée, elle faisait partie du Service des Centres sociaux. L. Massignon la connaissait par des amis français, les Descout.

4. Doyen de la faculté de droit d'Alger, Jacques Peyrega avait, dans une lettre au ministre de la Défense nationale, Bourgès-Maunoury, dénoncé les exactions de l'armée dont il avait été le témoin direct ou qui lui avaient été relatées par des témoins sûrs. Publiée à son insu dans la presse, le 4 avril, cette lettre provoqua de violentes réactions, notamment la désapprobation immédiate de treize (ou seize) professeurs de la faculté de droit qui se désolidarisèrent publiquement de leur collègue, ce qui conduisit Jacques Peyrega à donner sa démission de doyen.

5. Il s'agit probablement de Nassyma Hablal.

6. François Mitterrand, alors ministre de la Justice.

confier aux jeunes du contingent *la corvée de bois* : pour « mater » leur conscience.

Qu'est-ce qu'en pense Madame Jacques [1] ?

Tristement vôtre, chère amie

Louis Massignon

1. Probablement s'agit-il de Mme Soustelle.

2. La rédaction d'écoliers d'Alger (juin 1957)

Je voulais recueillir des documents pour mettre fin à la répression[1]. *Et par l'entremise des Centres sociaux*[2], *j'ai rencontré un jeune instituteur musulman qui, après un court voyage à Paris, s'était intéressé fortement à la psychanalyse. Il posa donc cette question à ses élèves :* Vous êtes invisibles, que faites-vous ? *et il fut complètement affolé quand il a lu les copies rédigées par ses élèves. On me les a remises dans leur ensemble sauf une qui a été publiée dans la revue* Les Temps modernes *de Jean-Paul Sartre.*

*J'ai eu une discussion assez mouvementée avec le directeur de l'*Express, *Jean-Jacques Servan-Schreiber, à laquelle participait Jean Daniel. Car Servan-Schreiber voulait à tout prix publier ces copies dans l'*Express. *Je m'y suis fortement et nettement opposée, lui disant : « Si vous publiez ces rédactions, dans les deux heures qui suivent, l'instituteur est torturé. » Lui ne fit que répéter : « Il faut finir la guerre d'Algérie. » Et je lui ai répété : « Si vous publiez ces rédactions, dans les deux heures qui suivent, l'instituteur est torturé. » Et je ne lui remis pas les copies.*

Je les ai remises dans un premier entretien à Guy Mollet. Guy Mollet me reçut une deuxième fois et m'expliqua sur une carte ce qu'il allait faire. Je donne aux lecteurs d'aujourd'hui le texte de ces rédactions d'une école de garçons âgés de 10 à 14 ans qui se trouvait dans la Casbah d'Alger.

Alger, 22 juin 1957

Rédaction française dans une classe de 32[3] petits garçons musulmans âgés de 10 à 14 ans.

1. Après plus d'un an d'absence, GT venait de retourner en Algérie avec une équipe de la CICRC pour y enquêter sur les conditions de détention.

2. Et de Bernard Durey, psychanalyste (voir Notes du 29 juillet et Lettre du 30 juillet 1957 à Louis Mangin, p. 678 et 682).

3. On trouvera ici le texte de 23 parmi ces rédactions.

Sujet psychologique classique : « Vous êtes invisible. Que faites-vous ? »

– voler des armes 16 fois
– tuer les paras 11 fois
– tuer les militaires 10 fois
– tuer tous les Français 7 fois
– tuer tous les gens 3 fois
– tuer Lacoste 3 fois
– tuer Mollet 2 fois
– tuer Bourgès-Maunoury 2 fois
– tuer Massu 1 fois
– tuer les policiers 1 fois
– mettre une bombe dans une église 1 fois
– frapper les hommes qui battent les enfants 1 fois
– frapper les militaires 1 fois
– voler des automobiles 5 fois
– voler des fruits 4 fois
– voler des sucreries 3 fois
– voler des bijoux 3 fois
– voler un bateau, un hélicoptère 1 fois
– voler un scooter 1 fois
– voler une bicyclette 1 fois
– voler des jumelles 1 fois
– voler des troupeaux 1 fois
– voler des cahiers 1 fois
– voler des légumes 1 fois
– voler des souliers 1 fois

Samedi 22 juin 1957
Rédaction : « Que feriez-vous si vous étiez invisible ? »

élève né le 10/10/46, 10 ans 8 mois
Si j'étais invisible, le premier travail que je ferais, c'est d'aller me venger sur les paras qui ont fait tant de misères à mes frères. Je prendrais trouve une corde, j'étranglerais le dernier des paras qui patrouilleront dans le tunel de notre quartier, et je lui prendrais ses armes, puis je courerais derrière les autres paras, et je les tuerais. Et s'ils osaient faire tout ce qu'ils avaient l'habitude de faire, je leur ferais (des) double tortures avant de les tuer. Et c'est pas finis, j'irais saboter tout leurs

plants ; je poserais de bombes dans les quartiers français, j'irais jusqu'à le Gui Mollet et Robert Lacoste, je les tuerais, j'irais au Djebel-Aures, je donnerais du courage à mes frères les mo GLORIEUX MOUDJAHIDINNES que je trouverais là-bas, je lancerais des grenades au paras qui viendront là-bas, je lancerais des grenades au paras qui viendront là-bas, dans ce lieu saint, et l'orsque nous apporteront l'Indépendance, je lèverais moi-même le drapeau, puis si je mourais, c'a fait rien, j'aurais finis la mission que Allah me confierais.

élève né le 15/8/46, 10 ans 10 mois

Si j'étais invisible, les gens ne me vois pas. J'aurais volezais qui y a dans le marchez des abriquots, des oranges, des nefles. Je me sauvais un ne me voit pas je volais de l'argent J'aurais volais l'argent dans la banque je prendrerais tous les quofres quofres-forts Je ferais des bombes à la gendarmerie à tous les caserne françaises les églises je volerais des mitraillets je volais tous ce qu'il y a à la caserne, à la les bijouterie des mg magasins des bijou de l'ettoffe d des legumes des souliers Je tuerais tous les francais et les soldats

élève né le 19/6/46, 11 ans

Si jatais invisible, je volerai une puche. Je devaliserai, la banque. je frappe les enfants, qui sont mechants. Je volerai des pommes, des oranges des noix, des banans, des figs ; je vais au circe pour en bété les animaux feroce, les lions, les tigres, les pantheres, les chevaux, les clowns, les publics, je vais delivrés les prisonier je me baguare avec les parachutist je desposerai 23 bobes à la rue baba azoune. Je qua serai les vitres des vitrines, je dechirerai les cahier de l'école carrière pour le directeur aporte des s'otre pour les sages petits enfants.

élève né le 26/7/46, 11 ans

je vais (tuez) étrangler les paras-chutiste, et dévaliser la banque. Mettre un bombe au comisaria, et je vais delivre les prisoniers. et allais en suise volez les bijoux. et je delivre Mes trois frères prisoniers des soldats, et je massacrerais tout les français grand et petit sur mon chemin. Et je volerez les mitralletes, des pistolez otomatique, des mitralleses des bombes des toutes sortes, et mittraillez les soldats français. Et tuez avec la matte 49 les mouchars au soldats français. Et puis je monte au debele orès donnés les fusils, les mitralleuses pour gagné l'indépendance de l'algérie « Vive l'algerie l'ibres et independantes. »

élève né le 19/4/46, 11 ans 2 mois

je suis invisible j'entre dans une banque je dévalise la banque et personne ne me voit tout le monde est à côté de moi je les voits et êu ne me voiez pas, je vole tout les mitrallettes et tout les revolver de la gouvernement général ; je tuer tout les soldats toute les femmes. tout les hommes. je tuérez toute la ville et que personne et je jeterez de bonbe dans toute la ville

élève né le 8/10/45, 11 ans 9 mois

quand je serai invisible je mettrai des piege, je volerai, je tuerai, je devalserai une banque, je mettrai des Bombes, je montrai dans le train sans argent je, dormerai sans que mon voit dans l'otel, je discuterai avec les gens sans qu'on me voit, Je volerez des mitrayetes, Je tuerai les français Je serai sultan, Je serais Rois de l'algerie et nous vivon bien et nous mangeons tranquiles avec les prisonnié qui bois du vin et de l'alcool se son des ivrognes.

élève né le 17/9/45, 11 ans 9 mois

Je vas faire une bombe dans une maison des Français, et je vas dévalise une caisse de une susine et personne ne me vois, je vas dans un magazin je vole des vêtements et je prend l'argent tant qu'il est dans la caisse. Un jour j'ais étais allé dans une ferme j'ais volé des troupeaux de mouton, des bœufs, des vaches, des veaux, des brebis et des cheveux cheveaux, des chevres, et j'étais sorti de cette ferme, je vas au commissairia de police j'ai explosé une bombe plactique. J'ais fusillé des soldats, des parachutistes, et j'ais volé des fusils des bombes, des cartouches des mousqueton des grenades des fusils mitralleuse, je prend des révolver

élève né le 30/1/45, 12 ans 5 mois

Quand je suis invisible je m vais tu voler est personne ne me vois pas je tus, je frappes est personne ne me vois j je dévalise le banque. Je vole une puche, je vole des otaum otomobiles. Quand je monvai pour tué un il ne vois v riq rien que le pistolé, il ne peuve pas me tué, il son étonnait étonné q parce qu'il ne me vois plus je fais se que je veu. et il ne Quand il passe un français je le la le vole de largent je monvai à la caserne je vole des bombes des munision, des mines des j grenades. Quand je vole tous je prent un pistolé et vais cher lacoste cher massu, cher gi mollet et je vais les tués quand je les tus. je vais cher le para je tu tout les français tou tous les juifs et nous avons l'indépandanse se net pas fini je vais en france il porte des canon, des bazouga, tous se qu'il porte et il me tu pas. Je vais chez Bougès-Monouri je le tus je tu tous les français tous la france et quand je n vais il en tunisie il font des oua une fête il di vive houria je vais au maroc, au a l'egipte et tous il cri

vive l'independanse, vive les l'invisible

ses pas fini et je retoure en france je leur vole des avions, des fusi, des élicoptère, des secoupes, des bombes a tous- taumique, et je

cri vive les arabe, vive les fellagua, vive nassere vive bourguiba et vive ferhate Abase.

l'indeponsedanse au arabe

vive l'independanse Algérien.

élève né le 17/1/45, 12 ans 5 mois

Un jour je suis invisible je suis aller frapper les soldats français je les voles les mitraillettes des revolvers des fusils mais les soldats battres tous seuls. Tout à coup une pigemi piguemi viens il voit les soldats sont armés et en pleurant ou avez laisser les armes Jacque, pierre, pe pierrôt, aller parlait vite mais jacque raipont raipondis c'est pierrôt qu'il m'a voller mon fusil mais moi Je s'avais dans la tête qu'il font comme ças.

élève né le 24/12/45, 12 ans 6 mois

Si jetait invisible je dévalise la ban banque. je trenqule les hommes je vole des puche. des nortons des triomphes Je tue les paras Je tue le commisaria commissaire et je libere les prissonniers. Je donne au mendions de l'argent tout Les pauvres devients riches et tout Les riches devient pauvre et je vole se lui qui me plait se lui qui fait du mal auras du mal se lui qui fait du aur bien auras du bien Je tuerai des mouchares

élève né le 7/11/44, 12 ans 7 mois

si nous étions invisible je mangerai se que je veux je dévaliserai la banque je volerai une puche je tuerai les paras même les zouaves je caserai l'élicoptère je porterai tout ça à ma mère je vais dans les maisons francais je tuerai les français je fair les gens qui se bagarre je leur ferais peur je frapperai les hommes qui batte les enfant je vais chez le gouvernement francais je lui enléverai les mitraillète et la guerre est fini les francais vont se sauver je volerai des bombes haches je placerais dont les villes riches

l'algerie au algérien

élève né le 24/11/44, 12 ans 7 mois

Si je suis invisible je faisait es-que je f vait – faire personne me voit les hommes son autour et personne me voit j'ai un pistolet je vait à la chasse je chasse un lapin j'ai envoyé mon gibier et il à portait le lapin et nous mettons en route personne me voit je suis arrivé à la maison je rontre personne me voit je prend un coufin avec moi et je prend es-que je voulait prend personne me voit je tronge un homme et il me voit pas.

J'ai un fusit de chasse j'ai tuait un homme il mon tuait les soldats et je suis pas mort pas se que je suis invisible

élève né le 2/9/44, 12 ans 10 mois

Si je suis un invisible je dévaliserai la banque je prend des camion pour jouer avec, quand j'aurai soif je prend de la limonade quand j'ai faim je rentre chez le restauorant je prend le bouzel-louf quand je suis blesser j'entre cher le docteur je me soigne sans qu'il me voit je prend des revolver des mitraillette j'entre chez le directeur je prend des cahier, des livre, des crayon, des buvard, des porte-plume. Se qu'il nadore pas la religion musulmane je le trengle

élève né le 2/2/44, 13 ans 4 mois

Un jour j'ai voler de l'argent à un homme. Les soldats on courus derrière mois il m'en pas attrapé parce que je suis invisible je me bagarre avec les hommes mais je les frappes et eux il frappe le vents parce que je suis invisible je fait tous que je veux personne ne me voit

élève né le 1/10/43, 13 ans 9 mois

Si je suis invisible je vais tué les soldat et les parachutise. et quand je n'est pas d'arger je vait à la banque je vole l'argent je sort et je mettre depose une bombe a l'hotel touring. et je vait leur voler des mitrallette des balle. Et je vais à paris voler un bateau des autonobil et les vespax et je vole au vent. je un jour un homme ve m'attraper je les tuer. Aprè quand jai besoin d'une avion je vole et personne me voit je vais acheter des mitralleur et je monte au djebel aures je leur donne des fusil et on prend l'indépendance de l'algerie et nous somme content avec notre drapeau vert et blanc et une etoile.

élève né le 25/11/42, 14 ans 7 mois

Si J'été invisible Je rentre a la caserne et je tu tout les soldas qu'il son dans la caserne et Je jette une bombe dans la caserne. Et après Je vais chez les parachutistes est Je les tu commes les chiens. Et Je volet les métraeillette, les revolvèrres, et les fusil, Je vais dans toute poste de police et je J'ét Jette des bombes. Est apré Je tu les sérraresses et puis Je vais a l'aures et Je tu tout les qu'ils sont ont trien dataqué les rebelles.

VIVE Les arabes et vive les FLN.

élève né le 26/1/ ?

Si j'étiez invisible Je frapperais à tous se qui font du mal, je tuerais tous les paras parce qu'il font du mal, et je volerais tous ce qu'il me plait, je volerais des portefeuilles pa à à son camarade et à lui pour qu'il se batte entre eux, et puis je libererais tous les prisonier qui sont à barberousse, Je volerais de l'argent à la banque et je les donnerais aux veillar parce – qu'il me font pitie. Et les veillars deviennent riches et les riches devient pauvre, je massacrerais tous les soldas qui vienne à Alger et les terroriste font leur bien

élève né le 22/5/43, 14 ans 1 mois

Si je suis invisible Je (tu) tueuré tout les soldat, je voleré tout la banque, je voleré tous (mitr) les fusils qui appartien au militaire, je rentre dans tout les boutique, je voleré de l'or des marchantise, je rentre dans les maisons je voleré tout se que je trouve, si s'avais une (mitraillette) mitrailette je tueuré tous les soldats

élève né le 3/3/46, 11 ans 3 mois

Si je suis invisible, je ferais ce que je voudrais, je ferais ce que je voudrais, personne ne me vois, je tue les soldas, je jette une bombe au poste de police, je vole de l'argent à la banque et je vais à bouzaéra volée des fruits.

élève né le 14/1/46, 11 ans 5 mois

Si je serais invisible je volerais du sucre à maman, je travailleraie ; je vais faire une bombe au comisariae, si j'aurai un pistolet je vais tuez les bouchénacha si j'avais un fusil de guerre je ferais felaga si je suis grond je travaillerais ; si mon père me donne pour aller au sinema et je laime beaucoup si j'aurais un fusil de chasse je serai chasseur ; S qu'ont je serai au sixième je travailleraie bien ; et ils me donne rienq les TBien ; si je pérai je voleraie le fanion de la classe si je pouraient travaillaie je travailleraient

si je poureaient travailleraient Comment mon meaitre ja j'acheteraie une villa si j'achete une villa savedi que je suis sultan de tous le monde et pas la france

élève né le 24/12/44, 12 ans 6 mois

Si je suis invisible je volerais la banque est si je trouve quel qun dont la rue je lui enléverais tout son argent, j'atraperais les lièvres je volerais aussi les auromobile si je trouve un homme heureux je le rend Malheureux parce qu'il est très riches je tuerais tous les soldats français. je vais aussi ou je voudraits

élève né le 11/2/44, 13 ans 4 mois

Si je suis invisible, je dévaliserait la banque, je donne l'argent aux mendiants de la rue qui n'ont pas de l'argent. Je rentre dans les prison et l'ibères les hommes qui se battent pour leur bien.

Je tuerais les paras qui font la torture aux hommes. Comme des indiens je poserais les des bombes des les bars, dans les casinot, dons les casernes Je tuerais tous les paras de Masu. J'attaque les convoies d'armes je les donnes aux hommes qui sont à paul Gaselle.

Je volerais des bijoux aux femmes Françaises comme font les paras de Masu, il prennent les photos des femme pour les montrer à lo l'onue, ils ne peuvent pas prendre Alger elle appartient aux arabes.

Vive les moudjahdines

élève né le 18/2/44, 13 ans 4 mois

si j'était invisible je dévaliserait la banque je tuerait des hommes, je volerait du pain, des pommes, des figue, des tacxi, je tuerait aussi les policier, je libère les prisonnier par ou je tue, par ou je vole personne me voie, et si je veux être le roi je serez le ferez, je volerait des miltraéte des révolver, des bombes, ét je les déposerez au milque bar, à la cafétaria, et je turait aussi robert lacoste, bourges mounouri, et ses moi qui a tuait ali chekal. en sortant du stade, il ont prixt un inocens un passant mais se net pas lui qui la tuez ses moi, qui ma dit tue les soldat ses ma tête, et je tue, et je tue les mounafikine j't attaque les paras de massu ses miserables, cest voleur, ces imbecile ses idiot ces cretins

ABAT les
PARAS
de Massu
vive le front de la li
vive

Samedi 22 juin 1957

Rédaction

Si je suis invisible, je dévaliserait
la banque, je donne l'argent aux
mendiants de la rue qui n'ont pas de
l'argent. Je rentre dans les prison
et libérer les hommes qui se battent
pour leur bien.
11.2.44 Je tuerais les paras qui font la
torture au hommes. comme des indiens.
13/4 Je poserais des bombes dans les
bars, dans les casinot, dans les casernes
Je tuerais tous les paras de Massu.
J'attaque les convoies d'armes
je les donnes au hommes qui sont à
paul Gazelle.
Je volerais des bijoux aux femmes
françaises comme font les paras de
Massu, il prennent les photos des femme
pour les montrer à l'armée, ils
ne peuvent pas prendre Alger elle
appartient aux arabes.
vive les moudjahdines

3. Tentatives de négociation (juillet-octobre 1957[1])

8 juillet

Je téléphone le matin à mon vieil ami le colonel Louis-Eugène Mangin, membre du cabinet militaire de Bourgès-Maunoury[2]*, président du Conseil, pour demander à être reçu par André Boulloche, le directeur civil du cabinet. Mangin (1912-1995) était sorti de Saint-Cyr en 1933, il entra dans la résistance dès mars 1941. Il a fait partie de l'état-major du général de Gaulle en 1943 et, jusqu'en 1946, il a appartenu au ministère de la Guerre. Il était le fils du général Mangin (1866-1925) qui dirigea et gagna la bataille de Verdun. Je l'avais connu quand il était encore petit garçon et sa famille était très liée avec la mienne. Boulloche (1915-1978) était ingénieur des Ponts et Chaussées, Compagnon de la Libération, héros de la résistance, il avait fait partie dès 1940 du groupe qu'animaient André Postel-Vinay, Pierre d'Harcourt, Bernard Vernier-Palliez et ce groupe communiquait avec le réseau musée de l'Homme, mon propre réseau. Ayant résisté aux policiers allemands venus l'arrêter, il avait été ensuite déporté (avec une éventration) successivement à Auschwitz, Buchenwald et Flossenburg. Sa mère était morte à Ravensbrück en*

1. Dans les derniers jours de sa mission avec la CICRC en Algérie, GT avait accepté de se rendre, le jeudi 4 juillet, à un rendez-vous clandestin avec un chef FLN, dont elle ne connaissait pas encore le nom mais dont elle avait évalué l'importance. D'emblée GT avait estimé – et dit à son interlocuteur – qu'elle se devait de rendre compte immédiatement au gouvernement français. D'autant que cette rencontre avait laissé entrevoir l'espoir et montré la nécessité de reprendre les contacts à un plus haut niveau (voir ci-dessus « De juin à septembre 1957 », p. 552 s., et plus loin, « Témoignage remis à la justice française », p. 710). GT rentre à Paris le samedi 6 juillet.

2. Maurice Bourgès-Maunoury (1914-1993) avait formé un nouveau gouvernement le 12 juin (il donnera sa démission le 30 septembre). Auparavant et dès le début des « événements » d'Algérie il avait occupé les postes-clés de ministre de la Défense (dans le gouvernement de Guy Mollet – janvier 1956-mai 1957) et précédemment de l'Intérieur (dans le gouvernement d'Edgar Faure – février 1955-janvier 1956), fonction qu'il occupera à nouveau quand Félix Gaillard sera président du Conseil (novembre 1957-avril 1958). Radical opposé au courant mendésiste, il était partisan de l'Algérie française et devait rallier en juin 1960 le « Comité de Vincennes » animé par G. Bidault et J. Soustelle.

1944, son père et son frère, à Buchenwald. En 1957, il était directeur du cabinet civil de Maurice Bourgès-Maunoury, président du Conseil, son camarade de Polytechnique et de résistance.

André Boulloche me reçoit le jour même de 15 heures à 17 heures. Je lui fais un récit complet de mon entrevue avec Yacef (dont j'ignorais le nom) et en conclusion j'explique que si, du côté français, on renonce aux exécutions capitales, et du côté algérien, aux attentats terroristes, les deux populations se rassureront, ce qui rendra possible un dialogue et des négociations au plus haut niveau.

André Boulloche me répond que c'est justement cela qu'il souhaite, et il me demande de revenir le lendemain.

Au cours de cette seconde entrevue André Boulloche, très gravement, me dit mot à mot : « Je vous remercie au nom de la France. » *Ensuite il me demande si j'accepterais de repartir, pour tenter d'amorcer un dialogue. Il ajoute :* « Je ne peux pas assurer votre sécurité et ce serait à vos risques et périls… »

Je réponds (textuellement) : « D'accord, mais pas de saloperies… » *(J'entendais par « saloperies » me faire suivre à mon insu pour essayer d'arrêter les gens que je rencontrerais. André Boulloche avait été un de mes « contacts » du réseau du musée de l'Homme ; c'est dire que nous nous comprenions à demi-mot.) Réponse textuelle d'André Boulloche :* « Vous avez ma parole d'honneur. »

Je tiens à être à Alger lorsque seront jugés les éducateurs et éducatrices des Centres sociaux[1] *et en conséquence je prends mes dispositions pour partir le 24 juillet.*

Je remets à André Boulloche, pour Bourgès-Maunoury, le rapport suivant :

J'ai été à Alger du 18 juin au 5 juillet en tant que membre de la Commission internationale contre le régime concentrationnaire. Je n'ai quitté la Commission que du 4 juillet à midi jusqu'au dîner du 5 juillet.

Lc 4 juillet, dans le train entre Alger et Oran, j'ai été abordée par un inconnu qui me dit avoir lu la brochure que j'ai écrite, *L'Algérie*

1. Les Centres sociaux avaient été créés en Algérie deux ans auparavant par GT (voir *l'Afrique bascule*, ici même p. 456 s.). Des seize membres de ce service arrêtés au cours de la bataille d'Alger, quatre restaient inculpés. Ils allaient être jugés par le Tribunal militaire à partir du 22 juillet avec vingt-cinq autres dans un procès « fourre-tout » et très médiatisé, que la presse désigna comme celui des « Libéraux » ou des « Chrétiens progressistes ». En fait, près des deux tiers des inculpés étaient musulmans.

en 1957[1]. Il a ajouté que les gens de son groupe (FLN), au plus haut échelon, souhaitaient me poser des questions à ce sujet.

(Faux. Seule inexactitude du rapport, mais j'ai prévenu Boulloche que je devais mentir pour ne pas compromettre mes amis. C'est-à-dire essentiellement Fatima Hamdiken.)

Sachant que j'étais en mesure de rendre compte immédiatement au président du Conseil, j'accepte l'entrevue.

L'entrevue a lieu dans la banlieue d'Alger *(en réalité dans la Casbah chez Mme Fatiha Bouhired)* et dure 4 heures 30. Sont présents à cette entrevue : l'homme qui m'a guidé (et qui ne parle pas), deux jeunes femmes musulmanes et deux hommes qui arrivent au rendez-vous avec leur mitraillette sous le bras. L'un d'eux est un grand chef et tous les autres lui obéissent ; le second s'appelle Ali la Pointe et il obéit au doigt et à l'œil au précédent.

Un des éléments curieux de cette rencontre est l'émotion extrême et l'évidente sincérité du chef (il a, en particulier, les larmes aux yeux lorsqu'il est question des attentats contre la population civile). De mon côté, j'insiste sur l'atrocité et l'injustice de ceux-ci. Il me parle longuement des exécutions ; je ne puis lui dire qu'une chose, c'est que je comprends son émotion car j'ai été moi-même arrêtée par les Allemands avec cinq « motifs » d'exécution et j'ai vu partir, à la Santé, nos camarades qui allaient être fusillés.

Finalement le chef me déclare spontanément qu'il me promet de ne plus toucher à la population civile d'Alger.

Par la suite, lorsque j'ai reparlé des exécutions, toute son attitude s'est transformée et il m'a dit : « Dans ce cas-là je ne réponds plus de rien. »

Au fur et à mesure, j'ai pu reconstituer certains faits concernant l'entrevue du 4 juillet que j'avais ignorés, pas remarqués ou oubliés.

Yacef pensait que lorsque l'envoyée du FLN m'a abordée j'ai été interloquée et visiblement consternée. Je suis restée sans parler un long moment puis j'ai dit : « On n'a pas le droit de laisser échapper la plus petite chance. J'irai. » C'est plausible car cela correspond exactement à ce que j'ai pensé mais je n'en ai gardé aucun souvenir tant mon absorption était intense.

J'ai ignoré qui j'allais voir et ensuite je n'ai pas su exactement qui

1. Rééditée depuis sous le titre *L'Afrique bascule vers l'avenir.*

j'avais vu, mais à mon second voyage j'ai pu reconstituer l'enchaînement des faits.

Deux réseaux FLN, après lecture de L'Algérie en 1957, *décident d'essayer de me voir « pour me poser des questions ». Quelles questions ? En fait on ne m'en a posé aucune.*

Ces deux réseaux sont :

Un réseau Intendance (il assure tout le ravitaillement des maquis), dirigé par Belhafaf Abderrezaq dit Houd.

Le réseau qui contrôle la zone autonome d'Alger et assure l'intérim de la coordination politique et militaire pour toute l'Algérie (dirigé par Yacef Saadi).

15 et 16 juillet

Procès et condamnation à mort de Djamila Bouhired et de Djamila Bouazza.

L'article du Monde *daté du 16 juillet titre :* « Onze peines capitales requises au procès des auteurs d'attentats au Milkbar et au Coq-Hardi ».

17 juillet

Ce jour tombe l'information dans France-Soir *:* « Condamnation à mort des deux jeunes terroristes musulmanes et de deux de leurs complices ».

Je reçois une lettre de Yacef, avec une adresse où lui répondre. J'ai coupé et détruit cette adresse.

Alger le 16.7.57

Chère Madame,

Ma cousine m'a transmis vos lettres où il est question de votre intervention en ma faveur. Je vous en remercie et je tiens à vous préciser ce que j'attends exactement de vous.

Je pense prendre un repos de quelques jours tout en pensant à vous. Mes vacances, je les passerai probablement avec mes frères aînés afin de décider si je dois, malgré le mot d'ordre de grève, préparer mes examens et me présenter à la prochaine session.

En attendant mes vacances je dois continuer mon travail : je mettrai de côté mon début d'étude du droit civil et j'emploierai très certainement mon temps à approfondir la question très épineuse de la procédure militaire.

Je pense que vos démarches vont aider à faire lever les sanctions punitives prises à mon égard.

Dans ce cas ma promesse d'être discipliné tient toujours.

J'attends vous lire et si vous décidez d'entreprendre un voyage à Alger n'hésitez pas à venir nous voir, toute ma grande famille vous souhaite la bienvenue.

Votre dévoué et respectueux,

Ayant vu longuement mes amis André Boulloche et Louis-Eugène Mangin, et connaissant grosso modo leur point de vue, je me suis crue autorisée à faire la réponse suivante :

Cher Monsieur,

En rentrant, j'ai trouvé votre lettre datée du 16 et j'ai été bien heureuse d'apprendre que vous alliez vous reposer un peu car je me faisais beaucoup de souci pour vous.

J'ai été heureuse aussi d'apprendre que vous songez à préparer vos examens car je crois à votre valeur et je sais combien votre famille a besoin de vous.

Du côté universitaire, j'ai eu la bonne surprise de trouver le recteur plus compréhensif qu'on ne me l'avait représenté et il me semble actuellement qu'il doit être possible de concilier les légitimes aspirations dont vous m'avez parlé, avec une situation d'avenir vous permettant de faire face à vos charges de famille. Vous connaissez l'affection que j'ai pour vos petits frères et le souci que je me fais pour eux.

Mon grand sujet d'angoisse actuelle ce sont les sanctions universitaires (elles me tiennent à cœur, vous le savez, doublement), mais j'ai bon espoir du côté de l'université et de votre côté, je me fie à votre promesse.

Je compte venir à Alger la semaine prochaine et pourrais, si vous le voulez, commencer les démarches pour votre titularisation *Inch Allah.* Mes amitiés à vos sœurs et à votre maman – quant à vous, vous savez que je vous comprends et que je souhaite de tout cœur vous aider à résoudre votre problème (dont je connais les difficultés).

Avec mon vieil ami L.-E. Mangin je n'avais convenu d'aucun code – pas plus que je ne l'avais fait avec Yacef. Dans les deux cas, je me suis basée sur leurs intuitions. Dans mon esprit: les gosses de la maison = *la population civile algérienne ou, parfois, les gens qui me reçoivent;* les grands = *les chefs FLN;* votre mère = *l'Algérie;* mon vieux père = *le gouvernement de la République française;* la belle-mère = *les ultras;* mon oncle = *le général de Gaulle*[1]*... Et quand je dis que je suis malade, je le suis effectivement...*

19 juillet

Le journal La Dépêche *annonce* : « Six bombes à retardement explosent simultanément dans l'agglomération algéroise. On compte deux morts et huit blessés dont une jeune fille. »

En apprenant les attentats du 18 juillet, j'écris une lettre à Yacef.

Vendredi matin

Cher Monsieur, j'apprends à l'instant la démission de votre frère. En ce qui me concerne je ne doute pas de votre parole, mais que vais-je dire au recteur ?

Je sais que vous êtes nombreux et orphelins, mais justement cela vous crée des devoirs vis-à-vis des plus jeunes qui, vous le savez bien, n'ont pas de discernement.

Dans ma famille c'est encore mon vieux père qui commande. Il a bien baissé pendant ces dernières années (et cela nous fait bien de la peine), il est devenu dur d'oreille et je me demande même si son cerveau ne s'est pas un peu ralenti, mais pour finir quand il est arrivé à comprendre quelque chose (c'est long) il est encore capable de se faire obéir.

Chez vous rien de pareil, j'en ai peur. Que dois-je croire ? Et que dois-je faire ? Dois-je poursuivre les démarches ?

Fidèlement

G.

1. Dans la lettre ci-dessus et dans les suivantes, le gouvernement français peut aussi être évoqué par *le recteur*, les négociations par *les examens*, *la titularisation*, les exécutions capitales par *les sanctions universitaires*, les forces de répression par *Ali bis*. Voir aussi la note remise à la Justice militaire en date du 14 décembre 1957, ici même p. 736.

Samedi 20 juillet

Le matin Louis Mangin me téléphone pour me demander de passer chez lui l'après-midi. J'y vais en auto et laisse ma voiture rue du Bac.

À 15 heures je vais au rendez-vous de Louis (je ne suis pas surprise que ce soit chez lui, puisque c'est samedi).

L'air honteux, avec des précautions, des excuses, des égards, il me dit que ma formule de gentleman's agreement n'a pu être retenue et qu'il va y avoir deux[1] *exécutions mais que, après tout, il y a une justification (d'ailleurs, il l'avoue, pure coïncidence). Je crois que je ne dis rien et je m'en vais. Je prends automatiquement l'ascenseur (ou l'escalier) et je me retrouve dans la rue. Je me sens brisée, je voudrais être dans ma voiture qui est à quelques pas, rue du Bac, mais mes larmes se mettent à couler, si amères, impossibles à retenir. Ainsi ça recommence comme en 42. Ce mur impossible à ébranler, derrière lequel, froidement, on tue.*

J'arrive enfin à ma voiture et là je reste anéantie une heure au moins. Puis je vais à quelques mètres de là chez Massignon, les larmes m'étouffent toujours au point de m'empêcher de parler mais il ne semble pas s'en apercevoir et me parle même de mon « calme excessif », à quoi je ne peux rien répondre car ma voix s'étrangle.

Je crois me rappeler que je n'ai pas pu répondre un mot, que je lui ai tourné le dos et que je suis repartie. Dans la rue, aveuglée par les larmes, je suis retournée à ma voiture et là je me suis demandé ce que je devais faire.

À minuit ou une heure du matin je vais poster à la gare des Invalides la lettre ci-dessous, à Yacef. Pour tenter au moins quelque chose.

Samedi soir, 20 juillet

Cher cousin,

Je viens de voir longuement mon vieux père. Il était très gêné et, avec des ménagements, il m'a annoncé qu'il ne tiendrait pas la promesse qu'il m'avait presque faite (il a ajouté qu'il pouvait s'en considérer comme dégagé par les circonstances que vous savez). Venant après l'histoire de votre jeune frère, cela a achevé de me désespérer.

1. En fait trois.

Forcément on a pour son père un attachement qui remonte à l'enfance et qui a été renforcé par les épreuves de la vie – dures épreuves, si dures épreuves. Malgré cela, j'avais grande envie de l'envoyer au diable et de le laisser désormais se débrouiller avec vous comme il l'entend (car il m'est impossible d'oublier, même une seconde, les conséquences de ses actes ; pas plus, d'ailleurs, [pour] que je n'oublie celles des actes de votre jeune frère).

Pourtant nous avons des devoirs, vous et moi, vis-à-vis de nos familles, et nous devons nous efforcer de les acheminer vers une vie décente – même si, chacune de son côté, elles font ce qu'elles peuvent pour se vautrer indéfiniment dans les pires folies. Pour cette raison, et le cœur très lourd, je vous prie de considérer qu'il y a une sorte d'équivalence dans le dérèglement et je vous demande s'il vous convient de me confirmer votre promesse. De mon côté, je parlerai sérieusement à mon père ; s'il accepte de me promettre de cesser ses excès et si vous arrivez à vous faire obéir de votre frère, on peut tenter (avec eux) la cure de désintoxication.

Dans le cas contraire, je sais (et vous le savez comme moi) que tout cela finira très mal, pour l'un comme pour l'autre : mon père baissera encore en peu plus, quant à votre frère il n'y survivra pas, car il est d'une constitution fragile.

Tout cela n'est pas gai, je reste cependant votre cousine dévouée.

G.

Au cours de notre conversation, mon père m'a dit qu'il allait réfléchir et voir s'il allait pouvoir me faire une promesse ferme pour un mois. S'il me fait cette promesse, et si vous êtes d'accord de votre côté pour la même chose, je reste à votre disposition pour faire les frais de la cure.

Le soir Lise[1] *vient dîner chez moi.*

1. Lise Borsum, journaliste norvégienne, résistante et ancienne déportée, membre de l'équipe de la CICRC qui venait d'enquêter en Algérie.

22 juillet

Lettre à Louis Mangin

Lundi [22 juillet 1957]

Cher Louis,

1. Il est plausible que la Présidence du Conseil s'intéresse aux Centres sociaux (seul service public a avoir le contact avec les masses musulmanes).

2. Il sont en difficulté (plusieurs moniteurs passent en jugement à partir d'aujourd'hui).

3. Je suis très qualifiée pour établir un bilan de la situation et arranger pas mal de choses.

(Le hasard veut que j'ai également à compléter l'enquête sur Melouza – *mais n'en parlez pas* – car ma commission internationale est d'accord pour la publier. Autant la faire aussi bien que possible.)

Il se trouve également que je serai cordialement accueillie par le cabinet de Lacoste (où j'ai de bons amis).

Il faudrait que je puisse vous voir demain ainsi que « mon vieux père » (B[oulloche] en l'espèce ?)

Amicalement.

G.

23 juillet

J'écris une nouvelle fois à Yacef; j'emporterai la lettre à Alger pour la déposer moi-même à l'adresse convenue.

Mardi soir [23 juillet 1957]

Cher cousin, j'ai vu mon père qui pense qu'il est prématuré de s'occuper de votre titularisation (sauf erreur de ma part, c'est également votre avis). Je crois d'ailleurs que, vu le climat actuel, il y aurait lieu de ne pas en parler à l'avance et de ne l'annoncer que lorsqu'elle serait chose faite (et que, cela va de soi, vous auriez pris toutes vos garanties).

Mais qui dit « titularisation » dit « examen » et il n'y aurait que des avantages pour tout le monde à ce que vous « piochiez », pendant les vacances, les matières du programme. Vous êtes beaucoup plus calé que moi dans les sciences politiques (et ce n'est pas difficile, car cela m'a toujours barbée) mais pour la sociologie et les sciences économiques vous êtes (excusez-moi de vous le dire) d'une ignorance crasse, qui me fait peur. Même si par chance vous arriviez, dans ces conditions, à passer l'écrit, vous pouvez être sûr à l'oral de vous faire « allonger pour le compte ». Et quelle déception pour votre famille !

À propos d'elle permettez-moi de vous dire que vous l'intimidez (en outre elle est fière de vous et c'est bien naturel), mais, heureusement, je ne l'intimide nullement et avec moi elle ne se gêne pas pour se plaindre de la vie de bohème que vous lui faites mener. Pensez-y.

De mon côté, mon père me permet de partir, mais il a bien spécifié que c'était à mes risques et périls et qu'il ne prenait aucune responsabilité en ce qui concerne ce voyage. « Risques et périls », je m'en fous, mais – en aucun cas – je ne serais partie sans son autorisation, car vous savez comme j'ai l'esprit de famille. Donc, je vais pouvoir étudier avec vous une partie de votre programme (si cela vous convient).

Naturellement vous devez songer à votre santé et ne pas vous surmener, sous prétexte d'examen. Et c'est pourquoi je vous conseille de les préparer à la campagne, plutôt qu'en ville où l'air est réellement [un mot illisible]. Rien ne m'empêche, d'ailleurs, d'y faire un séjour.

Je n'oublie pas la promesse que vous m'avez faite si spontanément (c'est, en grande partie, à cause d'elle que j'ai modifié tous mes projets personnels). Je n'oublie pas non plus qu'elle est au conditionnel…

Votre cousine dévouée

G.

Je m'explique clairement : en aucun cas je ne désobéirai à mon père, mais rien ne m'oblige à lui obéir contre ma conscience, et si jamais je pense qu'il se trompe ou qu'il veut vous faire du tort, je m'en retourne.

Les notes qui suivent ont été écrites le jour même sur des chiffons de papier.

12 heures : Je pars avec Lise au rendez-vous de B[oulloche]. J'essaie encore (mais sans espoir) de sauver ces vies. – Et je me dis que cela se

passait sans doute comme cela en 1942 : un homme sensible, ennuyé, plein d'égards… un mur.

13 h 30 : J'arrive au rendez-vous de Marie-Renée[1] et de toute sa petite bande. Les parents de Nelly[2] sont là aussi.

Puis longue conversation avec Stani[3].

Je rentre et travaille jusqu'à 3 heures du matin sur les documents que Louis [Mangin] m'a confiés.

Je ne peux pas détacher ma pensée de ces inconnus que je ne sauverai pas.

24 juillet : Paris-Alger

Louis [Mangin] m'a envoyé une voiture que les arbres me cachent. Bref j'arrive avec une demi-heure de retard au rendez-vous de B[oulloche].

10 h du matin. Présidence du Conseil. Conversation avec André Boulloche. Ensuite conversation avec Louis à qui je rends ses papiers.

13 h. Puis déjeuner avec [Antoine] Veil et sa femme Simone (sœur de Miarka[4]).

Puis je vais à la poste toucher un mandat.

Ensuite avion. Un coup de téléphone souverain a aplani toutes les difficultés de permission.

16 h 50. Départ de l'avion pour Alger.

Je suis arrivée à Alger le mercredi 24 juillet 1957. Le jeudi 25 ont lieu les trois exécutions qui m'avaient été annoncées le samedi précédent (20 juillet).

La lettre que j'avais écrite le samedi (en apprenant qu'elles auraient lieu) et que j'avais postée à minuit le jour même aux Invalides (donc le 21 juillet) n'a été remise que le jeudi ou le vendredi (donc le 26).

Une lettre (datée du samedi 27 juillet) m'a été remise, de la main

1. Marie-Renée Chéné (des Centres sociaux) qui venait d'être expulsée d'Algérie.
2. Nelly Forget (des Centres sociaux), détenue à Alger et dont le procès allait avoir lieu.
3. Stanislas Mangin, frère de Louis-Eugène Mangin et, comme lui, ami d'enfance de GT.
4. Denise Vernay, résistante, déportée à Ravensbrück, amie de GT et qui fut de longues années sa secrétaire.

à la main, le lundi – donc après l'attentat sans victime du samedi 27 juillet.

25 juillet

Jeudi, 10 heures à l'hôtel, dans la chambre de Mercier[1], je retrouve tous les avocats et le journaliste du *Monde* [Bertrand Poirot-Delpech].

J'apprends les trois exécutions, avec les détails. Pire encore que de notre temps.

Ensuite course en ville puis déjeuner chez Teitgen[2] qui est, lui aussi, hors de lui. Il nous lit le texte sur la façon « morale » de torturer.

(Le 8 juillet 1958 Teitgen me dira que c'est ce jour-là que Audin[3] a été étranglé sur la table de torture par Charbonnier.)

14 h. Réunion au presbytère d'Hussein Dey[4]. J'accompagne à l'aérodrome d'Alger dans ma voiture les deux jeunes éducatrices des Centres sociaux qui viennent d'être acquittées par le tribunal militaire ; elles se nomment Nelly Forget et Chafika Meslem.

18 h. Je trouve le club franco-musulman fermé et prends un jus d'orange dans le café le plus proche, avec l'envoyé de Y[acef], Hadj Smaïn[5].

Il me laisse prévoir des représailles.

1. Maître Jacques Mercier, avocat de Chafika Meslem et de Nelly Forget dans le procès qui s'était terminé la veille.

2. Paul Teitgen, secrétaire général de la préfecture d'Alger. Résistant, déporté, il avait protesté contre les disparitions de personnes arrêtées qu'il avait chiffrées à plus de trois mille à la fin du premier trimestre 1957. Il démissionnera le 12 septembre de la même année.

3. Mathématicien, jeune assistant à la faculté des sciences d'Alger, membre du parti communiste algérien (PCA). Arrêté en juin 1957, il disparut… Sa disparition souleva une vague d'indignation (création d'un Comité Maurice Audin, publication aux Éditions de Minuit de *L'Affaire Audin*). Il fut reçu docteur ès sciences à titre posthume à la faculté des sciences de Paris, en décembre 1957.

4. Paroisse tenue par la Mission de France. Un des vicaires, Jean-Claude Barthez, venait d'être condamné avec sursis dans le procès dit des « Chrétiens progressistes ».

5. Agent de liaison de Yacef Saadi, sous le pseudonyme de Georges, Hadj Smaïn était *adel* (greffier) à la *mahakma* (justice de paix de droit musulman) du canton nord d'Alger, près de la Grande Mosquée (et donc non loin de la Casbah).

26 juillet

Vendredi. À 8 heures départ pour chercher les Gautron[1] et leur amie. Puis aérodrome où j'attends que l'avion soit parti pour partir à mon tour, tant j'ai peur qu'on les enlève.

27 juillet

J'envoie une lettre à Louis Mangin (pour être communiquée à André Boulloche).

Vendredi soir ou plutôt samedi 2 heures

Cher Louis, Je vais demain matin à 8 heures conduire à l'avion la deuxième série de mes ouailles libérées (hier après-midi j'ai procédé à la même opération pour la première série). Ceci afin d'éviter une « bavure » (comme on dit ici) à la dernière minute (des prisonniers acquittés et libérés par le tribunal ont été arrêtés à leur sortie de prison et « assignés à résidence » dans un camp d'internement, où ils étaient entre les mains des militaires et de la police, sans aucun contrôle judiciaire). Elle est, à vrai dire, peu probable, car la texture de ce procès est tellement honteuse que même *L'Écho d'Alger* l'a perçue.

J'ai donc vu longuement tout le groupe, vu également les avocats, déjeuné chez Teitgen. Puisque vous m'avez aidée à essayer (en vain) d'éviter certaines erreurs (et que vous n'avez guère le temps de faire une lecture comparative des journaux) je résume :

Nelly [Forget] est arrêtée en février pour avoir conduit une certaine Raymonde Peschard[2] du couvent des Sœurs Blanches au couvent des Clarisses ; elle est torturée, nue, à 3 heures et demie, par un certain capitaine para (vert) F[aulques]. Elle fait 6 mois de prison.

Le président, au procès, déclare que Raymonde Peschard a été reconnue innocente à *titre posthume.* Il n'existe pour cette malheu-

1. Éliane Gautron, dite Ratoune, membre des Centres sociaux, venait, elle aussi, d'être libérée ainsi que son mari Jacques et une amie, Denise Walbert.

2. Militante communiste, « la femme blonde » à qui était imputés par la presse, et à tort, tous les attentats à la bombe dans la ville d'Alger.

reuse ni certificat de décès, ni témoin de sa mort. Elle est présumée morte, c'est tout. Bavure ?

(Pas de bavure en ce qui la concerne, car on sait aujourd'hui qu'elle a été tuée au maquis quelques semaines plus tard.)

On bave beaucoup, car ceci n'est qu'un cas entre beaucoup d'autres (2 000 personnes disparues dans Alger, sans compter les « suicides » et les « évasions »).

On a exécuté trois hommes hier matin, dont un complètement innocent (je le tiens de source autorisée) et deux qui étaient coupables de « tentatives » d'assassinat. Coupables comme André Boulloche (qui était armé quand les Nazis l'ont arrêté) ; comme moi accusée d'avoir tenté de « neutraliser » (c'est-à-dire d'avoir voulu « éliminer ») des traîtres français. Mon grand regret d'ailleurs est d'avoir échoué. Les jours d'exécutions on entend à 3 heures du matin le bruit des clefs. C'est le signal de l'hystérie dans toute la prison. Celle-ci est à côté de la Casbah où l'on veille chaque nuit en attendant le signal. Hystérie à la suite dans la Casbah.

L'avocat qui a assisté les malheureux, homme de 35 ans, est parti en sanglotant comme un enfant. Après cela, *pendant des jours* (c'est un pays où il ne pleut guère) la promenade de tous les détenus a lieu à côté des traînées rouges. – Naturellement personne ne dort, ni dans la prison, ni dans la Casbah, avant 4 heures du matin, toutes les autres nuits.

Nous sommes (après 12 ans de paix) en train de nous faire « Mimi-et-Épuration » avec les Allemands, et nous sommes quelques-uns qui le ferions de meilleur cœur si les Allemands avaient un peu moins « bavé ». Pouvons-nous attendre 12 ans pour recommencer à parler avec les Algériens ?

Je vais demain à Barberousse. Il y a maintenant deux filles de 20 ans qui sont dans la section des condamnées à mort. Je verrai tous ceux que je pourrai voir ; j'essaierai de les consoler comme je pourrai. Mais, croyez-moi, il faut avoir le cœur solidement accroché pour nager dans nos « bavures ». Ce n'est pas le cas du mien et je crève de honte et de chagrin.

Cher Louis, si vous pouviez m'écrire *par retour de courrier* pour me dire si je peux espérer la grâce des filles (et dans quels délais) et s'il est probable qu'on interrompe un peu cette mécanique monstrueuse (avec les réactions normales à prévoir, que j'attends actuellement avec les sentiments que vous devinez).

Dans ce brouhaha, j'ai pris 5 minutes pour la famille. Je n'ai pas vu mon cousin [=Yacef] qui était en opération. Aucune difficulté matérielle ; les difficultés sont psychologiques et vous les connaissez. Je le verrai cependant peut-être.

Si je ne me sens pas trop mal je vais profiter de mon séjour pour travailler un peu. Mais ce voyage est moralement plus pénible encore que je ne le prévoyais.

Amitiés à tous deux.

G.

Si vous pouviez télégraphier pour les 2 grâces et pour l'interruption. Par exemple : les 2 congés prévus pour telle date. Vacances de… admises

10 heures. Je passe au gouvernement général pour essayer quelques sauvetages (j'ai mes poches pleines de petits papiers chiffonnés d'appels au secours).

Je vois d'abord le colonel Schœn[1]*, puis le colonel Tercé. À l'un et à l'autre je ne peux m'empêcher de parler des horreurs qui apparaissent ou transparaissent dans le procès qui vient de se terminer. Je dis mon indignation, ma honte. Tous deux, tête basse, écoutent sans répondre un seul mot.*

18 h 30. Pendant que je suis au café Tantonville, en bas de la Casbah (à un rendez-vous avec Hadj Smaïn) une voiture-sirène est passée à une allure folle et m'a mise sur mes gardes. Attention concentrée, j'attends…

Une explosion pas très forte, assez proche. Je demande ce que c'est, d'un ton uni. Du même ton uni mon interlocuteur me dit : « C'est une bombe. Il doit y en avoir huit »…

Évidemment. Mais la colère me roidit.

Je souhaite porter secours aux victimes ; je souhaite partager leurs risques. Je souhaite être bien en colère, mais cette fois contre « eux » – pour changer. Parce que, depuis un mois, c'est contre « nous » que je suis en colère, et cela me réconforterait un peu de répartir mon indignation…

1. Directeur du Service des liaisons nord-africaines, héritier du Secrétariat général aux Affaires musulmanes supprimé en 1948. GT l'avait connu, sur la recommandation de L. Massignon, en 1955, quand elle était au cabinet de Jacques Soustelle et elle le considérait comme un homme juste et bien informé (voir plus loin sa lettre du 11 mai 1962, p. 798-799).

En attendant je suis en colère, colère froide, calme, silencieuse, qui doit cependant s'exprimer (bien que je ne dise pas un mot) car mon interlocuteur me regarde d'un air pantois, lui aussi sans rien dire.

Nous sommes debout, face à face sur le trottoir, parfaitement silencieux. Je sens seulement tous mes muscles durcis et raidis par une rage saine, calme, contrôlée.

À mi-voix je dis : « Dans ces conditions je m'en vais... »

Sans préciser si je pars pour l'hôtel ou pour Paris, et sachant parfaitement qu'il est inutile de spécifier. Mon interlocuteur me regarde avec inquiétude sans dire un seul mot. Et je m'en vais le laissant sur son trottoir.

En route j'évalue le déploiement de forces qui est écrasant. Retour à l'hôtel. Ne dérageant pas, je m'inquiète pour les victimes et je constate que j'aurais fait un mauvais diplomate et un mauvais tacticien militaire, car je prends les choses trop à cœur.

Il est clair que le dialogue annoncé (même s'il ne représente encore qu'une très mince chance de terminer ce cauchemar) a une valeur qui peut se chiffrer en vies humaines ; un « vrai » diplomate, un vrai militaire dirait (comme Boulloche, comme Louis) : « C'est régulier : on exécute, on assassine, on parle... » Tout en même temps. « Lois de la guerre, et patati-patata... »

Eh bien qu'ils la fassent eux-mêmes, parce que moi, ça me dégoûte.

28 juillet

Nuit pénible, angoissée, mais moins pénible que les précédentes – c'est un malheur arrivé, acquis, ce n'est plus cette mécanique en marche dont on sait qu'elle avance sans rien pouvoir.

Et aussi je supporte mieux la colère simple que je ressens que ce désespoir farouche et haineux des jours d'exécutions... Sur le moment je n'ose établir franchement un parallèle – car je sais que mes réactions sont irrationnelles (ce n'est d'ailleurs rien d'autre qu'une réaction, et je l'explique par l'influence du passé où, pendant cinq ans, j'ai révéré le « terroriste » et haï le bourreau...). Bref, je souffre moins quand je suis en colère contre « eux » que quand je suis en colère contre « nous »...

10 heures, départ pour une visite à mes amis Mermier[1], *avec le colonel de Vulpilière ; il a un journal qui m'apprend qu'il n'y a pas eu de victimes.*

Je respire, je respire doublement. Parce que je trouvais idiot et navrant d'être obligée d'arrêter moi-même le « contact », de couper moi-même ce mince fil d'espoir. Et cependant j'étais décidée à le faire. Pourquoi ? C'était irrationnel au possible, et je le savais. Et pourtant je sentais que je devais agir ainsi, irrationnellement.

Dans l'auto, le colonel et moi, nous bavardons. Il me parle de ses SAS[2] *et devient lyrique lorsqu'il se lance dans un couplet sur les « Képis bleus » et la pacification. C'est tellement gnangnan, irréel, serin*[3], *que je ne peux pas croire qu'il parle sérieusement. Rudement je le lui dis – avec des faits rudes – et, en parlant, la rage me reprend (dans l'autre sens).*

Journée qui aurait pu être agréable mais où je souffre physiquement d'une angoisse lancinante dont rien ne me détourne.

Article de journal (28-29 juillet) :

« 9 bombes, mais 5 explosions seulement, samedi à Alger entre 17 et 19 h 30.

Trois terroristes tués par leurs propres engins.

Un caporal de "paras" grièvement blessé a dû être amputé d'un bras. »

1. Agriculteurs en Kabylie à Chabet-el-Ameur où ils sont restés jusqu'à ce que leurs terres soient nationalisées en octobre 1963. M. Mermier, député à l'Assemblée algérienne, avait connu GT probablement par la paroisse protestante. Chabet-el-Ameur avait été choisi pour implanter un des premiers Centres sociaux en zone rurale.

2. Les sections d'administration spécialisées furent créées un mois avant les Centres sociaux (septembre 1955) à l'initiative du général Parlange pour pallier la sous-administration des campagnes et y lutter contre l'emprise du FLN. Elles étaient dirigées par des officiers des Affaires indigènes (ou assimilés) portant un képi bleu. En 1958, il y avait environ six cents SAS.

3. Ce n'est pas une faute d'orthographe. Voir plus loin la lettre du 31 juillet 1957 à Louis Mangin et à André Boulloche, p. 683.

Je reçois une carte de Fatima [Hamdiken[1]].

Très Chère Germaine,

Juste deux mots aujourd'hui pour vous dire que j'ai fait bon voyage. Demain je vous écrirai longuement.

J'ai vu Georges[2] ce matin et dînerai tout à l'heure avec lui. Nous avons tant de choses à nous dire après notre séparation… J'espère que tout va bien. Il m'a simplement dit ce matin qu'il était navré de vous avoir quittée dû la pénible conversation que vous avez eue tous deux. J'aurai plus de détails.

Que voulez-vous, malgré les sautes d'humeur, les coups de tête et l'opiniâtreté qui caractérisent les jeunes, il reste un peu de bon sens puisqu'au fond de lui-même il finit toujours par se dire que les aînés ont une expérience qui manque aux jeunes.

Je vous embrasse.

Fatima

P.S. Vous aurez les « échos » à partir du 1er août.

29 juillet

J'attends le courrier. Il arrive tard parce que c'est lundi – rien. Cette absence me semble anormale.

Courses en ville qui me rassérènent : il fait frais et doux, le ciel est bleu.

13 h. Hôtel de l'Oasis, grand déjeuner avec Morinaud, le doyen des juges d'instruction de Blida (adoré de ses clients, me dit-il), un avocat corse, un vieux colon et un jeune journaliste de L'Écho d'Alger. *On me demande mes impressions sur l'Algérie. La rage me reprend et je les donne. Froid.*

Puis les autres se détendent et m'en racontent de pire encore :

Les 7 hommes assassinés le jour de leur sortie de prison (à Blida).

Le village massacré sans la moindre raison dans le Constantinois.

1. Professeur de physique, fille du Dr Hamdiken que GT avait rencontré à plusieurs reprises lors de sa tournée dans les Aurès en 1955. C'est elle qui, quelques semaines plus tôt, le 3 juillet, avait averti GT qu'« ils » voulaient la voir et elle avait depuis assuré les liaisons.

2. Pseudonyme de Hadj Smaïn, agent de liaison de Yacef.

Les corps noyés dans le ciment et immergés au cap Matifou.

Les charniers ouverts au bulldozer.

Je vais ensuite au rendez-vous du recteur. Très amical. Il me dit tout le bien qu'il pense des Centres sociaux, que Aguesse[1] *est irremplaçable et qu'il était prêt à donner sa démission s'il partait.*

Il me parle également de son souci pour ses étudiants musulmans et qu'il est prêt à ce qu'on voudra pour leur sauver la mise. Je lui dis que la meilleure chose pour le moment est de ne rien dire mais de les accueillir quand ils reviendront comme s'ils n'étaient jamais partis.

17 h 30. Cabinet militaire. Je m'efforce de parler modérément mais l'indignation et la honte l'emportent.

19 h 30. Dîner chez les Durey. Ils me parlent de Mahious[2] *et du camp de Paul-Cazelles*[3] *et des nouvelles consignes du FLN contre le terrorisme.*

Composition française des gosses de la Casbah : « Vous êtes invisibles, que faites-vous ? »[4] *Ils sont épouvantés (et moi aussi) par ce que font tous ces mômes de 10 ans. Et pendant ce temps nos serins nous annoncent les progrès de la pacification.*

Deux exécutions à Oran (un des condamnés était accusé d'avoir participé à une action militaire qui avait fait 9 blessés mais pas de mort).

Une lettre de Yacef Saadi datée du 27 juillet m'est remise de la main à la main le lundi.

1. Charles Aguesse (1903-1981) dirigeait depuis 1945 le Service des Mouvements de jeunesse et d'éducation populaire qu'il avait créé en Algérie à la demande de Jean Guéhenno. C'est à lui que GT avait confié le soin de donner vie au projet des Centres Sociaux qu'elle avait conçus en 1955 et dont il sera le premier directeur. Jusqu'en juillet 1959 où il sera contraint de partir… à l'instigation du recteur.

2. Mohammed Mahious, des Centres sociaux, qui avait été arrêté, torturé, non inculpé, mais interné « administratif » d'abord dans un « centre de tri » (probablement celui de Paul-Cazelles) avant d'être interné à Berrouaghia.

3. À 200 km au sud d'Alger, ce centre « d'hébergement » puis « de triage et de transit » (comme ceux de Berrouaghia et de Lodi, puis de Beni-Messous, de Ben Aknoun, et bien d'autres) permit de détenir et d'interroger, sans aucun contrôle judiciaire, quiconque était arrêté. Tous ces centres, théoriquement sous le contrôle du préfet, étaient en fait pris en charge par l'armée et connus pour être des lieux de torture et de « disparitions », plus redoutés que la prison.

4. Voir ci-dessus la rédaction d'écoliers d'Alger, p. 651-659.

Samedi 17 heures

Chère cousine,

J'ai reçu votre lettre qui, il faut l'avouer, ne m'a pas surpris outre mesure. La volte-face de votre père n'était pas inattendue. Comme vous le reconnaissez vous-même, il a énormément baissé. Ces dernières années il ne veut pas voir la réalité en face. La promesse que je vous avais faite ne tient évidemment plus et je pense que je me suis montré bon joueur. Vous me demandez de vous la renouveler. Il ne faut pas que cela reste à l'état de promesse. Si votre père changeait d'avis je suis toujours prêt avec l'accord total de mes frères. Je me rends fort bien compte de la portée de mes engagements et de la conséquence de mes décisions. C'est pour cela que je ne peux pas me montrer intransigeant. Mais je précise bien ma promesse ne deviendra engagement que lorsqu'il y aura « quelque chose » de la part de votre père.

Je me considère actuellement comme dégagé de toute promesse et cela du fait de la position prise par votre père.

Vous parlez « d'équivalence » dans le dérèglement de nos deux familles. Je suis là pour le constater et en subir les conséquences. Mais je persiste à affirmer qu'il n'y a pas dérèglement chez nous, au contraire une conduite éclairée et lucide ce qui fait que nous sommes totalement responsables de ce que nous faisons. Hélas dans votre famille quelle est la ligne de conduite ? On ne sait jamais. Quand nous croyons qu'enfin la raison va l'emporter, c'est hélas une déception qui nous est réservée.

Je vous avoue que je suis plus que jamais sceptique quant aux sentiments humanitaires de votre père. Somme toute l'engagement qu'il aurait pris n'aurait été que la manifestation de son amour pour la justice. Mais il n'a plus de volonté !

Enfin de mon côté je répondrai aussitôt à une proposition, si vous acceptez toujours cette tâche ingrate, il est vrai, mais qui fait honneur à votre Amour de l'homme, je vous en serai très reconnaissant.

Je tiens à attirer vote attention sur le sort de mes deux jeunes sœurs. Si elles succombaient à leurs blessures, moi-même et mes frères et toute la famille, et les proches d'Alger seront vivement touchés, leurs réactions seront très violentes et leur douleur ne s'éteindra pas facilement. Je compte sur vous pour guérir nos deux sœurs.

Quant à ma maman que vous avez vue dernièrement, elle m'a chargé par l'intermédiaire d'amis de vous signaler qu'elle ne connaît plus aucun repos depuis quelque temps et que ce matin même à 4 h 1/2 du matin, elle a dû descendre en bonne compagnie au Poste, laissant les 5 petits sans surveillance. Qu'en pensez-vous ? Croyez-vous qu'elle n'a pas assez payé ?

Dans l'espoir que nous mènerons ensemble la cure de désintoxication, votre dévoué et respectueux cousin.

signature barbouillée

P.S. Ci-joint la déclaration d'une de nos sœurs alors qu'elle était sûre de la peine.

En toute honnêteté je vous joins aussi l'avertissement lancé à la population française.

Lettre à Louis Mangin

Lundi 29.7

Cher Louis,

Mon voyage était encore plus utile que je ne l'imaginais (et pas seulement pour conduire à l'avion mes poussins).

Hier j'ai passé la journée au bord de la mer chez des amis, avec le colonel de Vulpilière (que je connaissais déjà) qui a la charge des SAS. Or il y a conflit (à la base) entre les SAS urbaines et certains de nos Centres sociaux, faute de coordination. Nous devons arranger cela et je vois le recteur cet après-midi.

Sur le plan général voici ce que raconte le fameux « téléphone arabe » : les bombes de l'autre jour étaient « un coup de semonce » pour la condamnation à mort des jeunes filles. Les exécutions de jeudi n'ont pas été sanctionnées (pour des raisons inconnues) mais les deux exécutions d'Oran ont « obligé » les autres (c'est comme cela qu'on les appelle en Kabylie) à prendre des mesures (bombes de samedi).

Bref le prix du sang est payé – selon l'esprit du pays. D'autre part il n'a pas fait de victimes (selon notre esprit) et il est possible que l'on puisse respirer quelques jours – si rien de nouveau ne survient.

Bonnes nouvelles de la famille – malgré qq ombres de mon côté. Aucune difficulté matérielle.

Dès que j'aurais arrangé un modus vivendi entre SAS et C.C. [Centres sociaux] je fais qq enquêtes ethnographiques et je reviens.

Amicalement

G.

Vous ne pouvez imaginer ce que le cousin ressemble au vieux père : même souci des dosages d'opinion, mêmes discours emphatiques assortis de restrictions mentales ce gars-là est fait pour la politique.

Il est un peu dur.

Le vieux a été ossifié par l'âge.

30 juillet

Le matin je vais à la prison où je vois Malika Khène[1]*. Je parle avec le sous-directeur et le gardien-chef et obtient l'autorisation de voir les condamnées pour l'après-midi. J'organise mon prochain voyage, déjeune à la cafétéria et retourne l'après-midi à la prison.*

Je vois les deux jeunes filles condamnées à mort, Djemila Bouhired et Djemila Bouazza, la plus jeune d'abord (un peu déséquilibrée), l'autre ensuite. Elles arrivent l'une et l'autre, chacune à leur tour, sans être accompagnées dans le parloir où je les attends. À l'une et à l'autre j'évoque un futur bénin (grâces, Maison Carrée, cours par correspondance et préparation du BEPC).

Je vois ensuite tous les hommes du procès [dit des « Chrétiens progressistes »].

Coudre[2] *d'abord, homme très émouvant par sa générosité, sa hauteur spirituelle. Il me parle de leurs rapports avec « les miens » [leurs co-détenus], embauchés par le FLN. En général des « hommes du milieu » qui (au début du moins) ont travaillé pour l'argent et pour lesquels, peu à peu, un monde inconnu s'est ouvert (parfois seulement en prison). L'un d'eux s'accuse de trois crimes qu'il n'a pas commis pour sauver des camarades.*

Ensuite Sahnoun[3] *qui me reconnaît avec joie, puis Mahmoud Messaoudi du camp*[4] *(qui a seulement entendu parler de moi), visage si*

1. Malika Mefti, qui avait probablement rencontré GT en 1955, était alors en détention préventive. Militante, elle avait épousé Lamine Khène, un des leaders de l'AEMAN (Association des étudiants musulmans de l'Afrique du Nord), puis de l'UGEMA (Union générale des étudiants musulmans algériens), futur secrétaire d'État du GPRA et co-rédacteur des statuts du FLN.

2. Pierre Coudre, le seul Européen du procès à avoir été condamné à une peine ferme.

3. Mohamed Sahnoun, membre des Centres sociaux, condamné à un an de prison.

4. Sans appartenir aux Centres sociaux, cet étudiant avait activement participé à l'action sociale dans les bidonvilles algérois.

confiant, si ouvert, si lumineux... Puis Brahim[1], *auquel je demande également quelles sortes d'études il aimerait faire. Il a l'air un peu épaté.*

Retour à l'hôtel. Achat d'une blouse en passant puis auto pour Chabet[2].

Lettre à Louis Mangin

Mardi [30 juillet 1957]

Cher Louis

J'ai déjeuné hier avec le bâtonnier et un journaliste de *L'Écho d'Alger* qui m'ont raconté des histoires horrifiques (2 200 personnes disparues dans Alger – chiffres de la préfecture – charniers, corps coulés en mer, etc.).

Le soir dîner chez des amis (médecin métropolitain). Il a en communication des compositions françaises de gosses de la Casbah (10 à 13 ans) sur le thème « Vous êtes invisible. Que faites-vous ? » Il a été terrifié et moi aussi.

Il a vu aussi un gamin que je connais qui vient du camp de Paul-Cazelles où l'on raconte, aux dernières nouvelles, que Abane[3] aurait interdit le terrorisme et pris des dispositions pour envoyer tous les étudiants des maquis finir leurs études dans des universités étrangères (évidemment puisqu'ils sont condamnés à mort dans la nôtre).

Tout cela me semble un peu gros. Mais ce pays est une éponge (comme je vous l'ai toujours dit), dont il suffit de flairer un bout pour savoir dans quelle sauce elle a trempé.

(Cet Abane est vénéré par les masses à l'égal du prophète Mohammed soi-même – cela m'est confirmé de tous les côtés.)

Je repars ce soir prendre un peu de repos au bord de la mer.

Bien amicalement

G.

1. Probablement Brahim Chergui, condamné à 10 ans dans le procès dit « des Chrétiens progressistes ». Il secondait Ben Khedda, responsable de la branche politique de la ZAA, la zone autonome d'Alger.

2. Voir ci-dessus la note sur les Mermier.

3. Ramdane Abane (1920-1957). Militant MTLD, arrêté déjà en 1950. À sa libération, il avait rejoint le FLN où il s'était imposé comme leader du groupe algérois (qui, en 1955-1956, dirigeait de fait les deux wilayas d'Alger et de Kabylie). Organisateur du congrès de la Soummam (août 1956) qui définit les objectifs du combat et jeta les bases du futur État algérien. Partisan déclaré de la primauté du politique sur le militaire, de l'Intérieur sur l'Extérieur, il fut marginalisé au CNRA d'août 1957, que dominaient les colonels, et fut assassiné au Maroc, fin décembre 1957, par l'un d'entre eux (Boussouf).

31 juillet

Repos à Chabet, mais tellement rongée d'anxiété que je m'en inquiète : je ne me suis jamais fait autant de bile de ma vie et pourtant j'ai eu des occasions !

Peut-être que, cette fois encore, c'est cette angoisse torturante que produit en moi l'impuissance totale devant le crime : si une action (même minime) reste possible, alors je retrouve tout mon calme.

Déjeuner. M. Slimani[1].

Dîner.

Lettre à Louis Mangin et à André Boulloche

Cher Louis, je vous écris dans la paix des champs, chez de vieux et chers amis, « colons » de leur état. Je les quitte demain pour rejoindre nos amis communs. Jusqu'à présent aucun autre problème que ceux que j'avais prévus – mais qui pouvaient tourner *très* mal.

Je vous ai posté hier un petit texte. Je l'ai fait pour deux raisons : 1°/ Pour m'en débarrasser. 2°/ Pour que vous constatiez que le complexe psychologique dont je vous ai parlé (avec une émotion maladroite) ce n'est pas moi qui l'invente (comme je vous soupçonne un peu de le penser). Il se trouve simplement que je *le partage* – ce qui est très différent – mais c'est précisément pour cela, ne vous y trompez pas, que je suis ici.

J'ai confié également une autre lettre pour vous à un camarade de mon cousin (celui-ci est au diable, en opération) à cause de mes inquiétudes pour une amie dont la situation est très pénible et peut s'aggraver. Si le cas se présentait, je sais que je peux compter sur vous et je la reçois chez moi (on vous expédie un télégramme). Du côté famille aucun nuage pour l'instant et (après une lettre un peu vive) j'ai reçu des assurances orales de bonne conduite – bien entendu à « charge de réciprocité ».

Tous ces petits soucis personnels étant écartés, je peux m'adonner à mes chères études et observer, avec l'œil *serein* de l'historien (ne pas confondre avec l'œil *« serin »* du G.G., le gouvernement général) une situation qui est proprement effarante. Des deux côtés on nage en plein délire. Le délire du FLN, on ne le connaît que par les tracts et le téléphone

1. Directeur du Centre social de Chabet-el-Ameur.

arabe : indépendance à la tunisienne, fédération nord-africaine, arbitrage Bourguiba, etc. Mais de notre côté, on peut avoir des données directes sur les « grandes pensées » de la pacification. La grande idée de l'état-major de M[assu] serait (je dis « serait » car je ne peux pas le croire) de revenir à 1830, en éliminant tout ce qui pense, dans le présent ou le futur. *Apparemment* c'est bien ce qu'on fait. Mais le résultat c'est qu'on extermine méthodiquement tous les gens qui ont une « cervelle vingtième siècle » – c'est-à-dire susceptibles d'appeler un chat un chat, de comprendre et de suivre une idée, d'adopter un comportement rationnel. C'est-à-dire les seuls avec lesquels on peut trouver un modus vivendi. C'est sans doute dans le cadre de cette « action psychologique » que l'on peut expliquer l'exécution de Ben M'hidi [1].

J'ai parlé de lui avec des amis musulmans de tous bords (certains officiers français loyaux et fidèles) : ils pleuraient. Ce n'est d'ailleurs pas un secret qu'il était avec Abane, l'élément moderne du FLN. On pleurniche au G.G., dans certains bureaux. On voudrait « parler ». Nos imbéciles avaient ce type-là dans les mains et ils l'ont assassiné.

Résultat : on ne va plus avoir en face de nous que les vieilles barbes des Oulema et la Ligue arabe. Ceux-là croient dur comme fer qu'on est encore au XIVe siècle et ils conduiront gaillardement leur patrie dans l'abjection « indigence-ignorance », sans que rien puisse les en détourner. Quant à nous on est parti pour la Guerre de Cent Ans « la fleur au fusil, à la bouche une chanson ».

J'exagère. Je connais l'armée et je sais qu'elle possède quelques cracks, capables, dans le silence des États-majors, de fabriquer une doctrine et des cadres qui pourront inquiéter sérieusement le FLN dans 4 ou 5 ans. Mais pour le moment je puis vous affirmer qu'il n'y a pas deux types qui comprennent de la même façon ce qu'on entend en haut lieu par « pacification ». Et ce n'est pas leur faute.

D'autre part, et bien que la population musulmane, dans son ensemble, réprouve le terrorisme, elle se sent « solidaire » de ses terroristes et cela aboutit à l'hystérie collective dont je vous ai parlé

1. Larbi Ben M'hidi (1923-1957). Son exécution, quelques jours après son arrestation, en février 1957, avait été à peine camouflée en suicide. Très vite avait circulé le bruit – confirmé par le général Bigeard – que les honneurs lui avaient été rendus par ceux qui l'avaient tué… Larbi Ben M'hidi avait été de toutes les entreprises nationalistes ; il faisait partie des « neuf chefs historiques » qui avaient planifié l'insurrection du 1er novembre 1954, il était un des cinq membres de l'exécutif du FLN, le CCE. Bien que « militaire » – il avait dirigé la wilaya d'Oranie avant d'avoir la responsabilité de la ZAA (zone autonome d'Alger) –, il faisait équipe avec le « politique » Ramdane Abane.

ou à un refus pur et simple de voir la vérité (on m'a dit, par exemple, chez de nombreuses gens que les deux jeunes filles condamnées étaient innocentes). À force de battre le jaune d'œuf avec l'huile nous avons fait prendre la mayonnaise – maintenant elle est faite l'unité algérienne…

Je vous ai parlé de la composition française des gosses de 10 à 13 ans sur le thème « Vous êtes invisible. Que faites-vous ? ». Autre histoire de gosse : la petite fille de 4 ans d'un de mes amis lève ses deux petits bras en l'air dès qu'elle voit un soldat. « Comme papa » (papa est fonctionnaire et ancien officier).

Naturellement la « bonne conscience » de Massu, c'est Ali la Pointe. Inversement la « bonne conscience » d'Ali la Pointe c'est Massu. Rigoureusement sans issue.

Comment sortir de là ? Je l'ignore. Ce que je sais c'est que si l'on n'y parvient pas ce pays est foutu irrémédiablement. En attendant c'est les chevaux de bois : chaque cheval court après sa queue.

Mes amitiés à votre femme et à vous[1].

Début d'août

J'apprends qu'il n'y aura plus d'exécution avant la rentrée d'octobre. Fatima expédie à ma demande le télégramme suivant [pour Yacef] :

Sanctions universitaires suspendues, quelques mutations acceptées, vive les vacances prévient famille et viens

Ta Fatima

1er août

Déjeuner à Alger au Paris *avec les Mermier et M. Slimani, puis à la gare avec mes bagages, puis coiffeur, puis [Hôtel]* Saint-George *(pour mon courrier), puis tram pour aller à la gare. Le train n'a pas de retard, voyage normal.*

Arrivée à la campagne[2] où je retrouve tout mon calme habituel :

1. Cette lettre ne sera envoyée qu'une semaine plus tard (voir lettre du 6 août au même destinataire).

2. Voir ci-dessous.

je n'ai, semble-t-il, commis aucune faute et, comme dit le proverbe, cette pensée est le meilleur des oreillers. Repos studieux.

Première semaine d'août

Notes prises pendant mon séjour clandestin dans la Casbah[1].

[En fait de campagne], la cellule clandestine d'Alger m'a logée dans un petit deux pièces de la Casbah : je ne dois pas m'approcher des fenêtres pour ne pas attirer l'attention des voisins et une très sympathique vieille dame algérienne me tient compagnie, prépare nos repas et poste le courrier que je lui confie ; en particulier la lettre adressée à Louis Mangin.

Je travaille avec application.

Conversation très touchante avec cette sympathique vieille dame, veuve d'un fonctionnaire. Elle entremêle les considérations de son feu mari sur la France « dont tous les autres pays sont jaloux », sur les « vrais » Français (incapables de faire le mal), sur la langue française « si belle mais il faut avoir la bouche fine pour la parler », avec les idées et activités de son fils (arrêté en 1945 à 19 ans et déjà, à cette date, et à cet âge, responsable important du mouvement nationaliste). Et voilà ! Comme dit Chevalier : « Et c'est pour ça qu'on s'a quitté. » Même chez les paras on trouve quelquefois des « enfants de famille », des « vrais Français » (par exemple celui qui vient revoir en cachette et en civil une famille de 8 enfants dont il a arrêté le père), mais en général ce sont des brigands. Quelquefois quand ils arrêtent un homme, ils lui déchirent ses papiers d'identité et ils lui disent : « Maintenant va-t'en » – « Mais où vais-je aller ? » dit le pauvre (car il peut maintenant se faire abattre à n'importe quelle heure puisqu'il n'a plus de papiers).

« Ils ne cherchent que l'argent. » Elle en a vu en pleine Place du Gouvernement fouiller le portefeuille d'un vieux, rigoler en voyant

1. GT ne s'est exprimée sur cet épisode que dans son témoignage devant la justice militaire et dans le rapport intitulé « *Voyage d'étude à Alger du 24 juillet au 12 août* » qu'on trouvera, l'un et l'autre, plus loin (voir p. 565-571 et p. 693-694). Dans la perspective d'une entrevue avec un représentant du CCE – Comité de coordination et d'exécution, organe exécutif suprême du FLN –, GT avait accepté de s'isoler. Cette entrevue n'aura pas lieu et sera remplacée par deux nouvelles rencontres avec le chef de la zone autonome d'Alger, Yacef Saadi, le 3 et le 9 août.

l'argent, l'empocher séance tenante et emmener le vieux. « Et que peut-il dire ? »

Dans la Casbah, un gamin vendait du linge d'enfant qu'il portait dans une petite corbeille, le chef de patrouille, en passant donne un coup de pied dans la corbeille, envoie toutes les petites chaussettes blanches, les bavoirs, les brassières dans la boue et s'applique à les piétiner. Derrière la patrouille, toute la foule à genoux pour retrouver les chaussettes et les bavoirs.

Dans la Casbah encore : vérifications d'identité. Dans le portefeuille qu'il ouvre, le para voit de l'argent, le passe derrière son dos à un camarade pendant qu'il affecte d'examiner la carte d'identité... Le camarade empoche tout l'argent. – Et tout cela au vu et au su de la foule silencieuse.

Le 6 août j'écris à L. E. Mangin et à Boulloche pour les rassurer sur mon sort.

Mercredi 6 août 1957

La vie à la campagne est moins pénible qu'en ville. L'écho des « événements » me parvient, mais atténué par l'ambiance jeune dans laquelle je me trouve. Les gosses de la maison sont pleins d'attention pour moi et prennent grand soin de ne pas me casser la tête ; les grands aussi font un gros effort de sagesse (qui est assez courageux et méritoire, car les occasions de se dissiper ne leur manquent pas). Il est vrai que je ne suis pas une éducatrice de métier, je prends tout à cœur – malgré tous les raisonnements que j'essaie de me tenir – et s'ils m'embêtaient je les enverrais au diable (j'en ai été tentée un certain samedi[1]). Dans l'ensemble je les trouve beaucoup plus raisonnables que je ne m'y attendais.

Malheureusement je me sens très fatiguée, je ne dors pas et je ressens – comme toujours à retardement – l'ébranlement de ma première semaine qui m'a littéralement rendue malade. (Je vous envoie les cogitations politico-sociales de la dite semainc[2] – avec huit jours de retard, dus à ma négligence). J'ai un ami qui va en ville aujourd'hui et peut se charger de mon courrier.

Bien amicalement.

G.

1. Se reporter à la date du 27 juillet 1957, p. 675.
2. Ce texte n'a pas été retrouvé.

11 août

Lettres[1] *de Louis Mangin :*

Probablement écrite le 1er août 1957. Je l'ai reçue (envoyée, je crois, poste restante) le dimanche[2]*. Je suis frappée et alarmée par le silence touchant les exécutions.*

Chère Germaine,

J'ai bien reçu vos lettres postées mardi, et avant elles, votre message d'arrivée. Je me suis informé au sujet de vos deux jeunes sœurs *(il s'agit des deux Djamila, Djamila Bouhired et Djamila Bouazza, condamnées à mort)*, dont le dossier est actuellement à l'étude, et y restera jusqu'à ce que mon grand-père rentre de vacances, puis que son conseil d'administration se réunisse. Cela représente six à huit semaines de délais. Nous avons donc le temps d'en reparler.

Il est certain que vos deux sœurs n'ont pas été raisonnables et qu'elles ont fait des dettes se montant à une bonne centaine de milliers de francs. Cependant, en raison de leur jeune âge et des autres considérations que vous exposez, tout espoir n'est pas absolument perdu pour elles de « refaire leur vie ». Il n'est toutefois pas permis de faire de pronostic ni de prendre d'engagements en ce qui les concerne.

Je suis frappé, et B[oulloche] avec moi, de ce que vous m'écrivez, de l'atmosphère que vous dépeignez, et qui m'est dépeinte d'autre part sous les mêmes couleurs. Je poursuis mes efforts en vue d'obtenir quelques mutations indispensables.

La lettre que vous avez reçue de votre cousin n'est pas encourageante. J'espère que vous pourrez bientôt le rencontrer et parler tranquillement avec lui.

Que d'émotions pour vous représente ce voyage !

Bon courage.

Bien, bien amicalement à vous.

Louis

1. Sortie de la clandestinité la veille (ou l'avant-veille au soir), GT va chercher le courrier qui l'attendait poste restante.
2. C'est-à-dire le 11 août 1957.

Du 9 août :

Présidence du Conseil
Cabinet
Paris, le 9 août 1957

Chère Germaine,

Je vous ai peu écrit, ayant peu à vous dire, durant votre séjour en Algérie. B[oulloche] et moi avons toutefois été toujours bien anxieux d'avoir de vos nouvelles, et heureux d'en recevoir.

Sitôt arrivée à Paris, je vous demande de me téléphoner au 2 à St Marc s/Seine, Cote d'Or, car j'y vais séjourner en vous attendant. Je serai à Paris mardi 13 et peut-être mercredi 14 matin.

Bien amicalement à vous.

Louis

Du 10 août :

Ma chère Germaine,

Mes projets de vacances se précisent, et je veux vous en mettre au courant puisque vous envisagez de vous y associer.

Je pourrai me libérer durant la semaine du 25 au 31.

Notre amie Madame Helena Vanderzee – qui est copropriétaire d'une importante affaire d'armement anglo-hollandaise et qui a été mariée à Gérard Baus (Germantes du *Figaro*) – a un appartement 11 rue de Gramont à Lausanne. J'ai l'idée de le lui emprunter, car je suis très séduit par le lac de Genève. Elle est actuellement en Italie, où j'ai pu la joindre au téléphone hier soir, et elle m'a dit qu'elle irait à Lausanne vers le 15. Elle espère, ou plutôt elle envisage, de libérer son appartement entre le 25 et le 30, et elle m'a promis de me tenir au courant de ses projets le 16 ou le 17, dès qu'elle-même sera fixée.

J'ai donc l'espoir de pouvoir profiter, durant mes courtes vacances, de l'offre aimable qu'elle m'a faite une fois pour toutes de disposer de son logis, et d'éviter ainsi les frais d'hôtel.

Dans le cas où cela ne s'arrangerait pas, nous pouvons, si la dépense ne vous effraie pas, envisager de séjourner dans un hôtel. Qu'en pensez-vous ?

Dans ce cas, ma femme et moi nous rallierons à votre propre choix.

Ce que vous m'écrivez de votre état de fatigue ne m'étonne pas, et m'affecte beaucoup.

Voulez-vous, dès votre retour à Paris, envisager de venir vous reposer une semaine dans ma maison de campagne ? Vous y trouveriez la paix et le calme dont vous avez le plus grand besoin, avec une vue ravissante sur la haute vallée de la Seine…

Ma femme se joint à moi pour vous dire toutes nos amitiés.

Louis

Notre patron est décidé, enfin, à renvoyer deux et peut-être trois employés qui sont directement responsables des erreurs de gestion que vous connaissez.

L'annonce de deux exécutions paraît dans L'Écho d'Alger *et* Dernière Heure *des 11-12 août 1957 :* « Deux terroristes exécutés samedi matin à Alger. »

Même article de Dernière Heure *du lundi 12 août 57 :*

« Deux terroristes ont été guillotinés hier à Alger :

Deux terroristes ont été exécutés hier matin, à Alger. Il s'agit de Laab Taieb ben Lakhdar et Sidi Ikhlef Mohamed ben Belkacem.

Laab avait participé à un attentat commis en juillet 1956 à Zéralda contre deux militaires, dont un fut tué et l'autre blessé. Poursuivi pour vol d'armes, tentative d'assassinat, complicité d'assassinat, il avait été condamné à mort par le tribunal permanent des forces armées d'Alger le 2 avril dernier.

Sidi Ikhlef avait participé à un attentat commis à Blida en décembre 1954 contre un agent de police. Poursuivi pour association de malfaiteurs et tentative d'assassinat sur agent des force publique, il avait été condamné à mort par le tribunal permanent des forces armées d'Alger le 2 mai dernier. »

J'apprends donc ces deux exécutions le dimanche, veille de mon départ. J'avais reçu quelques heures auparavant une lettre de Paris, dont le silence sur ce point m'avait alarmée.

Sur le moment, comme toujours, je supporte le coup sans broncher. Puis, peu à peu, je suis atterrée et révoltée par la sombre bêtise de la mécanique, et par sa férocité. Je comprends tellement la réaction des

« autres », mais cependant ce sont des innocents qui vont payer cela et je dois quand même tout tenter pour les sauver.

J'écris alors une lettre pour supplier Y[acef] d'être plus généreux que nous. L'après-midi, dans ma chambre torride de l'hôtel Saint-George, fenêtre ouverte sur la mer, j'écris à Y[acef] – écœurée, désespérée.

Instinctivement je le tutoie – pour la première fois – de même qu'à la Santé, d'une fenêtre à l'autre quand on se disait Adieu. Je dis exactement ce que je pense, tel que je le pense – mais c'est sans doute cela qu'il fallait dire, car il n'y a pas d'attentat. Et à Paris je reçois l'assurance que la promesse est reconduite.

J'ai toujours considéré que j'avais des devoirs de loyauté vis-à-vis des gens qui me faisaient confiance. J'ai spécifié à Boulloche que j'entendais pouvoir agir loyalement (ou que je refusais de continuer à les voir). Maintenant j'ai aussi – en plus – une dette morale. Au nom de mon pays insolvable, comme en 1940.

11.VIII [1957]

Cher cousin, je viens d'apprendre la nouvelle épreuve qui t'atteint. Je comprends et partage. Avec en plus la honte car je vois clairement qui a tort.

Tu sais que j'ai eu des nouvelles de mon père où il me dit qu'il s'occupe de chercher un nouveau gérant pour sa succursale. C'est à cause de cela que je continue à croire qu'il ne se rend pas compte de ce qu'on veut lui faire faire.

Toute cette nuit je n'ai pas dormi, examinant un à un tous les malheurs de nos deux familles et voici ce que j'ai fini par penser :

Le gérant actuel (Ali-Bis et sadique) bien qu'il soit d'une intelligence très moyenne a nécessairement compris l'échec de son entreprise pour te faire renvoyer (en février-mars). Il semble cependant qu'il recommence exactement la même chose, alors que maintenant il ne puisse plus douter que toi et ta famille vous ne faites qu'un et qu'il est totalement chimérique d'espérer vous disjoindre.

Dans ces conditions on peut penser qu'il ne songe même plus à s'attaquer à toi, mais à ta famille dans son ensemble. Vues sous ce jour toutes les provocations de ce mois-ci s'expliquent assez bien : il s'efforce de pousser à bout les gamins, pour avoir un bon prétexte pour les écraser. Quant à ma vieille ganache de père il n'y a vu que du feu et il se trouvera – comme d'habitude – devant le fait accompli.

Bien entendu Ali-Bis a des soutiens politiques qu'il fait jouer au maximum. Mon père ne sait pas leur résister et c'est ce qui – peut-être – explique les sanctions qu'il a prises.

Dans ces heures d'angoisse extrême mon seul réconfort c'est la promesse que tu m'as faite et la confiance que j'ai dans ton jugement et dans ton honneur.

Certes, tu aurais le droit de te considérer comme libre de tout engagement à mon égard. Je te demande cependant de m'accorder un sursis – par exemple jusqu'au 1er août[1], ou jusqu'au 15 septembre – car je n'ai pas perdu l'espoir de nous sauver tous et il ne faut pas que, toi aussi, tu écrases cet espoir.

En attendant je veux que tu saches que j'ai à ton égard une dette de reconnaissance, à cause de cette promesse que tu as eu la générosité de me faire, spontanément, librement (sans contrepartie, hélas).

Sache aussi que je ne l'oublierai jamais : tant qu'un petit espoir de te sauver, toi et tes frères, subsistera, je me tairai et j'obéirai. Mais le jour où il n'y aura plus aucun espoir, ce jour-là je parlerai et je te rendrai justice. Mais il y a encore de l'espoir et il repose entièrement sur tes épaules, ne l'oublie pas. En attendant je pleure de honte.

Ne parle pas des hypothèses que je t'expose à tes petits frères car tu risques ainsi de précipiter les réactions inconsidérées que, justement, on attend d'eux. Dis-leur seulement que tu es là, que tu veilles sur eux, que tu comptes sur leur discipline et que tu as décidé d'être patient. Je sais combien c'est dur mais que faire ?

De mon côté je vais être obligée de revoir mon père et de l'éclairer avec assez de vigueur pour qu'il comprenne – et cependant pas trop, pour ne pas l'entêter dans ses erreurs. Cela me sera très dur car je bous d'indignation, et d'autant plus qu'il n'agit pas ainsi par férocité mais par manque d'imagination et par lâcheté politique (qui est son péché dominant).

Ce soir je vois l'avocat de tes sœurs.

Cher cousin, j'espère que nous nous reverrons. Écris-moi pour me dire si tu peux m'accorder ce délai que je demande. Et jusqu'à quand exactement.

Ta cousine qui te respecte.

G.

1. Pour : 31 août.

J'ai pris un somnifère mais je ne dors qu'une heure.

Ensuite, toute la nuit, je revois le panorama qui se déroule devant mes yeux depuis le 18 juin – jour de mon arrivée à Alger.

Une hypothèse se dégage de l'ensemble et me terrifie.

En février-mars-avril : une répression terrible a eu lieu à Alger qui rend désormais (et probablement pour toujours) les balançoires de la pacification hors d'usage.

En juillet : nouvel accès de répression qui, cette fois, a lieu ouvertement ; avec les apparences d'une provocation délibérée à l'insurrection. Si c'était une provocation délibérée à l'insurrection (qu'on aurait les moyens et l'intention de noyer dans le sang) mettant ainsi le gouvernement, et peut-être même le ministre, devant le fait accompli…

12 août

Retour à Paris.

Texte communiqué à Louis et à B. sur le « Voyage d'étude » à Alger du 24 juillet au 12 août.

J'ai vu longuement le recteur et fait deux ou trois visites à des amis du cabinet du ministre et mon séjour à Alger ne semble avoir intéressé ou étonné personne.

Dès le lendemain de mon arrivée (25 juillet) j'ai pu prévenir les gens que je venais voir ; et du 25 juillet au 1er août j'ai eu de leurs nouvelles quotidiennement (mais de façon assez biscornue, pour m'agacer).

De leur côté, ils ont immédiatement alerté le CCE[1] (qui se trouvait au complet à Tunis) afin d'organiser une réunion à la campagne (malheureusement l'inspection du ministre des Forces Armées sur la frontière tunisienne nous a franchement dérangés).

Pour éviter des allées et venues qui risquaient d'attirer l'attention j'ai donc pris les dispositions suivantes :

1. Comité de coordination et d'exécution, organe exécutif suprême du FLN, qui, à l'exception de Ben M'hidi, avait quitté Alger fin février et était en plein bouleversement : les « militaires » étaient en train d'éliminer les « politiques » (notamment Abane Ramdane), en constituant un nouveau CNRA, lequel allait se réunir au Caire, le 20 août. Il est évident que la tentative de négociation, amorcée par GT, était de peu de poids par rapport aux grandes manœuvres politiques que d'aucuns ont qualifiées de « premier coup d'État » au sein du FLN.

1. Au lieu d'écrire à la boîte aux lettres qu'on m'indiquait (et qui change chaque semaine) j'ai demandé à deux amis personnels musulmans de me servir d'intermédiaires permanents. Ils l'ont accepté, par dévouement à l'intérêt général. (Je peux désormais joindre n'importe quel jour les gens en question sans avoir à être tenue au courant du changement des boîtes postales.)

2. À partir du 1er août, j'ai pris ostensiblement le train pour Constantine et j'ai vécu dans la clandestinité. Pendant cette période j'ai eu deux entrevues avec l'adjoint d'Abane (nom à vérifier [Abbane]). Celui-ci assure seul présentement la coordination militaire et politique de toute l'Algérie. Ces entrevues ont eu lieu le samedi 3 août[1] à Birmandreis et le vendredi 9 août à Hussein Dey. L'adjoint d'Abane se nomme Yacef Saadi.

Rappelons que le jeudi 25 juillet ont eu lieu trois exécutions à Alger, le 27 juillet deux exécutions à Oran et que ce même 27 juillet 8 bombes ont éclaté à Alger (dont une près du square Bresson où je me trouvais). [...]

Le réseau Yacef (qui coiffe le précédent) court-circuite celui-ci et ceci inquiète l'organisateur de la rencontre (il me l'a avoué par la suite). Il craint en effet que l'épouvantable réputation de Yacef et Ali la Pointe ne me rebute. Mais qu'espèrent-ils de moi ? Eux-mêmes n'en savent rien, semble-t-il. (Ils ignorent en effet les relations personnelles que j'entretiens avec des membres du gouvernement et peuvent difficilement espérer, avant de m'avoir vue, nouer des conversations par mon entremise.)

En fait, ne lisant pas les journaux d'Alger j'ignore, avant de les avoir vus, qui est Ali la Pointe et je n'ai jamais entendu le nom de Yacef[2].

17 août

Je reçois un message à Paris. Avant de quitter Alger, mon correspondant a reçu un message de Yacef à mon adresse, dans lequel il répond à ma demande du 11 août. Mon correspondant l'a appris par cœur et l'a brûlé :

1. Seul document où GT évoque une entrevue à cette date.
2. Ce texte semble inachevé.

Je reconduis mon engagement ainsi que vous me l'avez demandé, malgré toutes les provocations (nouvelles exécutions que vous connaissez) sans aucune contrepartie.

Je vous renouvelle toute mon estime pour le pénible effort que vous vous êtes donné par humanité et par amour de notre peuple. Si seulement vos grands frères peuvent apprécier ce geste de bonne volonté, doublement dangereux pour nous.

Je vous accorde toute ma confiance.

Début septembre

Lettre de Yacef datée. Cette fois il y a un minimum de code : un paragraphe de remplissage, un paragraphe signifiant. J'avais coupé l'adresse de la boîte aux lettres pour la brûler. Sue par cœur, puis oubliée.

Alger, le 1er septembre 1957

Chère Cousine,

J'ai bien reçu vos lettres, la dernière datée du 27[1].

Oui, chère cousine, mon seul désir c'est d'être à Paris que je n'ai pas vu depuis plusieurs années d'autant plus qu'à Alger nous sommes privés des compétitions sportives et des flâneries au bord de la Seine. Mais nous sommes cependant loin d'appeler un spécialiste. C'est notre bon vieux médecin qui s'occupe des malades. Je ne m'ennuie pas avec lui, il a toujours une anecdote à raconter et pour moi sa visite est un délassement ; c'est le type par excellence du médecin de campagne.

J'espère qu'il n'oubliera pas de passer aux Galeries Lafayette pour acheter à ma sœur les broderies auxquelles elle tient énormément. Depuis que vous en avez parlé dans votre lettre, elle ne fait qu'en parler et même elle les voit en rêve. Quand elle a quelque chose en tête !

Après la maladie, nous avons jugé plus sain de quitter la maison et j'espère que vous n'avez envoyé aucun courrier après le 27. Dès que nous nous installerons je vous enverrai la nouvelle adresse. Mon frère n'est pas au courant. Moi-même n'ai pas pu le toucher pour l'avertir.

Je dois acheter des tapisseries pour la nouvelle maison. J'ai fait tous

1. Il n'existe pas de double de cette lettre.

les magasins de la ville et je n'arrive pas à me décider. Il y en a tellement, toutes aussi belles les unes que les autres que le choix s'avère difficile. Demain je sortirai et cette fois-ci je n'entrerai pas bredouille.

Nos portes vous sont toujours grandes ouvertes quelle que soit la réaction de nos cousins. Ali bis est insupportable ces jours-ci, mais sa colère tombe toujours dans le vide. Il rage et agit de plus en plus inhumainement. Comme il doit m'en vouloir. Mais je ne le crains pas, c'est un pauvre diable !

Toute la famille vous embrasse.

Votre dévoué et respectueux

Gaston

Carte envoyée par Hadj Smaïn de la part de Yacef

Alger, 9 septembre 1957

Bien le bonjour de toute la famille qui apprécie hautement votre sollicitude. Votre filleul, Gaston [1], vous embrasse bien fort.

Votre dévoué et [...]

Georges

Lettre écrite par Fatima Hamdiken

Alger le 10 septembre 1957

Ma chère Germaine,

J'ai dîné hier soir avec Georges et nous avons beaucoup parlé. Il a été plus expansif que je ne l'espérais. Tout a l'air de bien aller pour le moment.

Il a d'abord commencé par parler de son séjour chez vous [2], de tout le dérangement que nous vous avons causé, de son « humeur » le matin du départ etc. etc. Il a aussi pensé à la peine que vous avez eue après chaque départ et il en a parlé avec émotion, émotion que tout le

1. Depuis la lettre du 1er septembre, c'est de ce pseudonyme que Yacef a signé ses lettres à GT.

2. En vue de donner une suite aux entretiens avec GT, Yacef avait envoyé au CCE un message que « Georges » (Hadj Smaïn) avait été chargé de porter. À l'aller comme au retour de Tunis, il avait transité chez GT, ce qui lui avait probablement donné l'occasion de rencontrer d'autres interlocuteurs français.

monde a partagée. Il a ensuite attaqué les sujets familiaux. Vous imaginez la fatigue qu'engendre une tournée familiale après une si longue absence. En quarante-huit heures, il n'a pas dormi quatre heures. Il était exténué. Il a déjeuné samedi ou dimanche avec Gaston. *La famille aurait* bien voulu que les employés reprennent immédiatement le travail. Gaston était indécis et attendait avec beaucoup d'impatience l'arrivée de Georges. Georges – très compréhensif malgré tout – a fait pencher la balance et les employés resteront en vacances jusqu'à la fin du mois très probablement. *Et tout cela a été décidé pour vous, grâce à vous. Vous savez quelle affection et quelle admiration ils ont pour vous.* Ils n'oublient pas votre phrase: «La meilleure des choses, c'est d'accorder des vacances aux employés. Ce n'est pas du gaspillage, mais du gain sur tous les plans.» Dieu vous bénisse.

Georges lui-même, ne reprend son travail que vendredi ou samedi. Mais il est très fatigué et très ennuyé, je parle évidemment du travail pour aider Gaston. Je ne sais comment tout cela va s'arranger, car son travail personnel en souffrira, ce qui indisposera évidemment les collègues. Lui-même est embêté. Pourtant il faut vivre et il faut aider la famille également.

Ce sont là les nouvelles que l'on m'a chargée de vous donner. Je vais vous en donner d'autres mais confidentiellement. Il ne faut surtout pas que l'on sache que vous connaissez exactement les petits faits intérieurs de leur famille. Ce serait grave pour moi. Tout d'abord leurs grands cousins sont plus méfiants que jamais. La deuxième nouvelle c'est qu'ils ont invité l'ami de l'oncle de Geneviève – j'ai oublié son nom, mais vous le retrouverez facilement, car il a beaucoup parlé ces derniers temps de l'oncle – à passer trois semaines chez eux à la campagne. Peut-être le mariage sera-t-il décidé. Le principe est admis des deux côtés. Reste à savoir si cet ami agit tout seul ou avec l'accord de l'oncle. Je ne sais où tout cela mènera. Je sais seulement que cela va vous donner quelques insomnies supplémentaires. Et si je vous le dis, c'est que j'ai jugé de mon devoir de vous le dire et j'estime que vous devez tout savoir puisque vous prenez les choses avec tant de cœur. Cela vous permettra peut-être plus tard de comprendre la suite. D'autre part je suis assurée de votre discrétion totale. Rien ni à Louis, ni à Geneviève, ni à l'oncle, ni à Gaston, ni à Georges. Cela est pour vous *seule*. Comme j'aimerais être un oiseau pour arriver d'un vol à Paris et vous revoir. Le moral est bon dans la famille, mais les soucis sont nombreux. Arriverons-nous à nous stabiliser ? Je vous écrirai encore un de ces jours.

Je vous embrasse très fort.

F.

PS : J'ai oublié un paquet contenant les objets suivants : cordelière (1 m) limonade (1 bouteille) lanière (1 m) assiette (2) verres (6) eau de vie (petit flacon)

Lettre écrite par Fatima Hamdiken

Alger le 12 septembre 1957

Ma chère Germaine, j'ai oublié de vous dire certains petits détails l'autre jour. Ma tête est une véritable passoire.

Lorsque j'ai soupé avec Georges il m'a demandé ce que vous pensiez de lui. Il a répété à plusieurs reprises : « Je me demande ce que Germaine pense de moi et elle a dû être fâchée le matin de mon départ. Évidemment je sais que je suis un peu cynique, mais qui veut la fin, veut les moyens. » J'ai répliqué : « Mais pas du tout, elle a beaucoup d'estime et d'affection pour vous comme pour nous tous. Au contraire, elle dit que vous êtes un garçon solide, sérieux, réfléchi, discipliné. Elle dit que vous avez beaucoup de valeur et que vous devez être accablé de travail car dans toutes les familles, c'est sur les plus sérieux que l'on fait peser toutes les charges. C'est à tort évidemment car on devrait les ménager, mais je sais ce que sait [c'est] et c'est exactement comme cela que les choses se passaient chez moi. »

Il a été visiblement touché et ravi, ce qui a eu une heureuse répercussion sur le reste de la soirée.

Son collègue est bien malade (trois côtes cassées) et attend le diagnostic. Il est en tout cas à l'hôpital actuellement.

Georges a reçu votre lettre ce matin et a bien ri quand il m'a répété votre raisonnement sur « l'intuitif et le déductif ».

Il semble que tout va bien actuellement. Mais Georges se « claque » trop.

Si je peux obtenir un poste chez moi, je quitterai Alger pour des raisons pratiques, et pour suivre vos conseils. Vous avez parfaitement raison. Le climat est malsain et peut porter préjudice à ma santé.

Je vous écrirai souvent – et plus proprement qu'aujourd'hui.

Excusez-moi je n'ai pas le temps de recommencer cette lettre malgré toutes les ratures.

Je vous embrasse bien affectueusement.

F.

16 septembre

Lettre de Yacef postée le 15 septembre 1957 à 20 heures reçue le lundi 16 septembre à 17 h et perdue le lendemain, mardi 17 à 12 h (voir Psychopathologie de la vie quotidienne*), retrouvée le mardi 24 à 23 h.*

Alger, le 15.9.57

Chère Cousine :

Je suis très heureux de savoir que ton père, malgré les cris et les vacheries débitées par la belle-mère, ait une vue plus saine et plus juste de votre famille et de ses aspirations. Je tiens d'abord à te remercier car ton action intelligente, ta persévérance et ton amour pour nous y sont pour beaucoup et si nous arrivons à nous entendre avec le vieux Papa nous vous devrons une fière chandelle.

L'arrêt de ce procès ruineux et désespéré pour ton père, malgré l'affirmation de la belle-mère, me tient à cœur moi aussi. Mais je crois que c'est dans ce que tu appelles Procédure que réside l'essentiel. Ton père et ses ancêtres n'ont pas toujours été totalement honnêtes avec nous et il y a toujours chez mon frère aîné cette crainte d'être roulé. De toutes les manières j'ai soumis la question à son jugement et maintenant ce problème relève exclusivement de sa compétence. Cependant il ne dédaigne pas nos conseils et de mon côté je m'emploie à lui faire considérer cette suggestion favorablement. Mais n'oublie pas que tous, du plus modéré au plus violent, nous désirons accéder à cette propriété. En tous cas la nouvelle conclusion que les Oukil[1] et les Avocats du vieux veulent déposer ne sera pas prise en considération par nous. Je pense que tu te rends compte toi même de ce qu'elle comporte d'artificiel et de rétrograde.

Combien de temps puis-je tenir la parole que je t'ai donnée ? Je veux bien encore, malgré les cris de toute ma famille, prendre

1. Représentant, mandataire.

quelques temps de repos, mais à condition que mes deux sœurs soient épargnées.

Tu n'ignores pas que je sais tenir mes promesses : Mais cette fois-ci je veux une certitude de ta part et cela le plus rapidement possible.

Un malaise profond règne dans la famille : deux de mes petites sœurs sont mortes à la suite de brûlures et elles ont été enterrées sans qu'aucun médecin puisse les voir. D'autre part il y a quelques jours ma propre sœur mère de cinq enfants a connu les plaisirs de l'eau et des rayons X, elle est actuellement alitée avec une côte cassée. Mon oncle, 60 ans, qui ressemble à mon père a fait un stage à l'hôpital. « Tous ces coups du sort » renforcent ma foi et toute ma famille est persuadée que j'atteindrai mon objectif malgré tous les écueils.

Sais-tu que mon ami « A. Bis » et sa clique vont faire fortune cette année ? Voici comment : les pensionnaires du « Lycée » Ben Aknoun (banlieue d'Alger), élèves connus pour leur honnêteté et leur travail à qui on n'a rien trouvé à reprocher, se voient obligés de travailler dans les jardins où pousse beaucoup de vignes pour le compte de leur « directeur ». Bien sûr il n'est pas question de les payer et ce qui leur est dû va alimenter les caisses de la compagnie « A. Bis ». Oh ! « A. Bis », je saurai le mater, avec l'aide de Dieu. Nous allons nous affronter et au plus fort et au plus malin !!!

Chère cousine, j'ai dû te fatiguer avec toutes mes histoires, aussi je te quitte. Mes prochaines vacances, sois sûre, si je suis encore en vie, que je les passerai chez toi. Au revoir, tes lettres me font toujours plaisir car elles m'apportent l'air de Paris.

Respectueusement

Ton cousin Gaston

24 septembre

Lettre de Fatima Hamdiken

Le 23-9-57

Germaine chérie, je quitte Alger dans 2 ou 3 jours. Je suis décidée en effet à rentrer dans le Constantinois. J'ignore encore le poste qui me sera attribué, mais il m'est impossible de rester plus longtemps à Alger pour maintes raisons. Je regrette cependant de laisser mes cousins et surtout Georges. Je me dis que malgré tout *je pourrais être d'une petite utilité.*

J'ai vu Georges très rapidement. Il m'a certifié que nul n'est au courant de ce qui s'est passé entre nous. Je n'ai pas osé demander des précisions sur Georgette. Après tout il sait ce qu'il fait. Il avait l'air très affairé et je pense avec angoisse à la semaine prochaine, car ce sera la *rentrée des employés…*

Le mariage que vous vouliez réussir a l'air de tomber à l'eau et Georges trouvait cela normal. Il s'en doutait. C'est terrible de se trouver entre deux murs et de s'y cogner la tête à chaque instant. Je lui ai remis la lettre de votre ami du Canada.

J'ai expédié ce matin 6 grandes enveloppes à votre association.

Georges que j'estime et aime toujours m'effraie de temps à autre comme par le passé. Il a la tête trop froide. On aimerait voir dans ses raisonnements un peu de « chaleur humaine » et non pas uniquement de la « chaleur mécanique ». Ça m'est toujours pénible de le constater. Il met un peu trop d'espoir dans l'organisation du budget et oublie les données naturelles. Il croit qu'il peut devenir plus riche que votre famille et que n'importe quelle famille. Je pense beaucoup à vous et à votre cure… nos histoires sentimentales finiront par vous tuer. Vous avez encore l'infinie bonté de les écouter et de vous y intéresser.

À 15 heures, j'apprends les arrestations par un coup de téléphone de Françoise[1]*. J'envoie A. chercher* Le Monde. *Il revient décomposé.*

4 ou 5 coups de téléphone avec la Présidence. Dans le premier je rappelle à Louis que nous avons une dette d'honneur vis-à-vis d'un homme qu'on est en train de torturer. Il me répond qu'il ne l'oublie pas.

Dans le dernier il me dit qu'il n'a pas pu obtenir qu'on remette les prisonniers dès ce soir à la justice militaire. Je lui dis : « C'est long une nuit à Alger, il faut encore essayer. »

25 septembre

Le matin Stani vient me chercher et Louis m'envoie sa voiture. J'ai donc deux voitures pour aller à la Présidence. Là j'apprends que Salan et son état-major sont au courant [des tentatives de négo-

1. Sœur de GT.

ciation] et que Salan demande à informer son ministre. La Présidence répond qu'elle s'en charge (sans joie).

Je reçois un télégramme posté à Alger par des inconnus, qui est un appel au secours.

COL 3 + ALGER 88311 16 25 1140 CG PARIS CAL = MÈRE ENFANTS GRAVEMENT MALADE VENEZ URGENCE = RABAH BEN AMAR.

Lundi 23 sept. Hadj Smaïn avait hébergé un certain Negro recherché par les paras – ils viennent l'arrêter, trouvent les lettres et prennent H.S. vers 23 heures.

À 1 h 30 ils sont chez Yacef (qui avait plus de 40 de fièvre), il se bat pendant que Zohra brûle des papiers. Asphyxié par la fumée et étouffé par l'angine Y. perd connaissance. Quand il revient à lui il prend son revolver pour se tuer. Zohra le lui arrache et descend grâce à Mme Bouhired.

Il était trahi depuis le 7 août par Zerouk[1]*, chef militaire de la zone. (Arrêté, il accepta, pour sauver sa vie, de faire le double jeu et tendit dès lors toute une série de pièges efficaces à ses anciens compagnons. Lorsque son rôle fut connu, il participa à la répression, habillé en officier parachutiste. C'était un ami d'enfance de Yacef.)*

Je reçois un autre télégramme m'annonçant que Mme Fatiha Bouhired[2] *est arrêtée. Je téléphone aussitôt à Louis pour supplier qu'on s'occupe d'elle aussitôt. Louis promet.*

26 septembre

Le matin j'apprends les réactions de Morice[3] *et de Lacoste. Lacoste pas trop méchant mais Morice absolument furieux, aurait dit : « Puis-*

1. Sobriquet de Hacène Guendriche, nommé depuis peu par Yacef responsable militaire de la zone III du grand Alger.

2. Chez qui s'était déroulée la première entrevue avec Yacef, le 4 juillet. Mère de cinq jeunes enfants, veuve (son mari avait été tué peu de temps auparavant), tante de Djamila Bouhired condamnée à mort.

3. André Morice (1900-1990), ministre de la Défense dans le gouvernement Bourgès-Maunoury. Le barrage électrifié entre l'Algérie et ses voisins (Tunisie et Maroc) qui commença d'être édifié alors qu'il était ministre reçut le nom de « ligne Morice ». Il empêcha très efficacement le ravitaillement du maquis. Radical opposé à la tendance mendésiste, il avait fait sécession et fondé le Centre républicain en octobre 1956.

qu'ils demandaient qu'on arrête les exécutions, il faut en faire deux fois plus. »

L'après-midi un coup de téléphone de M. Aguesse m'apprend les arrestations de Fatima et de Torkia[1]*. Hors de moi je cherche à joindre Louis sans y parvenir*[2]*. J'ignore où est Boulloche. J'appelle Marie-Hélène [Lefaucheux*[3]*] qui arrive immédiatement et trouve le numéro de Boulloche [à l'Organisation des régions sahariennes où il deviendra délégué général adjoint]. Je lui téléphone aussitôt : « Je vous rappelle votre parole d'honneur et je serai dans une demi-heure dans votre bureau. »*

Marie-Hélène m'y conduit – heureusement, car je suis à bout de forces. Dans l'antichambre je croise Tixier qui sort de chez Boulloche. Puis Boulloche et moi allons à Matignon retrouver Louis et le colonel Guibert.

28 septembre

Télégramme m'annonçant l'arrestation de Fatima Hamdiken

COL TILLION 3

ALGER 83511 27 28 0825 =

FATIMA ARRÊTÉE ALGER DEPUIS MARDI STOP IGNORE ENCORE OÙ ELLE EST STOP LE MOTIF NE DOIT PAS ÊTRE GRAVE RESPECTS HAMDIKEN MOHAMED

Elle a été arrêtée, ainsi que Torkia, dans la nuit du mardi 24 au mercredi 25 septembre.

1. Torkia Dahmoune, amie de Fatima Hamdiken. Cette étudiante en lettres originaire de Sétif (où son père avait été tué dans la répression de 1945) allait devenir une proche de GT et, quelques années plus tard, occuper des postes prestigieux à Paris et ailleurs dans le monde.

2. Période de crise gouvernementale, puisque Bourgès-Maunoury donnera sa démission de président du Conseil quelques jours plus tard (30 septembre).

3. Marie-Hélène Lefaucheux (1904-1964). Après avoir activement participé à la Résistance et aux premières assemblées élues, membre du Conseil économique et social, vice-présidente de l'Assemblée de l'Union française, elle jouait un rôle de premier plan dans les instances qui commençaient à s'occuper du statut de la femme : présidente du Conseil national des femmes et du Conseil international des femmes, représentante de la France à la Commission du statut de la femme à l'ONU. Elle était la veuve de Pierre Lefaucheux, premier président de Renault, et sœur d'André Postel-Vinay, ami de GT.

– à 23 heures, arrestation de Torkia.
– à minuit, arrestation de Fatima.
– à partir de 2 heures du matin environ, torture de Torkia, puis de Fatima devant Torkia, puis de nouveau de Torkia.

Nuit du mercredi 25 au jeudi 26 septembre 1957
– vers minuit, les jeunes filles entendent crier dans le bâtiment où elles ont été torturées la veille. Peu après des parachutistes viennent chercher Fatima et lui font la grande séance de torture, complètement dévêtue.

Jeudi 26 septembre 1957
– au cours de l'après-midi, le capitaine tortionnaire essaie de faire parler Fatima sur les gens qu'elle a rencontrés à Paris. Il lui promet de la libérer si elle parle.
– à la fin de l'après-midi, on conduit les deux jeunes filles chez le capitaine qui les a torturées et le lieutenant leur fait signer un papier en 4 exemplaires, disant à peu près : « Je soussignée..., arrêtée pour enquête, déclare avoir été bien traitée, n'avoir subi aucuns sévices et avoir récupéré tous les objets m'appartenant, etc. »

Torkia a été arrêtée dans la nuit du mardi au mercredi 25 septembre. Elle se trouvait chez elle avec sa mère et ses deux petits frères ; l'aîné des enfants s'est évanoui ; l'autre, pétrifié, est resté sans crier, de grosses larmes ruisselant sur son visage ; sa mère, à la suite du choc, a dû être hospitalisée dans le service psychiatrique de l'hôpital Maillot.

Fatima a été arrêtée vers minuit la même nuit.

C'est le même lieutenant qui procède aux arrestations. Il les a conduites à Hussein Dey dans le camp des légionnaires parachutistes où les gens arrêtés étaient placés sous d'immenses tentes (Torkia s'est trouvée seule jeune fille dans une tente avec une quinzaine d'hommes, Fatima était dans la tente voisine).

L'interrogatoire de Torkia a commencé dix minutes après son arrivée. On lui a ordonné de se mettre le nez au mur, dans le vestibule, puis un homme en civil lui a donné une gifle en lui disant « pas de ce côté ». Elle s'est alors tournée et un autre lui a donné une autre gifle en lui disant « pas de celui-là ».

On l'a fait entrer dans une petite pièce et elle s'est trouvée en face d'un capitaine (celui qui les a torturées). C'est un homme avec des yeux bleu-vert, petit, trapu, rasé, cheveux rares et en brosse, châtain clair, une quarantaine d'années, accent algérien. Il était en tenue caméléon. Il y avait d'autres hommes dans la pièce, dont un en civil, grand, gros, criant très fort (un de ceux qui avaient donné la gifle).

Le capitaine : – « Allez, parlez vite, vous êtes du menu fretin, vous ne nous intéressez pas. Des noms, des adresses. »

Torkia a répondu qu'elle n'avait rien fait et qu'elle ne savait pas de quoi il parlait.

Le capitaine : – « Savez-vous qui nous avons arrêté ? Votre patron. »

Torkia a pensé qu'il s'agissait du recteur de l'université d'Alger, M. Capdecomme, et n'a rien répondu.

Le capitaine : – « Yacef Saadi. »

Réponse : – « Je ne l'ai jamais vu et n'ai jamais eu affaire à lui. »

Le capitaine : – « On a trouvé votre nom dans un carnet, avec quelque chose en face qu'on ne vous dit pas. Et mademoiselle Hamdiken, c'est votre amie ? »

Réponse : – « Oui. »

Le capitaine : – « Dans quel poste est-elle nommée ? Quelles sont ses activités ? »

Réponse : – « Je ne sais pas. »

Fatima a alors été introduite dans la pièce et on a fait sortir Torkia.

D'après ce que Fatima a dit plus tard à Torkia, elle a été interrogée sur de prétendues activités politiques, sur de prétendues relations avec le FLN. Le capitaine lui a parlé surtout et très longtemps de ses relations françaises. Elle a dit la vérité, c'est-à-dire qu'elle était une amie de Mlle Tillion et qu'elle n'avait pas d'activités politiques. Il lui a montré une lettre de son frère Kamel où il reconnaît les réflexions de ses élèves quand il était instituteur.

Ensuite des soldats ont emmené les deux jeunes filles chacune sous une tente et les y ont laissées dedans une heure environ. Au bout de ce temps, on les a fait lever et on les a conduites ensemble dans une autre pièce où se trouvaient trois hommes en uniforme, dont le capitaine qui prenait son café. Il y avait dans cette pièce la dynamo et les fils. Le capitaine a dit à Torkia d'expliquer pourquoi son nom se trouvait sur le carnet de Zohra. Elle a répondu qu'elle n'en savait rien. Le capitaine a dit : « Trois coups d'électricité et vous parlerez. D'autres l'ont déjà fait. » Il a mis le fil dans la main de Torkia et a branché le courant. Elle a tout de suite lâché les fils en criant. Il les a alors renvoyées toutes deux, chacune dans l'endroit où elle était auparavant.

Un quart d'heure plus tard environ, deux parachutistes sont revenus chercher Torkia et l'ont emmenée dans une troisième pièce, beaucoup plus centrale, avec une sorte d'estrade mouillée au milieu. Le capitaine était là avec un lieutenant, le même qui les avait arrêtées. Le lieutenant écrivait sur ses genoux les déclarations. Il y avait également deux soldats en uniforme. On a dit à Torkia d'enlever sa gabardine, sa montre, son bracelet, et de relever ses jupes pour s'asseoir sur l'estrade mouillée. Un des soldats lui a tenu les bras par-derrière pendant que l'autre lui fixait les électrodes aux deux petits doigts et tournait la dynamo. Celui qui tournait la dynamo était allemand. L'autre, celui qui tenait les bras, se nomme Sterpey.

Les premières décharges sont très douloureuses et il est, paraît-il, impossible de s'empêcher de hurler. Après les premières décharges, le capitaine a jeté son mouchoir à l'un des soldats qui l'a enfoncé dans la bouche de Torkia. Elle essayait de crier : « Je suis innocente. » Voyant qu'elle voulait dire quelque chose, ils ont à un moment donné enlevé le bâillon qui l'étouffait et arrêté la dynamo. Puis, quand ils ont compris ce qu'elle disait, ils ont recommencé la torture. (En fait Torkia n'a jamais su ce qu'on voulait lui faire dire, et ceux qui la torturaient vraisemblablement pas davantage : il semble qu'elle a été torturée par routine.)

Après cette première séance, elle a été ramenée dans son lit pour une demi-heure, puis le parachutiste allemand est revenu la chercher en lui disant : « On vous demande au téléphone. » Elle a trouvé Fatima assise dans la même position qu'elle-même précédemment. Fatima a reçu les décharges électriques devant Torkia et s'est mise à crier. Torkia sentait qu'elle allait se trouver mal. Le lieutenant qui s'en est rendu compte lui a dit de ne pas regarder. Mais le capitaine est intervenu : « Non, laisse-la regarder » et a fait alors arrêter la dynamo.

Le capitaine a dit à ce moment-là à Torkia : « Vous allez maintenant tourner vous-même la manivelle. » Torkia a répondu en pleurant : « Je vous en supplie, pas ça. » Le capitaine a dit : « Vous allez pouvoir réfléchir jusqu'à 3 heures, sinon ce sera la grande séance. » Ils ont alors emmené Fatima et ils ont refait l'électricité à Torkia en lui disant : « Parlez, ça ne nous amuse pas d'être là. » Puis ils l'ont reconduite dans son lit. Elle était décomposée, grelottante, en larmes.

Une sentinelle qui l'a vue a dit : « Si je voyais ma sœur dans cet état, je me tuerais. »

Le lendemain vendredi, vers 10 heures du matin, les deux jeunes filles ont été conduites chez le capitaine de gendarmerie. Quelques minutes plus tard, un colonel appartenant à la Justice militaire est entré dans le bureau. Il a dit : « Ce sont elles ? » Sur la réponse affirmative ils les a regardées très attentivement de la tête aux pieds, d'un air consterné, sans dire un seul mot ni poser une seule question. Puis il est parti et elles ne l'ont jamais revu.

Le soir, vers 17 heures, elles ont été transférées au Casino de la Corniche où elles sont restées jusqu'au dimanche dans une cellule sans lumière, sans sortie ni possibilité de se laver. Le dimanche, de 14 à 20 heures, le capitaine de La Bourdonnais a interrogé Fatima, mais sans brutalité. À partir de ce moment, leur captivité est devenue normale et le vendredi suivant, après 15 jours de détention, Torkia a été libérée.

2 octobre

Lettre reçue après l'arrestation du groupe. Elle est datée du 30 septembre et j'ai supposé qu'elle avait été écrite par la police militaire, au nom d'un collaborateur de Yacef, mais j'ai cependant répondu.

Alger le 30.9

Chère cousine

Ne soyez pas étonnée de recevoir cette lettre car je tiens à continuer la correspondance qu'entretenait mon frère et à cultiver l'amitié qu'il vous portait. Je ne sais si vous vous souvenez de moi, mon frère m'avait présenté à vous la première fois que nous vous avions accueillie à la maison. Vous connaissez bien sûr la terrible maladie qui terrassa mon frère et ma petite sœur, d'autant plus terrible qu'ils n'ont pas voulu se soigner, à vous chère cousine je peux le dire. Mon frère me savait pas très éloigné de l'endroit où il se trouvait et s'il avait commencé à se soigner je m'en serais aperçu et j'aurai accouru pour le voir ; mon frère qui ne voulait pas que la contamination m'atteigne aussi et plonge aussi ma famille dans la douleur et le désarroi a préféré se sacrifié afin qu'il reste un soutien à mes pauvres frères. Notre cousin Ali bis qui ne voit pas plus loin que le bout de son nez ne pouvait pas comprendre la noblesse d'un tel geste. La grosse belle-mère s'est empressée de dire le plus de mal possible de mon frère et de le discréditer aux yeux de sa famille. Elle n'y réussit point je vous l'assure car mon frère est aimé et estimé de tous et au lieu de se rallier l'affection de ma famille elle s'en écarte chaque jour un peu plus. Chère cousine je sais que vous aimez beaucoup ma famille et que vous voulez que cesse cette querelle imbécile qui déchire nos famille. J'espère que votre affection pour mon frère et ma petite sœur vous fera intercéder en leur faveur auprès de votre vieux père et de vos connaissances. Plus encore que pour mes deux premières sœurs ma famille et moi-même mettront je vous l'assure toute notre fortune à la disposition du cousin Ali bis et de la belle-mère, s'il arrivait quoique ce soit à mon frère ou à ma sœur. Leur colère ne connaîtra pas de limite.

Vous savez que mon frère est un homme d'honneur et de parole et qu'il a gardé la promesse qu'il vous avait faite, malgré l'opposition de tous mes frères. J'espère que vous de même avez fait quelque chose pour mes deux sœurs.

Votre vieux père n'est pas en très bonne santé en ce moment, surtout que ses fils ne lui obéissent pas du tout au sujet de cet héritage qu'ils veulent encore nous faire avaler pour ensuite payer nous les frais. Si vous saviez comme ils nous font de la peine à se donner tant de mal pour rien ; d'autant plus que comme nous-même ils savent que c'est pour rien. Pourtant il me semble qu'il n'est pas très difficile de voir clair dans cette douloureuse situation. Si seulement vos frères étaient quelque peu intègres comme cela irait mieux. Mai je suis sure que nous ne souffrions pas éternellement, vous d'un côté et nous de l'autre, il viendra un moment où nos deux familles finiront par s'entendre et que votre père reconnaîtra enfin ses torts.

Les matchs de football ont commencé et vous allez voir une compétition ?

Votre très dévoué

Gaston

Voici ma nouvelle adresse

J'envoie une lettre à Madame Fatiha Bouhired :

Chère cousine,

Je comprends votre anxiété, car je l'ai vécue moi-même à votre âge… Aussi sachez que tout mon temps, toutes mes pensées, tous mes amis (et ils sont nombreux), toute ma si triste expérience de la vie sont au service des malades.

Les deux petites sœurs d'abord. Soyez rassurée : leurs vies ne sont plus en danger, mais l'alerte a été chaude et j'ai vu pour elles les plus grands médecins.

Pour votre frère, grâce à Dieu, j'ai connu à temps sa maladie (et une maladie prise à temps est bien plus facile à soigner). J'ai agi *immédiatement* et mon propre père m'a aidée. Il aura les meilleurs médicaments, les meilleurs médecins – j'y veille. Sa vie ne me semble pas en danger, et tant qu'il ne risque rien je garde le silence, mais s'il lui arrivait un accident, à ce moment-là moi-même et les gens les plus respectés de ce pays nous dirions tout ce que nous avons sur le cœur et qui nous étouffe. Cela j'en prends l'engagement.

Tout ce que vous me dites de son courage, de son abnégation – je le sais et je le considère comme un héros dont vous pouvez être fière. Il a respecté tous les devoirs qu'il avait vis-à-vis des siens tout en ménageant ma famille – de cela je lui ai une profonde reconnaissance.

Pour toutes les affaires (vente et location) je ne peux rien faire sans mon père qui est seul à avoir la signature, et vous savez ce qui vient de lui arriver – le pauvre vieux est incorrigible – mais pour tout le reste – soins aux malades – cela ne relève que de ma conscience, de mon amitié pour vous tous, et de mon expérience de vos souffrances. Comptez sur moi.

Ma petite fille, en recevant votre lettre je n'ai pas reconnu votre écriture tout de suite et j'ai même cru que c'était un traquenard d'Ali B. – mon propre frère dont j'étais si fière en 1942 et qui nous couvre de honte.

Et puis, grâce à un ami, j'ai reconnu votre écriture et mon cœur s'est rempli d'angoisse et de pitié – pour vous particulièrement pauvre petite fille et pour votre frère. Je l'avais dit à Gaston : « Il est mathématiquement impossible d'échapper indéfiniment à la contagion. Allez à la campagne, je vous en prie. »

Et souvenez-vous que l'ennemi d'aujourd'hui c'est l'ami de demain et que le sang innocent doit être épargné.

Je vous embrasse ma pauvre petite fille.

G.

4. Témoignage remis à la justice militaire française[1]

Ce témoignage a été écrit en octobre 1957, donc presque immédiatement après l'arrestation des Algériens nommés dans ce texte. Il fut remis par moi, en main propre, au directeur de la justice militaire, quelques heures après avoir été tapé à la machine. Dans les jours suivants j'en fis ronéoter trente exemplaires que j'ai confiés, un à un, à des gens dont je savais avec certitude qu'ils n'exploiteraient pas politiquement les faits mentionnés dans ce document mais que, d'autre part, on ne pourrait pas les faire taire si, pour une raison ou pour une autre, j'étais empêchée de témoigner.

J'en ai donc remis un exemplaire d'abord à mes amis Geneviève et Bernard Anthonioz de Gaulle, Anise et André Postel-Vinay, Albert Camus, Jean Bloch-Michel, le bâtonnier Paul Arrighi, Élizabeth Dussauze-Ingrand et quelques autres…

Ensuite je l'ai communiqué au directeur du cabinet du président de la République René Coty, au garde des Sceaux (M. Lecourt), à plusieurs membres du Conseil supérieur de la magistrature (qui me reçurent, à leurs domiciles longuement) ; au ministre de l'Éducation nationale…

J'avais tenu personnellement au courant de ce que je savais sur la situation algérienne le général de Gaulle et je l'avais vu en détail à ce sujet.

J'en remis naturellement un exemplaire à chacun des avocats qui devaient défendre les intéressés : Me Théo Bernard et Me Gautherat, du barreau de Paris, Me Yves Gonon, du barreau d'Alger.

Tant que les procès n'avaient pas lieu il semblait préférable de ne pas laisser publier les faits contenus dans ce document, et je pris des précautions pour cela.

Dans l'année qui précéda et dans l'année qui suivit le 13 mai 1958, l'Algérie officielle vécut sous un régime particulier, sans rapport ni avec la IVe ni avec la Ve République française. Sous ce régime, tout le

1. Dans cette section et la suivante, les notes de GT, en bas de page, sont en lettres italiques ; celles des éditeurs, en lettres romaines.

monde commandait à Alger et on y menait, tambour battant, des politiques hétérogènes mais impérieuses. Ce régime, contrairement à ce que croit la gauche française, ne me semble pas correspondre au fascisme (qui possède, en général, un État et une idée directrice) mais peut revendiquer le titre d'anarchie autoritaire. Soit hasard, soit malice des synarques locaux[1]*, ce fut dans la période où le désordre atteignit son point culminant que les dates des trois procès de Yacef Saadi furent fixées : 21 juin, 1er juillet, 25 août 1958.*

Les avocats de Yacef savaient que j'étais à leur disposition pour témoigner où et quand ils voudraient. Ils décidèrent que je viendrais à Alger pour déposer au second procès (3 juillet 1958[2]*). Je vins en effet et le tribunal prononça immédiatement le huis clos.*

Pour le troisième procès les avocats convinrent entre eux de ne pas me faire revenir, mais de lire une partie du texte ci-joint qu'ils détenaient depuis plusieurs mois. À cette occasion ils le communiquèrent à la presse. Divers journaux en donnèrent des résumés ou des extraits ; l'hebdomadaire L'Express *préféra publier le texte intégral*[3].

Yacef Saadi fut condamné trois fois à mort par le tribunal militaire d'Alger en 1958 : le 25 juin, le 4 juillet, le 25 août. Le second procès fut cassé, et confirmé le 27 octobre de la même année.

La grâce générale accordée à tous les condamnés à mort par le général de Gaulle, au moment de son élection à la présidence de la République, le sauva.

J'ai rencontré M. Yacef Saadi et Mlle Zohra Drif le 4 juillet et le 9 août 1957, mais je n'ai connu le nom de M. Saadi qu'à l'occasion de notre seconde entrevue, et celui de Mlle Drif, qu'au moment de son arrestation, le 24 septembre 1957, par la presse.

Pour le cas où je serais empêchée de porter témoignage, je tiens à consigner par écrit, pour en tenir lieu, tous les faits dont j'ai eu directement connaissance et qui se rapportent à ces deux entrevues.

Ces entretiens n'ont été possibles que parce que, ayant longuement séjourné en Algérie pour des raisons scientifiques et cela dès 1934, j'avais noué de nombreuses relations amicales avec la population

1. *Avant de partir pour Alger, je reçus des menaces, dont j'ignore s'il faut les qualifier d'« intimidations » ou « avertissements ». Le colonel Godard, par l'intermédiaire de M. Dumont, m'avait fait prévenir que je serais arrêtée dès mon arrivée à Alger ; j'y vins cependant.*

2. La déposition, le 2 juillet, a été relatée par la presse du 3 juillet.

3. Dans son numéro daté du 28 août-3 septembre 1958.

musulmane. Il est donc nécessaire de préciser certaines circonstances antérieures à ces entrevues afin de replacer les faits qui vont suivre dans leur juste perspective.

De 1934 à 1940, j'ai séjourné en mission scientifique dans l'Aurès en qualité d'ethnologue, et au cours de ces années j'avais réuni une documentation considérable sur les sociétés paysannes de cette région. Ma quatrième mission se terminait le 30 mai 1940. Je suis donc revenue à Paris. J'ai immédiatement mis sur pied une organisation de résistance, secteur d'un réseau connu sous le nom de « réseau musée de l'Homme Hauet-Vildé ». Des quatre chefs de cette organisation (le colonel de La Rochère, Boris Vildé, le colonel Hauet et moi-même), je suis actuellement la seule survivante, l'un ayant été fusillé le 23 février 1942 et les deux autres étant morts en déportation. J'ai été moi-même arrêtée par la Gestapo le 13 août 1942 et mon inculpation comportait cinq « motifs » de condamnation à mort[1].

Après trois ans de captivité, je fus rapatriée en France le 10 juillet 1945, mais, la plupart de mes documents scientifiques ayant été volés par la police allemande, j'ai demandé au Centre national de la recherche scientifique de quitter provisoirement la section d'ethnologie pour être rattachée à celle d'histoire moderne.

En novembre 1954, M. le professeur Massignon, qui avait été un de mes directeurs de thèse, me demanda de l'accompagner chez le ministre de l'Intérieur qui était alors M. Mitterrand. M. Mitterrand, interrogé par le professeur Massignon, lui donna l'assurance qu'il n'était pas question de bombarder l'Aurès au napalm (comme le bruit en avait couru alors) et il me proposa d'y partir en mission pour examiner dans quelles conditions allait être opéré le déplacement de certaines tribus.

Je ne pouvais pas, moralement, refuser cette mission et je partis en décembre. Dans l'Aurès, je pus constater que si le déplacement des tribus en question était parfaitement inefficace, il s'opérait du moins dans des conditions humaines.

Je parcourus alors du nord au sud et d'est en ouest les diverses vallées de ce pays pendant trois mois et je fus consternée par leur effondrement économique dont je m'appliquai dès lors à analyser les causes.

Pendant ce temps, le gouverneur général Léonard avait été remplacé

1. *En 1957, mes grades militaires étaient ceux de commandant (officier de la Légion d'honneur ; officier de la Résistance ; croix de guerre avec palmes).*

par le gouverneur général Soustelle (que j'avais connu une vingtaine d'années auparavant au musée de l'Homme) et c'est à celui-ci que je vins rendre compte de ma mission. Je lui exposai à cette occasion un certain nombre de points de vue sur la paupérisation de l'Algérie et sur des remèdes qu'on y pouvait apporter ; il me demanda de rester à son cabinet en qualité de chargée de mission.

De mars 1955 à février 1956, j'ai donc séjourné à Alger en cette qualité et j'ai surtout étudié les données économiques, ethniques et sociales du problème algérien tout en suivant, naturellement, l'évolution du problème politique mais d'une façon moins proche et moins directe. C'est pendant cette période que j'ai proposé à M. Soustelle la création d'un service dit des « Centres sociaux » pour lequel il me donna son appui le plus complet.

Quand M. Lacoste remplaça M. Soustelle, à la demande de ce dernier je retardai de trois mois mon retour en France afin de défendre auprès du nouveau ministre un plan de scolarisation totale en Algérie et, dans le cadre de mes études habituelles, de revoir certaines régions de ce pays.

À la fin de 1956, j'ai écrit une brochure parue dans les premières semaines de 1957 et intitulée alors *L'Algérie en 1957* où j'expose le processus d'effondrement des pays sous-développés et où je conclus sur la nécessité absolue pour l'Algérie de vivre en symbiose économique avec la France. Cette brochure est à l'origine des faits au sujet desquels je témoigne, c'est-à-dire mes entretiens avec Yacef Saadi.

Le 18 juin 1957, je pris l'avion pour Alger avec quatre autres membres de la Commission internationale contre le régime concentrationnaire.

Je suis, depuis son origine, membre de cette Commission et lorsque celle-ci décida d'enquêter en Algérie, je fus désignée, avec M. Louis Martin-Chauffier, pour accompagner nos trois collègues étrangers. C'est dans ces conditions que j'ai visité avec eux les principaux camps et prisons d'Algérie.

Au cours de ce voyage, j'ai revu de nombreux amis, officiers, fonctionnaires ou colons et, simultanément, des musulmans internés que je connaissais personnellement ou dont je connaissais la famille et qui pour cette raison me parlaient comme on parle à quelqu'un dont on sait avec certitude qu'il n'a aucun parti pris malveillant. Je dois dire que l'ensemble de ces conversations présentait une image extrêmement cohérente de la situation, dont l'aspect le plus frappant (pour moi qui avais quitté l'Algérie en avril 1956) était l'importance qu'avait prise en un an la structuration politique clandestine. Mais plus encore que cette importance, ce qui m'a semblé remarquable, c'est ce qu'on pourrait appeler le « style » de l'opération (dont la rapidité quasi foudroyante avec laquelle elle a été menée n'est qu'un aspect). J'ai toujours pensé qu'en Algérie une victoire militaire était techniquement possible (on peut parfaitement neutraliser une résistance en anéantissant tous ses réseaux, et cela n'importe où et dans n'importe quelle circonstance, à condition de pouvoir y mettre le prix), mais il me semblait maintenant évident que toutes les structures ne manqueraient pas de se reconstituer aussitôt que serait réduit l'appareil militaire.

Dans la dernière semaine de ce voyage, j'appris par une amie musulmane que « des gens » voulaient me poser des questions au sujet de la brochure dont j'ai déjà parlé. Elle-même ne savait pas qui étaient ces gens mais pensait qu'ils étaient importants.

En écrivant cette brochure, j'avais souhaité attirer l'attention de l'opinion musulmane sur l'extrême danger que présenterait pour l'Algérie une indépendance illimitée et inconditionnelle. D'autre part, je pouvais sans difficulté rendre compte de ces conversations à la plus haute autorité du gouvernement, car M. André Boulloche (qui était alors directeur du cabinet de M. Bourgès-Maunoury) a fait partie en 1941 de mon groupe de résistance : il a été déporté, ainsi que son père, son frère et sa mère, qui sont tous morts en déportation. M. Louis Mangin, également membre du cabinet de M. Bourgès-Maunoury, compte, ainsi que toute sa famille, parmi mes amis les plus anciens et les plus proches. En outre, j'étais persuadée du caractère sans issue de la lutte actuelle, telle qu'elle était conduite de part et d'autre. Pour toutes ces raisons, je pris la responsabilité d'accepter cette entrevue, sans savoir d'ailleurs qui j'allais rencontrer.

Il fut convenu que je suivrais un Algérien qui me fut désigné. Celui-ci me conduisit, par un itinéraire compliqué, à l'endroit où devait avoir lieu la rencontre. Par loyauté vis-à-vis des gens qui m'avaient accordé leur confiance, je pris soin de ne pas remarquer le détail du parcours que nous avons suivi.

Dans la pièce où l'on m'introduisit, je fus reçue par deux jeunes femmes dont l'une (je l'ai su le jour de son arrestation) se nommait Zohra Drif. Quelques minutes plus tard, deux hommes entrèrent à leur tour : ils étaient en costume kaki et tenaient chacun une mitraillette à la main ; je crois me rappeler qu'ils avaient en outre un ou deux revolvers à la ceinture. Les cinq personnes présentes ne s'étaient pas vues depuis de très nombreux mois, à ce qu'il m'a semblé, et se saluèrent les unes les autres avec émotion. À mon tour on me présenta le plus petit des deux hommes en me disant ; « C'est le Grand Frère », puis l'autre, en me disant : « C'est notre glorieux Ali la Pointe. » Je saluai les deux nouveaux venus et tout le monde s'assit. Il y eut alors un petit silence que je laissai délibérément se prolonger un moment, puis je dis avec bonhomie à mes interlocuteurs : « On m'a dit que vous vouliez me voir, me voilà, qu'est-ce que vous avez à me dire ? »

Ils furent visiblement interloqués et tous les regards se tournèrent vers celui qu'on appelait « le Grand Frère » et dont j'ai su plus tard qu'il était en réalité Yacef Saadi. Il eut l'air embarrassé et me dit en bafouillant un peu qu'ayant lu ma brochure, il souhaitait me poser quelques questions à son sujet mais qu'il serait préférable que je parle de tout cela avec les cinq membres du CCE, car eux seuls étaient qualifiés pour prendre une décision importante. J'ignorais alors tout du CCE : on me l'expliqua : c'était l'organisme qui dirige la structure politique et militaire clandestine de l'Algérie musulmane. Je répondis que je ne pouvais pas parler avec les membres de cette organisation sans l'autorisation de mon gouvernement et je spécifiai à cette occasion : « Vous savez que je ne suis ni communiste, ni progressiste. »[1] Ils me dirent tous en chœur qu'ils le savaient parfaitement et que c'était d'ailleurs la raison pour laquelle ils étaient heureux de me parler.

La conversation qui avait débuté à 14 heures 45 se prolongea jusqu'à 19 heures 30, et je vais être obligée de la résumer aussi clairement que possible, en m'efforçant cependant de ne pas déformer sa chrono-

1. *À la suite de la publication de ce témoignage par* L'Express, *j'ai reçu plusieurs lettres de « progressistes » qui protestaient contre une opposition que je semble établir entre le « patriotisme » et le « progressisme ». Je n'avais pas eu l'intention de blesser qui que ce soit, mais dans ce texte (destiné à la justice) j'avais tenu à reproduire le mot à mot de la conversation qui eut lieu ce jour-là. Or, j'ai prononcé cette phrase dans les dix premières minutes de l'entrevue. Voici pourquoi : je m'attendais plus ou moins à rencontrer un ou plusieurs étudiants armés de lunettes et de stylos et, de fait, j'avais été surprise par l'allure et l'appareil guerrier de mes interlocuteurs ; c'est pourquoi je crus devoir préciser d'emblée et sans aucune équivoque ma propre position.*

Ceci se passait le 4 juillet 1957, deux semaines avant le procès de Français accusés d'avoir aidé le FLN et que, pour cette raison, tous les journaux d'Algérie appelaient « progressistes ». J'ignorais encore que la plupart des Français en question : 1. avaient bien aidé des Algériens, mais pas contre la France ; 2. n'étaient pas « progressistes ».

Sans aucune malice j'avais employé le premier mot qui m'était venu à l'esprit, dans son sens usuel à Alger, pour éviter à mes interlocuteurs de me demander une aide contraire aux intérêts de mon pays.

logie. Celle-ci, en effet, me semble avoir une très grande importance, car elle contribue à démontrer le caractère très improvisé de ce qui fut dit de part et d'autre ce jour-là.

Puisque le point de départ de l'entrevue était cette brochure que j'ai écrite sur les problèmes sociaux et économiques de l'Algérie, et puisque aucune question particulière ne m'était posée, j'entrepris tout d'abord un long monologue à propos des salaires, de la nécessité d'une scolarisation totale, de l'effondrement progressif et inéluctable des pays sous-développés, de l'impossibilité pour l'Algérie de subsister en dehors d'une symbiose économique avec la France, etc. À un moment donné Yacef m'interrompit pour dire pensivement : « Nous n'avons pas assez l'habitude de penser à ces choses », et il me fit à plusieurs reprises des objections pratiques qui m'amenèrent à préciser mes positions sur toutes ces questions. Un peu plus tard, d'un ton assez anxieux, il me demanda : « Comment pensez-vous que tout cela va finir ? »

J'étais très pessimiste et je répondis brutalement : « Il n'y a aucune raison pour que cela finisse. Jamais le FLN ne battra les troupes françaises et si les troupes françaises peuvent écraser provisoirement la révolte, il me semble impossible que ce soit à titre définitif. Si, dans un avenir lointain, la France se fatigue de l'hémorragie d'hommes et de devises que cette guerre chronique représente et si elle renonçait alors à la poursuivre, il me semble impossible que les ouvriers algériens conservent le privilège dont ils bénéficient actuellement sur le marché du travail français ; dans ce cas tout le pays est condamné à une régression extrêmement rapide et nécessairement sanglante. » J'expliquai également que, sur, le papier, il y avait en Algérie huit millions de musulmans et un peu plus d'un million d'Européens, ce qui représenterait une balance de forces de huit contre un, mais que cette balance était une vue de l'esprit et qu'en réalité le potentiel d'une population n'était pas fonction seulement du nombre mais que, bien plus encore, il résultait de sa technicité et des investissements dont elle dispose. Dans cette perspective, il y avait une sorte d'équivalence des forces entre les deux groupes qui rendait la situation encore plus insoluble : s'il y avait eu beaucoup moins d'Européens, la solution tunisienne aurait été possible, s'il y avait eu beaucoup moins de musulmans, les programmes intégrationnistes se seraient réalisés sans grande difficulté, etc. C'est à ce moment-là que Yacef eut un cri : « Alors je ne serai jamais un homme libre ! » Le ton n'était ni agressif, ni furieux, mais authentiquement désespéré.

À propos des pays sous-développés, je fus amenée à parler de la famine en disant que j'étais, somme toute, la seule dans cette pièce qui savait exactement comment on fait pour mourir de faim. Je racontai alors de nombreuses anecdotes personnelles, puis je parlai des statistiques que j'avais faites avant 1942 sur les causes d'arrestations et sur les mouchards qui nous ont décimés. « C'est ce qui est le plus difficile à pardonner », ai-je dit. Yacef m'interrompit avec élan : « Oh, si seulement cela finissait, moi je pardonnerais à tout le monde. » La conversation dévia ainsi un long moment sur la Résistance française et sur les souffrances qu'elle a supportées.

C'est alors qu'ils commencèrent à me parler des tortures qui se pratiquaient en Algérie et plus spécialement à Alger. Je pus répondre que j'étais à ce sujet presque aussi bien informée qu'eux-mêmes et que c'était d'ailleurs la raison de mon voyage actuel. Je leur expliquai ce qu'était la « Commission internationale contre le régime concentrationnaire », je leur dis que les déportés français non communistes avaient demandé que l'enquête ait lieu, que ces déportés appartenaient à des partis très divers, mais qu'ils étaient tous des patriotes et que ce n'était pas de gaieté de cœur qu'ils avaient pris cette décision, autrement dit, que leur ambition n'était pas d'étaler dans la presse des fautes commises par leur pays, mais de les faire cesser.

Je ne sais plus qui prononça à un moment donné le nom de Mélouza, ce qui occasionna une des très rares interventions de l'homme qu'on m'avait présenté sous le nom d'Ali la Pointe. Très vivement il dit : « Ce n'est pas nous. » Je répondis qu'il tombait mal, car je revenais précisément de Mélouza où j'avais moi-même interrogé les survivants, et que je pouvais donc personnellement affirmer qu'en l'occurrence la responsabilité du Front ne faisait pas de doute. Son chef lui fit signe alors de se taire, mais je crois cependant que c'est à ce moment-là que j'ai parlé des mutilations et des égorgements sur lesquels j'étais aussi très informée. Yacef m'a écoutée d'un air accablé, sans protester. Je ne pus m'empêcher de lui faire observer qu'il voyait lui-même combien il était injuste d'attribuer globalement à une collectivité les crimes commis par quelques-uns de ses membres, et que ce qui était injuste vis-à-vis de lui l'était aussi vis-à-vis de nous, inversement. Je dois signaler ici que, au cours de mon second voyage, j'ai appris par un collaborateur de Yacef que celui-ci avait donné des ordres pour interdire les pratiques barbares dont je viens de parler (égorgements, mutilations). J'ignore si ces ordres ont été effectivement donnés et à quelle date, mais il doit être possible de le savoir.

Toute cette partie de l'entretien a duré plus de deux heures et il est probable que si j'étais partie à 5 heures, comme je l'avais prévu, les autres questions qui furent abordées n'auraient même pas été mentionnées.

Mes interlocuteurs m'écoutaient avec une attention passionnée et s'exprimaient comme moi-même avec une parfaite franchise, ils me connaissaient d'ailleurs de réputation et ils savaient que l'estime et l'amitié que j'ai pour leurs compatriotes est ancienne et sincère. De plus, mon expérience de la clandestinité – nos épreuves, nos sentiments – les fascinait, par le rapprochement qu'ils en faisaient avec la situation où ils se trouvaient eux-mêmes, ils étaient également parfaitement conscients de l'extrême compassion que ces analogies suscitaient en moi.

Donc, après deux heures et demie environ de conversation, Yacef me dit avec un petit sourire une phrase de ce genre : « Vous voyez que nous ne sommes ni des criminels ni des assassins. » Très tristement et très fermement, je répondis : « Vous êtes des assassins. » Il fut tellement interloqué qu'il resta un moment sans parler, comme suffoqué. Puis ses yeux se remplirent de larmes et il me dit textuellement : « Oui, madame Tillion, nous sommes des assassins. » Il me raconta alors quelques détails sur l'attentat du Casino[1], ajoutant que lorsqu'il les avait appris il avait pleuré trois jours et trois nuits. Dans cette seconde partie de la conversation il a eu, à trois ou quatre reprises différentes, les larmes aux yeux, et lorsqu'il m'a parlé de l'attentat du Casino, ses larmes ont coulé.

Je me souviens avoir dit à peu près textuellement, à un moment donné : « Le terrorisme est la justification des tortures aux yeux d'une certaine opinion. Aux yeux d'une autre opinion, les tortures et les exécutions sont la justification du terrorisme. C'est un cercle parfait dont il est impossible de sortir. » À un autre moment, Yacef eut un mouvement violent et dit : « Oh, ces bombes, je voudrais les voir toutes au fond de la mer. » Je répondis une phrase qui était à peu près ceci : « Ne vous gênez pas pour moi ; et même je vous donnerai bien volontiers un coup de main pour aller les y jeter. » D'un ton très accablé, il répliqua : « C'est notre seule manière de nous exprimer. »

1. La bombe qui explosa au Casino de la Corniche, le 9 juin 1957, fit 8 morts et une centaine de blessés graves, presque tous des jeunes qui étaient là pour danser.

Il me semble qu'il a dit cette phrase à plusieurs reprises, et moi de mon côté j'ai dit à plusieurs reprises au cours de cette seconde phase de notre conversation : « Le sang innocent crie vengeance. »

Dès ce jour-là, ma conviction profonde a été que cet homme n'avait pas l'intention, en engageant cet entretien, de me parler de sa crise de conscience ; il en avait même si peu l'intention qu'il m'avait caché son nom, ainsi que je l'ai su plus tard, uniquement parce que celui-ci était devenu synonyme de terrorisme dans la presse algéroise et qu'il avait peur de me rebuter en me le disant. Néanmoins tout cela était tellement improvisé que, en contradiction avec le secret dont lui-même s'entourait, il me dit d'emblée le nom de son garde du corps (Ali la Pointe) dont le renom n'était pas meilleur que le sien.

Il s'est toujours exprimé devant moi avec beaucoup de spontanéité et de naturel et, au cours de nos deux conversations, grâce à de brèves remarques qu'il fit, j'eus la possibilité de me représenter la vie qu'il menait depuis deux ans, traqué jour et nuit par plusieurs milliers de soldats dans un espace grand comme le jardin du Luxembourg, assumant, presque sans moyens matériels, un effort physique et intellectuel écrasant, puisqu'il avait la charge de coordonner d'abord tout l'appareil politico-militaire d'Alger, puis (à titre intérimaire) celle d'assurer cette coordination pour toute l'Algérie. J'ai pu me rendre compte aussi du très grand respect qu'il inspirait à tous ses collaborateurs mais, précisément à cause de ce respect, ceux-ci attendaient de lui qu'il assume toutes les responsabilités dans tous les domaines. Il avait donc dû supporter seul une crise de conscience qui probablement était déjà ancienne quand je l'ai vu pour la première fois. L'évolution – très inattendue pour lui comme pour moi – de notre conversation précipita, à mon avis, une décision à laquelle vraisemblablement il songeait déjà depuis longtemps.

Presque abruptement il me dit : « Je vous fais la promesse que désormais on ne touchera plus à la population civile. »

Je fus pétrifiée par cette phrase et je répondis que je ne représentais rien, et que je n'avais aucune qualité pour prendre un engagement quelconque qui soit parallèle à celui-ci. Il me répondit : « Ça ne fait rien, c'est à vous que je veux la faire et c'est à vous que je la fais. »

J'abrège, je l'ai déjà dit, toute cette conversation, puisqu'elle a duré quatre heures et demie. À plusieurs reprises les mêmes thèmes ont été repris et en particulier celui, très essentiel, du lien entre les attentats terroristes d'une part et les exécutions capitales de l'autre.

Assez longtemps après la promesse unilatérale qui m'avait été faite, je dis, à propos des exécutions : « Mais s'il y a des exécutions, est-ce que votre promesse tiendra ? » Yacef Saadi eut alors un mouvement très violent et me dit : « Dans ce cas, je ne peux répondre de rien. »

J'avais déjà compris que, en cas d'exécutions capitales, la pression de l'opinion musulmane est si forte sur ses cadres clandestins que ceux-ci sont obligés (pour manifester leur présence et leur communauté de sentiment avec la masse du peuple) de marquer par un acte leur réaction. Incidemment, au cours de la conversation, je dis que je me considérais comme obligée de rendre compte de cet entretien à mon gouvernement. Yacef haussa les épaules en me disant : « Faites comme vous voudrez ; nous, ça nous est égal », et il ajouta que, quant à lui, ce qu'il souhaitait, c'était que je puisse discuter sur les problèmes économiques de l'Algérie avec les cinq chefs du CCE. Dans son esprit, cet entretien aurait eu pour but essentiel d'éclairer les hommes qui avaient la responsabilité, à son avis, de la direction de l'Algérie sur des problèmes qui lui avaient paru à lui-même très graves et insuffisamment considérés par l'opinion musulmane en général. Mais il insista à plusieurs reprises sur le fait que son opinion en la matière ne comptait pas. De mon côté, je ne pouvais accepter de fournir des explications dans ce domaine qu'à la condition que mon gouvernement m'en donne l'autorisation.

Vers 7 heures et demie, je mis fin à l'entretien. Au moment de partir, je me tournai d'abord vers les deux jeunes femmes assises toutes deux à ma droite. La jeune femme blonde (Zohra Drif) à quelques rares occasions avait prononcé une phrase ou deux, l'autre n'avait pris aucune part à la conversation ; j'ignorais donc totalement avec quels sentiments elles avaient suivi ce très long dialogue. Je leur tendis la main et l'une d'elles m'embrassa. Je me rendis compte alors de leur émotion et, très émue moi-même, je leur dis : « Je vous supplie d'user de votre influence pour protéger les innocents. » Toutes deux inclinèrent la tête avec gravité. Je me tournai ensuite vers l'homme qu'on m'avait présenté sous le nom d'Ali la Pointe, je l'attrapai par le col de sa chemise et, le secouant un peu, je lui dis : « Avez-vous bien compris ce que j'ai dit : le sang innocent crie vengeance. » L'air intimidé, il répondit : « Oui m'dame. » En dernier, je tendis la main à Yacef Saadi. Il la prit dans les deux siennes avec émotion en me disant : « Merci de nous avoir parlé comme vous l'avez fait. » Puis je partis avec le guide et, comme la première fois, je pris soin, par loyauté, de ne même pas regarder le parcours que nous avons suivi.

(Dans la Première partie [voir ici même p. 565-571] on trouvera

la suite de ce témoignage remis à la Justice militaire française. Je concluais :)

En conséquence, ma conviction personnelle est que non seulement Yacef Saadi a eu l'intention d'arrêter les attentats contre la population civile française mais qu'il les a effectivement arrêtés, et cela dans toute l'Algérie. Ma conviction est basée sur l'arrêt immédiat, général et apparemment inexplicable du terrorisme à la date du 4 juillet qui est celle de la première entrevue que j'ai eue avec Yacef et la tentative de reprise du terrorisme aussitôt après sa propre arrestation qui eut lieu le mardi 25 septembre[1].

Je suis convaincue également que cet arrêt brusque et général, il l'a voulu et réalisé pour des raisons avant tout morales – afin d'épargner des innocents – et je base ma conviction sur l'évidence de son extrême émotion lorsqu'il s'est ouvert à moi (d'une façon à mon avis spontanée) de son douloureux débat de conscience. Cependant ses opinions d'ordre politique (sur l'interdépendance de fait qui lie les populations française et algérienne, sur la nécessité pour elles de se ménager réciproquement et de trouver des bases d'entente) et son désir profond et sincère de voir aboutir des négociations, ont certainement contribué à renforcer sa décision et à la justifier éventuellement auprès de ses collaborateurs et auprès de l'organisme FLN auquel il reconnaissait tout pouvoir pour prendre une décision (il s'agit du CCE).

La lecture attentive de la presse algéroise de juillet, août, septembre et octobre 1957 n'a fait que confirmer ma certitude intime, en révélant des projets antérieurs[2] qui ont été modifiés radicalement et du jour au

1. *5 juin 1957.* Le Monde *(après les attentats du 3 juin) : « Les informations parvenues d'Alger font état d'une inquiétude croissante dans la population civile. On se demande si les résultats obtenus cet hiver par le général Massu ne sont pas remis en question. »*

4 juillet : Promesse de Yacef de respecter la population civile.

12 juillet : Paris-Presse. *Gros titre : « Que cache cette subite accalmie ? se demandent avec inquiétude les Français d'Algérie (de notre correspondant particulier Jean Taousson). Alger 11 juillet. La brusque accalmie enregistrée au cours de ces jours derniers paraît insolite aux Français d'Algérie. C'est un fait que depuis une semaine les rebelles ne se manifestent plus qu'épisodiquement. »*

12 juillet 1957. L'Écho d'Alger. *Gros titre en première page : « M. Lacoste en Conseil des ministres : nette régression du terrorisme ».*

17 juillet 1957. L'Écho d'Alger. *Gros titre en première page : « Le F.L.N. a exécuté Louis Mekhlaf, le chasseur qui déposa sa bombe au Casino de la Corniche ».*

1er octobre 1957. Le Monde. *Gros titre : « Brutale recrudescence du terrorisme. Alger, 30 septembre. Après plusieurs semaines d'un calme relatif, une brutale recrudescence du terrorisme s'est manifestée dans plusieurs villes du Constantinois et d'Oranie. »*

2. *30 août 1957.* L'Écho d'Alger. *Gros titre en première page : « Deux responsables*

lendemain, à la suite de la rencontre dont je viens de rendre compte, sans qu'aucun fait nouveau dans l'intervalle puisse expliquer ce revirement[1].

collaborateurs de Yacef Saadi arrêtés ». On communique, ce jour-là, des documents saisis le 27 août et prévoyant, du 24 au 31 août : « Attentats à la bombe » ; du 1er au 8 août : « Nouveaux attentats en des endroits judicieusement choisis. »

1. Le même épisode a été raconté par son autre protagoniste, Yacef Saadi, dans son livre *La Bataille d'Alger*, t. III, *Le démantèlement*, Alger, Casbah éditions, 1997, p. 143-186. On y lit notamment, à propos de GT : « C'était une femme admirable, même si elle laissait parfois ses interlocuteurs pantois, voire interloqués par ses répliques inattendues. (…) Dotée d'une curiosité olympienne, elle n'avait pas peur des mots. Cela dit, elle a, à ce qu'il semble, toujours paru majestueuse à ses interlocuteurs. (…) Néanmoins, c'était une femme retorse, animée d'une volonté résolue d'aller au fond des choses. Elle exigeait de tout toucher du doigt, de voir, d'entendre et de constater avant de se faire une opinion » (p. 158-161).

5. Lettre ouverte à Simone de Beauvoir

Le 5 septembre 1958 – date où L'Express *publie la déposition qu'on vient de lire – Simone de Beauvoir « plonge, à la Nationale, dans la guerre d'Algérie » et écrit chaque soir son autobiographie. Elle la publie en 1963 et ce fut donc seulement après cette date que je pris connaissance du jugement expéditif qu'elle avait consacré à mon texte. Sobrement elle écrit en effet : « C'est une saloperie... » Sur le coup, ce bref commentaire me fâcha un peu.*

J'avais en effet beaucoup de sympathie pour Jean-Paul Sartre et je ne connaissais Simone de Beauvoir que par quelques-unes de ses œuvres (dont j'appréciais en tout cas les intentions) mais, puisqu'elle s'exprimait si librement à mon sujet dans un livre de grande diffusion, il me parut normal de lui répondre, en lui expliquant toutefois mon point de vue.

La lettre qui suit fut donc adressée au journal Le Monde *qui la publia intégralement dans son numéro daté du 11 mars 1964 et la présenta ainsi :*

« Mise en cause dans le dernier livre de Mme de Beauvoir, *La Force des choses*, Germaine Tillion nous adresse la lettre suivante, qui évoque un épisode encore mal connu de la guerre. »

Mme Simone de Beauvoir dit fort brièvement, à la page 462 de son livre : « Nous avons tous dîné [...] en mettant en pièces l'article de Germaine Tillion[1] que nous tenons, Bost, Lanzmann et moi, pour une saloperie. »

Aucune autre explication. Pas de contexte. Le journal où se trouvaient les pages qui ont provoqué chez elle cette réaction n'est pas nommé, de telle sorte que le lecteur n'a aucune possibilité d'examiner s'il partage (ou, éventuellement, ne partage pas) ce point de vue.

Seule la date du chapitre (5 septembre 1958) m'a permis d'identifier « l'article » auquel elle fait allusion : or, il s'agit d'un texte que je

1. *J'ai rectifié l'orthographe de mon nom que Mme de Beauvoir cite en plusieurs endroits, mais toujours avec une orthographe inexacte.*

ne pouvais pas me dispenser d'écrire, ni non plus écrire autrement (du moins je n'imagine pas comment), car j'y relate, pour le tribunal militaire d'Alger, des *faits vrais* à la décharge de gens sur qui pesait la peine de mort et ces faits les voici : me trouvant en Algérie, en juin et juillet 1957, avec une commission internationale, j'avais visité, matin et soir, pendant un mois environ, l'ensemble des prisons. Or, depuis longtemps, je conservais de nombreux amis dans les différentes régions de ce pays : ces amis, je les ai revus captifs, et j'ai su par eux, à n'en pouvoir douter, ce qui se passait réellement (à cette date j'étais déjà un peu mieux informée que la plupart des Français sur l'ensemble de la situation, mais pas au point d'imaginer ce que j'ai appris au cours de cette enquête). Dans la dernière semaine de mon séjour, une amie algérienne vint me trouver, bouleversée, pour me demander d'aller à une entrevue « avec des gens qui se cachaient ». À cause de ce que je venais d'apprendre je pris la décision d'aller à cette entrevue.

C'est ainsi que le 4 juillet 1957, à la suite d'un inconnu, je me rendis dans une maison arabe de la Casbah d'Alger, où je fus reçue par le chef FLN de la zone autonome (Yacef Saadi) accompagné de son garde du corps (surnommé Ali la Pointe) : il était un peu plus de 2 heures de l'après-midi. L'entretien fut long : je l'ai beaucoup abrégé dans ma déposition, mais sans changer un mot des phrases que je cite. Rien de prémédité ni de calculé dans aucune de mes paroles ; je crois aussi à la spontanéité de mon interlocuteur.

Des rencontres de ce type, tous les Algériens et tous les Français qui furent mêlés à la tragédie franco-algérienne (je veux dire : mêlés *réellement*) en ont vécu d'analogues. Ce jour-là, cependant, fut marqué par un fait moins courant : la promesse faite (et tenue) par un « chef terroriste » d'épargner désormais la population française d'Alger. Trois mois plus tard (fin septembre 1957) il fut arrêté, et, l'année suivante, entre le 24 juin et le 25 août 1958, il comparut trois fois devant un tribunal français, pour s'entendre trois fois condamner à mort. C'est alors que mon témoignage fut rendu public par ses avocats, Mes Théo Bernard, Gautherat (du barreau de Paris), Yves Gonon (du barreau d'Alger).

Cette publication choqua les gens qui cherchent des arguments : les gens dits « de droite », mais aussi les gens dits « de gauche ». Pour les premiers, il était abominable de rencontrer des « hors-la-loi », plus abominable encore de chercher à leur sauver la vie (et d'y parvenir) ; abominable également d'avoir pris fait et cause contre la torture. Pour expliquer ces anomalies (ou épargner à leurs lecteurs la tentation d'y réfléchir) ils m'attribuèrent des positions politiques extrémistes, et estropièrent systématiquement mon nom, de façon à l'orthographier comme celui d'un ancien ministre communiste, M. Charles Tillon. (Je n'ai jamais eu l'occasion de le rencontrer, mais je ne compte pas les gens qui m'ont affirmé que j'étais sa sœur.)

Simultanément, d'autres gens (dits « de gauche ») me reprochaient, les uns d'avoir écrit que je n'étais engagée dans aucun parti (c'est cependant la vérité) ; les autres, de ne pas avoir aidé le FLN contre la France, ou de ne pas avoir fait l'apologie de l'attentat terroriste pris en soi ; ou d'avoir refusé d'admettre que la France était irrémédiablement corrompue.

D'autres encore ont critiqué le fait que j'aie souvent défendu les « pieds-noirs » ; en outre, j'aurais dû (selon ces seuls vrais et authentiques révolutionnaires) les consulter, eux, sur le choix des gens à sauver, etc.

Or, justement, je n'ai pas « choisi » les gens à sauver : j'ai sauvé délibérément tous ceux que j'ai pu, Algériens et Français de toutes opinions. Je n'ai ni cherché ni (certes) désiré les périls représentés par l'entreprise qui me fut proposée en juillet 1957 : exactement, c'est l'entreprise qui est venue me tirer par la main.

« Il se trouve » que j'ai connu le peuple algérien, et que je l'aime ; « il se trouve » que ses souffrances, je les ai vues, avec mes propres yeux, et « il se trouve » qu'elles correspondaient en moi à des blessures ; « il se trouve », enfin, que mon attachement à notre pays a été, lui aussi, renforcé par des années de passion. C'est parce que toutes ces cordes tiraient en même temps, et qu'aucune n'a cassé, que je n'ai ni rompu avec la justice pour l'amour de la France, ni rompu avec la France pour l'amour de la justice. C'est aussi pour cela, précisément pour cela (je veux dire : parce que je ne parle pas par ouï-dire), que je déteste donner des leçons de morale. J'ai dû, par contre, en subir beaucoup trop.

En 1940, je m'étais trouvée tout de suite dans une zone dangereuse de la résistance active, l'ayant cherchée, mais sans m'être posé de questions : tout allait de soi... Ensuite – pendant longtemps et sans aucune diversion –, j'avais vu, subi, médité, haï la cruauté et la trahison, en mâchant et remâchant ma méditation et ma haine, jour après jour. Cela non plus n'impliquait pas un « choix moral » : ceux que j'aimais, ceux qui, d'emblée, avaient confiance en moi, ceux qui souffraient étaient tous d'un côté ; ceux qui opprimaient mon pays, qui tuaient, qui torturaient, qui, au premier regard, savaient que j'étais leur ennemie, se trouvaient tous de l'autre. (Je n'ai connu les épurations de 1944 et 1945 que longtemps après.) Dans la guerre d'Algérie, au contraire, les problèmes de conscience hérissaient la totalité de mon espace ; en outre – à l'inverse de ce qui s'était passé pour moi de 1940 à 1945 –, je savais d'avance la gamme de ce qui *pouvait* se passer, je le savais à chaque instant, et je le voyais dans une certaine coloration qui n'est pas celle de la théorie. Par conséquent, chaque fois qu'il fallait faire une chose, ou refuser de la faire (même quand il n'y avait que quelques secondes pour décider), il y eut décision délibérée : je ne pouvais ni un peu moins ni un peu plus.

Quand je me suis trouvée dans cette pièce isolée de la Casbah, assise en face de trois Algériens inconnus (dont deux avaient une mitraillette sur les genoux), avant même de me demander ce qu'ils étaient, j'ai d'abord senti à quel point ils vivaient tragiquement et précairement, traqués jour et nuit depuis des mois par des milliers de soldats, dans un réduit grand comme un jardin. Et tout ce que je venais de voir depuis un mois, tout ce que j'avais vécu douze ans plus tôt, c'était comme une énorme poche de plomb qui m'écrasait…

Or « il se trouve » que, eux aussi, avaient le cœur très lourd : ils savaient évidemment mieux que personne comment on mourait à Alger en 1957 quand on était patriote algérien ; ils avaient évidemment accepté de risquer *cette mort-là* – non pas une fois, mais à chacune des minutes de ce qu'il leur restait de vie. Ce n'est pas tout…

Vos amis sont guillotinés, vos proches sont torturés, vous voulez les venger, vous les vengez – naturellement avec les seules armes possibles : les bombes. Vous vous battez passionnément contre un monstre (le colonialisme, monstre sans visage), mais dans une ville *réelle*, et même une assez petite ville, une ville du Midi où tout le monde se connaît… *Pratiquement*, ce n'est pas au colonialisme que la bombe arrache la tête ou un membre, c'est à votre ancien camarade de jeu qui dansait avec sa fiancée (elle, vivante, les jambes coupées ; lui, mort). Ou bien à une petite fille qui promenait sa poupée. Ou encore à une vieille femme qui ressemblait à votre grand-mère…

Bref, le chef FLN de la zone autonome d'Alger m'a promis ce jour-là d'épargner la population de la ville. Or il tint cette promesse : il y eut encore des bombes, mais il n'y eut plus de morts.

Une seconde entrevue

J'ai raconté dans ma déposition la seconde entrevue que j'eus le 9 août 1957 avec Yacef Saadi (cette fois à la demande du gouvernement français) pour tenter d'accrocher une « conversation ». « À mes risques et périls » : cela fut précisé à la présidence du Conseil (car en août 1957 notre gouvernement savait qu'il avait cessé d'être obéi en Algérie). « À mes risques et périls », je suis donc repartie. De même que j'avais averti le chef FLN, dès ma première phrase, que je ne ferais rien contre mon pays et que je rendrais compte à mon gouvernement de notre conversation, j'ai prévenu alors la présidence du Conseil que je prendrais toutes les précautions que je jugerais à propos pour que, à l'occasion de cette rencontre, il n'arrive aucun mal aux gens que j'allais voir. Condition acceptée. Mes précautions furent efficaces, mais la conversation ne put pas être organisée.

Deux mois après mon second retour à Paris, un Algérien, appartenant au réseau de Yacef, le livra au colonel Godard.

J'appris cette arrestation à la fin du jour, par *Le Monde* du 25 septembre 1957 : elle avait eu lieu à l'aube. Dans l'heure qui suivit je fus reçue, à ma demande, par les autorités de l'État ; j'obtins sans difficultés leur intervention immédiate pour exiger la remise des prisonniers à la justice régulière : le résultat de leurs efforts (réels) s'avéra nul. Je vis ensuite tous les ministres, anciens ministres et chefs de parti, que je connaissais ou que je pus approcher ; j'obtins aussi (avec tous) qu'ils téléphonent devant moi à Alger : le résultat fut nul également. Enfin, au bout de quinze jours (sur le conseil d'un homme qui connaissait la situation de la France), je m'adressai au général Ély – il parvenait encore à se faire obéir à Alger, car les prisonniers furent remis la nuit même.

Aussitôt après cette remise (donc en octobre 1957), j'écrivis la déposition qui fut publiée onze mois plus tard, et dont il est question ici ; une copie en fut immédiatement confiée par moi aux avocats de la défense, au juge d'instruction, ainsi qu'à un petit nombre de personnes qui pouvaient témoigner à ma place si j'avais disparu d'ici là. Un peu plus tard je vis, sur ma demande, le cabinet du président Coty, le ministre de la Justice, puis, un à un, les membres les plus influents du Conseil supérieur de la magistrature…

Il s'est ensuite écoulé huit mois et demi, pendant lesquels la foule française d'Alger exigea quotidiennement, avec menaces et fureur, les têtes des Algériens pris dans la zone autonome. Compte tenu de l'extrême faiblesse du président Coty, on peut dire que, entre eux et la guillotine, il n'y eut, pendant toute cette période, rien d'autre que la timide velléité de négociation qu'on m'avait chargée d'amorcer. Sa seule preuve était ma parole, et, si j'avais disparu, ces quelques pages (que Mme de Beauvoir « mettait en pièces, en dînant »). Toutefois, elles remplirent leur office de protection, et le fragile rideau tint bon jusqu'au 13 mai 1958. C'était assez.

Immédiatement après le 13 mai, la pression gouvernementale ne s'exerçant plus, Yacef Saadi et son équipe comparurent devant le tribunal militaire, et furent condamnés dans trois procès : 24 juin, 1er juillet, 25 août. Comme je l'avais promis, je m'étais mise aussitôt à la disposition de la défense, qui choisit le second procès pour mon témoignage oral (1er juillet 1958 [1]) : je vins donc encore à Alger ce jour-là et je fus entendue à huis clos. Au troisième procès (25 août) le témoignage que j'avais écrit en octobre 1957 fut lu au tribunal, puis communiqué à la presse par les avocats. C'est ainsi qu'il parvint au journal *L'Express* où j'eus un jour la surprise de le trouver – naturellement sans le détail des circonstances que je viens d'exposer, car je n'avais pas été consultée ni même prévenue. Sur le moment, cela m'a contrariée, mais c'était sans importance car, depuis les condamnations à mort, il fallait essentiellement que les faits dont je parlais soient connus du public.

Tout ce que je viens d'exposer, je ne l'ai pas trouvé facile, et c'est pourquoi j'ai peu de goût pour critiquer les options différentes des miennes : pas plus les gens qui, précipités dans le torrent, se sont laissé rouler par lui, que ceux qui préfèrent regarder de la rive… Mais puisque ce sont mes paroles et mes actes qui sont attaqués, peut-être puis-je dire que, à mon avis, l'expérience n'est pas inutile pour guider l'imagination – tout au moins quand on sort de soi-même.

1. En réalité le 2 juillet 1958.

6. Au jour le jour
octobre 1957-février 1958

1957

Novembre

Lettre postée en Tunisie le 21 novembre, mais écrite par Yacef dans la Casbah, avant son arrestation[1].

Mademoiselle,

Un bienfait ne s'oublie jamais. Ce que vous faites pour mes frères et sœurs est très apprécié, car cela est conforme aux principes que vous ne cessez de défendre. Votre humanité ne va nullement à l'encontre de votre devoir.

Mes frères et sœurs doivent être sauvés. Je vous fais confiance. Les insurmontables difficultés, certainement, ne manqueront pas de vous décourager. L'essentiel est de vouloir. Vous avez fait déjà beaucoup pour la famille. Je suis convaincu que vous finirez par réussir.

Je vous demanderais de bien vouloir me mettre au courant de toutes vos démarches en faveur des miens. Pourriez-vous aussi, s'il vous plaît transmettre par l'intermédiaire d'amis, toute ma fraternité à tous ces héros.

Il faut tâcher d'humaniser leur condition. Que leur procès soit empreint de sérénité et de virilité. Mon ami de Tunis que vous connaissez doit savoir que je vous ai écrit au sujet de tous. C'est le plus grand service que vous puissiez me rendre. Il saura par là que nonobstant tout ce qui nous sépare, l'impossible a été fait.

Mademoiselle, que l'irréparable ne soit pas fait. Très certainement, ce que vous faites, aura de grandes répercussions.

Écrivez-moi toujours à l'adresse que vous connaissez. J'accuse réception de vos deux lettres. Ali, je n'ai pu le voir. Je suis en ce moment assez loin.

Acceptez Mademoiselle, mes respectueux hommages.

1. Le ton de cette lettre semble indiquer qu'elle n'est pas de Yacef.

P.S. Ne jamais faire état de cette démarche. Je compte sur votre discrétion. Conserver cette [ ]

signature illisible

Note adressée à Monsieur Lecourt, garde des Sceaux, et remise à M. Adolphe Touffait son directeur de cabinet, pour obtenir qu'on recule le procès du jeune Ben Saddok[1]*, meurtrier de M. Ali Chekkal*[2]*. Né le 29 mars 1907 à Rennes, Adolphe Touffait fut résistant sous l'Occupation et directeur du cabinet de Robert Lecourt en 1957-1958. Il a été blessé par balles à Alger au cours d'une inspection en 1962.*

La situation actuelle des Algériens en France est encore paradoxalement à demi normale, et cette situation est incroyablement précaire de part et d'autre.

On remarquera cependant que les Algériens (bien que comptant un pourcentage important de garçons de moins de 20 ans) ont jusqu'à maintenant évité avec beaucoup de discipline et de soin tout attentat contre la personne ou les biens des Français (civils ou militaires). L'attentat contre M. Borgeaud[3] (qui d'ailleurs a été étonnamment bien manqué lorsqu'on considère les circonstances) représente l'unique exception. Lorsque des Français sont victimes de Nord-Africains il s'agit de crimes crapuleux ou d'accidents.

Néanmoins, l'exaspération monte dans les milieux français, et en particulier dans les milieux ouvriers (des grèves ont eu lieu dans le bâtiment pour obtenir l'éviction des travailleurs nord-africains, avant même la série actuelle d'attentats MNA-FLN). Depuis cette série d'attentats, l'impopularité des Algériens s'est encore accrue ; il suffirait maintenant que quelques Français soient comptés parmi les victimes pour faire monter dangereusement l'exaspération.

1. Jugé en décembre 1957 par la cour d'assises de Paris, Mohammed Ben Saddok bénéficia des circonstances atténuantes et il évita la condamnation à mort.

2. Assassiné en 1957 par Ben Saddok au stade de Colombes, en sortant de la tribune officielle où il venait d'assister à la finale de la Coupe de France aux côtés du président de la République, René Coty. Ali Chekkal avait été vice-président de l'Assemblée algérienne et était alors un représentant de cette « troisième force » que la France cherchait à constituer et que le FLN voulait éradiquer.

3. Le sénateur Henri Borgeaud qui symbolisait le grand colonat richissime et influent venait d'échapper à un attentat.

Or, la spirale des grandes catastrophes devrait logiquement démarrer en Algérie par des massacres – forcément réciproques – qui entraîneraient nécessairement dans les usines et ateliers métropolitains le refoulement des travailleurs nord-africains (refoulement opéré non pas par la police, mais par leurs employeurs et leurs camarades ouvriers). À ce moment-là, la crise économique extrêmement brutale qui se produirait en Algérie ne pourrait que créer les difficultés les plus graves, c'est-à-dire évidemment de nouveaux massacres.

Le processus inverse peut également être imaginé, c'est-à-dire une réaction brutale en Métropole contre les travailleurs nord-africains déclenchant en Algérie une crise économique et peut-être des événements plus graves.

Or, nous ne pouvons pas nous fier à la raison des dirigeants FLN en Métropole. Tout ce que nous savons d'eux nous les montre comme des gens très jeunes, très peu informés des problèmes économiques et réagissant avec violence sous des mobiles affectifs. Nous pouvons encore moins nous fier à leurs troupes, et l'arrestation des dirigeants FLN risque d'avoir pour résultat de livrer leurs partisans à une anarchie encore plus dangereuse et meurtrière.

Dans ces conditions, on peut avec raison redouter leurs réactions en cas de jugement et d'exécution à Paris de Ben Saddok, car ce jugement et cette exécution ne pourraient manquer de soulever violemment l'opinion française elle-même et d'exciter au plus haut point la masse extrêmement sensible des travailleurs nord-africains (masse presque exclusivement masculine et jeune).

Inversement, des mesures de clémence ouvertement prises à l'égard de Ben Saddok ne manqueraient pas de susciter des réactions très violentes dans les milieux dits « ultras ».

Dans ces conditions, ce qui semble le plus opportun serait de gagner du temps et de faire reculer le procès.

3 novembre

Je fais une conférence à la demande des prêtres ouvriers devant les prêtres du XIIIe arrondissement (45 prêtres). 4 paroisses et 3 chapelles, 160 000 hab. Je leur demande de poser en confession les questions suivantes aux chrétiens mobilisés :

Avez-vous achevé un blessé ?

Avez-vous exécuté un prisonnier sans en avoir reçu l'ordre écrit ?

Avez-vous tiré sans être en état de légitime défense ?

Avez-vous torturé des prisonniers ou donné l'ordre de le faire ?

Toute violence exercée sur un être sans défense est contraire à la morale et le chrétien doit s'en confesser. S'il s'agit d'une simple gifle il y a faute mineure mais si la violence est prolongée il y a crime – crime plus grave que d'embrasser sa cousine ou de faire gras le vendredi.

7 décembre

Lettre au cardinal Feltin[1]

7 décembre 1957

Éminence,

Votre parfaite compréhension du double problème algérien m'a été d'un grand réconfort et je tiens à vous en remercier.

Sur le premier problème qui est celui de l'orientation générale de notre politique, je suis pleine d'angoisse, à cause des illusions qui sont entretenues dans une partie de l'opinion publique française. Je redoute énormément pour elle une déception violente, car cette déception violente va conditionner notre attitude future à l'égard des peuples d'Afrique du Nord et risque d'achever de les orienter vers la bolchevisation. Je me rends parfaitement compte de la responsabilité qui pèse dans ce domaine sur les épaules de tous ceux qui ont une grande audience. L'Église, en d'autres circonstances, par la voix des Papes et des Évêques, a prôné d'une manière désintéressée la justice et la paix, en dénonçant ce qui, dans le comportement des hommes, ne pouvait engendrer que la haine, l'injustice et la violence ; sa parole autorisée peut retentir à nouveau dans notre pays pour rappeler la nécessité d'une paix juste c'est-à-dire fondée sur un accord. Ce faisant, et tout

1. GT avait été reçue le 30 novembre par Mgr Feltin, archevêque de Paris et cardinal-vicaire aux armées. À ce titre il était responsable de tous les aumôniers militaires catholiques, porteurs de l'enseignement de l'Église aux combattants. Si des chrétiens en France et en Algérie – notamment l'archevêque d'Alger – avaient été parmi les premiers à dénoncer la torture, le vicariat aux armées, solidaire du milieu militaire, s'était enfermé dans une discrétion qui confinait à la complicité, faisant silence sur les exactions et s'en tenant à la thèse de la pacification. Lors de la bataille d'Alger, le P. Delarue, aumônier des parachutistes, avait disserté sur le bon usage de la torture. Son texte divulgué par *Témoignage chrétien* en juin 1957 avait soulevé une indignation largement répercutée par la presse.

en restant dans la tradition de l'Église, je crois que ce serait rendre un grand service à la cause française et à la cause occidentale.

Le second problème, qui est celui de la morale, me semble beaucoup plus simple que le précédent et catégorique : on doit réagir contre des habitudes criminelles, et on doit réagir énergiquement.

J'ai beaucoup pensé, Éminence, à la question que vous m'avez posée, et qui est celle-ci : « Où commence la torture ? » (À ce propos, je me permets de vous rappeler que, lorsque la Commission internationale contre le régime concentrationnaire a décidé d'enquêter sur les camps soviétiques, c'est moi-même qui ai été chargée de rédiger la définition du régime concentrationnaire ; ces horribles problèmes me sont donc familiers.) À cette question, il me semble qu'on peut répondre que la seule excuse de la violence pour un chrétien, c'est la légitime défense : un soldat qui tue dans un combat n'est pas coupable, car il défend sa vie ; dès que cesse la légitime défense, toute violence est coupable, mais il y a des degrés dans la culpabilité.

Je lis toujours avec grande attention les bilans de la « pacification » publiés régulièrement par les divers IGAME[1] d'Algérie. Il est aisé d'y constater que le nombre des morts est beaucoup plus élevé que celui des prisonniers, lequel est bien plus élevé que celui des blessés. Or chacun sait que, dans une guerre normale, il y a beaucoup plus de blessés que de morts. Lorsque je mets ce fait en corrélation avec les divers témoignages que j'ai recueillis tant chez des officiers de notre armée que chez des Musulmans, j'en conclus que l'usage d'achever les blessés est courant. Or, là il y a crime que rien n'excuse ni ne justifie.

L'usage d'exécuter les prisonniers est également très répandu. Lorsqu'on garde des prisonniers, c'est pour les faire parler et ils sont alors voués à la torture. Il y a cependant des exceptions, et il peut arriver que des prisonniers ne soient ni tués ni torturés, mais, encore une fois, il s'agit là d'exceptions. À quels ordres obéissent les officiers lorsqu'ils agissent ainsi ? À une habitude, à une routine. Cette habitude et cette routine sont criminclles. Le fait que d'autres officiers puissent se comporter différemment prouve qu'il n'y a pas d'obligation à accomplir des crimes.

Sur la torture, je possède une masse énorme d'informations et je peux dire que toute personne qui a été arrêtée à Alger depuis janvier 1957 jusqu'à maintenant, à moins d'intervention très puissante et très

1. Inspecteur général de l'administration en mission extraordinaire.

rapide, a toujours été torturée. J'ai chez moi actuellement une jeune fille musulmane de vingt ans[1] qui a été torturée il y a trois semaines à l'électricité. Pour rien. Elle a d'ailleurs été relâchée au bout de trois semaines car il s'est avéré qu'elle ne connaissait même pas les gens qui avaient noté son nom sur un carnet. Une autre jeune fille musulmane également innocente[2], et que je connais également, a aussi été torturée il y a trois semaines. Au cours des six derniers mois, de nombreuses jeunes filles musulmanes et chrétiennes, et que je connais aussi personnellement, ont été torturées également pour des motifs futiles ou sans motif : mises nues, supplice de la baignoire, supplice de l'électricité avec parfois les électrodes placées sur les parties génitales, les mains liées par-derrière et suspendues par les poignets, ce qui est un supplice analogue à celui de la croix car il provoque l'asphyxie.

Sur tous ces supplices, Éminence, il n'y a vraiment pas d'équivoque pour une conscience, même peu alertée, et la fameuse défense qu'invoquent les tortionnaires – en torturant un homme, vous pouvez en sauver cinquante s'il avoue l'emplacement des bombes dont il dispose – se révèle être un faux argument, car au nom de cet argument on a torturé (quelquefois à mort) des personnes innocentes, pour un coupable problématique et qui n'avoue pas nécessairement.

Il me semble par conséquent que les questions suivantes ne peuvent prêter à équivoque :

1. « Avez-vous achevé un blessé ? »
2. « Avez-vous exécuté un prisonnier sans en avoir reçu l'ordre écrit ? »
3. « Avez-vous tiré sur une personne désarmée, donc sans être en état de légitime défense ? »
4. « Avez-vous torturé ou maltraité des prisonniers ou donné l'ordre de le faire ? Et si vous l'avez fait, quelles sont les tortures ou les mauvais traitements dont vous vous êtes rendu coupable ? »

En ce qui concerne les responsabilités, j'ai cherché à me renseigner sur le nombre et l'importance des militaires ayant participé à ces actes :

Dans un régiment particulièrement compromis, qui est le 1er REP[3], j'ai pu dénombrer d'après les témoignages six équipes de torture

1. Torkia Dahmoune.
2. Fatima Hamdiken.
3. Régiment étranger de parachutistes.

spécialisées, chaque équipe comprenant deux officiers permanents et quatre soldats qui se relaient deux à deux (ceci est forcément un minimum : il est possible qu'il y en ait davantage). Nous avons donc là trente-six hommes (sur 800) qui ont participé physiquement à la torture. Moralement le colonel de ce régiment et tous les commandants sont responsables, car il semble que les différents lieux de torture que j'ai pu identifier correspondent aux divers bataillons. Plus encore que l'homme de troupe qui bien souvent réprouve ces actes, mais qui en est tenu à l'écart dans la très grande majorité des cas, ce serait donc la hiérarchie de nos officiers qui serait contaminée par cette affreuse pratique. (Capitaines et lieutenants participant physiquement à la torture, commandants et colonels en ayant la responsabilité morale.)

Statistiquement cependant, le nombre de nos compatriotes compromis est peu élevé par rapport au chiffre de l'armée française, mais lorsque, inversement, nous examinons les résultats obtenus par eux dans la masse musulmane, nous nous apercevons que les dégâts commis sont énormes.

Je vous ai dit que l'enquête sommaire à laquelle je me suis livrée sur les familles de quelques-uns de ces 239 hauts fonctionnaires musulmans (qualifiés de « fonctionnaires de conception et de direction ») me permet de dire que, parmi ceux que je connais, il n'en est pas un seul qui n'ait eu un membre de sa famille assassiné ou torturé par nous. (Je précise que j'entends par « famille » les ascendants, descendants, frères, sœurs, beaux-frères, belles-sœurs.) Cependant il est bien évident que ces 239 fonctionnaires sont le plus ferme soutien de notre politique. Que se passe-t-il dans ces conditions dans les familles suspectes de nationalisme ?

Voilà, Éminence, quelques-unes des réflexions que m'a suggérées la conversation que vous avez bien voulu m'accorder et dont je vous remercie encore une fois, en vous priant d'agréer l'expression de mon très religieux et très fidèle attachement.

Germaine Tillion

14 décembre

Note remise à la Direction de la Justice militaire à Paris.

14 décembre 1957

Je n'ai jamais eu de code avec Yacef sinon le suivant : Gaston = Yacef, Claude = Zohra.

Au début de septembre (redoutant une reprise du terrorisme, à cause de la proximité des débats de l'ONU et d'autre part estimant qu'un accord avant ces débats présenterait des avantages réciproques immenses) j'ai écrit plusieurs lettres à ce groupe pour les inciter :

1. à continuer à interdire le terrorisme ;
2. à faire pression sur le CCE pour qu'il engage des conversations.

J'ai dû improviser un code un peu enfantin pour qu'il soit compréhensible sans accord préalable.

Mon vieux père = le beylik et par extension les institutions parlementaires.

La belle-mère = les ultras

Mon oncle = le général de Gaulle.

G. Tillion

1958

Janvier

J'ai dîné avec Raymond Aron au début de l'année 1958 et je lui ai parlé avec détails des tortures en Algérie. Il m'écouta avec beaucoup d'émotion et me mit en rapport avec Brisson du Figaro. *J'ai reçu le surlendemain le courrier suivant.*

Le Figaro.

Le rédacteur en chef

Paris, le 28 janvier 1958

Madame Germaine Tillon *[sic]*

Madame,

M. Pierre Brisson m'a fait lire les documents que vous lui aviez confiés. J'en ai pris connaissance avec le plus vif intérêt, vous l'imaginez sans peine, je comprends parfaitement votre point de vue mais ce que je vois mal, c'est la solution…

Thierry Maulnier me dit qu'il serait très heureux d'avoir un entretien avec vous. Si les travaux parlementaires me le permettent, je pourrai y participer pour mon plus grand profit certainement.

Veuillez agréer, je vous prie, mes très respectueux hommages.

L. Gabriel-Robinet

Suite à cette lettre, Thierry Maulnier[1] *est venu me rencontrer chez moi avec Maurice Clavel et nous avons longuement parlé de l'Algérie et il écrivit un article le 14 mars 1958 dans* Le Figaro *ayant pour titre* « Après la grâce »

18 février

Réponse du pasteur Bœgner, président de la Fédération protestante de France, qui m'a reçue et écoutée, en particulier le 29 septembre 1957.

Fédération protestante France
Le président

Paris, le 18 février 1958
47, rue de Clichy (9e) Trinité 53-31

Chère Mademoiselle,

J'ai lu avec l'émotion que vous pensez le document que vous avez bien voulu me prêter et je vous le retourne sous pli recommandé.

Ai-je besoin de vous dire que chaque fois que j'ai l'honneur de vous voir, je vous écoute avec la plus vive attention ? Dans la mesure où vous aurez des faits nouveaux à porter à ma connaissance je vous

1. Journaliste, dramaturge, homme de lettres connu, il l'était aussi pour ses opinions de droite, voire d'extrême droite.

serai reconnaissant de ne pas hésiter de me téléphoner pour me demander un rendez-vous. Je suis tous les matins rue de Clichy (TRI. 53-31) et presque tous les soirs, après le dîner, à mon domicile (PAS. 08-89).

Veuillez accepter, chère Mademoiselle, l'hommage de mes sentiments déférents et dévoués,

Marc Bœgner

7. Interventions pour deux condamnés à mort

Mars 1958

Le mardi 4 mars et le lundi 10 mars j'ai deux longues entrevues à l'Élysée avec M. Friol, directeur du cabinet du président Coty[1].

Je lui retéléphone le lundi 17 mars et, le même jour, j'alerte Albert Camus à son bureau de la NRF (pensant qu'une démarche de lui aura plus de poids que les miennes).

Le mardi 18 mars je suis reçue par M. Touffait.

Une camarade de résistance me met en rapport avec son oncle et celui-ci, très bouleversé par la situation des condamnés à mort algériens, me donne l'adresse de plusieurs de ses collègues.

Le samedi 22 mars, j'ai rendez-vous (chez lui) avec M. Chaumié, membre du Conseil supérieur de la magistrature (revu le dimanche 14 décembre 1958).

Puis le samedi 29 mars rendez-vous (chez lui) avec M. Sammercelli, autre membre du Conseil supérieur de la magistrature. D'autres suivront.

Lettre à M. Friol pour être remise au président Coty pour demander la grâce de Taleb. Je remets la lettre en main propre à l'huissier de la présidence. Je croise quelqu'un que l'huissier me nomme. « Il vient souvent », me dit-il. Celui-là entre directement chez le président.

17 mars 1958

Monsieur le Directeur,

Au cours de notre dernier entretien, je vous ai signalé l'exécution, le 19 février, à Oran, de Kada Benchizza Maamar, exécuté pour

1. Tous les dossiers des condamnés à mort étaient soumis au président de la République dont le droit de grâce est une des prérogatives. René Coty (1882-1962), sénateur puis député de la Seine-Inférieure [Maritime], est élu en décembre 1953 président de la République (il sera le dernier président de la IVe République). Lors de la crise du 13 mai, il fera appel au général de Gaulle pour former un nouveau gouvernement. Ce dernier occupera donc le poste de président du Conseil jusqu'à ce qu'il soit élu (en décembre) premier président de la Ve République.

complicité de tentative d'assassinat. Cet homme (selon le journal *Le Monde* daté du 20 février 1958) « appartenait à un groupe rebelle qui avait tenté d'assassiner un musulman au domaine de Kéroulis, dans la région d'Aïn-Temouchent ». Je ne connais rien de son dossier, mais j'en connais d'autres analogues, et je crains que cela ne signifie que, d'une part, il appartenait à un groupe militaire et a été pris comme combattant ; que, d'autre part, sa participation personnelle à cette tentative d'assassinat n'a pas été prouvée ; enfin, que cette tentative n'a fait aucun mort.

Je suis convaincue, depuis de nombreux mois, du terrible danger que représente pour la France la montée de l'hystérie dans les deux communautés adverses. C'est pourquoi je souhaite qu'on ménage à la fois l'opinion française dite « ultra » et l'opinion algérienne musulmane. La difficulté consiste à les ménager simultanément, car elles s'opposent sur tout avec violence et constance et la haine est si vive entre les deux adversaires qu'elle les pousse assez souvent à commettre des excès dont ils seront, par contre-coup, victimes (les attentats contre les policiers, en France, sont une folie que les ouvriers musulmans paient au centuple ; inversement, ce sont les premières exécutions capitales – exigées par les « ultras » d'Alger – qui ont déclenché le terrorisme urbain qui a affolé, à juste titre, nos compatriotes).

Or, pour l'instant, l'opinion dite « ultra » est calme : dans ses franges stupides, elle a considéré comme un succès français l'affaire de Sakhiet ; dans les franges intellectuellement évoluées, on est au contraire un peu penaud et inquiet. En outre, il n'y a pas pour l'instant d'attentats civils à Alger (qui est la caisse de résonance de l'Algérie) et c'est, en l'espèce, l'essentiel, car cela permet maintenant de ménager un peu, de « dés-hystériser » les masses musulmanes.

Je vous ai exposé (sans vous communiquer, faute de temps, les détails précis que je possède sur ce point) combien elles sont dangereusement ébranlées par les exécutions capitales.

Je suis informée au jour le jour de la vie dans les prisons d'Alger, d'Oran et de Constantine, et d'autre part, avant d'être déportée (en 1943), j'ai passé 14 mois à la Santé et à Fresnes. Je peux par conséquent comparer et je suis convaincue que le climat moral est plus atroce dans nos prisons d'Algérie que dans les prisons allemandes en 1942. (Je ne compare naturellement pas le régime des camps où, cette fois, la comparaison serait totalement à notre avantage.) Je vous ai dit qu'à Alger, toute la prison guette, chaque nuit, le bruit que font les bourreaux lorsqu'ils commencent leurs préparatifs à trois heures du matin, et que personne ne dort avant 5 heures du matin, ni dans la prison de Barberousse, ni dans la Casbah, les nuits où il n'y a pas d'exécutions, tant l'appréhension nerveuse est forte. Les nuits où il y a des exécutions, vers trois heures du matin, les détenus les plus proches du quartier des condamnés entendent les préparatifs et alertent de proche en proche toute la prison : hommes et femmes hurlent, sanglotent, chantent des chants nationalistes ou prient ; les CRS entrent dans les cellules pour les faire taire à coups de crosse, sans y parvenir. Le vacarme est entendu dans la Casbah qui guette ; à son tour, elle entre en transe (60 000 à 90 000 personnes).

Vous savez combien je réprouve la torture et combien je la considère comme aussi imbécile que criminelle. Néanmoins ses effets sur l'opinion publique musulmane sont moins directement générateurs d'hystérie que les exécutions capitales. En effet, la torture, même généralisée, reste toujours plus ou moins clandestine ; elle est le fait de sous-ordres (ayant au maximum le grade de capitaine) ; elle compromet une section, un régiment (au pis-aller le représentant de la France en Algérie), mais pas la totalité du peuple français. Tandis que, dans les exécutions capitales, c'est une communauté qui s'affronte avec une autre communauté.

Dans *Le Figaro* de vendredi 14 mars, je relève un article de Thierry Maulnier intitulé « Après la grâce ». Voici textuellement ce que dit Thierry Maulnier :

« Ne pourrait-on imaginer un gouvernement français annonçant qu'à l'occasion de cette grâce, à dater de cette grâce, il sera sursis pendant un mois à toute exécution capitale de terroristes en Algérie ? À une condition. À la condition que, dans ce laps de temps, aucun attentat terroriste, aucune cruauté inutile, aucun assassinat de femme, d'enfant, de civil français d'origine ou musulman, ne soient commis en Algérie par quelque organisation rebelle que ce soit. »

Vous voyez que les idées que je vous ai exposées gagnent du terrain. Je les résume ainsi : il est impossible d'ébaucher une solution du problème algérien, dans quelque sens que ce soit, tant qu'on n'aura pas un peu détendu, de part et d'autre, l'atmosphère actuelle. Du côté français, la détente ne peut venir que de l'arrêt des attentats ; celui-ci ne peut être espéré du côté musulman (du moins d'une façon durable) que par la suspension des exécutions. Le moment est favorable pour cela à cause de l'arrêt des attentats (vous savez que celui-ci *a précédé* le démantèlement des réseaux FLN). Il est donc actuellement possible d'annoncer une série de grâces sans provoquer chez nos compatriotes des réactions sérieuses (il n'est d'ailleurs pas nécessaire de donner à ces grâces de la publicité). Pour les culpabilités très lourdes, on différerait toute décision – afin de ne pas perdre auprès des Musulmans le bénéfice des mesures d'apaisement que représentent les grâces. Comme le fait observer M. Le Pen [1] : « Les musulmans algériens sont des gens comme nous, qui écrivent des lettres comme nous, etc. » J'ajouterais : « et qui ont horreur, comme nous, des attentats urbains ». *Seule l'horreur des exécutions peut diminuer à leurs yeux l'horreur des attentats.* Or, si les attentats reprennent, la pression qui s'exercera sur les hautes autorités de l'État sera si forte qu'il nous sera impossible de retenir notre mécanique et le mouvement d'horlogerie « exécutions-attentats », « attentats-exécutions » se remettra en marche, suivi du cortège des tortures.

Vous avez bien voulu m'autoriser à vous parler des cas personnels que j'ai suivis : l'annonce de la grâce accordée à Djamila Bouhired et à Djamila Bouazza a accru mon anxiété au sujet du menuisier Marsali et de l'étudiant Taleb, condamnés à mort en même temps que ces deux jeunes filles.

Je vous ai déjà parlé de Taleb, étudiant en chimie, condamné trois fois à mort, mais pour un seul et même fait : il a fabriqué de la poudre. Lorsqu'il a appris que celle-ci pouvait être utilisée dans des attentats urbains, il a refusé de continuer ce travail et il est parti au maquis, désespéré, hanté par l'idée de suicide. Il s'est rendu à nos troupes (en uniforme de lieutenant et sans armes) et a tout avoué spontanément. Marsali, menuisier, est accusé d'avoir fabriqué des caisses en bois dans lesquelles des bombes ont été enfermées. On peut d'ailleurs se demander si le Tribunal ne l'a pas confondu avec l'horloger (qui a réglé les bombes et qu'on a condamné à quelques années de prison). En outre, on sait (grâce au témoignage de Yacef Saadi) que, le réseau FLN ayant fait prisonniers dans la Casbah deux parachutistes, Marsali et Djamila Bouhired se sont opposés à Ali la Pointe (qui voulait tuer nos compatriotes) et ont obtenu de Yacef de pouvoir les raccompagner sains et saufs jusqu'à la rue où ils seraient en sécurité.

1. Député ex-poujadiste lié aux groupuscules activistes qui fomenteront le 13 mai. Il avait fondé le *Front national combattant* ou *Front d'action nationale* qui sera interdit quelques semaines plus tard. En 1957 il s'était engagé pour six mois. Versé dans les parachutistes, il était un familier de ceux qui avaient mené la bataille d'Alger et de leurs pratiques.

Sur le plan de l'opinion publique, la culpabilité de ces deux jeunes gens ne peut manquer d'apparaître comme infiniment moindre que celle de Djamila Bouazza (je ne parle pas de celle de Djamila Bouhired qui est fort douteuse). Si on les exécute, on pensera que seule la pression internationale a sauvé ces jeunes filles et que les jeunes gens ont payé de leur vie notre hargne. Vous savez mieux que quiconque combien c'est, au fond, inexact.

Je m'excuse de cette longue lettre, mais je suis profondément convaincue qu'aucune forme d'apaisement n'est possible en Algérie tant que se produiront les doubles séries d'ébranlements collectifs que représentent les attentats et les exécutions. Or je peux vous démontrer qu'ils s'actionnent réciproquement : les exécutions ont lieu parce qu'il y a des attentats et les attentats ont lieu parce qu'il y a des exécutions. Seules, la sagesse et l'humanité de Monsieur le Président de la République peuvent briser ce cercle infernal ; – elles le peuvent du moins maintenant, mais peut-être ne le pourront-elles plus demain. Les traditions de discernement politique et de libéralisme que le Président Herriot a si longtemps représentées subsistent encore en France et m'aident à espérer. Je vous en remercie et vous prie de croire, Monsieur le Directeur, à l'assurance de mes sentiments de haute considération [1].

G. Tillion

31 mars

Lettre de M. Friol

Présidence de la République
Le directeur du cabinet

Paris, le 31 mars 1958

Mademoiselle,

Croyez bien que votre dernier message, qui a fait suite aux visites que vous avez bien voulu me rendre, a été soumis au Président de la République et n'a, par conséquent, pas été perdu de vue.

1. Abderramane Taleb sera guillotiné à la prison de Barberousse, le 28 avril. Pour les répercussions de cette exécution, voir la Note pour le général de Gaulle du 5 juillet et la lettre au même de l'automne 1958 (p. 764 et 773).

Bien que les travaux parlementaires nous aient laissé fort peu de répit ces jours-ci, j'ai cependant fait procéder à des vérifications actuellement en cours.

J'espère avoir l'occasion de vous revoir dès que je serai en possession d'une réponse.

Veuillez agréer, Mademoiselle, la respectueuse expression de mes sentiments dévoués.

8. Au jour le jour, avril-juillet 1958

26 avril

Lettre d'Edmond Michelet[1]

Conseil de la République
Vice-Président
Edmond Michelet
Sénateur de la Seine

Paris, le 26 avril 1958

Chère Camarade et Amie,

Un groupe d'amis m'a chargé de vous acheminer le texte ci-contre, en vous priant de vous demander s'il a, en principe, votre accord et, dans l'affirmative, si vous accepteriez qu'il paraisse avec votre signature.

Selon toute vraisemblance, ce texte sera sans doute présenté comme émanant d'une centaine de rescapés des camps de concentration.

Je vous serais obligé de me faire connaître votre réponse dès que possible, compte tenu d'une urgence qui ne vous échappera certainement pas.

Je saisis cette occasion pour vous dire, chère Camarade et Amie, mes sentiments de bien fidèle et cordiale sympathie.

Edmond Michelet

P.J.

Les signataires de cet appel ont tous subi de grandes épreuves entre 1940 et 1945 et leur patriotisme ne peut pas être suspecté.

1. Edmond Michelet (1899-1970). Militant chrétien et homme politique. Auteur de l'appel du 17 juin 1940, à Brive. Quand il fut arrêté en février 1943, il était responsable de région au mouvement Combat. Déporté à Dachau. Il retraça son expérience dans plusieurs livres, dont *Rue de la Liberté* (voir aussi la note du 5 juin 1959, p. 780).

Ils sont émus par les souffrances actuelles des Algériens et ils demandent que sur tout le territoire français les droits de la personne humaine soient protégés avec la plus extrême vigilance, car ils sont en péril.

Ils insistent en particulier sur leur hostilité et leur inquiétude vis-à-vis des camps d'assignation à résidence où sans inculpation, sur un simple soupçon, des hommes peuvent être détenus pendant plusieurs années.

En attendant la fin d'une guerre que nous souhaitons tous, ils font les suggestions suivantes :

1) Lorsqu'un suspect a sa famille et son travail en France, son assignation dans un camp sera transformée en une assignation dans la commune où se trouve son foyer ;

2) Lorsque le suspect est un étudiant il se verra assigner à résidence dans une commune où se trouve une ville universitaire ;

3) Dans tous les cas, les dossiers des assignés à résidence seront fréquemment révisés en présence d'avocats ;

4) Les contrôles et inspections exercés par des organismes publics et privés, nationaux et internationaux, seront autorisés et favorisés.

5) Une allocation mensuelle sera attribuée aux familles des assignés (actuellement, dans le meilleur cas, une femme n'ayant qu'un enfant reçoit 4 800 F par mois. Lorsqu'elle ignore le français elle n'a aucun moyen de gagner sa vie).

Les signataires s'adressent aussi aux Algériens qui combattent, pour les adjurer de mettre fin aux attentats contre les populations civiles ; ils les en adjurent au nom de la solidarité des hommes, au nom de l'amitié nécessaire entre le peuple français et le peuple algérien.

Dossier presse

Le Monde *du 17 mai 1958 :*

LA DÉCLARATION DU GÉNÉRAL DE GAULLE

Je me tiens prêt à assumer les pouvoirs de la République

Voici le texte de la déclaration que le général de Gaulle a fait remettre à la presse jeudi à 17 heures :

« La dégradation de l'État entraîne infailliblement l'éloignement des peuples associés, le trouble de l'armée au combat, la dislocation nationale, la perte de l'indépendance. Depuis douze ans la France, aux prises avec des problèmes trop rudes pour le régime des partis, est engagée dans ce processus désastreux.

Naguère le pays, dans ses profondeurs, m'a fait confiance pour le conduire tout entier jusqu'à son salut.

Aujourd'hui, devant les épreuves qui montent de nouveau vers lui, qu'il sache que je me tiens prêt à assumer les pouvoirs de la République. »

Des personnalités demandent à M. Coty d'appeler le général

Un certain nombre de personnalités ont souscrit à l'appel suivant, qui a été rendu public après la déclaration du général de Gaulle :

« La situation intérieure et extérieure, comparable sur bien des points, plus grave encore sur d'autres, à celle de 1917 ou à celle de 1940, exige que tous les Français prennent conscience des dangers mortels qui menacent désormais leurs libertés et mettent en cause l'indépendance de la nation.

L'alliance atlantique a prouvé son insuffisance, mais nous affirmons que sa disparition revêtirait un aspect tragique aux conséquences incalculables. L'isolement de la France, l'exploitation éventuelle de l'humiliation nationale consécutive à une longue suite d'échecs, en achevant la dislocation de l'ensemble auquel on n'ose presque plus donner le nom d'Union française, provoqueraient en métropole des troubles qui s'achèveraient inévitablement en guerre civile.

Un gouvernement de salut public s'impose de toute urgence. Cette urgence est une question de jours. La mission de ce gouvernement sera de rebâtir l'autorité de l'État dans tous les domaines en faisant ployer les intérêts privés devant les nécessités de salut public, de rebâtir l'unité nationale dans l'oubli des douloureuses divisions d'hier, de faire en sorte que la justice sociale devienne une réalité, de recréer sur des bases audacieuses et généreuses l'ensemble français dans le monde, de rétablir entre les alliés les relations de confiance actuellement compromises, de réaliser enfin une réforme profonde des institutions correspondant aux exigences de notre temps.

Ce gouvernement de salut public doit entrer en fonction sans tarder. Seul le général de Gaulle paraît qualifié pour le présider. Pendant toute la durée de ce gouvernement, des organes consultatifs issus du Parlement collaboreront avec le gouvernement pour assurer la réforme de l'administration, des finances et des institutions, comme aussi pour assurer le respect des libertés fondamentales.

Nous exprimons notre conviction qu'il n'est pas d'autre voie de salut. Nous réaffirmons que faute d'un tel sursaut et d'un tel gouvernement, les dangers que court la nation la mettent en péril de mort.

Nous demandons à M. René Coty, président de la République, d'inviter le général de Gaulle à former ce gouvernement, au Parlement de ratifier ce choix, au général de Gaulle d'en accepter la charge. »

Cet appel est notamment signé de MM. Gabriel Marcel, Louis Massignon, Pierre Emmanuel, Mme Germaine Tillion, MM. François Lehideux, Gilbert Grandval, Stanislas Fumet, Henri Delpech, Pierre Lebon, le général Zeller, le colonel Bourgoin, etc.

Le Monde *du 18 mai 1958 :*

Des compagnons de la Libération demandent à M. Coty d'appeler le général de Gaulle

Une délégation de six compagnons de la Libération s'est rendue vendredi à l'Élysée pour remettre au président de la République le message suivant :

« Deux cent vingt-trois compagnons de la Libération, réunis le 10 mai[1] à Paris en séance privée, voient avec douleur et avec colère se dégrader de jour en jour le potentiel national et la position mondiale de la France.

Devant l'extrême péril qui menace le pays et le désarroi des esprits comme des institutions, ils estiment nécessaire que la nation fasse appel au général de Gaulle, et se déclarent convaincus que cet appel interviendra dans un très proche avenir.

Ils font confiance à celui qui a libéré la patrie et rétabli la République pour définir et appliquer la politique qui permettra à la France de restaurer son autorité et son prestige.

Ils demandent au président de la République d'avoir recours au général de Gaulle pour constituer un gouvernement de salut public, et au général de Gaulle de répondre à l'appel de la nation. »

1. Entre-temps, il y a eu le « coup » du 13 mai à Alger, une grande effervescence politique, la paralysie du pouvoir civil à Paris, et un premier communiqué du général de Gaulle se déclarant *« prêt à assumer les pouvoirs de la République. »*

Le journal ajoute :

Contrairement à ce qui a été indiqué, l'assemblée des compagnons de la Libération qui s'est tenue dimanche dernier n'a pas été unanime pour adresser un appel au général de Gaulle. M. Aboulker, communiste, nous précise que lui-même et plusieurs autres présents ont voté contre. D'autres se sont abstenus.

D'autre part MM. Claude Bourdet, Jean Cassou et cinq autres compagnons de la Libération non membres du parti communiste ont publié le texte suivant :

« C'est avec stupeur, tristesse et indignation, que nous avons pris connaissance de l'appel par lequel, à un moment de crise très grave, le général de Gaulle est venu ébranler encore davantage les institutions, encourager dans l'armée le complot contre la République en se présentant comme successeur du régime et renforcer les factieux d'Algérie, pour lesquels il n'a pas eu un mot de condamnation.

Nous nous désolidarisons totalement des hommes qui ont apporté leur appui à cette initiative. Nous nous solidarisons avec les syndicats ouvriers et les organisations populaires qui ont décidé de défendre la République. Nous demandons que des sanctions impitoyables soient prises contre les généraux révoltés et les autres factieux. Nous appelons tous les anciens résistants à se joindre à nous. »

Une lettre de M. Pierre Emmanuel

Nous avons publié dans notre précédent numéro une déclaration d'un certain nombre de personnalités priant le président de la République d'appeler le général de Gaulle.

L'un des signataires, M. Pierre Emmanuel, qui y avait souscrit avant le manifeste du général, nous adresse la mise au point suivante :

« Vous avez vu ma signature au bas d'une adresse qu'ont signée comme moi des partisans notoires d'une réconciliation en terre algérienne. Cette adresse fut rédigée voilà quelques jours. Elle paraît à l'heure où le nom du général de Gaulle sert de caution à la rébellion de certains éléments factieux d'Algérie. Est-il besoin de dire – en mon nom personnel du moins – que le nom du général de Gaulle ne peut être que le signe de l'unité de la République, et non le cri de guerre appelant à la déchirer ? »

D'autre part Mme Germaine Tillion, MM. Gabriel Marcel et Louis

Massignon, signataires du même appel, nous prient de signaler qu'ils ont signé ce texte entre le 26 avril et le 3 mai.

Le comité de résistance spirituelle, qui avait prévu de longue date une réunion de prière pour la paix en Algérie le 18 mai, à 14 heures, dans les jardins de Notre-Dame, fait savoir que ce rassemblement est annulé « en raison des événements ».

21 mai

Lettre d'Edmond Michelet.

Conseil de la République
Vice-Président

Paris, le 21 mai 1958

Chère camarade et amie,

La situation politique est maintenant très claire, le Général de Gaulle apparaît comme la seule personnalité susceptible de rétablir, sans effusion de sang et sans aggravation des divisions actuelles, notre bien le plus précieux qui est l'unité nationale.

Les dirigeants des partis hésitent à le comprendre, et maintiennent les assemblées parlementaires dans un conformisme étroit et dans des règles de procédure qui, en retardant toute solution, aggravent la situation et peuvent conduire au pire, c'est-à-dire la guerre civile.

C'est pourquoi, porte-parole de diverses personnalités je me permets de vous adresser un appel personnel.

Seriez-vous disposé à prendre ouvertement et dans la plus stricte légalité votre part dans un mouvement tendant à faire appel à l'arbitrage du Général de Gaulle, c'est-à-dire à attirer par la persuasion l'attention des hommes responsables sur l'urgence de cet appel ?

Si cette idée vous convient, je vous serais obligé de bien vouloir venir *JEUDI 22 MAI à 11 heures du matin* dans mon bureau du Conseil de la République ; nous pourrions faire un tour d'horizon et fonder sans plus tarder un Comité National d'appel pour l'arbitrage du Général de Gaulle.

Afin de donner plus d'efficacité à cette première phase de notre action, je me suis borné à adresser cette convocation à un groupe très restreint de personnes et sans engager aucune d'entre elles, je vous en donne ci-dessous les noms.

Bien cordialement vôtre

Edmond Michelet

Destinataires
Madame Germaine TILLION
MM. Georges BIDAULT
Colonel BOURGOIN
Professeur CHARDONNET
Général ÉLY
GRANDVAL
JANOT
A. LAFFOND
MALRAUX
Professeur NARBONNE
PASTEUR-VALLERY-RADOT
René RICHARD
Général ZELLER

Lettre à Edmond Michelet

Mon cher ami,

De toute façon, je serai des vôtres demain à 11 heures, puisque vous me faites l'honneur de me demander mon avis.

Mon premier souci actuellement est de préserver l'unité nationale et mon autre souci de nous éviter un désastre en Afrique.

Je suis absolument convaincue que le général de Gaulle est mieux placé que quiconque pour nous éviter le second malheur ; mais, pour nous éviter le premier, il me semble que la situation est beaucoup moins claire.

Donc, comptez sur moi demain.

Bien amicalement.

G. Tillion

2 juillet[1]

Article paru dans Le Journal d'Alger : « Quatre peines de mort demandées ».

Réquisitoire au procès des bombes
QUATRE PEINES DE MORT DEMANDÉES :
YACEF, BENHAMIDA, HATTAB ET MOULAY

Ce procès dont on ne prévoyait pas la fin avant samedi prochain, trouvera demain, jeudi, à une heure honnête sa conclusion.

Le dernier témoin entendu hier au début de la matinée, le colonel de gendarmerie Crozafon fut formel lorsqu'il déclara, qu'à sa connaissance, les accusés Hattab Mohamed et Moulay Ali, contrairement à leurs dires, n'ont enduré aucun sévice lors de leur séjour dans ses services à Birtraria.

Sur demande du défenseur de Yacef, le président du tribunal, en vertu de son pouvoir discrétionnaire, décida ensuite d'entendre Mlle Germaine Tillon, titulaire de la chaire d'ethnographie d'Afrique du Nord à la Sorbonne, ancien membre du cabinet du ministre Jacques Soustelle, résistante au cours de la grande guerre et déportée […]

4 juillet

Lettre à Mme Fatiha Bouhired

Paris, 4 juillet 1958

Chère Madame,

Je reçois à l'instant votre lettre mais je savais déjà que votre procès

1. Le 1er juillet, GT se rend à Alger pour témoigner, le 2, devant le Tribunal militaire au second procès de Yacef Saadi et de son groupe. Dès les arrestations, elle avait fait en sorte d'être citée comme témoin à décharge. Convoquée début juillet par les avocats de la défense, elle lut à la barre une partie du texte remis à la justice militaire (voir p. ???). Comme elle le dit par ailleurs (p. 711), elle avait reçu menaces et avertissements pour la dissuader de le faire (sa sœur Françoise avait tenu à l'accompagner). Ce procès se déroula alors que la foule française d'Alger réclamait les têtes des militants jugés. « Il n'y avait entre la guillotine et les militants algériens que la timide velléité de négociation qu'on m'avait chargée d'assurer. » Sa seule preuve était les quelques pages remises à la justice.

RÉQUISITOIRE AU PROCÈS DES BOMBES

Quatre peines de mort demandées :

YACEF, BENHAMIDA HATTAB ET MOULAY

Ce procès dont on ne prévoyait pas la fin avant samedi prochain, trouvera demain, jeudi, à une heure honnête, sa conclusion.

Le dernier témoin entendu hier au début de la matinée, le colonel de gendarmerie Crozafon fut formel lorsqu'il déclara, qu'à sa connaissance, les accusés Hattab Mohamed et Moulai Ali, contrairement à leurs dires, n'ont enduré aucun sévice lors de leur séjour dans ses services à Birtraria.

Sur demande du défenseur de Yacef, le président du tribunal, en vertu de son pouvoir discrétionnaire, décida ensuite d'entendre Mlle Germaine Tillon, titulaire de la chaire d'ethnographie d'Afrique du Nord à la Sorbonne, ancien membre du cabinet du ministre Jacques Soustelle, résistante au cours de la grande guerre et déportée, membre de la

Micia LEYVAL.

(PAGE 3 — 6 COLONNE)

Mme Germaine Tillon dont l'audition en qualité de témoin s'est déroulée à huis clos.

passe le 10 – car je me tiens au courant jour par jour de tout ce qui vous concerne. Je vous suis profondément reconnaissante de l'appui moral que j'ai trouvé auprès de vous et je n'ai pas cessé de m'inquiéter pour vous et pour vos cinq petits enfants.

De toute façon votre cas est très simple : toute la vérité est connue et vous n'avez donc rien à cacher. On vous accusera probablement de « non-dénonciation de malfaiteurs » – du moins je le suppose. Il s'agit là d'un délit dans lequel le degré d'appréciation du tribunal va jouer un grand rôle.

Je n'ai pas l'adresse de maître Popie[1], mais je vais vous mettre en rapport avec lui dès qu'un de ses confrères me l'aura donnée. Je verrai avec lui quelle est la meilleure façon de vous protéger et si je dois revenir à Alger pour cela.

En attendant soyez sûre que je veille sur vous avec une fidèle affection.

G.T

1. Il avait été membre influent de l'association des étudiants catholiques et d'autres mouvements chrétiens ; engagé dans le groupe des libéraux, cet avocat « pied-noir » défendait de nombreux Algériens. Il sera assassiné par l'OAS le 25 janvier 1961.

Paris, 4 juillet[1]

Je viens de recevoir un mot de madame Bouhired et je ne sais pas où joindre maître Popie (il n'est plus au grand hôtel). Que dois-je faire exactement pour elle ? Je ne crois pas utile de venir à Alger, mais j'ai reçu son hospitalité et son appui moral quand je l'ai vue (le 4 juillet et le 9 août [1957]). Je sais que de tout son cœur elle a plaidé la cause de la modération.

Bien amicalement

G. Tillion

7 juillet

Lettre adressée à Mme Fatiha Bouhired

7 juillet 1958

Chère Madame,

Je suis au courant de tout ce qui vous concerne et je veille sur vous avec toute l'amitié et l'estime que j'ai pour vous.

J'ai vu à votre sujet de hautes autorités de l'État qui vont intervenir en ce qui vous concerne.

Personnellement j'aurais souhaité être auprès de vous le 10, mais je crains que ma présence vous soit plus nuisible qu'utile. En effet j'ai eu l'impression que je n'étais pas sympathique à tout le monde à Alger.

Je vous embrasse bien affectueusement. Donnez-moi de vos nouvelles dès votre libération.

G. Tillion

9 juillet

9 juillet 1958[2]

Cher Maître,

J'ai pu joindre la direction de la justice militaire où l'on a parfaitement compris pourquoi il était juste de ménager M. Hadj Smaïn et Mme Bouhired. Une démarche dans ce sens a été faite de Paris.

1. Lettre à un destinataire non identifié. Voir la lettre du 9 juillet 1958.

2. Lettre probablement adressée à Me Yves Gonon, avocat au barreau d'Alger, qui était le défenseur de Hadj Smaïn.

D'autre part j'ai pu joindre M. Boulloche (qui vient d'être nommé ministre)[1]. Il va essayer de joindre l'état-major – le général Salan étant malheureusement absent.

Je vous envoie cependant le détail des raisons pour lesquelles je protégerai autant que je le pourrai votre client et Mme Bouhired et celles pour lesquelles je peux demander à notre gouvernement de me soutenir.

N'en faites pas état sans nécessité mais vous pourrez communiquer ce texte au président en dehors de l'audience si vous le jugez nécessaire. C'est je crois ce qui rendra le service le plus efficace à Hadj Smaïn et à Mme Bouhired (auxquels je vous demande de rappeler qu'ils peuvent compter sur moi comme je compte sur eux).

1. Ministre délégué à la présidence du Conseil.

9. Correspondance avec le général de Gaulle mai-décembre 1958

Lettre au général de Gaulle

21 mai 1958

Général,

Si j'ose vous écrire, c'est à cause de ma profonde angoisse.

Depuis des mois, je pensais que l'objectif premier de Français dignes de ce nom devait être de terminer la guerre d'Algérie – de la terminer sans mettre fin à une collaboration indispensable.

Aujourd'hui – depuis quelques heures – cet objectif passe en deuxième position et il me semble que notre premier souci devrait être d'éviter une rupture de la France en deux blocs.

Depuis plusieurs années, on peut constater dans notre pays un amenuisement du centre de l'opinion, mais depuis quelques heures il y a « précipitation » sur les deux extrêmes : d'un côté, l'armée servant de structure, de l'autre les syndicats.

Vous représentez pour beaucoup de Français de toute opinion, et également pour les Musulmans, une valeur tutélaire. (Cette valeur tutélaire explique la journée de vendredi sur le Forum d'Alger) – à Paris, dans la dure angoisse actuelle, elle reste notre espoir.

Il est clair qu'aucun homme responsable ne peut désavouer en ce moment les éléments militaires d'Alger sans risquer une sécession. Mais, inversement, la France risque de se sentir elle-même désavouée par une approbation donnée tacitement à une subversion que plus de la moitié de l'opinion réprouve.

Il existe assurément des éléments politiques désireux de détourner de leur sens vos paroles et vos actes, et énormément de braves gens peu informés qui risquent d'être entraînés par eux, pour le plus grand péril de la nation, car les Français sont, simultanément, hostiles à leurs représentants et profondément attachés aux institutions et aux libertés républicaines. Il est absurde de dire et de penser que vous pouvez les menacer (alors que nous avons l'expérience de vos actes), mais il serait terrible que cette absurdité puisse gagner une fraction importante de l'opinion.

Lorsque les deux ailes s'alourdissent brusquement, on peut légitimement craindre une rupture du centre. C'est à cause de cette crainte que je vous écris, avec ma profonde reconnaissance de notre dette de jadis, et mon espoir.

Germaine Tillion

Réponse manuscrite du général de Gaulle à la lettre du 21 mai

Chère Mademoiselle,

Il ne faut pas qu'à Paris pour de basses raisons de politiciens, on manque l'extraordinaire mission de fraternité qui s'offre en Algérie avec de Gaulle. Tout est là !

Respectueusement,

Note de mai 1958 que j'ai remise à André Malraux pour le général de Gaulle. Le matin du premier voyage[1] *qu'il fit à Alger (pour le mettre en garde contre Lagaillarde*[2]*).*

Arrestation du bachadel[3] et de l'Âoune[4] de la Mahakma[5] du canton sud d'Alger

Le bachadel [...] était protégé spécialement par le général Massu parce qu'il acceptait de recevoir tous les jours un capitaine d'Humières et colonel Branet de l'action psychologique auquel il donnait des conseils.

Pour une raison inconnue, vraisemblablement personnelle, un capitaine parachutiste[6] Lagaillarde, fils du bâtonnier de Blida, nourrissait à

1. Le 4 juin 1958.
2. Jeune avocat « pied-noir » jouissant d'un grand prestige auprès des étudiants européens d'Alger dont il présidait l'association (l'AGEA), il était aussi en lien étroit avec les militaires dont il portait la tenue « léopard » (à titre civil). Animateur du « groupe des sept » résolument anti-gaulliste, il avait été très présent dans les manifestations du 13 mai avant d'être le chef le plus en vue de la Semaine des barricades (janvier 1960) et un des organisateurs de l'OAS depuis l'Espagne (à partir de 1961).
3. Greffier en chef.
4. Juge suppléant adjoint au cadi.
5. Mahakma (ou Mahkama). Juridiction de droit musulman dirigée par un cadi, ayant à connaître les affaires civiles. Peut être comparée à la Justice de paix.
6. Il n'aurait été en fait que sous-lieutenant (de réserve) ; le port de l'uniforme lui aurait été contesté par le général Massu, comme GT l'indique à la fin de sa communication.

l'égard du bachadel (également originaire de Blida) une rancune quelconque.

Pendant l'été 1957, le général Massu s'est absenté et au cours d'une de ses absences le bachadel a été arrêté ; le même jour l'âoune (M. Mesba) a été arrêté également. On suppose que c'est pour avoir téléphoné ce jour-là au bachadel. Le procureur général Reliquet se trouvait à Paris comme le général Massu. Il était professionnellement en relation avec le bachadel et l'âoune. Prévenu, il intervint par téléphone auprès des autorités militaires et à la suite de son intervention l'âoune fut relâché. Le bachadel fut mis probablement au secret car personne ne sait ce qu'il est devenu.

L'âoune une fois libéré a donné quelques détails sur sa détention. On a su ainsi que le bachadel, dès les premiers jours, avait été séparé et qu'au moment où la jeep emmenait celui-ci, l'âoune a entendu un cri déchirant et reconnu sa voix. L'âoune a ensuite été conduit dans un lieu de détention situé à El Biar et a été mis au régime commun qui consistait dans des exercices du type suivant : les détenus étaient rangés sur deux rangs, face à face et devaient se cracher dessus. Ceux qui crachaient mal recevaient des coups. Les détenus ensuite étaient invités, l'un à faire le chien, l'autre la grenouille ou le chacal ou le coq et ceux qui ne sautaient pas comme la grenouille, qui n'aboyaient pas comme le chien, recevaient des coups. Au bout d'une quinzaine de jours de ce traitement l'âoune fut libéré, grâce à l'intervention du procureur général Reliquet. M. Mesba a été relâché sans qu'on lui ait posé aucune question.

J'ai eu récemment des nouvelles du bachadel qui serait, paraît-il, vivant et depuis peu assigné à résidence.

Soulignons, en passant, que ses relations avec le service psychologique avaient attiré l'attention du FLN qui avait menacé le bachadel. Quant à l'âoune il n'avait rien à voir dans toute cette histoire et il a été pris en passant et relâché de même.

Capitaine Sadek Saïdi actuellement détenu à la prison d'El Oued

Né à Fort National, 62 ans, en retraite depuis 1947, après 34 ans de service. Réformé à 70 pour cent. Ancien prisonnier de guerre, combattant de 1914-18 et de 1939-40.

Bien que le capitaine Saïdi ait été arrêté et torturé en août 1957 par des parachutistes en uniforme, et qu'il soit en prison depuis cette date, même seul avec des amis musulmans détenus avec lui, il ne peut pas articuler de critiques contre l'armée qu'il s'efforce toujours de mettre hors de cause.

C'est un gaulliste fervent.

Le capitaine Saïdi a été inquiété en 1948 (donc un an après sa mise à la retraite) à cause des relations amicales qu'il entretenait avec des hommes politiques algériens membres du parti qui, à cette époque, portait le nom de MTLD. Telle est sans doute la cause de son arrestation en août 1957. En effet, le capitaine Saïdi affirme qu'il n'avait pas connaissance de l'existence d'un fusil-mitrailleur trouvé dans une écurie de sa ferme, et il suppose que ce fusil-mitrailleur a été caché chez lui par un domestique musulman qu'il avait engagé quelques jours avant son arrestation. Si cette hypothèse est vraie, ce seraient ceux qui l'ont arrêté qui auraient fait déposer le fusil-mitrailleur chez lui.

Il a été arrêté à son domicile (ferme Sainte-Marie à Reghaïa, près de l'Alma) par le capitaine Andrea et le lieutenant Lagaillarde, tous deux officiers de parachutistes en tenue de campagne, mais tous deux officiers de réserve. M. Lagaillarde est connu actuellement comme président de l'association des étudiants d'Alger. Il a, semble-t-il, l'habitude de circuler en uniforme de lieutenant de parachutistes, et la presse a signalé l'incident du général Massu le priant d'aller se remettre en civil.

Le capitaine Andrea est fils d'un colon de Sétif, et le lieutenant Lagaillarde fils d'un avocat de Blida.

Le capitaine Saïdi, grand blessé de guerre (il a été trépané), est matraqué à son domicile au moment de son arrestation par le lieutenant Lagaillarde. Il est séparé de sa femme et conduit dans une auto stationnant à proximité de son domicile, d'où il a entendu crier sa femme restée seule avec les parachutistes. Sa femme a trente ans, et il a trois enfants dont l'aîné a cinq ans. Il pense que sa femme a été violée, mais il n'en a pas la certitude, car il n'a pu s'entretenir avec elle depuis août 1957.

Il a ensuite été amené à la villa Nador, boulevard Bru, à Alger, par le capitaine Andréa et le lieutenant Lagaillarde. Là, il aurait subi le supplice de la baignoire (mais pas l'électricité). Il aurait néanmoins refusé de reconnaître les faits dont il était accusé (détention d'armes).

Il porte plainte pour sévices et séquestration arbitraire (avocat : Moulet).

Rien n'est plus facile que de contrôler ces faits. Il suffit pour cela de convoquer le capitaine Saïdi qui se trouvait encore à El Oued il y a trois semaines. Il était, semble-t-il, très bien noté, et le fait de lui rendre justice ne peut être offensant pour l'armée, bien au contraire. D'autre part, c'est un geste qui serait apprécié par les Musulmans et les Libéraux.

Le seul inconvénient serait d'alerter le petit groupe certainement très actif auquel appartient le lieutenant Lagaillarde, et qui semble être à l'origine de l'attaque du Gouvernement général. Il faut donc, avant de s'y hasarder, être bien certain de contrôler le groupe en question.

5 juillet 1958

Note transmise au général de Gaulle par l'intermédiaire d'André Malraux.

Après trois ans et demi de guerre, les éléments modérés ne subsistent plus dans les deux populations de l'Algérie qu'à l'état d'individus isolés et sans audience. La masse des Français d'Algérie s'aligne pratiquement sur les positions des éléments dits « ultras » ; inversement, la masse des Musulmans s'aligne sur les positions FLN. Ceci coexiste d'ailleurs, de part et d'autre, dans ces mêmes masses, avec le vœu ardent de voir finir la guerre, mais la contradiction entre ce désir passionné et les positions précédentes n'est pas encore perçue nettement pour l'instant (il n'est pas impossible que cette contradiction apparaisse un jour ; il y aurait alors déconnexion entre les éléments « ultras » et les masses).

Dans la perspective actuelle, il est très facile d'aggraver la tension existante, car toute concession faite à l'une des opinions exaspère l'autre ; cette dernière réagit, avec brutalité, exaspérant à son tour la première qui réagit de même, et ainsi de suite… L'opération qui consiste à faire baisser la tension est par contre très difficile et l'on peut dire que la première réussite dans ce domaine a débuté le 13 mai, avec la campagne de « fraternisation », campagne bien conçue et bien réalisée mais dont il ne faut ni minimiser ni exagérer l'importance.

Le point de départ a été très heureusement choisi et a bénéficié de l'énorme capital de confiance que le nom seul du général de Gaulle représentait dans les masses musulmanes algériennes (avant même son accession au pouvoir). En outre, et très intelligemment, l'action psychologique a porté encore plus sur l'élément européen que sur l'élément autochtone – ce qui a renforcé l'action sur celui-ci – (en effet, ce sont les premiers qui ont commencé à acclamer et embrasser les seconds à la grande surprise de ces derniers). Plus encore que les défilés musulmans du début (dont nul n'ignorait qu'ils avaient été organisés) ce sont les réactions des Européens qui ont ainsi influencé les manifestations suivantes.

L'événement considérable c'est l'apparition d'un espoir dans les masses musulmanes (dont les souffrances au cours des deux années qui viennent de s'écouler ont dépassé tout ce qui est imaginable) : *Depuis le 13 mai, les Musulmans croient que la guerre va peut-être finir.* Tel est le fait capital. Mais (c'est l'avis de tous les témoins que j'ai interrogés – gens qui vivent depuis de très longues années au contact quotidien des masses algériennes) cet espoir est attaché à l'accession au pouvoir du général de Gaulle (et nullement aux fraternisations) et il ne signifie aucunement une déconnexion avec les structures FLN ; – tout ce qu'on peut dire, c'est qu'il place celles-ci dans une situation qui – pour la première fois – est psychologiquement précaire.

En effet, depuis le début de l'insurrection, les forces de l'ordre se sont trouvées continuellement dans la situation où toutes les attitudes tournaient à leur désavantage : si la répression était odieuse, l'absence de répression était ridicule. Elles ont été continuellement à la merci des initiatives de leurs adversaires et par conséquent réduites à la riposte – et une riposte nécessairement inadéquate. Pour la première fois, elles ont une initiative qui bénéficie d'un courant favorable, et elles mettent ainsi leurs adversaires dans la position ingrate où elles se trouvaient antérieurement : *si le FLN ne tient pas compte de l'espérance qui vient de naître dans l'opinion musulmane, il risque de perdre son emprise sur elle, mais cette emprise, seules ses propres erreurs peuvent la lui faire perdre et il serait chimérique d'imaginer qu'on peut l'en déposséder par une action psychologique même bien conduite et bénéficiant de circonstances favorables.*

Actuellement, et malgré ces fraternisations, la guerre continue dans les djebels et les attentats urbains ont repris. Entre le 4 juillet et le 24 septembre 1957 (date de l'arrestation de Yacef Saadi) il n'y a pas eu de victimes dans la zone d'Alger à cause de sa promesse de protéger la population civile. Après son arrestation, quelques attentats ont eu lieu, puis le calme est revenu, dû cette fois au démantèlement des réseaux (ceux-ci ont été entièrement détruits deux fois : une première fois après la bataille d'Alger (février-mars-avril 1957) et une seconde fois à partir de « l'opération Zerouk » qui a débuté par une série d'arrestations dans le courant de septembre, et qui s'est terminée avec l'arrestation de Yacef et la mort d'Ali la Pointe.) L'attentat du 1er juillet 1958 peut représenter une action isolée, ou au contraire signaler une troisième reconstitution des réseaux terroristes. Dans les deux cas, elle est un signal de fidélité à Yacef et marque sa condamnation à mort et la volonté de le venger.

Il est vrai que les « fraternisations » ont surtout atteint les vieux balayeurs du Gouvernement général et les femmes de ménage de Bab el Oued – *c'est-à-dire des gens qui ne se battent pas contre nous*. Sans méconnaître l'intérêt que présente le fait de les avoir rassurés (il est très positif) il ne faut donc pas en attendre plus qu'il ne peut donner.

Pour faire réellement baisser la fièvre en Algérie on devra analyser les processus qui l'ont fait monter et les reprendre à l'envers.

Le couple répression-terrorisme.

C'est un lieu commun de dire que le terrorisme entraîne la répression qui entraîne le terrorisme, aussi est-il nécessaire de distinguer dans la répression les éléments qui provoquent les réactions émotionnelles les plus violentes. Contrairement à l'opinion commune, *les réactions les plus graves ne sont pas provoquées par les tortures, mais par les exécutions capitales.*

J'ai signalé à la Présidence du Conseil (il y a exactement un an) les conditions atroces dans lesquelles ont lieu les exécutions capitales dans une prison surpeuplée (Barberousse) située à la limite de la Casbah ; depuis juin 1956, aucun prisonnier ne s'endort avant la première prière, car tous guettent chaque nuit le bruit familier des bourreaux montant la guillotine (vers trois heures du matin). Le premier prisonnier qui l'entend, alerte les autres et tous se mettent à hurler, à prier, à sangloter. La Casbah (où vivent les familles des condamnés) guette de son côté et l'explosion de désespoir se transmet de proche en proche. Les CRS entrent dans les cellules et à coups de crosse tentent de faire taire les prisonniers qui sont ensuite privés (pendant des semaines ou des mois) des quelques suppléments de nourriture qu'ils ont habituellement le droit d'acheter à la cantine.

Or, depuis le 13 mai, plusieurs exécutions capitales ont encore eu lieu.

Les premiers attentats terroristes au revolver.

Les premiers attentats de terrorisme urbain ont eu lieu à Alger le lendemain des deux premières exécutions capitales (19 juin 1956, 70 victimes) et pour répondre à celles-ci les terroristes n'ayant encore ni bombes ni grenades, tirent au revolver. Un des terroristes est tué. On apprend qu'il est domicilié au 3 de la rue de Thèbes.

Premières bombes au plastic.

La première bombe au plastic qui a éclaté à Alger est une bombe contre-terroriste (réseau Kovacs. Le même réseau, un peu plus tard, a tiré au bazooka sur le Général en Chef, ce qui a contraint la police algéroise à le prendre en considération. Néanmoins certains membres de ce réseau seraient actuellement dans le Comité de Salut Public). Elle est placée[1], dix minutes avant le couvre-feu au 3 de la rue de Thèbes, elle démolit 9 maisons et fait 53 morts, tous musulmans. Il n'y a ni enquête ni arrestation, mais un simple entrefilet dans les journaux mentionnant un incident dans la lutte du FLN et du MNA (à cette date, les réseaux musulmans ne possédaient pas de bombes au plastic et personne dans Alger n'imaginait qu'ils en posséderaient deux mois plus tard).

Lorsque éclatèrent les premières bombes FLN[2] (elles font 51 blessés et 1 mort) l'émotion, par contre, est énorme : la presse algéroise, la police. l'opinion s'affolent réciproquement. Une femme blonde serait l'auteur de l'attentat et plusieurs femmes blondes sont recherchées (certains ont supposé, d'après des données assez valables, que l'une d'entre elles était morte sous la torture, ce qui serait à l'origine des bruits d'origine officielle sur la mort de Raymonde Peschard).

À partir de ce moment, l'opinion « ultra » exige de plus en plus d'exécutions – pour répondre aux attentats.

En face, l'opinion musulmane exige des chefs FLN de plus en plus d'attentats pour répondre aux exécutions.

Le 4 juillet [1957], le chef de la zone d'Alger, Yacef Saadi, décide (pour des raisons exclusivement morales et sans contrepartie) de cesser les attentats, tandis que de notre côté les exécutions continuent. Dans le courant de septembre, les réseaux FLN d'Alger sont démantelés et à partir d'octobre les exécutions se font de plus en plus nom-

1. Le 10 août 1956.

2. Au *Milk-Bar* et à la *Caféteria,* le 30 septembre 1956. D'autres sources font état de 4 morts et 72 blessés.

breuses mais ne provoquent plus de réactions parce que les réseaux sont détruits (c'est la seconde fois qu'ils le sont en moins de six mois).

Exécution de l'étudiant Taleb

Une forte pression est exercée sur l'entourage du président de la République pour qu'il refuse les grâces et en particulier celle de l'étudiant Taleb.

Le président est averti que, en cas de clémence, les Français d'Algérie se révolteront et seront soutenus par l'Armée.

L'exécution de Taleb a lieu. La riposte était prévue et inévitable : exécutions de trois prisonniers français[1]. Le 13 mai, à cause de ces trois exécutions (qui répondent à celle de Taleb) la foule algéroise déclenche l'insurrection qu'on avait cru éviter en lui cédant. Le processus est invariable – c'est également l'opinion française qui avait exigé les premières exécutions capitales qui ont donné le départ au terrorisme urbain.

Conclusion

Seul l'arrêt des exécutions peut désamorcer l'appareil terroriste, mais il est vrai qu'on ne peut en poser le principe sans exaspérer l'armée (qui continue à être attaquée) et la foule française qui rêve encore de vengeance.

Une politique sage mais difficile consiste à ne pas les provoquer sans toutefois céder à leurs exigences (dont nous avons vu combien elles vont à l'encontre de leurs propres désirs).

Dans ces conditions, on peut profiter de l'occasion que représente une fête nationale, de préférence le 14 juillet, pour prendre une ordonnance d'amnistie qui comporterait une commutation de peine pour tous les condamnés à mort (la grâce est toujours individuelle et demande un certain nombre de formalités assez longues). Cette ordonnance, conforme à l'esprit du 13 mai devrait, de ce point de vue, être tolérée par l'armée et l'opinion française d'Algérie. De plus, elle ne préjuge nullement de l'avenir, elle ne pose pas un principe.

Il est inutile, voire nuisible, de faire de la publicité à cette amnistie, car la publicité atteindra précisément les gens que cette mesure risque d'exaspérer. Par contre, il est possible, de lui faire une *publicité chuchotée*. Il suffit pour cela d'en parler à quelques avocats avec prière de

1. René Decourteix, Jacques Feuillebois, Robert Richomme. De Tunis, le FLN avait annoncé, le 30 avril, qu'ils avaient été fusillés. Selon un témoin, ils ont été égorgés.

ne le répéter qu'aux prisonniers dont ils assurent la défense. Ceux-ci ne le diront qu'à leurs familles, et toute la Casbah (donc tous les réseaux FLN) en sera informée en quelques heures.

Le président de la République gracie habituellement deux condamnés sur trois et on considère dans son entourage que cette clémence (que certains jugent excessive) devrait être appréciée. Il n'est est rien, car la foule musulmane ignore les grâces et ne s'en soucie pas, et elle est désespérée par chaque exécution. C'est pourquoi la mesure n'aura de portée qu'à la condition de ne pas comporter d'exception. J'avais suggéré à Monsieur Soustelle des conditions de reddition acceptables pour les Fellaghas (ils étaient internés en France dans des camps du type « prisonniers de guerre »). Il n'y était pas opposé, mais il fut décidé que des exceptions seraient prévues – et il n'y eu pas de reddition.

Il est à signaler que si des attentats ont lieu le 14 juillet on se trouve dans l'obligation ou de réprimer (et de perdre ainsi tout le bénéfice de la politique mise en route depuis un mois et demi) ou de ne pas réprimer, ce qui peut être considéré comme une marque d'impuissance. Entre la répression (nécessairement odieuse) et l'absence de répression (nécessairement ridicule) il faudrait choisir la *prévention*, c'est-à-dire une amnistie, annoncée quatre ou cinq jours à l'avance, mais uniquement par le « téléphone arabe ». Quelques jours (quatre ou cinq) me semblent en effet nécessaires pour que les réseaux soient avertis et renoncent à leurs projets éventuels.

À signaler que les éléments émotionnels ne sont pas à l'origine de l'insurrection, mais sont indiscutablement à l'origine du terrorisme urbain et qu'ils n'ont pas cessé de jouer un rôle dominant à l'intérieur de celui-ci.

Note transmise au général de Gaulle.

25 juillet 1958

État actuel des problèmes posés par la répression en Algérie

Les excès de la répression en Algérie posent au Gouvernement des problèmes d'ordre divers mais qui sont tous urgents et périlleux.

Le plus redoutable et le plus immédiat tient au fait que l'armée a été globalement compromise dans d'horribles pratiques – mais que par ailleurs c'est une armée d'une qualité militaire exceptionnelle, très consciente et très orgueilleuse de sa valeur. Or, entre « l'armée pure » et « l'armée impure », il existe une chaîne de transitions qui est trop continue pour permettre de délimiter nettement l'une de l'autre, et il est à craindre que, dans le cas de sanctions maladroitement appliquées (ou adroitement exploitées), l'armée ne se sente solidairement blâmée par la nation.

Il n'en est pas moins vrai que des crimes atroces ont été perpétrés de sang-froid et que ces crimes nous placent en présence des perspectives suivantes :

I – Il n'y a pas de tortures sans tortionnaires, et un nombre important d'officiers et de jeunes soldats *ont contracté des habitudes criminelles* (tandis que la plus grande partie de l'armée considère ces pratiques comme gênantes, pénibles mais *inévitables*, donc *excusables*). Il est tout à fait chimérique d'imaginer que « cela s'arrangera » tout seul : un cancer ne s'arrange pas. Il faut tenir compte par conséquent de l'existence de gens objectivement dangereux et qui font école, et songer aux problèmes qu'ils posent.

II – L'opinion internationale, et une part importante de l'opinion nationale, sont d'ores et déjà informées de la situation – parfois même avec des exagérations (mais il n'est même plus possible de lutter contre celles-ci, à cause du mensonge systématique qui, pendant si longtemps, nous a tenu lieu de politique). L'absence totale de sanctions en présence de crimes notoires compromet, dans le présent et dans l'avenir, l'honneur de notre pays.

III – Dans l'ambiance actuelle – qui est encore une ambiance de terreur – les victimes se taisent, mais au fur et à mesure que la situation se normalisera (et il faudra bien qu'elle se normalise un jour), elles réclameront de plus en plus ardemment la justice à laquelle tout homme a droit. Ce jour-là, les sanctions qu'on ne pourra plus éviter de prendre remueront une boue qu'il serait bien préférable de tasser au plus vite (mais qui ne peut être tassée qu'à partir d'un minimum d'assainissement – c'est-à-dire *d'équité*).

L'état de fait, qui est celui de la guerre, combiné avec une situation de droit, qui est celle de la paix, a pour conséquence certaines absurdités qui ne sont nullement inoffensives : par exemple, aucun des auteurs des crimes accomplis par des Français et apparemment protégés par les forces de l'ordre n'ayant jamais été jugé, il ne leur a pas été possible de bénéficier des mesures de grâce qui ont permis à environ deux condamnés à mort musulmans sur trois d'éviter la guillotine. La foule française est donc fondée à crier à la persécution quand le président Coty gracie un condamné à mort musulman (puisqu'on ne gracie jamais de Français). Mais, inversement, *quand on ne gracie pas* un condamné à mort musulman, la foule musulmane est également fondée à trouver cela révoltant, puisqu'on n'exécute jamais de Français.

La situation algérienne était intrinsèquement diabolique, mais tout a été fait dans tous les domaines pour lui donner le maximum de chances de s'aggraver irrémédiablement. Il est certain que les contradictions qu'elle comporte, ainsi que le problème des relations de la nation avec l'armée, ne permettent pas d'éviter tous les périls. On pourrait du moins essayer de les limiter par les mesures suivantes :

I – Tout d'abord faire comprendre à la hiérarchie militaire qu'elle doit elle-même opérer très rapidement sa propre épuration (au besoin par des mesures administratives à huis clos), et en tout cas retirer au plus tôt de la circulation les grandes vedettes de la torture.

II – Ensuite, juger rapidement, sévèrement, et très publiquement, les crimes dits « contre-terroristes ». On ne doit pas oublier que l'attentat du 10 août 1956 au 3 rue de Thèbes a été un attentat terroriste *français* et qu'il est à la fois le premier dans l'ordre chronologique (la première bombe FLN date du 30 septembre 1956) et le plus meurtrier : il aurait fait, dit-on, 53 morts, c'est-à-dire plus de victimes à lui seul que tous les attentats FLN ensemble en deux ans.

Il se trouve que les auteurs de cet attentat ont également tiré au bazooka sur le général en chef, ce pour quoi on les juge actuellement, bien que l'affaire du bazooka soit plus récente que celle de la rue de Thèbes.

Juger rapidement les auteurs de l'attentat du 10 août 1956 (à Alger on donne habituellement les noms de Michel Féchoz, Kovacs, Ort[h]iz, membre du comité de salut public) présenterait les avantages suivants :

I – Donner aux Algériens musulmans le sentiment qu'il existe encore une justice en France (et, dans l'ambiance actuelle, cela peut représenter un poids décisif).

II – Montrer que tous les crimes commis en Algérie ne l'ont pas été nécessairement par l'armée ou la police.

III – Enrayer la criminalité du côté français en intimidant les criminels. La freiner efficacement du côté musulman, dans la mesure où les deux terreurs s'enclenchent l'une sur l'autre.

IIII – Rendre sympathiques aux éléments les plus excités de l'Algérie française les mesures de clémence bilatérale qui seraient prises ultérieurement vis-à-vis de tous les condamnés à mort, et donner ainsi à ces mesures de clémence une véritable vertu d'apaisement.

Toutes les criminelles sottises qu'on a laissé accomplir par l'armée ont en partie dépossédé celle-ci de la position de prestige très exceptionnelle dont elle a bénéficié dans les milieux musulmans algériens. Cette position a été cependant si forte qu'il en reste encore des éléments, que certaines actions psychologiquement bien menées ont, çà et là, renforcés.

Cette position tient aux ordres de faits suivants :

I – Au cours de la dépossession économique de la paysannerie algérienne (qui porte sur près d'un siècle, mais qui est bien connue des victimes), les injustices criantes et vexantes ont été l'œuvre du pouvoir civil. Celui-ci, assujetti de plus en plus à la politique locale (tenue en main exclusivement par la classe des colons) a exaspéré la population. L'armée, au contraire, politiquement indépendante et (à ces époques lointaines) remarquablement informée des problèmes du pays, a représenté un recours partout où elle détenait une autorité. Dans toutes les régions d'Algérie, les vieux paysans vous disent : « Autrefois, nous étions des militaires, c'était un capitaine qui nous commandait, et nous étions traités avec justice. » Lorsqu'il y avait conflit entre la colonisation et la paysannerie locale, le conflit, dans ce temps-là, était arbitré.

II – Au cours des trente dernières années, l'armée a été une éducatrice et une grande partie des cadres de la société musulmane actuelle ont été formés par elle, et ont subi très fortement son empreinte, les « anciens combattants musulmans » ne représentent qu'un aspect de cette imprégnation.

III – Au cours de ces trois années de guerre horrible, où l'on a compromis l'armée dans les plus sales et les plus stupides besognes, on peut cependant relever çà et là des actes qui restent dans sa tradition. Mentionnons :

a) l'œuvre de certains officiers SAS et SAU ;

b) certaines punitions sévères et immédiates qui ont arrêté net des velléités de massacres :

En décembre 1956, une bombe dans le trolley Alger-Hydra a

blessé un parachutiste. Ses camarades (heureusement sans armes, mais en uniforme) font le mur et vont assommer les Musulmans du bidonville le plus proche. Les coupables sont durement et immédiatement punis par le général Massu (punition qu'on appelle dans l'armée « la pelote »).

Le 26 avril 1958, les éléments civils qui ont joué un rôle dans l'affaire du 13 mai avaient commencé à molester des Musulmans. Les parachutistes sont intervenus immédiatement et ont séance tenante roué de coups les délinquants sous les yeux de leurs victimes.

c) le 13 mai 1958, les éléments civils que nous venons de mentionner se dirigeaient vers la Casbah avec des bidons d'essence, et envisageaient d'exécuter eux-mêmes les prisonniers de Barberousse. Ils se sont retrouvés sur le Forum (non sans surprise) en train d'embrasser les petits cireurs musulmans et les femmes de ménage de Bab-el-Oued. Toute l'opération a été conçue et menée par l'armée, et la population autochtone – qui a eu très peur – en est parfaitement consciente.

24 août

Copie de la lettre que j'ai adressée manuscrite (étant en cure) au général de Gaulle. La guerre continue et Boulloche me demande de revoir le général de Gaulle.

Général,

Monsieur le Président,

Me trouvant en Suisse pour des raisons de santé, j'appris par des amis que Ferhat Abbas[1] serait heureux de me rencontrer, mais ne voulait pas me demander une entrevue ; j'appris également qu'il ne quitterait pas son domicile *le dimanche suivant 24 août* ; et que, dès le lendemain, il repartirait pour Le Caire où le CCE devait se réunir. La

1. Ferhat Abbas (1899-1985). Il était alors membre de l'exécutif du FLN (CCE) et allait devenir le premier président du Gouvernement provisoire de la République algérienne (GPRA) de septembre 1958 à avril 1961. Il était réputé modéré et partisan de la négociation. Ce pharmacien établi à Sétif, fils de caïd, avait été un militant politique dès avant guerre (il était alors partisan de l'intégration) ; il avait fondé l'UDMA en 1946 après l'interdiction de plusieurs autres mouvements. Impliqué dans les manifestations de 1945, il resta en retrait au début de la lutte armée en novembre 1954. Rallié au FLN, il y occupa des postes prestigieux, mais sans pouvoir réel. À l'indépendance, il sera rapidement écarté, puis placé quelques années en résidence surveillée, et se retirera de la vie politique.

même source m'informa que le FLN détenait des prisonniers, et que le lieutenant qui venait d'être exécuté n'était que l'un d'entre eux.

Je pris la décision de rendre visite à Ferhat Abbas et, en réfléchissant à l'orientation que je voulais donner à l'entretien, j'ai cherché à définir des objectifs pratiques et limités, et j'ai intercalé dans un article que j'écrivais sur le dernier livre d'Albert Camus un passage correspondant à cette vue et propre à engager la conversation[1]. Celle-ci, qui eut lieu à Montreux le 24 août, a donc précédé les attentats en métropole[2]. Je vous l'ai résumée dans la note ci-jointe[3].

D'autre part, en juin, juillet et août, j'ai eu presque sans cesse des échos très alarmants de la situation algérienne.

En quittant Ferhat Abbas, je lui ai dit (ce qui est vrai) que mon médecin m'ordonne plusieurs semaines de repos absolu dans un climat chaud et que j'avais songé à passer octobre dans l'île de Djerba[4]. Au cas où, hélas, les conversations à objectif limité (dont il est question dans la note ci-jointe) seraient devenues impossibles pour l'instant, je vous demande de m'autoriser (à titre strictement personnel) à faire ce voyage, car je suis convaincue de l'immense bénéfice que comportent des explications directes, ainsi que de l'extrême gravité de la situation. Il m'est cependant pénible de prendre seule ce genre de responsabilité sans avoir la certitude qu'elles servent.

Mon projet était de partir me reposer aussitôt après le referendum[5], mais, si vous le jugez utile, je puis partir immédiatement.

Vous savez que mon dévouement à la cause que vous représentez et servez est total, ainsi que ma confiance et ma reconnaissance à votre égard. Je vous en renouvelle l'expression et je vous prie de bien vouloir les agréer.

1. « Albert Camus et l'Algérie », *Preuves*, 91, 1958, p. 69-72, repris dans *À la recherche du vrai et du juste*, *supra*, p. 268-273.

2. Ces attentats du 25 août dont le plus spectaculaire et le plus réussi fut l'incendie de la raffinerie de Mourepiane marquaient une nouvelle stratégie du FLN dite du « second front » qui, en portant la guerre en France, était supposée lui permettre de reprendre l'initiative après l'arrivée du Général de Gaulle au pouvoir.

3. Cette note n'a pas été retrouvée.

4. Le GPRA était sur le point de quitter le Caire pour s'installer à Tunis.

5. Referendum constitutionnel du 28 septembre qui devait donner naissance à la Ve République.

10 septembre

Réponse du général de Gaulle à la lettre du 24 août.
Le général de Gaulle

Le 10 septembre 1958

Chère Mademoiselle,
J'ai bien reçu votre lettre et vous en remercie.
Les informations que vous m'apportez m'ont intéressé. Il va de soi que les contacts que vous prenez ne sauraient engager que vous.
Croyez bien que j'apprécie les motifs qui vous guident comme les sentiments que vous avez bien voulu exprimer à mon égard.
Veuillez agréer, chère Mademoiselle, mes hommages très respectueux.

Automne 1958

Général,
Monsieur le Président,
Au milieu des énormes tâches qui vous incombent, il vous est impossible d'intervenir personnellement dans des circuits d'activité qui ont été prévus pour fonctionner à l'intérieur d'une certaine mécanique en principe fermée.
Un de ces circuits autonomes est celui de la justice, et, si je me permets d'attirer votre attention sur lui, c'est à cause de la gravité des conséquences que peuvent avoir certaines erreurs, dans le présent et dans l'avenir. Les plus irrémédiables concernent les exécutions capitales.
Je connais, pour l'avoir souvent entendue, l'objection classique, actuellement renforcée par les attentats commis en France : des criminels ne se gênent pas pour abattre des hommes innocents ; pourquoi aurions-nous des scrupules à faire exécuter des criminels ?
Les exécutions capitales me semblent devoir être considérées d'un double point de vue : d'abord la justice, et ensuite la finalité politique des événements actuels.
Du premier point de vue, qui est celui de la justice, je me permets d'attirer votre attention sur la façon dont sont constitués les dossiers

des condamnés à mort, presque toujours uniquement grâce à des aveux obtenus par la torture, et très souvent rétractés ensuite.

Un autre point qui mérite notre considération, ce sont les grandes souffrances subies par la population algérienne, et l'absence quasi totale de punition des crimes dont elle a été victime depuis quatre ans du fait de gens qui prétendent nous représenter, même lorsque le crime était démontré et les victimes totalement innocentes.

Le troisième point, qui ne peut pas ne pas émouvoir un homme de cœur, c'est le déséquilibre psychique que la peur et l'angoisse continuelles et intenses qui résultent de la situation actuelle en Algérie, déterminent chez tous les habitants de ce pays. Cette peur et cette angoisse excusent partiellement les deux groupes humains qui s'affrontent : il faut essayer de les retenir l'un et l'autre, mais sans accroître la tension ni l'anxiété qui les étreignent.

Ceci m'amène au deuxième point de vue, celui de la finalité politique.

C'est parce que j'ai assisté jour après jour à la montée de l'hystérie dans les deux communautés que je crois indispensable, si l'on veut terminer la guerre d'Algérie un jour, d'employer une procédure complexe dont un des éléments est de travailler méthodiquement à faire baisser l'hystérie. Il est clair que toute concession faite d'un côté a pour conséquence de provoquer le côté adverse, et c'est pourquoi chaque mesure doit être pesée, semble-t-il, en fonction de la perte et du profit qu'elle représente : telle mesure, telle phrase, a à droite un potentiel calmant de 20 % et en face un potentiel excitant de 80 %. Elle sera donc à éliminer. Si elle représente les pourcentages inverses, elle me semble à retenir.

Or le refus des exécutions capitales est certainement comme une provocation pour une certaine opinion algérienne dite « ultra ». C'est pourquoi je redoute la publicité donnée à des mesures de clémence, sauf si celles-ci pouvaient être bilatérales. Mais, inversement, une seule exécution capitale d'un Musulman compromet l'immense crédit dont vous bénéficiez auprès de la population musulmane.

Je sais avec quel scrupule et quelle équité sont étudiés les dossiers des condamnés à mort. Mais je sais aussi combien ces dossiers ont été falsifiés avant de parvenir entre les mains des Hauts-magistrats qui sont appelés à donner leur opinion sur des pièces dont ils n'ont pu contrôler l'authenticité.

Je sais également que l'opinion publique musulmane n'est pas à même de connaître les motifs qui justifient une exceptionnelle sévérité, et qu'elle ne peut manquer de l'attribuer à un bas appétit de vengeance.

Au début d'août de cette année, de nombreux condamnés à mort ont pu affirmer aux avocats qui les visitaient que 80 % des condamnés de la prison de Barberousse étaient « gaullistes » – (les 20 % d'« opposants » représentaient les éléments marxistes ou teintés de marxisme) – Les deux exécutions capitales qui ont eu lieu un peu plus tard[1] ont profondément ébranlé la confiance que votre seul nom inspirait à ces hommes qu'il est cependant difficile, pour qui les juge de loin et selon les données courantes, de ne pas considérer comme nos ennemis, et même comme la phalange la plus dure de ces ennemis.

Je joins à cette lettre une note écrite en août 1957[2], sur l'activation réciproque du terrorisme sur les exécutions, et des exécutions sur le terrorisme. Mais je puis la compléter par le détail des démarches que j'avais faites pour tenter de sauver un étudiant nommé Taleb accusé d'avoir fabriqué de la poudre pour le FLN. J'ai vu à ce moment-là M. Friol, Directeur du Cabinet civil du Président de la République, et plusieurs membres du Conseil supérieur de la Magistrature. Ils firent tous allusion aux menaces de révolte des Français d'Algérie (révolte qui serait appuyée par l'armée), dans le cas où les condamnés à mort FLN ne seraient pas exécutés. Taleb a donc été exécuté, et, en réponse à cette exécution, trois jeunes Français prisonniers des maquis furent fusillés. Sans cette exécution d'otages, les dirigeants des complots algériens n'auraient probablement pas pu ameuter la foule du 13 mai, et celle-ci, encadrée par ceux-là, accomplir la révolte que l'exécution de Taleb[3]...

13 décembre

Lettre au général de Gaulle

13 décembre 1958

Général,

Au cours d'une longue audience que vous aviez bien voulu m'accorder il y a un an et demi, je vous avais raconté la conversation

1. Le 25 août.
2. Cf. ici même, p. 739-743.
3. Document incomplet.

que j'avais eue le 4 juillet 1957 avec Yacef Saadi, et je vous avais dit que, à la suite de cette conversation, et pour des raisons morales, il avait le jour même arrêté tous les attentats dans la zone d'Alger, et ceci jusqu'à son arrestation qui eut lieu le 24 septembre 1957.

Il a été condamné à mort le 25 juin, le 25 août et le 27 octobre 1958[1], et je viens d'apprendre par ses avocats qu'ils ont été priés de remettre dans le meilleur délai le mémoire d'usage pour l'examen de la grâce.

Comme vous le savez, le président Coty a continué, après le 13 mai, à examiner les dossiers des condamnés à mort, accordant ou refusant les grâces selon ses critères habituels. Le fait nouveau est que les sentences condamnant à mort des politiques algériens, devenues exécutoires par suite du rejet de la grâce, n'ont pas été exécutées – à l'exception de deux à Alger et une à Paris.

Cette mesure inhabituelle ne peut s'expliquer que par une perspective neuve, prise à l'échelon gouvernemental : celle de considérer comme des adversaires (et non comme des criminels de droit commun) les condamnés à mort politiques de la guerre algérienne.

Cette situation dure depuis sept mois, c'est-à-dire que les condamnés à mort graciés sont informés de leur grâce, et que ceux dont la grâce a été refusée pensent, non sans raison, que, s'ils sont encore en vie, c'est à cause de la présence à la tête du gouvernement français, du général de Gaulle.

Votre nom conserve dans les masses musulmanes sa valeur tutélaire – mais il est actuellement la seule lueur d'espoir de ce peuple écrasé. Je sais mieux que quiconque à quel point la situation algérienne est inextricable, et que, de tous les côtés, on est en droit d'attendre sottises et folies. Dans ce chaos, la mesure la plus propre à désamorcer l'amère rancune qui s'accumule dans les milieux musulmans depuis les élections, serait « votre » grâce présidentielle accordée à tous les condamnés à mort, sans exception aucune, à l'occasion de votre élection comme président de la République[2].

Au cas où mon angoisse, dans ce domaine, ne serait pas justifiée, je vous serais infiniment reconnaissante de me le faire dire, car j'ai été très éprouvée par ce que j'ai vu et su depuis quatre ans en Algérie, et

1. Le second procès ayant été cassé, la sentence de mort du 4 juillet avait été confirmée le 27 octobre.

2. C'est ce qui a été réalisé, en janvier 1959 : Yacef a été gracié en même temps que les 180 autres condamnés à mort.

cela s'est ajouté à une expérience particulièrement lourde de notre guerre de 1940-45.

En attendant, veuillez agréer, Général, l'assurance de ma confiance et de mon dévouement.

Note aide-mémoire concernant Yacef Saadi, condamné à mort comme chef politique[1]

Yacef Saadi a été arrêté le 24 septembre 1957 et condamné à mort le 25 juin, le 25 août et le 27 octobre 1958.

Par lettre en date du 3 décembre 1958, la direction de la Justice militaire a prié ses avocats de remettre au Conseil supérieur de la Magistrature le mémoire d'usage pour permettre l'examen de la grâce par le président de la République.

1 – Yacef Saadi a été chef de la zone autonome d'Alger depuis le 20 août 1956 jusqu'à son arrestation. C'est à ce titre qu'il a été condamné à mort ; sa condamnation est donc essentiellement politique.

2 – Parmi les chefs politiques FLN, il n'en est aucun qui ait assumé des risques aussi continuels : il a été traqué dans la Casbah – quartier qui mesure deux kilomètres carrés – par une division entière pendant plus d'un an.

3 – Le 4 juillet 1957, au cours d'une conversation fortuite, il m'a fait la promesse de ne plus toucher à la population civile de l'Algérie. Il m'a fait cette promesse parce qu'il avait été bouleversé par les souffrances de la population française d'Alger (donc pour des raisons exclusivement morales et humaines). Il a tenu cette promesse jusqu'à son arrestation, malgré les pressions que tout le milieu musulman a exercées sur lui pour l'amener à reprendre les attentats.

4 – On doit signaler également que le premier attentat à la bombe perpétré à Alger a été l'œuvre d'un réseau *contre-terroriste.* Cette bombe, qui a éclaté rue de Thèbes le 10 août 1956, a fait 54 victimes musulmanes ; les auteurs de l'attentat n'ont jamais été inquiétés malgré l'ouverture d'une instruction. (La voix publique, dans la Casbah, accuse Michel Féchoz, arrêté depuis dans l'attentat contre le général Salan, d'être l'auteur du crime du 10 août 1956.)

1. Yacef avait été le responsable militaire de la ZAA (d'abord sous l'autorité de Ben M'hidi, puis, seul, après la mort de celui-ci en février 1957).

La carence apparente de la justice française, en l'occurrence, a été la cause directe du déclenchement du terrorisme à Alger : les Musulmans ont considéré qu'ils n'avaient plus de justice à attendre de la France.

22 décembre

Réponse du général de Gaulle à la lettre du 13 décembre 1958

Le général de Gaulle

Le 22 décembre 1958

Chère Mademoiselle,

Votre lettre m'a bien été remise et j'ai apprécié les sentiments qui l'ont dictée.

Soyez assurée que je tiendrai le plus grand compte de vos observations et suggestions.

Veuillez agréer, chère Mademoiselle, l'expression de mes sentiments respectueux.

10. Correspondance avril-août 1959

Avril[1]

Lettre au général de Gaulle

10 avril 1959

Général,

Monsieur le Président,

J'ai l'honneur de vous prier de bien vouloir m'accorder une audience.

Monsieur Boulloche souhaite également que je vous entretienne de divers faits concernant l'Algérie.

Ces faits me semblent avoir pris cette semaine un caractère d'urgence.

Veuillez agréer, Général, l'assurance de ma profonde reconnaissance et de mon fidèle attachement.

G. Tillion

Mai

Note confidentielle pour le général de Gaulle

16-20 mai

Les informations relatives à des tentatives de négociation venant du FLN risquent d'induire le gouvernement en erreur sur la situation

1. André Boulloche a été nommé ministre de l'Éducation nationale dans le premier gouvernement constitué (le 8 janvier 1959) par le général de Gaulle après son accession à la présidence de la République. Il a aussitôt invité GT à entrer dans son cabinet comme chargée de mission pour tout ce qui concernait l'Algérie. Elle restera dans cette fonction jusqu'à fin décembre, quand André Boulloche démissionnera. Si sa nouvelle position lui permet d'élargir son action au bénéfice des étudiants algériens – par un système de bourses en France et à l'étranger – et des détenus – en développant l'enseignement dans les prisons –, sa priorité reste d'intervenir contre les exécutions et la torture.

réelle de l'opinion dirigeante FLN : une partie au moins de ces bruits émane de gens qui font état de leur bonne volonté et d'acquiescements polis recueillis de part et d'autre.

D'après des informations dont la source paraît beaucoup plus authentique :

1 – la décision de libérer 15 prisonniers français aurait été prise entre le 1er et le 5 mai. Les délais nécessaires pour la transmission et l'exécution de cet ordre auraient demandé 15 jours ;

2 – la conférence de presse tenue au Liban par Ferhat Abbas (au cours de laquelle il a dit notamment qu'il était prêt à rencontrer « en terrain neutre, sans préalable et sans ordre du jour » un collaborateur du général de Gaulle) aurait eu lieu 2 heures avant l'arrivée des journaux rendant compte des confidences faites par le général au député oranais Pierre Laffont, et publiées le 1er mai par *L'Écho d'Oran.*

Cet article de *L'Écho d'Oran* aurait eu un résultat désastreux, car il serait venu renforcer les doutes qui ont assailli la direction collégiale FLN à la suite de l'échec de l'entrevue projetée à Saint-Sébastien les 14, 15 et 16 mars. À tort ou à raison, les membres de ce collège pensaient que l'entrevue bénéficiait de l'approbation du général de Gaulle, et, dans cette perspective, avaient convoqué des responsables en mission dans des pays très éloignés. Le fait que la rencontre ait été décommandée brusquement, sans qu'aucune autre proposition soit venue la remplacer, a été interprété comme un revirement de toute la politique française, et l'article de *L'Écho d'Oran*, dans cette ambiance, est apparu comme une confirmation de ce revirement.

La direction collégiale du FLN comprend des hommes qui redoutent une mainmise de la Chine sur le nationalisme algérien, et qui considèrent comme d'une importance vitale pour l'Algérie la conservation de liens avec la France[1] ; l'objectif de ces hommes était de discuter avec des représentants français les modalités de la paix, et de donner au général de Gaulle une position d'arbitre entre ses propres ministres et les représentants algériens.

Les responsables FLN qui sont acquis d'avance à l'alliance chinoise se trouvaient alors en minorité, grâce au contrepoids d'une majorité flottante (franchement compromise ni d'un côté ni de l'autre). Or, avant le 10 mars (date où la rencontre a été décommandée), cette majorité inclinait vers une négociation avec la France. À la suite des

1. Dans son rapport du 24 août 1959, GT est plus explicite sur ce point (voir p. 782 et s.).

interprétations signalées au début de cette note, la majorité semble en partie ralliée à l'option inverse.

Ce qui est sûr, c'est que, entre le 10 mars et le 11 mai, des mesures *extrêmement brutales et injurieuses* ont été prises à l'encontre des responsables FLN connus pour leur désir de négocier avec la France et d'éviter la mainmise de la Chine sur les affaires algériennes (le détail de ces mesures sera communiqué de vive voix au général).

Il va de soi que le désir d'aboutir des partisans de la paix ne peut qu'avoir été renforcé par la situation dangereuse dans laquelle ils se trouvent, mais il faudrait, pour qu'ils y parviennent, leur fournir les moyens de justifier leur position auprès de leurs collègues.

Or, actuellement, ces responsables partisans de la paix avec la France ont encore une énorme position de prestige dans les masses algériennes ; d'autre part, ces masses désirent passionnément la paix et conservent une grande confiance dans la parole du général de Gaulle – c'est dire qu'une paix cautionnée en ce moment même à la fois par le général et par ces responsables, aurait toutes les chances de balayer les éléments FLN partisans d'une autre politique, de renforcer la position des responsables modérés et de conserver ainsi des liens essentiels entre l'Algérie et la France. Ce serait, autrement dit, une paix à l'intérieur de laquelle on ne ferait plus la guerre.

D'ici très peu de temps, ces conditions favorables n'existeront plus. Dans la tension actuelle, les partisans de la paix risquent d'être physiquement éliminés. Cette élimination ne peut manquer de provoquer un certain désarroi dans les masses algériennes, mais elles finiront toujours par se rallier aux positions des dirigeants FLN, quels qu'ils soient, et elles s'aligneront alors sur des positions totalement anti-françaises et anti-gaullistes.

Juin

Lettre à Edmond Michelet

5 juin 1959

Monsieur le Ministre[1] et Cher ami,

De nombreux avocats m'ont confirmé que la pratique de la torture qui n'a jamais cessé dans la région d'Alger mais qui pendant un certain temps avait pris un caractère semi-clandestin, est redevenue tout à fait générale.

Je sais que le Président de la République et vous-même êtes très préoccupés de cette situation et désireux d'y porter remède.

Je ne crois pas qu'il soit possible d'y parvenir autrement qu'en décidant de faire instruire en France par des Tribunaux civils toutes les plaintes pour tortures faites en Algérie. Ce serait, me semble-t-il, de l'excellente « intégration ».

Veuillez croire, Monsieur le Ministre et Cher ami, à l'assurance de mes sentiments de grande estime et de fidèle amitié.

G. Tillion

Juillet

Lettre de Louis Massignon

8 juillet 1959

Chère amie,

Sachant que vous ne rentreriez à Paris que le 6 – j'ai patienté pour vous demander un rendez-vous, j'aurais à vous parler de choses urgentes. Et je viens vous demander un rendez-vous, chez vous ou chez moi.

1. Ministre de la Justice, garde des Sceaux depuis le 8 janvier et jusqu'en août 1961. C'est grâce à la parfaite entente avec Edmond Michelet et avec ses collaborateurs (notamment Simone Veil et Joseph Rovan) que GT a pu développer l'enseignement dans les prisons, ce qui impliquait la coopération des deux ministères, celui de la Justice et celui de l'Éducation nationale. À l'indépendance de l'Algérie, Edmond Michelet sera le fondateur (avec GT et quelques autres) de l'association France-Algérie et son premier président (voir aussi la note du 26 avril 1958).

Au téléphone, ma demande orale n'a pas été prise à considération, ce matin. C'est pourquoi je vous écris.

Vous connaissez le mot amer: nous voici revenus « sous Pétain, *sans* de Gaulle ». Il n'est pas tout à fait inexact.

En respectueuse et fidèle pensée

L. Massignon

Lettre au général de Gaulle remise de la main à la main par mes amis Bernard [Anthonioz] et Geneviève [de Gaulle-Anthonioz]

30 juillet 1959

Général,

Monsieur le Président,

Les nouvelles que je reçois quotidiennement d'Algérie sont redevenues très alarmantes (elles concernent l'attitude réciproque des populations et les possibilités de les faire vivre ensemble).

Je passe une grande part de toutes mes journées à recevoir des gens venant d'Algérie: musulmans et musulmanes de toutes conditions, colons, avocats, prêtres, fonctionnaires, officiers de tous grades. Les uns comme les autres me parlent très librement, car ils me connaissent de longue date et n'ont pas de relations hiérarchiques avec moi.

La nécessité d'une intervention de votre part n'a jamais été si grande, mais la situation actuelle rend plus dangereuses que jamais les relations réciproques des éléments en présence.

Je suis persuadée que bien des faits arrivent à votre connaissance, mais en analysant la filière régulière que doivent remonter nécessairement l'ensemble des informations, il apparaît que les personnes qui ont qualité pour vous exposer la situation doivent être très mal informées elle-mêmes de son contexte.

C'est pourquoi je me permets de vous rappeler combien je suis profondément attachée à notre pays et à la façon dont vous le représentez et que je demeure à votre disposition pour vous informer de réactions passées ou probables concernant l'Algérie.

Veuillez agréer, Général, Monsieur le Président, l'assurance de ma plus haute considération et de mon très ancien et très fidèle dévouement.

G. Tillion

P.S. : Mon adresse sera jusqu'au 4 août à Saint-Mandé.

Ensuite, le Cabinet du Ministre de l'Éducation nationale aura constamment mon adresse.

Août

Lettre du général de Gaulle

Le 12 août 1959

Chère Mademoiselle,

Je connais et, n'en doutez pas, je partage beaucoup de vos soucis. C'est pourquoi les sentiments que vous exprimez me touchent.

Je compte me rendre en Algérie à la fin de ce mois mais je serais très heureux de connaître les informations que vous pourrez me faire parvenir, ayant déjà eu l'occasion d'en apprécier la qualité.

Veuillez agréer, chère Mademoiselle, mes hommages très respectueux.

Mademoiselle Germaine Tillion
Cabinet du Ministre de l'Éducation nationale

Rapport remis au général de Gaulle par mes amis Bernard [Anthonioz] et Geneviève [de Gaulle-Anthonioz]

Biscarosse, le 24 août 1959

Général,

Monsieur le Président,

En me faisant l'honneur de me demander des informations, il me semble que dans les circonstances actuelles, vous m'invitez à vous présenter une synthèse de l'état d'esprit des masses musulmanes, plutôt que la liste des cas et des revendications individuelles sur laquelle je suis en mesure de la baser.

Malgré votre souci, constamment visible, de dégager une opinion algérienne authentique, indiscutable, et de lui donner des moyens d'expression et d'action, jamais le silence au fond duquel attendent et souffrent neuf millions d'hommes n'a été plus profond. Pendant ce temps, au fond de ce silence, leur rancœur s'accroît.

A priori, leur point de vue devrait être distingué de celui des groupes armés qui constituent l'ALN[1] et de celui des équipes politiques qui, de l'extérieur, mènent la guerre – et dont les séparent, plus encore que des frontières, l'écran des années d'exil. Mais ces différences (qui existent effectivement) n'ont pas un caractère pratique car, tant que la guerre durera, il semble que le GPRA[2] ne puisse pas être empêché de maintenir sa suzeraineté sur les petits éléments militaires qui constituent l'ALN. Et quant au contact entre l'ALN et les masses populaires, il demeure intime, réciproque, constant – malgré les efforts pour le rompre accomplis en tous lieux par nos polices, et sporadiquement par le FLN.

On ne peut donc pas analyser l'évolution des esprits dans la population musulmane en faisant abstraction du GPRA et de l'ALN.

Sur le GPRA, je n'ai comme informations récentes que celles des diplomates officiels ou officieux qu'on peut rencontrer à Paris, mais une connaissance ancienne des hommes dont il s'agit m'incline à les interpréter avec un pessimisme moindre que celui des milieux officiels français. Je pense que des hommes mûrs, comme Abbas[3] et Krim[4], demeurent conscients du fait que les solutions qu'ils désirent ne sont possibles qu'à la condition d'être sanctionnées par la France (inversement d'ailleurs, le FLN peut nous empêcher de mener à bien n'importe quelle entreprise sérieuse et stable dans le Maghreb ou même en Afrique). Toutefois, les malentendus de ces derniers mois, s'ajoutant aux tentations qu'offrent les Assemblées Internationales peuvent pousser momentanément le FLN vers la recherche de succès de prestige, retardant ainsi, sans bénéfice pour personne, l'indispensable accord avec nous.

Au sein du GPRA, l'élément de cohésion semble bien être Krim (que suivent Ben Tobbal et Boussouf[5]) – car il incline la majorité ou

1. L'Armée de libération nationale.

2. Le Gouvernement provisoire de la République algérienne, constitué le 19 septembre 1958.

3. Voir ci-dessus la lettre du 24 août 1958 au général de Gaulle (p. 769).

4. Belkacem Krim (1922-1970) avait pris le maquis dès 1947, et dirigé la zone de Kabylie dès le 1er novembre 1954. Au Comité de coordination et d'exécution (CCE) à partir de 1957, puis en 1958 au GPRA dont il était vice-président et ministre des Forces armées, il avait la responsabilité de l'appareil militaire. Mais il n'était pas hostile à des négociations avec la France. Il jouera d'ailleurs un rôle déterminant dans les pourparlers d'Évian, en 1962.

5. Les « trois B » (Boussouf, Ben Tobbal et Belkacem Krim) détenaient l'essentiel du pouvoir au GPRA, en cette période (1958-1959). Abdelhafid Boussouf (1926-1980), ancien responsable de la wilaya 5, après Ben M'Hidi, devenu ministre des Liaisons

s'incline avec elle, mais en tout cas la représente constamment. Il conserve d'ailleurs le contrôle du contact avec les groupes armés – ce qui ajoute au poids de ses positions politiques mais peut éventuellement les infléchir.

Dès votre retour au Gouvernement, jusqu'à juin dernier, il a appuyé l'aile qui milite ouvertement pour un rapprochement honorable avec la France (Abbas et le Dr Francis[1]) ; depuis deux mois il penche, m'a-t-on dit, vers la direction inverse (Dr Debaghine[2]) et exprime devant tous les gens qu'il reçoit sa conviction que le Gouvernement français ne souhaite pas réellement la paix, mais seulement manœuvrer pour gagner du temps (peut-être pense-t-il réellement une partie de ce qu'il dit, car il a été employé de commune mixte – ce qui représente, pour un musulman-algérien une expérience décevante du pouvoir et de l'administration française et explique aussi certaines susceptibilités).

Par les gens que je visite en prison, par les familles que je connais de longue date, il m'est possible de me rendre compte, au jour le jour, d'un courant d'opinion commun entre les groupes armés et les masses populaires, c'est-à-dire plus pacifique qu'on ne le dit chez les combattants, mais, inversement, plus combattant qu'il ne devrait l'être dans les masses civiles, tant urbaines que paysannes.

On aurait pu espérer que dans ce double courant réciproque qui va du peuple à l'armée, celui du peuple serait le plus fort et pousserait vers la modération. Malheureusement les éliminations de notables (entreprises méthodiquement au nom de la destruction de l'OPA[3], depuis l'automne 1956) ont sabordé d'avance votre effort pour dégager une opinion authentique par la voie des élections. Plus grave encore : elles ont mutilé les structures traditionnelles, désormais incapables d'exercer une pression cohérente et raisonnable sur l'ALN.

Actuellement l'influence de la population sur les groupes armés a perdu les freins que donnent les responsabilités et elle représente, *ipso*

---

générales et des communications, avait la haute main sur les services de sécurité et de renseignement. Lakhdar Ben Tobbal avait été adjoint puis responsable de la wilaya 2, puis ministre de l'Intérieur (pour les Algériens hors d'Algérie) au sein du GPRA.

1. Le Dr. Ahmed Francis (1912-1968) était le beau-frère de Ferhat Abbas dont il partageait les options. Devenu ministre des Finances dans les deux premiers GPRA, il participait aussi fréquemment à des missions diplomatiques.

2. 1917-2003.

3. L'Organisation politico-administrative du FLN a commencé très vite à se substituer aux structures de l'État colonial, mais aussi coutumières, en organisant état civil, tribunaux, action médico-sociale, école foraine, etc., mesures qui assuraient une emprise clandestine mais totale sur la population civile.

facto, une stimulation, puisqu'elle cesse d'avoir des contacts avec l'ALN chaque fois qu'elle bénéficie d'une occupation française amicale, et dans le cas contraire, elle ne fournit que des raisons de vengeance. Celles-ci, hélas, se sont multipliées au cours de ces trois derniers mois (approximativement depuis le 13 mai 1959).

Dans cette nouvelle phase, ce qui frappe particulièrement les Musulmans (et les démoralise d'autant plus qu'ils vous savent à la tête de la hiérarchie française et qu'ils avaient tant de confiance en vous), c'est le caractère public et cynique que prennent en ce moment les excès de la répression : expositions de cadavres, exécutions de suspects, tortures de plus en plus variées et cruelles se pratiquant journellement, sans honte et sans crainte.

Ces dernières semaines, tous les gens que j'ai reçus venant d'Algérie m'ont rapporté des faits impressionnants, dont un petit nombre aboutira à la Commission de Sauvegarde[1], car la plupart des Musulmans refusent de porter plainte, considérant ces plaintes comme inutiles et redoutent (avec grande raison) des représailles sur leur famille. Néanmoins il arrive que des victimes osent témoigner devant la Commission, et il arrive que celle-ci obtienne des services compétents qu'ils prennent des sanctions – mais ces sanctions ne sont pas connues du peuple algérien et n'empêchent pas le nombre des crimes dont il est victime de s'accroître.

Cependant, de l'avis unanime, le choix du Délégué général[2], celui du président de la Commission de Sauvegarde, celui de l'ambassadeur Hoppenot[3], étaient les meilleurs possible – il n'en est que plus décourageant de constater l'inefficacité évidente de leur triple action ; qui ne tient pas aux hommes mais à l'instrument qu'ils doivent gouverner et aux moyens dont ils disposent pour cela.

Malgré cet étalage cynique de brutalité, il ne semble pas que la

1. La Commission permanente de Sauvegarde des droits et des libertés individuelles, au rôle purement consultatif, avait été créée en avril-mai 1957 par le gouvernement que présidait Guy Mollet pour donner satisfaction à ceux qui dénonçaient les exactions en Algérie. Les douze éminentes personnalités qui la composaient s'étaient déplacées en Algérie et avaient rendu, en décembre, un rapport anodin. Entre-temps plusieurs de ses membres (Me Maurice Garçon, le gouverneur Delavignette) avaient démissionné. La prudente inefficacité de la Commission est évoquée plus loin par GT dans une autre lettre au Général, celle du 13 juin 1961.

2. Le 19 décembre 1958, Paul Delouvrier avait remplacé le général Salan dans ses attributions civiles. Le titre de « Délégué général du gouvernement » avait été substitué en juin à celui de « Gouverneur général ».

3. Ambassadeur de France aux États-Unis.

discipline de l'Armée ait fléchi dans cette dernière période (elle se serait même un peu améliorée, du moins par rapport à l'année précédente). Il n'est pas exclu que seule la préparation de la chaîne d'offensives en cours[1] soit responsable de ce qui se passe : en effet elles doivent exiger à la fois une masse accrue de renseignements et une certaine agressivité chez nos soldats et cela expliquerait que des chefs militaires aient pu garantir l'impunité aux exécutants habituels de la répression, sans avoir pour cela l'intention d'être déloyal vis-à-vis du Gouvernement. S'il en est ainsi, les offensives actuelles coûtent encore plus cher qu'il ne paraît, et pour un résultat qu'on distingue mal.

Car les dégâts commis au cours de ces trois derniers mois sont grands.

Un peuple qui est en guerre contre nous depuis cinq ans (et qui, tout en souffrant horriblement de la guerre et en souhaitant la paix, adhère un peu plus chaque jour aux buts de cette guerre) avait, par chance incroyable, donné sa confiance quasi unanime (jusque dans les prisons, jusque dans les maquis, jusque dans les conseils qui dirigent le combat contre nous) à l'homme qui gouverne la France, et qui peut s'appuyer sur la masse des suffrages du peuple français (suffrages qui lui seront fidèles, on peut déjà en être assuré). Or, sans cette double confiance, il n'y avait aucun espoir de terminer cette guerre par un arbitrage, et elle ne peut pas être terminée autrement.

Cette confiance était la plus grande chance de l'Algérie et de la France et elle aurait dû être ménagée. Or tout ce qui se passe la compromet au premier chef.

Je ne puis pas vous citer tous les indices de cette déception, mais, par exemple, à Constantine, au printemps dernier, le bruit circulait en milieu musulman que vous aviez défendu qu'on torture. « De Gaulle ne permet pas ça », disait-on, « mais ils se cachent de lui. » Maintenant les mêmes hommes répètent entre eux : « Ils sont plus forts que de Gaulle », et les femmes de cette ville parlent quelquefois de vous, en vous appelant « Bou Gansous » (l'Homme au Nez), surnom qui n'est ni haineux, ni grossier, mais qui est irrespectueux et marque de la déception et de la rancune.

1. Le plan Challe mis en œuvre à partir de février 1959 avait multiplié les opérations offensives, entraînant de lourdes pertes pour l'ALN et des « ratissages », « nettoyages » qui atteignaient toute la population. En Kabylie, l'opération « Jumelles », une des plus importantes, avait commencé en juillet.

Dans la zone d'Alger, les petites gens, quand ils évoquaient entre eux un fils disparu, une maison brûlée ou pillée, des provisions détruites, ou les tortures qu'ils subissent, précisaient toujours : « Ce sont les militaires », « les paras », « les bérets verts », etc. Maintenant, ils disent : « Ce sont les Français... » (Il y a deux ans, les habitants d'un village bombardé du Zaccar, transportant leurs misérables hardes, avaient dit à un instituteur : « Ce ne sont pas des Français qui ont fait cela. Jamais des Français n'auraient fait ça... »)

Entre autres scènes banales qui m'ont été décrites, j'ai été frappée par celle-ci, qui se passe à Alger même, et à laquelle une de mes amies musulmanes a assisté il y a trois semaines.

Elle se trouvait dans la boutique de son boucher (elle le connaît depuis trente ans) lorsque celui-ci reçut un de ses cousins de Tizi-Ouzou qui lui demanda l'hospitalité pour une nuit. Le boucher voulut partir immédiatement prévenir le commissariat. – « Pour une nuit, cela n'en vaut pas la peine », remarqua un client pressé d'être servi. – « Tu ne sais pas ce qu'ils m'ont fait la dernière fois qu'ils m'ont pris », répondit le boucher, « je n'ai pas envie qu'ils recommencent. » – « Je sais autant que toi », riposta le client, « tu as oublié ce qu'ils m'ont fait il y a deux mois... » Et là-dessus il se mit à raconter en détail ce qu'il avait subi.

Tous les clients présents se mêlèrent à la conversation (ils étaient d'ailleurs tous aussi intimes entre eux que les habitants d'un très petit village de montagne). Or tous avaient personnellement supporté la torture et ils se mirent à en parler avec la simplicité naïve que mettent les malades d'une salle d'hôpital à se raconter entre eux leurs opérations.

Cette résignation apparente satisfait certains militaires qui se rassurent avec le lieu commun : « Ils ne comprennent que la force. » Cette résignation ne doit pas nous tromper : ces hommes ont longtemps cherché à justifier la France, mais maintenant ils comptent tous sur une compensation, sur une revanche. Certains se tiennent prêts à agir, d'autres (la majorité) confient à Dieu le soin de punir leurs persécuteurs – mais en attendant, ils soutiennent le FLN et l'approuvent, même dans ses actes les moins défendables. Et cela un peu plus chaque jour.

Tout ceci est d'autant plus déplorable, d'autant plus absurde, qu'il est de moins en moins possible de refuser à la majorité musulmane le droit à l'autodétermination que vous avez reconnu à tous les peuples de l'ancienne Union Française[1].

1. Probable allusion à la conférence de Brazzaville de janvier 1944 où le général de

Elle implique une évolution, techniquement difficile et dangereuse, mais alors que tout devrait être conjugué pour que cette évolution se fasse sans catastrophe, il n'y a que les décisions que vous prenez qui suivent cette ligne, et leur application a été totalement sabotée.

À cause du peu de confiance qu'ils ont dans les élections, et des cruautés accrues de la répression, les Musulmans n'ont, pour l'instant, aucunement conscience des efforts que vous faites pour pousser vers leurs mains des leviers de commande ; ils ne vous en savent donc aucun gré, se moquent du plan de Constantine, considèrent les élections[1] comme une brimade supplémentaire, et refusent (ou n'acceptent que par nécessité) les avantages de carrière[2] dont, grâce à vous, ils pourraient bénéficier : presque tous m'ont dit qu'ils avaient honte de trouver leur avantage dans les malheurs de leurs frères.

Ils souffrent trop – et l'insupportable étreinte policière qu'ils subissent, le malheur immédiat, général, intense, qui pèse sur eux, ne leur permet nulle réflexion.

Nos compatriotes d'Algérie, par contre, bercés de chimères par leurs mauvais guides habituels, mesurent pleinement la portée du collège unique et sont aigris, en outre, par un accroissement du terrorisme qui répond certainement autant à l'accroissement des excès de la répression (donc au vœu des populations musulmanes) qu'à des consignes du GPRA, donc à la conjoncture internationale. Certains éléments turbulents sont pleins de rancune à votre égard – au point qu'on peut envisager la possibilité de manifestations hostiles à Alger, au moment de votre voyage[3], si un prétexte survient à ce moment-là pour permettre d'agiter la foule (par exemple, un attentat terroriste, vrai ou faux).

Sur notre armée, votre volonté de paix semble agir comme un

Gaulle avait évoqué le temps où les peuples colonisés géreraient leurs propres affaires. Le thème de l'autodétermination, que le général de Gaulle soutiendra dans son discours du 16 septembre 1958 et auparavant dans sa « tournée des popotes », marquera un tournant capital dans la politique algérienne du gouvernement français.

1. Il y a eu en septembre 1958 le référendum constitutionnel, en novembre, les législatives, auparavant les cantonales et, en 1959, les municipales. À chaque élection, la population se trouve coincée entre les pressions contradictoires et les menaces que font peser sur elle le pouvoir français et le FLN.

2. Entre autres mesures, le plan de Constantine (annoncé le 3 octobre 1958) a prévu d'ouvrir largement la fonction publique aux Français musulmans (1 recrutement sur 10 doit leur être réservé).

3. Du 27 au 30 août, le général va visiter en Algérie les postes militaires de l'intérieur. C'est ce qu'on appellera « la tournée des popotes ».

stimulant : tout se passe comme si elle craignait que cette guerre ne lui échappe avant que soient atteints je ne sais quels buts imaginaires, car les arguments inventés par les services psychologiques pour persuader les Musulmans glissent sur eux comme l'eau sur l'aile du canard ; par contre ils intoxiquent gravement ceux qui s'en servent. J'ai rencontré de nombreux officiers, intelligents, patriotes, droits dans leurs intentions et leur conduite, mais malheureusement presque tous très pénétrés par l'affreux pathos de la guerre psychologique. Au nom de ce pathos, ils font, approuvent et couvrent tout ce qui est le plus contraire à la psychologie.

En conclusion, il me semble maintenant impossible que la situation ne continue à s'aggraver tant que durera cette guerre. J'avais espéré le contraire, et cru qu'on pourrait « refroidir la casserole » avant d'avoir éteint le feu. Hélas ces derniers mois apportent à cet espoir un sanglant démenti.

En durant, la guerre ronge et détruit la seule chance de paix réelle qui subsiste : la confiance que vous a vouée un peuple qui devra bientôt (sous peine de grands malheurs) devenir librement notre ami et allié intime. Or il a désormais beaucoup à oublier. Un peu trop.

Il me semble également que rien n'est plus important ni plus urgent que de rétablir la justice qui est le seul fondement de la vraie paix ; je crains que les ménagements qu'on garde vis-à-vis de quelques coupables (au nom du Moral de l'Armée) ne soient payés très cher par d'innombrables innocents. Comment pourra-t-on empêcher les gens de ce pays si éprouvé, d'assouvir leur colère dans de meurtrières et criminelles sottises, quand une hiérarchie bien rodée, et à vos ordres, ne parvient pas à contenir notre propre armée ?

Je sais combien votre tâche est difficile mais les Français ont confiance en vous et ceux qui luttent contre nous, à tous les échelons de la hiérarchie, ne vous haïssent pas. Ils ne sont pas des ennemis comme les autres, il faut seulement leur donner bonne ration de justice, et songer à agir envers eux avec égard.

Veuillez…

11. Correspondance décembre 1960-décembre 1962

Décembre 1960[1]

Lettre de Mostefa Fettal

Alger le 26/12/60
Mademoiselle Germaine Tillon [*sic*]

Chère Mademoiselle Tillon,

En cette fin d'année 1960, je tiens à vous renouveler mes remerciements et ma gratitude pour tout ce que vous avez fait pour moi et pour mes compagnons, alors que nous étions condamnés à mort.

Permettez-moi de vous exprimer pour l'an 1961, mes vœux de bonne santé, de bonheur et de paix.

Je vous prie de croire à l'assurance de mes sentiments les meilleurs et à mes respects.

1. Après la démission d'André Boulloche du gouvernement en décembre 1959 et *ipso facto* la fin de ses fonctions au cabinet, GT est désormais moins impliquée à un niveau officiel, tout en continuant de suivre de très près la situation algérienne et à y réagir (voir ci-dessus, dans *À la recherche du vrai et du juste*, la section « Algérie », p. 265-298). En 1960, elle développe *L'Algérie en 1957* qui est réédité sous le titre *L'Afrique bascule vers l'avenir*. La même année, elle publie la première édition des *Ennemis complémentaires*. Directeur d'études à l'École pratique des hautes études, elle y donne des cours réguliers et élargit ses recherches à de nouveaux terrains : en 1960, Maroc, Sénégal et Mauritanie ; en 1961, Tunisie, Égypte, Pakistan, Irak, Liban et Jérusalem. Chaque année suivante, elle passera plusieurs mois au Sahara, souvent sur la « rive » mauritanienne, parfois en Libye ou au Niger, en traversant le Sud algérien ou le Sénégal. Longs séjours où mûrit sa réflexion sur la « flaque méditerranéenne » qui prendra forme, en 1966, dans *Le Harem et les Cousins*.

Janvier 1961

Lettre de Louis Massignon

29 janvier 1961

Chère amie,

Merci pour vos deux livres[1] (arrivés 24 h après que notre amie Mme H. Maspero me les avait prêtés, « en chaîne »).

J'aimerais, le cas échéant, vous en parler ainsi que de Nouakchott, et de Dakar. Téléphonez-moi donc un jour où passant dans mon quartier, vous nous donneriez la joie, à ma femme et à moi, de vous revoir.

en respectueuse amitié

Louis Massignon

Février

Lettre du général de Gaulle

Le Général de Gaulle

Paris, le 7 février 1961.

Chère Mademoiselle,

Laissez-moi vous remercier de m'avoir fait hommage des ouvrages que vous avez consacrés aux problèmes de l'Afrique du Nord et plus spécialement de l'Algérie[2].

L'expérience que vous avez acquise, au contact des réalités algériennes, donne un grand intérêt à vos observations et à vos réflexions et j'ai pu constater que celles que vous formuliez déjà, en 1957, n'ont perdu ni leur valeur, ni, à beaucoup d'égards, leur actualité.

Veuillez agréer, chère Mademoiselle, mes hommages très respectueux.

1. Il s'agit de *L'Afrique bascule vers l'avenir* et *Les ennemis complémentaires.*
2. Cf. note précédente.

Juin

Lettre au général de Gaulle

Saint-Mandé, le 13 juin 1961

Général,

Monsieur le Président,

Malgré l'urgence des problèmes posés par l'actualité franco-algérienne permettez-moi d'attirer votre attention au-delà de celle-ci.

Il ne s'agit pas uniquement de nos rapports futurs avec les Algériens (encore que ceux-ci soient très fortement concernés par les faits en question), mais il s'agit aussi et essentiellement de l'avenir de notre pays.

Lorsque vous m'avez fait l'honneur de me recevoir, en 1959, parmi d'autres questions, je vous avais signalé un très grand nombre de personnes d'origine algérienne, tuées injustement et férocement par des gens prétendant au titre de Français. L'existence des crimes inverses ne justifie à mon sens aucunement les nôtres ; en outre, d'après les sondages que j'ai personnellement effectués, le pourcentage d'Algériens innocents tués par des Français varie selon les endroits et les périodes, mais il me semble constamment supérieur au nombre des crimes commis par des Algériens sur des Français.

Je sais que vous avez donné des ordres pour essayer d'enrayer cet état de choses, et je suis persuadée que si des ordres de ce genre avaient été donnés dès 1956 ou 1957, ils auraient été efficaces. Malheureusement, au moment où vous avez pris la barre, les dégâts étaient déjà si profonds que, à l'échelon des généraux, on ne parvenait à paraître obéir qu'à la condition de suivre une certaine ligne qui n'était pas celle de votre gouvernement. Le pourrissement a commencé par le haut, en 1956 et 1957, mais il a ensuite gagné de proche en proche et maintenant il a atteint la base, exactement comme pour une maison dont on n'a pas réparé le toit dans les bons délais et dont toute la charpente continue à pourrir même lorsqu'on a remis les tuiles qui manquaient.

Les hommes qui continuent à protéger très efficacement la torture et les tortionnaires en Algérie et même en France, sont exactement ceux qui rêvent votre disparition et l'installation dans notre pays d'un régime à base de crime. Cette exacte coïncidence qui apparaît déjà en janvier 1960[1] est devenue évidente depuis les événements d'avril dernier[2]. Or, malheureusement, ces hommes sont en passe d'être jugés pour des crimes *uniquement politiques* (donc nébuleux et incertains – du moins aux yeux de beaucoup de gens), nullement pour les crimes de droit commun qu'ils ont commis de leur propre chef, mais en notre nom, ce qui aggrave leur responsabilité.

Je me rends bien compte des extrêmes difficultés de votre tâche : en pays africain, on dit que le premier forgeron a été créé en même temps que son enclume et que son marteau, « car », disent les gens de ce pays, « pour fabriquer une forge et un marteau, il faut une forge et un marteau ». Or le crime de vos prédécesseurs a été de laisser détruire notre forge et notre marteau.

L'inefficacité de la Commission de Sauvegarde est un fait désolant ; l'habileté, l'activité de son Président ne sont pas en cause mais, comme beaucoup d'hommes réalistes, il mesure trop bien les contours de la puissance, et il en est impressionné. J'ignore si « les témoins qui se font égorger pour la justice » dont parle Pascal auraient obtenu de meilleurs résultats, mais le rendement des méthodes prudentes et obliques semble bien minable.

Vous connaissez comme moi le profond respect des musulmans pour les morts et les obligations que fait leur religion de les inhumer avec vénération. Or, il existe maintenant en Algérie, en grand nombre (notamment à proximité de tous les lieux de détention), des entassements de cadavres, enterrés en vrac et sans respect ; – je ne parle que des hommes et femmes arrêtés ouvertement par la police civile et militaire, et ensuite théoriquement disparus.

Les familles savent à quoi s'en tenir mais, outre les sentiments de respect dont je vous ai parlé, elles veulent et doivent régler des successions et pour cela rechercheront désespérément les corps de leurs proches.

Les Algériens, avec raison, ne rendent pas tous les Français responsables des crimes commis par quelques-uns, mais ils nous rendent responsables de l'approbation tacite dont ces crimes n'ont pas encore cessé de bénéficier. Pour nous, lorsque tout cela, inévita-

1. Semaine des barricades (24 janvier-1er février 1960). Tentant un nouveau 13 mai, pour en finir avec la politique d'autodétermination et avec de Gaulle, les ultras civils et les colonels activistes avaient étalé leur complicité.

2. Putsch des généraux (21-25 avril 1961). Les « officiers partisans ambitieux et fanatiques » avaient cette fois-ci entraîné « un quarteron de généraux en retraite » pour prendre le pouvoir.

blement, s'étalera au jour, ce sera une honte cruelle de n'avoir pas pu, *une seule fois*, désolidariser notre peuple de ces actes affreux.

Je vous envoie ci-joint l'original d'une déposition faite par un sous-préfet français ; elle concerne le colonel Argoud[1]. (Ce sous-préfet, suspect de gaullisme, a d'ailleurs été mis à la retraite il y a un an et demi ; son cas est banal, car je connais plusieurs officiers supérieurs qui furent éloignés d'Algérie ou de Paris parce qu'ils étaient connus pour leur dévouement à votre égard.) D'autres fonctionnaires français vous confirmeront tous les faits signalés dans ce texte ; des témoins musulmans racontent également ces exécutions sans jugement, auxquelles les parents les plus proches des victimes, femmes comprises, étaient obligés d'assister ; ils assurent qu'un soldat tenait la tête des femmes pour les contraindre à regarder.

Je vous envoie également une édition (qui ne peut avoir été faite que par Argoud lui-même) de sa propre déposition au procès dit « des barricades ». Ce texte a été reproduit par les Éditions de Minuit sous le titre « Sans commentaire », mais j'ai pensé qu'il fallait vous le communiquer dans sa forme originale. – Que ce colonel n'ait pas été arrêté séance tenante par le tribunal, cela montre combien notre enclume et notre marteau sont actuellement de mauvais aloi.

Il est malheureusement certain que ce colonel Argoud est un cas entre beaucoup d'autres, mais il se présente lui-même en champion du crime contre l'humanité, et cependant, si vous n'intervenez pas, il ne sera jugé, par un tribunal spécial, que pour son rôle éminent dans la subversion. Je crains d'ailleurs qu'il ne soit impossible de le faire juger, lui ou un autre, par un tribunal militaire et il me semble moins difficile de supprimer la justice militaire que de la réformer. Les pouvoirs que vous détenez justement, vous en donnent actuellement le droit et vous permettent de nous laver de cette honte de n'avoir pas, en sept ans, condamné publiquement *un seul criminel* français en Algérie, alors que nous atteignons la période où il faut envisager un avenir comportant des alliances avec un pays qui va *nécessairement* déterrer ses charniers, et *nécessairement* remettre en ordre son état civil, non sans découvrir au jour des horreurs.

1. Antoine Argoud, un des colonels activistes les plus en vue depuis la bataille d'Alger, en passant par le 13 mai, les barricades, le putsch. Après le putsch, il s'était réfugié en Espagne, puis en Allemagne d'où il dirigera l'OAS-Métropole. Condamné à mort par contumace, puis à la détention criminelle à perpétuité. Libéré en juin 1968. Ce document n'est pas présenté.

Je me permettrai également d'attirer votre attention sur l'utilité de mesures appropriées et coordonnées pour permettre aux musulmans, dits ralliés, de s'établir discrètement en France. La plus grande prudence s'impose car les paniques les plus absurdes peuvent naître d'une minute à l'autre en Algérie, mais la période correspondant à une suspension des négociations serait propice pour prendre sans trop de danger les mesures en question. Ce serait, en outre, donner une juste et légitime consolation à beaucoup d'officiers.

Pendant les quatre jours de la révolte d'avril dernier l'opinion publique a condamné sévèrement, avec une quasi-unanimité, ses responsables et elle a admiré votre façon de reprendre en main la situation. Actuellement, par contre, elle me semble indécise, désorientée, intimidée, assez complaisante envers la subversion.

Notre reconnaissance est d'autant plus grande à votre égard que les difficultés s'accroissent, et je sais que j'exprime la pensée de beaucoup de Français en vous le redisant. On voit les immenses services que vous rendez à notre pays, et pour ceux qui, comme moi, étaient dans votre camp dès juin 1940, c'est un réconfort supplémentaire dans ces heures dangereuses et tristes.

Veuillez agréer cette reconnaissance, Général, Monsieur le Président, avec l'assurance de ma considération la plus haute.

G. Tillion

[Rajout manuscrit] : Les musulmans disent actuellement que l'ex-général S[alan]. est installé très ouvertement à Aïn Taya, banlieue d'Alger.

Décembre

Lettre de Mostefa Fettal

Alger le 27 décembre 1961

Mademoiselle Germaine Tillion

Chère Mademoiselle,

Je ne veux pas laisser passer cette fin d'année sans vous adresser mes vœux sincères de paix et de bonheur pour les vôtres et pour vous mêmes.

Je tiens à vous renouveler ma gratitude et à vous assurer de mes sentiments les meilleurs.

Mostefa Fettal
3284A
Prison civile Alger

1962

Mai

Lettre au colonel Georges Buis[1] *sur la misère des campagnes algériennes, sur les objecteurs de conscience et sur les harkis.*

11 mai 1962

Cher Colonel,

Madame Buis vous a peut-être dit que j'avais cherché à vous joindre, vous ou notre ami Vincent Monteil[2]. À votre prochain passage à Paris, je serai très heureuse de parler un moment avec vous. Les choses dont je souhaitais vous entretenir sont évidemment moins dramatiquement urgentes que les problèmes de la sécurité à Alger ou à Oran, mais elles vont le devenir.

Dès la signature des accords[3], j'avais pensé que le problème qui masquerait tous les autres serait le problème des villes européennes, mais que derrière ce rideau il y aurait toute la détresse des campagnes, et tout particulièrement le problème des populations déplacées. D'après la presse, il est même question de rapatrier les populations émigrées en Tunisie et au Maroc.

En admettant qu'on ait des crédits suffisants pour les opérations nécessaires (ce seront peut-être les crédits qui manqueront le moins) il va y avoir un très grave manque de personnel compétent et dévoué

1. Le colonel Georges Buis, en poste en Algérie dans les zones de combat, portait dans ses écrits (souvenirs, romans) un regard « désenchanté sur une guerre qu'il aurait voulu propre ». Chargé de mission au cabinet de Christian Fouchet.

2. Le commandant Vincent Monteil, ami proche de Louis Massignon, avait été au cabinet du gouverneur J. Soustelle en même temps que GT. Avec elle (et Juillet), il représentait l'aile libérale du cabinet dont il avait démissionné en juillet 1955. Il avait, depuis, occupé différents postes en Iran, en Extrême-Orient, et il s'apprêtait à prendre la direction de l'IFAN de Dakar.

3. Accords d'Évian signés le 18 mars mettant fin à la guerre en Algérie (cessez-le-feu le 19 mars).

pour encadrer la reconstruction, et il faudrait essayer de susciter un grand mouvement de bonne volonté (en l'occurrence nous éviterons le mot croisade qui sonne fâcheusement). En relation avec ce problème, je souhaitais vous signaler que les responsables de l'agriculture en France disposent d'énormes excédents agricoles (sucre, blé, lait en poudre). Je souhaiterais qu'une grande partie de ces stocks soit utilisée comme salaire agricole dans les zones de reconstruction. En quelque sorte, ce qui a été fait en Tunisie, mais avec une différence, c'est que la Tunisie utilise des surplus agricoles américains pour payer des chômeurs qu'elle emploie pour des travaux d'intérêt général, et que nécessairement ils se trouvent alors mêlés avec des travailleurs normaux qui gagnent environ trois fois plus pour le même travail, ce qui est démoralisant.

Il serait souhaitable d'employer exclusivement les salaires en nature pour indemniser les travaux que les gens font sur leurs propres terres : reconstruction de leur propre maison, reconstitution de leurs propres champs et des pâturages de leur tribu, travaux qui, dans un avenir que l'on peut chiffrer à trois ou quatre ans, leur permettront de trouver un certain revenu. Il n'est donc pas question de les payer, mais de leur donner une indemnité de subsistance.

Le second projet que j'aurais souhaité voir accroché à la reconstitution des campagnes est un problème dont j'avais déjà parlé à M. Michelet dès qu'il a été Garde des Sceaux : celui des objecteurs de conscience. M. Michelet était tout à fait d'avis qu'il était très souhaitable de faire un statut[1] pour cette catégorie. En fait, si ce statut avait été fait à la date où j'en ai parlé à M. Michelet et à M. Racine[2], on aurait évité à un très grand nombre de jeunes gens de devenir déserteurs ou insoumis, ce qui s'est révélé être littéralement catastrophique au point de vue conséquences pour ceux qui ont opté pour cette malheureuse solution.

1. Contrairement à la plupart des pays occidentaux qui reconnaissaient l'objection de conscience en autorisant un service civil de substitution aux obligations militaires, la France, jusqu'alors, ne laissait d'autre choix aux objecteurs que la désertion ou la prison : en 1962, 150 objecteurs étaient emprisonnés. Le président de la République avait promis (dès 1959) aux mouvements qui soutenaient leur cause qu'à la fin des combats en Algérie, les poursuites judiciaires cesseraient et qu'un statut serait rapidement élaboré. Au cours de l'été 1962, les objecteurs détenus, jusqu'alors dispersés, seront regroupés au centre pénitentiaire de Mauzac et affectés à des travaux d'intérêt général. Le statut, qui permettra leur libération, sera voté le 21 décembre 1963 (voir aussi la note à la lettre du 5 juin 1962, p. 800).

2. Directeur du cabinet du Premier ministre, Michel Debré.

Maintenant que le cessez-le-feu est signé, rien ne s'oppose à ce qu'on réétudie cette question et dans cette perspective, j'ai demandé à avoir la liste des objecteurs de conscience actuellement emprisonnés qui accepteraient d'aller faire un service civil national (éventuellement plus long que le service militaire) pour la reconstruction des villages de la campagne algérienne. Je me suis assurée que tous accepteraient cette solution avec enthousiasme, et qu'un assez grand nombre de jeunes gens qui n'y sont pas contraints se joindraient à eux pour cette entreprise. L'autorité la plus qualifiée pour réclamer cette équipe à l'autorité militaire serait le Haut Commissariat[1]. (Après l'autodétermination[2], on étudierait éventuellement un rattachement de ce service civil « national » soit à l'agriculture, soit à la coopération.) Je vous joins la liste des compétences qui seraient immédiatement disponibles dans ce secteur. Vous verrez vous-même qu'ils peuvent déjà encadrer la reconstruction d'un groupe de villages. En outre, on pourrait les mettre immédiatement en contact avec les populations rapatriées de Tunisie ou du Maroc, sans craindre d'accrochages désagréables. Peut-être pourrait-on même étudier une formule qui permettrait de récupérer les quelques déserteurs ou insoumis qui traînent au Maroc ou en Tunisie. Ce serait un acte d'humanité.

Je voulais également attirer votre attention sur la nécessité d'organiser des cantines scolaires à partir d'octobre prochain. Là encore, il faudrait savoir s'il existe des crédits d'État pour ce secteur, parce que dans le cas contraire, si on devait s'adresser à l'initiative privée, il faudrait s'y prendre dès maintenant (il y a des possibilités).

Mon quatrième paragraphe concerne le problème des harkis. J'ai reçu récemment un mot du Colonel Schœn[3] et je l'ai joint aussitôt au téléphone. J'ai pu ainsi apprendre qu'il est toujours disponible, qu'il a étudié la question, et qu'il serait très disposé à en prendre la responsabilité à condition qu'on lui donne les moyens de faire face aux difficultés matérielles que cela représente. Le Colonel Schœn est un homme qui connaît admirablement l'« Algérie de papa » et même

1. En vertu des accords d'Évian, le Haut-commissariat de la France en Algérie avait été installé, fin mars, auprès de l'Exécutif provisoire, à Rocher Noir [Bou Merdes], dans la banlieue d'Alger.

2. C'était l'objet du référendum prévu le 1er juillet.

3. Ancien directeur du Service des liaisons nord-africaines au gouvernement général de l'Algérie (voir ci-dessus note du 27 juillet 1957, p. 674)

celle de « Grand-Père » (quand il s'agit des harkis, c'est la bonne) et tous les tours et détours dont elle dispose. C'est un homme loyal.

Le dernier point concerne le problème de la propagande à faire parmi les Français d'Algérie. Tout un groupe de « Pieds Noirs » est à l'heure actuelle facile à joindre à Paris, et disposé à parler à la radio à leurs compatriotes d'Alger et d'Oran. Malheureusement, les services de Paris ne s'intéressent pas suffisamment à la question. Autant que je puisse juger, il ne s'agit nullement de mauvaise volonté mais plutôt d'une inertie très compréhensible. Il faudrait que quelqu'un du Cabinet de M. Fouchet[1] s'occupe de cela exclusivement à Paris même, avec la volonté d'aboutir ; il est bien évident que tous les services de la Radio-diffusion Française veulent bien s'occuper un peu de temps en temps de FRANCE V, mais ont beaucoup d'autres choses à faire.

Excusez cette longue lettre, cher ami, et soyez sûr que si je ne vous parle pas des problèmes plus immédiats encore que ceux-là, ce n'est pas faute d'y penser.

À ce dernier sujet, j'ai rencontré récemment Jacques Chevallier[2] qui pense qu'il serait en tout cas opportun de déclarer que tout étranger complice de l'OAS sera expulsé. (Il y a en effet à Oran des dizaines de milliers d'Espagnols non naturalisés, qui sont parmi les plus turbulents supporters du nationalisme français intégral.)

À votre prochain passage, j'espère que Madame Buis et vous me ferez le plaisir de venir déjeuner chez moi, en attendant, croyez à ma très fidèle amitié.

G. Tillion

1. Nommé le 19 mars haut-commissaire de la France en Algérie, Christian Fouchet cessera ses fonctions le 3 juillet lorsque, à la suite du référendum dit d'autodétermination, l'indépendance de l'Algérie sera reconnue par la France.

2. Jacques Chevallier, ancien maire d'Alger. Ce libéral était la bête noire des ultras. C'est pourtant chez lui que devaient être conclus (le 17 juin) les accords OAS-FLN (Susini-Mostefaï) en vue d'une trêve des attentats (mais qui ne fut pas appliquée).

Juin

Lettre au général de Gaulle

le 5 juin 1962

Général,

Monsieur le Président,

Veuillez trouvez ci-joint la liste et les compétences d'objecteurs de conscience qui acceptent de partir en tous lieux pour relever des ruines. Vous constaterez qu'ils sont professionnellement très aptes à le faire.

Pour éviter de vous déranger, j'avais suggéré au Cabinet de M. Fouchet[1] de les réclamer pour encadrer des spécialistes au moment de la réinstallation en Algérie des populations émigrées au Maroc et en Tunisie. Malheureusement, la proximité du référendum ne donne pas à M. Fouchet le temps de faire quoi que ce soit dans cette direction. Quant à l'Exécutif Provisoire[2] algérien, il m'a semblé préférable de ne pas le mêler à cette histoire qui nous concerne, car j'ai craint que cela ne suscite dans notre organisme des « anti-corps » supplémentaires (or, comme vous le savez, nous en avons déjà suffisamment).

Je pensais pouvoir obtenir par des procédés artisanaux (c'est-à-dire sans vous déranger) une solution humaine. Malheureusement divers faits rendent une décision quelconque urgente, et il y a en particulier un journaliste de 74 ans, M. Lecoin[3] qui a entrepris une grève de la faim depuis le 1er juin sur ce problème de l'objection de conscience.

Veuillez agréer, Général, Monsieur le Président, l'assurance de mon dévouement et de ma reconnaissance,

G. Tillion

1. Nommé le 19 mars haut-commissaire de la France en Algérie, Christian Fouchet cessera ses fonctions le 3 juillet 1962.

2. Structure de transition, prévue par les accords d'Évian, jusqu'au résultat du référendum. Présidée par Abderrahmane Farès, qui avait à ses côtés le haut-commissaire Christian Fouchet.

3. Louis Lecoin, militant pacifiste libertaire, venait d'entamer, le 1er juin, une grève de la faim illimitée qui eut un certain retentissement. Ayant obtenu l'assurance que les promesses du président de la République (suspension des poursuites contre les objecteurs de conscience, élaboration d'un statut) seraient rapidement mises en œuvre, il arrêtera sa grève de la faim au bout de trois semaines (voir aussi la note à la lettre du 11 mai 1962).

Lettre au général de Gaulle, pour demander la grâce de six « intellectuels » condamnés en 1960 à dix ans de prison pour tracts contre la guerre d'Algérie et aide à des Algériens.

21 décembre 1962

Général,

Monsieur le Président,

Permettez-moi de solliciter votre attention pour un problème qui n'est pas mineur – car rien de ce qui touche à la justice n'est mineur (d'autant plus que, comme il fallait s'y attendre, elle est, la pauvre Justice, la grande victime de la stupide guerre dont vous nous avez libérés).

Il s'agit de six « intellectuels », tous condamnés à dix ans de prison (essentiellement pour tracts contre la guerre d'Algérie et aide à des Algériens), emprisonnés depuis 1960, donc ayant purgé entre vingt-six et trente-cinq mois de prison. Je vous joins les six doubles de leurs demandes de grâce, afin de devancer les lenteurs et les accidents de la voie hiérarchique.

Ces trois jeunes hommes et ces trois jeunes femmes en prison – c'est trop ou trop peu. Il est vrai que certains voudraient encore assimiler les problèmes posés par les méfaits de l'OAS avec les délits imputables à quelques amis des Algériens. Il me semble que cette confusion (intéressée) pouvait se justifier à la rigueur il y a deux ans mais qu'elle n'a plus de raison d'être ; *pratiquement* elle s'imposera néanmoins si l'on maintient ces six « prétextes » en prison. En outre, derrière tous les prétextes et les marchandages il est une réalité qui vous touche, je le sais : celle de la souffrance inutile.

Permettez-moi aussi, en cette fin d'année, Général, Monsieur le Président, de vous souhaiter santé, joies familiales et bonheur, et de vous assurer de ma plus haute considération,

G. Tillion

PJ. Dossiers annexés aux demandes de grâce :

Liste des démocrates français incarcérés pour leur action en faveur de l'indépendance algérienne

Prison de Fresnes, Paris.

– Gérard Metter[1], 26 ans, marié, géomètre, arrêté le 21 février 1960, condamné à 10 ans de prison.

– Jean-Claude Pauvert[2], 30 ans, célibataire, employé de commerce, condamné à 10 ans de prison.

Prison de la petite Roquette, Paris.

– France Binard[3], 41 ans, célibataire, condamné à 10 ans de prison.

Prison de Saint-Paul, Lyon.

– Jean-Jacques Brochier[4], 25 ans, marié, professeur, condamné à 10 ans de prison.

Prison de Montluc, Lyon.

– Nicole Brochier[5], 25 ans, mariée, condamnée à 10 ans de prison.

– Claudie Duhamel[6], 25 ans, célibataire, étudiante, condamnée à 10 ans de prison.

1. Du réseau Jeanson.
2. Du réseau Jeanson.
3. Du réseau Jeanson.
4. Du réseau lyonnais de Boeglin.
5. Du réseau lyonnais de Boeglin.
6. Du réseau lyonnais de Boeglin.

12. Correspondance 1964-1972

Lettre au général de Gaulle

18 juin 1964

Général,

Monsieur le Président,

Permettez-moi de choisir ce grand anniversaire français du 18 juin – qui est aussi une date très personnelle de votre vie – pour vous féliciter de votre rétablissement et vous souhaiter la santé, la chance et le bonheur. Outre mes vœux et ma reconnaissance, je tiens aussi à vous exprimer ma conviction qu'une longue chaîne de réalisations, très favorables à l'équilibre du monde, dépendent de votre vie.

Permettez-moi aussi, à cette occasion, et selon la coutume, de solliciter de vous deux grâces présidentielles.

Certes, je ne minimise nullement les responsabilités, ni les dangers courus par notre pays, en 1961[1] ; c'est pourquoi j'ai constamment refusé de figurer parmi ceux qui demandent des amnisties (tout en sachant bien que le climat algérien, en 1961, n'était pas favorable au discernement) ; mais la grâce concerne des hommes et non des personnages.

Il s'agit de deux hommes et deux familles dont je connais bien la situation pitoyable.

La femme de Gilbert de la Chapelle[2] a huit enfants ; sa santé est si compromise qu'elle a dû subir, en avril 1964, une transfusion qui a duré neuf heures ; pas de domestique, aucune fortune (elle touche une pension de veuve de colonel mort dans son lit). L'aînée des enfants est une petite fille de 14 ans qui fait la cuisine, soigne sa mère et ses tout

1. Putsch des généraux qui avait pour objectif d'abattre le régime et ceux qui étaient au pouvoir.

2. Gilbert de La Chapelle, né en 1914 dans une famille de militaires, dirige l'un des régiments qui participent au putsch des généraux, en avril 1961. Il sera condamné, en juin 1961, à sept ans de détention criminelle.

petits frères. Il y a aussi la vieille mère de Gilbert de la Chapelle qui est si atteinte qu'elle ignore encore l'arrestation de son fils (elle s'éteint dans une maison de santé à Nice). Gilbert de la Chapelle a déjà fait la moitié de sa peine.

Madame Denoix de Saint-Marc, elle aussi, est très seule pour élever ses trois tout petits enfants ; elle aussi n'a aucune fortune et (paraît-il) ne toucherait même pas une pension de veuve de commandant-mort de maladie ; un vieux père, ancien bâtonnier de Bordeaux qui a 92 ans ; une vieille mère malade… Quant au commandant de Saint-Marc[1] il avait 21 ans quand il a été arrêté par les Allemands au cours d'une émission radio, puis déporté ; sa santé est atteinte. C'est dur, deux prisons dans une vie.

Dans une de nos périodes sombres, en 1957, lorsque vous m'avez fait l'honneur de me recevoir, rue de Solférino, vous m'avez dit : « Tout ce qui se fait d'humain, se retrouvera un jour. » C'est pourquoi je me permets de solliciter de vous ces deux actes d'humanité[2].

En vous priant d'agréer l'expression de ma plus haute considération.

G. Tillion

juillet

Lettre du général de Gaulle

Le général de Gaulle

Paris, le 1er juillet 1964.

Chère Mademoiselle,

J'ai lu avec attention votre lettre du 18 juin et j'ai été sensible aux sentiments qui vous l'ont inspirée.

J'ai pris bonne note de vos observations et de vos préoccupations.

Veuillez agréer, chère Mademoiselle, mes respectueux hommages et mes meilleurs souvenirs.

1. Hélie Denoix de Saint-Marc, né en 1922, ancien résistant et déporté, est le commandant par intérim du 1er REP, qui sera le fer de lance du putsch des généraux. Il sera condamné à dix ans de réclusion criminelle en juin 1961.

2. Denoix de Saint-Marc sera gracié à Noël 1965 et élevé au grade de commandeur de la Légion d'honneur au titre de déporté-résistant, en 1979.

Sans date

Mademoiselle,

Je m'excuse de vous déranger pendant ce que je crois être vos vacances. Cependant, je serais très désireux de vous rencontrer à Paris dès votre retour. Je suis le frère du commandant de Saint-Marc, dont vous vous êtes occupée à un moment donné. Et à ce propos j'ai entendu parler de vous par le docteur Boutbien, par maître Martin-Sané et bien d'autres personnes. Si vous pouviez me fixer un rendez-vous dès les premiers jours de votre retour à Paris, je vous en serais infiniment reconnaissant.

En vous remerciant à l'avance et dans l'attente de votre réponse, je vous prie d'agréer, Mademoiselle, l'expression de mes sentiments distingués.

Louis de Saint -Marc

Octobre

Lettre de Marie de Robien[1]

Hursteauce, 31 octobre

Ma chère Kouri[2],

Je viens de téléphoner à Marguerite[3] qui m'a dit que votre voyage en Afrique avait été retardé et que vous étiez toujours à Paris.

Je vous envoie donc les deux lettres que je viens de recevoir. Que répondre… Sinon que de votre côté tout a été fait. Faut-il parler de la lettre que vous avez reçue du général de Gaulle[4] et qui nous avait donné à tous tant d'espoir ?

La situation, pour le cousin de Britta[5], est la même que pour celle de Saint Marc naturellement.

Je sais, ma chère Kouri, combien vous avez pris cette affaire à cœur et

1. Marie de Robien, ancienne résistante et déportée à Ravensbrück, où elle s'était liée d'amitié avec GT et sa mère Émilie, est apparentée à Gilbert de La Chapelle. GT a rédigé sa notice nécrologique dans *Voix et Visages*, 215, mai-juin 1989.

2. Surnom de GT en prison et en déportation.

3. Marguerite Flamencourt, ancienne résistante, a partagé la cellule de GT à la prison de Fresnes.

4. Voir ci-dessus, lettre du 1er juillet 1964.

5. Britta de Robien. Gilbert de La Chapelle est son cousin.

croyez bien que quoi qu'en soit les résultats nous vous restons tous très reconnaissants de ce que vous avez fait pour ces deux prisonniers et leurs familles.

J'attends votre réponse pour écrire à J. L.[1]

Je vous embrasse avec toute mon affection.

Marie

Pouvez-vous me renvoyer la lettre de maître Martin-Sané ?

1968

Mai

Le 23 mai 1968

Lettre au général de Gaulle

Général,

Monsieur le Président,

Dans les troubles de ce mois on ne peut pas ne pas perdre de vue l'arrivée de la vague démographique : le pourcentage des jeunes est en train de changer dans notre société, et tout change (ou changera) de ce fait. Il faut notamment penser que ces troubles se répéteront.

En même temps que la masse générale des jeunes s'est accrue (en nombre réel et en proportion) la masse des connaissances qu'ils doivent avaler s'enfle chaque jour et prolonge les études, sans qu'on ait pour cela modifié les règlements appliqués il y a un siècle à des adolescents de moins de vingt ans, élevés sévèrement, peu nombreux et très encadrés. Ils concernent maintenant une jeunesse nombreuse, élevée librement, pressée dans un espace étroit, disposant des moyens et des cadres de l'enfance mais avec les appétits et les soucis de l'adulte ; – tourmentés aussi dans des directions contradictoires (mais qui coïncident au stade de la revendication), car les uns s'indignent de voir les avantages excessifs attribués aux « hommes qui font carrière », tandis que les autres s'inquiètent de ne pas en être.

Un autre aspect très grave est évidemment l'énorme préjudice global que les craquements actuels doivent déterminer à l'encontre de la France et de la politique qu'elle incarne (votre politique). Justement,

1. Personne non identifiée.

parce que le nouvel équilibre mondial dont vous avez entrepris la mise en place me semble plus important que tout le reste, j'ai à plusieurs reprises renoncé à vous parler des mécontentements dans divers milieux français. Ils m'inquiètent cependant depuis déjà longtemps, et en particulier dans le milieu que j'ai sous les yeux quotidiennement : l'université. Je voyais que le moteur chauffait, mais j'espérais qu'il irait jusqu'à l'étape ; or malheureusement il va falloir réparer sur la route et assez coûteusement. J'avais toutefois signalé depuis des années (par la voie dite hiérarchique et sans nul résultat) des aménagements de soulagement, faciles à mettre en place, et signalé aussi les conditions de vie des étudiants dans l'université de Paris. Il est très difficile pour eux de travailler : bibliothèques insuffisantes, moyens de transport épuisants, et interminables, formalités administratives mal conçues, pas de locaux pour étudier ou pour rencontrer leurs aînés. Les étudiants ne pouvant aller dans les bibliothèques (totalement engorgées) et vivant très loin de leurs dortoirs, vont, entre deux cours travailler dans les cafés de leur quartier, c'est pourquoi le café noir est plus cher dans le quartier latin que dans tous les autres arrondissements de Paris. Dans un de ces cafés (*Le Champo*, 51 rue des Écoles) une petite affiche dit : « Pendant les heures d'affluence les devoirs sont interdits. Merci. » J'ai vu des étudiants trop pauvres pour payer une consommation travailler dans des bureaux de poste et des couloirs.

Je n'ai pas assisté aux débuts de l'émeute, mais les témoignages authentiques que j'ai recueillis sont concordants : elle a été spontanée. Dans certains milieux, communistes en particulier (peut-être aussi policiers), on dit le contraire mais, s'il y eut préparation, elle intéresse en tout cas une proportion littéralement infime de participants et par conséquent cette supposée préparation n'explique pas tout.

Il y a néanmoins au centre des troubles, des éléments nantis de théories politiques ; ils n'ont pas cessé d'être très peu nombreux mais ils ont joué et jouent encore un grand rôle parce que ces théories politiques (suffisamment analysées dans la presse pour qu'il soit inutile de vous en parler) correspondent à des sentiments qui, eux, sont généralisés dans la jeunesse universitaire française. Il va de soi que l'amalgame entre la minorité (nantie de quelques idées) et la majorité (largement pourvue de sentiments) a été l'œuvre de la police. Résultat normal mais – compte tenu de l'avenir à sauvegarder – il serait très souhaitable de renforcer et revaloriser les cadres supérieurs de celle-ci pour éviter des dépassements inutiles et que tout le monde regrette après coup.

Parmi les sentiments actuels de la jeunesse le plus important est une récusation des mandarinats et de tous les pouvoirs établis (depuis le pouvoir légal que vous représentez jusqu'aux hiérarchies communistes, en passant par la fédération de la gauche, le parlement et les cadres de l'université). Ce sentiment, exploité par la minorité politisée, rend difficile une consultation authentique des jeunes, du moins actuellement. En outre il a mis les professeurs en position de mérovingiens (surtout au début de l'émeute), ce qui explique une tendance à la surenchère idéologique chez certains d'entre eux. – Notons aussi à ce propos que parmi les étudiants se trouvent tous les enfants de ces cadres qu'ils dénoncent – d'où la compréhension qu'ils ont rencontrée chez les hauts fonctionnaires et les dirigeants politiques de toutes nuances tandis que la masse électorale de la France, au contraire, me semble en train de virer vers une hostilité qui risque d'être (à son tour) très préjudiciable au progrès de notre pays.

Dans une autre série de sentiments généralisés chez les jeunes on trouve en vrac : ouverture vers tous les peuples (en particulier les peuples déshérités), absence totale de racisme, tolérance des idées d'autrui (accompagnée d'une valable dérision pour l'emphase et les mensonges), un grand sérieux, l'amour du travail, des possibilités de désintéressement et d'abnégation. Bref les plus authentiques vertus…

Il va de soi que la confusion existe entre les revendications raisonnables et les chimères absurdes, et c'est un danger pour l'instant, car les secondes sont poussées en avant par les premières, mais c'est aussi un danger dans un avenir proche, car elles peuvent ensuite les entraîner dans des voies de garage. Et nous ne devons pas le souhaiter.

Tout cela peut sembler incohérent mais, dans la phase actuelle, amorcer avec la jeunesse un dialogue qui ne soit pas de pure forme est la seule façon de ne pas compromettre gravement l'avenir. Il faut donc évidemment parler aux jeunes mais après les avoir écoutés et en leur montrant qu'on les prend pour ce qu'ils sont : c'est-à-dire anxieux et sérieux.

Certes un programme novateur, des moyens de travail convenables, l'abrogation de règlements surannés sont souhaitables, mais je souhaite aussi que vous puissiez bientôt prendre contact personnellement et directement avec les meilleurs éléments de la jeunesse, choisis parmi elle et par elle. Cela semble difficile pour l'instant car ceux qui accepteraient de représenter leurs camarades cesseraient du même coup d'être représentatifs mais il me semble toutefois possible d'organiser dès maintenant des consultations dans le style de la démocratie primitive – c'est-à-dire à l'échelle des gens qui se connaissent : par exemple, au premier échelon, trois étudiants dans une grande école dans chaque branche d'une faculté, etc. Ensuite une réflexion dans des catégories homogènes, et enfin des responsabilités pratiques – frein relativement efficace contre le délire verbal.

S'adressant à eux, une attention grave qui ne soit pas paternelle, des explications allant au fond des réalités, devraient avoir une audience – car il est clair que les étapes de votre action ne pouvaient guère être inversées sans un grand ralentissement, et qu'elles ont pour finalité un peu plus de sécurité et de liberté à l'échelle du monde. Or ces buts sont conformes aux aspirations actuelles de la jeunesse.

Veuillez agréer, Monsieur le Président…

G.T.

Juin

Lettre du général de Gaulle.

Le général de Gaulle

Paris, le 13 juin 1968

Chère Mademoiselle,

Je vous remercie d'avoir bien voulu me soumettre les réflexions que votre connaissance du milieu universitaire et de la mentalité des jeunes vous a conduite à formuler à propos des événements actuels.

Votre lettre m'a, soyez-en assurée, beaucoup intéressé et j'ai été très sensible à l'intention dont elle témoigne.

Je vous prie d'agréer, chère Mademoiselle, mes respectueux hommages.

Juillet

Lettre du général de Gaulle.

Le général de Gaulle

Paris, le 26 juillet 1968

Chère Mademoiselle,

Je vous sais gré d'avoir bien voulu me présenter vos suggestions à propos de la réorganisation de trois secteurs importants de l'Université.

Votre exposé m'a beaucoup intéressé et j'aurai plaisir à vous voir à la fin de l'été pour m'entretenir avec vous de ces questions.

Laissez-moi vous remercier également de m'avoir aimablement fait hommage de votre très remarquable étude sur la condition de la femme dans la société méditerranéenne traditionnelle[1] et de m'avoir donné l'occasion de relire votre article sur la Résistance[2].

Je vous prie d'agréer, chère Mademoiselle, mes respectueux hommages.

1969

Décembre

Lettre du général de Gaulle.

Le général de Gaulle

10 décembre 1969

Chère Mademoiselle,

Votre aimable pensée m'a touché et je vous en remercie. J'y suis d'autant plus sensible qu'elle me permet d'apprendre où vous vous trouvez, travaillant, comme d'habitude, à une œuvre humaine par excellence. Mes meilleurs vœux vont vers vous. Ma femme y joint les siens avec son fidèle souvenir.

Je vous demande d'agréer, chère Mademoiselle, avec mes très respectueux hommages, l'assurance de mes sentiments de toujours, je veux dire les plus dévoués.

1. *Le Harem et les Cousins.*

2. L'article « Première résistance en zone occupée », *Revue d'histoire de la Deuxième guerre mondiale*, 2, 1958, recueilli maintenant dans GT, *À la recherche du vrai et du juste*, ci-dessus, p. 103-126.

1972

Suite à un procès, le recteur de la faculté d'Alger qui était en place en 1957[1] *m'avait demandé de porter mon témoignage sur cette époque, ce que je fis.*

Madame Germaine TILLION.

Saint-Mandé, le 6 juin 1972

Monsieur le Président
du Tribunal Correctionnel de Bordeaux

Monsieur le Président,

Sans entrer dans le détail des preuves par témoins et documents qu'il n'est plus permis de fournir, les textes historiques sont actuellement assez nombreux pour permettre d'imaginer l'atmosphère d'Alger à partir de l'année 1957.

Dès ce moment certains élèves de lycées viennent en classe avec un revolver chargé dans leur poche, mais quelques enseignants essayent encore de s'y opposer et sont en conflit avec les familles. Il arrive aussi, dans cette même période, que certains civils ou soldats tirent à vue sur un Algérien qui court parce qu'il a peur (et déjà ils ont *tous* peur, quand leur travail, c'est-à-dire le pain de leurs enfants, les oblige à traverser un quartier européen), mais à cette date les passants cherchent à savoir *qui* a été tué, et *pourquoi*. Les années suivantes ils se détourneront sans rien demander, gardant pour eux leur indignation et leur peur.

Tous les habitants d'Alger, Français et Algériens, peuvent raconter des faits de ce genre auxquels ils assistèrent personnellement ; il faut toutefois signaler que ceux qui cherchèrent à s'y opposer ne furent pas très nombreux, car il fallait pour cela du courage : d'abord celui d'affronter sans armes des gens armés et délirants, ensuite celui de soutenir la vérité non sans grands préjudices de carrière. Leur nombre et leurs qualités ne furent cependant pas négligeables et il suffit de mentionner les cas du procureur général d'Alger (il ne fut pas le seul membre du parquet à protester), celui du préfet chargé de la police,

1. Laurent Capdecomme, recteur de l'académie d'Alger jusqu'en 1959 où il devint directeur général de l'enseignement supérieur au ministère de l'Éducation nationale.

ceux de très nombreux enseignants. Tous, « coupables d'indignation », furent ou déplacés ou obligés de donner leur démission.

Que les hommes qui ont la charge d'étudier, d'enseigner et d'appliquer les lois soient plus sensibles que d'autres à leurs violations flagrantes, cela peut sembler juste et normal. Qu'il me soit permis de citer aussi, à ce propos, une confidence de mon collègue le professeur Le Bras, doyen de la faculté de droit de Paris. Il était à sa fenêtre, place du Panthéon, lorsqu'en 1961 il vit des policiers, au cours d'une manifestation, frapper des ouvriers algériens ; il descendit aussitôt, tel qu'il était, c'est-à-dire en bras de chemise, pour invectiver le policier coupable. Celui-ci sortit son carnet pour dresser contravention à « l'énergumène » en cause. « Ajoutez que je vous ai traité de salaud, et que je suis le doyen de la faculté de Droit de Paris », dit le professeur Le Bras. Il n'y eut pas de suites, parce qu'on était à Paris et en 1961.

Que les hommes qui dirigeaient à l'époque la répression à Alger n'aient pas été surpris de trouver parmi leurs adversaires un si grand nombre de prêtres et de pasteurs, d'hommes de loi, d'hommes de science, voire tout court de patriotes français ayant fait la preuve de leur patriotisme au péril de leur vie, c'est évidemment qu'ils ne se posaient pas beaucoup de questions. Il n'en est pas moins scandaleux, quinze ans plus tard, de voir l'un d'eux chercher à jeter le discrédit sur les quelques Français qui eurent le courage de défendre nos lois et de témoigner pour cela de ce qu'ils avaient vu et su.

Mes obligations professionnelles m'empêchent de venir déposer comme j'en avais l'intention c'est pourquoi je me permets de vous adresser par écrit le témoignage ci-dessus avec l'expression de ma très haute considération.

G. Tillion
Directeur d'Études à l'École Pratique
des Hautes Études (Sorbonne)

Liste des abréviations

AEMAN	Association des étudiants musulmans d'Afrique du Nord
AGEA	Association générale des étudiants d'Algérie
ALN	Armée de libération nationale
AML	Amis du manifeste et de la liberté
CCE	Comité de coordination et d'exécution
CICRC	Commission internationale contre le régime concentrationnaire
CNRA	Conseil national de la révolution algérienne
CRS	Compagnie républicaine de sécurité
CRUA	Comité révolutionnaire d'unité et d'action
DST	Direction de la surveillance du territoire
FLN	Front de libération nationale
GG	Gouvernement général (de l'Algérie)
GPRA	Gouvernement provisoire de la République algérienne
IGAME	Inspecteur général de l'administration en mission extraordinaire
MNA	Mouvement national algérien (messaliste)
MRP	Mouvement républicain populaire
MTLD	Mouvement pour le triomphe des libertés démocratiques
OAS	Organisation de l'armée secrète
OPA	Organisation politique-administrative
PCA	Parti communiste algérien
PPA	Parti du peuple algérien
REP	Régiment étranger de parachutistes
SAS	Section administrative spécialisée
SAU	Section administrative urbaine
UDMA	Union démocratique du manifeste algérien
UGEM	Union générale des étudiants musulmans algériens
ZAA	Zone autonome d'Alger

Index

C

M

Table